Jiaotong Hangye Biaozhun Huibian

交通行业标准汇编

·汽车维修卷·

本 社 汇 编

人 民 交 通 出 版 社

内容提要

本书是《交通行业标准汇编》之汽车维修卷。它收录了2007年底前发布的、目前在用的汽车维修行业标准。本书的内容分为两大部分,即比较重要的国家标准17种,交通行业标准41种。

本书是汽车维修和检测单位的从业人员必备的工具书。

图书在版编目(CIP)数据

交通行业标准汇编. 汽车维修卷/人民交通出版社编.
北京:人民交通出版社,2008.6
ISBN 978-7-114-07221-5

Ⅰ.交… Ⅱ.人… Ⅲ.①交通工程-标准-汇编-中国
②汽车-车辆修理-标准-汇编-中国 Ⅳ.
U-65 U472-65

中国版本图书馆CIP数据核字(2008)第083505号

书　　名:交通行业标准汇编·汽车维修卷·
著 作 者:本社汇编
责任编辑:李　萍
出版发行:人民交通出版社
地　　址:(100011)北京市朝阳区安定门外外馆斜街3号
网　　址:http://www.ccpress.com.cn
销售电话:(010)59757969,59757973
总 经 销:北京中交盛世书刊有限公司
经　　销:各地新华书店
印　　刷:北京密东印刷有限公司
开　　本:880×1230　1/16
印　　张:40.5
字　　数:1280千
版　　次:2008年8月第1版
印　　次:2008年8月第1次印刷
书　　号:ISBN 978-7-114-07221-5
印　　数:0001—2000册
定　　价:120.00元

目　录

第一部分　国家标准

第二部分　行业标准

第一部分
国家标准

中华人民共和国国家标准

GB/T 5624—2005

汽车维修术语

代替 GB/T 5624—1985

Motor vehicle maintenance and repair terms

2005-07-21 发布　　2005-12-01 实施

1 范围

本标准规定了汽车维修领域中专用的或常用的术语及其定义。

本标准适用于汽车维修及相关领域。

2 术语和定义

2.1 一般概念

2.1.1

汽车维修　vehicle maintenance and repair

汽车维护和修理的泛称。

2.1.2

汽车维修性　vehicle maintainability

汽车对按技术文件规定所进行的维修的适应能力。

2.1.3

汽车技术状况　vehicle technical condition

定量测得的表征某一时刻汽车外观和性能的参数值的总和。

2.1.4

汽车耗损　vehicle wear-out

汽车各种损坏和磨损现象的总称。

2.1.5

汽车检测　vehicle detection

确定汽车技术状况或工作能力的检查。

2.1.6

汽车诊断　vehicle diagnosis

在不解体(或仅卸下个别零件)的条件下,确定汽车技术状况,查明故障部位及原因的检查。

2.2 汽车技术状况

2.2.1

汽车完好技术状况　good condition of vehicle

汽车完全符合技术文件规定要求的状况。

2.2.2

汽车不良技术状况　bad condition of vehicle

汽车不符合技术文件规定的任一要求的状况。

2.2.3

汽车工作能力　working ability of vehicle

汽车按技术文件规定的使用性能指标,执行规定功能的能力。

2.2.4

汽车技术状况参数　parameters for technical condition of vehicle

评价汽车外观和性能的物理量和化学量。

2.2.5

汽车极限技术状况　limiting condition of vehicle

汽车技术状况参数达到了技术文件规定的极限值的状况。

2.2.6

汽车技术状况变化规律　change regularity of technical condition of vehicle

汽车技术状况与行驶里程或时间的关系。

2.3　汽车维修

2.3.1

汽车维护　vehicle maintenance

汽车保养

为维持汽车完好技术状况或工作能力而进行的作业。

2.3.1.1

汽车维护作业　operation of vehicle maintenance

汽车维护工艺中的技术操作。

2.3.1.2

汽车维护规范　norms of vehicle maintenance

对汽车维护作业技术要求的规定。

2.3.1.3

汽车维护类别　class of vehicle maintenance

汽车维护按汽车运行间隔期、维护作业内容或运行条件等划分的不同类别或等级。

注:间隔期是指汽车运行的行程间隔或时间间隔。

2.3.1.3.1

日常维护　daily maintenance

以清洁、补给和安全性能检视为中心内容的维护作业。

2.3.1.3.2

定期维护　periodic maintenance

按技术文件规定的运行间隔期实施的维护。

2.3.1.3.2.1

一级维护　elementary maintenance

除日常维护作业外,以润滑、紧固为作业中心内容,并检查有关制动、操纵等系统中的安全部件的维护作业。

2.3.1.3.2.2

二级维护　complete maintenance

除一级维护作业外,以检查、调整制动系、转向操纵系、悬架等安全部件,并拆检轮胎,进行轮胎换位,检查调整发动机工作状况和汽车排放相关系统等为主的维护作业。

2.3.1.3.3

季节性维护 seasonal maintenance

为使汽车适应季节变化而实施的维护。

2.3.1.3.4

走合维护 running-in maintenance

汽车在走合期满实施的维护。

2.3.1.4

汽车维护方法 method of vehicle maintenance

进行汽车维护作业的工艺和组织规则的总和。

2.3.1.4.1

汽车维护流水作业法 flow method of vehicle maintenance

汽车在维护生产线的各个工位上按确定的工艺顺序和节拍进行作业的方法。

2.3.1.4.2

汽车维护定位作业法 method of vehicle maintenance on universal post

汽车在全能工位上进行维护作业的方法。

2.3.1.5

汽车维护设备 equipment of vehicle maintenance

完成汽车维护作业的器械。

2.3.1.6

汽车维护生产纲领 production program of vehicle maintenance

汽车维护企业的年设计生产能力。

2.3.1.7

汽车维护周期 period of vehicle maintenance

汽车进行同级维护之间的间隔期。

2.3.1.8

I/M 制度 inspection and maintenance program

为维持和恢复汽车固有的排放性能而建立的定期强制检查、维修排放系统的法规体系。

2.3.2

汽车修理 vehicle repair

为恢复汽车完好技术状况(或工作能力)和寿命而进行的作业。

2.3.2.1

汽车修理作业 operation of vehicle repair

汽车修理工艺中的技术操作。

2.3.2.2

汽车修理规范 norms of vehicle repair

对汽车修理作业技术要求的规定。

2.3.2.3

汽车修理类别 class of vehicle repair

按汽车修理时的作业对象、作业深度、执行作业的方式或组织形式等划分的不同的修理等级。

2.3.2.3.1

汽车大修 major repair of vehicle

通过修复或更换汽车零部件(包括基础件),恢复汽车完好技术状况和完全(或接近完全)恢复汽车寿命的修理。

2.3.2.3.2

汽车小修　current repair of vehicle

通过修理或更换个别零件,消除车辆在运行过程或维护过程中发生或发现的故障或隐患,恢复汽车工作能力的作业。

2.3.2.3.3

总成修理　unit repair

为恢复汽车总成完好技术状况(或工作能力)和寿命而进行的作业。

2.3.2.3.3.1

发动机检修　engine tune up

通过检测、试验、调整、清洁、修理或更换某些零部件,恢复发动机性能(动力性、经济性、运转平稳性、排放水平等)的作业。

2.3.2.3.3.2

发动机大修　major repair of engine

通过修理或更换零件,恢复发动机完好技术状况和完全恢复发动机寿命的修理。

2.3.2.3.3.3

发动机再造　engine remanufacture;engine rebuilding

工业化、商品性(化)的发动机大修。再造的发动机以商品形式进入流通领域。

2.3.2.3.4

零件修理　parts repair

恢复汽车零件性能和寿命的作业。

2.3.2.3.5

视情修理　repair on technical condition

按技术文件规定对汽车技术状况进行检测或诊断后,决定作业内容和实施时间的修理。

2.3.2.4

检视　inspection

主要凭感官或使用简单的工具,对汽车、总成及零部件的技术状况所实施的检查。

2.3.2.5

技术检验　technical check

按规定的技术要求确定汽车、总成及零部件技术状况所实施的检查。

2.3.2.6

零件检验分类　check and classification of parts

根据修理技术条件,将零件按技术状况分为可用、可修和报废。

2.3.2.7

走合　running-in

汽车运行初期,改善零件摩擦表面几何形状和表面层物理机械性能的过程。

2.3.2.8

磨合　running-in

汽车总成或机构组装后,改善零件摩擦表面几何形状和表面层物理机械性能的运转过程。

2.3.2.8.1

冷磨合　cold running-in

由外部动力驱动总成或机构的磨合。

2.3.2.8.2

热磨合 hot running-in

发动机自行运转的磨合。

2.3.2.9

修理尺寸 repair size

零件磨损表面通过修理，形成符合技术文件规定的大于或小于原设计基本尺寸的修复基本尺寸。

2.3.2.10

极限间隙 limiting clearance

达到技术文件规定的极限状况的配合副间隙值。

2.3.2.11

允许间隙 permissible clearance

小于极限间隙，尚能保持技术文件规定的工作能力，并受经济因素制约的配合副间隙值。

2.3.2.12

汽车修理方法 method of vehicle repair

进行汽车修理作业的工艺和组织规则的总和。

2.3.2.12.1

汽车修理流水作业法 flow method of vehicle repair

汽车在修理生产线的各个工位上按确定的工艺顺序和节拍进行作业的方法。

2.3.2.12.2

汽车修理定位作业法 method of vehicle repair on universal post

汽车在全能工位上进行修理作业的方法。

2.3.2.12.3

总成互换修理法 unit exchange repairing method

用储备的完好总成替换汽车上的不可用总成的修理方法。

2.3.2.12.4

周转总成 reservation unit

预先储备的汽车总成，用来替换维修中不可用的总成。

2.3.2.12.5

混装修理法 depersonalized repair method

进行修理作业时，不要求被修复零件和总成装回原车的修理方法。

2.3.2.12.6

就车修理法 personalized repair method

进行修理作业时，要求被修复的主要零件和总成装回原车的修理方法。

2.3.2.13

汽车修理设备 equipment of vehicle repair

完成汽车修理作业的器械。

2.3.2.14

汽车修理指标 indices of vehicle repair

综合反映汽车修理行业总体数量特征的概念和数值。

2.3.2.14.1

汽车修理生产纲领 production program of vehicle repair

汽车修理企业的年设计生产能力。

2.3.2.14.2

汽车大修返修率　returning rate of major repair of vehicle

报告期内,大修汽车回厂返修辆次与大修出厂汽车总数的比值。

2.3.2.14.3

汽车小修频率　frequency of current repair of vehicles

报告期内,单位行程的汽车小修辆次。

2.3.2.14.4

汽车大修间隔里程　average interval mileage of major repair of vehicles

新汽车或大修修竣汽车从投入使用到需大修时的行驶里程。

2.3.2.15

汽车维修企业　enterprise of vehicle maintenance and repair

从事汽车维护和修理生产的经济实体。

2.3.2.16

汽车维修网点　network of vehicle maintenance and repair

汽车维修企业的布局。

2.3.2.17

汽车维修工具　instrument of vehicle maintenance and repair

汽车维修作业的手工器具。

2.4　汽车耗损

2.4.1

汽车零件磨损　wear of vehicle part

汽车零件工作表面的物质,由于相对运动不断损耗的现象。

2.4.1.1

磨损过程　wear process

相对运动零件的表面物质不断损耗的过程。

2.4.1.2

正常磨损　normal wear

汽车零件磨损率在设计允许或技术文件规定的范围内。

2.4.1.3

异常磨损　abnormal wear

汽车零件磨损率超出设计允许或技术文件规定的范围。

2.4.1.4

极限磨损　limiting wear

导致配合副进入极限状况,又不能保持技术文件规定的工作能力的汽车零件磨损量。

2.4.1.5

允许磨损　permissible wear

小于极限磨损,尚能保持技术文件规定的工作能力,并受经济因素制约的汽车零件磨损量。

2.4.1.6

磨损率　wear rate

磨损量与产生磨损的行程或时间之比。

2.4.1.7

擦伤　scratching

摩擦表面沿滑动方向形成细小擦痕的现象。

2.4.1.8

刮伤　scoring

摩擦表面沿滑动方向形成宽而深的刮痕的现象。

2.4.1.9

点蚀　pitting

摩擦表面材料由于疲劳脱落,在摩擦表面形成凹坑的现象。

2.4.1.10

粘附　adhesion

两摩擦表面由于分子作用导致局部吸附的现象。

2.4.1.11

咬粘　seizure

两摩擦表面因粘附和材料转移发生损坏,进而导致相对运动中止的现象。

2.4.1.12

烧伤　burning

在氧化介质中的滑动接触表面因局部受热而氧化的现象。

2.4.1.13

穴蚀　cavitation

相对于液体运动的固体表面,因气泡破裂产生局部冲击高压或局部高温所引起的表面凹坑的现象。

2.4.2

老化　ageing

汽车零件材料的性能随使用时间的增长而逐渐衰退的现象。

2.4.3

疲劳　fatigue

汽车零件在较长时间内由于交变载荷的作用,性能变差,甚至产生断裂的现象。

2.4.4

变形　deformation

汽车零件在使用过程中零件要素的形状和位置发生变化而不能自行恢复的现象。

2.4.5

缺陷　defect

汽车零件任一参数不符合技术文件要求的状况。

2.4.6

损伤　damage

在超过技术文件规定的外因作用下,使汽车或其零件的完好技术状况遭到破坏的现象。

2.5　汽车检测

2.5.1

汽车检测参数　parameters of vehicle detection

检测用的汽车技术状况参数。

2.5.1.1

汽车动力性检测参数　detection parameters of vehicle dynamic performance

检测用的汽车动力系统技术状况参数。

2.5.1.2

汽车安全性检测参数　detection parameters of vehicle safety

检测用的有关汽车运行安全的系统、机构技术状况参数。

2.5.1.3

汽车燃油经济性检测参数　detection parameters of vehicle economy

检测用的有关汽车运行燃油消耗的系统、机构技术状况参数。

2.5.1.4

汽车排放性能检测参数　detection parameters of vehicle emission

检测用的有关汽车排放系统、装置的技术状况参数。

2.5.2

汽车检测作业　detection operation of vehicle

汽车检测过程中的技术操作。

2.5.3

汽车检测技术规范　detection norms of vehicle

对汽车检测作业技术要求的规定。

2.5.4

汽车检测站　detection station of vehicle

从事汽车检测作业的企业。

2.5.5

汽车检测设备　detection equipment of vehicle

完成汽车检测作业的器械。

2.6　汽车诊断

2.6.1

汽车诊断参数　diagnostic parameters of vehicle

诊断用的汽车、总成、机构及部件的技术状况参数。

2.6.2

汽车诊断作业　diagnostic operation of vehicle

汽车诊断过程中的技术操作。

2.6.3

汽车诊断技术规范　diagnostic norms of vehicle

对汽车诊断作业技术要求的规定。

2.6.4

汽车故障　vehicle fault

汽车部分或完全失去工作能力的现象。

2.6.4.1

完全故障　complete fault

汽车完全丧失工作能力,不能行驶的故障。

2.6.4.2

局部故障　partial fault

汽车部分丧失工作能力,即降低了使用性能的故障。

2.6.4.3

致命故障　critical fault

导致汽车或总成重大损坏的故障。

2.6.4.4

严重故障　major fault

汽车运行中无法排除的完全故障。

2.6.4.5

一般故障　minor fault

汽车运行中能及时排除的故障或不能排除的局部故障。

2.6.4.6

异响　abnormal knocking

汽车总成或机构在工作中产生的超过技术文件规定的不正常响声。

2.6.4.7

泄漏　leakage

汽车上的密封部位漏气(液)量超过技术文件规定的现象。

2.6.4.8

过热　overheat

汽车总成或机构的工作温度超过技术文件规定的现象。

2.6.4.9

失控　out of control

汽车总成或机构工作时,出现操纵失灵,无法控制的现象。

2.6.4.10

乏力　lack of power

汽车运行过程中,动力明显不足的现象。

2.6.4.11

污染超标　illegal exhaust and noise

汽车运行过程中产生的有害排放物和噪声超过技术法规或标准规定的现象。

2.6.4.12

费油　excessive consumption of fuel and oil

汽车燃料、润滑油(脂)消耗超过技术文件规定的现象。

2.6.4.13

振抖　fluttering

汽车工作中产生技术文件所不允许的自身抖动的现象。

2.6.4.14

故障率　fault rate

使用到某行程的汽车,在该行程后单位行程内发生故障的概率。

注:汽车故障率是用以表示汽车总体可靠性的数量指标,它是一个表示汽车发生故障概率的瞬时变化率的指标。

2.6.4.15

故障树　fault tree

表示故障因果关系的逻辑分析图。

2.6.4.16

故障码　diagnostic trouble code(DTC)

故障代码

汽车诊断中用以显示故障特征的数字符号。

2.6.5

随车诊断　on board vehicle diagnosis(OBD)

车载诊断

在板诊断

汽车电控系统的自诊断系统,具有实时监视、储存故障码及交互式通信功能。

2.6.6

第二代随车诊断标准　on board vehicle diagnosis-Ⅱ(OBD-Ⅱ)

汽车自诊断系统故障代码、通信方式和软硬件结构等的统一规定,侧重对汽车排放相关系统诊断要求的规范和统一。

注:美国控制汽车排放水平的法规性标准,世界汽车工业公认的标准。

2.6.7

汽车诊断设备　diagnostic equipment of vehicle

完成汽车诊断作业的器械。

附 录 A
（规范性附录）
术语条目框架

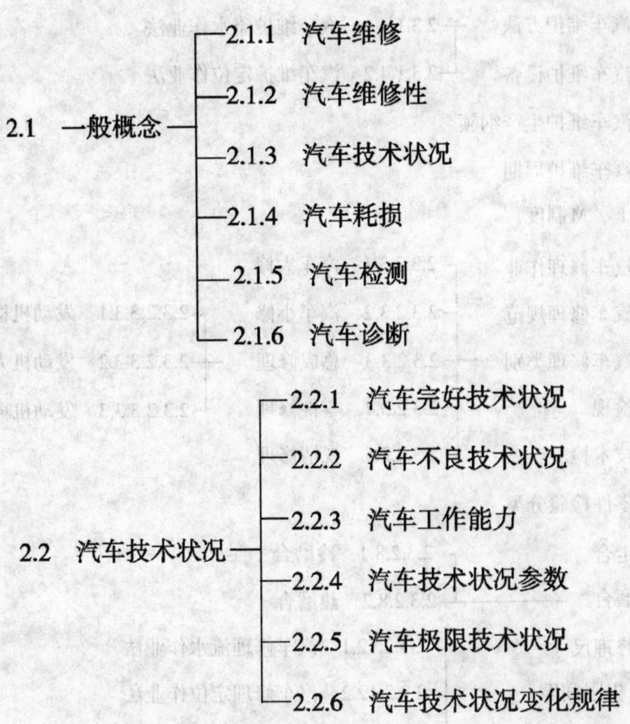

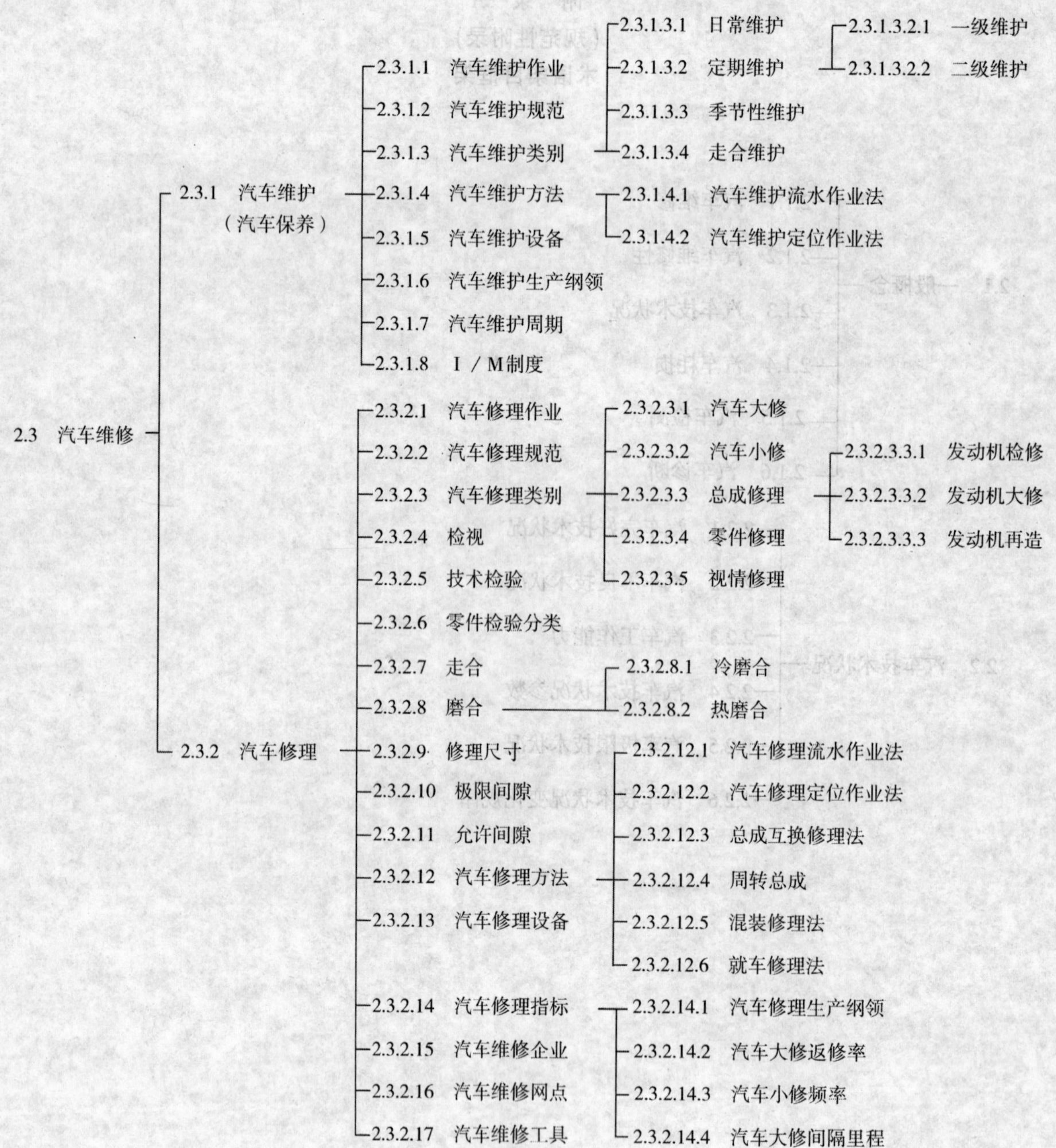
2.3 汽车维修
2.3.1 汽车维护（汽车保养）
2.3.1.1 汽车维护作业
2.3.1.2 汽车维护规范
2.3.1.3 汽车维护类别
2.3.1.3.1 日常维护
2.3.1.3.2 定期维护
2.3.1.3.2.1 一级维护
2.3.1.3.2.2 二级维护
2.3.1.3.3 季节性维护
2.3.1.3.4 走合维护
2.3.1.4 汽车维护方法
2.3.1.4.1 汽车维护流水作业法
2.3.1.4.2 汽车维护定位作业法
2.3.1.5 汽车维护设备
2.3.1.6 汽车维护生产纲领
2.3.1.7 汽车维护周期
2.3.1.8 I／M制度
2.3.2 汽车修理
2.3.2.1 汽车修理作业
2.3.2.2 汽车修理规范
2.3.2.3 汽车修理类别
2.3.2.3.1 汽车大修
2.3.2.3.2 汽车小修
2.3.2.3.3 总成修理
2.3.2.3.3.1 发动机检修
2.3.2.3.3.2 发动机大修
2.3.2.3.3.3 发动机再造
2.3.2.3.4 零件修理
2.3.2.3.5 视情修理
2.3.2.4 检视
2.3.2.5 技术检验
2.3.2.6 零件检验分类
2.3.2.7 走合
2.3.2.8 磨合
2.3.2.8.1 冷磨合
2.3.2.8.2 热磨合
2.3.2.9 修理尺寸
2.3.2.10 极限间隙
2.3.2.11 允许间隙
2.3.2.12 汽车修理方法
2.3.2.12.1 汽车修理流水作业法
2.3.2.12.2 汽车修理定位作业法
2.3.2.12.3 总成互换修理法
2.3.2.12.4 周转总成
2.3.2.12.5 混装修理法
2.3.2.12.6 就车修理法
2.3.2.13 汽车修理设备
2.3.2.14 汽车修理指标
2.3.2.14.1 汽车修理生产纲领
2.3.2.14.2 汽车大修返修率
2.3.2.14.3 汽车小修频率
2.3.2.14.4 汽车大修间隔里程
2.3.2.15 汽车维修企业
2.3.2.16 汽车维修网点
2.3.2.17 汽车维修工具

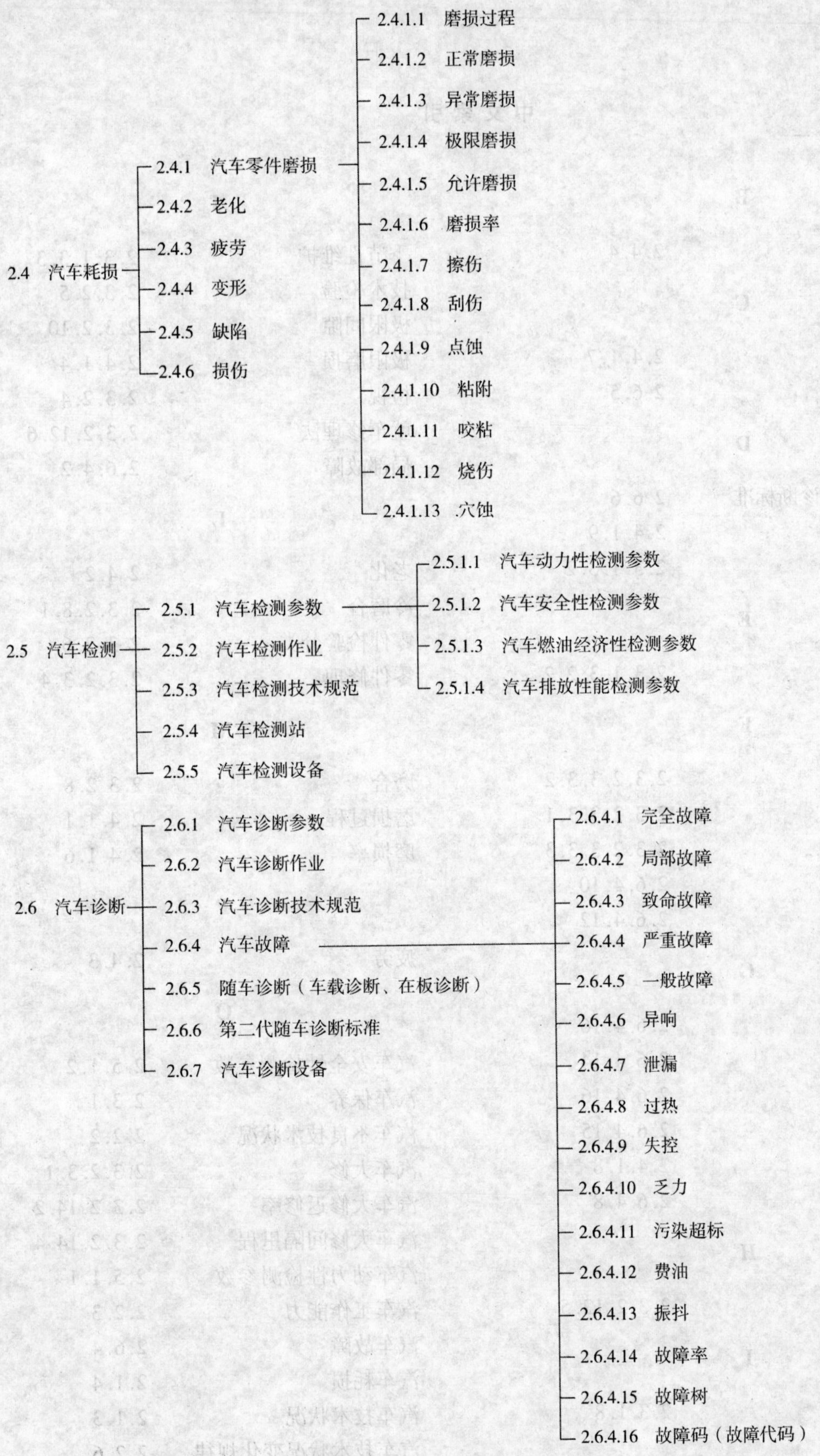
2.4 汽车耗损
2.4.1 汽车零件磨损
2.4.1.1 磨损过程
2.4.1.2 正常磨损
2.4.1.3 异常磨损
2.4.1.4 极限磨损
2.4.1.5 允许磨损
2.4.1.6 磨损率
2.4.1.7 擦伤
2.4.1.8 刮伤
2.4.1.9 点蚀
2.4.1.10 粘附
2.4.1.11 咬粘
2.4.1.12 烧伤
2.4.1.13 穴蚀
2.4.2 老化
2.4.3 疲劳
2.4.4 变形
2.4.5 缺陷
2.4.6 损伤
2.5 汽车检测
2.5.1 汽车检测参数
2.5.1.1 汽车动力性检测参数
2.5.1.2 汽车安全性检测参数
2.5.1.3 汽车燃油经济性检测参数
2.5.1.4 汽车排放性能检测参数
2.5.2 汽车检测作业
2.5.3 汽车检测技术规范
2.5.4 汽车检测站
2.5.5 汽车检测设备
2.6 汽车诊断
2.6.1 汽车诊断参数
2.6.2 汽车诊断作业
2.6.3 汽车诊断技术规范
2.6.4 汽车故障
2.6.4.1 完全故障
2.6.4.2 局部故障
2.6.4.3 致命故障
2.6.4.4 严重故障
2.6.4.5 一般故障
2.6.4.6 异响
2.6.4.7 泄漏
2.6.4.8 过热
2.6.4.9 失控
2.6.4.10 乏力
2.6.4.11 污染超标
2.6.4.12 费油
2.6.4.13 振抖
2.6.4.14 故障率
2.6.4.15 故障树
2.6.4.16 故障码（故障代码）
2.6.5 随车诊断（车载诊断、在板诊断）
2.6.6 第二代随车诊断标准
2.6.7 汽车诊断设备

中文索引

英文索引

M

N

O

P

R

中华人民共和国国家标准

GB/T 16739.1—2004

汽车维修业开业条件
第1部分:汽车整车维修企业

代替 GB/T 16739.1—1997,
GB/T 16739.2—1997

Certification requirements for motor vehicle maintenance and repair enterprise—Part 1: for motor vehicle maintenance and repair

2004-01-06 发布 2005-01-01 实施

1 范围

本部分规定了汽车整车维修企业必须具备的人员、组织管理、设施、设备等条件。

本部分适用于汽车整车维修企业(一类、二类),是交通行政主管部门对汽车整车维修企业开业审核和管理的依据。

2 规范性引用文件

下列文件中的条款通过 GB/T 16739 的本部分的引用而成为本部分的条款。凡是注日期的引用文件,其随后所有的修改单(不包括勘误的内容)或修订版均不适用于本部分,然而,鼓励根据本部分达成协议的各方研究是否可使用这些文件的最新版本。凡是不注日期的引用文件,其最新版本适用于本部分。

GB/T 5624 汽车维修术语

GB/T 16739.2—2004 汽车维修业开业条件 第2部分 汽车专项维修业户

3 术语和定义

GB/T 5624 确立的以及下列术语和定义适用于 GB/T 16739 的本部分。

3.1

汽车整车维修企业 the enterprises for motor vehicle maintenance and repair

有能力对所维修车型的整车、各个总成及主要零部件进行各级维护、修理及更换,使汽车的技术状况和运行性能完全(或接近完全)恢复到原车的技术要求,并符合相应国家标准和行业标准的规定的汽车维修企业。按规模大小分为一类汽车整车维修企业和二类汽车整车维修企业。

3.2

小型车 small vehicle

车身总长不超过6m 的载客车辆和最大设计总质量不超过3 500kg 的载货车辆。

3.3

大、中型客车 large and medium passenger vehicle

车身总长超过6m 的载客车辆。

3.4

大型货车 heavy-duty goods vehicle

最大设计总质量超过3 500 kg 的载货车辆、挂车及专用汽车的车辆部分。

4 人员条件

4.1 企业管理负责人、技术负责人及检验、业务、价格核算、维修(机修、电器、钣金、油漆)等关键岗位至少应配备1人,并应经过有关培训,取得行业主管部门颁发的从业资格证书,持证上岗。

4.2 企业管理负责人应熟悉汽车维修业务,具备企业经营、管理能力,并了解汽车维修及相关行业的法规及标准。

4.3 技术负责人应具有汽车维修或相关专业的大专以上文化程度,或具有汽车维修或相关专业的中级以上专业技术职称。应熟悉汽车维修业务,并掌握汽车维修及相关行业的法规及标准。

4.4 检验人员数量应与其经营规模相适应,其中至少应有1名总检验员和1名进厂检验员。

4.5 业务人员应熟悉各类汽车维修检测作业,从事汽车维修工作3年以上,具备丰富的汽车技术状况诊断经验,熟练掌握汽车维修服务收费标准及相关政策法规。

4.6 企业工种设置应覆盖维修业务中涉及的各专业。维修人员的专业知识和业务技能应达到行业主管部门规定的要求。

5 组织管理条件

5.1 经营管理

5.1.1 应具有与汽车维修有关的法规等文件资料。

5.1.2 应具有规范的业务工作流程,并明示业务受理程序、服务承诺、用户抱怨受理制度等。

5.1.3 应具有健全的经营管理体系,设置技术负责、业务受理、质量检验、文件资料管理、材料管理、仪器设备管理、价格结算等岗位并落实责任人。

5.1.4 应实行计算机管理。

5.2 质量管理

5.2.1 应具有汽车维修的国家标准和行业标准以及相关技术标准。

5.2.2 应具有所维修车型的维修技术资料及工艺文件,确保完整有效并及时更新。

5.2.3 应具有汽车维修质量承诺、进出厂登记、检验、竣工出厂合格证管理、技术档案管理、标准和计量管理、设备管理及维护、人员技术培训等制度。

5.2.4 应建立汽车维修档案和进出厂登记台账。汽车维修档案应包括维修合同,进厂、过程、竣工检验记录,出厂合格证副页,结算凭证和工时、材料清单等。

6 安全生产条件

6.1 企业应具有与其维修作业内容相适应的安全管理制度和安全保护措施,建立并实施安全生产责任制。安全保护设施、消防设施等应符合有关规定。

6.2 企业应有各工种、各类机电设备的安全操作规程,并将安全操作规程明示在相应的工位或设备处。

6.3 使用、存储有毒、易燃、易爆物品,腐蚀剂,压力容器等均应有相应的安全防护措施和设施。

6.4 生产厂房和停车场应符合安全、环保和消防等各项要求。

7 环境保护条件

7.1 企业应具有废油、废液、废气、废蓄电池、废轮胎及垃圾等有害物质集中收集、有效处理和保持环境整洁的环境保护管理制度。有害物质存储区域应界定清楚,必要时应有隔离、控制措施。

7.2 作业环境以及按生产工艺配置的处理“三废”(废油、废液、废气)、通风、吸尘、净化、消声等设施,均应符合有关规定。

7.3 涂漆车间应设有专用的废水排放及处理设施,采用干打磨工艺的,应有粉尘收集装置和除尘设备,应设有通风设备。

7.4 调试车间或调试工位应设置汽车尾气收集净化装置。

8 设施条件

8.1 接待室(含客户休息室)

8.1.1 企业应设有接待室,一类企业的面积不少于 $40m^2$,二类企业的面积不少于 $20m^2$。

8.1.2 接待室应整洁明亮,明示各类证、照、主修车型、作业项目、工时定额及单价等,并应有客户休息的设施。

8.2 停车场

8.2.1 企业应有与承修车型、经营规模相适应的合法停车场地,一类企业的面积不少于 $200m^2$,二类企业的面积不少于 $150m^2$。

8.2.2 企业租赁的停车场地,应具有合法的书面合同书。

8.2.3 停车场地面平整坚实,区域界定标志明显。

8.3 生产厂房

8.3.1 生产厂房地面应平整坚实,面积应能满足表 1 ~ 表 3 所列设备的工位布置、生产工艺和正常作业,一类企业的面积不少于 $800m^2$,二类企业的面积不少于 $200m^2$。

8.3.2 租赁的生产厂房应具有合法的书面合同书。

9 设备条件

9.1 企业应配备与其所承修车型相适应的量具、机工具及手工具。量具应定期进行检定。

9.2 企业应配备表 1 ~ 表 3 所列的通用设备、专用设备及检测设备,其规格和数量应与其生产纲领和生产工艺相适应。

9.3 各种设备应符合相应的产品技术条件等国家标准和行业标准的要求。

9.4 各种设备应能满足加工、检测精度的要求和使用要求。表 3 所列检测设备应通过型式认定,并按规定经有资质的计量检定机构检定合格。

9.5 允许外协的设备,应具有合法的合同书,并能证明其技术状况符合 9.3 和 9.4 的要求。

表1 通 用 设 备

序 号	设 备 名 称	序 号	设 备 名 称
1	钻床	4	压力机
2	电焊及气体保护焊设备	5	空气压缩机
3	气焊设备		

表2 专 用 设 备

序号	设 备 名 称	大、中型客车	大型货车	小型车	其 他 要 求
1	换油设备		√		
2	轮胎轮辋拆装设备		√		
3	轮胎螺母拆装机	√	√	—	
4	车轮动平衡机		√		
5	四轮定位仪	—	—	√	
6	转向轮定位仪	√	√	—	
7	制动鼓和制动盘维修设备	√	√	—	
8	汽车空调冷媒加注回收设备	√	—	√	

表2(续)

序号	设备名称	大、中型客车	大型货车	小型车	其他要求
9	总成吊装设备		√		
10	汽车举升机	—	—	√	一类应不少于5台
11	地沟设施	√	√	—	一类应不少于2个
12	发动机检测诊断设备		√		应具备示波器、转速表、发动机检测专用真空表的功能
13	数字式万用电表		√		
14	故障诊断设备	—	—	√	
15	气缸压力表		√		
16	汽油喷油器清洗及流量测量仪	—	—	√	
17	正时仪		√		
18	燃油压力表	—	—	√	
19	液压油压力表		√		
20	连杆校正器		√		允许外协
21	无损探伤设备		√		修理大、中型客车必备,其他允许外协
22	车身清洗设备	—	—	√	
23	打磨抛光设备	√	—	√	
24	除尘除垢设备	√	—	√	
25	型材切割机		√		
26	车身整形设备		√		
27	车身校正设备	—	—	√	
28	车架校正设备	√	√	—	二类允许外协
29	悬架试验台	—	—	√	二类允许外协
30	喷烤漆房及设备	√	—	√	
31	喷油泵试验设备		√		允许外协
32	喷油器试验设备		√		
33	调漆设备	√	—	√	
34	自动变速器维修设备(见GB/T 16739.2—2004中5.4.4)	—	—	√	
35	立式精镗床		√		
36	立式珩磨机		√		
37	曲轴磨床		√		
38	曲轴校正设备		√		
39	凸轮轴磨床		√		
40	激光淬火设备		√		
41	曲轴、飞轮与离合器总成动平衡机		√		
注:√——要求具备,— ——不要求具备					

表3 主要检测设备

序 号	设备名称	其他要求
1	声级计	
2	排气分析仪或烟度计	
3	汽车前照灯检测设备	二类允许外协
4	侧滑试验台	二类允许外协
5	制动检验台	修理大型货车及二类允许外协
6	车速表检验台	二类允许外协
7	底盘测功机	允许外协

中华人民共和国国家标准

GB/T 16739.2—2004

代替 GB/T 16739.3—1997

汽车维修业开业条件 第 2 部分:汽车专项维修业户

Certification requirements for motor vehicle maintenance and repair enterprise—Part 2:for maintenance and repair of special items

2004-01-06 发布　　　　2005-01-01 实施

1 范围

本部分规定了汽车专项维修业户应具备的通用条件,以及各专项维修的经营范围、人员、设施、设备等条件。

本部分适用于汽车专项维修业户(三类),是交通行政主管部门对汽车专项维修业户开业审核和管理的依据。

2 规范性引用文件

下列文件中的条款通过 GB/T 16739 的本部分的引用而成为本部分的条款。凡是注日期的引用文件,其随后所有的修改单(不包括勘误的内容)或修订版均不适用于本部分,然而,鼓励根据本部分达成协议的各方研究是否可使用这些文件的最新版本。凡是不注日期的引用文件,其最新版本适用于本部分。

GB/T 5624　汽车维修术语

3 术语和定义

GB/T 5624 确立的以及下列术语和定义适用于 GB/T 16739 的本部分。

3.1

汽车专项维修业户　the enterprises for vehicle maintenance and repair of special items

从事汽车发动机、车身、电气系统、自动变速器、车身清洁维护、涂漆、轮胎动平衡及修补、四轮定位检测调整、供油系统维护及油品更换、喷油泵和喷油器维修、曲轴修磨、气缸镗磨、散热器(水箱)、空调维修、汽车装璜(篷布、座垫及内装饰)、汽车玻璃安装等专项维修作业的业户(三类)。

4 通用条件

4.1　从事专项维修关键岗位的人员数量应能满足生产的需要,并取得行业主管部门颁发的从业资格证书,持证上岗。

4.2　应具有相关的法规、标准、规章等文件以及相关的维修技术资料和工艺文件等,并确保完整有效、及时更新。

4.3　应具有规范的业务工作流程,并明示业务受理程序、服务承诺、用户抱怨受理制度等。

4.4　生产厂房的面积、结构及设施应满足专项维修作业设备的工位布置、生产工艺和正常作业要求。停车场地界定标志明显,不得占用道路和公共场所进行作业和停车,地面应平整坚实。租赁的生产厂房、停车场地应具有合法的书面合同书。应符合安全生产、环保和消防等各项要求。

4.5 配备的设备应与其生产作业规模及生产工艺相适应，其技术状况应完好，符合相应的产品技术条件等国家标准或行业标准的要求，并能满足加工、检测精度的要求和使用要求。检测设备及量具应按规定经有资质的计量检定机构检定合格。

4.6 使用、存储有毒、易燃、易爆物品，粉尘、腐蚀剂、污染物、压力容器等均应有安全防护措施和设施。作业环境以及按生产工艺安装、配置的处理“三废”（废油、废液、废气）、通风、吸尘、净化、消声等设施，均应符合国家有关法规、标准的规定。

5 专项维修经营范围、人员、设施、设备条件

5.1 发动机修理

5.1.1 人员条件

5.1.1.1 企业管理负责人、技术负责人及检验人员等均应经过有关培训，并取得行业主管部门颁发的从业资格证书，持证上岗。

5.1.1.2 企业管理负责人应熟悉汽车维修业务，具备企业经营、管理能力，并了解发动机维修及相关行业的法规及标准。

5.1.1.3 技术负责人应具有汽车维修或相关专业的大专以上文化程度，或具有汽车维修或相关专业的中级以上专业技术职称。应熟悉汽车维修业务，并掌握汽车维修相关行业的法规及标准。

5.1.1.4 检验人员应不少于2名。

5.1.1.5 发动机主修人员应不少于2名。

5.1.2 组织管理

5.1.2.1 应具有健全的经营管理体系，设置技术负责、业务受理、质量检验、文件资料管理、材料管理、仪器设备管理、价格结算等岗位并落实责任人。

5.1.2.2 应具有汽车维修质量承诺、进出厂登记、检验记录及技术档案管理、标准和计量管理、设备管理及维护、人员技术培训等制度并严格实施。

5.1.3 设施条件

5.1.3.1 应设有接待室，其面积应不少于20m^2。接待室应整洁明亮，明示各类证、照、作业项目及计费工时定额等，并应有客户休息的设施。

5.1.3.2 停车场面积应不少于30m^2。

5.1.3.3 生产厂房面积应不少于200m^2。

5.1.4 主要设备

主要设备包括：

a) 压力机；
b) 空气压缩机；
c) 发动机解体清洗设备；
d) 发动机等总成吊装设备；
e) 发动机试验设备；
f) 废油收集机；
g) 数字式万用电表；
h) 气缸压力表；
i) 量缸表；
j) 正时仪；
k) 汽油喷油器清洗及流量测量仪；
l) 燃油压力表；
m) 喷油泵试验设备；

n） 喷油器试验设备；
o） 连杆校正器；
p） 排气分析仪；
q） 烟度计；
r） 无损探伤设备；
s） 立式精镗床；
t） 立式珩磨机；
u） 曲轴磨床；
v） 曲轴校正设备；
w） 凸轮轴磨床；
x） 激光淬火设备；
y） 曲轴、飞轮与离合器总成动平衡机。

5.2 车身维修

5.2.1 人员条件

5.2.1.1 企业管理负责人、技术负责人及检验人员应符合5.1.1.1~5.1.1.3的要求。

5.2.1.2 检验人员应不少于1名。

5.2.1.3 车身主修及维修涂漆人员均不少于2名。

5.2.2 组织管理条件

企业的组织管理条件应符合5.1.2的要求。

5.2.3 设施条件

5.2.3.1 应设有接待室，其面积应不少于$20m^2$。接待室应整洁明亮，明示各类证、照、作业项目及计费工时定额等，并应有客户休息的设施。

5.2.3.2 停车场面积应不少于$30m^2$。

5.2.3.3 生产厂房面积应不少于$120m^2$。

5.2.4 主要设备

主要设备包括：
a） 电焊及气体保护焊设备；
b） 气焊设备；
c） 压力机；
d） 空气压缩机；
e） 汽车外部清洗设备；
f） 打磨抛光设备；
g） 除尘除垢设备；
h） 型材切割机；
i） 车身整形设备；
j） 车身校正设备；
k） 车架校正设备；
l） 车身尺寸测量设备；
m） 喷烤漆房及设备；
n） 调漆设备（允许外协）。

5.3 电气系统维修

5.3.1 人员条件

5.3.1.1 企业管理负责人、技术负责人及检验人员应符合5.1.1.1~5.1.1.3的要求。

5.3.1.2 检验人员应不少于1名。

5.3.1.3 电子电器主修人员应不少于2名。

5.3.2 组织管理条件

企业的组织管理条件应符合5.1.2的要求。

5.3.3 设施条件

5.3.3.1 应设有接待室，其面积应不少于20m²。接待室应整洁明亮，明示各类证、照、作业项目及计费工时定额等，并应有客户休息的设施。

5.3.3.2 停车场面积应不少于30m²。

5.3.3.3 生产厂房面积应不少于120m²。

5.3.4 主要设备

主要设备包括：

a) 空气压缩机；

b) 故障诊断设备；

c) 数字式万用电表；

d) 充电机；

e) 电解液比重计；

f) 高频放电叉；

g) 汽车前照灯检测设备(允许外协)；

h) 电路检测设备。

5.4 自动变速器修理

5.4.1 人员条件

5.4.1.1 企业管理负责人、技术负责人及检验人员应符合5.1.1.1~5.1.1.3的要求。

5.4.1.2 检验人员应不少于1名。

5.4.1.3 自动变速器专业主修人员应不少于2名。

5.4.2 组织管理条件

企业的组织管理条件应符合5.1.2的要求。

5.4.3 设施条件

5.4.3.1 应设有接待室，其面积应不少于20m²。接待室应整洁明亮，明示各类证、照、作业项目及计费工时定额等，并应有客户休息的设施。

5.4.3.2 停车场面积应不少于30m²。

5.4.3.3 生产厂房面积应不少于200m²。

5.4.4 主要设备

主要设备包括：

a) 自动变速器翻转设备；

b) 自动变速器拆解设备；

c) 变扭器维修设备；

d) 变扭器切割设备；

e) 变扭器焊接设备；

f) 变扭器检测(漏)设备；

g) 零件高压清洗设备；

h) 电控变速器测试仪；

i) 油路总成测试机；

j) 液压油压力表；

k） 自动变速器总成测试机；

l） 自动变速器专用测量器具。

5.5 车身清洁维护

5.5.1 人员条件

至少有2名经过专业培训的车身清洁人员。

5.5.2 设施条件

生产厂房面积不少于40m²。停车场面积不少于30m²。

5.5.3 主要设备

主要设备包括：

a） 举升设备或地沟；

b） 汽车外部清洗设备及污水处理设备；

c） 吸尘设备；

d） 除尘、除垢设备；

e） 打蜡设备；

f） 抛光设备。

5.5.4 节水条件

取得节水管理部门的批准，符合当地节水及环保要求。

5.6 涂漆

5.6.1 人员条件

至少有1名经过专业培训的汽车维修涂漆人员。

5.6.2 设施条件

生产厂房面积不少于120m²。停车场面积不少于40m²。

5.6.3 主要设备

主要设备包括：

a） 举升设备；

b） 除锈设备；

c） 砂轮机；

d） 空气压缩机；

e） 喷烤漆房（从事轿车喷漆必备）或喷漆设备；

f） 调漆设备（允许外协）；

g） 吸尘、通风设备。

5.7 轮胎动平衡及修补

5.7.1 人员条件

至少有1名经过专业培训的轮胎维修人员。

5.7.2 设施条件

生产厂房面积不少于30m²。停车场面积不少于30m²。

5.7.3 主要设备

主要设备包括：

a） 空气压缩机；

b） 漏气试验设备；

c） 轮胎气压表；

d） 千斤顶；

e） 轮胎螺母拆装机或专用拆装工具；

f） 轮胎轮辋拆装、除锈设备或专用工具；

g） 轮胎修补设备；

h） 车轮动平衡机。

5.8 四轮定位检测调整

5.8.1 人员条件

至少有1名经过专业培训的汽车维修人员。

5.8.2 设施条件

生产厂房面积不少于$40m^2$。停车场面积不少于$30m^2$。

5.8.3 主要设备

主要设备包括：

a） 举升设备；

b） 四轮定位仪；

c） 空气压缩机；

d） 轮胎气压表。

5.9 供油系统维护及油品更换

5.9.1 人员条件

至少有1名经过专业培训的汽车维修人员。

5.9.2 设施条件

生产厂房面积不少于$40m^2$。停车场面积不少于$30m^2$。

5.9.3 主要设备

主要设备包括：

a） 不解体油路清洗设备；

b） 换油设备；

c） 废油收集设备；

d） 举升设备或地沟；

e） 空气压缩机。

5.10 喷油泵和喷油器维修

5.10.1 人员条件

至少有1名经过专业培训的汽车高压油泵维修人员。

5.10.2 设施条件

生产厂房面积不少于$30m^2$。停车场面积不少于$30m^2$。

5.10.3 主要设备

主要设备包括：

a） 喷油泵、喷油器清洗和试验设备；

b） 喷油泵-喷油器密封性试验设备（从事喷油泵、喷油器维修的业户）；

c） 弹簧试验仪；

d） 千分尺；

e） 厚薄规。

5.11 曲轴修磨

5.11.1 人员条件

至少有1名经过专业培训的曲轴修磨人员。

5.11.2 设施条件

生产厂房面积不少于$60m^2$。停车场面积不少于$30m^2$。

5.11.3 主要设备

主要设备包括:

a) 曲轴磨床;

b) 曲轴校正设备;

c) 曲轴动平衡设备;

d) 平板;

e) V形块;

f) 百分表及磁力表座;

g) 外径千分尺;

h) 无损探伤设备;

i) 吊装设备。

5.12 气缸镗磨

5.12.1 人员条件

至少有1名经过专业培训的气缸镗磨人员。

5.12.2 设施条件

生产厂房面积不少于60m²。停车场面积不少于30m²。

5.12.3 主要设备

主要设备包括:

a) 立式精镗床;

b) 立式珩磨机;

c) 压力机;

d) 吊装起重设备;

e) 气缸体水压试验设备;

f) 量缸表;

g) 外径千分尺;

h) 厚薄规;

i) 激光淬火设备(从事激光淬火必备);

j) 平板。

5.13 散热器(水箱)维修

5.13.1 人员条件

至少有1名经过专业培训的专业维修人员。

5.13.2 设施条件

生产厂房面积不少于30m²。停车场面积不少于30m²。

5.13.3 主要设备

主要设备包括:

a) 清洗及管道疏通设备;

b) 气焊设备;

c) 钎焊设备;

d) 空气压缩机;

e) 喷漆设备;

f) 散热器密封试验设备。

5.14 空调维修

5.14.1 人员条件

至少有1名经过专业培训的汽车空调维修人员。

5.14.2 设施条件

生产厂房面积不少于$40m^2$。停车场面积不少于$30m^2$。

5.14.3 主要设备

主要设备包括:

a) 汽车空调冷媒加注回收设备;

b) 气焊设备;

c) 空调电器检测设备;

d) 空调专用检测设备;

e) 数字式万用电表。

5.15 汽车装潢(篷布、座垫及内装饰)

5.15.1 人员条件

至少有1名经过专业培训的维修人员。

5.15.2 设施条件

生产厂房面积不少于$30m^2$。停车场面积不少于$30m^2$。

5.15.3 主要设备

主要设备包括:

a) 缝纫机;

b) 锁边机;

c) 工作台或工作案;

d) 台钻或手电钻;

e) 电熨斗;

f) 裁剪工具;

g) 烘干设备。

5.16 汽车玻璃安装

5.16.1 人员条件

至少有1名经过专业培训的维修人员。

5.16.2 设施条件

生产厂房面积不少于$30m^2$。停车场面积不少于$30m^2$。

5.16.3 主要设备

主要设备包括:

a) 工作台;

b) 玻璃切割工具;

c) 注胶工具;

d) 玻璃固定工具;

e) 直尺、弯尺;

f) 玻璃拆装工具;

g) 吸尘器。

中华人民共和国国家标准

GB/T 18189—2000

摩托车维修业开业条件

Requirements for industry of motorcycle maintenance and repair being managed

2000-09-07发布　　　　2001-10-01实施

1 范围

本标准规定了一类摩托车维修企业的环境与场地、设备、人员、管理制度以及流动资金等条件。本标准适用于一类、二类摩托车维修企业开业、审批和年度审验。

2 定义

本标准采用下列定义。

2.1

摩托车维修　motorcycle maintenance and repair

摩托车维护和修理的泛称。

2.2

总成大修　major repair of unit

用修理或更换主要零部件的方法,恢复摩托车总成完好技术状况和完全(或接近完全)恢复摩托车总成寿命的恢复性修理。

2.3

摩托车维护　motorcycle maintenance

为维持摩托车完好技术状况或工作能力而进行的作业。

2.4

摩托车小修　current repair of motorcycle

用更换或修理个别零件的方法,保证或恢复摩托车工作能力的运行性修理。

2.5

开业条件　requirements for being managed

摩托车维修企业在环境与场地、设备、人员、管理制度以及流动资金必须具备的基本条件。

3 分类

摩托车维修业共分两类,分别为一类摩托车维修企业和二类摩托车维修业户。

3.1 一类摩托车维修企业

从事摩托车总成大修、摩托车维护及摩托车小修的企业。

3.2 二类摩托车维修业户

从事摩托车维护、摩托车小修的业户。

4 一类摩托车维修企业开业条件

4.1 环境与场地

4.1.1 企业应有与维修作业相适应的生产厂房和停车场。

4.1.2 生产作业厂房面积不少于80m²。

4.1.3 生产厂房不得用易燃材料建造。厂房应整洁、明亮,通风、排水、照明设施良好,消防及安全防护设施齐全有效并符合国家有关规定。

4.1.4 企业的环境保护条件必须符合国家环境保护的有关规定。

4.2 设备

摩托车维修企业应配备与其维修作业相适应的维修、检测设备。所有设备应保持完好,其性能精度应符合有关要求。

4.2.1 维修设备(工具)

a) 零件清洗设备;
b) 镗缸设备(允许外协);
c) 磨缸设备(允许外协);
d) 气门座铣削及气门与门座研磨设备或工具;
e) 举升作业平台(不少于3台);
f) 轮胎拆装设备或专用工具;
g) 补胎专用工具;
h) 充电设备;
i) 钻床;
j) 涂漆设备(允许外协);
k) 压力机;
l) 空气压缩机;
m) 钳工作业台及工具;
n) 焊接设备;
o) 砂轮机;
p) 维修专用工具及各种拉压具;
q) 扭力扳手。

4.2.2 量具、仪表

a) 外径千分尺;
b) 内径千分尺;
c) 磁吸表座;
d) 游标卡尺;
e) 厚薄规;
f) 万用表;
g) 转速表;
h) 轮胎气压表;
i) 气缸压力表;
j) 点火正时测试仪;
k) 检验平板;
l) 平尺;
m) 排气分析仪;

n） 制动试验台（允许外协）。

4.3 人员

4.3.1 管理人员

a） 必须至少有一名具有本专业知识并取得所从事专业或相关专业初级以上任职资格证书、为本企业正式聘用的专职技术人员负责技术管理和质量管理工作；

b） 应有取得“会计证”的财务人员和经交通行业培训的价格结算人员（价格结算人员可由财务人员兼任）。

4.3.2 技术工人

a） 直接从事生产的技术工人不少于 6 人，应至少有 2 名中级以上摩托车维修工，并配备持证焊工；

b） 各工种技术工人必须经交通行业培训，持证上岗。

4.3.3 质量检验人员

必须至少配备 1 名专职质量检验员，负责摩托车进厂检验、过程检验和竣工出厂检验。

a） 质量检验人员应具有摩托车维修中级工以上证书，同时应持有相应的摩托车驾驶证；

b） 质量检验人员必须经过交通行业培训考核，并取得“质量检验员证”，持证上岗。

4.4 管理制度

4.4.1 质量管理

a） 应备有国家、行业和地方的有关摩托车维修技术标准及所承修摩托车的维修技术资料；

b） 应制定质量保证制度、检验制度、技术档案管理制度、设备管理及其他相应制度。

4.4.2 安全生产

应制定有关的安全管理制度和安全操作规程。

4.5 流动资金

一类摩托车维修企业的流动资金不少于 5 万元。

4.6 中外合资（合作）维修企业和特约维修中心（站）条件

4.6.1 中外合资（合作）的摩托车维修企业，必须是一类摩托车维修企业。除符合本标准的有关规定外，还应符合国家对合资（合作）企业特定的各项要求。

4.6.2 特约维修中心（站）必须为一类摩托车维修企业。除符合本标准的有关规定外，还应符合摩托车生产厂家对特约维修中心（站）特定的各项要求。

5 二类摩托车维修业户开业条件

5.1 环境与场地

5.1.1 业户应有与维修作业相适应的生产厂房和停车场地。

5.1.2 生产作业厂房面积不少于 $30m^2$。

5.1.3 生产厂房不得用易燃材料建造。厂房应整洁、明亮，通风、排水、照明设施良好，消防及安全防护设施齐全并符合国家有关规定。

5.1.4 业户的环境保护条件必须符合国家环境保护的有关规定。

5.2 设备

摩托车维修业户应配备与其维修作业相适应的维修、检测设备。所有设备应保持完好，其性能精度应符合有关标准要求。

5.2.1 维修设备（工具）

a） 零件清洗设备；

b） 气门研磨设备或工具；

c） 举升作业平台；

d） 轮胎拆装设备或专用工具；

e） 补胎专用工具；

f） 充电设备；

g） 压力机；

h） 空气压缩机；

i） 砂轮机；

j） 钳工作业台及工具；

k） 维修专用工具及各种拉压具。

5.2.2 量具、仪表

a） 外径千分尺；

b） 内径千分尺；

c） 磁吸表座；

d） 游标卡尺；

e） 厚薄规；

f） 万用表；

g） 转速表；

h） 轮胎气压表；

i） 气缸压力表。

5.3 人员

5.3.1 维修业户必须有专人负责技术、质量管理工作。

5.3.2 直接从事生产的技术工人不少于2人。

5.3.3 技术工人必须经交通行业培训，持证上岗。

5.4 管理制度

5.4.1 必须备有所承修摩托车的维修技术资料及有关技术标准。

5.4.2 应制定质量保证制度、检验制度、技术档案管理制度、设备管理及其他相应制度。

5.4.3 应制定有关的安全管理制度和安全操作规程。

5.5 流动资金

二类摩托车维修业户的流动资金不少于1万元。

中华人民共和国国家标准

GB/T 18344—2001

汽车维护、检测、诊断技术规范

Specification for the inspection and maintenance of motor vehicle

2001-03-26 发布　　　　2001-12-01 实施

1　范围

本标准规定了汽车日常维护、一级维护、二级维护的周期,作业内容和技术规范。

本标准适用于所有在用汽车。

2　引用标准

下列标准所包含的条文,通过在本标准中引用而构成为本标准的条文。本标准出版时,所示版本均为有效。所有标准都会被修订,使用本标准的各方应探讨使用下列标准最新版本的可能性。

GB 7258—1997　机动车运行安全技术条件

3　定义

本标准采用下列定义。

3.1

日常维护　routine maintenance

以清洁、补给和安全检视为作业中心内容,由驾驶员负责执行的车辆维护作业。

3.2

一级维护　elementary maintenance

除日常维护作业外,以清洁、润滑、紧固为作业中心内容,并检查有关制动、操纵等安全部件,由维修企业负责执行的车辆维护作业。

3.3

二级维护　complete maintenance

除一级维护作业外,以检查、调整转向节、转向摇臂、制动蹄片、悬架等经过一定时间的使用容易磨损或变形的安全部件为主,并拆检轮胎,进行轮胎换位,检查调整发动机工作状况和排气污染控制装置等,由维修企业负责执行的车辆维护作业。

4　汽车维护分级和周期

4.1　汽车维护的分级

日常维护,一级维护,二级维护。

4.2　汽车维护的周期

4.2.1　日常维护的周期

出车前,行车中,收车后。

4.2.2　一级维护、二级维护的周期

4.2.2.1 汽车一、二级维护周期的确定,应以汽车行驶里程为基本依据。

汽车一、二级维护行驶里程依据车辆使用说明书的有关规定,同时依据汽车使用条件的不同,由省级交通行政主管部门规定。

4.2.2.2 一、二级维护时间间隔,对于不使用行驶里程统计、考核的汽车,可用行驶时间间隔确定一、二级维护周期。其时间(天)间隔可依据汽车使用强度和条件的不同,参照汽车一、二级维护里程周期确定。

5 日常维护

5.1 对汽车外观、发动机外表进行清洁,保持车容整洁。

5.2 对汽车各部润滑油(脂)、燃油、冷却液、制动液、各种工作介质、轮胎气压进行检视补给。

5.3 对汽车制动、转向、传动、悬挂、灯光、信号等安全部位和位置以及发动机运转状态进行检视、校紧,确保行车安全。

6 一级维护

一级维护作业内容见表1。

表1 一级维护作业内容

序号	项目	作业内容	技术要求
1	点火系	检查、调整	工作正常
2	发动机空气滤清器、空压机空气滤清器、曲轴箱通风系空气滤清器、机油滤清器和燃油滤清器	清洁或更换	各滤芯应清洁无破损,上下衬垫无残缺,密封良好;滤清器应清洁,安装牢固
3	曲轴箱油面、化油器油面、冷却液液面、制动液液面高度	检查	符合规定
4	曲轴箱通风装置、三效催化转化装置	外观检查	齐全、无损坏
5	散热器、油底壳、发动机前后支垫、水泵、空压机、进排气歧管、化油器、输油泵、喷油泵连接螺栓	检查校紧	各连接部位螺栓、螺母应紧固,锁销、垫圈及胶垫应完好有效
6	空压机、发电机、空调机皮带	检查皮带磨损、老化程度,调整皮带松紧度	符合规定
7	转向器	检查转向器液面及密封状况,润滑万向节十字轴、横直拉杆、球头销、转向节等部位	符合规定
8	离合器	检查调整离合器	操纵机构应灵敏可靠;踏板自由行程应符合规定
9	变速器、差速器	检查变速器、差速器液面及密封状况,润滑传动轴万向节十字轴、中间轴承,校紧各部连接螺栓,清洁各通气塞	符合规定
10	制动系	检查紧固各制动管路,检查调整制动踏板自由行程	制动管路接头应不漏气,支架螺栓紧固可靠,制动联动机构应灵敏可靠,储气筒无积水,制动踏板自由行程符合规定

表 1(续)

序号	项　目	作业内容	技术要求
11	车架、车身及各附件	检查、紧固	各部螺栓及拖钩、挂钩应紧固可靠,无裂损,无窜动,齐全有效
12	轮胎	检查轮辋及压条挡圈;检查轮胎气压(包括备胎),并视情况补气;检查轮毂轴承间隙	轮辋及压条挡圈应无裂损、变形;轮胎气压应符合规定,气门嘴帽齐全;轮毂轴承间隙无明显松旷
13	悬架机构	检查	无损坏,连接可靠
14	蓄电池	检查	电解液液面高度应符合规定,通气孔畅通,电桩夹头清洁、牢固
15	灯光、仪表、信号装置	检查	齐全有效,安装牢固
16	全车润滑点	润滑	各润滑嘴安装正确,齐全有效
17	全车	检查	全车不漏油、不漏水、不漏气、不漏电、不漏尘,各种防尘罩齐全有效
注:技术要求栏中的"符合规定"指符合实际使用中的有关规定			

7　二级维护

7.1　二级维护作业过程

汽车二级维护时首先要进行检测,汽车进厂后,根据汽车技术档案的记录资料(包括车辆运行记录,维修记录,检测记录,总成修理记录等)和驾驶员反映的车辆使用技术状况(包括汽车动力性,异响,转向,制动及燃、润料消耗等)确定所需检测项目,依据检测结果及车辆实际技术状况进行故障诊断,从而确定附加作业项目。附加作业项目确定后与基本作业项目一并进行二级维护作业。二级维护过程中要进行过程检验,过程检验项目的技术要求应满足有关的技术标准或规范。二级维护作业完成后,应经维修企业进行竣工检验,竣工检验合格的车辆,由维修企业填写《汽车维护竣工出厂合格证》后方可出厂。

7.2　二级维护工艺过程图如图 1 所示。

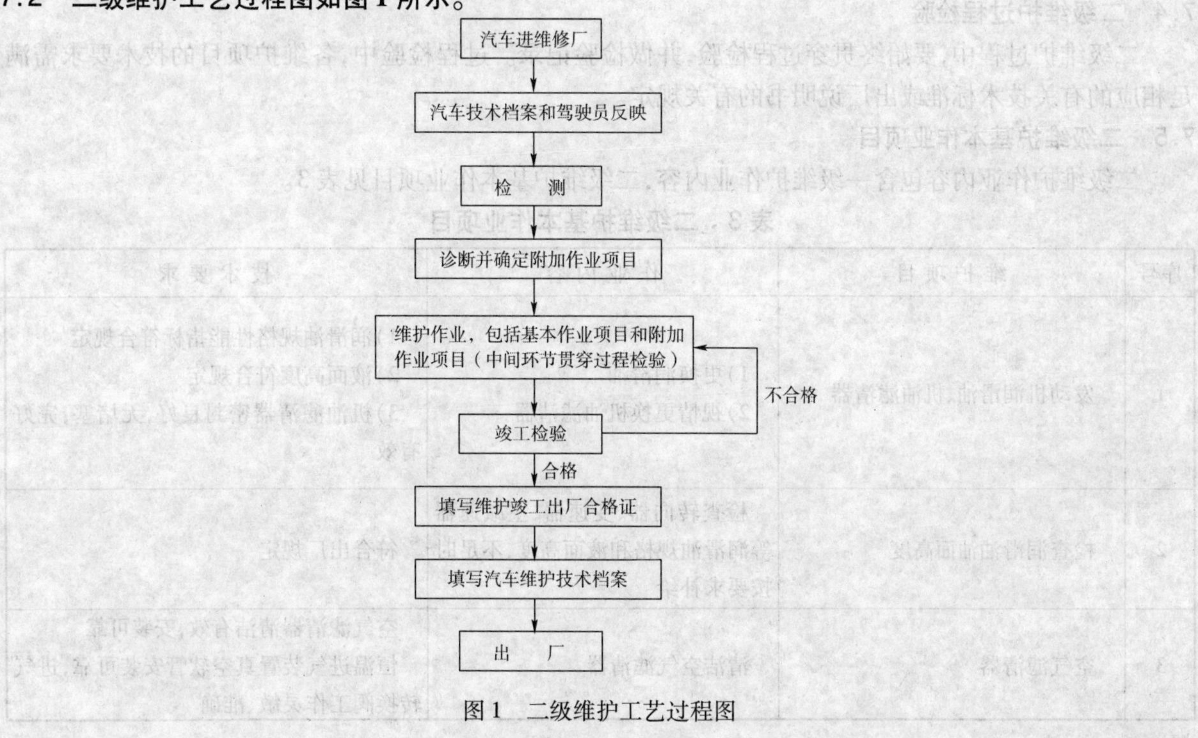

图 1　二级维护工艺过程图

7.3　汽车二级维护检测、诊断

7.3.1　对汽车二级维护检测项目进行检测时,应使用该检测项目的专用检测仪器,仪器精度须满足有关规定。

7.3.2　汽车二级维护检测项目的技术要求应参照国家有关的技术标准,或原厂要求。

7.3.3　汽车二级维护检测项目见表2。

表2　汽车二级维护检测项目

序　号	检　测　项　目
1	发动机功率,气缸压力
2	汽车排气污染物,三效催化转化装置的作用
3	电控燃油喷射系统
4	柴油车检查供油提前角、供油间隔角和喷油泵供油压力
5	制动性能,检查制动力
6	转向轮定位,主要检查前轮定位角和转向盘自由转动量
7	车轮动平衡
8	前照灯
9	操纵稳定性,有无跑偏、发抖、摆头
10	变速器,有无泄漏、异响、松脱、裂纹等现象,换挡是否轻便灵活
11	离合器,有无打滑、发抖现象,分离是否彻底,接合是否平稳
12	传动轴,有无泄漏、异响、松脱、裂纹等现象
13	后桥,主减速器有无泄漏、异响、松动、过热等现象

7.3.4　汽车二级维护附加作业项目的确定,根据检测结果进行汽车故障诊断,确定以消除汽车故障为目的的二级维护附加作业项目和作业内容,恢复汽车的正常技术状况。附加作业项目确定后与基本作业项目一并进行二级维护作业。

7.4　二级维护过程检验

二级维护过程中,要始终贯穿过程检验,并做检验记录。过程检验中,各维护项目的技术要求需满足相应的有关技术标准或出厂说明书的有关规定。

7.5　二级维护基本作业项目

二级维护作业内容包含一级维护作业内容,二级维护基本作业项目见表3。

表3　二级维护基本作业项目

序号	维 护 项 目	作 业 内 容	技 术 要 求
1	发动机润滑油、机油滤清器	1)更换润滑油 2)视情更换机油滤清器	1)润滑油规格性能指标符合规定 2)液面高度符合规定 3)机油滤清器密封良好,无堵塞,完好有效
2	检查润滑油油面高度	检查转向器、变速器、主减速器等润滑油规格和液面高度,不足时按要求补给	符合出厂规定
3	空气滤清器	清洁空气滤清器	空气滤清器清洁有效,安装可靠 恒温进气装置真空软管安装可靠,进气转换阀工作灵敏、准确

表3(续)

序号	维护项目	作业内容	技术要求
4	1)燃油箱及油管 2)燃油滤清器 3)燃油泵	1)检查接头及密封情况 2)清洁燃油滤清器,并视情更换 3)检查燃油泵,必要时更换	1)接头无破损、渗漏,紧固可靠 2)燃油滤清器工作正常 3)燃油泵工作正常,油压符合规定
5	燃油蒸发控制装置	检查清洁,必要时更换	工作正常
6	曲轴箱通风装置	检查、清洁	清洁畅通,连接可靠,不漏气,各阀门无堵塞、卡滞现象,灵敏有效,符合规定
7	散热器、膨胀箱、百叶窗、水泵、节温器、传动皮带	1)检查密封情况、箱盖压力阀、液面高度、水泵 2)检视皮带外观,调整皮带松紧度	1)散热器及软管无变形、破损及渗漏;箱盖接合表面良好,胶垫不老化、箱盖压力阀开启压力符合要求;水泵不漏水,无异响;节温器工作性能符合规定 2)皮带应无裂痕和过量磨损,表面无油污,皮带松紧度符合规定
8	1)进、排气歧管、消声器、排气管 2)气缸盖	1)检查、紧固,视情补焊或更换 2)按规定次序和扭紧力矩校紧气缸盖	1)无裂纹、漏气,消声器性能良好 2)扭紧力矩符合规定
9	增压器、中冷器	检查、清洁	符合规定
10	发动机支架	检查、紧固	连接牢固,无变形和裂纹
11	化油器及联动机构	清洁、检查、紧固	清洁,联动机构运动灵活,连接牢固,无漏油、气现象,工作系统和附加装置工作正常
12	喷油器、喷油泵	检查喷油器和喷油泵的作用,必要时检测喷油压力和喷油状况,视情调整供油提前角	1)喷油器雾化良好,无滴油、漏油现象,喷油压力符合规定 2)供油提前角符合规定
13	分电器、高压线	清洁、检查	分电器无油污,调整触点间隙在规定范围内,无松旷、漏电现象,高压线性能符合规定
14	火花塞	清洁、检查或更换火花塞,调整电极间隙	电极表面清洁,间隙符合规定
15	气门间隙	检查调整	符合规定
16	电控燃油喷射系统供油管路	检查密封状况	密封良好,作用正常
17	三效催化装置	检查三效催化装置的作用,必要时更换	作用正常
18	离合器	检查调整离合器踏板自由行程	离合器踏板自由行程符合规定

表3(续)

序号	维护项目	作业内容	技术要求
		1)检查前轮制动器调整臂的作用	作用正常
		2)拆卸前轮毂总成、制动蹄、支承销;清洗转向节、轴承、支承销,清洁制动底板等零件	清洁,无油污
		3)检查制动盘、制动凸轮轴,校紧装置螺栓	1)制动底板不变形,按规定力矩拧紧装置螺栓 2)凸轮轴转动灵活,无卡滞,转向间隙符合规定
		4)检查转向节、螺母、保险片及油封、转向节臂,校紧装置螺栓	1)转向节无裂纹,螺纹完好,与螺母配合应无径向松旷,保险片作用良好,油封完好不漏油 2)转向节轴径与轴承的配合间隙符合要求,转向节臂装置螺栓拧紧力矩符合规定
		5)检查内外轴承	滚柱保持架无断裂,滚柱不脱落,无裂损和烧蚀,轴承内圈无裂损和烧蚀
		6)检查制动蹄及支承销	1)制动蹄无裂纹及明显变形,摩擦片不破裂,铆接可靠,摩擦片厚度符合规定 2)支承销无过量磨损,支承销与制动蹄承孔衬套配合间隙符合规定
19	前轮制动	7)检查制动蹄复位弹簧	复位弹簧应无明显变形,自由长度、拉力符合规定
		8)检查前轮毂、制动鼓及轴承外座圈,校紧轮胎螺栓内螺母	1)轮毂无裂损 2)轴承外座圈无裂纹、无麻点、无烧蚀 3)制动鼓无裂纹,外边缘不得高出工作表面,检视孔完整,内径尺寸、圆度误差、左右内径差符合规定 4)轮胎螺栓齐全完好,规格一致,按规定力矩拧紧
		9)装置前轮毂、调整前轮轴承松紧度及制动间隙	1)装复支承销,制动蹄支承销孔均应涂润滑脂,开口销或卡簧齐全有效 2)润滑轴承 3)制动鼓、制动片表面清洁,无油污 4)制动片与制动鼓的间隙应符合规定,转动无碰擦现象或声响,检视孔挡板齐全 5)轮毂转动灵活,用拉力计测量时可转动,且无轴向间隙 6)锁紧螺母按规定力矩拧紧 7)保险可靠,防尘罩、衬垫完好,螺栓垫圈齐全紧固(螺栓规格一致)

表3(续)

序号	维护项目	作业内容	技术要求
20	后轮制动	1)拆半轴、轮毂总成、制动蹄、支承销,清洗各零件及制动底板、半轴套管	1)轮毂通气孔畅通 2)各零件及制动盘、后桥套管清洁无油污
		2)检查制动底板、制动凸轮轴,校紧连接螺栓	1)制动底板不变形,连接螺栓按规定力矩紧固 2)凸轮轴转动灵活,无卡滞,轴向间隙和径向间隙符合规定
		3)检查后桥半轴套管、螺母及油封	1)套管无裂纹及明显松动,与螺母配合无径向松旷 2)油封完好,无损坏,无漏油 3)套管颈与轴承配合间隙符合规定
		4)检查内外轴承	1)轴承保持架无断裂,滚柱不脱落,无裂损和烧蚀 2)轴承内座圈无裂纹、烧蚀
		5)检查制动蹄及支承销	1)制动蹄无裂纹及变形,摩擦片不破裂,铆接可靠,摩擦片厚度符合规定 2)支承销与制动蹄承孔衬套配合间隙符合规定 3)支承销无过量磨损
		6)检查制动蹄复位弹簧	复位弹簧无变形,自由长度符合规定,拉力良好
		7)检查后轮毂、制动鼓及轴承外座圈,检查扭紧半轴螺栓,检查轮胎螺栓,校紧内螺母	1)轮毂无裂损 2)轴承外座圈不松动,无损坏 3)制动鼓无裂纹,内径、圆度误差、左右内径差符合规定,外边缘不得高出工作表面,制动鼓检视孔完整 4)半轴螺栓齐全有效
		8)检查半轴	半轴无明显弯曲,不磨套管,无裂纹,花键无过量磨损或扭曲变形
		9)装复后轮毂,调整制动间隙	1)装复支承销、制动蹄片时,承孔均应涂润滑脂,开口销或卡簧齐全可靠 2)润滑轴承 3)套管轴颈表面应涂机油后再装上轴承 4)制动蹄片、制动鼓面应清洁,无油污 5)制动蹄片与制动鼓的间隙应符合规定,转动无碰擦现象或声响,检视孔挡板齐全紧固 6)轮毂转动灵活,拉力符合规定 7)锁紧螺母按规定力矩拧紧

表3(续)

序号	维护项目	作业内容	技术要求
21	转向器、转向传动机构	1)检查转向器传动机构的工作状况和密封性,校紧各部螺栓 2)检查调整转向盘自由转动量	转向盘自由转动量符合规定,转向轻便、灵活,无卡滞和漏油现象,垂臂及转向节臂无弯曲及裂损,各部螺栓连接可靠
22	前束及转向角	调整	符合规定
23	变速器、差速器	检查密封状况和操纵机构,清洁通气孔	密封良好,通气孔畅通,操纵机构作用正常,无异响、跳动、乱挡现象
24	传动轴、传动轴承支架、中间轴承	1)检查防尘罩 2)检查传动轴万向节工作状态 3)检查传动轴承支架 4)检查中间轴承间隙	1)防尘罩不得有裂纹、损坏,卡箍可靠,支架无松动 2)万向节不松旷,无卡滞,无异响 3)传动轴承支架无松动 4)中间轴承间隙符合规定
25	空气压缩机、贮气筒、安全阀	清洁,校紧	清洁、连接可靠,无漏气,安全阀工作正常
26	制动阀、制动管路、制动踏板	1)检查制动踏板自由行程 2)检查紧固制动阀和管路接头 3)液压制动检查制动管路内是否有气	1)制动踏板自由行程符合规定 2)制动阀和管路接头连接可靠,无漏气 3)液压制动管路内无气
27	驻车制动	检查驻车制动性能,检查驻车制动器自由行程	符合规定,作用正常
28	悬架	检查、紧固,视情补焊、校正	不松动,无裂纹,无断片,按规定拧紧力矩紧固螺栓
29	轮胎(包括备胎)	检查紧固,补气,进行轮胎换位,磨损严重时更换轮胎	气压符合规定,清洁,无裂损、老化、变形,气门嘴完好,轮胎螺栓紧固,轮胎的装用符合规定
30	发电机、发电机调节器、起动机	清洁,润滑	符合规定
	蓄电池	检查,清洁,补给	清洁,安装牢固,电解液液面符合规定
31	前照灯、仪表、喇叭、刮水器、全车电器线路	检查、调整,必要时修理或更换	1)前照灯、喇叭、各仪表及信号装置功能齐全、有效,符合规定 2)刮水器电机运转无异响,连动杆连接可靠 3)全车线路整齐,连接可靠,绝缘良好
32	车身、车架、安全带	检查、紧固	性能可靠,工作良好 无变形、断裂、脱焊,连接螺栓、铆钉紧固
33	内装饰	检查、紧固	设备完好,无松动
34	空调装置	检查空调系统工作状况、密封状况	1)制冷系统密封,制冷效果良好 2)暖气装置工作正常
35	润滑	全车加注润滑脂的部位全部润滑	润滑脂嘴齐全有效,润滑良好
注:技术要求栏中的“符合规定”指符合实际应用中有关技术规定或技术要求			

7.6 二级维护竣工检验

汽车在维修企业进行二级维护后，必须进行竣工检验；各项目参数符合国家或行业及地方标准；竣工检验合格的车辆填写维护竣工出厂合格证后方可出厂。检验不合格的车辆应进行进一步的检测、诊断和维护，直到达到维护竣工技术要求为止。

二级维护竣工要求见表4。

表4 二级维护竣工要求

序号	检测部位	检测项目	技术要求	备注
1	整车	1)清洁	汽车外部、各总成外部、三滤应清洁	检视
		2)面漆	车身面漆、腻子无脱落现象，补漆颜色应与原色基本一致	检视
		3)对称	车体应周正，左右对称	汽车平置检查
		4)紧固	各总成外部螺栓、螺母按规定力矩扭紧，锁销齐全有效	检查
		5)润滑	发动机、变速器、转向器、减速器润滑符合规定，各通气孔畅通。各部润滑点润滑脂加注符合要求，滑脂嘴齐全有效，安装位置正确	检视
		6)密封及电器	全车无油、水、气泄漏，密封良好，电器装置工作可靠，绝缘良好	检视
		7)前照灯、信号、仪表、刮水器、后视镜等装置	稳固、齐全、有效 符合有关规定	检视
2	发动机	1)发动机工作状况	发动机能正常启动，低、中、高速运转均匀及稳定，水温正常，加速性能良好，无断缸、回火、放炮等现象，发动机运转稳定后应无异响	路试
		2)发动机功率	无负荷功率不小于额定值的80%	检测
		3)发动机装备	齐全有效	检视
3	离合器	1)踏板自由行程	符合原厂规定	检测
		2)离合情况	接合平稳，分离彻底，无打滑、抖动及异响	路试
4	转向系	1)转向盘最大转动量	符合规定	检查
		2)横直拉杆装置	球头销不松旷，各部螺栓螺母紧固，锁止可靠	检查
		3)转向机构	操作轻便、转动灵活，无摆振、跑偏等现象，车轮转到极限位置时，不得与其他部件有碰擦现象	路试
		4)前束及最大转向角	符合规定	检测
		5)侧滑	符合GB 7258中的有关规定	检测
5	传动系	变速器、传动轴、主减速器	变速器操纵灵活，不跳挡，不乱挡。变速器传动轴、主减速器各部无异响，传动轴装配正确	路试

表4(续)

序号	检测部位	检测项目	技术要求	备注
6	行驶系	1)轮胎	轮胎磨损应在规定范围内,同轴轮胎应为相同的规格和花纹,转向轮不得使用翻新轮胎,轮胎气压符合规定,后轮辋孔与制动鼓观察孔对齐	检查
		2)钢板弹簧	钢板弹簧无断裂、位移、缺片,U形螺栓紧固,前后钢板支架无裂纹及变形	检查
		3)减振器	稳固有效	路试
		4)车架	车架无变形,纵横梁无裂纹,铆钉无松动,拖车钩、备胎架齐全,无裂损变形,连接牢固	检查
		5)前后轴	无变形及裂纹	检查
7	制动系	1)制动性能	应符合 GB 7258 中的有关规定	路试或检测
		2)制动踏板自由行程	符合规定	
		3)驻车制动性能	应符合 GB 7258 中的有关规定	路试或检测
8	滑行	滑行性能	符合规定	路试或检测
9	车身、车箱	车身	驾驶室装置紧固,门锁链灵活无松旷,限动装置齐全有效,驾驶室门关闭牢靠,无松动,挡风玻璃完好,窗框严密,门把、门锁、玻璃升降器齐全有效。发动机罩锁扣有效,暖风装置工作正常	检查
		车箱	车箱不歪斜,整体不变形,底板无损坏,边板、后门平整无变形,铰链完好,关闭严密,前后锁扣作用可靠	检视
10	排放	尾气排放测量	符合有关标准的规定	检测

附 录 A
（提示的附录）
各类车型汽车维护、检测、诊断技术规范导则

A.1 对于不同车型中汽车维护、检测、诊断技术规范相同作业内容部分，依据本标准中相对应的条款执行。

A.2 对于不同车型中汽车维护、检测、诊断技术规范不同作业内容部分，参照本标准中相对应的条款，依据该车型的使用说明书和维护手册中的有关条款执行。

中华人民共和国国家标准

GB/T 3798.1—2005

汽车大修竣工出厂技术条件 第1部分:载客汽车

代替 GB/T 3798—1983

Technical requirements for completion and acceptance of vehicle overhaul—Part 1:Passenger vehicle

2005-03-21 发布　　2005-08-01 实施

1　范围

GB/T 3798 的本部分规定了载客汽车大修竣工出厂的技术要求及质量保证要求。

本部分适用于大修竣工出厂的载客汽车。

2　规范性引用文件

下列文件中的条款通过 GB/T 3798 的本部分的引用而成为本部分的条款。凡是注日期的引用文件,其随后所有的修改单(不包括勘误的内容)或修订版均不适用于本部分,然而,鼓励根据本部分达成协议的各方研究是否可使用这些文件的最新版本。凡是不注日期的引用文件,其最新版本适用于本部分。

GB 1495　汽车加速行驶车外噪声限值及测量方法

GB/T 3799.1　商用汽车发动机大修竣工出厂技术条件　第1部分:汽油发动机

GB/T 3799.2　商用汽车发动机大修竣工出厂技术条件　第2部分:柴油发动机

GB/T 5336　大客车车身修理技术条件

GB 7258　机动车运行安全技术条件

GB/T 18276　汽车动力性台架试验方法和评价指标

GB 18565　营运车辆综合性能要求和检验方法

3　术语和定义

下列术语和定义适用于本部分。

3.1

载客汽车　passenger vehicle

在设计和技术特性上用于载运乘客及其随身行李的包括驾驶员座位在内座位数超过9座的汽车。

4　技术要求

4.1　基本要求

4.1.1　整车外观应整洁、完好、周正,附属设施及装备应齐全、有效。

4.1.2　主要结构参数应符合原设计规定,由修理改变的整备质量,不得超过新车出厂额定值的3%。

4.1.3　左右轴距差不得大于原设计轴距的1/1 000。

4.1.4　各部运行温度正常,各处无漏油、漏水、漏电、漏气现象。

4.1.5　各仪表运行正常，指示正确。

4.1.6　发动机、底盘等各总成均应按原设计规定喷(涂)漆。

4.1.7　润滑及其他工作介质的使用要求：

a）各滑脂(油)嘴应装配齐全、功能有效，各总成应按原设计规定加足润滑剂；

b）动力转向装置、变速器、分动器、主减速器、液力传动装置、发动机冷却系统、气压制动防冻装置、液压制动装置、空调冷媒、风窗清洗装置等均应按原设计要求，加注规定品质与数量的介质。

4.1.8　各总成与车架联结部位的支撑座、垫应齐全，固定可靠。

4.1.9　全车所有螺栓、螺母应装配齐全，锁止可靠。关键部位螺栓、螺母的拧紧顺序和力矩应符合原制造厂维修技术要求；一般紧固件应牢固可靠，不得有松动、缺损现象。一次性锁止螺栓不得重复使用。

4.1.10　各铆接件的结合面应贴合紧密；铆钉应充满钉孔、无松动；铆钉头不应有裂纹、缺损或残缺现象；不得用螺栓连接代替铆接。

4.1.11　各焊接部位应按规定焊接，焊缝应平整、光滑；不应有夹渣、裂纹等焊接缺陷。

4.1.12　影响汽车行驶安全的转向系、制动系和行驶系的关键零部件，不得使用修复件。

4.1.13　对有关悬挂减振系统的大修作业，不应改变其原车的平顺性能指标。

4.2　各总成机构要求

4.2.1　发动机

发动机应符合 GB/T 3799.1 和 GB/T 3799.2 的规定。

4.2.2　转向操纵机构

4.2.2.1　转向盘应转动灵活、操纵轻便，无异响，无偏重或卡滞现象。转向机构各部件在汽车转向过程中不得与其他部件相干涉。

4.2.2.2　转向盘应能自动回正，具有稳定的直线行驶能力。在平坦的道路上行驶不得有摆振或其他异常现象，曲线行驶时不得出现过度转向。

4.2.2.3　转向盘的最大自由转动量，应符合 GB 7258 中有关条款的要求。

4.2.2.4　汽车转向轮的横向侧滑量，应符合 GB 7258 中有关条款的要求。

4.2.2.5　车轮定位、最大转向角应符合原设计规定。

4.2.2.6　转向节及臂，转向横、直拉杆及球销应无裂纹和损伤；并且球销不得松旷，横、直拉杆不得拼焊。

4.2.3　传动机构

4.2.3.1　离合器接合平稳、分离彻底、操作轻便、工作可靠，不得有异响、打滑或发抖现象；踏板力不大于 300N。

4.2.3.2　离合器踏板的自由行程、有效行程应符合原设计规定；动作时不应与其他非相关件发生干涉，放松踏板能迅速回位。衬套与轴的配合应符合原制造厂维修技术要求。

4.2.3.3　手动变速器及分动器应换挡轻便、准确可靠；互锁和自锁装置有效，不得有乱挡和自行跳挡现象；运行中无异响；正常工况下不过热。

4.2.3.4　自动变速器的操纵装置除位于 P、N 外的任何挡位，发动机均应不能起动；当位于 P 挡时，应有驻车锁止功能；车辆行驶中能按规定的换挡点进行升、降挡；换挡平顺、不打滑，无冲击、无异响。正常工况下不过热。

4.2.3.5　传动轴及中间轴承应工作正常，无松旷、抖动、异响及过热现象。装备有缓速器的车辆，缓速器应作用正常有效，缓速率应符合原设计要求。

4.2.3.6　主减速器、差速器和轮边减速器应工作正常，无异响，正常工况下不过热。

4.2.4　行走机构

4.2.4.1　车轮总成的横向摆动量和径向跳动量应符合 GB 7258 中有关条款的要求。

4.2.4.2　最大设计车速不小于 100 km/h 的汽车，车轮应进行动平衡试验，其动不平衡质量应不大于 10g。

4.2.4.3 汽车装用的轮胎应与其最大设计车速相适应。

4.2.4.4 轮胎胎冠和胎侧不得有足以暴露出轮胎帘布层的破裂或割伤。

4.2.4.5 轮胎胎冠上的花纹深度应符合 GB 7258 中有关条款的要求;同轴上装用的轮胎型号、品种、花纹应一致;汽车转向轮不得装用翻新轮胎;轮胎气压应符合原设计规定;用滚型工艺制作的轮辋损坏后必须换装相同的轮辋。

4.2.4.6 转向节与衬套的配合及轮毂轴承预紧度应符合原制造厂维修技术要求。

4.2.4.7 非独立悬架式车辆,转向节与衬套的配合,轴颈与轴承的配合,轴承预紧度调整符合原制造厂维修技术要求,无异响,正常工况下不发热;减振器、钢板弹簧,作用良好、有效,无异响;各部连接杆件不松旷。

4.2.4.8 独立悬架式车辆,转向节上下球销不松旷;轴承与轴颈的配合,轴承预紧度调整符合原制造厂维修技术要求,无异响,正常工况下不发热;减振弹簧、扭杆弹簧、气囊弹簧、减振器,作用正常有效,无异响;各部连接杆件衬套、球销、垫片,齐全不松旷。

4.2.5 制动机构

4.2.5.1 汽车在行驶中无自行制动现象。

4.2.5.2 采用气压制动的汽车,制动系统的装备及其性能应符合 GB 7258 中有关条款的规定。

4.2.5.3 制动系装备的比例阀、限压阀、感载阀、惯性阀或制动防抱死装置,应工作正常有效。

4.2.5.4 装有排气制动的柴油车,当排气制动装置关闭 3/4 行程时,联动机构应使喷油泵完全停止供油;而当排气制动装置开启时,又能正常供油。

4.2.5.5 制动踏板的自由行程、有效行程应符合原设计规定。动作时不应与其他非相关件发生干涉,放松踏板能迅速回位。衬套与轴的配合应符合原制造厂维修技术要求。采用液压制动的汽车踏板行程应符合 GB 7258 中有关条款的规定。

4.2.5.6 驻车制动操纵杆的有效行程应符合原设计规定。动作时不应与其他非相关件发生干涉。衬套与轴的配合应符合原制造厂维修技术要求。

4.2.6 车身、车架

4.2.6.1 车身应符合 GB/T 5336 的规定。

4.2.6.2 车身、保险杠及翼子板左右对称,各对称部位离地面高度差不大于 10mm。

4.2.7 照明和信号装置及其他电气设备

4.2.7.1 全车电气线路应布置合理、连接正确;线束包扎良好、牢固可靠;线束通过孔洞处应有防护设施,且距离排气管不小于 300mm;导线规格及线色符合规定,接头牢固、良好;保险丝、熔断线及继电气的使用应符合原设计规定;裸露的电气接头及电气开关应距燃油箱的加油口和通气口 200mm 以上。

4.2.7.2 灯光、信号、电气设备等及其控制装置应齐全有效,各元器件性能良好,工作正常,符合原设计要求。

4.2.7.3 前照灯光束的照射位置和发光强度应符合 GB 18565 中有关条款的规定。

4.2.7.4 装备有空调系统的载客汽车空调性能应符合原设计要求。

4.2.7.5 装备有其他与制动、行车安全有关的电子控制系统的元器件,应按原设计装备齐全,监控有效、正常。电子控制装置(ECU)应无故障码显示。

4.2.7.6 蓄电池外观应整洁、安装牢固,桩头完好、正负极标志分明,桩卡头及搭铁线连接牢实;电解液密度、液面高度及电压差应符合规定。

4.3 主要性能指标要求

4.3.1 动力性

台架测试汽车额定转矩转速下的驱动轮输出功率应符合 GB/T 18276 的规定。

环境温度在 288K ~303K(15℃ ~30℃)范围内,海拔高度变化后,驱动轮输出功率可按公式(1)进行修正。

$$P_{修正} = P_{输出}/k \tag{1}$$

式中：$P_{修正}$——修正功率，kW；

$P_{输出}$——驱动轮输出功率，kW；

k——不同海拔高度输出功率修正系数，见表 1。

表 1　不同海拔高度的输出功率修正系数

海拔高度 /m	1 000	2 000	3 000	4 000	5 000
汽油机修正系数 k	0.87	0.77	0.67	0.57	0.47
柴油机修正系数 k	0.93	0.85	0.77	0.69	0.61

4.3.2　经济性

汽车大修走合期满后，每百公里燃料消耗量不得大于该车型原设计规定的相应车速等速百公里燃料消耗量的 105%。

4.3.3　排放性能

各种排放控制装置应齐全、有效，汽车的排放指标应符合国家标准的要求。

4.3.4　制动性能

4.3.4.1　试验台或道路检验制动性能，应符合 GB 18565 中有关条款的规定。

4.3.4.2　制动系装有比例阀、限压阀、感载阀、惯性阀或制动防抱死装置的，在试验台上达不到规定制动力的车辆，应以满载路试的检验结果为准。装用 ABS 的汽车的制动性能应符合国家标准的规定。

4.3.5　滑行性能

滑行性能应符合 GB 18565 中有关条款的规定。

4.3.6　转向轻便性

转向轻便性应符合 GB 18565 中有关条款的规定。

4.3.7　汽车噪声

4.3.7.1　车内噪声应符合 GB 7258 的有关规定。

4.3.7.2　车外噪声应符合 GB 1495 的有关规定。

4.3.8　喇叭声级

应符合 GB 7258 的有关规定。

5　质量保证

5.1　大修竣工出厂的汽车，经检验合格，应签发"汽车大修出厂合格证"及有关技术文件。

5.2　承修单位对大修竣工的汽车应给予质量保证，质量保证期自出厂之日起，不少于半年或行驶里程不少于 20 000 km（以先到者为准）。

中华人民共和国国家标准

GB/T 3798.2—2005

汽车大修竣工出厂技术条件 第2部分:载货汽车

代替 GB/T 3798—1983

Technical requirements for completion and acceptance of vehicle overhaul—Part 2:Goods vehicle

2005-03-21 发布　　2005-08-01 实施

1 范围

GB/T 3798 的本部分规定了载货汽车大修竣工出厂的技术要求及质量保证要求。

本部分适用于大修竣工出厂的载货汽车。

2 规范性引用文件

下列文件中的条款通过 GB/T 3798 的本部分的引用而成为本部分的条款。凡是注日期的引用文件,其随后所有的修改单(不包括勘误的内容)或修订版均不适用于本部分,然而,鼓励根据本部分达成协议的各方研究是否可使用这些文件的最新版本。凡是不注日期的引用文件,其最新版本适用于本部分。

GB 1495　汽车加速行驶车外噪声限值及测量方法

GB/T 3799.1　商用汽车发动机大修竣工出厂技术条件　第1部分:汽油发动机

GB/T 3799.2　商用汽车发动机大修竣工出厂技术条件　第2部分:柴油发动机

GB 7258　机动车运行安全技术条件

GB/T 18276　汽车动力性台架试验方法和评价指标

GB 18565　营运车辆综合性能要求和检验方法

3 术语和定义

下列术语和定义适用于本部分。

3.1

载货汽车　goods vehicle

在设计和技术特性上主要用于运送货物的汽车。

4 技术要求

4.1 基本要求

4.1.1　整车外观应整洁、完好、周正,附属设施及装备应齐全、有效。

4.1.2　主要结构参数应符合原设计规定,由修理改变的整备质量,不得超过新车出厂额定值的3%。

4.1.3　左右轴距差不得大于原设计轴距的1/1000。

4.1.4　各部运行温度正常,各处无漏油、漏水、漏电、漏气现象。

4.1.5　各仪表运行正常,指示正确。

4.1.6 发动机、底盘等各总成均应按原设计规定喷(涂)漆。

4.1.7 润滑及其他工作介质的使用要求:

a) 各滑脂(油) 嘴应装配齐全、功能有效,各总成应按原设计规定加足润滑剂;

b) 动力转向装置、变速器、分动器、主减速器、液力传动装置、发动机冷却系统、气压制动防冻装置、液压制动装置、空调冷媒、风窗清洗装置等均应按原设计要求,加注规定品质与数量的介质。

4.1.8 各总成与车架联结部位的支撑座、垫应齐全,固定可靠。

4.1.9 全车所有螺栓、螺母应装配齐全,锁止可靠。关键部位螺栓、螺母的拧紧顺序和力矩应符合原制造厂维修技术要求;一般紧固件应牢固可靠,不得有松动、缺损现象。一次性锁止螺栓不得重复使用。

4.1.10 各铆接件的结合面应贴合紧密;铆钉应充满钉孔、无松动;铆钉头不能有裂纹、缺损或残缺现象;不得用螺栓连接代替铆接。

4.1.11 各焊接部位应按规定焊接,焊缝应平整、光滑;不应有夹渣、裂纹等焊接缺陷。

4.1.12 影响汽车行驶安全的转向系、制动系和行驶系的关键零部件,不得使用修复件。

4.2 各总成机构要求

4.2.1 发动机

发动机应符合 GB/T 3799.1 和 GB/T 3799.2 的规定。

4.2.2 转向操纵机构

4.2.2.1 转向盘应转动灵活、操纵轻便,无异响,无偏重或卡滞现象。转向机构各部件在汽车转向过程中不得与其他部件相干涉。

4.2.2.2 转向盘应能自动回正,具有稳定的直线行驶能力。在平坦的道路上行驶不得有摆振或其他异常现象,曲线行驶时不得出现过度转向。

4.2.2.3 转向盘的最大自由转动量,应符合 GB 7258 中有关条款的要求。

4.2.2.4 汽车转向轮的横向侧滑量,应符合 GB 7258 中有关条款的要求。

4.2.2.5 车轮定位、最大转向角应符合原设计规定。

4.2.2.6 转向节及臂,转向横、直拉杆及球销应无裂纹和损伤;并且球销不得松旷,横、直拉杆不得拼焊。

4.2.3 传动机构

4.2.3.1 离合器接合平稳、分离彻底、操作轻便、工作可靠,不得有异响、打滑或发抖现象;踏板力不大于 300 N。

4.2.3.2 离合器踏板的自由行程、有效行程应符合原设计规定;动作时不应与其他非相关件发生干涉,放松踏板能迅速回位。衬套与轴的配合应符合原制造厂维修技术要求。

4.2.3.3 手动变速器及分动器应换挡轻便、准确可靠;互锁和自锁装置有效,不得有乱挡和自行跳挡现象;运行中无异响;正常工况下不过热。

4.2.3.4 自动变速器的操纵装置除位于 P、N 外的任何挡位,发动机均应不能起动;当位于 P 挡时,应有驻车锁止功能;车辆行驶中能按规定的换挡点进行升、降挡;换挡平顺、不打滑,无冲击、无异响。正常工况下不过热。

4.2.3.5 传动轴及中间轴承应工作正常,无松旷、抖动、异响及过热现象。装备有缓速器的车辆,缓速器应作用正常有效,缓速率应符合原设计要求。

4.2.3.6 主减速器、差速器和轮边减速器应工作正常,无异响,正常工况下不过热。

4.2.4 行走机构

4.2.4.1 车轮总成的横向摆动量和径向跳动量应符合 GB 7258 中有关条款的要求。

4.2.4.2 最大设计车速大于或等于 100 km/h 的汽车,车轮应进行动平衡试验,其动不平衡质量应不大于 10 g。

4.2.4.3 汽车装用的轮胎应与其最大设计车速相适应。

4.2.4.4　轮胎胎冠和胎侧不得有足以暴露出轮胎帘布层的破裂或割伤。

4.2.4.5　轮胎胎冠上的花纹深度应符合 GB 7258 中有关条款的要求；同轴上装用的轮胎型号、品种、花纹应一致；汽车转向轮不得装用翻新轮胎；轮胎气压应符合原设计规定；用滚型工艺制作的轮辋损坏后必须换装相同的轮辋。

4.2.4.6　转向节与衬套的配合及轮毂轴承预紧度应符合原制造厂维修技术要求。

4.2.4.7　非独立悬架式车辆，转向节与衬套的配合，轴颈与轴承的配合，轴承预紧度调整符合原制造厂维修技术要求，无异响，正常工况下不发热；减振器、钢板弹簧，作用良好、有效，无异响；各部连接杆件不松旷。

4.2.4.8　独立悬架式车辆，转向节上下球销不松旷；轴承与轴颈的配合，轴承预紧度调整符合原制造厂维修技术要求，无异响，正常工况下不发热；减振弹簧、扭杆弹簧、气囊弹簧、减振器，作用正常有效，无异响；各部连接杆件衬套、球销、垫片，齐全不松旷。

4.2.5　制动机构

4.2.5.1　汽车在行驶中无自行制动现象。

4.2.5.2　采用气压制动的汽车，制动系统的装备及其性能应符合 GB 7258 中有关条款的规定。

4.2.5.3　制动系装备的比例阀、限压阀、感载阀、惯性阀或制动防抱死装置，应工作正常有效。

4.2.5.4　装有排气制动的柴油车，当排气制动装置关闭 3/4 行程时，联动机构应使喷油泵完全停止供油；而当排气制动装置开启时，又能正常供油。

4.2.5.5　制动踏板的自由行程、有效行程应符合原设计规定。动作时不应与其他非相关件发生干涉，放松踏板能迅速回位。衬套与轴的配合应符合原制造厂维修技术要求。采用液压制动的汽车踏板行程应符合 GB 7258 中有关条款的规定。

4.2.5.6　驻车制动操纵杆的有效行程应符合原设计规定。动作时不应与其他非相关件发生干涉。衬套与轴的配合应符合原制造厂维修技术要求。

4.2.6　车架、车身、驾驶室

4.2.6.1　车架纵梁上平面及侧面的纵向直线度公差，在任意 1 000mm 长度上为 3 mm，在全长上为其长度的 1‰。

4.2.6.2　车架总成左、右纵梁上平面应在同一平面内，其平面度公差为被测平面长度的 1.5‰。

4.2.6.3　车架分段（前钢板前支架销孔轴线—前钢板后支架销孔轴线—后钢板前支架销孔轴线—后钢板后支架销孔轴线）检查，各段对角线长度差不大于 5 mm。

4.2.6.4　驾驶室、货厢应平整完好，无变形、裂损、锈蚀等缺陷。货厢边板、铰链应铰接牢固、启闭灵活。

4.2.6.5　驾驶室总成采用翻转机构的，行驶中应无异响，减振有效；翻转轻便灵活，翻转角度符合原设计规定；定位及锁止机构，可靠、完整、有效。隔热隔振措施有效，符合原设计规定。

4.2.6.6　驾驶室座椅可调节部位，应调节灵活，锁止有效。

4.2.6.7　驾驶室、货厢、保险杠及翼子板左右对称。各对称部位离地面高度差：货厢不大于 20mm，其他不大于 10mm。

4.2.6.8　货厢边板和底板应平整完好；左、右边板应平行，其高度差不大于 10mm，边板关闭后，各边缝隙不应超过 5mm；货厢铰链支架及锁钩应按原设计修配齐全、有效。

4.2.6.9　备胎架安装牢固可靠、操纵灵活。

4.2.6.10　发动机罩应无裂损变形，盖合严密，附件齐全有效、灵活可靠，支撑牢固。

4.2.6.11　后视镜成像清晰，调节灵活，支架无裂损及锈蚀，安装牢固；刮水器工作可靠，有效刮水面达到原设计要求。

4.2.6.12　内、外装饰件外观应平顺贴合，紧固件整齐牢固；电镀、铝质装饰件应光亮，无锈斑、脱层、划痕。

4.2.6.13 可开启式门窗应开闭轻便、关闭严密、锁止可靠、合缝均匀,不松旷;门把、玻璃升降器齐全完好、灵活有效。

4.2.6.14 门窗玻璃应符合 GB 7258 有关规定的要求。

4.2.6.15 门窗及防尘、防雨密封设施应齐全、完好。

4.2.7 照明和信号装置及其他电气设备

4.2.7.1 全车电气线路应布置合理、连接正确;线束包扎良好、牢固可靠;线束通过孔洞处应有防护装置,且距离排气管不小于 300mm;导线规格及线色符合规定,接头牢固、良好;保险丝、熔断线及继电器的使用应符合原设计规定;裸露的电气接头及电气开关应距燃油箱的加油口和通气口 200mm 以上。

4.2.7.2 灯光、信号、电气设备等及其控制装置应齐全有效,各元器件性能良好,工作正常,符合原设计要求。

4.2.7.3 前照灯光束的照射位置和发光强度应符合 GB 18565 中有关条款的规定。

4.2.7.4 蓄电池外观应整洁、安装牢固,桩头完好、正负极标志分明,桩卡头及搭铁线连接牢实;电解液密度、液面高度及电压差应符合规定。

4.3 主要性能指标要求

4.3.1 动力性

台架测试汽车额定转矩转速下的驱动轮输出功率应符合 GB/T 18276 的规定。

环境温度在 288K ~ 303 K(15℃ ~30℃)范围内,海拔高度变化后,驱动轮输出功率可按公式(1)进行修正。

$$P_{修正} = P_{输出}/k \tag{1}$$

式中:$P_{修正}$——修正功率,kW;

$P_{输出}$——驱动轮输出功率,kW;

k——不同海拔高度输出功率修正系数,见表 1。

表 1 不同海拔高度的输出功率修正系数

海拔高度 /m	1 000	2 000	3 000	4 000	5 000
汽油机修正系数 k	0.87	0.77	0.67	0.57	0.47
柴油机修正系数 k	0.93	0.85	0.77	0.69	0.61

4.3.2 经济性

汽车大修走合期满后,每百公里燃料消耗量不得大于该车型原设计规定的相应车速等速百公里燃油消耗量的 105%。

4.3.3 排放性能

各种排放控制装置应齐全、有效,汽车的排放指标应符合国家标准的要求。

4.3.4 制动性能

4.3.4.1 试验台或道路检验制动性能,应符合 GB 18565 中有关条款的规定。

4.3.4.2 制动系装有比例阀、限压阀、感载阀、惯性阀或制动防抱死装置的,在试验台上达不到规定制动力的车辆,应以满载路试的检验结果为准。装用 ABS 的汽车的制动性能应符合国家标准的规定。

4.3.5 滑行性能

滑行性能应符合 GB 18565 中有关条款的规定。

4.3.6 转向轻便性

转向轻便性应符合 GB 18565 中有关条款的规定。

4.3.7 汽车噪声

4.3.7.1 汽车驾驶员耳旁噪声应符合 GB 7258 的有关规定。

4.3.7.2 汽车车外噪声应符合 GB 1495 的有关规定。

4.3.8 喇叭声级

应符合 GB 7258 的有关规定。

5 质量保证

5.1 大修竣工出厂的汽车,经检验合格,应签发“汽车大修出厂合格证”及有关技术文件。

5.2 承修单位对大修竣工的汽车应给予质量保证,主要总成部件的质量保证期自出厂之日起,不少于半年或行驶里程不少于 20 000km(以先到者为准)。

参考文献

JT/T 103　汽车车架修理技术条件

中华人民共和国国家标准

GB/T 3799.1—2005

代替 GB/T 3799—1983

商用汽车发动机大修竣工出厂技术条件 第1部分:汽油发动机

Technical requirements for completion and acceptance of commercial vehicle engines overhaul—Part 1: Gasoline engines

2005-03-21 发布 2005-08-01 实施

1 范围

GB/T 3799 的本部分规定了商用汽车汽油发动机大修竣工出厂的技术要求、质量保证和包装要求。

本部分适用于商用汽车汽油发动机(往复活塞式)。

2 规范性引用文件

下列文件中的条款通过 GB/T 3799 的本部分的引用而成为本部分的条款。凡是注日期的引用文件,其随后所有的修改单(不包括勘误的内容)或修订版均不适用于本部分,然而,鼓励根据本部分达成协议的各方研究是否可使用这些文件的最新版本。凡是不注日期的引用文件,其最新版本适用于本部分。

GB/T 5624 汽车维修术语

GB/T 18297 汽车发动机性能试验方法

JT/T 104 汽车发动机缸体与气缸盖修理技术条件

JT/T 105 汽车发动机曲轴修理技术条件

JT/T 106 汽车发动机凸轮轴修理技术条件

3 术语和定义

GB/T 5624 确立的术语和定义适用于本部分。

4 技术要求

4.1 发动机外观

4.1.1 发动机的外观应整洁,无油污。发动机外表应按规定喷漆,漆层应牢固,不得有起泡、剥落和漏喷现象。

4.1.2 发动机点火、燃料供给、润滑、冷却和进排气等系统的附件应齐全,安装正确、牢固。

4.1.3 发动机各部位应密封良好,不得有漏油、漏水、漏气现象;电器部分应安装正确、绝缘良好。

4.2 发动机装备

4.2.1 外购的零、部件和附件均应符合其制造或修理技术要求。

4.2.2 修复的零、部件装配前应经检验,其性能应达到规定的技术要求。主要零部件气缸体和气缸盖、曲轴、凸轮轴等如进行修理,应满足原制造厂维修技术要求或 JT/T 104、JT/T 105 和 JT/T 106 的要求。

4.2.3 发动机应按装配工艺要求装配齐全;装配过程中应按要求进行过程检验,过程检验合格后再进行下一步装配。

4.2.4 装配后的发动机应按原设计规定加注润滑油、润滑脂、冷却液。

4.2.5 带有增压或中冷增压的发动机,增压装置应按原厂规定进行装配和检验,增压器工作应正常,转速应达到原设计规定。具有增压器旁通管道控制的发动机,旁通管道的开启与关闭应灵活可靠,开启及关闭的转速应符合原设计规定。

4.2.6 对原设计规定需加装限速装置的发动机,维修人员应对限速装置作相应调整并加铅封。限速装置宜在发动机走合期满进行首次维护后拆除。

4.2.7 电子控制燃油喷射系统装置应齐全有效。

4.2.8 装配后的发动机如需进行冷磨、热试,应按工艺要求和技术条件进行冷磨、热试、清洗,并更换润滑油、机油滤清器或滤芯。原设计有特殊规定的按相应规定进行。

4.3 发动机性能

4.3.1 发动机运转状况及检查

发动机在各种工况下运转应稳定,不得有过热现象;不应有异常响声;突然改变工况时,应过渡圆滑,不得有突爆、回火、放炮等异常现象。

4.3.2 起动性能

按 GB/T 18297 中的检验方法进行检验。

发动机在正常环境温度和低温 255K(-18℃)时,都能顺利起动。允许起动 3 次。

4.3.3 怠速运转性能

在正常工作温度下,发动机怠速运转稳定,其怠速转速应符合原设计规定,并能保证向其他工况圆滑过渡。

4.3.4 进气歧管真空度

在正常工作温度和标准状态下,发动机怠速运转时,进气歧管真空度符合原设计规定,其波动范围:6 缸汽油发动机一般不超过 3 kPa;4 缸汽油发动机一般不超过 5 kPa。

4.3.5 增压发动机的增压压力及温度

增压发动机的增压压力及温度应符合原设计规定。

4.3.6 机油压力

在规定转速下,发动机润滑系统工作正常,机油压力和机油温度应符合原制造厂维修技术要求,警示装置可靠有效。

4.3.7 额定功率和最大转矩

按 GB/T 18297 中的检验方法进行检验。

在标准状态下,发动机额定功率和最大转矩不得低于原设计标定值的 90%。

环境温度在 288 K~303 K(15℃~30℃)范围内,海拔高度变化后,发动机额定功率可按公式(1)进行修正。

$$P_{修正} = P_{实测}/k \tag{1}$$

式中:$P_{修正}$——修正功率,单位为千瓦(kW);

$P_{实测}$——实测功率,单位为千瓦(kW);

k——不同海拔高度额定功率、最大转矩修正系数,见表 1。

最大转矩的修正方法、修正系数与额定功率的修正方法、修正系数相同。

表 1 不同海拔高度额定功率、最大转矩修正系数

海拔高度/m	1 000	2 000	3 000	4 000	5 000
修正系数 k	0.87	0.77	0.67	0.57	0.47

4.3.8 最低燃料消耗率和机油消耗量

按 GB/T18297 中的检验方法进行检验。

最低燃料消耗率不得大于原设计标定值的105%；机油消耗量符合原设计规定。

4.3.9 排放性能

发动机排放装置应齐全有效，排放污染物限值应符合国家有关标准的规定。

4.3.10 噪声

发动机的噪声应符合国家有关标准的规定。

4.3.11 电子控制燃油喷射系统

电子控制燃油喷射系统技术参数与性能应符合原制造厂维修技术要求。

5 质量保证

5.1 承修单位应按要求对修竣发动机额定功率、最大转矩、燃料经济性进行检验，并达到本部分相应条款规定的要求。

5.2 发动机的装配过程中，要根据工艺要求进行过程检验并保持记录，过程检验合格的发动机进行下一步装配，装配完成后进行竣工检验，经竣工检验合格的发动机应签发合格证，并提供必要的技术文件。

5.3 发动机维修技术资料应归档管理，包括发动机型号、编号、送修单位及送修人、维修过程中的更换件、维修部位、工时、人员、检验结果、判定依据和维修日期等。发动机维修、检验记录文件参见附录A。

5.4 承修单位对大修竣工出厂的发动机应给予质量保证，质量保证期自竣工出厂之日起，不少于半年或行驶里程为20 000km(以先到者为准)。送修方应按技术文件要求进行使用和维护。

6 包装

如送修方提出包装要求，承修单位应对发动机进行包装并填写装箱单。发动机包装前应放掉润滑油和冷却液，并堵封好外露通孔。包装应牢固，有防潮防锈措施。外包装上注明有关名称、型号、送修和承修单位、日期、注意事项等信息。

附 录 A
（资料性附录）
汽油发动机维修、检验记录文件

A.1　发动机大修进厂检验单见表 A.1。

A.2　发动机大修过程检验单见表 A.2。

A.3　发动机大修竣工检验单见表 A.3。

表 A.1　发动机大修进厂检验单

进厂日期		进厂编号	
厂牌车型		车牌照号码	
发动机型号		发动机号码	
送修单位		单位地址	
联系电话		送修人	
用户报修项目及发动机现状	维修前使用此发动机的汽车驶入或拖入______ 总行驶里程______km 已进行发动机大修______次 进厂前主要问题是______ 此次要求______		
发动机主要问题及重点修理部位			
发动机外观及装备（完整“○”，缺少“△”，损坏“×”）			
检 验 项 目	检 验 结 果	检 验 项 目	检 验 结 果
空气滤清器		各传感器	
燃油滤清器		机油散热器及管道	
机油滤清器		加机油口盖	
化油器、喷油器（电控）		机油尺、放油塞	
机油泵		水泵	
燃油泵		风扇电机	
气缸体、气缸盖		风扇皮带	
进、排气歧管		风扇叶	
起动机		排气管、消声器	
发电机		尾气净化器	
火花塞		油管、真空管	
分电器			
电控系统			
点火线圈			
备注：			

进厂检验员：______　　　　______年______月______日

表 A.2 发动机大修过程检验单

进厂编号		厂牌车型		牌照号码	
发动机编号		竣工日期		主修人	

主要零部件换修记录

部件名称	续用	更换	修理	加大	缩小
气缸体					
气缸盖					
气缸套					
进、排气歧管					
活塞					
曲轴					
曲轴轴承					
连杆轴承					
凸轮轴					
凸轮轴轴承					
气门					
气门导管					
正时皮带(齿轮)					

气缸直径检验记录/mm

气缸直径	1 缸		2 缸		3 缸		4 缸		5 缸		6 缸	
	纵	横	纵	横	纵	横	纵	横	纵	横	纵	横
上部												
中部												
下部												
圆度												
圆柱度												

活塞连杆组检验记录/mm

活塞直径	1 缸	2 缸	3 缸	4 缸	5 缸	6 缸
横向						
纵向						
活塞环(开口)						
活塞质量/g						
活塞、连杆组质量/g						
活塞与缸壁间隙						

表 A.2(续)

进厂编号		厂牌车型		牌照号码	
发动机编号		竣工日期		主修人	

曲轴与轴承检验记录/mm

曲轴		1	2	3	4	5	6	7
主轴径	圆度							
	圆柱度							
连杆轴径	圆度							
	圆柱度							
主轴径与轴承配合间隙								
连杆轴径与轴承配合间隙								
曲轴端隙								

凸轮轴及轴承检验记录/mm

凸轮轴	1	2	3	4
轴径直径				
轴径与轴承配合间隙				
凸轮升程				
备注：				

过程检验员：________　　　　　　______年______月______日

表 A.3　发动机大修竣工检验单

进厂编号		厂牌车型		车牌照号码	
发动机编号		竣工日期		主修人	

发动机外观、装备及性能

检验内容及结果	检验内容及结果
发动机外观：	怠速转速/$r \cdot min^{-1}$
喷(涂)漆：	运转状况： 怠速：　中速：　高速：　加速及过度：
四漏检查： 油：　水：　电：　气：	发动机异响：
螺栓螺母：	机油压力,MPa 怠速：　高速：
润滑油：	气缸压力,MPa
	气缸压力差/MPa
空滤器：	真空度/kPa 怠速：　波动范围：

气缸压力,MPa

1	2	3	4	5	6	7	8

表 A.3(续)

<table>
<tr><td>进厂编号</td><td></td><td>厂牌车型</td><td colspan="4"></td><td colspan="4">车牌照号码</td><td colspan="4"></td></tr>
<tr><td>发动机编号</td><td></td><td>竣工日期</td><td colspan="4"></td><td colspan="4">主修人</td><td colspan="4"></td></tr>
<tr><td colspan="3" rowspan="4">限速装置：</td><td colspan="12">排放污染物：</td></tr>
<tr><td colspan="6">怠速________r/min</td><td colspan="6">高怠速________r/min</td></tr>
<tr><td colspan="3">CO
%</td><td colspan="3">HC
10^{-6}</td><td colspan="3">CO
%</td><td colspan="3">HC
10^{-6}</td></tr>
<tr><td colspan="3"></td><td colspan="3"></td><td colspan="3"></td><td colspan="3"></td></tr>
<tr><td colspan="3" rowspan="2">起动性能：</td><td colspan="12">额定功率/kW　　　　　最大转矩/N・m</td></tr>
<tr><td colspan="12">发动机燃油消耗率/g(kW・h)$^{-1}$：</td></tr>
<tr><td colspan="3">电控系统有无故障码显示：</td><td colspan="12">发动机噪声：</td></tr>
<tr><td colspan="15">备注：</td></tr>
</table>

竣工检验员：________　　　　　　　　　　________年________月________日

中华人民共和国国家标准

GB/T 3799.2—2005

代替 GB/T 3799—1983

商用汽车发动机大修竣工出厂技术条件 第2部分:柴油发动机

Technical requirements for completion and acceptance of commercial vehicle engines overhaul—Part 2: Diesel engines

2005-03-21 发布　　2005-08-01 实施

1 范围

GB/T 3799 的本部分规定了商用汽车柴油发动机大修竣工出厂的技术要求、质量保证和包装要求。

本部分适用于商用汽车柴油发动机(往复活塞式)。

2 规范性引用文件

下列文件中的条款通过 GB/T 3799 的本部分的引用而成为本部分的条款。凡是注日期的引用文件,其随后所有的修改单(不包括勘误的内容)或修订版均不适用于本部分,然而,鼓励根据本部分达成协议的各方研究是否可使用这些文件的最新版本。凡是不注日期的引用文件,其最新版本适用于本部分。

GB/T 5624　汽车维修术语

GB/T 18297　汽车发动机性能试验方法

JT/T 104　汽车发动机缸体与汽缸盖修理技术条件

JT/T 105　汽车发动机曲轴修理技术条件

JT/T 106　汽车发动机凸轮轴修理技术条件

3 术语和定义

GB/T 5624 确立的术语和定义适用于本部分。

4 技术要求

4.1 发动机外观

4.1.1　发动机的外观应整洁,无油污。发动机外表应按规定喷漆,漆层应牢固,不得有起泡、剥落和漏喷现象。

4.1.2　发动机辅助起动、燃料供给、润滑、冷却和进排气系统的附件应齐全,安装正确、牢固。

4.1.3　发动机各部分应密封良好,不得有漏油、漏水、漏气现象;电器部分应安装正确、绝缘良好。

4.2 发动机装备

4.2.1　外购的零、部件和附件均应符合其制造或修理技术要求。

4.2.2　修复的零、部件装配前应经检验,其性能应达到规定的技术要求。主要零部件汽缸体和汽缸盖、曲轴、凸轮轴等如进行修理,应满足原制造厂维修技术要求或 JT/T 104、JT/T 105 和 JT/T 106 的要求。

4.2.3　发动机应按装配上艺要求装配齐全;装配过程中应按要求进行过程检验,过程检验合格后再进行下一步装配。

4.2.4 装配后的发动机应按原设计规定加注润滑油、润滑脂、冷却液。

4.2.5 发动机装有的排气制动装置应可靠有效。

4.2.6 喷油泵、喷油器、调速器均应进行调试、检测,其性能指标符合原制造厂维修技术要求。

4.2.7 带有增压或中冷增压的发动机,增压装置应按原厂规定进行装配和检验,增压器工作应正常,转速应达到原设计规定。具有增压器旁通管道控制的发动机,旁通管道的开启与关闭应灵活可靠,开启及关闭的转速应符合原设计规定。

4.2.8 对原设计规定需加装限速装置的发动机,维修人员应对限速装置作相应调整并加铅封。限速装置宜在发动机走合期满进行首次维护后拆除。

4.2.9 电子控制燃油喷射系统装置应齐全有效。

4.2.10 装配后的发动机如需进行冷磨、热试,应按工艺要求和技术条件进行冷磨、热试、清洗,并更换润滑油、机油滤清器或滤芯。原设计有特殊规定的按相应规定进行。

4.3 发动机性能

4.3.1 发动机运转状况及检查

4.3.1.1 发动机在各种工况下运转应稳定,不得有过热和异常燃烧、爆震等现象,不应有异常响声;改变工况时应过渡平稳。

4.3.1.2 当发动机转速超过额定转速时,断油控制装置正常有效。紧急停机装置在发动机整个运转过程中可靠有效,不得出现失控现象。

4.3.2 起动性能

按 GB/T 18297 中的检验方法进行检验。

发动机在正常环境温度和低温 263K(-10℃)时,都能顺利起动。允许起动 3 次。

4.3.3 怠速运转性能

在正常环境温度条件下,发动机怠速运转稳定,怠速转速应符合原设计规定,并能保证向其他工况圆滑过渡。

4.3.4 增压发动机的增压压力及温度

增压发动机的增压压力及温度应符合原设计规定。

4.3.5 调速率

按 GB/T 18297 中的检验方法进行检验。

柴油发动机稳定调速率应符合原设计规定。

4.3.6 机油压力

在规定转速下,发动机润滑系统工作正常,机油压力和机油温度应符合原制造厂维修技术要求,警示装置可靠有效。

4.3.7 额定功率和最大转矩

按 GB/T 18297 中的检验方法进行检验。

在标准状态下,发动机额定功率和最大转矩不得低于原设计标定值的 90%。

环境温度在 288 K ~ 303 K(15℃ ~ 30℃)范围内,海拔高度变化后,发动机额定功率可按公式(1)进行修正。

$$P_{修正} = P_{实测}/k \tag{1}$$

式中:$P_{修正}$——修正功率,单位为千瓦(kW);

$P_{实测}$——实测功率,单位为千瓦(kW);

k——不同海拔高度额定功率、最大转矩修正系数,见表 1。

最大转矩的修正方法、修正系数与额定功率的修正方法、修正系数相同。

表1 不同海拔高度额定功率、最大转矩修正系数

海拔高度/m	1 000	2 000	3 000	4 000	5 000
修正系数 k	0.93	0.85	0.77	0.69	0.61

4.3.8 最低燃料消耗率和机油消耗量

按 GB/T 18297 中的检验方法进行检验。

最低燃料消耗率不得大于原设计标定值的105%;机油消耗量符合原设计规定。

4.3.9 排放性能

发动机排放装置齐全有效,排放污染物限值应符合国家有关标准的要求。

4.3.10 噪声

发动机的噪声应符合国家有关标准的要求。

4.3.11 电子控制燃油喷射系统

电子控制燃油喷射系统技术参数与性能应符合原制造厂维修技术要求。

5 质量保证

5.1 承修单位应按要求对修竣发动机额定功率、最大转矩、燃料经济性进行检验,并达到本部分相应条款规定的要求。

5.2 发动机的装配过程中,要根据工艺要求进行过程检验并保持记录,过程检验合格的发动机进行下一步装配,装配完成后进行竣工检验,经竣工检验合格的发动机应签发合格证,并提供必要的技术文件。

5.3 发动机维修技术资料应归档管理,包括发动机型号、编号、送修单位及送修人、维修过程中的更换件、维修部位、工时、人员、检验结果、判定依据和维修日期等。发动机维修、检验记录文件参见附录 A。

5.4 承修单位对大修竣工出厂的发动机应给予质量保证,质量保证期自竣工出厂之日起,不少于半年或行驶里程为20 000km(以先到者为准)。送修方应按技术文件要求进行使用和维护。

6 包装

如送修方提出包装要求,承修单位应对发动机进行包装并填写装箱单。发动机包装前应放掉润滑油和冷却液,并堵封好外露通孔。包装应牢固,有防潮防锈措施。外包装上注明有关名称、型号、送修和承修单位、日期、注意事项等信息。

附　录　A
（资料性附录）
柴油发动机维修、检验记录文件

A.1　发动机大修进厂检验单见表A.1。

A.2　发动机大修过程检验单见表A.2。

A.3　发动机大修竣工检验单见表A.3。

表A.1　发动机大修进厂检验单

进厂日期		进厂编号	
厂牌车型		车牌照号码	
发动机型号		发动机号码	
送修单位		单位地址	
联系电话		送修人	
用户报修项目及发动机现状	维修前使用此发动机的汽车驶入或拖入____ 总行驶里程______km 已进行发动机大修______次 进厂前主要问题是______ 此次要求______		
发动机主要问题及重点修理部位			
发动机外观及装备（完整“○”，缺少“△”，损坏“×”）			
检验项目	检验结果	检验项目	检验结果
空气滤清器		各传感器	
燃油滤清器		机油散热器及管道	
机油滤清器		加机油口盖	
喷油泵		机油尺、放油塞	
机油泵		水泵	
燃油泵		风扇电机	
汽缸体、汽缸盖		风扇皮带	
进、排气歧管		风扇叶	
起动机		排气管、消声器	
发电机		油管、真空管	
增压器		油管、真空管	
调速器			
电控系统			
备注：			

进厂检验员：________　　　　________年________月________日

表 A.2 发动机大修过程检验单

进厂编号		厂牌车型		牌照号码	
发动机编号		峻工日期		主修人	

主要零部件换修记录

部件名称	续用	更换	修理	加大	缩小
汽缸体					
汽缸盖					
汽缸套					
进、排气歧管					
活塞					
曲轴					
曲轴轴承					
连杆轴承					
凸轮轴					
凸轮轴轴承					
气门					
气门导管					
正时皮带(齿轮)					

汽缸直径检验记录/mm

汽缸直径	1 缸		2 缸		3 缸		4 缸		5 缸		6 缸	
	纵	横	纵	横	纵	横	纵	横	纵	横	纵	横
上部												
中部												
下部												
圆度												
圆柱度												

活塞连杆组检验记录/mm

活塞直径	1 缸	2 缸	3 缸	4 缸	5 缸	6 缸
横向						
纵向						
活塞环(开口)						
活塞质量/g						
活塞、连杆组质量/g						
活塞与缸壁间隙						

表 A.2(续)

进厂编号		厂牌车型		牌照号码	
发动机编号		竣工日期		主修人	

曲轴与轴承检验记录/mm

曲轴		1	2	3	4	5	6	7
主轴径	圆度							
	圆柱度							
连杆轴径	圆度							
	圆柱度							
主轴径与轴承配合间隙								
连杆轴径与轴承配合间隙								
曲轴端隙								

凸轮轴及轴承检验记录/mm

凸轮轴	1	2	3	4
轴径直径				
轴径与轴承配合间隙				
凸轮升程				

备注:

过程检验员:________ ________年________月________日

表 A.3 发动机大修竣工检验单

<table>
<tr><td>进厂编号</td><td></td><td>厂牌车型</td><td></td><td>车牌照号码</td><td></td></tr>
<tr><td>发动机编号</td><td></td><td>竣工日期</td><td></td><td>主修人</td><td></td></tr>
<tr><td colspan="6">发动机外观、装备及性能</td></tr>
<tr><td colspan="3">检验内容及结果</td><td colspan="3">检验内容及结果</td></tr>
<tr><td colspan="3">发动机外观:</td><td colspan="3">怠速转速/r · min^{-1}</td></tr>
<tr><td colspan="3">喷(涂)漆:</td><td colspan="3">运转状况:
怠速: 中速: 高速: 加速及过度:</td></tr>
<tr><td colspan="3">四漏检查:
油: 水: 电: 气:</td><td colspan="3">发动机异响:</td></tr>
<tr><td colspan="3">螺栓螺母:</td><td colspan="3">机油压力/MPa
怠速: 高速:</td></tr>
<tr><td colspan="3">润滑油:</td><td colspan="3">汽缸压力/MPa
1 | 2 | 3 | 4 | 5 | 6 | 7 | 8
汽缸压力差/MPa</td></tr>
<tr><td colspan="3">空滤器:</td><td colspan="3">调速率:</td></tr>
</table>

表 A.3(续)

<table>
<tr><td>进厂编号</td><td></td><td>厂牌车型</td><td></td><td>车牌照号码</td><td></td></tr>
<tr><td>发动机编号</td><td></td><td>竣工日期</td><td></td><td>主修人</td><td></td></tr>
<tr><td colspan="3">限速装置</td><td colspan="3">排放污染物:</td></tr>
<tr><td colspan="3">电控系统有无故障码显示:</td><td colspan="3">发动机噪声:</td></tr>
<tr><td colspan="3" rowspan="2">起动性能:</td><td colspan="3">额定功率/kW　　最大转矩/N·m</td></tr>
<tr><td colspan="3">发动机燃油消耗率/g(kW·h)$^{-1}$</td></tr>
<tr><td colspan="6">备注:</td></tr>
</table>

竣工检验员:________　　　　________年________月________日

中华人民共和国国家标准

GB/T 15746.1—1995

汽车修理质量检查评定标准 整车大修

The standard of qualitative assessment for vehicle repair—Major repair of vehicles

1995-11-16 发布　　　　1996-01-01 实施

1 主题内容与适用范围

本标准规定了汽车整车大修质量检查评定的主要内容、评定规则及办法。

本标准适用于汽车整车大修质量的检查评定，其中汽车列车及特种车辆参照执行。

2 引用标准

GB 1495　机动车辆允许噪声

GB 1496　机动车辆噪声测量方法

GB 1743　漆膜光泽测定法

GB 3798　汽车大修竣工出厂技术条件

GB/T 3845　汽油车怠速污染物测量方法

GB/T 3846　柴油车自由加速烟度测量方法

GB 4785　汽车及挂车外部照明和信号装置的数量、位置和光色

GB 7258　机动车运行安全技术条件

GB/T 12478　客车防尘密封性试验方法

GB 12479　客车防尘密封性限值

GB/T 12480　客车防雨密封性试验方法

GB 12481　客车防雨密封性限值

GB/T 12536　汽车滑行试验方法

GB/T 12540　汽车最小转弯直径测定方法

GB/T 12543　汽车加速性能试验方法

GB/T 12545　汽车燃料消耗量试验方法

GB/T 12676　汽车制动性能试验方法

GB 14761.5　汽油车怠速污染物排放标准

GB 14761.6　柴油车自由加速烟度排放标准

JB 4020　汽车驻车制动试验方法

JB/Z 111　汽车油漆涂层

3 术语

3.1　汽车整车大修质量检查评定　qualitative assessment for the major repair of automobiles

对汽车整车大修竣工质量和汽车整车大修基本检验技术文件完善程度的综合评价。

3.2 汽车整车大修竣工质量 qualitation for the major repair of automobiles being received

汽车整车大修竣工后恢复其完好技术状况和寿命的程度。

3.3 汽车大修基本检验技术文件 basic technical files for checking of the major repair of automobiles

在汽车大修过程中,为保证汽车修理质量,汽车修理企业所填制的必要的修理检验单证。主要包括汽车(或总成)大修的进厂检验单、汽车(或总成)大修理工艺过程检验单、汽车(或总成)大修竣工检验单、汽车(或总成)大修合格证等(简称"三单一证")。

3.4 汽车大修进厂检验单 check lists into the automobiles repair plant for the major repair of automobiles

大修汽车进厂时,由汽车维修检验技术人员对送修车技术状况和装备齐全状况进行技术鉴定的记录。

3.5 汽车大修工艺过程检验单 check lists of technological process for the major repair of automobiles

汽车在大修过程中,由汽车维修检验技术人员对总成及零部件按其修理过程中工艺顺序所进行技术鉴定的记录。

3.6 汽车大修竣工检验单 check lists for the automobiles being received

汽车大修竣工后,由汽车维修检验技术人员对车辆的技术状况进行技术鉴定的记录。

3.7 汽车大修合格证 certificate of confirmity for the major repair of automobiles

承修单位对大修竣工,经过技术鉴定并符合相应标准后的车辆所开具的质量凭证。

4 评定内容

4.1 汽车大修检验基本技术文件(简称"三单一证")评定:

a) 汽车大修进厂检验单;

b) 汽车大修工艺过程检验单;

c) 汽车大修竣工检验单;

d) 汽车大修合格证。

4.2 汽车大修竣工质量评定

a) 一般技术要求;

b) 主要性能要求。

5 评定规则

5.1 4.1条是参与评定的基本条件,缺一不可。

5.2 4.2条是评定汽车大修质量的基本项目,评定项目按其重要程度分为"关键项"和"一般项"。附录B中带*符号的为关键项,带Δ符号的客车为关键项,货车为一般项。

5.3 汽车大修质量的评定采用综合项次合格率来衡量,分为优等、一等、合格、不合格四级。

5.4 综合项次合格率计算方法

$$\beta_0 = \sum_{i=1}^{3} K_i \beta_i \tag{1}$$

$$\beta_i = \frac{n_i}{m_i} \times 100\% \tag{2}$$

式中:β_0——综合项次合格率;

β_i——项次合格率;

n_i——检查合格的项次数之和;

m_i——检查的项次数之和;

i——角标,取1、2、3,分别表示汽车大修基本检验技术文件,即"三单一证",修竣车及关键项;

K_i——修正系数,分别取0.2、0.6、0.2。

5.5 汽车大修质量分级应符合下表规定。

等 级	要 求	
	关键项次合格率	综合项次合格率
优 等	$\beta_3 = 100\%$	$\beta_0 \geqslant 95\%$
一 等	$\beta_3 = 100\%$	$85\% \leqslant \beta_0 < 95\%$
合 格	$\beta_3 = 100\%$	$70\% \leqslant \beta_0 < 85\%$
不合格	$\beta_3 < 100\%$	或 $\beta_0 < 70\%$

6 评定办法

6.1 汽车整车大修基本检验技术文件的评定按附录A(补充件)规定执行。

6.2 汽车整车大修竣工质量评定按附录B(补充件)规定执行。

附 录 A
汽车整车大修基本检验技术文件评定
（补充件）

A.1 汽车大修基本检验技术文件评定按表 A.1 进行。

表 A.1

序 号	评定项目	评定技术要求	检查方法与手段	评定方法	备 注
A.1.1	汽车整车大修进厂检验单	(1)汽车整车大修进厂检验单应包括下列内容： 进厂编号、牌照号、厂牌、车型、底盘号、发动机型号及号码等、托修单位、送修车辆状态、里程表记录、托修方报修项目(对送修车技术状况的陈述及要求)、车辆装备情况、车辆整车性能试验记录、检验日期、承修方处理意见、检验员签字、承、托修双方代表签章等。 (2)单中字迹应清晰，项目应齐全、完整，填写真实、正确	查阅、核对	单据中各项有一处不符合要求，则计一项次不合格	
A.1.2	汽车整车大修工艺过程检验单	(1)汽车整车大修工艺过程检验单应包括： 发动机及离合器修理工艺过程检验单； 前桥及转向系修理工艺过程检验单； 后桥修理工艺过程检验单； 变速器及分动器修理工艺过程检验单； 传动轴及万向节修理工艺过程检验单； 车架悬挂及车轮修理工艺过程检验单； 车身修理工艺过程检验单； 汽车电器、仪表和线路修理工艺过程检验单； 汽车制动系修理工艺过程检验单	查阅、核对	单据中各项有一处不符合要求，则计一项次不合格	

表 A.1(续)

序　　号	评定项目	评定技术要求	检查方法与手段	评定方法	备　　注
A.1.2	汽车整车大修工艺过程检验单	(2)各修理工艺过程检验单应包含下列内容： 进厂编号、厂牌、车型、各总成型号、号码、检验项目、检验结果记录、检验结论、处理意见、主修人及检验员签章及日期等。 (3)检验单中字迹应清晰，项目齐全、完整，填写真实、正确。检验项目、名词术语和计量单位应符合国家及行业有关标准及相关车辆修理技术文件的有关规定	查阅、核对	单据中各项有一处不符合要求，则计一项次不合格	
A.1.3	汽车大修竣工检验单	(1)汽车大修竣工检验单中内容应包括： 进厂编号、托修单位、承修单位、牌照号、厂牌、车型、底盘号码、发动机型号及号码、车辆装备状况、车辆改装改造状况、汽车修竣后技术状况、检验记录、检验结论、检验员签章及日期等。 (2)检验单中字迹应清晰，项目齐全、完整，填写真实、正确。 检验项目、要求、方法、名词术语和计量单位应符合国家、行业有关标准及相关车辆修理技术文件的有关规定	查阅、核对	单据中各项有一处不符合要求，则计一项次不合格	
A.1.4	汽车大修合格证	(1)汽车大修合格证内容应包括： 进厂编号、牌照号、厂牌、车型、底盘号码、发动机型号及号码、维修合同号、出厂日期、总检验员签章及日期、承修单位质量检验部门盖章、走合期规定、保证期规定。 (2)合格证中字迹应清晰，项目齐全、完整，填写真实、正确。 合格证中名词术语应符合国家及行业有关标准中的规定	查阅	证中项目有一处不符合要求，则计一项次不合格	

附　录　B
汽车整车大修竣工质量评定
（补充件）

B.1　汽车整车大修质量评定按表B.1进行。

表B.1

序　　号	评定项目	评定技术要求	检查方法与手段	评定方法	备　　注
B.1.1	一般技术要求				
B.1.1.1	驾驶室总成客车车厢	形状正确、曲面圆顺、转角处无折绉；蒙皮平整，无松弛、机械损伤及突出物等	检视	其中有三处以上缺陷为不合格	
B.1.1.2	涂漆质量				
B.1.1.2.1^Δ	喷（烤）漆				
a.	漆外观	喷（烤）漆颜色应协调均匀、光亮，且漆膜光泽度：客车不低于90%、货车驾驶室不低于85%，漆层无裂纹、剥落、起泡、流痕、绉纹等缺陷	用漆膜光泽测量仪按GB 1743测量及检视	光泽度不符合要求或存在三处以上缺陷者为不合格	
b.	漆硬度	漆表面硬度应符合JB/Z 111的规定	按JB/Z 111规定检验	不符合规定为不合格	
B.1.1.2.2	刷漆	刷漆部位不应有明显的流痕和刷纹；不刷漆部分不应有漆痕	检视	有三处以上缺陷为不合格	
B.1.1.3	保险杠、翼子板	保险杠、翼子板安装应端正、牢固，不应有歪斜，应左右对称，离地高度差应不大于10mm	检视，用钢板直尺（或钢卷尺）测量	不符合要求为不合格	
B.1.1.4^Δ	驾驶室、货厢、客车厢	驾驶室及客车厢左右对称离地高度差不大于10mm，货厢不大于20mm。货厢边板、铰链应铰接牢固、启闭灵活。边板关闭后，缝隙不应超过5mm	检视，用钢板直尺（或钢卷尺）测量	不符合规定为不合格	
B.1.1.5	总成、零部件及附件装备				
a.	总成、零部件	各总成及零部件应完好有效，安装应符合原厂规定	检视	不符合规定为不合格	
b.	附件装备	各项附件装备应齐全、完好、有效	检视	有一项以上缺陷为不合格	

表 B.1(续)

序　号	评定项目	评定技术要求	检查方法与手段	评定方法	备　注
B.1.1.6	座椅	座椅形状、尺寸、座位间距及调节装置应符合原设计或有关技术文件规定	检视	有三处以上缺陷为不合格	
B.1.1.7	门窗及玻璃				
a.	门窗	门窗应启闭灵活、闭合严密、锁止可靠、缝隙均匀不松旷	检视	不符合要求为不合格	
b.	玻璃	门窗玻璃应采用安全玻璃;前挡风玻璃应采用夹层玻璃或部分区域钢化玻璃。其性能应符合国家及行业标准有关规定	检视	不符合要求为不合格	
B.1.1.8	离合器、制动踏板、驻车制动拉杆				
a.	踏板自由行程	踏板自由行程应符合原厂规定	用直尺测量	不符合规定为不合格	
b.	制动器	采用液压制动的车辆,制动踏板在规定压力下保持1min,踏板不应有向下移动现象	用压力表、计时器和制动踏板力计检验	不符合要求为不合格	
c.	驻车制动拉杆	驻车制动拉杆有效行程应符合原厂规定	检视	不符合规定为不合格	
B.1.1.9	轮胎				
a.	胎压	轮胎气压应符合原厂规定	用轮胎气压表测量	不符合规定为不合格	
b.	轮胎规格型号及花纹	1.轿车轮胎胎冠上的花纹深度不得小于1.6mm,其他车辆不得小于3.2mm; 2.轮胎胎面不得暴露出轮胎帘布层; 3.胎面和胎壁上不得有长度超过2.5cm、深度足以暴露出轮胎帘布层的破裂或割伤; 4.同轴上装用的轮胎型号和花纹应相同; 5.汽车转向轮不得装用翻新胎	用轮胎花纹深度尺测量及检视	不符合要求为不合格	
B.1.1.10	车轮				
a.*	车轮圆跳动量	轿车不大于5mm,其他车辆不大于8mm	用直角尺或钢直尺测量	不符合要求为不合格	

表 B.1(续)

序　号	评定项目	评定技术要求	检查方法与手段	评定方法	备　注
b.	车轮动不平衡量	动平衡量应符合有关规定	用车轮动平衡仪测量	不符合规定为不合格	
B.1.1.11	转向机构	转向机构各连接部位不应有松旷现象,且锁止可靠	检视	不符合要求为不合格	
B.1.1.12	电气设备和仪表				
a.	照明及信号	照明及各种信号装置应齐全、有效,符合 GB 4785 中的有关规定	检视	不符合规定为不合格	
b.	仪表	各种仪表应装备齐全、完好、有效	检视	不符合要求为不合格	
c.	导线	各种线路布置应合理,接头牢固,导线包扎固定可靠,不应裸露、破损老化现象,线束通过孔洞时应有防护套且距排气管距离应不小于 300mm	检视	有两处以上缺陷为不合格	
d.	漏电	各部导线及电器元件不得有漏电现象	检视	不符合要求为不合格	
B.1.1.13	整备质量	汽车整备质量及各轴负荷分配不得大于原设计的 3%	用汽车衡或轮轴质量仪测量	超过 3% 为不合格	
B.1.1.14	润滑				
a.	装置(油嘴)	各部油嘴应安装正确、齐全、有效	检视	有两处缺陷为不合格	
b.	油(脂)规格及填加量	润滑油(脂)规格质量及填加量应符合原车规定	检视	不符合规定为不合格	
B.1.1.15	轴距	汽车左右轴距差应符合 GB 3798 或原设计的有关规定	检视	不符合要求为不合格	
B.1.1.16	紧固件				
a.*	关键紧固件	拧紧力矩应符合原车规定,锁止可靠	检视	不符合规定为不合格	
b.	一般紧固件	应牢固可靠,不得有松动、脱落、缺损现象	检视	有三处以上缺陷为不合格	
B.1.1.17	铆接与焊接				

表 B.1(续)

序　号	评定项目	评定技术要求	检查方法与手段	评定方法	备　注
a.	铆接件	铆接件的结合面应贴紧，铆钉应充满钉孔不松动，不得用螺栓代替，钉头不应有裂纹、歪斜、残缺现象	检视	有三处以上缺陷为不合格	
b.	焊缝	焊缝应平整、光滑，不应有夹渣、裂纹等焊接缺陷	检视	有三处以上缺陷为不合格	
B.1.2	主要性能要求				
B.1.2.1*	动力性				B.1.2.1.1、B.1.2.1.2 只测其一即可
B.1.2.1.1	底盘输出功率	汽车底盘输出功率应符合有关规定要求	用底盘测功机测量	不符合规定为不合格	
B.1.2.1.2	加速时间				采用 a、b 之一即可
a.	台试	汽车的加速时间应符合台试有关规定	用底盘测功机测量	不符合要求为不合格	
b.	路试	国产汽车的加速时间应符合 GB 3798 中的有关规定。 进口汽车的加速时间应符合原设计要求	按 GB/T 12543 的规定测量	大于规定加速时间为不合格	
B.1.2.2	经济性				
a.	台试	汽车等速百公里油耗应符合有关规定	用底盘测功机、油耗计等仪器测量	不符合规定为不合格	
b.	路试	国产汽车油耗应符合 GB 3798 中的有关规定。进口汽车油耗应不高于原车规定	按 GB/T 12545 规定测量	不符合规定为不合格	
B.1.2.3	滑行性能				B.1.2.3.1、B.1.2.3.2 测量其一即可

表 B.1(续)

序 号	评定项目	评定技术要求	检查方法与手段	评定方法	备 注
B.1.2.3.1	滑行距离				采用 a、b 之一即可
a.	台试	汽车在台架上的滑行距离应符合有关规定	用底盘测功机测量	不符合规定为不合格	
b.	路试	汽车空载以初速度 30km/h 摘挡滑行应满足下列要求(双轴驱动车辆,取 f 为 0.8,单轴驱动车辆,取 f 为 1): 汽车整备质量,t　滑行距离,m ≤4　≥160f >4~5　≥180f >5~8　≥220f >8~11　≥250f >11　≥270f	用五轮仪按 GB/T 12536 中的规定测量	不符合要求为不合格	
B.1.2.3.2	滑行阻力	汽车的滑行阻力应不超过汽车整备质量的 1.5%	在干燥平坦的沥青或混凝土路面上用拉力计测量滑行阻力。用汽车衡或轮轴质量仪测量汽车	不符合要求为不合格	
B.1.2.4	转向操纵性				
B.1.2.4.1*	侧滑量	转向轮侧滑量不得超过 4m/km	用侧滑试验台测量	不符合要求为不合格	
B.1.2.4.2*	前轮定位	汽车车轮前束、主销内倾、主销后倾、车轮外倾应符合原设计规定	用前束尺和前轮定位仪等测量	不符合规定为不合格	
B.1.2.4.3	转弯直径	汽车最小转弯直径应符合原设计要求	按 GB/T 12540 中的有关规定	不符合规定为不合格	
B.1.2.4.4	转向盘转动性能	轮向轮最大转角应符合原设计要求,转向盘自由转动量应符合 GB 3798 中 1.8 条的规定,且应转动灵活、操纵轻便、无阻滞现象	用转向盘转动测量仪测量及检视	不符合要求为不合格	
B.1.2.4.5	转向盘操纵力	转向盘操纵力应符合 GB 7258 中 3.6 条的规定	用转向盘转动测量仪按 GB 7258 中 3.6 条的规定测量	不符合规定为不合格	
B.1.2.5*	制动性能				

表 B.1(续)

序　号	评定项目	评定技术要求	检查方法与手段	评定方法	备　注
B.1.2.5.1*	汽车行车制动性能				采用 a、b 之一均可
a.	路试	(1)汽车制动距离应符合 GB 7258 中 4.13 条的有关规定; (2)汽车制动减速度应符合 GB 7258 中 4.14 条的有关规定	用五轮仪、减速度仪、计时器、风速仪、钢卷尺等按 GB/T 12676 规定测量	不符合规定为不合格	采用(1)、(2)之一均可
b.	台试	汽车行车制动器制动力应符合 GB 7258 中 4.15 条的有关规定	用滚筒反力式汽车制动检验台和轮轴质量仪测量	不符合规定为不合格	
B.1.2.5.2*	汽车驻车制动性能				采用 a、b 之一即可
a.	路试	汽车空载在 20% 坡道上使用驻车制动,应能保持 5min 不溜滑	按 JB 4020 规定测量	不符合要求为不合格	
b.	台试	汽车驻车制动力总和应不低于汽车整备质量的 20%	用汽车衡或轮轴质量仪和滚筒反力式汽车制动力检验台测量	不符合要求为不合格	
B.1.2.6	前照灯				
B.1.2.6.1	发光强度	汽车前照灯发光强度应符合 GB 7258 中 5.4.11 条的规定	用汽车前照灯检验仪测量	不符合规定为不合格	
B.1.2.6.2	光轴位置	汽车前照灯光轴中心位置应符合 GB 7258 中 5.3 条的规定	用汽车前照灯检验仪测量	不符合规定为不合格	
B.1.2.7	车速表				
B.1.2.7.1	车速表波动	汽车稳定运行时车速表指针不得有明显的上下摆动	检视	不符合要求为不合格	
B.1.2.7.2*	车速表指示误差	车速表指示误差应符合 GB 7258 中 1.10 条的规定	用车速表检验台测量	不符合规定为不合格	
B.1.2.8	排放、噪声				

表 B.1(续)

序　号	评定项目	评定技术要求	检查方法与手段	评定方法	备　注
B.1.2.8.1*	汽油车怠速污染物排放	汽油车怠速污染物排放应符合 GB 14761.5 中的有关规定	用废气分析仪按 GB/T 3845 中的有关规定测量	不符合规定为不合格	
B.1.2.8.2*	柴油车尾气排放	柴油车自由加速烟度排放应符合 GB 14761.6 中的有关规定	用烟度计按 GB/T 3846 测定	不符合规定为不合格	
B.1.2.8.3	噪声				
a.	车内噪声	汽车车内噪声应符合 GB 1495 的有关规定	用声级计按 GB 1496 中的有关规定测定	不符合规定为不合格	
b.	车外噪声	汽车车外噪声应符合 GB 1495 中的有关规定	用声级计按 GB 1496 中的有关规定测量	不符合要求为不合格	
c.*	喇叭声级	汽车喇叭声级应不高于 105dB	用声级计按 GB 1496 中的有关规定测量	不符合要求为不合格	
B.1.2.9^Δ	密封性				
B.1.2.9.1^Δ	防雨密封性	客车防雨密封性限值应符合 GB 12481 中的规定;货车的门窗及防雨密封设施应齐全、完好、有效,不得有漏水现象	按 GB/T 12480 中的规定测量及检视	不符合要求为不合格	
B.1.2.9.2^Δ	防尘密封性	客车防尘密封性限值应符合 GB 12479 的规定;货车防尘密封装置应完好、有效,不应有明显进尘现象	按 GB/T 12478 中的规定测量及检视	不符合要求为不合格	
B.1.3	发动机运转				
B.1.3.1*	启动性能	发动机起动顺利,无异响	检视	三次以上起动不成功或有异响为不合格	
B.1.3.2*	发动机怠速运转	在正常工作温度下,发动机怠速运转应稳定,其转速应符合原设计规定,转速波动不大于 50r/min	用转速表发动机综合测试仪检查	不符合要求为不合格	
B.1.3.3*	发动机运转性能	发动机在各种转速下运转应平稳,改变转速时过渡圆滑;突然加速或减速时不得有突爆声;在正常工况下不得过热,无异响	检视	不符合要求为不合格	

表 B.1(续)

序　　号	评定项目	评定技术要求	检查方法与手段	评定方法	备　　注
B.1.3.4*	机油压力	发动机机油压力应符合原厂规定	检视	不符合规定为不合格	
B.1.4	传动机构工作状况				
B.1.4.1	离合器	离合器应接合平稳、分离彻底、操作轻便、工作可靠、无异响	检视	不符合要求为不合格	
B.1.4.2	变速器	变速器换挡轻便、准确可靠,无异响,正常工况下不得过热	点温计、检视	不符合要求为不合格	
B.1.4.3	传动轴及中间轴承	传动轴及中间轴承应工作正常,无松旷、异响;中间轴承不得过热	点温计、检视	不符合要求为不合格	
B.1.4.4	差速器、减速器	差速器、减速器应工作正常、无异响,正常工况下不得过热	点温计、检视	有两处缺陷为不合格	

注:①*为关键项。

②Δ轿车为关键项,货车为一般项。

附加说明:

本标准由中华人民共和国交通部提出并归口。

本标准由交通部标准计量研究所,成都、南京、上海、杭州、扬州、南通、重庆、天津、西安市汽车维修行业管理处,沈阳市交通局起草。

本标准主要起草人白洪岭、周德恩、袁生林、孟秋、祝文中、傅金壁、吴晓鹏。

中华人民共和国国家标准

GB/T 15746.2—1995

汽车修理质量检查评定标准 发动机大修

The standard of qualitative assessment for vehicle repair—Major repair of automobile engines

1995-11-16 发布　　　　1996-01-01 实施

1 主题内容与适用范围

本标准规定了汽车发动机大修质量检查评定的主要内容、评定规则及办法。

本标准适用于汽车用汽、柴油发动机大修质量的检查评定。

2 引用标准

GB 3799　汽车发动机大修竣工出厂技术条件

GB/T 3845　汽油车怠速污染物测量方法

GB/T 3846　柴油车自由加速烟度测量方法

GB 14761.5　汽油车怠速污染物排放标准

GB 14761.6　柴油车自由加速烟度排放标准

3 术语

3.1 汽车发动机大修质量检查评定　qualitative assessment for the major repair of automobile engines

对汽车发动机大修竣工质量和发动机大修过程中基本检验技术文件完善程度的综合评价。

3.2 汽车发动机大修竣工质量　qualitation for the major repair of automobile engines being received

汽车发动机大修竣工后恢复其完好技术状况和寿命的程度。

3.3 发动机大修竣工检验单　check lists for the major repair of automobile engines being received

汽车发动机大修竣工后,由汽车维修检验技术人员对发动机的技术状况进行技术鉴定的记录。

3.4 发动机大修合格证　certificate of confirmity for the major repair of automobile engines

大修竣工的发动机,经过技术鉴定符合相应的标准后所开具的质量凭证。

4 评定内容

4.1 汽车发动机大修基本检验技术文件的评定

a) 汽车发动机大修进厂检验单;

b) 汽车发动机大修工艺过程检验单;

c) 汽车发动机大修竣工检验单;

d) 汽车发动机大修合格证。

4.2 汽车发动机大修竣工质量评定

汽车发动机大修竣工后质量评定应包括起动运转检查,动力性、经济性测定,发动机四漏及涂漆等。

5 评定规则

5.1 4.1条是参与评定的基本条件,缺一不可。

5.2 4.2条是评定发动机大修质量的基本内容,评定项目按其重要程度分为“关键项”和“一般项”。附录B中带＊符号的为关键项,其余为一般项。

5.3 发动机大修质量评定,采用综合项次合格率来衡量,分为优等、一等、合格、不合格四级。

5.4 综合项次合格率计算方法

$$\beta_0 = \sum_{i=1}^{3} K_i \beta_i \tag{1}$$

$$\beta_i = \frac{n_i}{m_i} \times 100\% \tag{2}$$

式中: β_0——综合项次合格率;

β_i——项次合格率;

n_i——检查合格的项次数之和;

m_i——检查的项次数之和;

i——角标,取1、2、3,分别表示发动机大修基本检验技术文件,即“三单一证”,修竣发动机及关键项;

K_i——修正系数,分别取0.2、0.6、0.2。

5.5 汽车发动机大修质量分级应符合下表规定。

等级	要求	
	关键项次合格率	综合项次合格率
优等	$\beta_3 = 100\%$	$\beta_0 \geqslant 95\%$
一等	$\beta_3 = 100\%$	$85\% \leqslant \beta_0 < 95\%$
合格	$\beta_3 = 100\%$	$70\% \leqslant \beta_0 < 85\%$
不合格	$\beta_3 < 100\%$	或 $\beta_0 < 70\%$

6 评定办法

6.1 发动机大修基本检验技术文件评定按附录A(补充件)规定执行。

6.2 发动机大修竣工质量评定按附录B(补充件)规定执行。

附 录 A
汽车发动机大修基本检验技术文件评定
（补充件）

A.1 发动机大修基本检验技术文件评定按表 A.1 进行。

表 A.1

序 号	评定项目	评定技术要求	检查方法与手段	评定方法	备 注
A.1.1	发动机大修进厂检验单	（1）发动机大修进厂检验单应包括下列内容： 进厂编号、发动机型号及号码、进厂日期、托修单位、托修方报修情况、发动机附件状况、发动机运转情况、检验日期、承修方处理意见、检验员签字； （2）单中字迹应清晰，项目齐全、完整、填写真实、正确	查阅	单中各项有一处不符合要求，则计一项次不合格	
A.1.2	发动机大修工艺过程检验单	（1）发动机大修工艺过程检验单应包括下列内容： 进厂编号、发动机型号及号码、基础件和主要零部件的检验数据、检验结果记录、检验结论、处理意见、主修人签字及日期、检验员签字及日期等； （2）单中字迹应清晰，项次齐全、完整，填写真实、正确。检验项目、名词术语、计量单位、基础件和主要零部件的检验项目、技术要求应符合国家、行业有关标准及原厂规定	查阅	各项目有一处不符合要求，则计一项次不合格	
A.1.3	发动机大修竣工检验单	（1）发动机大修竣工检验单应包含下列内容： 进厂编号、托修单位、承修单位、发动机型号及号码、装备与装配检验、性能检验、检验结论、总检验员签字、日期等； （2）单中字迹要清晰，项目应齐全、完整，填写真实、正确。 检验项目、要求、方法、名词术语、计量单位应当符合国家、行业标准以及相关车辆修理技术文件的有关规定	查阅、核对	单中各项有一处不符合要求，则计一项次不合格	

表 A.1(续)

序　　号	评 定 项 目	评定技术要求	检查方法与手段	评 定 方 法	备　　注
A.1.4	发动机大修合格证	(1)发动机大修合格证内容应包括： 进厂编号、发动机型号及号码、出厂日期、总检验员签章及日期、走合期规定、保证期规定、维修合同号、承修单位技术质量检验部门盖章； (2)单中字迹应清晰，项目齐全、完整，填写真实、正确。名词术语、计量单位应符合国家及行业相关标准的有关规定	查阅、核对	合格证中各项有一处不符合要求，则计一项次不合格	

附 录 B
汽车发动机大修竣工质量评定
（补充件）

B.1 发动机大修质量评定按表 B.1 进行。

表 B.1

序 号	评 定 项 目	评定技术要求	检查方法与手段	评 定 方 法	备 注
B.1.1	装备与装配	发动机装备齐全、有效，装配符合 GB 3799 中的有关规定	检视	有一处以上缺陷则为不合格	
B.1.2	起动性能				
B.1.2.1	冷车起动	在环境温度不低于 －5℃ 时，应起动顺利，允许连续起动不多于 3 次，每次起动不多于 5s	检视	起动超过三次或多于 5s 均为不合格	
B.1.2.2	热车起动	在发动机正常工作温度下 5s 内能起动	检视	不符合要求为不合格	
B.1.3	真空度				
B.1.3.1	真空度数值	汽油发动机怠速时，进气歧管真空度应在 57～70kPa 范围内	用转速表、真空计检查（大气压强以海平面为准）	不符合规定为不合格	
B.1.3.2	真空度波动范围	发动机怠速时，进气歧管真空度波动：六缸汽油机不超过 3kPa，四缸汽油机不超过 5kPa	用转速表、真空计检查（大气压强以海平面为准）	不符合规定为不合格	
B.1.4	汽缸压力				
B.1.4.1	压力数值	汽缸压缩压力应符合原设计规定	用转速表、汽缸压力表检查	不符合规定为不合格	
B.1.4.2	各缸压力差	每缸压力与各缸平均压力的差。汽油机不超过 8%；柴油机不超过 10%	用转速表、汽缸压力表检查或用发动机综合分析仪测量	不符合规定为不合格	
B.1.5	发动机运转情况				
B.1.5.1	怠速	发动机怠速运转稳定，其转速符合原设计规定。转速波动不大于 50r/min	用转速表进行运转试验或用发动机综合分析仪测量	不符合规定为不合格	
B.1.5.2	改变转速	发动机改变转速时应过渡圆滑	用发动机转速表检查	不符合要求为不合格	

表 B.1(续)

序号	评定项目	评定技术要求	检查方法与手段	评定方法	备注
B.1.5.3	加速或减速	发动机突然加速或减速时不得有突爆声,不得有断火、回火、放炮现象	检视	不符合要求为不合格	
B.1.6	异响	发动机在正常工况下运转时,不得有异常响声	检视或用发动机异响分析仪检查	不符合要求为不合格	
B.1.7*	功率	发动机最大功率不得低于原设计标定值的90%	用测功机(仪)按有关规定测量	不符合要求为不合格	B.1.7、B.1.8项只检查其中之一
B.1.8*	转矩	发动机最大转矩不得低于原设计标定值的90%	用测功机按有关规定检查	不符合要求为不合格	
B.1.9*	燃料消耗率	发动机最低燃料消耗率不得高于原设计要求	用油耗计、测功机按有关规定测量	不符合要求为不合格	
B.1.10*	排放	汽油机排放应符合GB 14761.5的规定;柴油机排放应符合GB 14761.6的规定	按GB/T 3845、GB/T 3846规定测量	不符合规定为不合格	
B.1.11	机油压力	发动机油压力应符合原设计规定	用机油表进行运转试验	不符合规定为不合格	
B.1.12	水温、油温	发动机水温、油温应符合原设计规定	用水温表、油温表进行试验	不符合规定为不合格	
B.1.13	润滑油	发动机润滑油规格、数量、质量应符合原设计规定	检视或用润滑油质分析仪检查	不符合要求为不合格	
B.1.14*	四漏情况	发动机应无漏水、漏油、漏气、漏电现象	检视	不符合要求为不合格	
B.1.15	停机装置	柴油发动机停机装置应灵活有效	检视	不符合要求为不合格	
B.1.16	限速装置	发动机应按规定加装限速片或对限速装置作相应的调整并加铅封	检视	不符合要求为不合格	
B.1.17	涂漆	发动机应按规定涂漆,涂层均匀、不得有漏涂现象	检视	有两处以上缺陷为不合格	

注:* 为关键项。

附加说明：

本标准由中华人民共和国交通部提出并归口。

本标准由交通部标准计量研究所，成都、南京、上海、杭州、扬州、南通、重庆、天津、西安市汽车维修行业管理处，沈阳市交通局等负责起草。

本标准主要起草人白洪岭、周德恩、袁生林、孟秋、傅金壁、祝文中、吴晓鹏。

中华人民共和国国家标准

GB/T 15746.3—1995

汽车修理质量检查评定标准 车身大修

The standard of qualitative assessment for vehicle repair—Major repair of bodies

1995-11-16发布　　1996-01-01实施

1 主题内容与适用范围

本标准规定了汽车车身大修质量检查评定的主要内容、评定规则及办法。

本标准适用于汽车车身大修质量的检查评定,其中汽车列车及特种车辆参照执行。

2 引用标准

GB 1495　机动车辆允许噪声

GB 1496　机动车辆噪声测量方法

GB 1743　漆膜光泽测定法

GB/T 12478　客车防尘密封性试验方法

GB 12479　客车防尘密封性限值

GB/T 12480　客车防雨密封性试验方法

GB 12481　客车防雨密封性限值

GB/T 12673　汽车主要尺寸测量方法

JB/Z 111　汽车油漆涂层

3 术语

3.1　汽车车身大修　major repair for the automobile bodies

汽车车身大修指车身修理作业面积超过50%以上并进行全车身喷漆的修理作业。

3.2　汽车车身大修质量检查评定　qualitative assessment for the major repair of automobile bodies

对汽车车身大修竣工的质量和汽车车身大修基本检验技术文件的完善程度的综合评价。

3.3　汽车车身大修竣工质量　qualitation for the major repair of automobile bodies being received

汽车车身大修竣工后恢复其完好技术状况和寿命的程度。

3.4　汽车车身大修竣工检验单　check lists for the major repair of automobile bodies being received

在汽车车身大修竣工后,由汽车维修检验技术人员对车身技术状况进行技术鉴定的记录。

3.5　汽车车身大修合格证　certificate of confirmity for the major repair of automobile bodies

大修竣工的汽车车身,经过技术鉴定并符合相应标准后的质量凭证。

4 评定内容

4.1　汽车车身大修基本检验技术文件评定

a) 汽车车身大修进厂检验单；

b) 汽车车身大修工艺过程检验单；

c) 汽车车身大修竣工检验单；

d) 汽车车身大修合格证。

4.2 汽车大修竣工质量评定

汽车车身大修竣工质量评定内容是对蒙皮、护板、门窗、行李仓盖、发动机罩、座椅、装饰件附件等形状、涂层和主要技术性能的检查评定。

5 评定规则

5.1 4.1条是参与评定的基本条件,缺一不可。

5.2 4.2条是评定汽车车身大修质量的基本内容,评定项目按其重要程度分为“关键项”和“一般项”。附录B中带＊及Δ符号的为关键项,其余为一般项。

5.3 汽车车身大修质量的评定采用综合项次合格率来衡量,分为优等、一等、合格、不合格四级。

5.4 综合项次合格率计算方法

$$\beta_0 = \sum_{i=1}^{3} K_i \beta_i \tag{1}$$

$$\beta_i = \frac{n_i}{m_i} \times 100\% \tag{2}$$

式中：β_0——综合项次合格率；

β_i——项次合格率；

n_i——检查合格的项次数之和；

m_i——检查的项次数之和；

i——角标,取1、2、3,分别表示汽车车身大修基本检验技术文件,即“三单一证”,修竣车车身及关键项；

K_i——修正系数,分别取0.2、0.6、0.2。

5.5 汽车大修质量分级应符合下表规定。

等　级	要　求	
	关键项次合格率	综合项次合格率
优等	$\beta_3 = 100\%$	$\beta_0 \geqslant 95\%$
一等	$\beta_3 = 100\%$	$85\% \leqslant \beta_0 < 95\%$
合格	$\beta_3 = 100\%$	$70\% \leqslant \beta_0 < 85\%$
不合格	$\beta_3 < 100\%$	或$\beta_0 < 70\%$

6 评定办法

6.1 汽车车身大修基本检验技术文件的评定按附录A(补充件)规定执行。

6.2 汽车车身大修竣工质量评定按附录B(补充件)规定执行。

附 录 A
汽车车身大修基本检验技术文件评定
（补充件）

A.1 汽车车身大修基本检验技术文件的评定按表 A.1 进行。

表 A.1

序 号	评定项目	评定技术要求	检查方法与手段	评定方法	备 注
A.1.1	汽车车身大修进厂检验单	(1)汽车车身大修进厂检验单应包括下列内容： 进厂编号、牌照号、厂牌、车型、托修单位、车辆状态、托修方报修情况、车身附件清点记录、车身检查记录、检验日期、承修方处理意见、检验员签字。 (2)单中字迹应清晰，项目齐全、完整，填写真实、正确	查阅	单中有一处不符合要求，则计一项次不合格	
A.1.2	汽车车身大修工艺过程检验单	(1)检验单应包含下列内容： 进厂编号、厂牌、车型、检验项目、检查结果记录、检验结论、处理意见、主修人签字、检验员签字、日期等。 (2)单中字迹应清晰，项目齐全、完整，填写真实、正确。 单中检验项目及文字术语应符合国家及行业有关标准以及相关车辆修理技术文件的有关规定	查阅	单中有一处不符合要求，则计一项次不合格	
A.1.3	汽车车身大修竣工检验单	(1)检验单应包括下列内容： 进厂编号、托修单位、承修单位、牌照号、厂牌、车型、车辆装备状况、车辆改装改造状况、检验记录、检验结论、检验员签字、检验日期等。 (2)单中字迹应清晰，项目齐全、完整，填写真实、正确。 单中检验项目、要求、方法及文字术语应符合国家、行业有关标准及相关车辆修理技术文件的有关规定	查阅	单中有一处不符合要求，则计一项次不合格	
A.1.4	汽车车身大修合格证	(1)合格证内容应包括： 进厂编号、牌照号、厂牌、维修合同号、车型、出厂日期、总检验员签章及日期、承修单位质量检验部门盖章、保证期规定等。 (2)证中字迹应清晰，项目齐全、完整，填写真实、正确。 证中名词术语应符合国家及行业相关标准中的规定	查阅	证中有一处不合格，则计一项次不合格	

附 录 B
汽车车身大修竣工质量的评定
（补充件）

B.1 汽车车身大修竣工质量的评定按表 B.1 进行。

表 B.1

序 号	评定项目	评定技术要求	检查方法与手段	评定方法	备 注
B.1.1	整备质量	车身修竣后汽车整备质量及轴荷分配不得超过原设计的 3%	用汽车衡或汽车轮轴质量仪测量	不符合规定为不合格	
B.1.2*	外形尺寸	应符合原设计规定	用钢卷尺按 GB/T 12673 规定测量	不符合规定为不合格	
B.1.3*	内、外部凸起物	车身内外部不应有任何使人致伤的尖锐凸出物	检视	有一处以上缺陷为不合格	
B.1.4	车身蒙皮及护板				
B.1.4.1*	蒙皮	车身蒙皮应形状正确、平整、曲面圆顺、无松弛和裂损	检视	有一处以上缺陷为不合格	
B.1.4.2*	铆、螺钉	车辆周身铆螺钉应平贴、紧固	检视	有五处以上缺陷为不合格	
B.1.4.3*	护板	车辆护板应平整、曲面圆顺、无凸凹变形和裂损	检视	有两处以上缺陷为不合格	
B.1.4.4	护板及压条	车辆蒙皮及护板压条应密合牢固，且应平直，不应有扭曲变形	检视	有两处以上缺陷为不合格	
B.1.5	面漆				
B.1.5.1	面漆表面	漆表面应无流痕、起泡、裂纹、皱皮、脱层、缺漆（货车货厢面漆允许有不明显的皱纹、刷痕、流痕）	检视	有两处以上缺陷为不合格	
B.1.5.2	面漆边界	面漆异色边界应分明、整齐	检视	有两处以上缺陷为不合格	
B.1.5.3	漆膜光泽	车身蒙皮漆膜光泽度：客车应不低于 90%；货车驾驶室不低于 85%	用漆膜光泽测量仪按 GB 1743 中的规定测量	不符合规定为不合格	
B.1.5.4	漆硬度	漆表面硬度应符合 JB/Z 111 的规定	按 JB/Z 111 规定检验	不符合规定为不合格	
B.1.6	装饰件				

表 B.1(续)

序　　号	评定项目	评定技术要求	检查方法与手段	评定方法	备　　注
B.1.6.1	内外装饰件外观	内外装饰件外观应平顺贴合、无凹陷、凸起或弯曲，拐角圆顺，表面无划痕、锤击印。紧固件排列整齐、安装牢固	检视	有两处以上缺陷为不合格	
B.1.6.2	外装饰带	外装饰带分段接口处应平齐，接口间隙不大于0.50mm，并与窗下沿平行，其平行度误差在全长内不应大于5mm	用厚薄规测量接口间隙，钢直尺测量平行度	有一处以上不符合要求为不合格	
B.1.6.3	电镀装饰件	电镀装饰件应光亮、无锈斑、脱层、划痕，铝质装饰件表面应抛光，并经氧化或电化学处理	检视	有两处以上缺陷为不合格	
B.1.7	货厢				
B.1.7.1	金属货厢	金属货厢应无腐蚀、裂损，边板和底板应形状正确、表面平整	检视	有两处以上缺陷为不合格	
B.1.7.2	木质货厢	木质货厢地板缝隙全长内不超过2mm，边板和底板应平整，左右边板应平行，其高度差应不超过10mm，边板关闭后，各边缝隙不应超过5mm	用钢直尺测量检视	有两处以上缺陷为不合格	
B.1.7.3	货厢附件	货厢边板各部角铁、铰链支架、篷钩、篷杆插座、锁钩及货厢衬垫应按原厂设计修配齐全、有效	检视	有三处以上缺陷为不合格	
B.1.8	车门	气动车门在原车规定的气压下应起动灵活、锁止可靠。手动车门应启闭轻便、锁止可靠。门缝匀称，密封条有效	检视	不符合规定为不合格	
B.1.9	车窗(风窗、后窗)				
B.1.9.1	外形	侧窗、角窗及顶风窗无翘曲变形	检视	有两处以上缺陷为不合格	
B.1.9.2	开启	可开窗应启闭轻便、关闭严密、锁止可靠，摇窗机灵活有效	检视	有两处以上缺陷为不合格	
B.1.9.3	密封条	密封条应齐全，无老化、破损，粘结牢固、有效	检视	有两处以上缺陷为不合格	

表 B.1(续)

序　号	评定项目	评定技术要求	检查方法与手段	评定方法	备　注
B.1.10*	玻璃	门窗玻璃应采用安全玻璃,前挡风玻璃应采用夹层玻璃或部分区域钢化玻璃;其他门窗可采用钢化玻璃,并应齐全、完好、透明。前挡风玻璃应不眩目	检视	有两处以上缺陷为不合格	
B.1.11	地板	客车地板应无裂损,表面平整、密合,木质地板排列均匀	检视	有两处以上缺陷为不合格	
B.1.12	发动机罩	应无裂损、凸凹变形、盖合严密、边缝匀称、边盖板平整,附件齐全有效、开启灵活、锁止可靠	检视	有两处以上缺陷为不合格	
B.1.13	行李箱盖	无裂损、变形,开启灵活、盖合严密、边缝匀称、锁止可靠、支起牢固	检视	有两处以上缺陷为不合格	
B.1.14	座椅				
B.1.14.1	间距	座椅间距应符合原厂设计规定或符合改装改造技术要求的规定	用钢直尺测量	有两处不符合规定为不合格	
B.1.14.2	椅架	座椅架应无裂损、变形、锈蚀,安装牢固	检视	有两处以上缺陷为不合格	
B.1.14.3	调节机构	座椅调节机构灵活、有效、锁止可靠	检视	有两处以上缺陷为不合格	
B.1.15	行李架	无裂损、明显变形,安装牢固	检视	有一处以上缺陷为不合格	
B.1.16	尾梯	无裂损、变形,安装牢固	检视	有一处以上缺陷为不合格	
B.1.17	仪表盘	无裂损、凹凸变形,安装可靠,仪表齐全、完好、准确	检视	有一处以上缺陷为不合格	
B.1.18	遮阳板	无翘曲、裂损,支架松紧适宜、作用良好	检视	有一处以上缺陷为不合格	
B.1.19	后视镜	成像清晰,调节灵活,支架无裂损及锈蚀,装置牢固	检视	有一处以上缺陷为不合格	
B.1.20	刮水器	工作可靠,有效刮面达到原设计要求	检视	不符合要求为不合格	

表 B.1(续)

序　　号	评定项目	评定技术要求	检查方法与手段	评定方法	备　注
B.1.21$^{\Delta}$	防雨密封性	客车防雨密封性限值应符合 GB 12481 中的规定,货车的防雨密封装置应完好有效	按 GB/T 12480 中的规定测量	不符合要求为不合格	
B.1.22$^{\Delta}$	防尘密封性	客车防尘密封性限值应符合 GB 12479 中的规定,货车的防尘密封装置应完好有效,不应有明显进尘现象	按 GB/T 12478 中的规定测量	不符合要求为不合格	
B.1.23*	车内噪声	汽车最大允许噪声应符合 GB 1495 的有关规定	用声级计按 GB 1496 中的规定测量	不符合要求为不合格	

注：* 为关键项;Δ 客车为关键项。

附加说明:

本标准由中华人民共和国交通部提出并归口。

本标准由交通部标准计量研究所,成都、南京、上海、杭州、扬州、南通、重庆、天津、西安市汽车维修行业管理处,沈阳市交通局等单位负责起草。

本标准主要起草人白洪岭、周德恩、袁生林、孟秋、傅金壁、祝文中、吴晓鹏。

中华人民共和国国家标准

GB/T 17993—2005

代替 GB/T 17993—1999

汽车综合性能检测站能力的通用要求

General requirements for the competence of automotive multiple-function test station

2005-07-21 发布　　2005-12-01 实施

1　范围

本标准规定了汽车综合性能检测站开展汽车综合性能检测工作应具备的服务功能、管理、技术能力以及场地和设施的要求。

本标准适用于汽车综合性能检测站建设、运行管理以及对汽车综合性能检测站能力认定、委托检测和监督管理。

2　规范性引用文件

下列文件中的条款通过本标准的引用而成为本标准的条款。凡是注日期的引用文件,其随后所有的修改单(不包括勘误的内容)或修订版均不适用于本标准,然而,鼓励根据本标准达成协议的各方研究是否可使用这些文件的最新版本。凡是不注日期的引用文件,其最新版本适用于本标准。

GB 1589　道路车辆外廓尺寸、轴荷及质量限值

GB 7258　机动车运行安全技术条件

GB/T 11798.9　机动车安全检测设备 检定技术条件 第9部分:平板制动试验台检定技术条件

GB/T 12480　客车防雨密封性试验方法

GB/T 12534　汽车道路试验方法通则

GB/T 13563　滚筒式汽车车速表检验台

GB/T 13564　滚筒反力式汽车制动检验台

GB/T 15481　检测和校准实验室能力的通用要求

GB/T 15746.1　汽车修理质量检查评定标准 整车大修

GB/T 15746.2　汽车修理质量检查评定标准 发动机大修

GB/T 15746.3　汽车修理质量检查评定标准 车身大修

GB 18285　在用汽车排气污染物限值及测试方法

GB/T 18344　汽车维护、检测、诊断技术规范

GB 18565　营运车辆综合性能要求和检验方法

GB/T 50033　建筑采光设计标准

GB 50034　建筑照明设计标准

GB 50055　通用用电设备配电设计规范

GB 50057　建筑物防雷设计规范

GBZL　工业企业设计卫生标准

GA 468　机动车安全检验项目和方法
JT/T 198　汽车技术等级评定标准
JT/T 386　汽车排气分析仪
JT/T 445　汽车底盘测功机通用技术条件
JT/T 448　汽车悬架装置检测台
JT/T 478　汽车检测站计算机控制系统技术规范
JT/T 503　汽车发动机综合检测仪
JT/T 504　前轮定位仪
JT/T 505　四轮定位仪
JT/T 506　不透光烟度计
JT/T 507　汽车侧滑检验台
JT/T 508　机动车前照灯检测仪
JT/T 510　汽车防抱制动系统检测技术条件
JJG 188　声级计检定规程
JJG 653　测功装置检定规程
JJG 688　汽车排放气体测试仪检定规程
JJG 745　汽车前照灯检测仪检定规程
JJG 847　滤纸式烟度计
JJG 906　滚筒式力式制动检验台检定规程
JJG 907　轴(轮)重仪检定规程
JJG 908　滑板式侧滑检验台检定规程
JJG 909　滚筒式车速表检测台检定规程
JJG 976　透射式烟度计
JJG(交通) 007　汽车转向盘转向力－转向角检测仪检定规程
JJG(交通) 008　汽车制动踏板力计检定规程
JJG(交通) 009　四活塞联动式油耗计检定规程
JJG(交通)013　汽车发动机检测仪检定规程
JJG(汽车) 02　汽车速度计

3　术语和定义

下列术语和定义适用于本标准。

3.1

汽车综合性能　automotive multiple-function

在用汽车动力性、安全性、燃料经济性、使用可靠性、排气污染物和噪声以及整车装备完整性与状态、防雨密封性等多种技术性能的组合。

3.2

汽车综合性能检测站　amtomotive multiple-function test station

按照规定的程序、方法，通过一系列技术操作行为，对在用汽车综合性能进行检测(验)评价工作并提供检测数据、报告的社会化服务机构，简称综检站。

4　服务功能

4.1　依法对营运车辆的技术状况进行检测。

4.2　依法对车辆维修竣工质量进行检测。

4.3 接受委托,对车辆改装(造)、延长报废期、及其相关新技术、科研鉴定等项目进行检测。

4.4 接受交通、公安、环保、商检、计量、保险和司法机关等部门、机构的委托,为其进行规定项目的检测。

5 管理要求

5.1 组织

5.1.1 综检站应具有明确的法律地位,应为独立承担法律责任的社会化法人机构(非独立法人的需经所属独立法人授权)。

5.1.2 综检站从事检测工作应符合本标准的要求。

5.1.3 综检站的组织管理应覆盖检测工作的各个方面。

5.1.4 综检站应设置管理、检测操作、质量审核监督等基本岗位,各岗位人员的数量、素质应与其工作相适应,需规定对检测质量有影响的主要岗位人员的职责、权力和相互关系,并通过明示的方法被客户所了解。

5.2 质量体系

5.2.1 综检站应按 GB/T 15481 建立、健全质量体系,应将其政策、制度、计划、管理程序、检测规范等制定成文件,构成质量体系文件,应符合计量认证的相关规定。

5.2.2 质量体系文件包括内部制定文件和外来文件。

内部制定文件应至少包括:质量手册、支持性程序文件、主要仪器设备操作规程、检测作业指导书、委托检测受理程序、外部报怨处理程序、生产安全保障制度、检验人员守则、服务公约等。

外来文件应至少包括:所有开展检测工作依据的标准、委托检测机构有关管理政策、相关法规等文件。

5.2.3 综检站的质量体系应覆盖检测工作和各个方面。

5.2.4 综检站应实施并保持与其承担的检测工作相适应的质量体系。

5.3 文件控制

5.3.1 质量体系文件应由综检站最高管理者或其授权人员审查并批准后使用,并通过适当的标识确保其现行有效。

5.3.2 质量体系文件应传达至有关人员,并被其获取、理解和执行。

5.3.3 应定期核查质量体系文件的适用性和时效性,确保其现行有效。

5.3.4 质量体系文件的修改、变更应经过最高管理者或其授权人员审查并批准,并确保所有发放使用的受控文件被替换。

5.3.5 全部质量体系文件原件应存档,应建立适用的档案管理制度,并规定不同文件的保存周期。

5.3.6 应有保护客户机密信息和所有权的措施,包括电子存储和结果数据传输等。

5.4 服务

5.4.1 综检站应通过适当的方式,保证各类检测的具体项目、收费价格、检测工作的具体流程、检测适用标准、被检参数的限值和依据方便客户了解,并依据相关标准的要求、程序和规范开展检测服务。

5.4.2 检测报告应采用规范的格式或委托方要求的格式提供给客户。

5.4.3 应制定程序并采用适当手段,在不影响检测工作和保护其他客户机密的条件下,允许客户监督对其委托业务进行的检测工作。

5.5 抱怨处理

5.5.1 应有程序文件处理来自客户的抱怨,并有效实施。抱怨包括对检测工作质量、检测数据结果有异议的申诉和损害客户利益的投诉以及改进检测工作的意见和建议等。

5.5.2 抱怨处理程序应包括责任部门、处理程序、受理范围、受理期限、经济责任等,并以适当的方式明示,被客户了解。

5.6 事故、差错控制

5.6.1 应有程序文件处理检测过程中出现的事故和差错,并有效实施。

5.6.2 程序文件应包括责任部门和责任人、处理程序、纠正和预防措施、不良后果的挽回措施和客户损失的补偿方案以及处理结果的跟踪等。

5.7 记录、报告的控制

5.7.1 应建立记录、报告控制文件,包括质量记录、技术记录、结果报告等。质量记录应包括来自内部质量管理的过程记录等;技术记录、结果报告包括检测过程记录、检测报告、检测结果统计、分析报告等。

5.7.2 记录、报告格式应符合一定的规范要求,包含的信息齐全,并有授权签字人确认。

5.7.3 记录、报告应以便于存取的方式保存在安全的环境中,并符合相关法规、政策、制度、标准的规定,记录、报告的保存期限不少于2年。

5.7.4 应制定计算机自动生成、存档记录、报告控制程序,防止未经授权的侵入或修改以及数据的丢失。

5.8 质量审核和评审

5.8.1 应制定程序文件定期对检测工作、质量体系运行的各要素进行审核和评审,以保证检测工作、质量保证体系合理、有效运行,并持续改进。

5.8.2 质量审核、评审应涉及质量体系的全部要素,包括与检测业务相关的管理工作和检测工作。

5.8.3 应定期对检测工作进行质量审核(每年不少于2次)、评审(每年应至少1次)。

6 技术能力要求

6.1 人员

6.1.1 基本要求

6.1.1.1 综检站应设站长(或其他称谓)、技术负责人、质量负责人、计算机控制网络系统管理员、检测员、引车员,以及仪器、设备(维护)管理员、文件资料档案管理员等主要岗位。

注:本标准主要岗位人员设置允许1人多岗,但均须达到本标准规定的从业岗位的要求,质量负责人不宜兼职。

6.1.1.2 应制定人员培训制度,并有效实施,保证检测有关人员能按新的检测标准开展检测工作。

6.1.1.3 对持证上岗从业人员,应通过专门培训,取得岗位从业资格证书后,方可上岗。

6.1.2 站长

6.1.2.1 熟悉国家、行业、地方关于汽车检测方面的政策、法令、法规、规定、相关标准。

6.1.2.2 熟悉汽车检测业务,具有大专(含)以上学历、中级(含)以上职称,具备企业经营、管理能力。

6.1.3 技术负责人

6.1.3.1 应具有汽车运用工程或相近专业大专(含)以上学历和中级(含)以上工程技术职称。

6.1.3.2 掌握汽车理论和汽车构造知识,有3年以上的汽车维修或检测工作经历。

6.1.3.3 熟悉国家、行业、地方有关汽车维修检测方面的政策、法规、规定及相关标准。

6.1.3.4 掌握检测设备的性能,具有使用检测设备的知识和分析测量误差的能力,能组织检测仪器、设备校准和计量检定工作。

6.1.4 质量负责人

6.1.4.1 应具有汽车运用工程或相近专业大专(含)以上学历和中级(含)以上工程技术职称。

6.1.4.2 熟悉检测技术标准和检测仪器、设备检定规程,熟知计量认证和质量控制要素,胜任检测站全面质量管理工作。

6.1.5 计算机控制网络系统管理员

6.1.5.1 应具有计算机相关专业大专(含)以上学历,具备计算机网络管理知识。

6.1.5.2 掌握检测技术标准,熟悉检测仪器、设备的控制原理、计算机控制系统的构架、各业务节点的操作和设置、数据库的结构和维护管理等。

6.1.6 **检测员**

6.1.6.1 应具有高中(含)以上学历,了解汽车各系统的工作原理、构造和有关使用、安全性能知识及维修经验。

6.1.6.2 熟悉所在工位检测仪器、设备的性能,具备使用检测仪器、设备的知识,熟练掌握检测操作规程。

6.1.6.3 掌握检测项目的技术标准,能独立进行一般数据处理工作。

6.1.6.4 了解综检站计算机控制网络的构成和业务节点,熟知汽车综合性能检测工艺流程及相关标准,具有计算机操作和计算机网络系统的基本知识。

6.1.7 **引车员**

6.1.7.1 应具备6.1.6.1、6.1.6.2规定的检测员资格条件。

6.1.7.2 应持有与驾驶车型相对应的机动车驾驶证,从事汽车驾驶3年以上的工作经历,并取得汽车驾驶中级及其以上等级证书。

6.1.8 **仪器设备管理员**

6.1.8.1 应具有中专或相当于中专(含)以上学历和技术员(含)以上技术职称。

6.1.8.2 掌握汽车构造和原理的一般知识。

6.1.8.3 掌握检测仪器设备的性能和使用要求,具备检测设备管理知识,能对检测仪器设备进行维护、保养、校准。

6.1.9 **文件资料档案管理员**

6.1.9.1 应具有中专(含)或相当于中专以上学历,熟悉国家档案管理、保密法规和综检站管理工作程序。

6.1.9.2 了解综检站使用的检测标准、方法,能为检测人员提供受控标准和更新。

6.1.9.3 胜任综检站质量体系文件及其运行、验证等资料的管理工作。

6.2 检测项目与参数

6.2.1 综检站应具备附录A所示检测项目或参数的能力。

6.2.2 综检站应依据相关标准或根据客户委托制定的检测方法开展检测工作。

6.2.3 综检站按GB 18565、GB 7258、JT/T 198、GB/T 18344、GB/T 15746.1、GB/T 15746.2、GB/T 15746.3、GB 1589、GA 468规定的要求开展检测工作,应采用计算机控制联网方式进行检测。

6.2.4 综检站应制定开展新的检测工作的程序,保证所开展检测工作能满足预定用途或应用领域的要求。

6.3 检测仪器设备

6.3.1 综检站应配备与检测项目或技术参数相适应的检测仪器设备。仪器设备主要技术要求应符合附录A中的规定。

6.3.2 综检站配备的检测仪器设备应通过产品型式认定,并有产品检验合格证和制造计量器具许可证标志。进口检测设备应参照执行。

6.3.3 综检站配备的检测仪器设备应符合相应检测仪器设备计量检定规程,测量范围、分辨力、准确度等级或允许误差等要求,应满足相应仪器设备国家、行业产品标准的要求,使用的计量检测仪器设备应按规定周期检定并合格。

6.3.4 综检站配备的检测仪器设备应与被检测车辆的主要技术参数相适应。

6.3.5 主要检测仪器设备应能进行计算机联网,实现自动检测,应具备计算机联网受控检测功能的仪器设备见附录A。

6.4 计算机控制检测系统

6.4.1 控制系统应具有车辆信息的登录、规定项目与参数的受控自动检测、检测数据的自动传输与存档、检测报告与统计报表的自动生成、指定信息的查询等功能,所有记录(包括报告和报表)格式及内容均应符合有关规定。

6.4.2 控制系统配置的计算机等硬件和操作系统等软件应符合相关标准的要求。

6.4.3 控制系统应建立适用检测车型数据库和适用检测标准项目、参数限值数据库，并符合相关委托检测行业管理和要求。

6.4.4 控制系统不应改变联网检测仪器设备的测试原理、分辨力、测量结果数据有效位数和检测结果数据，检测参数的采集、计算、判定应符合有关标准。

6.4.5 应具有人工检验项目和未能联网的检测仪器设备检测结果的人工录入功能（IC卡或其他方式）。

6.4.6 应设置检测标准、系统参数等数据修改的访问权限及操作日志。

6.4.7 计算机控制系统其他要求应符合 JT/T 478 的有关规定。

7 场地和设施

7.1 基本要求

7.1.1 综检站应有科学的总体规划设计和工艺布局，合理设置汽车检测线、检测间、检测工位、计算机控制系统、停车场、试车道路、业务厅等设施。

7.1.2 综检站的设计和使用须有消防通道、消防设施等，并严格执行国家、行业、地方有关消防条例、法规的规定。

7.1.3 综检站应有必要的绿化面积和卫生设施，符合 GBZ1 的有关规定。

7.1.4 综检站的供电设施应符合 GB 50055 的有关规定。

7.1.5 综检站的建筑物防雷措施、防雷装置均应符合 GB 50057 的有关规定。

7.2 检测线

7.2.1 检测线应布置在检测间内，应按规定的检测项目配置检测工位。

7.2.2 检测工艺流程应布置合理，各检测工位应有足够的检测面积，检测时各工位应互不干涉。

7.2.3 检测线出入口应设引车道和必要的交通标志，应有醒目的工位标志、检测流程指示信号，应有避免非检测人员误入检测工作区的安全防护装置等。

7.3 检测间

7.3.1 检测间的长度、宽度、高度应满足检测车型检测工作的需要，并符合建筑标准的要求。

7.3.2 检测间应通风、防雨，并设置排（换）气、排水装置，检测间内空气质量应符合 GBZ1 的有关规定。

7.3.3 检测间通道地面的纵向、横向坡度在全长和任意 10m 长范围内应水大于 1.0%，平整度应不大于 3.0‰，在汽车制动检验台前后相应距离内，地面附着系数应不低于 0.7。

7.3.4 检测间内采光和照明应符合 GB/T 50033 和 GB 50034 的有关规定。

7.4 停车场和试车道路

7.4.1 停车场的面积应与检测能力相适应，不允许与检测场地、试车道路和行车道路等设施共用。

7.4.2 试车道路的承载能力应满足受检汽车的轴荷需要，试车道路应符合 GB/T 12534、GB 7258 的相关要求。

附 录 A
(规范性附录)
检测项目、技术参数能力

A.1 车辆唯一性确认能力应满足表 A.1 规定。

表 A.1 车辆唯一性确认能力

序号	项 目	确认方式	计算机控制管理方式
1	车牌号码/颜色/车主(单位)	人工检验	人工录入检验结果
2	整备质量或座位数		
3	车型类别/整车外廓尺寸		
4	厂牌型号和出厂编号(或 VIN 代码)		
5	车架号码/悬架型式		
6	发动机型式/号码		
7	驱动型式		
8	燃油类别		
9	车身颜色		
10	制动型式		
11	车辆轴数		
12	前照灯制式		

A.2 整车装备完整有效性基本检验能力应满足表 A.2 规定。

表 A.2 整车装备完整有效性基本检验能力

序号	项目或参数	检验方法	仪器设备及主要技术要求				计算机控制管理方式
			名称	测量范围	分辨力	准确度等级或允许误差	
1	车容、漆面	人工使用量具实施测量与检验	—	—	—	—	人工录入测量与检验结果
2	后、侧、下视镜						
3	车门、行李舱门、车窗及门窗玻璃						
4	车门手把、车门锁、行李舱锁						
5	安全门、安全窗、安全带、灭火器						
6	刮水器/洗涤器						
7	灯光、仪表、信号装置及控制						
8	车内地板						
9	车身外缘对称部位左右差		钢卷尺(铅锤)	(0~5 000)mm	1mm	2 级	
10	车身对称部位高度差						
11	左右轴距差			(0~20 000)mm			

表 A.2(续)

序号	项目或参数	检验方法	仪器设备及主要技术要求				计算机控制管理方式
			名称	测量范围	分辨力	准确度等级或允许误差	
12	挡泥板	人工使用量具实施测量与检验	—	—	—	—	人工录入测量与检验结果
13	轮胎气压		轮胎压力表	(0~1 000)kPa	10kPa	2.5级	
14	备胎		—	—	—	—	
15	轮胎规格及胎冠花纹深度		轮胎花纹深度尺	(0~15)mm	0.1mm	2级	
16	牵引车与挂车连接机构		—	—	—	—	
17	可见螺栓、管、线紧固						
18	漏油、漏水、漏气、漏电						
19	离合器操纵装置自由行程		钢直尺	(0~500)mm	1mm	2级	
20	行车制动系统操纵装置自由行程						
21	应急制动系统操纵装置自由行程						
22	驻车制动系统操纵装置自由行程						

A.3 发动机技术性能检测能力应满足表 A.3 规定。

表 A.3 发动机技术性能检测能力

序号	项目或参数	检验方法	仪器设备及主要技术要求				计算机控制管理方式
			名称	测量范围	分辨力	准确度等级或允许误差	
1	起动、燃料供给、润滑、冷却、排气系统机件齐全及功能	人工检验	—	—	—	—	人工录入
2	柴油机停机装置及功能						
3	发动机功率	仪器有线连接、规定工况采样、数据自动处理、记忆、输出	发动机综合性能检测仪	应符合 JT/T 503 和 JJG(交通)013 的规定			受控
4	最低稳定转速						
5	最高转速						
6	单缸转速降						
7	相对汽缸压力						
8	点火提前角						
9	触点闭合角						
10	分电器重叠角						
11	供(喷)油提前角						
12	火花塞点火电压						
13	起动电流						

表 A.3(续)

<table>
<tr><th rowspan="2">序号</th><th rowspan="2">项目或参数</th><th rowspan="2">检验方法</th><th colspan="4">仪器设备及主要技术要求</th><th rowspan="2">计算机控制管理方式</th></tr>
<tr><th>名称</th><th>测量范围</th><th>分辨力</th><th>准确度等级或允许误差</th></tr>
<tr><td>14</td><td>起动电压</td><td rowspan="6">仪器有线连接、规定工况采样、数据自动处理、记忆、输出</td><td rowspan="6">发动机综合性能检测仪</td><td colspan="3" rowspan="6">应符合 JT/T 503 和 JJG(交通)013 的规定</td><td rowspan="6">受控</td></tr>
<tr><td rowspan="5">15</td><td>电喷系</td></tr>
<tr><td>a)电压</td></tr>
<tr><td>b)电阻</td></tr>
<tr><td>c)脉冲频率</td></tr>
<tr><td>d)脉宽</td></tr>
<tr><td>16</td><td>汽缸压力</td><td rowspan="2">人工检验</td><td>汽缸压力表</td><td>(0~50)MPa</td><td>10kPa</td><td>1 级</td><td rowspan="2">人工录入</td></tr>
<tr><td>17</td><td>机油污染指数</td><td>润滑油质分析仪</td><td>0~10</td><td>0.01%</td><td>±0.1%</td></tr>
</table>

A.4 使用可靠性基本检验能力应满足表 A.4 规定。

表 A.4 使用可靠性基本检验能力

<table>
<tr><th rowspan="2">序号</th><th rowspan="2">项目或参数</th><th rowspan="2">检验方法</th><th colspan="4">仪器设备及主要技术要求</th><th rowspan="2">计算机控制管理方式</th></tr>
<tr><th>名称</th><th>测量范围</th><th>分辨力</th><th>准确度等级或允许误差</th></tr>
<tr><td rowspan="2">1</td><td>发动机异响</td><td rowspan="4">人工检验</td><td rowspan="2">—</td><td rowspan="2">—</td><td rowspan="2">—</td><td rowspan="2">—</td><td rowspan="6">人工录入</td></tr>
<tr><td>a)敲缸
b)活塞销
c)连杆轴瓦
d)曲轴轴瓦
e)气门敲击
f)其他</td></tr>
<tr><td rowspan="2">2</td><td>底盘异响</td><td rowspan="2">—</td><td rowspan="2">—</td><td rowspan="2">—</td><td rowspan="2">—</td></tr>
<tr><td>a)离合器
b)变速器
c)传动器
d)主减速器</td></tr>
<tr><td rowspan="2">3</td><td>总成紧固螺栓、铆钉</td><td rowspan="2">人工辅以扭力扳手及专用手锤检验</td><td rowspan="2">—</td><td rowspan="2">—</td><td rowspan="2">—</td><td rowspan="2">—</td></tr>
<tr><td>a)发动机(附离合器)紧固
b)底盘传动系紧固
c)转向装置紧固
d)悬挂装置紧固
e)制动器(系)紧固
f)轮胎螺栓(母)、半轴螺栓(母)紧固
g)备胎紧固
h)车轴 U 型螺栓(母)紧固
i)油箱螺栓(母)紧固</td></tr>
</table>

表 A.4(续)

序号	项目或参数	检验方法	仪器设备及主要技术要求				计算机控制管理方式
			名称	测量范围	分辨力	准确度等级或允许误差	
4	主要部件间隙 a)车轮轮毂 b)传动轴万向节 c)传动轴过桥轴承 d)传动轴滑动槽 e)转向横直拉杆球头 f)转向节主销 g)钢板弹簧衬套(销) h)减振器杆件衬套(销) i)传动轴跳动量	人工辅以地沟和专用设备检验	底盘间隙观察仪(注:可选配)	支撑板平分线4个垂直方向位移量分别(20~50)mm	—	—	人工录入
5	重要部位缺陷 a)承载轴(桥)裂纹 b)转向系杆件(臂)裂纹 c)悬架弹性组件裂纹及位移 d)车架裂纹 e)制动管路磨损、老化、龟裂	人工辅以专用手锤检验	—	—	—	—	人工录入

A.5 动力性检测能力应满足表 A.5 规定。

表 A.5 动力性检测能力

序号	项目或参数	检验方法	仪器设备及主要技术要求				计算机控制管理方式
			名称	测量范围	分辨力	准确度等级或允许误差	
1	校正驱动轮输出功率	台架程序测试	汽车底盘测功机	应符合 JT/T 445 和 JJG 653 的规定			受控
		人工采集测试现场环境要素	大气压力表	(80~170)kPa	0.1kPa	应符合气象测试仪表要求	人工录入气象要素,工位计算机自动换算校正系数
			温度计	(-50~+100)℃	1℃		
			温度计	(0~100)%	2%		
2	整车外特性曲线	自动跟踪采样	汽车底盘测功机	应符合 JT/T 445 和 JJG 653 的规定			受控
3	加速性能	台架程序测试					
4	加速性能曲线	自动跟踪采样					

A.6 燃料经济性检测能力应满足表 A.6 规定。

表 A.6 燃料经济性检测能力

项目或参数	检测方法	仪器设备及主要技术要求				计算机控制管理方式
		名　称	测量范围	分辨力	准确度等级或允许误差	
等速百公里燃料消耗量	台架程控测试或道路试验	汽车底盘测功机	应符合 JT/T 445 和 JJG 653 的规定			受控
		油耗计	应符合 JJG(交通)009 的规定			
		非接触式速度计或五轮仪（注:可选配）	应符合 JJG(汽车)02 的规定			仪器自行采集、处理、记忆、存贮数据

A.7 整车滑行性能检测能力应满足表 A.7 规定。

表 A.7 整车滑行性能检测能力

序号	项目或参数	检测方式	仪器设备及主要技术要求				计算机控制管理方式
			名　称	测量范围	分辨力	准确度等级或允许误差	
1	滑行距离	台架程控测试或路试	汽车底盘测功机（注:宜选配惯量模拟装置）	应符合 JT/T 445 和 JJG 653 的规定			受控或人工录入
2	滑行时间						
3	滑行阻力	道路试验	拉力计	(0~10)kN	10N	2 级或 ±2%	人工录入

A.8 噪声控制检测能力应满足表 A.8 规定。

表 A.8 噪声控制检测能力

序号	项目或参数	检测方式	仪器设备及主要技术要求				计算机控制管理方式
			名　称	测量范围	分辨力	准确度等级或允许误差	
1	车辆定置噪声	场地检测或道路试验	声级计	应符合 JJG 188 的规定			人工录入
2	客车车内噪声						
3	驾驶员耳旁噪声						
4	喇叭声级	仪器程控测试					受控

A.9 车速表、里程表核准检测能力应满足表 A.9 规定。

表 A.9 车速表、里程表核准检测能力

序号	项目或参数	检测方式	仪器设备及主要技术要求				计算机控制管理方式
			名　称	测量范围	分辨力	准确度等级或允许误差	
1	车速表示值误差	台架程控测试	汽车车速表检验台	应符合 GB/T 13563 和 JJG 909 的规定			受控
2	里程表示值误差		汽车底盘测功机	应符合 JT/T 445 和 JJG 653 的规定			

A.10 制动性能检测能力应满足表 A.10 规定。

表 A.10 制动性能检测能力

序号	项目或参数	检测方式	仪器设备及主要技术要求				计算机控制管理方式
			名 称	测量范围	分辨力	准确度等级或允许误差	
1	轴(轮)重量	台架程控测试	轴(轮)重仪	应符合 JJG 907 的规定			受控
2	整备质量变化率						
3	制动力		滚筒反力式制动检验台或平板式制动检验台	滚筒式应符合 GB/T 13564 和 JJG 906 的规定 平板式应符合 GB/T 11798.9 的规定			
4	a)前轴制动力因数 b)整车制动力因数						
5	制动力平衡因数						
6	车轮阻滞力因数						
7	驻车制动力						
8	制动协调时间						
9	制动力特性曲线	自动跟踪扫描					
10	轮产生最大制动力时的踏板力	监控	制动踏板力计	应符合 JJG(交通)008 的规定			受控或人工录入
11	产生最大驻车制动力时的操纵力		驻车制动操纵力计	(0~1) kN	5N	±3.0%	
12	驻车制动	道路试验	标准坡道	20%和 15%,坡道长度与被检车型相适应			人工录入
13	制动距离		非接触式速度计或五轮仪	应符合 JJG(汽车)02 的规定			
14	制动减速度		制动性能测试仪或非接触式速度计	时间:(0~10)s	0.01s	±1%	
				减速度:(0~9.8) m/s²	0.01 m/s²	2% ±0.05 m/s²	
15	制动跑偏量		标准试车道路	应符合 GB 7258 的规定			
16	ABS 防抱制动性能	台架程控测试或道路测试	ABS 防抱制动检验台(注:可选配)	应符合 JT/T 510 的规定			受控

A.11 转向操纵性检测能力应满足表 A.11 规定。

表 A.11 转向操纵检测能力

序号	项目或参数	检测方式	仪器设备及主要技术要求				计算机控制管理方式
			名　称	测量范围	分辨力	准确度等级或允许误差	
1	转向自动回正能力	道路试验	人工检验	—	—	—	人工录入
2	转向盘自由转动量	人工辅以仪器测试	转向盘转向力-角仪	应符合 JJG(交通)007 的规定			人工录入或受控
3	转向盘操纵力						
4	转向轮最大转角		转向轮转角仪	左右各 50°	0.1°	±1°	
5	转向轮侧滑量		侧滑检验台	应符合 JT/T 507 和 JJG 908 的规定			
6	车轮定位	人工辅助作业	前轮定位仪或四轮定位仪（注：均可选配）	前轮定位仪应符合 JT/T 504 的规定 四轮定位仪应符合 JT/T 505 的规定			人工录入或受控
	a)转向轮前束值/张角						
	b)转向轮外倾角						
	c)转向轮主销内倾角						
	d)转向轮主销后倾角						
	e)后轮外倾角						
	f)后轮前束值/前张角						
	g)推进角						
	h)车轮轮距						
	i)转向 20°的张角						

A.12 前照灯性能检测能力应满足表 A.12 规定。

表 A.12 前照灯性能检测能力

序号	项目或参数	检测方式	仪器设备及主要技术要求				计算机控制管理方式
			名　称	测量范围	分辨力	准确度等级或允许误差	
1	基准中心高度	程控测试	前照灯检测仪	应符合 JT/T 508 和 JJG 745 的规定			受控
2	远光光强						
3	远光光束中心垂直方向上、下偏角(或偏距)						
4	远光光束中心水平方向左、右偏角(或偏距)						
5	近光光束中心垂直方向上、下偏角(或偏距)						
6	近光光束中心水平方向左、右偏角(或偏距)						

A.13 排气污染物检测能力应满足表 A.13 规定。

表 A.13 排气污染物检测能力

<table>
<tr><th rowspan="2">序号</th><th rowspan="2">项目或参数</th><th rowspan="2">检测方式</th><th colspan="4">仪器设备及主要技术要求</th><th rowspan="2">计算机控制管理方式</th></tr>
<tr><th>名　称</th><th>测量范围</th><th>分辨力</th><th>准确度等级或允许误差</th></tr>
<tr><td rowspan="3">1</td><td>点燃式发动机
a)怠速工况法
CO
HC
b)双怠速工况法
CO
HC</td><td>仪器程控测试</td><td>排气分析仪
(注:宜带有发动机转速显示功能)</td><td colspan="3">应符合 JT/T 386 和 JJG 688 的规定</td><td rowspan="5">受控</td></tr>
<tr><td>c)加速模拟工况法
CO
HC
NO</td><td>仪器、设备程控测试</td><td>汽车底盘测功机
排气分析仪</td><td colspan="3">应符合 GB 18285 的规定</td></tr>
<tr></tr>
<tr><td rowspan="2">2</td><td>压燃式发动机
a)烟度</td><td rowspan="2">仪器程控测试</td><td>滤纸式烟度计</td><td colspan="3">应符合 JJG 847 的规定</td></tr>
<tr><td>b)光吸收系数</td><td>不透光烟度计</td><td colspan="3">应符合 JT/T 506 和 JJG 976 的规定</td></tr>
</table>

A.14 悬架特性检测能力应满足表 A.14 规定。

表 A.14 悬架特性检测能力

<table>
<tr><th rowspan="2">序号</th><th rowspan="2">项目或参数</th><th rowspan="2">检测方式</th><th colspan="4">仪器设备及主要技术要求</th><th rowspan="2">计算机控制管理方式</th></tr>
<tr><th>名　称</th><th>测量范围</th><th>分辨力</th><th>准确度等级或允许误差</th></tr>
<tr><td>1</td><td>吸收率</td><td rowspan="5">台架程序测试</td><td rowspan="5">悬架装置检测台</td><td colspan="3" rowspan="5">应符合 JT/T 448 的规定</td><td rowspan="5">受控</td></tr>
<tr><td>2</td><td>左右轮吸收率差</td></tr>
<tr><td>3</td><td>悬架特性曲线</td></tr>
<tr><td>4</td><td>悬架效率</td></tr>
<tr><td>5</td><td>左右轮悬架效率差</td></tr>
</table>

A.15 客车防雨密封性检测能力应满足表 A.15 规定。

表 A.15 客车防雨密封性检测能力

项目或参数	检测方法	设备名称	仪器设备及主要技术要求	计算机控制管理方法
客车防雨密封性	人工辅以装置测试	喷淋装置 (注:可选配)	应符合 GB/T 12480 的规定	人工检验并录入结果

中华人民共和国国家标准

GB 18565—2001

营运车辆综合性能要求和检验方法

Multiple performance requirement and detecting methods for commercial vehicles

2001－12－13 发布　　2002－08－01 实施

1 范围

本标准规定了营运车辆的动力性、燃料经济性、制动性、转向操纵性、照明和信号装置及其他电气设备、排放与噪声控制、密封性、整车装备的基本技术要求和检验方法。

本标准适用于营运车辆，非营运车辆可参照执行。

2 引用标准

下列标准所包含的条文，通过在本标准中引用而构成为本标准的条文。本标准出版时，所示版本均为有效。所有标准都会被修订，使用本标准的各方应探讨使用下列标准最新版本的可能性。

GB/T 1496—1979　机动车辆噪声测量方法

GB/T 3845—1993　汽油车排气污染物的测量 怠速法

GB/T 3846—1993　柴油车自由加速烟度的测量 滤纸烟度法

GB 4785—1998　汽车及挂车外部照明和信号装置的安装规定（eqv ECE－48:1995）

GB 7258—1997　机动车运行安全技术条件

GB/T 7607—1995　柴油机油换油指标

GB/T 8028—1994　汽油机油换油指标

GB/T 12480—1990　客车防雨密封性试验方法

GB/T 12545—1990　汽车燃料消耗量试验方法

GB 12676—1999　汽车制动系统结构、性能和试验方法（eqv ISO ECE 13）

GB 13392—1992　道路运输危险货物车辆标志

GB/T 14365—1993　声学 机动车辆定置噪声测量方法（neq ISO 5130:1982）

GB/T 18276—2000　汽车动力性台架试验方法和评价指标

GB 18285——2000　在用汽车排气污染物限值及测试方法（neq EPA－AA－RSPD－M:1996）

GB 18352.1—2001　轻型汽车污染物排放限值及测量方法（I）

GB 18352.2—2001　轻型汽车污染物排放限值及测量方法（II）

QC/T 476—1999　客车防雨密封性限值

3 定义

本标准采用下列定义。

3.1 营运车辆 commercial vehicle

从事道路客货运输的经营性车辆。

4 动力性

4.1 发动机性能

4.1.1 发动机应动力性能良好,运转平稳,怠速稳定。

4.1.2 发动机应有良好的起动性能,应能由驾驶员在驾驶座位上起动。当车辆置于:汽油发动机在不低于-5℃,柴油发动机在不低于5℃条件下,用起动机起动时,应在三次起动中至少有一次可在5s内起动,在做重复起动试验时,每次间隔2 min。

4.1.3 发动机各汽缸压缩压力应不小于原设计规定值的85%;每缸压力与各缸平均压力的差:汽油发动机应不大于8%,柴油发动机应不大于10%。

4.1.4 发动机点火、燃料供给、润滑、冷却和排气等系统的机件应齐全,性能良好。

4.1.5 柴油机的停机装置必须灵活有效。

4.2 整车动力性

4.2.1 按GB/T 18276的规定,整车动力性可用底盘测功机检测汽车驱动轮输出功率来评价。

4.2.2 驱动轮输出功率检测工况采用汽车发动机额定转矩和额定功率时的工况,即发动机全负荷与额定转矩转速和额定功率转速所对应的直接挡(无直接挡时,指传动比最接近于1的挡)车速构成的工况。

4.2.3 在4.2.2的检测工况下,采用校正驱动轮输出功率与相应的发动机输出总功率的百分比作为驱动轮输出功率的限值。

$$\eta_{V_M} = P_{V_{MO}} / P_M \tag{1}$$

$$\eta_{V_P} = P_{V_{PO}} / P_e \tag{2}$$

式中:η_{V_M}——汽车在额定转矩工况下的校正驱动轮输出功率与额定转矩功率的百分比,%;

η_{V_P}——汽车在额定功率工况下的校正驱动轮输出功率与额定功率的百分比,%;

$P_{V_{MO}}$——汽车在额定转矩工况下的校正驱动轮输出功率,kW;

$P_{V_{PO}}$——汽车在额定功率工况下的校正驱动轮输出功率,kW;

P_M——发动机在额定转矩工况下的输出功率,kW;

P_e——发动机的额定功率,kW。

国产营运车辆的校正驱动轮输出功率的限值列于表1,其他车辆可参照执行。

表1 汽车驱动轮输出功率的限值

汽车类别	汽车型号		额定转矩工况		额定功率工况	
			直接挡检测车速 V_M /(km/h)	校正驱动轮输出功率/额定转矩功率的限值 η_{M_a} /(%)	直接挡检测速度 V_P /(km/h)	校正驱动轮输出功率/额定功率的限值 η_{P_a} /(%)
载货汽车	1010、1020系列	汽油车	60	50	90	40
	1030、1040系列	汽油车	60	50	90	40
		柴油车	55	50	90	45
	1050、1060系列	汽油车	60	50	90	40
		柴油车	50	50	80	45
	1070、1080系列	柴油车	50	50	80	45
	1090系列	汽油车	40	50	80	45
		柴油车	55	50	80	45

表 1(续)

汽车类别	汽车型号		额定转矩工况		额定功率工况	
			直接挡检测车速 V_M /(km/h)	校正驱动轮输出功率/额定转矩功率的限值 η_{M_a} /(%)	直接挡检测速度 V_P /(km/h)	校正驱动轮输出功率/额定功率的限值 η_{P_a} /(%)
载货汽车	1100、1110 系列 1120、1130 系列	柴油车	50	45	80	40
	1140、1150、1160 系列	柴油车	50	50	80	40
	1170、1190 系列	柴油车	55	50	80	40
半挂列车[1]	10t 半挂列车系列	汽油车	40	50	80	45
		柴油车	50	50	80	45
	15t、20t 半挂列车系列	柴油车	45	45	70	40
	25t 半挂列车系列	柴油车	45	50	75	40
客车	6600 系列	汽油车	60	45	85	35
		柴油车	45	50	75	40
	6700 系列	汽油车	50	40	80	35
		柴油车	55	45	75	35
	6800 系列	汽油车	40	40	85	35
		柴油车	45	45	75	35
	6900 系列	汽油车	40	40	85	35
		柴油车	60	45	85	35
	6100 系列	汽油车	40	40	85	35
		柴油车	40	45	85	35
	6110 系列	柴油车	40	40	85	35
		柴油车	55	45	80	35
	6120 系列	柴油车	60	40	90	35
轿车	夏利、富康		95/65[2]	40/35[2]	—	—
	桑塔纳		95/65[2]	45/40[2]	—	—

注:5010 系列～5040 系列厢式货车和罐式货车驱动轮输出功率的允许值按同系列普通货车的允许值下调 2%;其他系列厢式货车和罐式货车驱动轮输出功率的允许值按同系列普通货车的允许值下调 4%。

1)半挂列车是按载质量分类。

2)为汽车变速挡使用三挡时的参数值。

4.2.4 动力性合格的条件

$$\eta_{V_M} \geqslant \eta_{M_a} \tag{3}$$

或

$$\eta_{V_P} \geqslant \eta_{P_a} \tag{4}$$

式中:η_{M_a}——汽车在额定转矩工况下的校正驱动轮输出功率与额定转矩功率的百分比的允许值,%;

η_{P_a}——汽车在额定功率工况下的校正驱动轮输出功率与额定功率的百分比的允许值,%。

4.2.5 轿车的动力性按额定转矩工况进行检测和评价,其他车辆应按4.2.4规定的两种合格条件中任选一种工况进行检测和评价。

5 燃料经济性

按12.2规定的检验方法测得的汽车百公里燃料消耗量不得大于该车型原厂规定的相应车速等速百公里燃料消耗量的110%。

6 制动性

6.1 车辆应具有行车制动、应急制动和驻车制动功能。

6.2 行车制动系制动踏板的自由行程应符合该车原厂规定的有关技术条件。

6.3 行车制动在产生最大制动作用时的踏板力,对于座位数小于或等于9的载客汽车应不大于500N,对于其他车辆应不小于700N。

6.4 液压行车制动在达到规定的制动效能时,踏板行程(包括空行程,下同)不得超过全行程的3/4;制动器装有自动调节间隙装置的车辆的踏板行程不得超过全行程的4/5,且其座位数小于或等于9的载客汽车踏板行程不得超过120mm,其他类型车辆不得超过150mm。

6.5 驻车制动应能使车辆在即使没有驾驶员的情况下,也能停在上、下坡道上。驾驶员必须在座位上就可以实现驻车制动。施加于驻车制动操纵装置的力:手操纵时,座位数小于或等于9的载客汽车应不大于400N,其他车辆应不小于600N;脚操纵时,座位数小于或等于9的载客汽车应不大于500N,其他车辆应不大于700N。

6.6 驻车制动操纵装置必须有足够的储备行程,一般应在操纵装置全行程的2/3以内产生规定的制动性能,驻车制动机构装有自动调节装置时,允许在全行程的3/4以内达到规定的制动效能。棘轮式制动操纵装置应保证在达到规定驻车制动效能时,操纵杆往复拉动的次数不得超过三次。驻车制动应通过纯机械装置把工作部件锁止。不允许利用液压、气压或电力驱动来获得规定的驻车制动效能。

6.7 气压制动系统必须装有限压装置,确保贮气筒内气压不超过允许的最高气压。

6.8 采用气压制动系统的车辆,发动机在75%的额定功率转速下,4min(汽车列车为6min,城市铰接公共汽车和无轨电车为8min)内气压表的指示气压应从零开始升至起步气压(未标起步气压的,按400kPa计)。

6.9 车辆的行车制动必须采用双管路或多管路。

6.10 车辆运行过程中,不应有自行制动现象。当挂车与牵引车意外脱离后,挂车应能自行制动,牵引车的制动仍然有效。

6.11 车辆安装防抱制动装置的要求按GB 12676—1999中4.2.20和4.3.13的规定。

6.12 制动系统故障报警装置应完好有效。

6.13 试验台检验(以下简称"台试")制动性能。

6.13.1 行车制动性能

6.13.1.1 汽车在制动试验台上测出的制动力应符合表2的规定。

表2 台试制动力要求

制动力总和与整车重量的百分比/%		轴制动力与轴荷的百分比/%	
空载	满载	前轴	后轴
≥60	≥50	≥60[1)]	—
1)空载和满载状态下测试均应满足此要求			

6.13.1.2 台试时的制动气压和制动踏板力要求

a） 满载检验时

气压制动系：气压表的指示气压 ≤额定工作气压；

液压制动系：踏板力，座位数小于或等于9的载客汽车 ≤500 N；

其他车辆≤700 N。

b） 空载检验时

气压制动系：气压表的指示气压 ≤600 kPa；

液压制动系：踏板力，座位数小于或等于9的载客汽车 ≤400 N；

其他车辆 ≤450 N。

6.13.1.3 制动力平衡要求

在制动力增长全过程中同时测得的左右轮制动力差的最大值，与全过程中测得的该轴左右轮最大制动力中大者之比，对前轴不得大于20%；对后轴：当后轴制动力大于或等于后轴轴荷的60%时不得大于24%；当后轴制动力小于后轴轴荷的60%时，在制动力增长全过程中同时测得的左右轮制动力差的最大值不得大于后轴轴荷的8%。

6.13.1.4 汽车制动协调时间（指在急踩制动时，从踏板开始动作至制动力达到表2规定的制动力75%时所需的时间）：对采用液压制动系的车辆不得大于0.35s；对采用气压制动系的车辆不得大于0.56 s。

6.13.1.5 车轮阻滞力：进行制动力检测时，车辆各轮的阻滞力均不得大于该轴轴荷的5%。

6.13.1.6 制动完全释放时间（从松开制动踏板到制动消除所需要的时间）对单车不得大于0.8 s。

6.13.2 应急制动性能

6.13.2.1 应急制动应在行车制动系统有一处管路失效的情况下，在规定的距离内将车辆停住。

6.13.2.2 检查汽车是否具有有效的应急制动装置。如受检汽车没有应急制动装置或对其应急制动性能有质疑时，应按6.13.2.3的规定检验其应急制动性能。

6.13.2.3 应急制动性能要求：汽车在制动试验台上，应急制动起作用时，其测得的制动力应符合表3的规定。

表3 汽车应急制动力要求

车辆类型	应急制动力总和占整车重量百分比/%	允许操纵力/N	
		手操纵	脚操纵
座位数≤9的载客汽车	≥30	≤400	≤500
其他载客汽车	≥26	≤600	≤700
载货汽车	≥23	≤600	≤700

6.13.3 驻车制动性能

当采用制动试验台检验车辆驻车制动的制动力时，车辆空载，乘坐一名驾驶员，使用驻车制动装置，驻车制动力的总和应不小于该车在测试状态下整车重量的20%；对总质量为整备质量1.2倍以下的车辆，限值为15%。

6.14 道路试验（以下简称“路试”）制动性能

车辆路试制动性能要求按GB 7258—1997中6.14的规定。

6.15 当车辆经台试后，对其制动性能有质疑时，可用6.14规定的路试进行复检，并以满载路试的结果为准。

7 转向操纵性

7.1 转向盘的最大自由转动量

7.1.1 最大设计车速大于或等于100 km/h的汽车：20°；

7.1.2 最大设计车速小于 100 km/h 的汽车:30°。

7.2 转向轻便性

7.2.1 路试检测:汽车空载在平坦、干燥和清洁的硬路面上以 10 km/h 的速度在 5 s 之内沿螺旋线从直线行驶过渡到直径为 24 m 的圆周行驶,施加于转向盘外缘的最大切向力不得大于 150 N。

7.2.2 原地检测:汽车转向轮置于转角盘上,转动转向盘使转向轮达到原厂规定的最大转角,在全过程中用转向力测试仪测得的转动转向盘的操纵力不得大于 120 N。

7.3 转向轮的横向侧滑量

7.3.1 前轴采用非独立悬架的汽车,转向轮的横向侧滑量,用侧滑仪(包括单、双板)按 12.4.2 规定的方法检测时,侧滑量值应不大于 5 m/km。

7.3.2 前轴采用独立悬架的汽车,可以前轮定位参数值符合原厂规定的该车有关技术条件为合格。

7.4 车轮定位值

7.4.1 车辆的前轮定位值应符合该车有关技术条件的规定。

7.4.2 凡后轮有定位技术参数的汽车,后轮定位值应符合该车有关技术条件的规定。

7.5 车辆的最小转弯直径

以前外轮轨迹中心线为基线测量,其值不得大于 24 m。转向轮的最大转向角应符合原厂规定的该车的有关技术条件。内、外轮转角应符合一定的几何比例关系。

7.6 悬架特性

对于最大设计车速大于或等于 100 km/h、轴载质量小于或等于 1 500 kg 的载客汽车,应按 12.4.3 规定的方法进行悬架特性检测。

7.6.1 用悬架检测台按 12.4.3.1 规定的方法检测时,受检车辆的车轮在受外界激励振动下测得的吸收率(被测汽车共振时的最小动态车轮垂直载荷与静态车轮垂直载荷的百分比值)应不小于 40%,同轴左右轮吸收率之差不得大于 15%。

7.6.2 用平板检测台按 12.4.3.2 规定的方法检测时,受检车辆制动时测得的悬架效率应不小于 45%,同轴左右轮悬架效率之差不得大于 20%。

7.7 动力转向(或助力转向)的车辆卸载阀的工作时刻应符合原厂规定的该车的有关技术条件。

7.8 汽车应具有适度的不足转向特性,以使车辆具有正常的操纵稳定性。

7.9 转向轮转向后应能自动回正,在平坦、硬实、干燥和清洁的道路上行驶不得跑偏,其转向盘不得有摆振或其他异常现象。

7.10 转向盘应转动灵活,操纵方便,无阻滞现象。车轮转向过程中不得与其他部件有干涉现象。

7.11 转向节及臂,转向横、直拉杆及球销应无裂纹和损伤,并且球销不得松旷。对车辆进行改装或修理时,横直拉杆不得拼焊。

8 照明和信号装置及其他电气设备

8.1 前照灯光束照射位置:

8.1.1 在检验前照灯的近光光束照射位置时,前照灯在距离屏幕前 10 m 处,光束明暗截止线转角或中点的高度应为 $0.6H \sim 0.8H$(H 为前照灯基准中心高度),其水平方向位置要求向左向右偏均不得超过 100 mm。

8.1.2 四灯制前照灯其远光单光束的照射位置,前照灯在距离屏幕 10 m 处,光束中心离地高度为 $0.85H \sim 0.90H$,水平位置要求左灯向左偏不得大于 100 mm,向右偏不得大于 170 mm;右灯向左或向右偏均不得大于 170 mm。

8.1.3 汽车装用远光和近光双光束灯时以调整近光光束为主。对于只能调整远光单光束的灯,调整远光单光束。

8.1.4 前照灯光束照射位置检验按 12.6 规定的方法进行。

8.2 汽车每只前照灯远光光束发光强度应达到如下要求：

两灯制:12 000cd;四灯制:10 000cd。

测试时,电源系统可处于充电状态。

采用四灯制的汽车,其中两只对称的灯达到两灯制的要求时,视为合格。

8.3 汽车的灯具应安装牢靠、完好有效,不得因车辆振动而松脱、损坏,失去作用或改变光照方向;所有灯光的开关应安装牢固、开关自如,不得因车辆振动而自行开关。

8.4 所有前照灯的近光都不得眩目。

8.5 汽车和挂车的外部照明和信号装置的数量、位置、光色、最小几何可见角度等应符合 GB 4785 的有关规定。

8.6 全挂车应在挂车前部的左右各装一只红色标志灯,其高度应比全挂车的前栏板高出 300 ~ 400 mm,距车箱外侧应小于 150 mm。

8.7 车辆应装置后回复反射器,车长大于 10 m 的车辆应安装侧回复反射器,汽车列车应装有侧回复反射器。回复反射器应能保证夜间在其正面前方 150 m 处用汽车前照灯照射时,在照射位置就能确认其反射光。

8.8 装有前照灯的车辆应有远近光变换装置,并且当远光变为近光时,所有的远光应同时熄灭。同一辆车上的前照灯不允许左、右的远、近光灯交叉开亮。

8.9 车辆的前位灯、后位灯、示廓灯、挂车标志灯、牌照灯和仪表灯应能同时启闭,当前照灯关闭和发动机熄火时仍能点亮。

8.10 空载高为 3 m 以上的车辆均应安装示廓灯。

8.11 车辆应安装一只或两只后雾灯,只有当远光灯、近光灯或前雾灯打开时,后雾灯才能打开。后雾灯可以独立于任何其他灯而关闭。后雾灯可以连续工作,直至位置灯关闭时为止,之后一直处于关闭状态,直至再次打开。车辆(挂车除外)可以选装前雾灯。

8.12 车辆应装有危险报警闪光灯,其操纵装置应不受电源总开关的控制。危险报警闪光灯和转向信号灯的闪光频率为 1.5Hz ± 0.5Hz;起动时间应不大于 1.5s。

8.13 汽车及挂车均应安装侧转向灯,若汽车前转向灯在侧面可见时则视为满足要求。铰接式车辆每一刚性单元必须装有至少一对测转向灯。

8.14 车辆仪表板上应设置与行驶方向相适应的转向指示信号和蓝色远光指示信号灯。

8.15 仪表板上应设置仪表灯。仪表灯点亮时,应能照清仪表板上所有仪表并不得眩目。

8.16 各种客车应设置车厢灯和门灯。车长大于 6 m 的客车应至少有两条车厢照明电路,仅用于进出口处的照明电路可作为其中之一。当一条电路失效时,另一条应能正常工作,以保证车内照明,但不得影响驾驶员的视线和其他机动车的正常行驶。

8.17 车辆照明和信号装置的任一条线路出现故障,不得干扰其他线路的正常工作。

8.18 车辆前、后转向信号灯、危险报警闪光灯及制动灯白天距 100 m 可见,侧转向信号灯白天距 30 m 可见;前、后位置灯、示廓灯和挂车标志灯夜间好天气距 300 m 可见;后牌照灯夜间好天气距 20 m 能看清牌照号码。制动灯的亮度应明显大于后位灯。

8.19 车长大于 6 m 的客车应设置电源总开关,分线路保险完善的客车除外。

8.20 车速里程表、水温表、机油压力表、电流表、燃油表、气压表等各种仪表和信号装置应齐全有效。

8.21 发电机技术性能应良好。蓄电池应保持常态电压。所有电气导线应捆扎成束、布置整齐、固定卡紧、接头牢固,并有绝缘套,在导线穿越孔洞时需设绝缘套管。

9 排放与噪声控制

9.1 排气污染物控制

9.1.1 装配点燃式发动机的车辆排气污染物控制

9.1.1.1　按 GB 18352 通过型式认证的轻型汽车,应进行双怠速试验或加速模拟工况(ASM)试验。装配点燃式发动机的车辆双怠速试验按 12.7.1 规定的方法进行,其排气污染物限值见表 4。加速模拟工况试验按 12.7.2 规定的方法进行,其排气污染物限值见表 5。

表 4　装配点燃式发动机的车辆双怠速试验排气污染物限值

车辆类型	怠速		高怠速	
	CO %	HC 10^{-6} 1)	CO %	HC 10^{-6} 1)
2001 年 1 月 1 日以后上牌照的 $M_1^{2)}$ 类车辆	0.8	150	0.3	100
2002 年 1 月 1 日以后上牌照的 $N_1^{3)}$ 类车辆	1.0	200	0.5	150

1) HC 容积浓度值按正己烷当量;

2) M_1 指车辆设计乘员数(含驾驶员)不超过 6 人,且车辆最大总质量不超过 2 500kg;

3) N_1 还包括设计上乘员数(含驾驶员)超过 6 人,或车辆最在总质量超过 2 500kg 但不超过 3 500kg 的 M 类车辆

表 5　装配点燃式发动机的车辆加速模拟工况试验排气污染物限值

车辆类型	基准质量(RM)kg	ASM5025			ASM2540		
		HC/10^{-6} 1)	CO/%	NO/10^{-6}	HC/10^{-6} 1)	CO/%	NO/10^{-6}
2001 年 1 月 1 日以后上牌照的 $M_1^{2)}$ 类车辆	<1 050	260	2.2	2 500	260	2.4	2 300
	<1 250	230	1.8	2 200	230	2.2	2 050
	<1 470	190	1.5	1 800	190	1.8	1 650
	<1 700	170	1.3	1 550	170	1.5	1 400
	<1 930	150	1.1	1 350	150	1.3	1 250
	<2 150	130	1.0	1 200	130	1.2	1 100
	<2 500	120	0.9	1 050	120	1.1	1 000
2002 年 1 月 1 日以后上牌照的 $M_1^{3)}$ 类车辆	<1 050	260	2.2	2 500	260	2.4	2 300
	<1 250	230	1.8	2 200	230	2.2	2 050
	<1 470	250	2.3	2 700	250	3.2	2 600
	<1 700	190	2.0	2 350	190	2.7	2 200
	<1 930	220	2.1	2 800	220	2.9	2 600
	<2 150	200	1.9	2 500	200	2.6	2 300
	<2 500	180	1.7	2 250	180	2.4	2 050
	<3 500	160	1.5	2 000	160	2.1	1 800

1) HC 容积浓度值按正己烷当量。

2) M_1 指车辆设计乘员数(含驾驶员)不超过 6 人,且车辆的最大总质量不超过 2 500kg。

3) N_1 还包括设计上乘员数(含驾驶员)超过 6 人,或车辆的最大总质量超过 2 500kg 但不超过 3 500kg 的 M 类车辆

9.1.1.2　除 9.1.1.1 规定的其他 M、N 类装配点燃式发动机的车辆应按 12.7.3 规定的方法进行怠速试验,怠速试验排气污染物限值见表 6。

表6　装配点燃式发动机的车辆怠速试验排气污染物限值

车辆类型	轻型车		重型车	
	CO %	HC 10^{-6}[1)]	CO %	HC 10^{-6}[1)]
1995年7月1日以前生产的在用汽车	4.5	1 200	5.0	2 000
1995年7月1日起生产的在用汽车	4.5	900	4.5	1 200
1)HC容积浓度值按正己烷当量				

9.1.2　装配压燃式发动机的车辆排气污染物控制

9.1.2.1　按GB 18352通过型式认证的装配压燃式发动机的车辆，应按12.7.4.1进行自由加速排气可见污染物试验，排气可见污染物限值见表7。

表7　装配压燃式发动机的车辆自由加速试验排气可见污染物限值

车辆类型	光吸收系数 m^{-1}
2001年1月1日以后上牌照的在用车	2.5
2001年1月1日以后上牌照的装配废气涡轮增压器的在用车	3.0

9.1.2.2　除9.1.2.1规定的其他装配压燃式发动机的车辆应按12.7.4.2进行自由加速烟度试验，自由加速试验烟度排放限值见表8。

表8　装配压燃式发动机的车辆自由加速试验烟度排放限值

车辆类型	烟度值 R_b
1995年7月1日以前生产的在用车	4.7
1995年7月1日起生产的在用车	4.0

9.1.3　汽油车燃油蒸发污染物排放控制

9.1.3.1　1998年1月1日以后生产的汽油车应安装燃油蒸发污染物排放控制装置。

9.1.3.2　燃油蒸发污染物排放控制装置应在有效使用日期(或有效使用里程)内。

9.1.3.3　连接管路应完好，胶管不得有断裂、老化、脱落等现象。

9.1.4　汽车曲轴箱污染物排放控制

9.1.4.1　汽油车应装有曲轴箱强制通风系统，包括PCV阀或流量孔和通风管。

9.1.4.2　曲轴箱强制通风系统连接管路应完好，胶管不得有断裂、老化、脱落现象。

9.1.4.3　用U型水压计或微型压力计在机油标尺孔处检查怠速、50%额定转速的曲轴箱压力，不得出现正压力。

9.2　汽车噪声控制

9.2.1　汽车定置噪声：按12.8.1规定的方法进行测量，其限值如表9所示。

9.2.2　客车车内噪声声级应不大于82 dB(A)，中级以上营运客车车内噪声声级应不大于79 dB(A)。其检验方法按12.8.2的规定进行。

9.2.3　汽车驾驶员耳旁噪声声级应不大于86 dB(A)，其检验方法按12.8.3的规定进行。

9.2.4　喇叭声级：汽车喇叭声级在距车前2 m、离地高1.2 m处用声级计测量时，其值应为90～115 dB(A)。

表 9　汽车定置噪声限值(dB)

车辆类型	燃料种类		车辆出厂日期	
			1998 年 1 月 1 日以前	1998 年 1 月 1 日及以后
轿车	汽油		87	85
微型客车、货车	汽油		90	88
轻型客车、货车 越野车	汽油	$n_r \leq 4\ 300$r/min	94	92
		$n_r > 4\ 300$r/min	97	95
	柴油		100	98
中型客车、货车 大型客车	汽油		97	95
	柴油		103	101
重型货车	$N \leq 147$kW		101	99
	$N > 147$kW		105	103
注:N——汽车发动机额定功率; n_r——发动机额定转速				

10　密封性

10.1　客车防雨密封性

按 12.9 规定的试验方法进行检验,应达到 QC/T 476 的有关要求。

10.2　连接件密封性

汽车上各连接件无漏油、渗水和漏气现象。

10.3　制动系统密封性

10.3.1　采用气压制动的汽车,当气压升至 600 kPa 且不使用制动的情况下,停止空气压缩机 3 min 后,其气压降低值应不大于 10 kPa。在气压 600 kPa 的情况下,将制动踏板踩到底,待气压稳定后观察 3 min,单车气压降低值应不大于 20 kPa;汽车列车气压降低值不得超过 30 kPa。

10.3.2　采用液压制动的汽车在保持踏板力为 700 N 达到 1min 时,踏板不得有缓慢向地板移动的现象。

11　整车装备

11.1　基本要求

11.1.1　整车装备应齐全、完好、有效,各连接部件紧固完好。车体应周正,车体外缘左右对称部位(在离地高 1.5 m 内测量)高度差不得大于 40 mm;左右轴距差不得大于轴距的 1.5/1 000。

11.1.2　车辆的结构不得任意改造。

11.1.3　营运车辆的车顶、车门、车身、风窗玻璃等部分的标识应统一,齐全有效,并符合有关规定。

11.2　车辆尺寸参数

11.2.1　车辆的外廓尺寸限值应符合表 10 的规定。

表 10　车辆外廓尺寸限值(m)

车辆类型	长	宽	高
载货汽车(包抱载货越野汽车)	≤12	≤2.5	≤4
整体式客车	≤12	≤2.5	≤4
半挂汽车列车	≤16.5	≤2.5	≤4
全挂汽车列车	≤20	≤2.5	≤4

11.2.2　车辆后悬

客车及封闭式车厢(或罐体)的车辆后悬不得超过轴距的65%,最大不得超过3.5 m。其他车辆后悬不得超过轴距的55%。对于三轴车辆,若二、三轴为双后轴,其轴距应按第一轴至双后轴中心线的距离计算;若一、二轴为双转向轴,其轴距按一、三轴的轴距计算。多轴车辆的后悬应从最后一轴的中心线往后计算。对于客车,后悬应以车身外蒙皮尺寸计算。如后保险杠突出于后背外蒙皮,则以后保险杠尺寸计算,不计后尾梯。

11.3　车辆质量参数

11.3.1　车辆总质量不得超过下列规定值:

a)　半挂汽车列车、全挂汽车列车:40 000 kg;

b)　集装箱半挂列车:46 000 kg。

11.3.2　车辆轴载质量不得超过下列规定值:

a)　单轴(每侧单轮胎)载质量:6 000 kg;

b)　单轴(每侧双轮胎)载质量:10 000 kg;

c)　双联轴(每侧单轮胎)载质量:10 000 kg;

d)　双联轴(每侧各一单轮胎、双轮胎)载质量:14 000 kg;

e)　双联轴(每侧双轮胎)载质量:18 000 kg;

f)　三联轴(每侧单轮胎)载质量:12 000 kg;

g)　三联轴(每侧双轮胎)载质量:22 000 kg。

11.3.3　在11.3.2中,凡已经国家批准生产的单轴轴载质量大于10 t、小于或等于13 t的车辆,只要车辆的总质量符合国家核定的吨位标准,暂以国家核定的轴载质量视同轴载质量限值标准。

11.3.4　用轴(轮)荷仪测量车辆的前后轴(轮)荷及整车重量,在整备质量状态下测得的值应不超出汽车制造厂规定的该车整备质量的5%。

11.4　车速表检查

车速表允许误差范围为+20%~-5%,即当实际车速为40 km/h时,车速表指示值应为38~48km/h。其检验方法按12.10的规定进行。

11.5　滑行性能

11.5.1　用底盘测功机检测时,按12.5.1规定的方法测得的初速为30 km/h的滑行距离,应符合表11的规定。

11.5.2　路试检测时,按12.5.2规定的方法测得的初速为30 km/h的滑行距离应符合表11的规定。

表11　车辆滑行距离要求

汽车整备质量 M/kg	双轴驱动车辆滑行距离/m	单轴驱动车辆滑行距离/m
$M<1\,000$	≥104	≥130
$1\,000\leqslant M\leqslant 4\,000$	≥120	≥160
$4\,000<M\leqslant 5\,000$	≥144	≥180
$5\,000<M\leqslant 8\,000$	≥184	≥230
$8\,000<M\leqslant 11\,000$	≥200	≥250
$M>11\,000$	≥214	≥270

11.5.3　按12.5.3规定的方法测行的滑行阻力 P_s,应符合

$$P_s\leqslant 1.5\%M\cdot g$$

式中:P_s——滑行阻力,N;

M——汽车的整备质量,kg;

g——重力加速度,9.8m/s^2。

11.5.4 车辆的滑行性能符合 11.5.1、11.5.2 或 11.5.3 中任一项即为合格。

11.6 异响检查

11.6.1 发动机运转应无异响,运转和加速时不得有回火放炮现象。

11.6.2 车辆运行中底盘应无异响。

11.7 润滑检查

11.7.1 各部润滑良好,发动机机油压力应符合该车有关技术条件的规定。

11.7.2 汽油机油换油指标应符合 GB/T 8028 的规定;柴油机油换油指标应符合 GB/T 7607 的规定。

11.7.3 变速箱、后桥等总成和部件的润滑油的规格和用量应符合规定。

11.8 车架、车身与驾驶室

11.8.1 车身和驾驶室的技术状况应能保证驾驶员有正常的工作条件和客货安全。

11.8.2 车身和驾驶室应坚固耐用,车架、车身与驾驶室不得有开裂、锈蚀和明显变形,螺栓和铆钉不得缺少或松动,车身与车架的连接应安装牢固。

11.8.3 货箱的栏板和地板应平整;客车车身与地板应密合,应有防止发动机废气进入车厢内部的有效措施。地板和座椅应具有足够的强度,座椅和扶手应安装牢固可靠。乘客座椅间距不得采用沿滑道纵向调整的结构。

11.8.4 车身外部和内部都不应有任何可能使人致伤的尖锐凸起物。

11.8.5 驾驶室和乘客舱所有内饰材料应具有阻燃性。

11.8.6 车门和车窗

11.8.6.1 车门和车窗应启闭轻便,不得有自行开启现象,锁止可靠,玻璃升降器应完好。

11.8.6.2 动力启闭的乘客门

a) 采用动力启闭的乘客门在有故障的情况下,应仍能简便地靠手动来开关。在紧急情况下,当车辆静止、且车门未锁时,每扇动力启闭乘客门不论是否有动力供应,都能通过控制器从车内或车外开启。此控制器应有明显标志,易于识别,且安装在便于操作、确保安全的地方。

b) 应设发光或音响信号装置,以便在乘客门未完全关闭时告之驾驶员。此信号装置可用于一个或数个乘客门。

c) 每扇动力启闭乘客门的结构和控制系统应做到乘客不会被门伤害或夹住。对开式折叠乘客门,应在可能夹住乘客的门边缘全长上安装总宽度至少为 40 mm 的橡胶密封条。

11.8.6.3 车辆的门窗应使用安全玻璃,前风窗玻璃应采用夹层玻璃或部分区域钢化玻璃,其他车窗可采用钢化玻璃。

11.8.7 驾驶室必须保证驾驶员的前方视野和测方视野。车窗玻璃不允许张贴妨碍驾驶员视野的附加物及镜面反光遮阳膜。

11.8.8 前风窗玻璃应装备刮水器。刮水器应能正常工作,刮水器关闭时刮片应能自动返回至初始位置。

11.8.9 安全出口

11.8.9.1 车长大于 6m 的客车,如车身右侧仅有一个乘客上下的车门时,应设置安全门或安全窗。卧铺客车应设置车顶安全出口。其卧铺布置为上、下双层时,侧窗布置应为上下双排。使用安全门时应保证不用其他器具即可将其向外推开。安全出口的数量及位置应符合有关规定。

11.8.9.2 安全门应满足下列要求

a) 安全门的净高不得小于1 250mm,净宽不得小于 550mm;

b) 门铰链应在门前端,向外开启角度应不小于 100°,并能在此角度下保持开启,同时设有开启报警装置;

c） 通向安全门的通道宽度应不小于300mm，不足300mm时允许采用迅速翻转座椅等方法加宽通道；

d） 车内外应设应急开门把手，车外把手距地面高度应水大于1 800mm；

e） 关闭时应能锁止；

f） 在安全门或安全窗处应有醒目的红色标志和操作方法，字体高度应不小于20mm。

11.8.9.3 安全窗应满足下列要求

a） 安全窗和安全顶窗的面积应不小于3×10^5mm²，且能内接一个400mm×600mm的椭圆；车辆后端面的安全窗的面积应不小于4×10^5mm²，且能内接一个500mm×700mm的矩形；

b） 安全窗应易于向外推开或用手锤击破玻璃，在其附近应备有便于取用的击碎出口玻璃的专用工具。

11.8.10 车长大于6m的客车同方向座椅的座间距不得小于650mm，面对面座椅的座间距不得小于1 200mm。

11.8.11 中级、中级以上车长大于或等于9m的营运客车和卧铺客车车身顶部不得设置行李架，应设置符合有关标准要求的行李舱。其他客车需设置车外顶行李架时，其顶架载荷按每个乘客10kg行李核定，且行李架长度不得超过车长的三分之一。

11.8.12 卧铺客车的卧铺应采用"1+1"或"1+1+1"纵向布置（与车辆前进方向相同），卧铺宽度应不小于450mm，卧铺纵向间距应不小于1 400mm，相邻卧铺的间距应不小于350mm。

11.8.13 车长大于6m的客车应设置乘客通道，距通道地板上平面700mm以下范围内的通道宽度应不小于300mm；700mm以上的通道宽应不小于450mm。营运客车通道中不准设置供乘客使用的折叠式座椅。

11.8.14 车长大于6m的客车的乘客门的一级踏步高应不大于400mm；若采用钢板悬架，则后乘客门的一级踏步高不得大于430mm。车长大于6m的长途客车和旅游客车乘客门的一级踏步高应水大于430mm。

11.8.15 轿车应装有护轮板，挂车后轮应有挡泥板，其他车辆的所有车轮均应有挡泥板。

11.9 行驶系

11.9.1 车轮和轮胎

11.9.1.1 轮胎的磨损：轿车和挂车胎冠上花纹深度不得小于1.6mm；其他车辆转向轮的胎冠花纹深度不得小于3.2mm，其余轮胎胎冠花纹深度不得小于1.6mm。

11.9.1.2 轮胎胎面不得有因局部磨损而暴露出轮胎帘布层。轮胎的胎面和胎壁上不得有长度超过25mm或深度足以暴露出轮胎帘布层的破裂和割伤。

11.9.1.3 同一轴上轮胎规格和花纹应相同，轮胎规格应符合车辆出厂时的规定，同一轴上轮胎外径的磨损程度应大体一致。

11.9.1.4 汽车转向轮不得装用翻新的轮胎。

11.9.1.5 汽车装用的轮胎应与其最大设计车速相适应。

11.9.1.6 轮胎负荷不应超过该轮胎的额定负荷，轮胎的充气压力应符合该轮胎承受负荷时规定的压力。

11.9.1.7 最大设计车速超过120 km/h的车辆，其车轮应做动平衡，并应符合有关技术要求。

11.9.1.8 轮胎螺母和半轴螺母应完整齐全，并应按规定力矩紧固。

11.9.1.9 车轮总成的横向摆动量和径向跳动量：总质量小于或等于4 500 kg的汽车不得大于5 mm；其他车辆不得大于8 mm。

11.9.2 钢板弹簧不得有裂纹和断片现象，其弹簧形式和规格应符合产品使用说明书的规定。中心螺栓和U形螺栓应紧固。

11.9.3 减振器应齐全有效。

11.9.4 前、后桥不得有变形和裂纹。

11.9.5　车桥与悬架之间的各种拉杆和导杆不得变形,各接头和衬套不得松旷和移位。

11.10　传动系

11.10.1　离合器踏板自由行程应符合原厂规定的该车技术条件的有关规定。

11.10.2　离合器踏板力应不大于 300 N。

11.10.3　离合器应接合平稳,分离彻底,工作时不得有异响、抖动和不正常打滑等现象。

11.10.4　变速器和分动器,换挡时齿轮啮合灵便,互锁、自锁、倒挡锁装置有效,不得有乱挡和自行跳挡现象,换挡时变速杆不得与其他部件干涉。运行中无异响。

11.10.5　传动轴在运转时不得发生振抖和异响,中间轴承和万向节不得有裂纹和松旷现象。

11.10.6　驱动桥工作应正常且无异响。

11.11　安全防护装置

11.11.1　汽车安全带

11.11.1.1　座位数小于或等于 20(含驾驶员座椅,下同)或者车长小于或等于 6 m 的载客汽车和最大设计车速大于 100 km/h 的载货汽车和牵弓阵的前排座位必须装置汽车安全带。长途客车和旅游客车的驾驶员座椅及前面没有座椅或护栏的座椅应安装汽车安全带。安全带应有认证标志。

11.11.1.2　卧铺客车的每个铺位均应安装两点式汽车安全带。

11.11.1.3　汽车安全带应可靠有效,安装位置应合理,固定点应有足够的强度。

11.11.2　车内外后视镜和前下视镜

11.11.2.1　车辆(挂车除外)必须在左右各设置一面后视镜;车长大于 6 m 的平头客车和平头载货汽车车前应设置一面下视镜。轿车和客车驾驶室内应设置一面内后视镜。

11.11.2.2　车辆车外后视镜的安装位置和角度应保证看清车身左右外侧、车后 50 m 以内的交通情况。前下视镜应能看清风窗玻璃前下方长 1.5m、宽 3m 范围内的情况。

11.11.2.3　车内外后视镜和前下视镜应易于调节,并能有效保持其位置。

11.11.2.4　安装在外侧距地面 1 800 mm以下的后视镜,当行人等接触该镜时,应具有能缓和冲击的功能。

11.11.3　车辆驾驶室内应设置防止阳光直射而使驾驶员产生眩目的装置,且该装置在车辆碰撞时,不应对驾驶员造成伤害。

11.11.4　轿车及在寒冷地区营运的车辆的前风窗玻璃应装有除雾、除霜装置。

11.11.5　客车车内空气调节

11.11.5.1　空调系统应具有制冷或采暖功能,并应运转正常。不允许采用直通式采暖方式。

11.11.5.2　应设有通风换气装置。

11.11.5.3　燃烧式采暖系统和利用排气余热的采暖系统应设置有害气体安全报警装置。

11.11.6　燃油系统的安全保护

11.11.6.1　燃油箱及燃油管路应坚固牢靠,不致因振动和冲击而发生损坏和漏油现象。

11.11.6.2　车厢内不允许装设燃油供给系统。

11.11.6.3　燃油箱的加油口及通气口应保证在车辆晃动时不漏油。

11.11.6.4　车长大于 6m 的客车燃油箱距客车前端面应不小于 600mm,距客车后端面应不小于 300mm。不允许用户加装燃油箱。

11.11.6.5　燃油箱的通气口和加油口不得在有站席和座席的车厢内开口。

11.11.7　车辆发动机的排气管不得指向车身的右侧,排气口至燃油箱的距离不得小于 500mm,客车的排气口应伸出车身外蒙皮。

11.11.8　车身小于或等于 6m 的载客汽车前后都应设置保险杠,载货汽车应设置前保险杠。

11.11.9　汽车和挂车侧面及后下部防护装置。

11.11.9.1　总质量大于 3 500kg 的载货汽车和挂车两侧必须装备侧面防护装置,但本身结构已能防止行人和骑车人等卷入的汽车和挂车除外。

11.11.9.2 除牵引车和长货挂车以外的汽车及挂车，空载状态下其车身或无车身底盘总成的后端离地间隙大于 700mm 时，必须装备能有效防止其他机动车和非机动车等从车辆后下方嵌入的防护装置。

11.11.10 载货汽车车箱前部应安装比驾驶室高 70 ~ 100mm 的安全架（自卸车、载质量 1 000kg 以下的载货汽车除外）。

11.11.11 驾驶员和货物同在一个车厢内的厢式车前排座椅的后方应安装安全架。

11.11.12 营运车辆应装备与其相适应的有效灭火装置，灭火装置应安装牢靠并便于使用。

11.12 危险货物运输车辆

11.12.1 危险货物运输车辆的标志应符合 GB 13392 的规定。

11.12.2 车厢、底板应平整完好，周围栏板必须牢固，铁质底板装运易燃、易燃货物时应采取衬垫防护措施。

11.12.3 车辆的排气管应装有有效的隔热和熄灭火星的装置，电路系统应有切断总电源和隔离电火花的装置。运送易燃易爆货物的车辆排气管应在车身的前部，车辆尾部应安装接地线。

11.12.4 应根据所装危险货物的性质配备相应的消防器材和捆扎、防水、防散失等工具。消防器材在车上应安装牢靠并便于取用。

11.12.5 装运危险货物的罐（槽）应适合所装货物的性能，具有足够的强度，并应根据不同货物的需要配备泄压阀、防波板、遮阳物、压力表、液位计、导除静电等相应的安全装置；罐（槽）外部的附件应有可靠的防护设施，必须保证所装货物不发生“跑、冒、滴、漏”，并在阀门口装置积漏器。

11.12.6 使用装运液化石油气和有毒液化气体的罐（槽）车及其设备，应符合国家有关部门对液化石油气汽车罐（槽）车安全管理的规定。

11.12.7 应定期对装运放射性同位素的专用运输车辆、设备、搬运工具、防护用品进行放射性污染程度的检查，当污染量超过规定的允许水平时，不得继续使用。

11.12.8 装运集装箱、大型气瓶、可移动罐（槽）等的车辆，必须设置有效的紧固装置。

11.13 汽车列车

11.13.1 汽车列车的比功率

$$P_d = P_e / m_t \tag{5}$$

式中：P_d——汽车列车的比功率，kW/t；

P_e——汽车列车发动机功率，kW；

m_t——汽车列车最大总质量，t。

汽车列车的比功率应符合以下规定：

$m_t < 18t$：　$P_d \geqslant 6.88$

$18t \leqslant m_t < 43t$：　$P_d \geqslant 4.40 + 38.80 m_t$

$m_t \geqslant 43t$：　$P_d \geqslant 5.40$

11.13.2 汽车列车在平坦干燥的路面上直线行驶时，挂车后轴中心相对于牵引车前轴中心的最大摆动幅度：全挂汽车列车应不大于 200 mm；半挂汽车列车应不大于 100 mm。

11.13.3 汽车列车制动滞后时间：挂车最后轴制动动作滞后于牵引车前轴制动动作的时间不得大于 0.2 s。

11.13.4 牵引车与被牵引车的连接装置应坚固耐用，其结构应能确保相互牢固的连接，并应在其连接装置上装有防止车辆在行驶中因振动和冲击而使连接脱开的完全装置。

11.14 集装箱运输车

11.14.1 集装箱与运输车体之间必须锁止可靠。

11.14.2 挂车后轴除有效参与整车制动外，必须另有可独立操作的制动装置。

12 检验方法

12.1 用底盘测功机检测汽车驱动轮输出功率

按 GB/T 18276—2000 中 4.1 和 4.2 的规定进行检验。

12.2 燃料经济性检验

12.2.1 用底盘测功机检测汽车等速百公里燃料消耗量

12.2.1.1 检测环境条件:环境温度:0°~40℃;环境湿度小于 85%;大气压力:80~110kPa。

12.2.1.2 台架和车辆的准备

a) 测试前车辆应预热至正常热状态,车辆轮胎规格和气压应符合该车技术条件的规定;

b) 底盘测功机应预热到正常工作温度,底盘测功机和油耗计应符合使用要求,工作正常;

c) 测量并记录环境温度、大气压力和燃料密度。

12.2.1.3 检测方法

a) 在底盘测功机上设定检测车速:轿车:60 km/h;其他车辆:50 km/h。

b) 将被测汽车驱动轮平稳驶至底盘测功机滚筒上,启动汽车,逐步加速并换至直接挡(无直接挡至最高挡),使车速达到规定的车速。给测功机加载 P_{PAU},使其模拟汽车满载等速行驶在平坦良好路面时的行驶阻力功率 P:

$$P = P_{PAU} + P_{PL} + P_F \tag{6}$$

式中:P——汽车满载等速行驶在平坦良好路面时的行驶阻力功率;

P_{PAU}——底盘测功机吸收单元的吸收功率;

P_{PL}——测功机内部摩擦损失功率,由底盘测功机生产厂家给出;

P_F——汽车驱动轮、传动系等的摩擦损失,由测功机使用者自行测定。

当 $P_{PL} + P_F \geqslant P$ 时,则车辆不能在该测功机上进行检测;

当 $P_{PL} + P_F < P$ 时,则需调整 P_{PAU},使 $P_{PAU} + P_{PL} + P_F = P$。

其中行驶阻力功率 P 可按 GB 18352.1~18352.2—2001 附件 CC 的有关规定试验测得,试验时基准质量为车辆满载;也可以按汽车在平坦良好路面等速行驶所消耗的功率值计算得到。

c) 待车速稳定后开始测量,要求测量不低于 500 m 距离的燃料消耗量。连续测量 2 次并记录。

d) 计算等速百公里燃料消耗量和 2 次的算术平均值。

12.2.1.4 检测结果的重复性检验

a) 检验结果的重复性按第 95 百分位来判断;

b) 标准差:第 95 百分位分布的标准差 R 与重复性检测次数 n 有关,如表 12 所示。

表 12 标准差 R 与重复性检测次数 n 的关系

n	2	3	4	5	6
R,L/100km	$0.053Q_{mp}$	$0.063Q_{mp}$	$0.069Q_{mp}$	$0.073Q_{mp}$	$0.085Q_{mp}$
注:Q_{mp} 为每次检测时,n 次检测所得百公里燃料消耗量算术平均值(L/100km)					

c) 重复性检验

ΔQ_{max} 为每次检测时,n 次检测结果中最大值与最小值之差,单位为 L/100 km。

$\Delta Q_{max} < R$ 时,则检测结果的重复性好,不必增加检测次数。

$\Delta Q_{max} > R$ 时,则检测结果的重复性差,必须增加检测次数。

12.2.1.5 检测数据的校正

燃料消耗量的检测值均应校正到标准状态下的数值。

a) 标准状态

环境温度:20℃

大气压力:100 kPa

汽油密度:0.742g/cm^3

柴油密度:0.830g/cm^3

b) 校正公式

$$Q_{mj} = Q_{mp}/(C_1 \times C_2 \times C_3) \tag{7}$$

式中:Q_{mj}——检测百公里燃料消耗量校正值,L/100 km;

Q_{mp}——检测百公里燃料消耗量算术平均值,L/100 km;

C_1——环境温度校正系数,$C_1 = 1 + 0.002\,5(20 - T)$;

C_2——大气压力校正系数,$C_2 = 1 + 0.002\,1(P - 100)$;

C_3——燃料密度的校正系数,汽油机:$C_3 = 1 + 0.8(0.742 - G_s)$;

柴油机:$C_3 = 1 + 0.8(0.83 - G_d)$;

T——检测时的环境温度,℃;

P——检测时的大气压力,kPa;

G_s——检测时的汽油平均密度,g/cm^3;

G_d——检测时的柴油平均密度,g/cm^3。

12.2.2 路试检测汽车百公里燃料消耗量

12.2.2.1 不能用底盘测功机检测汽车百公里燃料消耗量的,可按 GB/T 12545—1990 中 6.1 ~ 6.3 的规定,采用道路试验进行规定检测车速的等速试验。试验条件应符合该标准第 3 章的规定。

12.2.2.2 路试百公里燃料消耗量的检测值应按 12.2.1.5 的规定校正到标准状态下的数值。

12.3 制动性能检验

12.3.1 台试制动性能检验方法按 GB 7258—1997 附录 C 中 C2 进行。

12.3.2 路试制动性能检验方法按 GB 7258—1997 附录 C 中 C1 进行。可采用非接触式速度计和能直接测取车辆充分发出的平均减速度、制动协调时间和制动距离的汽车制动性能测试仪进行路试制动性能检验。

12.4 转向操纵性检验

12.4.1 转向盘的最大自由转动量检验

12.4.1.1 汽车应保持直线向前状态,置于平坦、干燥和清洁的硬质路面上。

12.4.1.2 将转向力-角仪安装在转向盘上。

12.4.1.3 转动转向盘至一侧有阻力止,再转至另一侧有阻力止,测出其最大自由转动量。

12.4.2 转向轮侧滑量检验

转向轮侧滑量检验方法按 GB 7258—1997 附录 B 进行。

12.4.3 悬架特性检验

12.4.3.1 用悬架装置检测台检验

a) 汽车轮胎规格、气压应符合规定值,车辆空载,不乘人(含驾驶员);

b) 将车辆每轴车轮驶上悬架装置检测台,使轮胎位于台面的中央位置;

c) 启动检测台,使激振器迫使汽车悬挂产生振动,使振动频率增加过振荡的共振频率;

d) 在共振点过后,将激振源关断,振动频率减少,并将通过共振点;

e) 记录衰减振动曲线,纵坐标为动态轮荷,横坐标为时间。测量共振时动态轮荷。计算并显示动态轮荷与静态轮荷的百分比及其同轴左右轮百分比的差值。

12.4.3.2 用平板检测台检验

a) 平板检测台平板表面应干燥,没有松散物质及油污;

b) 驾驶员将车辆对正平板台以 5 ~ 10 km/h 的速度驶上平板,置变速器于空挡,急踩制动,使车辆停住;

c) 测量制动时的动态轮荷;记录动态轮荷的衰减曲线;

d) 计算并显示悬架效率和同轴左右轮悬架效率之差值。

12.5 滑行性能检验

12.5.1 用底盘测功机检测滑行距离

12.5.1.1 汽车轮胎气压应符合规定值,传动系润滑油油温不低于 50℃。

12.5.1.2 根据测试汽车的基准质量选定底盘测功机的相应当量惯量,当底盘测功机所配备的飞轮系统的惯量级数不能准确满足测试汽车的当量惯量需要时,可选配与测试汽车整备质量最接近的转动惯量级,但应对检测结果作必要的修正。

12.5.1.3 将试验车辆驱动轮置于底盘测功机滚筒上,启动汽车,按引导系统提示加速至高于规定车速(30 km/h)后,置变速器于空挡,利用车一台系统贮藏的动能,使其运转直至车轮停止转动。

12.5.1.4 记录汽车从 30 km/h 开始的滑行距离。

12.5.2 路试检验滑行距离

12.5.2.1 应在平坦(纵向坡度不应超过 1%)、干燥和清洁的硬路面上进行。风速不大于 3 m/s。

12.5.2.2 车辆空载,轮胎气压应符合规定值。

12.5.2.3 被试车辆行驶速度高于 30 km/h 后,置变速器于空挡,开始滑行,当速度为 30 km/h 时用速度计或第五轮仪测量滑行距离。

12.5.2.4 试验至少往返各滑行一次,往返区段尽量重合。

12.5.3 滑行阻力测试

12.5.3.1 应在平坦、干燥和清洁的硬路面上进行。

12.5.3.2 车辆空载,轮胎气压应符合规定值。

12.5.3.3 解除制动,置变速器于空挡。

12.5.3.4 用拉力传感器拉(或用压力传感器推)被试车辆,当被试车辆从静止开始移动时,记下传感器的拉(压)力值。

12.6 前照灯光束照射位置检验

前照灯光束照射位置检验方法按 GB 7258—1997 附录 D 进行。

12.7 汽车排气污染物检验

12.7.1 双怠速试验

双怠速试验按 GB/T 3845—1993 附录 C 的规定进行。

12.7.2 加速模拟工况试验

加速模拟工况试验按 GB 18285—2000 附录 A 进行。

12.7.3 怠速试验

怠速试验按 GB/T 3845 的规定进行。

12.7.4 自由加速试验

12.7.4.1 自由加速排气可见污染物试验按 GB 18285—2000 附录 B 进行。

12.7.4.2 自由加速烟度试验按 GB/T 3846 的规定进行。

12.8 汽车噪声检验

12.8.1 汽车定置噪声检验按 GB/T 14365—1993 第 1-5.3 条的规定进行。

12.8.2 客车车内噪声检验按 GB/T 1496 的规定进行。

12.8.3 驾驶员耳旁噪声检验

12.8.3.1 车辆应处于静止状态且变速器置于空挡,发动机应处于额定转速状态。车辆门窗应紧闭。

12.8.3.2 测量位置应符合 GB/T 1496 的要求。

12.8.3.3 声级计应置于“A”计权、“快”挡。

12.9 客车防雨密封性检验

客车防雨密封性的检验方法按 GB/T 12480 的规定进行。

12.10 车速表检验

车速表的检验方法按 GB 7258—1997 附录 A 进行。

中华人民共和国国家标准

GB/T 18276—2000

汽车动力性台架试验方法和评价指标

Test-bed methods and evaluating index of dynamic property for motor vehicles

2000-12-18发布　　　　2001-09-01实施

1 范围

本标准规定了汽车动力性的台架试验方法和评价指标。

本标准的台架试验方法适用于在用汽车。

本标准的评价指标限值适用于表1所列在用国产汽车,其他在用车辆可参照执行。

2 定义

本标准采用下列定义。

2.1 实测有效功率 observed brake power

发动机在实际环境状态下所输出的功率。

2.2 校正有效功率 corrected brake power

实测有效功率校正到标准环境状态下的功率。

2.3 总功率 gross power

发动机仅带维持本身正常运转所必须的附件时所输出的校正有效功率。

2.4 额定功率 rated power

标准环境状态下,制造厂根据发动机用途和特点,在规定的额定转速下所规定的总功率。

2.5 净功率 net power

发动机带有本身实际工作所需全部附件时所输出的校正有效功率。

2.6 实测驱动轮输出功率 observed wheel power

在实际环境状态下,底盘测功机测得的汽车驱动轮输出的功率,下含轮胎滚动阻力和底盘测功机传动系阻力所消耗的功率。

2.7 校正驱动轮输出功率 corrected wheel power

实测驱动轮输出功率校正到标准环境状态下的功率。

2.8 模拟惯量 simulated inertia

底盘测功机为模拟汽车在非稳定工况下运行的阻力,按汽车质量匹配的当量惯量。

3 评价指标

3.1 检测参数

汽车动力性采用驱动轮输出功率作为检测参数。

驱动轮输出功率用底盘测功机检测。

3.2 评价指标

汽车动力性采用汽车发动机在额定转矩(最大转矩)和额定功率(最大功率)时的驱动轮输出功率作为评价指标。

3.3 检测工况

检测工况采用汽车额定转矩和额定功率的工况。即发动机全负荷与额定转矩转速和额定功率转速所对应的直接挡(无直接挡时指传动比最接近于1的挡,下同)车速构成的工况。

3.4 限值

在3.3的检测工况下,采用校正驱动轮输出功率与相应的发动机输出总功率的百分比作为驱动轮输出功率的限值。

$$\eta_{VM}=P_{VMO}/P_M \tag{1}$$

$$\eta_{VP}=P_{VPO}/P_e \tag{2}$$

式中:η_{VM}——汽车在额定转矩工况下的校正驱动轮输出功率与额定转矩功率的百分比,%;

η_{VP}——汽车在额定功率工况下的校正驱动轮输出功率与额定功率的百分比,%;

P_{VMO}——汽车在额定转矩工况下的校正驱动轮输出功率,kW;

P_{VPO}——汽车在额定功率工况下的校正驱动轮输出功率,kW;

P_M——额定转矩功率,kW;

P_e——额客功率,kW。

汽车的校正驱动轮输出功率的限值列于表1。

表1 汽车驱动轮输出功率的限值

汽车类别	汽车型号		额定转矩工况			额定功率工况		
			直接挡检测速度 V_M /(km/h)	校正驱动轮输出功率/额定转矩功率 η_{VM} /(%)		直接挡检测速度 V_P /(km/h)	校正驱动轮输出功率/额定功率 η_{VP} /(%)	
				额定值 η_{Mr}	允许值 η_{Ma}		额定值 η_{Pr}	允许值 η_{Pa}
载货汽车	1010 系列 1020 系列	汽油车	60	75	50	90	65	40
	1030 系列 1040 系列	汽油车	60	75	50	90	65	40
		柴油车	55	75	50	90	70	45
	1050 系列 1060 系列	汽油车	60	75	50	90	65	40
		柴油车	50	75	50	80	70	45
	1070 系列 1080 系列	汽油车	—	—	—	—	—	—
		柴油车	50	75	50	80	70	45
载货汽车	1090 系列	汽油车	40	75	50	80	70	45
		柴油车	55	75	50	80	70	45
	1100,1110 系列 1120,1130 系列	汽油车	—	—	—	—	—	—
		柴油车	50	70	45	80	65	40
	1140 系列 1150 系列 1160 系列	柴油车	50	75	50	80	65	40
	1170 系列 1190 系列	柴油车	55	75	50	80	65	40

表 1(续)

汽车类别	汽车型号		额定转矩工况			额定功率工况		
			直接挡检测速度 V_M /(km/h)	校正驱动轮输出功率/额定转矩功率 η_{VM} /(%)		直接挡检测速度 V_P /(km/h)	校正驱动轮输出功率/额定功率 η_{VP} /(%)	
				额定值 η_{Mr}	允许值 η_{Ma}		额定值 η_{Pr}	允许值 η_{Pa}
半[1]挂列车	10t 半挂列车系统	汽油车	40	75	50	80	70	45
		柴油车	50	75	50	80	70	45
	15t,20t 半挂列车系列	柴油车	45	70	45	70	65	40
	25t 半挂列车系列	柴油车	45	75	50	75	65	40
客车	6600 系列	汽油车	60	70	45	85	60	35
		柴油车	45	75	50	75	65	40
	6700 系列	汽油车	50	65	40	80	60	35
		柴油车	55	70	45	75	60	35
	6800 系列	汽油车	40	65	40	85	60	35
		柴油车	45	70	45	75	60	35
	6900 系列	汽油车	40	65	40	85	60	35
		柴油车	60	70	45	85	60	35
	6100 系列	汽油车	40	65	40	85	60	35
		柴油车	40	70	45	85	60	35
	6110 系列	汽油车	40	65	40	85	60	35
		柴油车	55	70	45	80	60	35
	6120 系列	柴油车	60	65	40	90	60	35
轿车	夏利、富康		95/65[2]	65/60[2]	40/35[2]	—	—	—
	桑塔纳		95/65[2]	70/65[2]	45/40[2]	—	—	—

注:5010 系列 ~ 5040 系列厢式货车和罐式货车驱动轮输出功率的允许值按同系列普通货车的允许值下调 2%,其他系列厢式货车和罐式货车驱动轮输出功率的允许值按同系列普通货车的允许值下调 4%。

1)半挂列车是按载质量分类。

2)为汽车变速器使用三档时的参数值

3.5 汽车动力性合格的条件

$$\eta_{VM} \geqslant \eta_{Ma} \tag{3}$$

或

$$\eta_{VP} \geqslant \eta_{Pa} \tag{4}$$

式中:η_{Ma}——汽车在额定转矩工况下校正驱动轮输出功率与额定转矩功率的百分比的允许值,%;

η_{Pa}——汽车在额定功率工况下校正驱动轮输出功率与额定功率的百分比的允许值,%。

4 试验方法

4.1 通用试验条件

4.1.1 环境状态

环境温度:0℃ ~40℃;

环境温度:<85%;

大气压力:80 ~100kPa。

4.1.2 仪器、设备

温度计、湿度计、气压计、饱和蒸气压计以及底盘测功机。

4.1.3 台架准备

4.1.3.1 底盘测功机应符合附录 A(标准的附录)的要求。

4.1.3.2 测试前应对照所用底盘测功机的使用说明书检查、调整各运动部件,使其处于良好状况。

4.1.3.3 测试前应对底盘测功机进行检定和校准。

4.1.3.4 测试前应利用试验车辆带动底盘测功机空运转 10 ~30min,以使底盘测功机各运动部件的工作温度正常。

4.1.4 测试车辆的准备

4.1.4.1 车辆的装备应符合制造厂技术条件的规定。

4.1.4.2 车辆空载。

4.1.4.3 车辆使用的燃料和润滑油的牌号、规格应符合制造厂技术条件的规定。

4.1.4.4 轮胎的规格和气压应符合制造厂的规定。胎冠花纹深度不得小于 1.6mm,胎面和胎壁上不得有暴露出轮胎帘布层的破裂和割伤。

4.1.4.5 检查空气滤清器状况,允许更换空滤器滤芯。

4.1.4.6 测试前,车辆必须进行预热行驶,使其各运动部件、润滑油、冷却液等达到制造厂技术条件规定的温度状态。测试时可设置外加风扇向汽车发动机吹拂。

4.1.4.7 关闭空调系统等非汽车运行所必须的耗能装置。

4.2 驱动轮输出功率

4.2.1 驱动轮输出功率的检测

4.2.1.1 按表 1 中相应车型的检测速度,在底盘测功机上设定检测速度 V_M 和 V_P。

4.2.1.2 将检测汽车驱动轮置于底盘测功机滚筒上,启动汽车,逐步加速并换至直接挡,使汽车以直接挡的最低车速稳定运转。

4.2.1.3 将加速踏板踩到底,测定 V_M 或 V_P 工况的驱动轮输出功率。

4.2.1.4 测取读数。待汽车速度在设定的检测速度下稳定 15s 后,方可记录仪表显示的输出功率值;实际检测速度与设定检测速度的允差为 ±0.5km/h。

4.2.1.5 在读数期间,转矩变动幅度应不超过 ±4%。

4.2.1.6 按附录 B(标准的附录)中表 B1 记录环境状态及检测数据。

4.2.1.7 汽车的额定转矩和额定功率取用汽车使用说明书提供的数据。

额定转矩功率按下式计算:

$$P_M = (M_e \cdot n_e)/9\,549,\text{kW} \tag{5}$$

式中:M_e——发动机的额定转矩,N·m;

n_e——发动机额定转矩转速,r/min。额定转矩转速为 $n_{e1} \sim n_{e2}$时,取无值。

4.2.1.8 按附录 C(标准的附录)提供的方法,将实测驱动轮输出功率修正为标准环境状态下的校正驱动轮输出功率。

4.2.1.9 对 η_{VM}或 η_{VP}低于允许值的车辆,允许复测一次。

4.2.2 驱动轮输出功率的试验

4.2.2.1 将底盘测功机按附录 B 中表 B2 的设定速度,依次设定试验速度直至额定功率车速。

额定功率的试验速度按下式计算:

$$V_a = 0.337 \times n_e \cdot r_p/(i_g \cdot i_0) \tag{6}$$

式中：V_a——汽车在额定功率时的试验速度，km/h；

n_e——发动机额定转速，r/min；

r_p——汽车轮胎计算滚动半径，见附录 D（标准的附录），m；

i_g——变速器的传动比。试验采用直接挡，$i_g=1$；无直接挡时采用传动比最接近于 1 的挡；

i_0——主减速器的传动比。

4.2.2.2 将测试汽车驱动轮置于底盘测功机滚筒上，启动汽车，逐步加速并换至直接挡，使汽车以直接挡的最低车速稳定运转。

4.2.2.3 将加速踏板踩到底，分别测定各设定速度的驱动轮输出功率。

4.2.2.4 测取读数。待汽车速度在设定速度下稳定 15s 后，方可记录仪表显示的输出功率值。实际试验速度与设定速度的允差为 ±0.5km/h。

4.2.2.5 按附录 B 中表 B2 记录环境状态及试验数据。

4.2.2.6 按附录 C 提供的方法，将实测驱动轮输出功率修正为标准环境状态下的校正驱动轮输出功率。

4.2.2.7 绘制驱动轮输出功率曲线。

4.3 汽车车轮滚动阻力（F_{fi}）——反拖测试。

4.3.1 启动底盘测功机反拖装置，以 30km/h 的速度暖机运转 10～30min。

4.3.2 测定测功机传动系阻力（F_{ci}）

利用底盘测功机反拖装置带动测功机传动系空转，从 30km/h 速度起，以每 10km/h 的速度为一测试点，逐点测试，直至反拖装置的最高速度，重复测试三次。

按附录 B 中表 B3 记录并整理测试数据。

4.3.3 测定车轮滚动阻力（F_{fi}）

分别测定试验车辆从动轴和驱动轴的载荷（G_c 和 G_q）。

将测试汽车的从动轮或驱动轮置于底盘测功机滚筒上，拆下驱动轮半轴（测驱动轮时），变速器置于空挡，放松驻车制动器，启动底盘测功机反拖装置，从 30km/h 速度起，以每 10km/h 的速度为一测试点，逐点测试，直至反拖装置的最高速度，重复测试三次。

按附录 B 中表 B4 记录并整理测试数据。

4.4 汽车底盘传动系阻力（F_{ti}）——反拖测试

4.4.1 将测试汽车驱动轮置于底盘测功机滚筒上，变速器置于空挡，放松驻车制动器，发动机熄火。

4.4.2 启动底盘测功机反拖装置，以 40～50km/h 的速度反拖汽车驱动轮及滚筒系统 10～30min。

4.4.3 利用底盘测功机反拖装置带动汽车驱动轮转动，从 30km/h 速度起，以每 10km/h 的速度为一测试点，逐点测试，直至反拖装置的最高速度，重复测试三次。

4.4.4 按 4.3 测试汽车车轮滚动阻力。据测算的滚动阻力系数计算相应速度下驱动轮滚动阻力。

4.4.5 按附录 B 中表 B5 记录和整理测试数据，并计算传动效率。

4.5 加速时间

4.5.1 根据测试汽车的整备质量选定底盘测功机的相应当量惯量，即：

转动惯量 = 汽车平移惯量 + 非驱动轮转动惯量 - 滚筒转动惯量

当底盘测功机所配备的机械惯量模拟系统的惯量级数不能准确满足测试汽车的当量惯量需要时，可选配与测试汽车整备质量最接近的转动惯量级。

4.5.2 将测试汽车驱动轮置于底盘测功机滚筒上。

4.5.3 货车、客车直接挡加速时间测定

4.5.3.1 启动汽车，逐步加速并换至直接挡，待车速稳定在 30 km/h 时，全力加速至该车型最高车速的 80%。按附录 B 中表 B6 记录其累计加速时间。

4.5.3.2 重复测定二次，取均值。

4.5.3.3 整理测试结果,绘制加速性能曲线。

4.5.4 轿车起步连续换挡加速时间测定

4.5.4.1 启动轿车,从初速度 0km/h 开始起步,连续换挡,全力加速直至车速 100km/h。按附录 B 中表 B7 记录加速时间。

4.5.4.2 重复测定二次,取均值。

4.5.4.3 整理测试结果,绘制加速性能曲线。

4.6 滑行距离和时间

4.6.1 按 4.5.1 条选定底盘测功机的当量惯量。

4.6.2 根据车型分类选定试验车辆滑行初速度 V_1 和终速度 V_2(见表 2),在底盘测功机上设定 V_1、V_2 值。

表2 设定滑行速度

车型分类	滑行初速度 V_1 /(km/h)	滑行终速度 V_2 /(km/h)
轿车	80	50
货车、客车	60	30

4.6.3 将试验车辆驱动轮置于底盘测功机滚筒上,启动汽车,加速至高于设定的滑行初速度 V_1 后,变速器置于空挡,利用车-台系统贮藏的动能,使车-台系统继续运转直至设定终速度 V_2。

4.6.4 按附录 B 中表 BS 分别记录车-台系统自 V_1 滑行至 V_2 的时间和距离。

4.6.5 重复测定二次,取均值。

附 录 A
（标准的附录）
对双滚筒式底盘测功机的基本要求

A.1 底盘测功机滚筒直径（d）应在 310～380 mm 范围内。

A.1.1 用于允许轴载质量小于 3 t 车辆的底盘测功机，其滚筒间距（L）应不大于 500 mm。

A.1.2 用于允许轴载质量大于 3 t 车辆的底盘测功机，其滚筒间距（L）应不大于 600 mm。

A.2 底盘测功机的测试精度要求：

A.2.1 速度测量误差 ±1%；

A.2.2 转矩测量误差 ±2 %。

A.3 底盘测功机控制精度要求：测试工况的速度控制误差为 ±0.5 km/h；测试工况的速度稳定时间应大于 30 s。

A.4 底盘测功机应能显示并打印出各测试点的设定速度值、实际速度值、转矩值和功率值。

A.5 底盘测功机应标明其传动系统的损耗；风冷式涡流机应标明可连续工作的时间及提供冷却风扇的功率损耗特性。

A.6 底盘测功机应标明其加载装置的特性及适用车型。

A.7 配有机械惯量模拟系统的底盘测功机，应在各个惯性飞轮上标明其序号及模拟惯量值，并提供底盘测功机的主要旋转部件和涡流机转子的转动惯量。

A.8 具有反拖装置的底盘测功机，其反拖速度应可在 10～100 km/h 范围内调节；其反拖转矩的测量误差为 ±2%，反拖速度的测量误差为 ±0.5%。

附 录 B
(标准的附录)
汽车动力性测试记录表

汽车动力性测试有关记录表分别见表 B.1 ~ 表 B.8

表 B.1 汽车驱动轮输出功率检测记录表

汽车型号		汽车牌号	
总质量	kg	整备质量	kg
总行驶里程	km	前次检测后行程	km
发动机型号		底盘测功机型号	
轮胎规格		轮胎气压	kPa
额定转矩(M_e)	N·m/(r/min)	额定转矩功率(P_M)	kW/(r/min)
额定功率(P_e)	kW/(r/min)	环境温度	℃
环境湿度	%	大气压力	kPa
饱和蒸气压	kPa	功率校正系数 α	

设定检测速度/km·h^{-1}	V_M =	V_P =
实际检测速度/km·h^{-1}	V_M' =	V_P' =
实测驱动轮输出功率/kW	P_{VM} =	P_{VP} =
校正驱动轮输出功率/kW	P_{VMO} =	P_{VPO} =
计算比值/%	η_{VM} =	η_{VP} =
允许值/%	η_{Ma} =	η_{Pa} =
判定		

检测单位:

检测人员:

检测日期: 年 月 日

表 B.2 汽车驱动轮输出功率试验记录表

汽车型号		额定转矩 M_e	N·m/(r/min)	环境湿度	%
发动机型号		前次检测后行程	km	功率校正系数 α	
总行驶里程	km	环境温度	℃	整备质量	kg
底盘测功机型号		饱和蒸气压	kPa	额定功率 P_e	kW/(r/min)
大气压力	kPa	总质量	kg	轮胎气压	kPa
汽车牌号		轮胎规格			

设定速度/km·h^{-1}		30	40	50	60	70	80	90	100
1	实测速度 V_i/km·h^{-1}								
	实测驱动轮输出功率 P_{Vi}/kW								
2	实测速度 V_i/km·h^{-1}								
	实测驱动轮输出功率 P_{Vi}/kW								
3	实测速度 V_i/km·h^{-1}								
	实测驱动轮输出功率 P_{Vi}/kW								
平均实测驱动轮输出功率 $\overline{P}_{Vi}$/kW									
校正驱动轮输出功率 P_{ViO}/kW									
计算式		$P_{ViO} = \alpha \cdot P_{Vi}$							

试验单位: 试验人员: 试验日期: 年 月 日

表 B.3 底盘测功机传动系阻力测试记录表

底盘测功机型号　　生产厂　　滚筒直径　　　　　　mm　　滚筒中心距　　　mm　　滚筒数

涡流机型号　　　　生产厂　　涡流机最大吸收功率　　kW

设定速度/km·h^{-1}		30	40	50	60	70	80	90	100
1	实测速度 V_i/km·h^{-1}								
	反拖测功机功率 P_{ci}/kW								
	测功机传动系阻力 F_{ci}/N								
2	实测速度 V_i/km·h^{-1}								
	反拖测功机功率 P_{ci}/kW								
	测功机传动系阻力 F_{ci}/N								
3	实测速度 V_i/km·h^{-1}								
	反拖测功机功率 P_{ci}/kW								
	测功机传动系阻力 F_{ci}/N								
平均测功机传动系阻力 $\overline{F}_{ci}$/N									
计算式		$F_{ci}=P_{ci}\times 3\,600/V_i$							

试验单位：　　　　　　　　测试人员：　　　　　　　　　　　　测试日期：　年　　月　　日

表 B.4 汽车从动轮或驱动轮滚动阻力测试记录表

汽车型号　　　汽车牌号　　　　　　　　　　轮胎规格　　轮胎气压　　　　kPa

发动机型号　　从(或驱)动轮轴荷(G_c 或 G_q)　　kg　　　底盘测功机型号

设定速度/km·h^{-1}		30	40	50	60	70	80	90	100
1	实测速度 V_i/km·h^{-1}								
	反拖车轮功率 $P_{\Sigma fi}$/kW								
2	实测速度 V_i/km·h^{-1}								
	反拖车轮功率 $P_{\Sigma fi}$/kW								
3	实测速度 V_i/km·h^{-1}								
	反拖车轮功率 $P_{\Sigma fi}$/kW								
平均实测速度 $\overline{V}_i$/km·h^{-1}									
平均反拖车轮功率 $\overline{P}_{\Sigma fi}$/kW									
测功机传动系消耗功率 P_{ci}/kW									
车轮滚动阻力消耗功率 P_{fi}/kW									
车轮滚动阻力 F_{fi}/N									
车轮滚动阻力系数 f_i									
计算式		$P_{fi}=\overline{P}_{\Sigma fi}-P_{ci};F_{fi}=P_{fi}\times 3\,600/V_i;f_i=F_{fi}/G_c\,(f_i=F_{fi}/G_q)$							

测试单位：　　　　　　　　测试人员：　　　　　　　　　　　　测试日期：　年　　月　　日

表 B.5 汽车传动系阻力测试记录表

汽车型号　　汽车牌号　驱动轮轴荷 G_q　　kg　　总行驶里程　　km　　前次检测后行程　　km

发动机型号　　轮胎规格　轮胎气压　　kPa　　底盘测功机型号

设定速度/km·h^{-1}		30	40	50	60	70	80	90	100
1	实测速度 V_i/km·h^{-1}								
	反拖驱动轮功率 $P_{\Sigma ti}$/kW								
2	实测速度 V_i/km·h^{-1}								
	反拖驱动轮功率 $P_{\Sigma ti}$/kW								
3	实测速度 V_i/km·h^{-1}								
	反拖驱动轮功率 $P_{\Sigma ti}$/kW								
平均实测速度 $\overline{V}_i$/km·h^{-1}									
平均反拖驱动轮功率 $\overline{P}_{\Sigma ti}$/kW									
驱动轮滚动阻力消耗功率 P_{fqi}/kW									
测功机传动系消耗功率 P_{ei}/kW									
汽车传动系损耗功率 P_{ti}/kW									
汽车传动系阻力 F_{ti}/N									
汽车传动效率 η_{ti}/%									
计算式		$P_{ti}=\overline{P}_{\Sigma ti}-P_{fqi}-P_{ei}$;$P_{fqi}=G_q\cdot f_i\cdot\overline{V}_i\times 9.8/3\,600$;$F_{ti}=P_{ti}\times 3\,600/\overline{V}_i$; $\eta_{ti}=(P_{ei}-P_{ti})/P_{ei}$ 式中:P_{ei}——相应速度下的发动机总功率。							

测试单位:　　　　测试人员:　　　　测试日期:　　年　　月　　日

表 B.6 客车、货车加速时间测试记录表

汽车型号　　　　汽车牌号

总质量　　kg　　整备质量　　kg

轮胎规格　　　　轮胎气压　　kPa

发动机型号　　　　底盘测功机型号

模拟惯量　　kg

车速		从 30km/h 加速到下列车速/km·h^{-1}								
		40	50	60	70	80	90	100	110	120
加速时间/s	1									
	2									
	平均									

测试单位:

测试人员:

测试日期:　　年　　月　　日

表 B.7 轿车起步连续换挡加速时间测试记录表

汽车型号 汽车牌号

总质量 kg 整备质量 kg

轮胎规格 轮胎气压 kPa

发动机型号 底盘测功机型号

模拟惯量 kg

车速		从 0km/h 加速到下列车速/$km \cdot h^{-1}$									
		10	20	30	40	50	60	70	80	90	100
加速时间 s	1										
	2										
	平均										

测试单位：

测试人员：

测试日期： 年 月 日

表 B.8 汽车滑行距离和时间测试记录表

汽车型号 汽车牌号

总质量 kg 整备质量 kg

轮胎规格 轮胎气压 kPa

发动机型号 底盘测功机型号

模拟惯量 kg

车速/$km \cdot h^{-1}$		滑行距离/m			滑行时间/s		
初速度 V_1	终速度 V_2	1	2	平均	1	2	平均

测试单位：

测试人员：

测试日期： 年 月 日

附 录 C
（标准的附录）
驱动轮输出功率的校正方法

C.1 功率校正系数 α 用于将实测功率修正为 C.2 规定的标准环境状态下的校正功率。

$$P_0 = \alpha \cdot P \tag{C.1}$$

式中：P_0——校正功率（即标准环境状态下的功率）；

α——校正系数（汽油机 α_a；柴油机 α_d）；

P——实测功率。

C.2 标准环境状态

C.2.1 大气压：$p_0 = 100\text{kPa}$；

C.2.2 相对湿度：$\phi_0 = 30\%$；

C.2.3 环境湿度：$T_0 = 298\text{K}(25℃)$；

C.2.4 干空气压：$p_{s0} = 99\text{kPa}$

干空气压是基于总气压为 100kPa，水蒸气分压为 1kPa 计算得到的。

C.3 汽油机校正系数 α_a

C.3.1 计算法

$$\alpha_a = (99/p_s)^{1.2} \times (T/298)^{0.6} \tag{C.2}$$

式中：T——试验时环境温度，K；

p_s——试验时干空气压，kPa。

$$p_s = p - \phi \times p_{sw} \tag{C.3}$$

此处：p——现场环境状态下的大气压，kPa；

ϕ——现场环境状态下的相对湿度，%；

p_{sw}——现场环境状态下的饱和蒸气压，kPa；

$\phi \times p_{sw}$——亦可查表 C.1 得出。

C.3.2 查表法

根据 C.3.1 中 T 及 p_s 的值可按图 C.1 查得 α_a 值。

C.4 柴油机校正系数 α_d

C.4.1 计算法

$$\alpha_d = (f_a)^{f_m} \tag{C.4}$$

式中：f_a——大气因子；

f_m——发动机因子，发动机型式和调整的特性参数。

C.4.1.1 大气因子 f_a

对自然吸气和机械增压发动机

$$f_a = (99/p_s) \times (T/298)^{0.7} \tag{C.5}$$

C.4.1.2 发动机因子 f_m

$$f_m = 0.036q_c - 1.14 \tag{C.6}$$

式中：q_c——校正的比排量循环供油量。

$$q_c = q/r \tag{C.7}$$

式中：q——比排量循环供油量，单位为毫克每循环每升总汽缸工作容积，mg/(L·循环)；

r——增压比，压缩机出口和压缩机进口的压力比（对于自然吸气式发动机 $r=1$）。

在 q_c 值低于 40mg/(L·循环)时，f_m 可取恒定值 0.3($f_m=0.3$)；

在 q_c 值低于 65mg/(L·循环)时，f_m 可取恒定值 1.2($f_m=1.2$)，见图 C.2。

C.4.2　查表法

根据 C.3.1 中 T 及 p_s 的值，可按图 C3 查得 α_d 值。

表 C.1　在不同环境温度(T)和相对湿度(ϕ)下的水蒸气分压($\phi \cdot p_{sw}$)

T/℃	ϕ				
	1	0.8	0.6	0.4	0.2
	$\phi \cdot p_{sw}$/kPa				
-10	0.3	0.2	0.2	0.1	0.1
-5	0.4	0.3	0.2	0.2	0.1
0	0.6	0.5	0.4	0.2	0.1
5	0.9	0.7	0.5	0.4	0.2
10	1.2	1.0	0.7	0.5	0.2
15	1.7	1.4	1.0	0.7	0.5
20	2.3	1.9	1.4	0.9	0.5
25	3.2	2.5	1.9	1.3	0.6
27	3.6	2.9	2.1	1.4	0.7
30	4.2	3.4	2.5	1.7	0.9
32	4.8	3.8	2.9	1.9	1.0
34	5.3	4.3	3.2	2.1	1.1
36	6.0	4.8	3.6	2.6	1.2
38	6.6	5.3	4.0	2.7	1.3
40	7.4	5.9	4.4	3.0	1.5
42	8.2	6.6	4.9	3.3	1.6
44	9.1	7.3	5.5	3.6	1.8
46	10.1	8.1	6.1	4.0	2.0
48	11.2	8.9	6.7	4.5	2.2
50	12.3	9.9	7.4	4.9	2.5

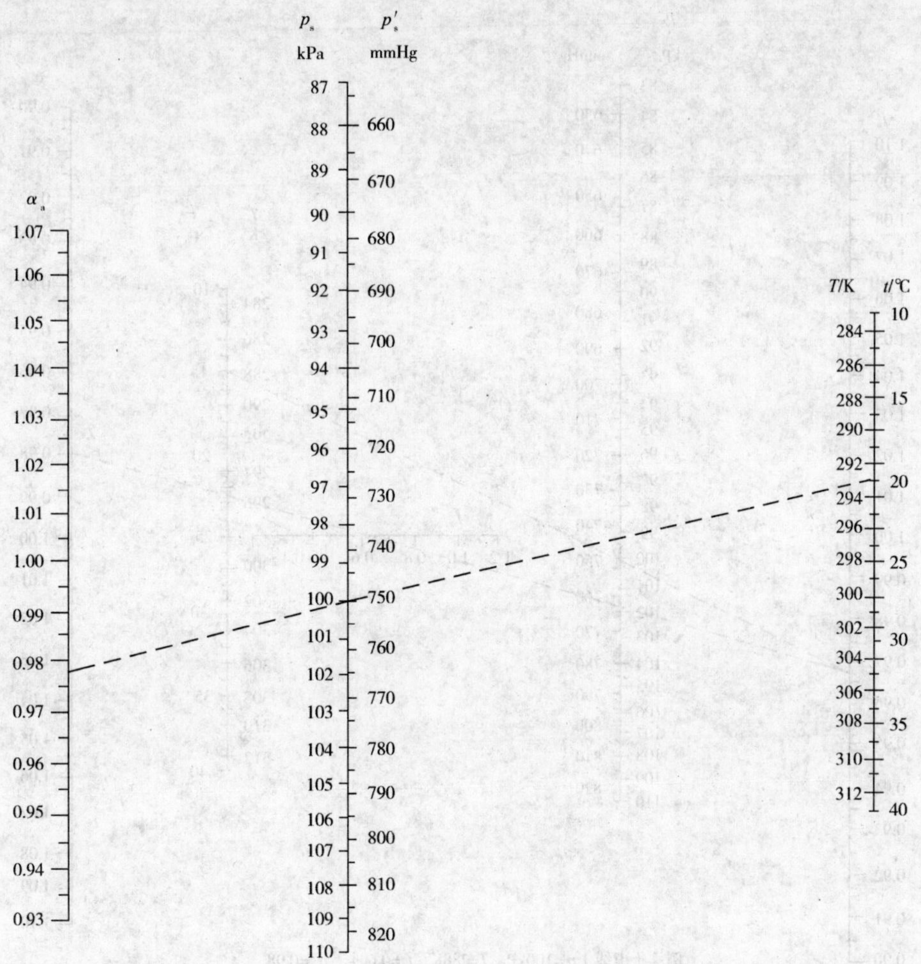

例：（虚线）p_a=100kPa, T=293K时，α_a=0.978

图 C.1　汽油机功率校正系数图

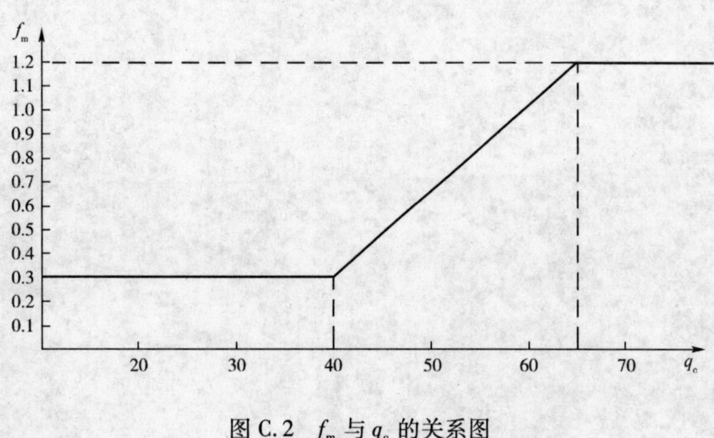

图 C.2　f_m 与 q_c 的关系图

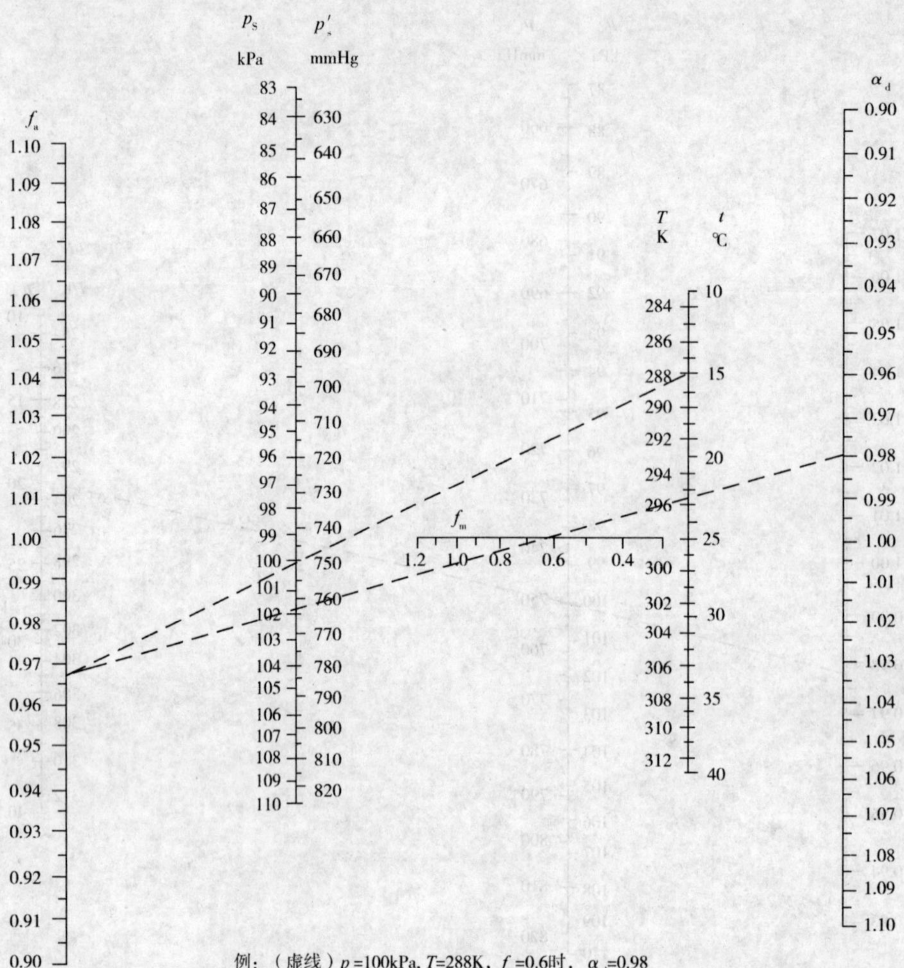

图 C.3 非增压及机械增压柴油机功率校正系数图

附 录 D
(标准的附录)
汽车轮胎计算滚动半径

mm

轮胎规格	计算滚动半径	轮胎规格	计算滚动半径
4.50-12ULT	264	145R12LT	262
5.00-10ULT	250	155R12LT	267
5.00-12ULT	275	155R13LT	278
		175R13LT	290
5.50-13LT	294	185R14LT	318
6.00-14LT	334		
6.50-14LT	346	145/70R12	247
6.50-15LT	358	155/80R12	268
6.50R15LT	355	165/70R13	273
6.50-16LT	367	175/70R13	280
6.50R16LT	360	185/60R14	281
7.00-15LT	367	185/70R13	286
7.00-16LT	379	195/60R14	286
7.50-16LT	393	195/75R14	315
		215/70R14	319
7.00-20	439	215/70R15	332
7.50-20	454		
8.25-20	472		
8.25R20	462		
9.00-20	493		
9.00R20	484		
10.00-20	509		
10.00R20	500		
11.00-20	522		
11.00R20	512		
12.00-20	541		
12.00R20	531		

中华人民共和国国家标准

GB/T 19910—2005

汽车发动机电子控制系统修理技术要求

Technical requirements for electronic control system of motor-vehicles engine being overhauled

2005-09-14 发布　　　　2006-04-01 实施

1　范围

本标准规定了汽车发动机电子控制系统维修前检查、视情维修以及维修后检验的技术要求。

本标准适用于装用汽车发动机电子控制系统的点燃式汽油发动机的车辆。

2　规范性引用文件

下列文件中的条款通过本标准的引用而成为本标准的条款。凡是注日期的引用文件,其随后所有的修改单(不包括勘误的内容)或修订版均不适用于本标准,然而,鼓励根据本标准达成协议的各方研究是否可使用这些文件的最新版本。凡是不注日期的弓间文件,其最新版本适用于本标准。

GB/T 5008.1　起动用铅蓄电池　技术条件

3　术语和定义

下列术语和定义适用于本标准。

3.1

汽车发动机电子控制系统　engine electronic control system

汽车发动机电子控制单元根据各传感器传送来的信息,分析发动机运行中的各种参数,并予以综合处理,以期达到较为满意的工作效果。一般分为3个子系统,即进排气控制系统、燃油控制系统和计算机控制系统。

3.2

进排气控制系统　air intake system

精确控制汽油在汽缸内燃烧时所需要的空气量的系统。

3.3

燃油控制系统　fuel system

精确控制供给汽缸燃油的量的系统。

3.4

计算机控制系统　electronic control system

根据发动机运转状况和车辆运行状况来控制汽油最佳供给量及最佳点火时间的电子控制系统。

3.5

自诊断功能　self diaenosis

车载计算机对各传感器、执行机构以及相应程序的工作状态进行自我诊断的功能。发生故障时,车载计算机按预先设计的功能,将发现的故障以一定的数字或字母组成的二类项专用代码显示出来。

4 技术要求

4.1 维修前检查

4.1.1 对装有汽车燃油电子喷射系统的车辆,在实施维修前,应按原厂的规定,对电子燃油喷射系统进行检查和诊断。

4.1.2 一般性检查利用系统自诊断功能来读取故障码,或使用专用的仪器来检查和诊断。在条件不允许时,也可使用通用仪器或其他人工方法按维修手册规定进行。

4.1.3 应用专用或通用的检测仪器对电子控制系统的各元器件进行检查时,检测仪器的内阻不得小于10MΩ。

4.1.4 在接通点火开关实施检查时,不论发动机是否运转,不得断开蓄电池上的任一电缆线,也不允许断开控制系统的 12 V 电气工作元件,特别是电感型元件。

4.1.5 检查时,如需要跨接其他车辆,应先关闭点火开关,才能装、拆跨接线。

4.1.6 检查时,带有强磁的工具和仪器应远离电控单元。

4.1.7 蓄电池应符合 GB/T 5008.1 的技术要求,电压不得低于 11V。

4.1.8 断开蓄电池时,应先确定该车有无防盗系统,若有应按规定方式断开蓄电池,并应了解防盗密码。

4.1.9 禁止在未断开蓄电池负极时进行电焊作业。

4.1.10 检查作业时应防止电控单元等电器元件受潮,禁止用高压水冲洗电器元件。

4.1.11 检查、安装或拆卸电控单元前,操作人员应先消除自身静电,防止静电损坏电控单元。

4.1.12 检修作业后,应保持各接头、线控的清洁与连接可靠。

4.1.13 检查进气系统中空气滤清器的密封性、清洁状况是否符合原厂规定。

4.1.14 检查进气系统中节气门体的密封性、清洁状况以及节气门体的电器元件在各种工况下的参数值是否符合原厂规定的标准值。

4.1.15 检查进气歧管的密封性、清洁状况是否符合原厂的规定。

4.1.16 检查涡轮增压系统的密封性、清洁状况以及在各种工况下的技术参数值是否符合原厂的规定。

4.1.17 检查进气歧管的真空度是否符合原厂的规定标准。

4.1.18 检查空气流量计的密封性、清洁状况以及其在各种工况下的技术参数值是否符合原厂规定的标准值。

4.1.19 检查汽缸压力是否符合原厂的规定。

4.1.20 检查可变进气门控制机构是否工作正常可靠。

4.1.21 检查喷油器是否工作正常,有无堵塞和卡死现象。

4.1.22 检查电动燃油泵在各种工况下的技术参数值是否符合原厂规定的标准值。

4.1.23 检查油压调节器是否工作可靠,燃油工作压力是否在原厂规定的范围内。

4.1.24 检查燃油滤清器的状态,工作是否可靠,有无堵塞现象。

4.1.25 检查废气再循环(EGR)控制组件,工作是否正常可靠。

4.1.26 检查 PCV 曲轴箱通风控制组件是否正常工作。

4.1.27 检查二次空气喷射系统工作是否正常可靠。

4.1.28 检查燃油系统的管路及接口是否有渗漏现象。

4.1.29 检查水温传感器、点火及控制系统在发动机工作的各种温度下,其技术参数值是否符合原厂的规定。

4.1.30 检查排气温度传感器是否工作正常可靠。

4.1.31 检查节气门位置传感器的各参数值在怠速、加速以及冷起动等工况下是否符合原厂的规定。

4.1.32 检查氧传感器的工作状况是否符合原厂的规定,在闭环控制下,如加速、怠速等工况的参数值应符合原厂的规定。

4.1.33 检查曲轴位置传感器是否工作正常。

4.1.34 检查凸轮轴位置传感器是否工作正常。

4.1.35 检查进气温度传感器在各种工况下的参数值是否符合原厂的规定。

4.1.36 检查冷起动时间-温度响应开关是否有效,工作是否可靠。

4.1.37 检查大气压力传感器是否工作正常可靠。

4.1.38 检查各缸高压线、点火线圈、火花塞等点火系统部件的参数、波形在各种工况下工作是否正常可靠。

4.1.39 检查分电器中心高压线是否工作正常可靠。

4.1.40 检查点火提前角是否在原厂规定的范围内。

4.1.41 检查爆震传感器是否工作正常。

4.1.42 检查 ECU 工作是否正常。

4.1.43 检查车速传感器是否工作正常可靠。

4.1.44 检查起动安全开关至电源继电器工作是否正常。

4.1.45 检查其他未包括的控制系统中,各传感器是否工作正常。

4.1.46 检修作业中需拆装系统部件时,应避免其受到剧烈振动。

4.1.47 对检查出的系统部件故障,要认真记录,记录中要有系统部件名称、正常参数值的范围和检查到的参数值,并应注明故障分析原因以及维修方案。参见表 A.1。

4.2 视情维修

4.2.1 针对 4.1 中所检查到的非正常工作的系统部件,需更换的元器件应予以更换,参见表 A.1 的故障分析及维修方案中的提示进行维修,使之恢复正常的工作状态并记录,参见表 A.2。

4.2.2 维修有故障的电控单元时,应使用专用仪器,由受过专业维修培训的人员检查维修。

4.2.3 燃油系统维修时,如油箱内无燃油,禁止燃油泵空转。更换时要采用原厂原型号的燃油泵,不许代用。同时更换滤网。

4.2.4 断开燃油管路、拆卸燃油管路上所连通的部件时,应先卸去管路中的压力,以防燃油喷溅。

4.2.5 维修中每次拆检喷汕器后,应更换"O"型密封圈,且不得使用含硅密封胶。

4.2.6 确保 PCV 阀、EGR 阀、油压调节阀、活性炭罐电磁阀工作顺畅可靠、运转灵活,无卡滞现象。

4.2.7 保证氧传感器表面清洁,工作可靠。

4.2.8 进行点火系统及控制系统部件的维修时,拆卸任何电器部件插头前,应先关门点火开关。有密封要求的部件一经拆装后,其密封件应予以更换。

4.2.9 电感型元件控制一端不得使用触碰搭铁或引入电瓶电压进行测试。

4.2.10 热线空气流量计严禁在打开点火开关的情况下,使用化油器清洗剂或其他高挥发性易燃溶剂进行清洗。

4.2.11 故障排除后,对系统故障信息要用专用仪器进行清除,并重新设定。

4.3 维修后检验

4.3.1 系统在视情修理后,应对有故障的系统部件用专用或通用的检测仪逐项进件检查,其测量参数、信号应在正常范围内或处于正常状态。

4.3.2 修理后发动机的自检警告灯应显示系统正常,或通过系统自诊断功能读取故障码为正常。

4.3.3 检查断电后需重设的系统是否恢复记忆(即学习控制功能),且重设正确无误。

4.3.4 修理后,应检查发动机的各项功能是否正常,各工况工作是否正常、过渡顺畅。

4.3.5 修理后,应对燃油蒸发净化装置进行检查。

4.3.6 修理后,应对各部件的密封性进行检查,特别是对燃油系统是否泄漏进行检查。

4.3.7　系统在视情修理后，在确认点火系统和发动机其他系统无故障的条件下，应按照制造厂使用说明书的规定预热发动机，再对汽车进行过量空气系数 λ 的测定，并记录，参见表 3。发动机转速为 2 000 转/分时，λ 值为 1.00 ± 0.03（或制造厂规定的范围）。

附 录 A
(资料性附录)
相关记录表

维修前检查记录表、视情维修记录表和修复后过量空气系数 λ 值检测记录表分别如表 A.1、A.2 和 A.3 所示。

表 A.1　维修前检查记录表

	故障码	构成部件	密封性	清洁	检查参数		故障分析及维修方案
					标准值	检测值	
进排气系统		空气滤清器(4.1.13)					
		节气门体(4.1.14)					
		双功能进气组件					
		进气歧管(4.1.13、4.1.15)					
		涡轮增压系统(4.1.16)					
		空气流量计(4.1.18)					
		进气歧管真空度(4.1.17)					
		汽缸压力(4.1.19)					
		可变进气门控制机构(4.1.20)					
		真空管路					
燃油及净化系统		电动燃油泵(4.1.22)					
		油压调节器(4.1.23)					
		喷油器(4.1.21)					
		燃油滤清器(4.1.24)					
		EGR 控制组件(4.1.25)					
		PCV 曲轴箱通风控制组件(4.1.17、4.1.26)					
		EVAP 蒸发排放控制组件					
		二次空气喷射系统(4.1.27)					
		燃油管路及接口(4.1.28)					

表 A.1(续)

	故障码	构成部件	密封性	清洁	检查参数		故障分析及维修方案
					标准值	检测值	
点火及控制系统		空气流量计(4.1.18)					
		水温传感器(4.1.29)					
		排气温度传感器(4.1.30)					
		节气门位置传感器(4.1.31)					
		氧传感器(4.1.32)					
		曲轴位置传感器(4.1.33)					
		凸轮轴传感器(4.1.34)					
		进气温度传感器(4.1.35)					
		冷起动温度响应开关(4.1.36)					
		大气压力传感器(4.1.37)					
		各缸高压线(4.1.38)					
		点火线圈(4.1.38)					
		爆震传感器(4.1.41)					
		火花塞(4.1.38)					
		点火提前角(4.1.40)					
		分电器(4.1.39)					
		中心高压线(4.1.39)					
		中央控制单元(ECU)(4.1.42)					
		起动开关、抑制器(4.1.44、4.1.45)					
		主电源继电器(4.1.44、4.1.45)					
		车速传感器(4.1.43)					
		其他传感器(4.1.45)					

表 A.2 视情维修记录表

分析故障原因 及修理方案	维修部件及 更换部件情况	备 注

表 A.3 修复后过量空气系数 λ 值检测记录表

项 目	规 定 值	检 测 值	备 注
过量空气系数 λ 值			

中华人民共和国国家标准

GB 18285—2005

点燃式发动机汽车排气污染物排放限值及测量方法(双怠速法及简易工况法)

代替 GB 14761.5—93、GB/T 3845—93
部分代替 GB 18285—2000

Limits and measurement methods for exhaust pollutants from vehicles equipped ignition engine under two-speed idle conditions and simple driving mode conditions

2005-05-30 发布　　2005-07-01 实施

1 范围

本标准规定了点燃式发动机汽车怠速和高怠速工况下排气污染物排放限值及测量方法。

本标准也规定了点燃式发动机轻型汽车稳态工况法、瞬态工况法和简易瞬态工况法三种简易工况测量方法。

本标准适用于装用点燃式发动机的新生产和在用汽车。

2 规范性引用文件

下列文件中的条款通过本标准的引用而成为本标准的条款。凡是不注日期的引用文件,其最新版本适用于本标准。

GB 14762—2002　车用点燃式发动机及装用点燃式发动机汽车排气污染物排放限值及测量方法

GB 18352.1—2001　轻型汽车污染物排放限值及测量方法(Ⅰ)

GB 18352.2—2001 轻型汽车污染物排放限值及测量方法(Ⅱ)

GB 17930—1999　车用无铅汽油

GB/T 15089—2001　机动车辆及挂车分类

GB 5181—2001　汽车排放术语和定义

GB 18047　车用压缩天然气

GB 19159　车用液化石油气

HJ/T 3—1993　汽油机动车怠速排气监测仪技术条件

3 术语和定义

下列术语和定义适用于本标准。

3.1 轻型汽车

指最大总质量不超过 3 500kg 的 M_1类、M_2类和 N_1类车辆。

3.2 M_1、M_2、N_1类车辆

M_1类车指至少有四个车轮,或有三个车轮且厂定最大总质量超过 1 000 kg,除驾驶员座位外,乘客座位不超过 8 个的载客车辆。

M_2类车指至少有四个车轮,或有三个车轮且厂定最大总质量超过 1 000kg,除驾驶员座位外,乘客座位超过 8 个,且厂定最大总质量不超过 5 000kg 的载客车辆。

N_1类车指至少有四个车轮,或有三个车轮且厂定最大总质量超过 1 000 kg,厂定最大总质量不超过

3 500 kg 的载货车辆。

3.3 重型汽车

指最大总质量超过 3 500 kg 的车辆。

3.4 第一类轻型汽车

设计乘员数不超过 6 人(包括司机),且最大总质量≤2 500 kg 的 M_1类车。

3.5 第二类轻型汽车

本标准适用范围内除第一类车以外的其他所有轻型汽车。

3.6 新生产汽车

本标准中指制造厂合格入库或出厂的汽车。

3.7 在用汽车

指已经登记注册并取得号牌的汽车。

3.8 基准质量(RM)

指整车整备质量加 100 kg 质量。

3.9 最大总质量

指汽车制造厂规定的技术上允许的车辆最大质量。

3.10 当量惯量

指在底盘测功机上用惯量模拟器模拟汽车行驶中移动和转动惯量时所相当的质量。

3.11 排气污染物

指排气管排放的气体污染物。通常指一氧化碳(CO)、碳氢化合物(HC)及氮氧化物(NO_x)。氮氧化物(NO_x)用二氧化氮(NO_2)当量表示。碳氢化合物(HC)以碳(C)当量表示,假定碳氢比如下:

——汽油:$C_1H_{1.85}$,

——LPG:$C_1H_{2.525}$,

——NG:CH_4。

3.12 一氧化碳(CO)、碳氢化合物(HC)和一氧化氮(NO)的体积分数

排气中一氧化碳(CO)的体积分数以“%”表示;

排气中碳氢化合物(HC)的体积分数以“10^{-6}”表示,体积分数值按正己烷当量;

排气中一氧化氮(NO)的体积分数以“10^{-6}”表示。

3.13 额定转速

指发动机发出额定功率时的转速。

3.14 怠速与高怠速工况

怠速工况指发动机无负载运转状态。即离合器处于接合位置、变速器处于空挡位置(对于自动变速箱的车应处于“停车”或“P”挡位);采用化油器供油系统的车,阻风门应处于全开位置;加速踏板处于完全松开位置。高怠速工况指满足上述(除最后一项)条件,用加速踏板将发动机转速稳定控制在50%额定转速或制造厂技术文件中规定的高怠速转速时的工况。本标准中将轻型汽车的高怠速转速规定为2 500 ±100 r/min,重型车的高怠速转速规定为 1 800 ±100r/min;如有特殊规定的,按照制造厂技术文件中规定的高怠速转速。

3.15 过量空气系数(λ)

燃烧 1kg 燃料的实际空气量与理论上所需空气量之质量比。

3.16 气体燃料

指液化石油气(LPG)或天然气(NG)。

3.17 两用燃料车

能燃用汽油和一种气体燃料的车辆。

3.18 单一燃料车

指能燃用汽油和一种气体燃料，但汽油仅用于紧急情况或发动机起动用，且汽油箱容积不超过15 L的车辆。

4 排气污染物排放限值

4.1 新生产汽车排气污染物排放限值

装用点燃式发动机的新生产汽车，型式核准和生产一致性检查的排气污染物排放限值见表1。

表1 新生产汽车排气污染物排放限值（体积分数）

车型	类别			
	怠速		高怠速	
	CO(%)	HC($\times10^{-6}$)	CO(%)	HC($\times10^{-6}$)
2005年7月1日起新生产的第一类轻型汽车	0.5	100	0.3	100
2005年7月1日起新生产的第二类轻型汽车	0.8	150	0.5	150
2005年7月1日起新生产的重型汽车	1.0	200	0.7	200

4.2 在用汽车排气污染物排放限值

装用点燃式发动机的在用汽车，排气污染物排放限值见表2。

表2 在用汽车排气污染物排放限值（体积分数）

车型	类别			
	怠速		高怠速	
	CO(%)	HC($\times10^{-6}$)	CO(%)	HC($\times10^{-6}$)
1995年7月1日前生产的轻型汽车	4.5	1 200	3.0	900
1995年7月1日起生产的轻型汽车	4.5	900	3.0	900
2000年7月1日起生产的第一类轻型汽车1)	0.8	150	0.3	100
2001年10月1日起生产的第二类轻型汽车	1.0	200	0.5	150
1995年7月1日前生产和重型汽车	5.0	2 000	3.5	1 200
1995年7月1日起生产的重型汽车	4.5	1 200	3.0	900
2004年9月1日起生产的重型汽车	1.5	250	0.7	200

注：1）对于2001年5月31日以前生产的5座以下（含5座）的微型面包车，执行1995年7月1日起生产的轻型汽车的排放限值。

4.3 过量空气系数（λ）的要求

对于使用闭环控制电子燃油喷射系统和三元催化转化器技术的汽车进行过量空气系数（λ）的测定。发动机转速为高怠速转速时，λ应在1.00±0.03或制造厂规定的范围内。进行λ测试前，应按照制造厂使用说明书的规定预热发动机。

5 测量方法

5.1 测量仪器

5.1.1 对于按照GB 14761.1—93《轻型汽车排气污染物排放标准》的要求生产制造的点燃式发动机汽车和装用符合GB 14761.2—93《车用汽油机排气污染物排放标准》点燃式发动机的汽车，使用的排放测量仪器应符合HJ/T 3—93《汽油机动车怠速排气监测仪技术条件》的规定。

5.1.2 对于按照GB 18352.1—2001《轻型汽车污染物排放限值及测量方法（Ⅰ）》或GB 18352.2—

2001《轻型汽车污染物排放限值及测量方法(Ⅱ)》的要求生产制造的点燃式发动机汽车以及装用符合 GB 14762—2002《车用点燃式发动机及装用点燃式发动机汽车排气污染物排放限值及测量方法》第二阶段排放限值的点燃式发动机的汽车,使用的排放测量仪器应符合附录 A 的规定。

5.2 测量程序

5.2.1 应保证被检测车辆处于制造厂规定的正常状态,发动机进气系统应装有空气滤清器,排气系统应装有排气消声器,并不得有泄漏。

5.2.2 应在发动机上安装转速计、点火正时仪、冷却液和润滑油测温计等测量仪器。测量时,发动机冷却液和润滑油温度应不低于80℃,或者达到汽车使用说明书规定的热车状态。

5.2.3 发动机从怠速状态加速至70%额定转速,运转30 s后降至高怠速状态。将取样探头插入排气管中,深度不少于400 mm,并固定在排气管上。维持15 s后,由具有平均值功能的仪器读取30 s内的平均值,或者人工读取30 s内的最高值和最低值,其平均值即为高怠速污染物测量结果。对于使用闭环控制电子燃油喷射系统和三元催化转化器技术的汽车,还应同时读取过量空气系数(λ)的数值。

5.2.4 发动机从高怠速降至怠速状态15 s后,由具有平均值功能的仪器读取30 s内的平均值,或者人工读取30 s内的最高值和最低值,其平均值即为怠速污染物测量结果。

5.2.5 若为多排气管时,取各排气管测量结果的算术平均值作为测量结果。

5.2.6 若车辆排气管长度小于测量深度时,应使用排气加长管。

6 单一燃料车和两用燃料车

6.1 对于单一燃料汽车,仅按燃用气体燃料进行排放检测;对于两用燃料汽车,要求对两种燃料分别进行排放检测。

7 测量结果判定

7.1 对于第4条中规定的车辆,如果检测污染物有一项超过规定的限值,则认为排放不合格。

7.2 对于使用闭环控制电子燃油喷射系统和三元催化转化器技术的车辆,如果检测的过量空气系数(λ)超出第4.3条中的要求,则认为排放不合格。

8 在用汽车的排放监控

8.1 自本标准的实施之日起,全国点燃式发动机在用汽车排放监控,采用本标准规定的双怠速法排气污染物排放限值及测量方法;在机动车保有量大、污染严重的地区,也可按规定采用本标准附录B、C、D中所列的简易工况法。

8.2 各省级有关行政主管部门可根据当地实际情况,确定在用汽车排放监控方案,选择双怠速法或简易工况法中的一种方法作为在用汽车排气污染物排放检测方法。对于同一车型的在用汽车实施排放监控,环保定期检测时不得采用二种或二种以上的排气污染物排放检测方法。

8.3 采用简易工况法的地区,应制定地方排气污染物排放限值,经省级人民政府批准,报国务院有关行政主管部门备案后实施。简易工况法排气污染物排放限值确定的基本原则和方法由国务院有关行政主管部门另行制定。

9 标准实施

本标准的实施日期为2005年7月1日。

附 录 A
(规范性附录)
双怠速法排放气体测试仪器技术条件

A.1 范围

本附录规定了本标准5.1.2中测试使用的排放测试仪器需满足的技术条件。

A.2 基本技术要求

A.2.1 能够测量汽车排气污染物 CO、CO_2、HC(用正己烷当量表示)和 O_2四种成分的体积分数(或浓度),并能按规定计算过量空气系数(λ)值。

A.2.2 CO、CO_2、HC 的测量采用不分光红外线法(NDIR),O_2采用电化学电池法。也可采用等效方法,但需要证明其等效性。

A.2.3 具有内置发动机转速和机油温度测量功能或转速和机油温度信号输人端口。

A.2.4 气体处理系统的所有部件均由耐腐蚀材料做成,并且此材料对气体取样成分无影响。取样探头应能经受排气高温,并具有限位和固定装置。

A.2.5 仪器应具有符合本标准要求的怠速和高怠速测量程序。

A.3 结构要求

A.3.1 总则

测试仪器通过采样,经过泵将样气传输至气体处理系统和检测器进行分析,发出被测组份的体积分数相关信号,测定汽车排气污染物体积分数(或浓度)和过量空气系数(λ)值。

A.3.2 仪器主要部件

A.3.2.1 取样管

取样探头应能插人机动车辆排气管至少400mm,并有插深定位装置。

A.3.2.2 软管

同探头连接,作为测量系统样气进入和排出通道。

A.3.2.3 泵

将气体传输至仪器。

A.3.2.4 水分离器

分离样气中的水分,防止冷凝水在仪器中积聚的装置。水蒸气达到饱和时,应能保证自动脱离或自动停止测量操作。

A.3.2.5 过滤器

除去导致仪器各种敏感部件污染的颗粒物。过滤器应能除去直径大于5μm的颗粒,不需取出即能观察其沾污程度,并易于更换。当测量 HC 体积分数约为 800×10^{-6}的气体时,能保证使用时间不少于30 min。

A.3.2.6 零气端口和校准端口

该端口位于水分离器及过滤器下游位置,包括用于引入作测量仪器零点调节的纯净环境气体端口和校准气体端口。

A.3.2.7 探测元件

按体积分数分析气体样品中的组分。

A.3.2.8 数据系统和显示器件

数据系统处理信号,显示器件显示测量结果。

A.3.2.9 控制调整装置

完成仪器初始化及开机检查,通过手动、半自动或全自动调节装置将仪器参数调整于设定的范围内。

A.3.3 仪器指示分辨力

A.3.3.1 指针式仪器范围及标线

对指针式指示仪器,CO、CO_2、O_2刻度范围(体积分数)为 0.1% 或 0.2%,HC 为 10×10^{-6}或 20×10^{-6},刻度最小间距为 1.25 mm,指针的宽度应小于刻度间距的 1/4,并能覆盖最短标线的 1/3。

A.3.3.2 数字式仪器

数字高度至少 5mm,分辨力应满足表 A.1 的要求:

表 A.1 分辨力要求(体积分数)

CO(%)	CO_2(%)	O_2(%)	HC($\times10^{-6}$)
0.01	0.1	0.1	1

A.3.4 仪器允许示值误差

测量仪器的允许示值误差应满足表 A.2 的要求:

表 A.2 允许示值误差要求(体积分数)

	CO	CO_2	O_2	HC
绝对误差	±0.06%	±0.5%	±0.1%	$\pm12\times10^{-6}$
相对误差	±5%	±5%	±5%	±5%
注:取绝对误差和相对误差较大者				

转速、机油温度允许示值误差应满足表 A.3 的要求:

表 A.3 允许示值误差要求

	范 围	精 度		范 围	精 度
转 度	0~1 000 r/min	±10r/min	油温	60~90℃	±2℃
	1 000r/min 以上	测量值的 ±1%		其他	±5℃

A.3.5 预热时间

经预热,测量仪器应符合 A.3.4 规定的精度要求,在预热时间内不应显示被测气体体积分数。

A.3.6 响应时间

对于 CO、CO_2及 HC 的测量通道,当用校准气进行测试时,在气体从零气切换为校准气后,仪器(包括其取样系统)应在 15 s 内指示出最终指示值的 95%;对于 O_2测量通道,在气体从空气切换为氮气(不含 O_2)后,仪器应在 60 s 内指示出与最终指示值(体积分数)的差异小于 0.1% 的指示值。

A.3.7 重复性

在稳定的外界环境下,示值的重复性应达到由同一人在较短的时间间隔内对同一校准气体做 20 次测量时其实验标准差不超过 A.3.4 规定的 1/3。

A.3.8 时间稳定性

稳定环境条件下,测量仪器处于测量状态时,至少 4h 内不需要由使用者进行内部或校准气调整,其数值应并保持在 A.3.4 规定的精度范围内。

A.3.9 测量仪器应配置气体流量监控系统,当气体流量降低到一定程度从而使检测超过了 A.3.6 规定的响应时间或 A.3.4 规定的精度的 1/2 时,测量系统应自动中止测量。

A.3.10 对气体处理系统气密度要求

测量仪器应有处理系统泄漏监控程序，当泄漏超过最大允许值时自动中止测量。

A.3.11　调节装置

A.3.11.1　仪器应有调节装置，以提供零点调节、气体标定、内部调节等操作，此装置可以是手动、半自动或自动的。

A.3.11.2　调节装置对于零点标定及内部调节应是自动的。

A.3.11.3　内部调节装置应不影响调零也不影响仪器的线性响应，并且适用于各种校准气体之调节。

A.3.12　操作可靠性

A.3.12.1　测量仪器应具有足够的抗干扰能力，在正常使用条件下保证仪器精度在其范围内。

A.3.12.2　具有 HC 通道的仪器应有检测 HC 气体残余物的装置，当 HC 气体残余值（体积分数）大于 20×10^{-6}时应自动停止测量。

A.3.12.3　分析仪除被测组分外的气体干扰误差不大于最大允许误差模的 1/2。

A.3.13　丙烷/正己烷当量系数

分析仪通入丙烷校准气时的绝对示值误差与通入相应的正己烷校准气时的绝对示值误差之差应不大于其最大允许误差模的 1/2。当量系数的值通常在 0.490～0.540 之间。

A.3.14　**仪器测量程序**（见图 A.1）

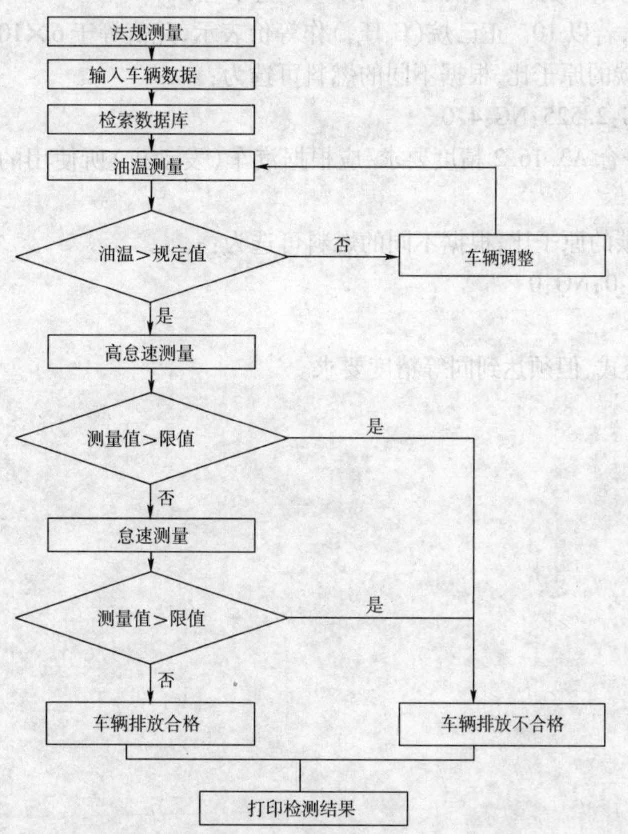

图 A.1　双怠速法仪器测量程序

A.3.15　校准气体及其成分规定

A.3.15.1　校准气体应是钢瓶装标准气或由动态混合来制备。

A.3.15.2　校准气体应符合中华人民共和国有关标准的规定，并具有国家质量监督检验检疫总局批准的标准参考物质证书。

A.3.15.3　校准气体的单位为体积分数表示。

A.3.15.4　校准气体的气体成分容许偏差不超过 15%。

A.3.15.5　气体成分的不确定度应不超过被测物体积分数的1%，在 C_3H_8、NO 体积分数为2 000×10^{-6}或以下可为2%。

A.3.16　过量空气系数(λ)的计算

A.3.16.1　仪器指示的λ值应按标准公式作相应计算，并按4位数字显示。

A.3.16.2　仪器指示的λ值应符合下列精度要求：

表 A.4　λ值精度要求

λ值范围	λ=0.85～0.97	λ=0.97～1.03	λ=1.03～1.02
精度要求	±2%	±1%	±2%

A.3.16.3　标准计算公式如下：

$$\lambda=\frac{[CO_2]+\frac{CO}{2}+[O_2]+\left\{\left[\frac{H_{CV}}{4}\times\frac{3.5}{3.5+\frac{[CO]}{[CO_2]}}-\frac{O_{CV}}{2}\right]\times([CO_2]+[CO])\right\}}{\left(1+\frac{H_{CV}}{4}-\frac{O_{CV}}{2}\right)\times\{([CO_2]+[CO])+K_1\times[HC]\}}$$

式中：[　]=体积分数，以%为单位，仅对HC以10^{-6}为单位；

K_1=HC转换因子，若以10^{-6}正己烷(C_6H_{14})作等价表示，此值等于6×10^{-4}；

H_{cv}=燃料中氢和碳的原子比，根据不同的燃料可选为：

汽油:1.726 1;LPG:2.525;NG:4.0

如果计算结果不符合A3.16.2精度要求，应根据汽车(发动机)所使用的燃料选定相应常数值(下同)。

O_{cv}=燃料中氧和碳的原子比，根据不同的燃料可选为：

汽油:0.0176;LPG:0;NG:0

A.3.16.4　其他公式

可采用其他等效公式，但须达到同等精度要求。

附 件 AA
（规范性附件）
检测结果报告格式
点燃式发动机汽车双怠速法排气污染物测试报告

检测站名称：＿＿＿＿＿＿＿＿　　检测日期：＿＿＿＿＿＿＿＿

检测操作员：＿＿＿＿＿＿＿＿　　检测驾驶员：＿＿＿＿＿＿＿＿

AA.1 车辆信息

车辆型号：＿＿＿＿＿＿＿＿　　生产企业：＿＿＿＿＿＿＿＿

基准质量：＿＿＿＿＿＿＿＿　　最大总质量：＿＿＿＿＿＿＿＿

单车轴重：＿＿＿＿＿＿＿＿　　底盘型号：＿＿＿＿＿＿＿＿

驱动方式：＿＿＿＿＿＿＿＿　　驱动轮胎气压：＿＿＿＿＿＿＿＿

变速器型式：＿＿＿＿＿＿＿＿　　挡位数：＿＿＿＿＿＿＿＿

发动机型号：＿＿＿＿＿＿＿＿　　生产企业：＿＿＿＿＿＿＿＿

汽缸数：＿＿＿＿＿＿＿＿　　发动机排量：＿＿＿＿＿＿＿＿

燃油型式：＿＿＿＿＿＿＿＿　　催化转化器情况：＿＿＿＿＿＿＿＿

累计行驶里程：＿＿＿＿＿＿＿＿　　燃油规格：＿＿＿＿＿＿＿＿

车牌号码：＿＿＿＿＿＿＿＿　　车辆识别码：＿＿＿＿＿＿＿＿

车辆登记日期：＿＿＿＿＿＿＿＿　　车主姓名及其联系方式：＿＿＿＿＿＿＿＿

AA.2 检测设备

设备认证编码：＿＿＿＿＿＿＿＿

设备名称：＿＿＿＿＿＿　型号：＿＿＿＿＿＿　制造厂：＿＿＿＿＿＿

AA.3 检测环境状态

温度：＿＿＿＿＿＿　大气压：＿＿＿＿＿＿　相对湿度：＿＿＿＿＿＿

AA.4 检测结果及裁决：

内 容	过量空气系数（λ）	低 怠 速		高 怠 速	
		CO（%）	HC（$\times10^{-6}$）	CO（%）	HC（$\times10^{-6}$）
测试结果					
限 值					
判定结果	合格/不合格	合格/不合格		合格/不合格	
裁 决	通过/未通过				

附　录　B
（规范性附录）
稳态工况法测量方法

B.1　范围

本附录规定了本标准 8.1 中规定的稳态工况法测量方法的测试规程。

B.2　稳态工况法

B.2.1　在底盘测功机上的测试运转循环

B.2.1.1　在底盘测功机上的测试运转循环由 ASM 5 025 和 ASM 2 540 两个工况组成，见图 B.1、表 B.1 所示。

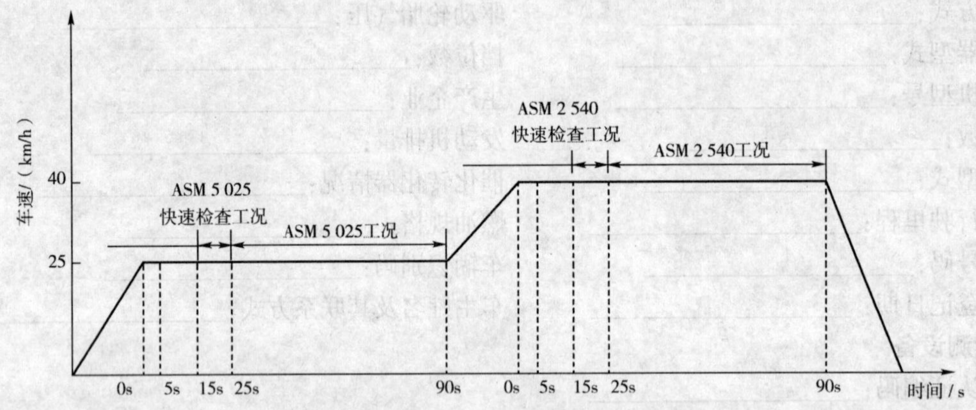

图 B.1　稳态工况法（ASM）试验运转循环

表 B.1　稳态工况法（ASM）试验运转循环表

工　况	运转次序	速度/（km/h）	操作时间 t/s	测试时间 t/s
5 025	1	25	5	—
	2	25	15	
	3	25	25	10
	4	25	90	65
2 540	5	40	5	
	6	40	15	
	7	40	25	10
	8	40	90	65

B.2.1.1.1　ASM5 025 工况

经预热后的车辆加速至 25.0km/h，测功机以车辆速度为 25.0km/h、加速为 1.475m/s^{2}时的输出功率的 50% 作为设定功率对车辆加载，工况计时器开始计时（t = 0s）。车辆以 25.0km/h ± 1.5km/h 的速度持续运转 5s，如果底盘测功机模拟的惯量值在计时开始后持续 3s 超出所规定误差范围，工况计时器将重新开始计时($t=0$)。如果再次出现该情况,检测将被停止。系统将根据分析仪最长响应时间进行预置,(如果分析仪响应时间为 10 s,则预置时间为 10 s,$t=15$)然后系统开始取样,持续运行 0 s($t=25$ s)即为 ASM 5 025 快速检查工况。ASM 5 025 快速检查工况结束后继续运行至 90 s($t=90$ s)即为 ASM 5 025 工况。

B.2.1.1.2 ASM 2 540 工况

ASM 5 025 工况检测结束后车辆立即加速至 40.0km/h,测功机以车辆速度为 40.0km/h,加速度为 1.475m/s^2时的输出功率的 25% 作为设定功率对车辆加载。工况计时器开始计时($t=0$s)。车辆以 40.0km/h ±1.5km/h 的速度持续运转 5 s,如果底盘测功机模拟的惯量值在计时开始后持续 3 s 超出所规定误差范围,工况计时器将重新开始计时($t=0$)。如果再次出现该情况,检测将被停止。系统将根据分析仪最长响应时间进行预制,(如果分析仪响应时间为 10 s,则预时间为 10 s,$t=15$)然后系统开始取样,持续运行 10 s($t=25$ s)即为 ASM 2 540 快速检查工况。ASM 2 540 快速检查工况结束后继续运行至 90s($t=90$s)即为 ASM 2 540 工况。

B.2.2 车辆和燃料

B.2.2.1 试验车辆

B.2.2.1.1 车辆的机械状况应良好,无影响安全或引起试验偏差的机械故障。

B.2.2.1.2 车辆进、排气系统不得有任何泄漏。

B.2.2.1.3 车辆的发动机、变速箱和冷却系统等应无液体渗漏。

B.2.2.1.4 轮胎表面磨损应符合有关标准的规定。驱动轮轮胎压力应符合生产厂的规定。

B.2.2.2 燃料

应使用符合规定的市售燃料,包括:无铅汽油、压缩天然气、液化石油气等。

B.2.3 检测设备技术要求

试验设备应符合国家相关标准和计量检定规程的规定。

B.2.3.1 底盘测功机

B.2.3.1.1 测功机结构应适用于最大总质量不大于 350kg 的 M 类、N 类车辆。

B.2.3.1.2 根据检测录入的车辆参数,测功机应能自动选择测试工况的加载功率。

B.2.3.1.3 测功机功率吸收装置

B.2.3.1.3.1 设定的测功机加载功率允许波动范围为 ±0.2kW。

设定测功机对车辆的加载功率时应考虑到车轮与滚筒表面的摩擦损失功率和测功机内部损失功率,并按下列公式进行功率设定。

$$P_i = P_t - P_c - P_f$$

$$P = P_i + P_c$$

式中:P——设定功率值,根据基准质量和试验工况确定,kW;

P_i——测功机的指示功率,kW;

P_t——车辆规定工况的输出功率,kW;

P_f——测功机滚筒与轮胎表面摩擦损失功率,kW;

P_c——测功机内部损失功率,kW。

B.2.3.1.3.2 测功机功率吸收装置应能满足最大总质量(GVM)小于 3 500 kg 的 M 类、N 类车辆进行 ASM 5 025 和 ASM 2 540 工况时的试验载荷要求。在滚筒转速大于 22.5 km/h 时,功率吸收装置吸收的功率应不少于 15 kW,稳定的试验状态应不少于 5 min,每次试验间隔 3 min,连续试验应不少于 10 次。

B.2.3.1.3.3 测功机应定期标定系统的内部损失功率(包括轴承摩擦损失、系统驱动摩擦损失和风阻损失等)。

B.2.3.1.3.4 应使用电功率吸收装置。在 0℃ 到 40℃ 环境范围内,测功机在 25 km/h 和 40 km/h 的转速下,吸收功率应能以 0.1kW 为单位进行调整。功率设定的准确度应为 ±0.2kW。

B.2.3.1.4 滚筒

B.2.3.1.4.1 测功机应装备双滚筒。滚筒直径为 200 mm 到 530 mm 之间,同一地区的检测项目应采用配备同一直径滚筒的底盘测功机。可采用左右可移动式滚筒或固定式滚筒。固定式滚筒内外跨距要求能满足轻型车工况检测的安全要求。

B.2.3.1.4.2 滚筒中心距要求

$$L = (620 + D) \times \sin 31.5°$$

式中:L——滚筒轴间距,mm;

D——滚筒直径,mm。

滚筒轴间距公差为 −6.5 mm ~ 12.5 mm。

B.2.3.1.4.3 在任何气候条件下,滚筒尺寸、表面处理和硬度均应保证轮胎不打滑;测试距离、速度精度恒定;轮胎磨损小、噪声低。

B.2.3.1.5 惯量

B.2.3.1.5.1 基准惯量

测功机应配备机械飞轮或惯量模拟装置使测功机具有不得低于 900 kg ± 20 kg 的基准惯量;并应在铭牌上标明基准惯量。

B.2.3.1.5.2 惯量模拟

测功机应能模拟基准质量小于 3 500 kg 的车辆在加速度为 0 ~ 1.475m/s^{2}时的瞬态惯量。惯量为 800 ~ 2 700 kg,速度为 90 km/h 的车辆加速时测功机最大模拟输出功率应大于 18 kW。应标明惯量模拟偏差,惯量模拟并应做相应修正。

B.2.3.1.5.3 惯量模拟系统响应

惯量模拟转矩响应在 0.3 s 内应达到转矩变化终值的 90%。

B.2.3.1.5.4 惯量模拟误差

惯量模拟误差应不超过被试车辆所选惯性质量的 ±3%。

B.2.3.1.6 其他要求

B.2.3.1.6.1 测功机应有滚筒转速测量装置。测功机应能达到的最高车速为 90 km/h。车速大于 10 km/h时,测量准确度应为 ±0.2km/h。

B.2.3.1.6.2 测功机应配备限位系统。限位系统应保证施加于驱动轮上的水平、垂直方向的力对排放测量没有影响。

B.2.3.1.6.3 测功机应配备冷却车辆的装置。环境温度超过 22℃ 时冷却系统应启动。应避免冷却车辆催化转化器。

B.2.3.1.6.4 测功机的安装应保证测试车辆在测功机上试验时处于水平位置。

B.2.3.1.6.5 四轮驱动测功机

四轮驱动测功机应能按 B.2.3.1.3.1 的规定对车辆正确加载,不能损坏车辆的四轮驱动系统,并适用于加装防抱死制动系统和牵引力控制系统的车辆。前后车轮滚筒速度同步误差应小于 0.3km/h。

B.2.3.2 测量仪器

B.2.3.2.1 排气分析仪

B.2.3.2.1.1 取样系统应有水气分离系统、颗粒过滤装置、取样泵和流量控制单元,应保证可靠耐用,无泄漏并且易于维护。与取样气体接触的制造材料不能与取样气体发生反应并且不污染取样气体或改变被分析气体的特性。取样系统必须耐腐蚀,并能耐受 ASM 工况检测过程中车辆的排气温度。

B.2.3.2.1.2 取样探头插入车辆排气管深度应不小于 400mm,所用材料应能耐受 600℃ 的排气温度。

B.2.3.2.1.3 排气分析仪应能测试双排气管车辆。双取样探头应保证各支管流量相同。

B.2.3.2.1.4 排气通风系统

通风系统不应引起探头取样点尾气被稀释且不能引起车辆排气出口压力变化大于0.25kPa。

B.2.3.2.1.5 排气分析仪应能满足至少每秒一次的废气浓度测试能力。

B.2.3.2.1.6 下列情况系统取样分析应自动停止工作：

——排气分析仪未进行充分预热；

——无关气体干扰影响超过 $\pm 10\times10^{-6}$HC、±0.05% CO、±0.20% CO_2和 $\pm 25\times10^{-6}$NO；

——取样系统中HC残留量体积分数大于 10×10^{-6}；

——零点漂移或标定时的读数漂移超过分析仪调整范围。

B.2.3.2.1.7 排气分析仪应能抗电磁干扰，抗振动冲击。

B.2.3.2.1.8 排气分析仪响应要求

排气分析仪对HC、CO、CO_2分析，从探头输入被测气体到显示终值的90%响应时间应小于8s，显示终值的95%反应时间应小于12s；对NO分析，从探头输入被测气体到显示终值的90%响应时间应小于12s，NO稳定值读数下降到10%稳定读数值的响应时间应小于12s。

B.2.3.2.1.9 HC、CO、和CO_2分析应采用不分光红外吸收型(NDIR)分析仪，NO分析应采用电化学传感器分析仪或其他等效方法。仪器量程和测量误差应满足表B.2的要求（满足相对误差和绝对误差任一项即可）：

表B.2 仪器量程和测量误差要求

气体种类	量程	测量误差	
		相对误差	绝对误差
HC	$0\sim2\,000\times10^{-6}$	±5%	$\pm10\times10^{-6}$
	$2\,001\times10^{-6}\sim9\,000\times10^{-6}$	±10%	—
CO	0~10%	±5%	±0.05%
	10.01%~14%	±10%	—
CO_2	0~16%	±5%	±0.5%
	16%~18%	±10%	—
NO	$0\sim4\,000\times10^{-6}$	±4%	$\pm25\times10^{-6}$
	$4\,000\times10^{-6}\sim5\,000\times10^{-6}$	±8%	—

B.2.3.2.2 其他测量装置

B.2.3.2.2.1 湿度计

设备须配备温度计，相对湿度测量范围应为5%~95%，测量准确度应为±3%。湿度计须安置在能直采集检测场内环境温度的地方，按检测程序要求向控制计算机传输实时数据。

B.2.3.2.2.2 温度计

设备须配备温度计，温度测量范围应为255~333K（-18~60℃），测量准确度应为±1.5K。温度计须安置在能直接采集检测场内环境湿度的地方，按检测程序要求向控制计算机传输实时数据。

B.2.3.2.2.3 气压计

设备应配备气压计，气压测量范围应为80~110kPa，测量准确度应为±3%。如大气压力变化不大的地区，系统应能够允许人工输入检测地季节大气压力。

B.2.3.2.2.4 计时器

计时器10s~1 000s测量准确度应为±0.1%。

B.2.3.2.3 测量仪器显示分辨力应满足表B.3的要求：

表 B.3 测量仪器显示分辨力

类 别	分 辨 率
HC	1×10^{-6}(正己烷当量)
NO	1×10^{-6}
CO	0.01%
CO_2	0.1%
速 度	0.1km/h
载 荷	0.1kW
相对湿度	1%
干球温度	1℃
气压计压力	0.1kPa

B.2.3.3 自动检测控制系统和显示

B.2.3.3.1 自动检测控制系统应能根据输入的车辆参数自动设置加载载荷和选择排放标准。检测程序,数据采集和分析判断检测结果应由计算机控制自动进行。

B.2.3.3.2 自动检测控制系统应考虑到排气分析仪的响应时间,以确保记录的排气污染物检测值与相应的试验工况记录值互相对应。

B.2.3.3.3 系统应配备清晰可见的驾驶员引导装置。引导装置应不断显示所需速度,试验工况时间,驾驶实际速度和时间,以及其他必要的提示和警告。

B.2.3.3.4 系统应具有设备数据生成功能,所要求数据项见附件 BC,具体格式将根据国家环境保护主管部门的要求另行规定。

B.2.4 测试准备

B.2.4.1 车辆准备

B.2.4.1.1 根据需要在发动机上安装冷却水和润滑油测温计等测试仪器。

B.2.4.1.2 应关闭空调、暖风等附属装备。装备牵引力控制装置的车辆应关闭牵引力控制装置。

B.2.4.1.3 车辆预热:进行试验前,车辆各总成的热状态应符合汽车技术条件的规定,并保持稳定。在试验前车辆的等候时间超过 20 min 或在试验前熄火超过 5 min,应选以下任一种方法预热车辆:

——车辆在无负荷状态使发动机以 2 500 r/min 转速运转 4 min;

——车辆在测功机上按 ASM 5 025 工况运行 60 s。

B.2.4.1.4 变速器的使用

安装自动变速器的车辆应使用前进挡进行试验。安装手动变速器的车辆应使用二挡,如果二挡所能达到的最高车速低于 45 km/h 可使用三挡。

B.2.4.1.5 车辆驱动轮应位于滚筒上,必须确保车辆横向稳定。驱动轮胎应干燥防滑。

B.2.4.1.6 车辆应限位良好。对前轮驱动车辆,试验前应使驻车制动起作用。

B.2.4.1.7 在试验工况计时过程中,车辆不允许制动。如果车辆制动,工况起始计时应重新置零($t=0$)。

B.2.4.2 设备准备与设置及质量保证

B.2.4.2.1 排气分析仪预热

应在通电后 30 min 内达到稳定。在 5 min 内未经调整,零位及 HC、CO、NO 和 CO_2 的量距读数应稳定在误差范围内。

B.2.4.2.2 在每次开始试验前 2 min 内,分析仪器应完成自动调零、环境空气测定和 HC 残留量的检查。

B.2.4.2.3　在每天开机开始检测前应对排气分析仪取样系统进行泄漏检查，如未进行泄漏检查或泄漏检测没有通过，系统应该锁定不能进行检测。

B.2.4.2.4　分析仪应每24h需进行一次校准并用低量程标准气体进行检查，若检查不能通过，系统应自动锁定不能进行检测。所用标准气体成分（以体积分数计）如下：

（A）零气

O_2　=　20.7%

HC　<　1×10^{-6}（THC）

CO　<　1×10^{-6}

CO_2　<　2×10^{-6}

NO　<　1×10^{-6}

N_2　=　99.99%平衡

（B）低量程标准气体

HC　<　200×10^{-6}（丙烷）

CO　<　0.5%

CO_2　<　6.0%

NO　<　300×10^{-6}

N_2　=　99.99%平衡

（C）高量程标准气体

HC　<　$3\,200\times10^{-6}$（丙烷）

CO　<　8.0%

CO_2　<　12.0%

NO　<　$3\,000\times10^{-6}$

N_2　=　99.99%平衡

标准气体应符合国家标准中的有关规定，并具有国家质量监督检验检疫总局批准的标准参考物质证书。

B.2.4.2.5　五点标准气标定

（1）分析仪应该自动根据要求提示进行五点标准气标定其HC、CO、NO和CO_2的精确度，对于检测量很高的专业检测场，本标定应每月一次；对于非专业检测场，本标定至少6个月进行一次。五点标定应由省级环境保护行政主管部门或其指定第三方监督机构进行。

（2）标定程序：标定为将标准气体经由取样管输入取样系统，在整个标定过程中需保证系统流量，使分析仪能够正常工作。标定程序如下：

a）　分析仪清零并进行泄漏检查。

b）　根据系统提示注入低量程标气，并保证压力不得小于本标准所规定的大气压力。

c）　待各种气体读数稳定（至少20s后），记录显示读数及修正值。

d）　注入其他量程的气体重复步骤b、c。

e）　根据下列公式比较记录读数：

$$误差(\%)=\frac{(系统读数-标准气数值)}{标准气数值}\times100\%$$

f）　如果CO、CO_2和HC/PEF的误差大于±5.0%，NO的误差大于±4.0%，系统应视为未通过标定，系统应被锁定不能从事检测直至能够通过标定为止。

（3）五点标气的成分（以体积分数计）：

a）　零气

O_2　=　20.7%

HC < 1×10^{-6}(THC)

CO < 1×10^{-6}

CO_2 < 2×10^{-6}

NO < 1×10^{-6}

N_2 = 99.99%平衡

b) 低量程标气

HC < 200×10^{-6}(丙烷)

CO < 0.5%

CO_2 < 6.0%

NO < 300×10^{-6}

N_2 = 99.99%平衡

c) 中低量程标气

HC < 960×10^{-6}(丙烷)

CO < 2.4%

CO_2 < 3.6%

NO < 900×10^{-6}

N_2 = 99.99%平衡

d) 中高量程标气

HC < $1\,920\times10^{-6}$(丙烷)

CO < 4.8%

CO_2 < 7.2%

NO < $1\,800\times10^{-6}$

N_2 = 99.99%平衡

e) 高量程标气

HC < $3\,200\times10^{-6}$(丙烷)

CO < 8.0%

CO_2 < 12.0%

NO < $3\,000\times10^{-6}$

N_2 = 99.99%平衡

标准气体应符合国家标准中的有关规定，并具有国家质量监督检验检疫总局批准的标准参考物质证书。

B.2.4.2.6 测功机预热

测功机每天开机或停机、转速小于25 km/h超过30 min，应在试验前进行自动预热。此预热应由系统自动控制完成，如没有按规定完成预热，系统应锁定不能进行检测。

B.2.4.2.7 载荷设定

在进行每个工况试验前，测功机应根据输入的车辆参数及试验工况按附件BA的要求自动设定对车辆的加载载荷，并符合B.2.3.1.3.1条的要求。

B.2.4.3 在试验循环开始前应记录环境温度、相对湿度和大气压力。

B.2.4.4 CO与CO_2浓度之和小于6%，或发动机在任何时间熄火，应终止试验，排放测量无效。

B.2.5 测试程序

B.2.5.1 车辆驱动轮位于测功机滚筒上，将分析仪取样探头插入排气管中，深度为400mm，并固定于排气管上。对独立工作的多排气管应同时取样。

B.2.5.2 ASM 5 025 工况

车辆经预热后,加速至 25 km/h,测功机根据测试工况要求加载,工况计时器开始计时($t=0$ s),车辆保持 25 km/h ± 1.5 km/h 等速 5 s 后开始检测。当测功机转速和转矩偏差超过设定值的时间大于 5 s,检测应重新开始。然后系统根据 B.2.1.1.1 所规定开始预置 10 s 之后开始快速检查工况,计时器为 $t=15$ s 时分析仪器开始测量,每秒钟测量一次,并根据稀释修正系数及湿度修正系数计算 10 s 内的排放平均值。运行 10 s($t=25$ s) ASM 5 025 快速检查工况结束。车辆运行至 90 s(t =90s) ASM 5025 工况结束。测功机在车速 25.0km/h ± 1.5 km/h 的允许误差范围内,加载转矩应随车速的变化做相应的调整,保证加载功率不随车速改变。转矩允许误差为该工况设定转矩的 ±5%。

在测量过程中,任意连续 10 s 内第一秒至第十秒的车速变化相对于第一秒小于 ±0.5km/h,测试结果有效。快速检查工况的 10 s 内的排放平均值经修正后如果等于或低于限值的 50%,则测试合格,检测结束;否则应继续进行至 90 s 工况。如果所有检测污染物连续 10 s 的平均值均低于或等于限值,则该车应判定为 ASM 5 025 工况合格,继续进行 ASM 2 540 检测;如任何一种污染物连续 10 s 的平均值超过限值,则测试不合格,检测结束。在检测过程中如任意连续 10 s 内的任何一种污染物 10 次排放值经修正后均高于限值的 500%,则测试不合格,检测结束。

B.2.5.3　ASM 2 540 工况

车辆从 25 km/h 直接加速至 40 km/h,测功机根据测试工况要求加载,工况计时器开始计时($t=0$s),车辆保持 40 km/h ± 1.5 km/h 等速 5 s 后开始检测。当测功机转速和转矩偏差超过设定值的时间大于 5 s,检测应重新开始。然后系统根据 B.2.1.1.2 所规定开始预置 10 s 之后开始快速检查工况,计时器为 $t=15$ s 时分析仪器开始测量,每秒钟测量一次,并根据稀释修正系数及湿度修正系数计算 10 s 内的排放平均值。运行 10 s($t=25$ s) ASM 2 540 快速检查工况结束。车辆运行至 90 s($t=90$ s) ASM 2 540工况结束。测功机在车速 40. km/h ± 1.5km/h 的允许误差范围内,加载转矩应随车速的变化做相应的调整,保证加载功率不随车速改变。转矩允许误差为该工况设定转矩的 ±5%。

在测量过程中,任意连续 10 s 内第一秒至第十秒的车速变化相对于第一秒小于 ±0.5km/h,测试结果有效。快速检查工况的 10 s 内的排放平均值经修正后如果等于或低于限值的 50%,则测试合格,检测结束;否则应继续进行至 90 s 工况。如果所有检测污染物连续 10 s 的平均值均低于或等于限值,则该车应判定为合格。如任何一种污染物连续 10 s 的平均值超过限值,则测试不合格,检测结束。在检测过程中如任意连续 10 s 内的任何一种污染物 10 次排放值经修正后如高于限值的 500%,则测试不合格,检测结束。

B.2.6　排气污染物测量值的计算

排放测试结果应进行稀释校正及湿度校正,计算 10 次有效测试的算术平均值。

测量结果计算公式如下:

$$C_{HC}=\frac{\sum_{i=1}^{10}C_{HO}(i)\times DF(i)}{10}$$

$$C_{CO}=\frac{\sum_{i=1}^{10}C_{CO}(i)\times DF(i)}{10}$$

$$C_{NO}=\frac{\sum_{i=1}^{10}C_{NO}(i)\times DF(i)\times k_H(i)}{10}$$

式中:　C_{HC}——HC 排放平均体积分数,10^{-6};

C_{CO}——CO 排放平均体积分数,%;

C_{NO}——NO 排放平均体积分数,10^{-6};

$C_{HC}(i)$——第 i 秒 HC 测量体积分数,10^{-6};

$C_{CO}(i)$——第 i 秒 CO 测量体积分数,%;

$C_{NO}(i)$——第 i 秒 NO 测量体积分数,10^{-6};

$DF(i)$——第 i 秒稀释系数;

$k_H(i)$——第 i 秒湿度校正系数。

B.2.6.1 稀释校正

ASM 排放试验的 CO、HC、NO 测量值应乘以稀释系数(DF)予以校正。当稀释系数计算值大于 3.0 时,取稀释系数等于 3.0。

稀释系数计算公式如下:

$$DF = \frac{C_{CO_2修}}{C_{CO_2测}}$$

$$C_{CO_2修} = \left[\frac{X}{a + 1.88X}\right] \cdot 100$$

$$X = \frac{C_{CO_2测}}{C_{CO_2测} + C_{CO测}}$$

式中: DF——稀释系数;

$C_{CO_2修}$——CO_2 排放体积分数测量修正值,%;

$C_{CO_2测}$——CO_2 排放体积分数测量值,%;

$C_{CO测}$——CO 排放体积分数测量值,%;

a——燃料计算系数,根据燃料种类选取下列值:

汽油——4.644;

压缩天然气——6.64;

液化石油气——5.39。

B.2.6.2 NO 测量值应同时乘以相对湿度校正系数 k_H 予以修正。

湿度校正系数计算公式如下:

$$k_H = \frac{1}{1 - 0.0047(H - 75)}$$

$$H = \frac{43.478 \times R_a \times p_d}{P_B - (P_d \times R_a / 100)}$$

式中:k_H——湿度校正系数;

H——绝对湿度(水/干空气),g/kg;

R_a——环境空气的相对湿度,%;

P_d——环境温度下饱和蒸气压,kPa,如果温度大于 30℃,应用 30℃饱和蒸气压代替;

P_B——大气压力,kPa。

B.2.7 检测结果

检测设备及检测结果按附件 BB 记录。

附　件　BA
（规范性附件）
底盘测功机加载计算

BA.1　滚筒直径为218mm的测功机加载计算

$$P_{5\,025-2} = \mathrm{RM}/148$$

$$P_{2\,540-2} = \mathrm{RM}/185$$

式中：RM——基准质量，kg；

$P_{5\,025-2}$——滚筒直径为218mm的测功机ASM 5 025工况设定功率值，kW；

$P_{2\,540-2}$——滚筒直径为218mm的测功机ASM 2 540工况设定功率值，kW。

BA.2　其他滚筒直径的测功机加载计算

$$P_{5\,025} = P_{5\,025-2} + P_{f5\,025-2} - P_{f5\,025}$$

$$P_{2\,540} = P_{2\,540-2} + P_{f2\,540-2} - P_{f2\,540}$$

式中：$P_{5\,025}$——任意滚筒直径的测功机　ASM 5 025　工况设定功率值，kW；

$P_{2\,540}$——任意滚筒直径的测功机　ASM 2 540　工况设定功率值，kW；

$P_{5\,025-2}$——滚筒直径为218mm的测功机　ASM 5 025　工况设定功率值，kW；

$P_{2\,540-2}$——滚筒直径为218mm的测功机　ASM 2 540　工况设定功率值，kW；

$P_{f5\,025-2}$——滚筒直径为218mm的测功机　ASM 5 025　工况轮胎与滚筒表面摩擦损失功率，kW；

$P_{f2\,540-2}$——滚筒直径为218mm的测功机　ASM 2 540　工况轮胎与滚筒表面摩擦损失功率，kW；

$P_{f5\,025}$——任意滚筒直径的测功机　ASM 5 025　工况轮胎与滚筒表面摩擦损失功率，kW；

$P_{f2\,540}$——任意滚筒直径的测功机　ASM 2 540　工况轮胎与滚筒表面摩擦损失功率，kW。

BA.3　轮胎与测功机滚筒表面摩擦损失功率计算

轮胎与任意直径滚筒的表面摩擦损失功率可表示为：

$$P_f = Av + Bv^2 + Cv^3$$

式中：P_f——轮胎与任意直径滚筒的表面摩擦损失功率，kW；可通过测功机对车辆反拖或车辆在测功机上空挡滑行测量取值；

A,B,C——特定滚筒直径的测功机轮胎与滚筒表面摩擦损失功率拟合系数；

v——车辆速度，m/s。

附　件　BB
（规范性附件）
检测结果报告格式
点燃式发动机汽车稳态工况法排气污染物测试报告

检测站名称:________　　检测日期:________
检测操作员:________　　检测驾驶员:________

BB.1　车辆信息

车辆型号:________　　生产企业:________
基准质量:________　　最大总质量:________
单车轴重:________　　底盘型号:________
驱动方式:________　　驱动轮胎气压:________
变速器型式:________　　挡位数:________
发动机型号:________　　生产企业:________
汽缸数:________　　发动机排量:________
燃油型式:________　　催化转化器情况:________
累计行驶里程:________　　燃油规格:________
车牌号码:________　　车辆识别码:________
车辆登记日期:________　　车主姓名及其联系方式:________

BB.2　检测设备

设备认证编码:________
设备名称:________　　型号:________　　制造厂:________
底盘测功机:________
排气分析仪:________

BB.3　检测环境状态

温度:________　　大气压:________　　相对湿度:________

BB.4　检测结果及裁决:

排气污染物	HC（×10⁻⁶）		CO（%）		NO（×10⁻⁶）	
	ASM 5 025	ASM 2 540	ASM 5 025	ASM 2 540	ASM 5 025	ASM 2 540
测试结果						
排放限值						
判定结果(合格/不合格)						
裁决(通过/未通过)						

附 件 BC
(规范性附件)
稳态工况法检测数据项

每一次检测,无论通过与否,系统必须自动记录、采集以下数据项,并根据国家环境保护行政主管部门规定生成有关电子文件。

BC.1 综合信息

(1)检测记录编号

(2)检测场和检测员编号

(3)检测系统编号

(4)底盘测功机编号

(5)检测日期

(6)尾气检测开始时间和检测结束检测结果记录的时间

(7)机动车整车号

(8)牌照号码

(9)检测报告编号

(10)车辆生产年度、厂牌型号、车型

(11)汽缸数量或发动机排量

(12)变速箱型式

(13)里程表读数

(14)检测种类

BC.2 检测周边环境信息

(15)相对湿度(%)

(16)干球温度(℃)

(17)大气压力(kPa)

BC.3 ASM 工况

以下信息需分别记录每个所进行检测的工况数值(ASM5025 和 ASM2540)。

(18)最终 HC 平均值

(19)最终 CO 平均值

(20)最终 NO 平均值

(21)底盘测功机所加载的总功率

(22)相对于每个检测结果的发动机转速

BC.4 诊断/质量保证信息

(23)检测时间(s)

(24)每一工况时间(s)

(25)检测过程中每秒的车速

(26)检测过程中每秒发动机转速

(27)检测过程中每秒底盘测功机负载(kg)

(28)每秒 HC 浓度值(未经稀释修正)

(29)每秒 CO 浓度值(未经稀释修正)

(30)每秒 NO 浓度值(湿度修正后,未经稀释修正)

(31)每秒 CO_2 浓度值

(32)每秒 O_2 浓度

附 录 C
（规范性附录）
瞬态工况法测量方法

C.1 范围

本附录规定了本标准8.1中规定的瞬态工况法测量方法的测试规程。

C.2 瞬态工况法

C.2.1 测试运转循环

在底盘测功机上进行的测试运转循环列入表C.1，并用图C.1加以描述。按运转状态分解的统计时间列入表C.2和C.3。

表C.1 瞬态工况运转循环

操作序号	操作	工序	加速度/(m/s^2)	速度/(km/h)	每次时间/s		累计时间/s	手动换挡时使用的挡位
					操作	工况		
1	怠速	1	—	—	11	11	11	6sPM[1)]+ 5sK_1[2)]
2	加速	2	1.04	0→15	4	4	15	1
3	等速	3	—	15	8	8	23	1
4	减速	4	-0.69	15→10	2	5	25	1
5	减速，离合器脱开		-0.92	10→0	3		28	K_1
6	怠速	5	—	—	21	21	49	16sPM + 5sK_1
7	加速	6	0.83	0→15	5	12	54	1
8	换挡				2		56	—
9	加速		0.94	15→32	5		61	2
10	等速	7	—	32	24	24	85	2
11	减速	8	-0.75	32→10	8	11	93	2
12	减速，离合器脱开		-0.92	10→0	3		96	K_2
13	怠速	9	—	—	21	24	117	16sPM + 5sK_1
14	加速	10	0.83	0→15	5	26	122	1
15	换挡				2		124	—
16	加速		0.62	15→35	9		133	2
17	换挡				2		135	—
18	加速		0.52	35→50	8		143	3
19	等速	11	—	50	12	12	155	3
20	减速	12	-0.52	50→35	8	8	163	3
21	等速	13	—	35	13	13	176	3
22	换挡				2		178	

表 C.1(续)

操作序号	操作	工序	加速度/(m/s^2)	速度/(km/h)	每次时间/s 操作	每次时间/s 工况	累计时间/s	手动换挡时使用的挡位
23	减速	14	-0.86	32→10	7	12	185	2
24	减速,离合器脱开		-0.92	10→0	3		188	K
25	怠速	15	—	—	7	7	195	7sPM

注:1)PM—变速器置空挡,离合器接合。

2)K_1,K_2—变速器置一挡或二挡,离合器脱开。

表 C.2 按工况分解表

工况	时间/s	百分比/%	
怠速	60	30.8	35.4
怠速、车辆减速、离合器脱开	9	4.6	
换挡	8	4.1	
加速	36	18.5	
等速	57	29.2	
减速	25	12.8	
合计	195	100	

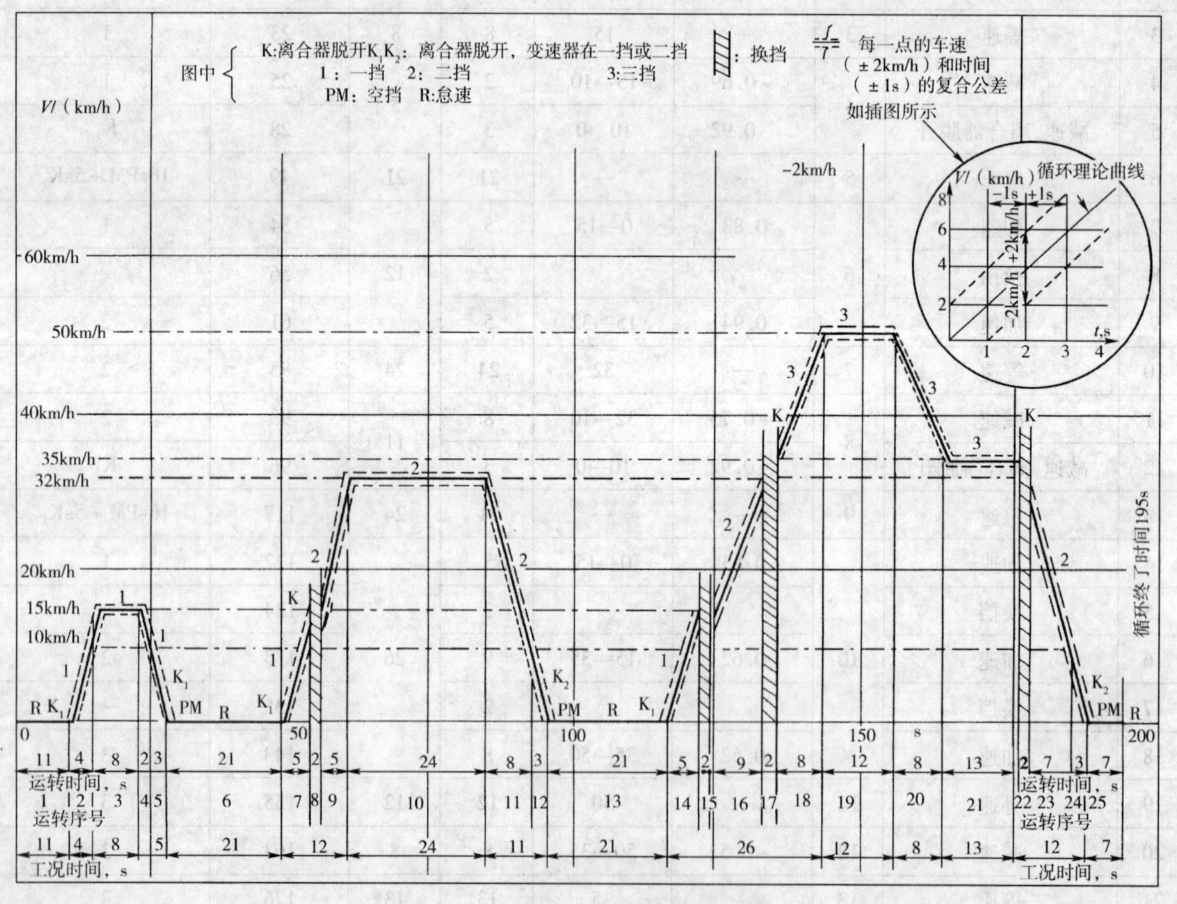

图 C.1 瞬态工况运转循环图

表 C.3　按使用挡位分解表

变速器挡位	时间/s	百分比/%	
怠速	60	30.8	35.4
怠速、车辆减速、离合器脱开	9	4.6	
换挡	8	4.1	
一挡	24	12.3	
二挡	53	27.2	
三挡	41	21.0	
合计	195	100	

注:一般资料

1)测试期间平均车速:19km/h;

2)有效行驶时间:195s;

3)循环理论行驶距离:1.013km。

C.2.2　测试车辆和燃料

C.2.2.1　测试车辆

C.2.2.1.1　车辆机械状况应良好,无影响安全或引起试验偏差的机械故障。

C.2.2.1.2　车辆进、排气系统不得有任何泄漏。

C.2.2.1.3　车辆的发动机、变速箱和冷却系统等应无液体渗漏。

C.2.2.1.4　应关闭空调、暖风等附属装备。

C.2.2.1.5　测试前,车辆工作温度应符合出厂规定,过热车辆不得进行测试。

C.2.2.1.6　车辆驱动轮胎应干燥防滑。轮胎气压应符合车辆使用说明书的规定。

C.2.2.1.7　车辆应限位良好。

C.2.2.2　燃料

应使用符合标准的市售燃料,包括:无铅汽油、压缩天然气、液化石油气等。

C.2.3　测试设备

检测设备应符合国家相关标准和计量检定规程的规定。

C.2.3.1　底盘测功机

C.2.3.1.1　测功机结构(例如:轴承、滚筒、支撑板等)应适用于最大总质量 ≤3 500 kg 的 M 类、N 类车辆。最大功率要保证在 100 km/h 时不小于 56 kW,最大安全测试速度为 130 km/h。

C.2.3.1.2　根据车辆参数,测功机应能自动选择测试参数、测试工况的加载功率和模拟惯量。

C.2.3.1.3　测功机的设计应保证在 0℃ 到 40℃ 的环境温度下能够正常工作。

C.2.3.1.4　测功机上应有永久性标牌,标明测功机制造商名称、系统提供商名称、生产日期、型号、系列编号、测功机种类、最大允许轴重、最大吸收功率、滚筒直径、滚筒宽度、基本惯量重量、电源要求等。

C.2.3.1.5　吸收功率

C.2.3.1.5.1　功率吸收装置应采用交流或直流电机。

C.2.3.1.5.2　量程:

a)　机械惯量式底盘测功机:带有可离合式飞轮的底盘测功机,其功率吸收装置的吸收功率范围应能满足国家有关标准的要求;

b)　电模拟惯量式底盘测功机:电模拟或带有机械(基础)惯量和电(补充)惯量组合的底盘测功机,其吸收功率的范围应能满足国家有关标准的要求。

C.2.3.1.5.3　准确度:吸收功率应是可调的,其功率的最小调节量应达到 0.1kW(在 80 km/h 车速时)。模拟道路负荷时,功率吸收装置的准确度应达到设定功率的 ±0.2 kW 或 ±3% 以内,取其中较大者。

C.2.3.1.5.4　指示功率:稳定车速下,功率吸收装置对车辆的加载按照下述公式进行。

$$IHP = TRLHP - PLHP - GTRL$$

式中:IHP——底盘测功机设定或指示的功率(单位 kW);

TRLHP——车辆试验时的总阻力或功率;

PLHP——底盘测功机附加损失功率;

GTRL——车辆在底盘测功机上的轮胎/滚筒表面接触损失。

TRLHP、PLHP、GTRL 和 IHP 都是以 3 次方多项式表示的。

C.2.3.1.6　惯量

C.2.3.1.6.1　惯量应适用于当量惯量不超过 3 500kg 的所有轻型车辆。

C.2.3.1.6.2　机械惯量模拟:采用可离合式机械飞轮惯量,飞轮惯量可调节的间隔为 110 kg,基本惯量质量惯量与飞轮之差应在规定试验质量的 1% 以内。飞轮调节方式为自动调节方式。

C.2.3.1.6.3　电模拟惯量:仅采用电模拟惯量或者电惯量与机械惯量的组合模拟都是允许的,但必须符合相关标准的规定。

C.2.3.1.7　底盘测功机的附加损失:整个试验过程中,系统应能够自动测量、存储和准确地计算该摩擦损失。

C.2.3.1.8　滚筒

C.2.3.1.8.1　测功机应装备双滚筒。滚筒直径为 200 ~ 530 mm 之间。可采用左右可移动式滚筒或固定式滚筒。固定式滚筒内外跨距要求能满足轻型车工况检测的安全要求。

C.2.3.1.8.2　滚筒中心距要求

$$L = (620 + D) \times \sin 31.5°$$

式中:L——滚筒轴间距,mm;

D——滚筒直径,mm。

滚筒轴间距公差为 -6.5 ~ 12.5 mm。

C.2.3.1.8.3　在任何气候条件下,滚筒尺寸、表面处理和硬度均应保证轮胎不打滑;测试距离、速度精度恒定;轮胎磨损小、噪声低。

C.2.3.1.9　司机助:应配备操作指示器(提示驾驶员按照规定的步骤操作),使得驾驶员能够很准确和容易地跟踪试验工况曲线。还应配备遥控器,使得驾驶员在车辆里,就可以控制试验的全过程和处理紧急情况。

C.2.3.1.10　其他要求

配备可移动式车辆发动机冷却风机:通风量不低于 $2.55m^3/s \pm 0.14m^3/s$。

C.2.3.2　定容取样系统(CVS)

C.2.3.2.1　应采用 CFV(临界流量文氏管)式 CVS 系统连续计量和采集稀释排气样气。

C.2.3.2.2　CVS 规格:CFV 温度测量系统的准确度应达到 ±1.1℃,达到温度变化值的 62.5% 的时间(在硅油中测量)应不超过 0.1s;其压力测量装置的测量准确度应达到 ± 0.4 kPa。在所有的运转条件下,都应保证 CFV 流量计量的标定准确度在 ±2% 以内。CVS 系统的尺寸应满足在规定试验条件下试验时,系统中不产生冷凝现象。CVS 流量达到 $0.33m^3/s$ 将能够确保满足这一要求。由于设备所在试验场地环境温度可能较低(指冬天),要求取样管为加热式,加热温度最低为 50 ℃、最高为 120℃,试验期间应能够对该温度进行监控。

C.2.3.2.3　CVS 压气机:CVS 压气机流量应足以在具有适当余量的情况下,在主 CVS 文氏管中保持适当流量。对 CFV 式 CVS 而言,该余量应足以使之保持节流状态。

C.2.3.2.4　所有与排气接触的部件的制造材料,都应是不受排气样气所影响,并且也不影响样气成分的。可使用的材料包括:不锈钢、聚四氟乙烯、硅橡胶等。

C.2.3.2.5　取样系统

C.2.3.2.5.1　取样探头：取样探头安装在 CVS 系统内，其结构应保证采集的样气为连续的、等容积的。

C.2.3.2.5.2　CVS 混合室：其作用是用环境空气来稀释汽车排气。该混合室的设计应保证对排气管内排气背压的变化，影响不超过 ±0.2kPa。该混合室还应带有定位装置，保证试验过程中，即使车辆有移动，混合室也能收集到全部排气样气。

C.2.3.2.5.3　双取样管：应为双排气管车辆提供双取样管，并且要求两根取样管内的排气流率相同。

C.2.3.2.5.4　背景样气：混合室收集背景样气的位置，应在试验场地内距试验车辆纵向和横向各不超过 3.7m，距地板垂直距离不超过 1.2m 的范围内。

C.2.3.2.5.5　样气的积分：分析仪器对连续稀释的样气进行累积积分，方法应满足相关标准的规定。

C.2.3.2.6　零空气和标气

系统应同时配备零空气发生器和零空气气罐，二者不同时使用。由用户在使用时选择零空气源。应能方便地从一个零空气源切换到另一个零空气源。

C.2.3.3　分析仪器

C.2.3.3.1　一般要求

仪器特性：排放分析系统应能对 HC、CO、CO_2、NO_x 几种排气污染物自动取样、积分和记录。对分析仪器的准确度、精度、漂移、抗干扰、噪声等有关特性的要求应满足相关标准的规定。

C.2.3.3.2　仪器的检测原理及量程，应符合相关标准的规定。

C.2.3.3.2.1　总碳氢化合物（THC）分析：THC 分析采用 FID（火焰离子检测器）法。如果采用流量为 $0.33m^3/s$的 CVS，则分析仪的标定曲线应至少覆盖 0～2 000×10^{-6}C 的量程范围。

C.2.3.3.2.2　一氧化碳（CO）分析：CO 分析采用 NDIR（不分光红外线）原理，如果采用流量为 $0.33m^3/$的 CVS，则分析仪的标定曲线应至少覆盖 0～10 000×10^{-6}（1%）的量程范围。这将需要两台 CO 分析仪，量程分别为 0～1 000 或 2 000×10^{-6}和 0～1%。

C.2.3.3.2.3　二氧化碳（CO_2）分析：CO_2 分析采用 NDIR（不分光红外线）原理，如果采用流量为 $0.33m^3/s$ 的 CVS，则分析仪的标定曲线应至少覆盖 0～40 000X10^{-6}（4%）的量程范围。

C.2.3.3.2.4　氮氧化物（NO_x）分析：NO_x 分析应采用 CLA（化学发光法）原理或 NDUVR（非扩散紫外线谐振吸收法）原理，两者均需带有 NO_x—NO 转换器。测取的 NO_x 是 NO 和 NO_2 的总和。如果采用流量为 $0.33m^3/s$ 的 CVS，则分析仪的量程至少应为 0～500×10^{-6}；如果采用的是其他流量的 CVS，则应对上述分析仪的量程进行调整。分析仪的标定曲线应满足相关标准的规定。

C.2.3.3.3　对系统响应的要求：连续积分式分析仪的响应时间应满足在不超过 1.5s 的时间内达到阶跃变化值的 90%，此阶跃变化值为满量程的 60% 或更高。自取样探头处出现阶跃变化值至显示该读数的 90%，系统的响应时间应少于 10 s。

C.2.3.3.4　积分要求

C.2.3.3.4.1　采样频率：分析仪电压响应、CVS 压力和温度、以及底盘测功机速度和功率的采样频率都不应低于 5Hz，电压电位被平均的时间间隔为 1s。

C.2.3.3.4.2　时间校准：系统应统一分析仪和 CVS 信号与试验运行轨迹之间的时钟。

C.2.3.3.5　分析系统的设计和材料：分析系统内所有与被测排气有接触的部件（指无论是在被测气体分析之前或分析过程中与被测排气接触的部件）的制造材料，都应是不受排气样气所影响，并且也不影响样气成分的。可使用的材料包括：不锈钢、聚四氟乙烯、硅橡胶等。

C.2.3.3.6　其他测量装置

C.2.3.3.6.1　湿度计

相对湿度测量范围应为 5%～95%，测量准确度应为 ±3%。

C.2.3.3.6.2　温度计

温度测量范围应为 255 ~ 333 K(-18 ~ -60℃),测量准确度应为 ±1.5 K。

C.2.3.3.6.3　气压计

气压测量范围应为 80 ~ 110 kPa,测量准确度应为 ±3%。

C.2.3.3.6.4　计时器

计时器 10 ~ 1 000 s 测量准确度应为 ±0.1%。

C.2.3.4　自动检测控制系统和显示

C.2.3.4.1　自动检测控制系统应能根据输入的车辆参数自动设置加载载荷和选择排放标准。检测程序,数据采集和分析判断检测结果应由计算机控制自动进行。

C.2.3.4.2　自动检测控制系统应考虑到排气分析仪的响应时间,以确保记录的排气污染物检测值与相应的试验工况记录值互相对应。

C.2.3.4.3　系统应配备清晰可见的驾驶员引导装置。引导装置应不断显示所需速度,试验工况时间,驾驶实际速度和时间,以及其他必要的提示和警告。

C.2.4　测试准备

C.2.4.1　测试环境要求

环境温度:0 ~ 40℃

相对湿度:≤85%

C.2.4.2　开始试验前,应记录以下信息,如果是数据库已有的,则直接调用数据库数据。

(1)车辆型号

(2)生产企业

(3)底盘型号

(4)发动机型号

(5)发动机生产企业

(6)汽缸数

(7)发动机排量

(8)变速器种类

(9)挡位数

(10)基准质量

(11)最大总质量

(12)单车轴重

(13)驱动方式

(14)驱动轮气压

(15)车辆识别码(VIN)

(16)车牌号码

(17)供油型式

(18)催化净化器情况

(19)累计行驶里程数

(20)车辆登记日期

(21)燃油规格

(22)车主姓名及其联系方法

C.2.4.3　在循环开始前应记录环境温度、相对湿度和气压表压力,至少每秒测量一次,取 2 min 平均值。

C.2.4.4　检查待测车辆是否符合本标准附录 C.2.2.1 规定,不符合要求的不得进行测试。

C.2.4.5　测试设备准备与设置。

C.2.4.5.1 分析仪器预热,应在通电后 30 min 后达到稳定。在 5 min 内不经任何调整,零位及 HC、CO、NOx、CO_2 的量距读数应稳定在精度要求范围内。

C.2.4.5.2 取样系统应对独立工作的多排气管同时取样。

C.2.4.5.3 在每次开始试验前 2 min 内,分析仪器应完成自动调零、环境空气测定和 HC 残留量的检查。

C.2.4.5.4 测功机开机应预热,测功机停机或不满足温度要求时应自动预热待机。

C.2.4.5.5 开机预热后,根据底盘测功机设定的程序进行滑行试验,滑行试验合格后方可进行瞬态工况的排放检测。

C.2.4.5.6 瞬态工况载荷设定

在进行排放检测前,系统应根据车辆参数自动设定测功机载荷,或根据表 C.4 设定测试工况的吸收功率值。

表 C.4 在 50km/h 等速时吸收驱动轮上的功率

基准质量(RM)/kg	测功机吸收功率 P/kW		基准质量(RM)/kg	测功机吸收功率 P/kW	
	A 类[1)]	B 类[2)]		A 类[1)]	B 类[2)]
RM≤750	1.3	1.3	1 700<RM≤1 930	2.1	2.1
750<RM≤850	1.4	1.4	1 930<RM≤2 150	2.3	2.3
850<RM≤1 020	1.5	1.5	2 150<RM≤2 380	2.4	2.4
1 020<RM≤1 250	1.7	1.7	2 380<RM≤2 610	2.6	2.6
1 250<RM≤1 470	1.8	1.8	2 610<RM	2.7	2.7
1 470<RM≤1 700	2.0	2.0			

注:1)适用于轿车车辆;

2)适用于非轿车车辆和全轮驱动的车辆;

3)对于基准质量大于 1 700kg 的非轿车车辆或全轮驱动的车辆,表 C.4 中功率值应乘以 1.3。

C.2.5 测试程序

C.2.5.1 根据需要在发动机上安装转速表和润滑油测温计等测试仪器。

C.2.5.2 车辆驱动轮停在底盘测功机的转鼓上。

C.2.5.3 按照试验运转循环开始进行试验。

C.2.5.3.1 启动发动机

C.2.5.3.1.1 按照制造厂使用说明书的规定,使用启动装置,启动发动机。

C.2.5.3.1.2 发动机保持怠速运转 40s。在 40s 终了时开始循环,并同时开始取样。

C.2.5.3.2 怠速

C.2.5.3.2.1 手动或半自动变速器

(1)怠速期间,离合器接合,变速器置于空挡位置。

(2)为了按正常循环进行加速,车辆应在循环的每个怠速后期,即加速开始前 5s,使离合器脱开,变速器置于一挡。

C.2.5.3.2.2 自动变速器

在试验开始时,放好选择器后,除了 C.2.5.3.3.3 所述情况或选择器可以使超速挡工作外,在试验期间,任何时候不得再操作选择器。

C.2.5.3.3 加速

C.2.5.3.3.1 进行加速时,在整个工况过程中,应尽可能地使加速度恒定。

C.2.5.3.3.2 如果在规定时间内未能完成加速工况,如果可能,所需的额外时间应从工况改变的复合公差允许的时间中扣除,否则,应该从下一等速工况的时间内扣除。

C.2.5.3.3.3　自动变速器如果在规定时间内不能完成加速工况，则应按手动变速器的要求，操作挡位选择器。

C.2.5.3.4　减速

C.2.5.3.4.1　在所有减速工况时间内，应使加速踏板完全松开，离合器接合，当车速降至 10 km/h 时，使离合器脱开，但不操作变速杆。

C.2.5.3.4.2　如果减速时间比相应工况规定的时间长，则允许使用车辆的制动器，以使循环按照规定的时间进行。

C.2.5.3.4.3　如果减速时间比相应工况规定的时间短，则应由下一个等速或怠速工况中的时间补偿，使循环按规定的时间进行。

C.2.5.3.5　等速

C.2.5.3.5.1　从加速工况过渡到下一等速工况时，应避免猛踏加速踏板或关闭节气门。

C.2.5.3.5.2　等速工况应采用保持加速踏板位置不变的方法实现。

C.2.5.3.6　当车速降低到 0 km/h 时（车辆停止在转鼓上），变速器置于空挡，离合器接合。

C.2.6　排气污染物测量值计算

C.2.6.1　排气污染物测量值应由系统主机自动进行计算和修正。

C.2.6.2　系统主机最后应给出各污染物排放计算结果。

C.2.6.3　测试过程及结果数据应在系统数据库进行记录存储。

C.2.7　检测结果记录

C.2.7.1　轻型汽车瞬态工况检测记录和检测数据的输出，见附件 CA。下列信息在每次检测完成后，应使用电子表格形式进行记录。

C.2.7.1.1　检测参数

(1)测试记录号

(2)检测站和检测员号

(3)测功机检测系统或测功机号

(4)测试日期和最终排放结果时间

(5)车辆型号和生产企业

(6)底盘型号和生产企业

(7)发动机型号、生产企业、汽缸数和排量

(8)变速器种类和挡位数

(9)基准质量、最大总质量和单车轴重

(10)驱动方式和驱动轮气压

(11)车牌号码、车辆识别码（VIN）和车辆登记日期

(12)供油型式、催化净化器情况和燃油规格

(13)累计行驶里程数

(14)车主及其联系方法

C.2.7.1.2　环境参数

(1)相对湿度（%）

(2)环境温度（℃）

(3)环境压力（kPa）

C.2.7.1.3　瞬态工况检测数据

(1)测试时间（s）

(2)测功机设定功率（kW）

(3)HC 测试值（g/km）

(4) CO 测试值(g/km)

(5) NO_x 测试值(g/km)

(6) CO_2 测试值(g/km)

附　件　CA

(规范性附件)

检测结果报告格式

点燃式发动机汽车瞬态工况法排气污染物测试报告

检测站名称:________________　检测日期:________________

检测操作员:________________　检测驾驶员:________________

CA.1　车辆信息

车辆型号:________________　生产企业:________________

基准质量:________________　最大总质量:________________

单车轴重:________________　底盘型号:________________

驱动方式:________________　驱动轮胎气压:________________

变速器型式:________________　挡位数:________________

发动机型号:________________　生产企业:________________

汽缸数:________________　发动机排量:________________

燃油型式:________________　催化转化器情况:________________

累计行驶里程:________________　燃油规格:________________

车牌号码:________________　车辆识别码:________________

车辆登记日期:________________　车主姓名及其联系方式:________________

CA.2　检测设备

设备认证编码:________________

设备名称:________________　型号:________________　制造厂:________________

底盘测功机:________________

排气分析仪:________________

CA.3　检测环境状态

温度:________________　大气压:________________　相对湿度:________________

CA.4　检测结果及裁决:

排气污染物	HC	CO	NO_x
测试结果/(g/km)			
限值/(g/km)			
判定结果	合格/不合格	合格/不合格	合格/不合格
裁决	通过/未通过		

附　录　D

（规范性附录）

简易瞬态工况法测量方法

D.1　范围

本附录规定了本标准8.1中规定的简易瞬态工况法测量方法的测试规程。

D.2　简易瞬态工况法

D.2.1　试验运转循环

在底盘测功机上进行的测试运转循环列入表C.1，并用图C.1加以描述。按运转状态分解的统计时间列人表C.2和C.3。

D.2.2　车辆与燃料

D.2.2.1　试验车辆

D.2.2.1.1　车辆机械状况应良好，无影响安全或引起试验偏差的机械故障。

D.2.2.1.2　车辆进、排气系统不得有任何泄漏。

D.2.2.1.3　车辆的发动机、变速箱和冷却系统等应无液体渗漏。

D.2.2.1.4　应关闭空调、暖风等附属装备。

D.2.2.1.5　进行试验前，车辆工作温度应符合出厂规定，过热车辆不得进行测试。

D.2.2.1.6　车辆驱动轮应位于滚筒上必须确保车辆横向稳定。驱动轮胎应干燥防滑。

D.2.2.1.7　车辆应限位良好。对前轮驱动车辆，试验前应使驻车制动起作用。

D.2.2.2　试验燃料

应使用符合标准的市售燃料，包括：无铅汽油、压缩天然气、液化石油气等。

D.2.3　试验设备

D.2.3.0　前言

点燃式发动机汽车简易瞬态工况污染物排放试验设备包括一个至少能模拟加速惯量和匀速负荷的底盘测功机、一个五气分析仪和一个气体流量分析仪组成的采样分析系统。它可以实时地分析车辆在负荷工况下排气污染物的排放质量。

D.2.3.1　排放检测底盘测功机

D.2.3.1.1　简介

用于简易瞬态工况的底盘测功机要求至少能模拟车辆在道路行驶的加速惯量，即底盘测功机通过控制功率吸收单元模拟车辆在道路上匀速和加速工况，减速工况只能通过基本飞轮部分模拟。或者能够模拟车辆在道路行驶的全惯量的底盘测功机。

D.2.3.1.2　底盘测功机总体要求

D.2.3.1.2.1　测功机结构应适用于最大总质量≤3 500kg的M类、N类车辆。

D.2.3.1.2.2　测功机应能根据试验记录的车辆参数自动选择加载功率和模拟惯量。

D.2.3.1.2.3　测功机应有永久性固定标牌，并包括以下内容：测功机制造厂名，系统供应商名，生产日期，型号，序列号，测功机种类，最大允许轴重，最大吸收功率，滚筒直径，滚筒宽度，基础转动惯量和用电要求。

D.2.3.1.3　测功机功率吸收装置

D.2.3.1.3.1　测功机吸收功率

测功机总吸收功率包括测功机功率吸收装置和摩擦作用所吸收的功率。在工况模拟中要求测功机总吸收功率 P_a 等于车辆规定工况的输出功率 P_t。除非另外说明,测功机显示的功率数值应该是 P_a 值

$$P_a = P_i + P_c + P_f$$

式中:P_i——功率吸收单元的吸收功率,kW;

P_c——测功机内部摩擦吸收功率,kW;

P_f——测功机滚筒与轮胎表面摩擦吸收功率,kW。

D.2.3.1.3.2 测功机的功率设定应考虑车轮与滚筒表面的摩擦损失功率和测功机内部摩擦损失功率,按下列公式进行功率设定。试验功率显示以千瓦(kW)表示。

(1)测功机功率吸收单元的吸收功率 P_i

$$P_i = P_t - P_c - P_f$$

式中:P_t——车辆规定工况的输出功率,kW;

P_c——测功机内部摩擦损失功率,kW;

P_f——测功机滚筒与轮胎表面摩擦损失功率,kW。

(2)测功机的设定功率值 P

$$P = P_i + P_c$$

式中:P——设定功率值,kW(根据基准质量和试验工况确定);

P_i——测功机功率吸收单元的指示功率,kW。

D.2.3.1.3.3 测动机功率吸收装置应满足最大总质量小于 3 500 kg 的轻型车进行瞬态试验载荷模拟的要求。

D.2.3.1.3.4 测功机总吸收功率(P_a)的标定参考 GB 18352.2—2001 附件 CB2 底盘测功机标定方法。

D.2.3.1.3.5 测功机内部摩擦吸收功率(P_c)标定

测功机内部摩擦损失功率(包括轴承摩擦损失等)测试,应该在时速 8~80 km/h 的情况下进行标定,并在系统负荷单元校正完成之后进行。求出速度与摩擦损失损失曲线,来修正底盘测功机运行负荷。时速低于 8 km/h 的情况下测试台架的摩擦损失比较小不进行标定。

D.2.3.1.3.6 滑行试验

滑行试验随运行工况、车型和车况不同而不同,底盘测功机应为操作者提供满足在用车排放检测的滑行试验程序。这个试验是对整个系统运行情况的很好的检测,常常应用于某些标准试验中。它可以显示出系统是否运行良好。

D.2.3.1.3.7 应使用电功率吸收装置

吸收功率应以 0.1kW 为单位可调。在 0℃ 到 40℃ 环境范围内,测功机预热后吸收功率精度应为 ±0.2kW或吸收功率的 ±2%,两者取最大值。满负荷精度为 ±0.5kW。

D.2.3.1.3.8 底盘测功机的功率吸收单元必须能够模拟加速状态下惯量产生的负荷,或有惯量模拟装置。

D.2.3.1.4 滚筒技术要求

D.2.3.1.4.1 测功机应装备双滚筒。滚筒直径介于 200 mm 到 530 mm 之间。滚筒中心距应为 D.2.3.1.4.2公式计算值,公差为 -6.5 mm 到 12.7mm 之间。可采用滚筒位置机构左右可移动式滚筒或固定滚筒。固定式滚筒内外跨距要求能满足轻型车工况检测的安全要求。

D.2.3.1.4.2 滚筒中心距要求

$$滚筒中心距 = (620 + D) \times \sin 31.5°$$

式中:D——测功机滚筒直径,mm。

D.2.3.1.4.3 滚筒表面处理应保证轮胎不打滑;滚筒表面干燥;能保证测试距离、速度精度;轮胎磨损和噪声最小。

D.2.3.1.5 惯量

D.2.3.1.5.1 测功机必须具有模拟惯量装置。

D.2.3.1.5.2 基准惯量

底盘测功机应安装基准惯量至少为800kg的机械飞轮,或者其他能完全模拟基准惯量的装置。基准惯量和滑行时间不符的应作量化修正。实际基准惯量应在测功机铭牌或飞轮上标明。基准惯量公差不得超过指定质量的2%。

D.2.3.1.5.3 惯量模拟

D.2.3.1.5.3.1 测功机应能在800～2 500 kg范围内以加速1.47 m/s^2进行加速瞬态惯量模拟。机械模拟惯量增量最大为225 kg质量增量,电子惯量模拟应能提供0.5 kg的质量增量。与规定惯量不符的应作量化修正。

D.2.3.1.5.3.2 测功机实际转速在16～96 km/h之间,应持续计算惯量模拟误差(ΔI)。惯量模拟误差按如下公式计算,不得超过被测车辆所选惯量(I_{ws})的2%。

$$\Delta I = [(I_{ws} - I_t)/(I_{ws})] \times 100\%$$

$$I_t = I_m(1/V)\int_0 (F_m - F_{rl})\mathrm{d}t$$

式中:ΔI——惯量模拟误差,%;

I_t——测功机模拟总惯量,kg;

I_m——基准惯量,kg;

V——滚筒转速,m/s;

F_m——载荷传感器测出的作用在滚筒表面上的力,N;

F_{rl}——测功机功率吸收装置指示功率在所测出的滚筒速度下所需的加载力,N;

t——时间,s。

D.2.3.1.5.4 惯量选择

对采用机械惯量飞轮的测功机系统,测试系统应配备独立于飞轮选择系统之外的识别系统,用以识别在瞬态循环时实际起作用的飞轮。

D.2.3.1.6 系统响应

在测功机控制系统发出命令后,200ms内转矩响应应达到指定值的90%,并且在300ms内达到指定转矩,误差不得超过2%,最大转矩冲击值不得超过转矩指定值的25%。

D.2.3.1.7 其他要求

D.2.3.1.7.1 测功机应配备安全限位装置,限位系统应保证施加于驱动轮上的水平、垂直方面的力对排放水平没有显著影响。保证不妨碍车辆进出并且能在车辆任何合理的运动状况下安全限位而不损伤悬架系统。

D.2.3.1.7.2 测功机应配备车辆冷却装置,在冷却系统启动时,应避免冷却催化转化器。

D.2.3.1.7.3 测功机应有转鼓转速和速度测量系统。转数测量用于计算车辆行驶速度,速度测量的精度为±0.16 km/h,当启动速度为16 km/h时,转速测量系统应能准确测量1.47m/s^2的加速度,测量误差小于2%。

D.2.3.1.7.4 测功机系统应能测量车辆当量行驶距离,距离精度为±2%。

D.2.3.1.7.5 测功机应适用于车辆的最高安全行驶速度为130 km/h。

D.2.3.1.7.6 测功机应适用于加装防抱死制动系统或牵引力控制系统的车辆。

D.2.3.1.7.7 测功机具有便于车辆上下的举升和转鼓制动装置。

D.2.3.1.7.8 测功机的安装应保证测试车辆在测功机上试验时处于水平位置,底盘测功机具有制动车辆和固定车辆的地锚牵连装置。不应使车辆产生任何可察觉的可能会妨碍车辆正常运行的振动。

D.2.3.1.7.9 测功机力矩的标定是采用重量锤,在某一固定力臂点上标定力矩和校核力传感器的精度。其误差小于±2%。

D.2.3.1.7.10　测功机转速标定可以采用转速表,转速表响应时间应小于0.5s,精度为1%转速值。

D.2.3.2　排气取样系统

D.2.3.2.1　取样系统应保证可靠耐用,无泄漏并且易于维护。与被取样气体接触的制造材料不能污染或改变被分析气体的特征,也不应被取样气体腐蚀。并能适用于试验工况的车辆排放气温度。

D.2.3.2.2　取样系统应有水气分离系统和颗粒收集装置,并能将分析样气直接排至室外。

D.2.3.2.3　取样探头长度至少应为400 mm,可插入车辆排气管深度至少应为250 mm。车辆排气管深度不足250 mm的,可以使用排气管扩展装置,但需保证排气背压变化小于0.25 kPa。

D.2.3.2.4　取样探头所用材料应能在10 min内耐受579℃的高温。膨胀系数差值大于5%的不同材料,不能用于取样探头或其他连接部件。

D.2.3.2.5　取样探头在使用时应能保证不从排气管滑出,必要时可使用卡紧装置固定在排气管上。

D.2.3.2.6　取样系统应能测试双排气管车辆。使用时应保证两稀释管流量相同。数据处理软件应考虑双稀释管和单稀释管系统的差异,保证两种情况下都达到同样的精度。

D.2.3.3　分析设备

D.2.3.3.1　分析系统应由HC、CO、CO_2、NO、O_2的浓度自动分析仪器和稀释气体流量分析仪器组成。

D.2.3.3.2　五气分析仪

D.2.3.3.2.1　五气分析仪

简易瞬态工况气体污染物检测应使用下列仪器分析:

一氧化碳(CO)、碳氢化合物(HC)和二氧化碳(CO_2)采用不分光红外法(NDIR)

一氧化氮(NO)采用电化学法或其他等效方法

D.2.3.3.2.2　五气分析仪应直接对排放气体进行采样分析。

D.2.3.3.2.3　温度范围:分析系统及相关部件应在0~40℃的特定环境温度下进行操作。分析仪应能保证有足够的气流以防止温度过高,一旦环境温度超出规定范围或仪器过热,则系统应能自动关闭。分析仪应能防止分析采样和成分分析系统湿度变化而导致的测量浓度改变。如有特殊需要,分析系统应具有在任何测试环境条件下都能维持正常操作温度的特性。

D.2.3.3.2.4　湿度范围:采样系统及相关部件的操作湿度范围为0%~85%。

D.2.3.3.2.5　无关气体干扰影响应小于以下限值:HC:$\pm4\times10^{-6}$,CO:±0.02%,CO_2:±0.20%,NO:$\pm20\times10^{-6}$。

D.2.3.3.2.6　五气分析仪应能满足至少0.2s一次(5Hz)的排气浓度测试能力。每次开始测试前,应对环境温度、湿度进行测量,至少每秒测量一次。计算机对这些数据按每秒平均值计算。

D.2.3.3.2.7　分析仪应能抗电磁干扰,抗振动冲击。电源为220 V 50 Hz的交流电或12 V的汽车直流电。

D.2.3.3.2.8　仪器量程、精度和重现性要求见表D.1和表D.2所示。

表D.1　五气分析仪量程和精度要求

气体	量　程	精　度		量　程	精　度	
		绝对值	相对值		绝对值	相对值
HC	$0\sim2\,000\times10^{-6}$	4×10^{-6}	±3%	$2\,001\times10^{-6}\sim5\,000\times10^{-6}$ $5\,001\times10^{-6}\sim9\,999\times10^{-6}$	N/A	±5% ±10%
CO	0~10.00%	0.02%	±3%	10.01%~14.00%	N/A	±5%
CO_2	0~16%	0.3%	±3%	16.1%~18%	N/A	±5%
NO	$0\sim4\,000\times10^{-6}$	25×10^{-6}	±4%	$4\,001\times10^{-6}\sim5\,000\times10^{-6}$	N/A	±8%
O_2	0~25%	0.1%	±5%	—	—	—

表 D.2　气体浓度分析仪量程和重现性要求

气体	量　程	重复性		量　程	重复性	
		绝对值	相对值		绝对值	相对值
HC	$0 \sim 1\,400 \times 10^{-6}$	3×10^{-6}	±2%	$1\,400 \times 10^{-6} \sim 2\,000 \times 10^{-6}$	N/A	±3%
CO	0~7.00%	0.02%	±2%	7.01%~10.00%	N/A	±3%
CO_2	0~10%	0.1%	±2%	10%~16%	N/A	±3%
NO	$0 \sim 4\,000 \times 10^{-6}$	20×10^{-6}	±3%	—	—	—
O_2	0~25%	0.1%	±3%	—	—	—

D.2.3.3.2.9　分析仪响应时间

(1)上升时间

当采样头浓度上升,分析仪对该变化值的响应从 0 上升到 90% 时,HC、CO、CO_2 响应时间应少于 8s;对于 NO 应少于 12s;对于 O_2 应少于 15s。

(2)衰减时间

当采样头浓度衰减至原值 10% 以下时,分析仪对该变化值的响应时间应少于 5s(对 NO 可少于 6s)。

D.2.3.3.2.10　分析仪的标定

(1)自动调零

在分析仪器调试之前应进行自动调零,包括 HC、CO、CO_2 和 NO。使用空气发生器产生调零空气(也可采用其他方式),当提供输入空气时,其中应包含丙烷的体积分数应不超过 100×10^{-6};CO 应不超过 100×10^{-6};CO_2 应不超过 500×10^{-6};NO 应不超过 50×10^{-6}。

(2)分析仪器量程标定

分析仪器应能保持测试精度。在气体校正时将所有的误差因素都考虑在内,包括噪声、重复性、漂移、线性、温度和压力值等。考虑校正气体与测试气体相适应,可以使用以下的校正气体,不确定度 ±1%。

I. 调零空气:

浓度:O_2,20.9%;N_2,平衡

不纯度:THC、CO、NO $< 1 \times 10^{-6}$;$CO_2 < 200 \times 10^{-6}$

II. 低量程标气:

200×10^{-6}　C_3H_8(丙烷)

0.50%　CO

6.0%　CO_2

300×10^{-6}　NO

99.99% 纯平衡气　N_2

III. 高量程标气:

$3\,200 \times 10^{-6}$　C_3H_8(丙烷)

8.00%　CO

12.0%　CO_2

$3\,000 \times 10^{-6}$　NO

99.99% 纯平衡气　N_2

以上均以体积分数计。

(3)校正气体的压力

在气体校正过程中，如果测试探头的大气压绝对压力变化了 3.4×10^3Pa，分析仪器的读数的变化不应该超出1%。

D.2.3.3.3 气体流计分析仪

D.2.3.3.3.1 简介

气体流量分析仪由气室、涡漩流量传感器、氧气传感器、抽气机、温度和压力传感器等组成。使用时五气分析采样管插入排气管中分析原排放污染物浓度，将气体流量分析仪稀释软管对着排气管，并留有一定的空隙以保证稀释后的流量达到规定值，通过气体流量分析仪的抽气机吸入车辆排出的全部尾气和部分稀释空气，通过分析得到排气流量。

气体流量分析仪可以即时地测量排放气体的流量。气体流量分析仪将测量稀释后的气体的氧含量与原排放气体中的氧含量比较，求得质量稀释的比例，通过稀释比和气体流量分析仪测得的流量，计算出每一秒的排放体积。然后根据排放体积和五气分析仪测量出来的排放浓度来计算机动车每一秒排放出来的污染物质量。

D.2.3.3.3.2 气体流量分析仪结构

(1)微处理器

用来控制气体流量分析系统，分析计算从气体分析仪器、气体流量分析仪涡漩流量计和稀释氧气传感器每一秒中传来的数据，并在测试结束后将结果存储到缓冲区中。它还包括气体流量分析仪元件所有校正信息。

(2)锆氧气传感器

用来测试在测试过程中稀释气体的氧气浓度改变的传感装置。它也可以测量测试开始时环境空气的氧气浓度。通过与五气分析仪氧气浓度比较，还可以用来计算稀释比率。

当锆氧气传感器的温度将保持在700℃时，可用于烟度测量，它将烧掉所有的颗粒物质或者浓缩水分。

$$\text{稀释比例} = \frac{\text{周围空气氧气体积分数} - \text{稀释气体氧气体积分数}}{\text{周围空气氧气体积分数} - \text{原排放气体氧气体积分数}}$$

(3)涡漩流量计

用来测量稀释气体的流量元件，支杆是涡漩流量计的关键性元件。它使气体流经气室的交叉部件时形成涡漩。这些涡漩的线速度将与气体流量形成一定比例。用压力传感器测量涡漩刚从支杆流出后波幅和波幅变化的频率，确定涡漩的流出速率。经稀释流量的校正、标准压力和温度校正确定排放流量。

D.2.3.3.3.3 排放气体流量

气体流量分析仪应对原排放气体进行稀释后再进行分析，标准状态下的排放气体流量计算公式为：

$$\text{排放气体流量} = \text{稀释排放气体流量} \times \text{稀释比}$$

D.2.3.3.3.4 质量计算

在数据收集过程中，微处理器使用以下流量公式计算每一秒的质量流量：

$$\text{质量排放}(g/s) = \text{浓度} \times \text{密度} \times \text{排放流量}$$

其中：浓度(CO_2、CO、O_2、HC、NO)由五气分析仪排放气体采样单元测量得到，标准状态下，每一种采样气体的密度都采用标准化常数值。

主机系统进行计算和显示时，气体实测流量应校正为标准状态下的流量。

D.2.3.3.3.5 技术要求

D.2.3.3.3.5.1 为了提高气体流量分析仪的精度和寿命，对原排放气体进行稀释后再进行分析。

D.2.3.3.3.5.2 各气态物质浓度(CO，%；O_2，%；HC，10^{-6}；NO，10^{-6})应由气体浓度分析仪分析得到。气体浓度分析仪需要5~6s的响应时间，而流速分析仪流速值是实时的，故浓度延时值应由主机系统进行计算，并在缓存区进行缓存。

D.2.3.3.3.5.3 标准状态下的排放气体流量计算公式为：

排放气体流量 = 稀释排放气体流量 × 稀释比

稀释比 =（环境 O_2 浓度 - 稀释 O_2 浓度）/（环境 O_2 浓度 - 原始 O_2 浓度）

D.2.3.3.3.5.4 环境 O_2 浓度应在每次检测车辆未启动前测量，正常环境 O_2 浓度应为 20.8 ±0.5%，若超出此范围，则应由系统主机控制进行校正。环境 O_2 浓度和稀释 O_2 浓度应由气体流量分析仪氧传感器测量，原 O_2 浓度应由浓度分析仪测量。

D.2.3.3.3.5.5 气体流量分析仪的标定方法采用 GB 18352.2—2001 标准中的附录 CF4 CVS 系统的标定方法。

D.2.3.3.4 其他测量装置

D.2.3.3.4.1 湿度计相对湿度检测量程为 5% ~ 95%，允许误差为满量程的 ±3% 以上。

D.2.3.3.4.2 温度计检测量程为 -32 ~45℃，精度为 ±3 ℃。

D.2.3.3.4.3 气压计检测量程为 80 ~110kPa，环境温度 0 ~40℃ 时最小允许误差为测量值的 1%。

D.2.3.3.4.4 转速表和发动机转速传感器的响应时间应小于 0.5 s，允许误差为 1% 转速值。

D.2.3.3.4.5 计时器允许误差在 10 ~1 000 s 范围内应为读数的 0.1%。

D.2.3.3.4.6 测量仪器显示分辨力应满足表 D.3 的要求：

表 D.3 测量仪器显示分辨力

项　目	分 辨 力	项　目	分 辨 力
HC	1×10^{-6}HC（正已烷当量。）	速度	0.1km/h
NO	1×10^{-6}NO	载荷	0.1kW
CO	0.01% CO	相对湿度	1%
CO_2	0.1% CO_2	干球温度	1℃
O_2	0.1%（选择项）	气压计压力	1kPa
转速	10r/min		

D.2.3.4 测试过程控制和显示软件

D.2.3.4.1 检测程序、数据采集和分析系统应自动化。软件应能根据车辆参数数据库自动设置车辆载荷。应通过实时数据系统进入主机系统数据库得到车辆确认信息。通过车牌和车辆确认信息，应能获得足够的车辆记录信息。对主机系统未包含的车辆数据手工输入应做明确提示。

D.2.3.4.2 系统应配备清晰可见的司机引导装置（司机助）。引导装置应不断显示所需速度、试验工况秒数、驾驶实际速度和时间、发动机转速、使用制动情况以及必要的提示和警告。引导装置还应能显示试验和设备状况以及其他所需信息。

D.2.3.4.3 系统应能实时记录和显示试验过程数据，并能自动进行计算和修正。

D.2.4 测试准备

D.2.4.1 试验环境要求

环境温度：-9℃ ~40℃

相对湿度：<85%

D.2.4.2 开始试验前，应记录以下信息，如果是主机数据库已有的，则直接调用数据库数据。

(1) 底盘型号

(2) 制造厂名

(3) 车辆型号

(4) 汽缸数

(5) 发动机排量

(6)变速器种类

(7)基准质量

(8)车辆识别码(VIN)

(9)牌照号码

(10)燃油技术(化油器或电喷等)

(11)催化净化器情况

(12)累计行驶里程数

(13)车主及其联系方法

D.2.4.3 在循环开始前应记录环境温度、绝对湿度和气压表压力,至少每秒测量一次,取2min平均值。

D.2.4.4 检查待测车辆状况是否符合本标准附录D.2.2.1规定,不符合要求的不得进行测试。

D.2.4.5 测试设备准备与设置

D.2.4.5.1 分析仪器预热,应在通电后30 min后达到稳定。在5 min内未经调整,零位及HC、CO、NO、CO_2的量距读数应稳定在精度要求范围内。

D.2.4.5.2 取样系统应在关机前至少连续清洗15 min,若为反吹清洗则不少于5 min。

D.2.4.5.3 取样探头至少应插入汽车排气管250 mm,如此深度不能保证,应加长排气管。

D.2.4.5.4 对独立工作的多排气管应同时取样。

D.2.4.5.5 在每次开始试验前2min内,分析仪器应完成自动调零、环境空气测定和HC残留量的检查。

D.2.4.5.5.1 用零气体对HC、CO、CO_2、NO和O_2进行自动调零。

D.2.4.5.5.2 环境空气经取样探头、软管、过滤器和水气分离过滤,由采样泵送入分析仪后,应直接记录5种被测气体的浓度,不需要再进行修正。

D.2.4.5.5.3 分析仪应测定环境背景污染水平和HC残留量。当采集的环境背景样气低于(1)HC < 7×10^{-6}、CO < 0.02%, NO < 25×10^{-6}(2)取样系统中HC残留量浓度高出环境背景样气浓度不超过7×10^{-6}时,仪器可以使用。

D.2.4.5.6 测功机预热

测功机开机应预热,测功机停机或不满足温度要求时应自动预热待机。

D.2.4.5.7 滑行试验

开机应预热后,根据底盘测功机设定的程序进行滑行试验,滑行试验合格后方可进行简易瞬态工况的排放检测。

D.2.4.5.8 简易解态工况载荷设定

在进行排放检测前,系统应根据车辆参数自动设定测功机载荷,或根据基准质量设定试验工况吸收功率值。可采用表D.4的推荐值。

D.2.5 测试程序

D.2.5.1 根据需要在发动机上安装冷却水和润滑油测温计等测试仪器。

D.2.5.2 车辆驱动轮停在转鼓上,将分析仪取样探头插人排气管中,深度为400mm以上,并固定于排气管上。

D.2.5.3 按照试验运转循环开始进行试验

D.2.5.3.1 启动发动机

D.2.5.3.1.1 按照制造厂使用说明书的规定,使用启动装置,启动发动机。

D.2.5.3.1.2 发动机保持怠速运转40s。在40s终了时开始循环,并同时开始取样。

D.2.5.3.2 怠速

D.2.5.3.2.1 手动或半自动变速器

(1)怠速期间,离合器接合,变速器置空挡。

(2)为了按正常循环进行加速,车辆应在循环的每个怠速后期,加速开始前5s离合器脱开,变速器置一挡。

表 D.4 在50km/h等速时吸收驱动轮上的功率

基准质量(RM)/kg	测功机吸收功率(P)/kW		基准质量(RM)/kg	测功机吸收功率(P)/kW	
	A类[1]	B类[2]		A类[1]	B类[2]
RM≤750	1.3	1.3	1 700 < RM≤1 930	2.1	2.1
750 < RM≤850	1.4	1.4	1 930 < RM≤2 150	2.3	2.3
850 < RM≤1 020	1.5	1.5	2 150 < RM≤2 380	2.4	2.4
1 020 < RM≤1 250	1.7	1.7	2 380 < RM≤2 610	2.6	2.6
1 250 < RM≤1 470	1.8	1.8	2 610 < RM	2.7	2.7
1 470 < RM≤1 700	2.0	2.0			

注:1)适用于轿车车辆;

2)适用于非轿车车辆和全轮驱动的车辆;

3)对于基准质量大于1 700kg的非轿车车辆或全轮驱动的车辆,表D.4中功率值应乘以1.3。

D.2.5.3.2.2 自动变速器

在试验开始时,放好选择器后,在试验期间,任何时候不得再操作选择器,但除了D.2.5.3.3.3所述情况或选择器可以使超速挡工作外。

D.2.5.3.3 加速

D.2.5.3.3.1 进行加速时,在整个工况过程中,应尽可能地使加速度恒定。

D.2.5.3.3.2 若加速度未能在规定时间内完成,如有可能,超出的时间应从工况改变的复合公差允许的时间中扣除,否则,必须从下一等速工况的时间内扣除。

D.2.5.3.3.3 自动变速器

若加速不能在规定时间内完成,则应按手动变速器的要求,操作挡位选择器。

D.2.5.3.4 减速

D.2.5.3.4.1 在所有减速工况时间内,应使加速踏板完全松开,离合器接合,当车速降至10 km/h时,离合器脱开,但不操作变速杆。

D.2.5.3.4.2 如果减速时间比响应工况规定的时间长,则应使用车辆的制动器,以使循环按照规定的时间进行。

D.2.5.3.4.3 如果减速时间比响应工况规定的时间短,则应在下一个等速或怠速工况时间中恢复至理论循环规定的时间。

D.2.5.3.5 等递

D.2.5.3.5.1 从加速过渡到下一等速工况时,应避免猛踏加速板或关闭节气门。

D.2.5.3.5.2 等速工况应采用保持加速踏板位置不变的方法实现。

D.2.5.3.6 循环终了时(车辆停止在转鼓上),变速器置于空挡,离合器接合。同时停止取样。

D.2.6 排气污染物测量值计算和试验结果修正

D.2.6.1 排气污染物测量值应由系统主机自动进行计算和修正,计算公式如下:

单位时间排放质量(g/s)=浓度×密度×气体总流量

D.2.6.2 气体污染物密度和气体流量都应修正为标准状态下的对应值。

D.2.6.3 系统主机最后应给出各污染物排放因子计算结果,计算公式如下:

排放因子(g/km)=单位时间排放质量(g/s)/车辆单位时间当量行驶距离(km/s)

D.2.6.4 一氧化氮(NO)的测量值应由系统主机自动进行计算和修正后,以氮氧化物(NO_x)的形式表示,氮氧化物(NO_x)用二氧化氮(NO_2)当量表示。

D.2.6.5 试验过程及结果数据应在系统数据库进行记录存储。

D.2.7 检测结果记录

轻型汽车简易瞬态工况检测记录和检测数据的输出,见附件 DA。下列信息在每次检测完成后,应使用电子表格形式进行记录。

D.2.7.1 检测参数

(1)测试记录号

(2)检测站和检测员号

(3)测功机检测系统或测功机号

(4)测试日期和最终排放结果时间

(5)车辆型号和生产企业

(6)底盘型号和生产企业

(7)发动机型号、生产企业、汽缸数和排量

(8)变速器种类和挡位数

(9)基准质量、最大总质量和单车轴重

(10)驱动方式和驱动轮气压

(11)车牌号码、车辆识别码(VIN)和车辆登记日期

(12)供油型式、催化净化器情况和燃油规格

(13)累计行驶里程数

(14)车主及其联系方法

D.2.7.2 环境参数

(1)相对湿度(%)

(2)环境温度(℃)

(3)环境压力(kPa)

D.2.7.3 简易瞬态工况检测数据

(1)测试时间(s)

(2)测功机设定功率(kW)

(3)HC 测试值(g/km)

(4)CO 测试值(g/km)

(5)NO_x 测试值(g/km)

(6)CO_2 测试值(g/km)

附 件 DA
（规范性附件）
检测结果报告格式
点燃式发动机汽车简易瞬间态工况法排气污染物测试报告

检测站名称：＿＿＿＿＿＿ 检测日期：＿＿＿＿＿＿
检测操作员：＿＿＿＿＿＿ 检测驾驶员：＿＿＿＿＿＿

DA.1 车辆信息

车辆型号：＿＿＿＿＿＿ 生产企业：＿＿＿＿＿＿
基准质量：＿＿＿＿＿＿ 最大总质量：＿＿＿＿＿＿
单车轴重：＿＿＿＿＿＿ 底盘型号：＿＿＿＿＿＿
驱动方式：＿＿＿＿＿＿ 驱动轮胎气压：＿＿＿＿＿＿
变速器型式：＿＿＿＿＿＿ 挡位数：＿＿＿＿＿＿
发动机型号：＿＿＿＿＿＿ 生产企业：＿＿＿＿＿＿
汽缸数：＿＿＿＿＿＿ 发动机排量：＿＿＿＿＿＿
燃油型式：＿＿＿＿＿＿ 催化转化器情况：＿＿＿＿＿＿
累计行驶里程：＿＿＿＿＿＿ 燃油规格：＿＿＿＿＿＿
车牌号码：＿＿＿＿＿＿ 车辆识别码：＿＿＿＿＿＿
车辆登记日期：＿＿＿＿＿＿ 车主姓名及其联系方式：＿＿＿＿＿＿

DA.2 检测设备

设备认证编码：＿＿＿＿＿＿
设备名称：＿＿＿＿＿＿ 型号：＿＿＿＿＿＿ 制造厂：＿＿＿＿＿＿
底盘测功机：＿＿＿＿＿＿
排气分析仪：＿＿＿＿＿＿

DA.3 检测环境状态

温度：＿＿＿＿＿＿ 大气压：＿＿＿＿＿＿ 相对湿度：＿＿＿＿＿＿

DA.4 检测结果及裁决：

排气污染物	HC	CO	NO_x
测试结果/(g/km)			
限值/(g/km)			
判定结果	合格/不合格	合格/不合格	合格/不合格
裁决	通过/未通过		

附 件 DA
（规范性附件）
检测结果报告格式

点燃式发动机汽车简易瞬态工况法排气污染物测试报告

检测站名称：________ 检测日期：________

检测操作员：________ 检测驾驶员：________

DA.1 车辆信息

车辆型号：________ 生产企业：________

基准质量：________ 最大总质量：________

[illegible]：________ 底盘型号：________

驱动方式：________ 驱动轮胎气压：________

变速器型式：________ 挡位数：________

发动机型号：________ 生产企业：________

汽缸数：________ 发动机排量：________

燃油型式：________ 催化转化器情况：________

累计行驶里程：________ 燃油规格：________

车牌号码：________ 车辆出厂时间：________

车辆登记日期：________ 车主姓名及其联系方式：________

DA.2 检测设备

设备认证编码：________

设备名称：________ 型号：________ 制造厂：________

底盘测功机：________

排气分析仪：________

DA.3 检测环境状态

温度：________ 大气压：________ 相对湿度：________

DA.4 检测结果及裁决：

排气污染物	HC	CO	NO_x
测试结果/(g/km)			
限值/(g/km)			
判定结果	合格/不合格	合格/不合格	合格/不合格
裁决	通过/不通过		

第二部分
行业标准

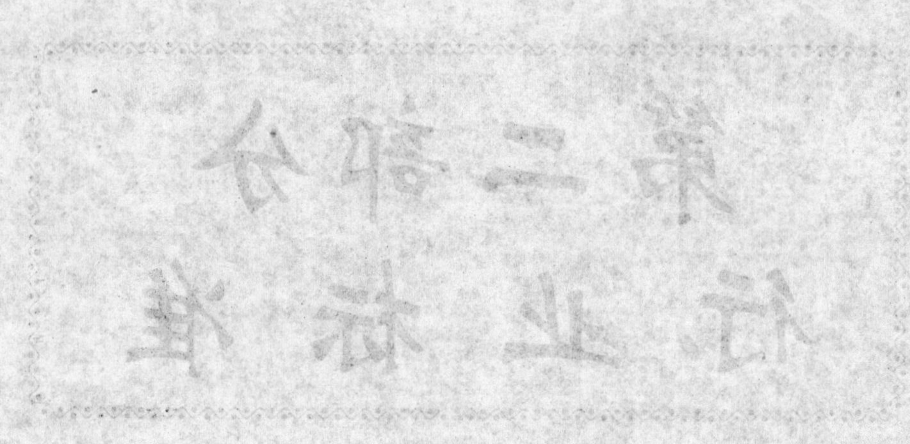

ICS 43.180
R 17
备案号:

中华人民共和国交通行业标准

JT/T 115—2007
代替 JT/T 115—1993

移动式气缸镗床

Portable cylinder boring machine

2007-06-28 发布 2007-10-01 实施

中华人民共和国交通部 发布

ICS 43.180
R 77
备案号

中华人民共和国交通行业标准

JT/T 415—2007
代替 JT/T 415—1993

移动式气缸镗床

Portable cylinder boring machine

2007-06-28 发布　　2007-10-01 实施

中华人民共和国交通部　发布

移动式气缸镗床

1 范围

本标准规定了移动式气缸镗床的术语和定义、分类、技术要求、试验方法、检验规则、标志、包装、运输、储存。

本标准适用于汽车、拖拉机和摩托车等发动机气缸镗削修理用的移动式气缸镗床。

2 规范性引用文件

下列文件中的条款通过本标准的引用而成为本标准的条款。凡是注日期的引用文件，其随后所有的修改单(不包括勘误的内容)或修订版均不适用于本标准，然而，鼓励根据本标准达成协议的各方研究是否可使用这些文件的最新版本。凡是不注日期的引用文件，其最新版本适用于本标准。

GB 191　包装储运图示标志(GB 191—2000,ISO 780:1997,EQV)
GB/T 3167　金属切削机床　操作指示形象化符号(GB/T 3167—1993,ISO 7000:1984,NEQ)
GB/T 4879　防锈包装
GB 5226.1—2002　机械安全　机械电气设备　第1部分　通用技术条件(IEC 60204-1:2000,IDT)
GB/T 6060.2　表面粗糙度比较样块　磨、车、镗、铣、插及刨加工表面(GB/T 6060.2—2006,ISO 2632-1:1985,MOD)
GB/T 9061　金属切削机床　通用技术条件
GB/T 13306　标牌
GB/T 15375　金属切削机床　型号编制方法
GB/T 16769　金属切削机床　噪声声压级测量方法
JB/T 8356.1　机床包装　技术条件
JB/T 8356.2　机床包装箱
JB/T 8356.3　机床包装用中、小木箱
JB/T 9875　金属切削机床　随机技术文件的编制

3 术语和定义

移动式气缸镗床　portable cylinder boring machine
通过移动切削主轴镗削气缸的设备。

4 分类

4.1 类型

按 GB/T 15375 对金属切削机床名称和类、组系划分表规定，本标准所表述的产品属镗床类的汽车、拖拉机修理用气缸镗床，综合组系代号为 T80 型气缸镗床。

4.2 型号

产品型号的编制方法应符合 GB/T 15375 的规定。

镗床型号表示方法为：

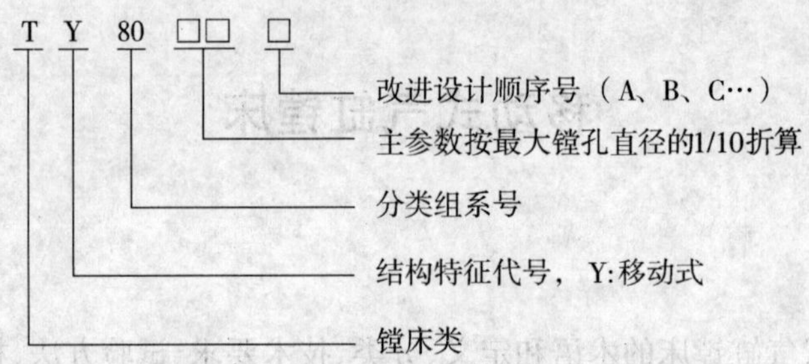

5 技术要求

5.1 几何精度

5.1.1 主轴套移动对镗床底平面或工作台平面的垂直度误差见表1。

5.1.2 主轴端部外圆的圆跳动误差不应大于0.012mm。

5.1.3 主轴具有可换主轴镗头结构的主轴锥孔轴线的径向跳动误差：

a）靠近主轴套端面不应大于0.012mm；

b）距主轴套端面约150mm处不应大于0.016mm。

表1 主轴垂直度误差表 单位：mm

最大镗孔深度	误 差
≤300	≤0.02
>300	每100按0.006折算

5.1.4 主轴轴线对标准气缸轴线的定位误差不应大于0.04mm。

5.2 工作精度要求

5.2.1 镗削后试件孔应满足下列要求：

a）圆度误差不大于0.006mm；

b）圆柱度误差不大于0.0075mm；

c）表面粗糙度误差不应大于Ra2.5μm。

5.2.2 镗刀回转直径与镗削后试件孔的直径允许偏差应为-0.025mm～0mm。

5.3 空运转性能要求

5.3.1 在主轴轴承运转达到稳定温度时，主轴轴承温度不应大于70℃，温升不大于40℃。

5.3.2 镗床运转时，不应有不正常的冲击声或尖叫声，镗床噪声声压级不应超过83dB(A)。

5.3.3 主轴套驱动手轮的操纵力不应大于100N。其他手轮、手柄操纵力在行程范围内应均匀，且不大于40N。行程范围应符合要求。

5.3.4 空运转功率(不包括电动机的空载功率)不应超过电机额定功率的35%。

5.4 负荷特性要求

镗床在进行负荷切削时，所有的机构工作应正常，不应有明显的震颤现象，不应发生传动轴咬死的情况。镗床功率应达到最大设计功率。

5.5 电气安全性能要求

镗床电气系统的绝缘性能、耐压性能、保护电路的连续性要求均应符合GB 5226.1中的有关条文要求。

5.6 外观要求

镗床的外观和油漆应符合GB/T 9061的规定。

6 试验方法

6.1 几何精度检测

几何精度的检测项目和检测方法应符合表2的规定。

表 2　几何精度检测表

序号	检测项目	简图	检测方法
1	5.1.1　主轴套移动对机身底平面或工作台面的垂直度误差	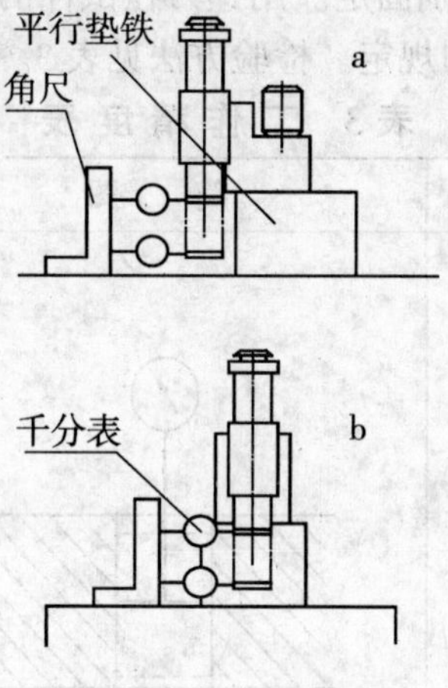 平行垫铁 a 角尺 千分表 b	镗缸机座置于平行垫铁或机身平台上，角尺放在检验平板或工作台平面上，按图示 a、b 两个位置检验。将千分表固定于主轴端部，千分表的测头触及角尺检验面，移动主轴套在全行程上检验。a、b 两个位置分别计算，千分表读数的最大差值即为垂直度误差
2	5.1.2　主轴端部外圆的圆跳动误差	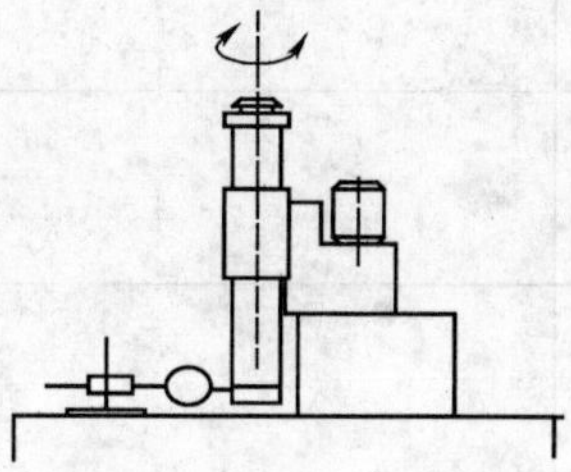	主轴套位于其行程的中间位置，固定千分表，使表的触头垂直地触及靠近主轴端部的外圆表面上，旋转主轴检验。千分表读数的最大差值即为主轴端部圆跳动误差
3	5.1.3　具有可换主轴镗头结构的主轴孔轴线径向跳动误差	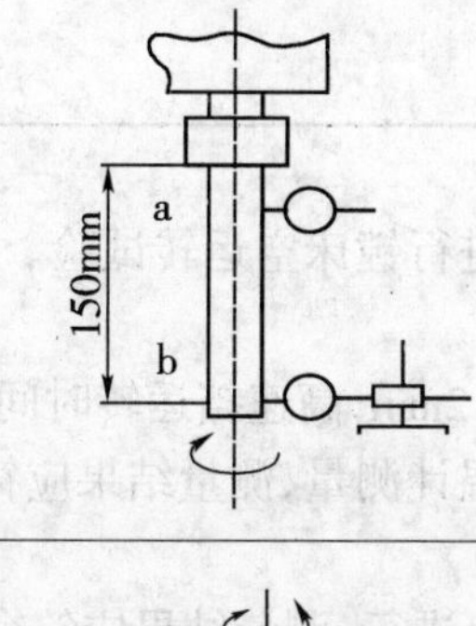 a 150mm b	将试棒或换装主轴装入主轴锥孔。千分表固定在平板上，使其触头垂直顶在 a、b 处，旋转主轴，分别读取 a、b 处的径向跳动误差，每转一圈千分表读数的最大差值，作好记录，然后将试棒与主轴的相对位置移动 90°，再行测量，如此重复四次检验的平均值，即为主轴孔轴线径向跳动的误差
4	5.1.4　主轴轴线对标准气缸轴线的定位误差	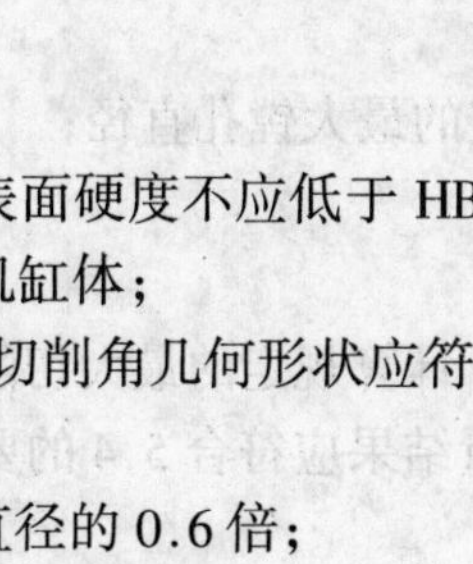	将主轴套伸入标准气缸(或专用检具)孔行程约 1/2 处，选用与孔径尺寸相应的定心杆，使气缸镗床定位固定，将千分表固定在主轴端面上，使表的触头垂直地触及气缸(或专用检具)孔的内表面上，缓慢地旋转主轴，千分表每圈读数的最大差值的 1/2 即为主轴轴线对标准气缸轴线的定位误差

6.2　工作精度检验

6.2.1　试件和刀具的要求为：

a)　试件采用 HT200 灰铸铁。材料表面硬度不应低于 HB190，硬度不均匀性不大于 HB30。

b)　试件允许使用符合要求的发动机缸体；

c)　刀具材料采用硬质合金，刀具的切削角几何形状应符合切削要求。

6.2.2　试验规程为：

a)　镗孔直径不小于镗床最大镗孔直径的 0.6 倍；

b)　镗孔深度不小于镗床最大镗孔直径的两倍；

c) 主轴切削转速及每圈进给量按镗床设计计算书规定。

6.2.3 试验步骤为:

按切削要求,将试件位置和镗床分别固定。用镗刀在试件的内孔中按试验规程进行镗削加工。镗削后试件的切削工作精度应符合 5.2 的规定。检验方法见表 3。

表 3 工作精度表

序号	检测项目	简图	检测方法
1	5.2.1a)圆度误差		用内径千分表,在同一横截面上测量内孔的不同位置的直径,千分表读数的最大差值的 1/2,就是圆度差
2	5.2.1b)圆柱度误差		用内径千分表,在同一横截面上测量内孔的不同位置的直径,再按此方法测量上、中、下 3 个横截面,取各横截面内所测得的所有读数中最大与最小读数差的 1/2,就是圆柱度误差
3	5.2.1c)表面粗糙度误差		用符合 GB/T 6060.2 的比较样块目测检验
4	5.2.2 直径误差		用内径表测量镗削孔直径值与机床专用千分尺镗刀测量读数值比较。内径量表读数值减去专用千分尺读数值即为直径差值

6.3 空运转试验

在达到镗床正常运转的条件后,方可进行镗床空运转试验。

6.3.1 温度与温升检验

主传动系统各挡转速运转时间不少于 2min,高速挡运转时间不少于 60min,使主轴轴承达到稳定温度。在主轴轴承对应的主轴套外部,用点温计测量,测量结果应符合 5.3.1 的规定。

6.3.2 噪声检验

镗床的噪声检验按 GB/T 16769 的规定进行,测量结果应符合 5.3.2 的规定。

6.3.3 手轮手柄操纵力检验

用管状弹簧测力计测量手轮手柄操纵力,测量结果应符合 5.3.3 的规定。

6.3.4 空运转功率检验

用功率表测量机床高速运转时空运转输入功率和电机空载功率,其结果应符合 5.3.4 的规定。

6.4 负荷特性检测

6.4.1 负荷特性试验应在空运转试验完成后进行;切削试件和刀具的要求与 6.2.1 相同。

6.4.2 试验规程:

a) 镗孔直径不小于 0.6 倍机床规定的最大镗孔直径;

b) 主轴转速按设计计算书规定;

c) 进给量按设计计算书规定;

d) 吃刀深度逐渐加大直至达到设计计算规定的最大切削负荷功率。

6.4.3 用功率表测量电机输入功率,测量结果应符合 5.4 的要求。

6.5 电气安全性能检验

电气安全性能应按 GB 5226.1 的规定,对镗床的绝缘性能、耐压性能和保护电路的连续性性能进行检验,测量结果应符合5.5要求。

6.6 外观检验

目测检验镗床的外观及油漆质量,其结果应符合5.6的要求。

7 检验规则

7.1 检验分类及检验项目

产品检验分出厂检验与型式检验,检验项目见表4。

表4 检验项目表

序 号	检验项目	检验方法	技术要求
1	几何精度	6.1	5.1
2	工作精度	6.2.3	5.2.1
3	直径偏差	6.2.3	5.2.2
4	主轴轴承温度	6.3.1	5.3.1
5	噪声	6.3.2	5.3.2
6	手轮手柄操纵力	6.3.3	5.3.3
7	空运转功率	6.3.4	5.3.4
8	负荷特性	6.4	5.4
9	电气安全	6.5	5.5
10	外观	6.6	5.6

7.2 型式检验

7.2.1 有下列情况之一时,镗床应进行型式检验:

a) 新产品或老产品转厂生产的试制定型鉴定;

b) 产品结构有较大改变,可能影响产品性能时;

c) 正常生产时,应每年进行一次型式检验;

d) 产品长期停产(一年以上)恢复生产时;

e) 常规检验结果与上次型式检验有较大差异时;

f) 国家质量监督机构提出进行型式检验要求时。

7.2.2 型式检验样机数量:一台。

7.2.3 型式检验项目,按表4逐项检验。

7.2.4 型式检验的项目全部合格,即判定该次型式检验合格。若有一项不合格,则该次型式检验判为不合格。

7.3 出厂检验

7.3.1 常规的出厂检验由制造厂质量检验部门负责。

7.3.2 出厂产品按表4检验项目第1、3、6、9、10项逐项检验。表4检验项目第2、4、5、7、8项为抽检项目,每批出厂产品按2%进行抽检,若出厂镗床数量不满50台时,至少抽检一台。

7.3.3 检验项目若出现不合格情况时,应找出原因,排除故障后再加倍抽检。如再不合格时,应对本批产品进行100%检验。如继续发现不合格情况,则判定本批产品为不合格产品。不合格产品不能出厂。

7.3.4 经检验合格的产品,质量检验部门应出具合格证明文件后,产品才能出厂。

8 标志、包装、运输、储存

8.1 标志

8.1.1 标志所采用的铭牌和标牌应符合 GB/T 13306 和 GB/T 3167 的规定。铭牌和标牌的数字、字母应清晰耐久,固定位置要正确、平整、牢固、不歪斜。

8.1.2 铭牌应固定在设计图样规定的位置。铭牌上至少应有下列内容:

a) 制造厂名;

b) 产品的名称;

c) 产品的型号;

d) 重要技术规格及最大切削功率;

e) 出厂编号及出厂年月。

8.1.3 镗床包装箱面一般应标有以下内容:

a) 产品型号及名称;

b) 出厂编号及箱号;

c) 箱体体积(长×宽×高),cm^3;

d) 净重及毛重,kg;

e) 制造厂;

f) 收货站(港)及收货单位;

g) 发货站(港)及发货单位。

8.1.4 按 GB 191 的规定,箱面应有"向上"、"怕湿"、"重心"等包装储运标志。

8.2 包装

8.2.1 镗床的包装箱应符合 JB/T 8356.1、JB/T 8356.2、JB/T 8356.3 的有关规定。

8.2.2 产品在包装前应进行防锈处理。镗床的防锈应符合 GB/T 4879 的规定。

8.2.3 包装箱内应放入随机技术文件,并采取防潮措施,保证镗床的成套性。镗床的随机技术文件应包括使用说明书、合格证明书和装箱单。随机技术文件的编制方法应符合 JB/T 9875 的规定。

8.2.4 包装箱内主机应固定。附件箱或工具应放在包装箱的空隙处并固定之,与主机接触处应隔开。包装箱内应无杂物、脏物。

8.3 运输

镗床的运输应适合陆路及水路运输与装载的要求。

8.4 储存

镗床储存宜放入通风、干燥的室内场地,禁止与有腐蚀性、挥发性的化学物品堆放在一起。存放满一年的产品在出厂时宜开箱检查,必要时可重新包装。

ICS 43.180
R 17
备案号:

中华人民共和国交通行业标准

JT/T 122—2007
代替 JT/T 122—1993

连 杆 轴 瓦 镗 床

Con-Rod bushing boring machine

2007-06-28 发布　　2007-10-01 实施

中华人民共和国交通部　发 布

ICS 43.180
R17
备案号

中华人民共和国交通行业标准

JT/T 122—2007
代替 JT/T 122—199[illegible]

连杆轴瓦镗床

Con-Rod bushing boring machine

2007-06-28 发布　　2007-10-01 实施

中华人民共和国交通部　发布

连杆轴瓦镗床

1 范围

本标准规定了连杆轴瓦镗床的分类与结构、技术要求、试验方法、检验规则以及标志、包装、运输和储存等要求。

本标准适用于修理汽车、拖拉机和摩托车等的发动机连杆轴瓦镗床。

2 规范性引用文件

下列文件中的条款通过本标准的引用而成为本标准的条款。凡是注日期的引用文件,其随后所有的修改单(不包括勘误的内容)或修订版均不适用于本部分,然而,鼓励根据本标准达成协议的各方研究是否可使用这些文件的最新版本。凡是不注日期的引用文件,其最新版本适用于本标准。

GB/T 699 优质碳素结构钢

GB 5226.1 机械安全 机械电气设备 第1部分:通用技术条件

GB/T 9061 金属切削机床 通用技术条件

GB/T 15375 金属切削机床 型号编制方法

GB/T 15760 金属切削机床 安全防护通用技术条件

GB/T 16769 金属切削机床 噪声声压级测量方法

GB/T 17421.1 机床检验通则 第1部分:在无负荷或精加工条件下机床的几何精度

GB/T 4879 防锈包装

JB/T 3997 金属切削机床 灰铸铁件技术条件

JB/T 8356.1 机床包装 技术条件

JB/T 9872 金属切削机床 机械加工件通用技术条件

JB/T 9875 金属切削机床 随机技术文件的编制

JB/T 9876 金属切削机床 结合面涂色法检验及评定

JB/T 9877 金属切削机床 清洁度的测定

3 分类与结构

3.1 分类

3.1.1 连杆轴瓦镗床分为基本型、简易型、多功能型。

3.1.2 产品型号编写应符合 GB/T 15375 的规定。

3.2 结构

3.2.1 基本型连杆轴瓦镗床

结构型式见图1。

基本型连杆轴瓦镗床由床身、镗头、镗刀杆、连杆夹具和拖板等部件组成。

镗头带动镗刀杆作回转运动,连杆装夹在固定于拖板上的连杆夹具中,拖板沿着床身导轨纵向进给运动,并具有拖板自动进给机构,还可具有自动返回和停止机构。

3.2.2 简易型连杆轴瓦镗床

结构型式见图2。

简易型连杆轴瓦镗床一般采用镗架穿镗机构,由动力头、连杆夹具、镗刀杆和镗架等部件组成。动力头具有使镗刀杆回转和进给的两种运动功能。

3.2.3 多功能型连杆轴瓦镗床

多功能型连杆轴瓦镗床是在基本型基础上,增加行星式内圆磨头或其他部件组成。镗床除具有镗削运动功能之外,还应具有磨头的行星式回转运动及纵向往复运动功能。

4 技术要求

4.1 几何精度

4.1.1 主轴的轴向窜动量不应大于 0.01mm。

4.1.2 主轴锥孔轴线的径向跳动误差:

a) 靠近主轴端面径向跳动不应大于 0.01mm;

b) 距主轴端面 150 mm 处径向跳动不应大于 0.015mm。

4.1.3 工作台纵向移动在垂直平面内的直线度误差不应大于 0.015mm。

4.1.4 工作台纵向移动在水平平面内的直线度误差不应大于 0.015mm。

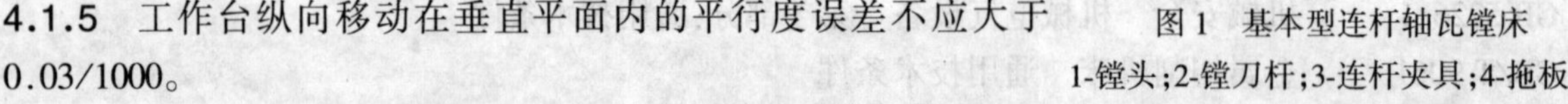

4.1.5 工作台纵向移动在垂直平面内的平行度误差不应大于 0.03/1000。

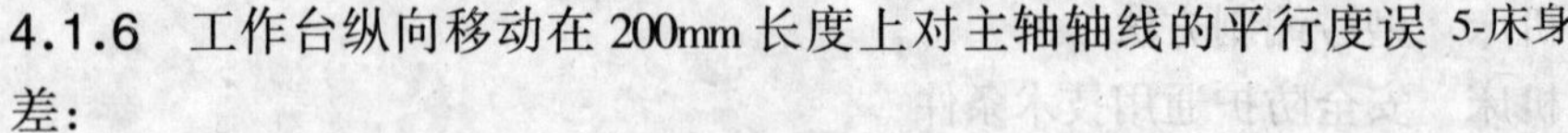

4.1.6 工作台纵向移动在 200mm 长度上对主轴轴线的平行度误差:

a) 在垂直平面内不大于 0.02mm;

b) 在水平平面内不大于 0.025mm。

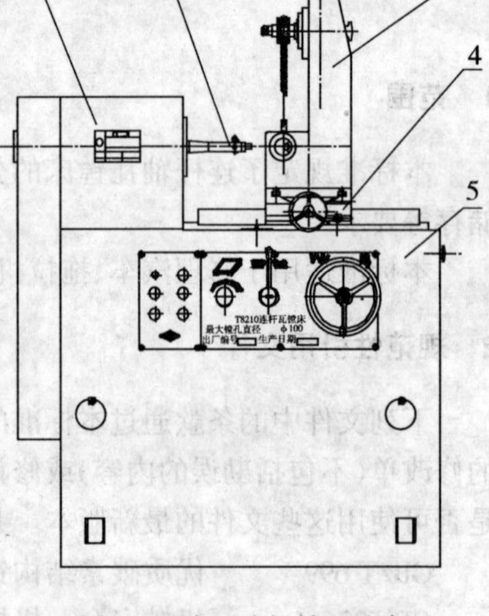

图 1 基本型连杆轴瓦镗床

1-镗头;2-镗刀杆;3-连杆夹具;4-拖板;5-床身

4.1.7 以孔定位的连杆夹具工作台纵向移动在 100mm 长度上对连杆夹具定位芯轴的平行度误差:

a) 在垂直平面内不应大于 0.015mm;

b) 在水平平面内不应大于 0.025mm。

4.1.8 以端面定位的连杆夹具主轴回转轴线对连杆定位端面的垂直度误差,在直径 100mm 的圆周上,不应大于 0.01mm。

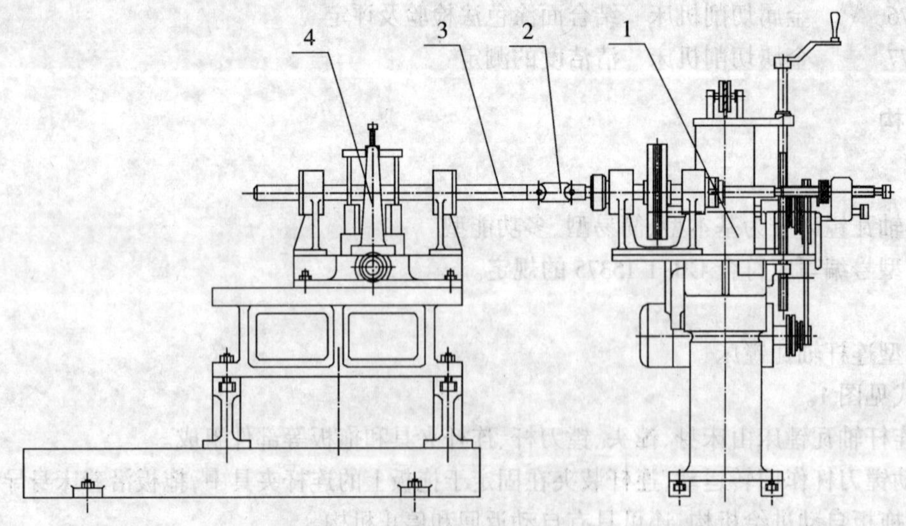

图 2 简易型连杆轴瓦镗床

1-动力头;2-连杆夹具;3-镗刀杆;4-镗架

4.2 工作精度

4.2.1 连杆轴承孔圆柱度误差不应大于 0.005mm。

4.2.2 连杆两轴承孔轴线的平行度误差：

a) 两孔轴线所在的平面内，在100mm长度上不应大于0.03mm；

b) 在垂直于两孔轴线所在的平面内，在100mm长度上不应大于0.05mm。

4.2.3 连杆轴承孔表面粗糙度不大于Ra 0.8μm。

4.3 液压系统

液压系统所有接头处和外露结合面不得有任何泄漏；管道排列应整齐；油管弯曲处应圆滑，不应有明显的凹痕及压扁现象（弯曲处截面短长轴之比不小于0.7）。

4.4 电气系统

电气系统的技术要求应符合GB 5226.1保护接地电路的连续性、绝缘电阻检验和耐压试验的有关规定。

4.5 空运转性能

4.5.1 空运转功率

主运动机构各级速度空运转至稳定后，其空运转功率（不包括主电机的空载功率）不大于主电机额定功率的30%。

4.5.2 温度和温升

a) 主轴轴承达到稳定温度时，温度不大于70℃，温升不大于40℃；

b) 液压系统的油液温度达到热平衡后，温度不大于60℃，温升不大于30℃。

4.5.3 噪声

噪声的声压级不大于83dB（A）。

4.5.4 镗床活动部位

a) 镗床主运动系统的起动、停止动作应灵活可靠；

b) 变速机构应灵活、可靠，指示准确；

c) 调整机构、夹紧机构和其他附件应灵活可靠；

d) 工件、刀具、量具及附件的装卸应灵活可靠；

e) 手轮操纵力不应大于60N。

4.5.5 安全防护

拖板进给运动应有限位和预防碰撞的保护装置，并安全、可靠。

4.6 负荷特性

主传动系统功率达到额定值时，其结构稳定性良好，电气系统正常、可靠。

4.7 材料性能和加工质量

4.7.1 下列铸件的材料机械性能不应低于JB/T 3997中HT200的性能，并在粗加工后进行时效处理：

a) 床身；

b) 拖板；

c) 主轴箱。

4.7.2 下列零件、附件的材料机械性能不应低于GB/T 699中的45号钢要求，并采取耐磨措施：

a) 主轴箱前端锥孔；

b) 液压系统操纵阀；

c) 镗刀杆。

4.7.3 下列结合面配合加工要求应符合JB/T 9872中有关移置导轨面的规定：

a) 拖板与工作台燕尾结合面；

b) 夹具体与芯轴滑板之间的垂直结合面。

4.7.4 下列结合面配合加工要求应符合JB/T 9872中有关重要固定结合面的规定：

a) 主轴箱与床身结合面；

b) 夹具体与工作台结合面;

c) 油缸支座与床身结合面。

4.8 清洁度

重要零件表面、机械传动系统、液压油池等均不应有金属屑、金属末、灰尘、棉丝、漆皮等脏物,应符合 JB/T 9877 中的有关规定。

4.9 外观要求

应符合 GB/T 9061 中的有关规定。

5 试验方法

5.1 一般要求

5.1.1 精度检测前的安装,主轴及其他部件的空运转升温,检测工具的精度,均应符合 GB/T 17421.1 中的规定。

5.1.2 精度检测前,镗床应安置在适当基础上。工作台置于行程中间位置,在工作台中央位置放置水平仪,其在纵向和横向的读数均不超过 0.04/1000。

5.2 几何精度检测

几何精度的检测应按表 1 规定进行。

按 5.7 规定进行负荷试验后,应复检几何精度。

表1 几何精度检测

序号	简图	检测项目	检测方法
1	专用检棒 千分表 测力计 F	机床主轴的轴向窜动量	固定千分表,使其测头触及插入主轴锥孔内的专用检棒端部的钢球上,旋转主轴。检验时,允许在主轴上施加轴向力 F①。千分表读数的最大差值应符合规定要求
2	千分表 检验棒 a b 150mm	主轴锥孔轴线的径向跳动	将检验棒插入主轴锥孔内,固定千分表,使其测头触及检验棒端表面的如下部位:a 靠近主轴端面处;b 距主轴端面 150mm 处,旋转主轴检验。 退出检验棒,相对主轴旋转 90°,重新插入主轴锥孔中,重复检验 3 次。 a、b 误差分别计算,误差以千分表 4 次读数的算术平均值计,应符合规定。 在机床的横向和纵向平面内均要检验
3	千分表 平尺	工作台纵向移动在垂直平面内的直线度	在机床外放置一水平尺,在工作台上固定千分表,使其测头触及平尺检验面。调整平尺,使千分表在平尺两端读数相等,移动工作台检验。千分表读数最大差值应符合规定要求

续上表

序号	简　　图	检测项目	检测方法
4	千分表　平尺	工作台纵向移动在水平平面内的直线度	在机床外放置一水平尺，在工作台上固定千分表，使其测头触及平尺检验面。调整平尺，使千分表在平尺两端读数相等，移动工作台检验。千分表读数最大差值应符合规定要求
5	水平仪	工作台纵向移动在垂直平面内的平行度	在工作台面上横向放置水平仪，在行程两端和中间检验。水平仪读数最大代数差值应符合规定要求
6	千分表　检验棒	工作台纵向移动对主轴轴线的平行度	将检验棒插入主轴锥孔内，千分表固定在工作台上：a 在垂直平面内；b 在水平平面内，使其测头触及检验棒表面，移动工作台检验，a、b 项误差分别计算。 然后将主轴旋转 180°，再同样测量一次，两次测量值代数和的 1/2 应符合规定要求
7	a　b	工作台纵向移动对连杆夹具定位芯轴的平行度（仅适用于以孔定位的连杆夹具）	将千分表固定在机床上：a 在垂直平面内；b 在水平平面内，使其测头触及定位芯轴表面，移动工作台检验，千分表读数最大差值应符合规定要求。 定位芯轴在上、中、下位置锁紧状态下分别测量一次，a、b 项误差分别计算
8	千分表	主轴回转轴线对连杆定位端面的垂直度（仅适用于以端面定位的连杆夹具）	工作台位于行程中间位置，将千分表固定在主轴上，使其测头触及定位端面，旋转主轴 360°检验。千分表读数最大差值应符合规定要求

注：① F 表示为消除主轴轴承的轴向游隙而施加的恒定力（其大小由制造厂规定）。

5.3 工作精度检测

5.3.1 试件和刀具:

a) 试件为东风 EQ140 型汽车连杆轴承,材质为高锡铝合金;

b) 刀具采用硬质合金镗刀。

5.3.2 检测方法:

a) 用两点法检测试件的若干横剖面和纵剖面,任一横剖面上和任一纵剖面上最大直径和最小直径差值的1/2,应符合 4.2.1 的规定;

b) 在连杆衬套孔内紧密插入检验棒,放在连杆专用检具上检验连杆两轴线的平行度,应符合 4.2.2a)、b)的规定;

c) 用表面粗糙度比较样块检验轴承孔内表面的表面粗糙度,应符合 4.2.3 的规定。

5.4 液压系统检测

用目测法检测,符合 4.3 的规定。

5.5 电气系统检测

应按 GB 5226.1 保护接地电路的连续性、绝缘电阻检验及耐压试验的有关规定进行检测。

5.6 空运转试验

试验时,机床的主运动机构应从最低速度起依次运转,每级速度运转时间不得少于 2 min,在最高转速下运转足够的时间(不得少于 1h),使主轴轴承达到稳定温度。

5.6.1 空运转功率试验

主运动机构各级速度空运转功率达到稳定时,用功率表测量功率,应符合 4.5.1 的规定。

5.6.2 温度和温升试验

温度和温升检验如下:

a) 主轴轴承达到稳定温度时,用半导体点温计检验主轴轴承的温度和温升,应符合 4.5.2a)的规定;

b) 液压系统在额定工作压力下运行不得少于 2h,油液温度达到热平衡时,用温度计检验油液温度,应符合 4.5.2b)的规定。

5.6.3 噪声检验

按 GB/T 16769 规定的方法测量机床噪声的声压级,测量结果应符合 4.5.3 的规定。

5.6.4 活动部位试验

按 GB/T 9061 的要求进行空运转,在镗床空运转条件下检查以下项目:

a) 选择一中速反复起、停主运动机构进行检验,应符合 4.5.4a)的规定;

b) 变换主运动进给运动的速度不少于 5 次,检查变速机构并应符合 4.5.4b)的规定;

c) 用测力计检验手轮操纵力,应符合 4.5.4e)的规定。

5.6.5 安全防护检测

按 GB/T 15760 中规定的方法进行,应符合 4.5.5 的规定。

5.7 负荷试验

使主传动系统达到额定功率下的时间不少于 0.5min,用功率表测量主传动系统功率,应符合 4.6 的规定。

5.8 材料性能和加工质量检测

铸件的材料机械性能检测应按 JB/T 3997 进行,并应符合 4.7.1 的规定。

钢件的检测应按 GB/T 699 进行,并应符合 4.7.2 的规定。

不同类型结合面的检测应按 JB/T 9876 进行,并应符合 4.7.3 和 4.7.4 的规定。

5.9 清洁度检验

清洁度用目测手感法检验,应符合 4.8 的规定。

5.10 外观质量检验

各部位的外观质量用目测手感法检验,应符合 4.9 的规定。

6 检验规则

产品验收检验分为型式检验和正常生产产品的出厂检验。

6.1 型式检验

6.1.1 有下列情况之一时,一般应进行型式检验:

a) 新产品试制、定型鉴定时;

b) 机床结构、性能有较大变化时;

c) 产品停产一年以上又重新生产时;

d) 国家质量监督机构提出型式检验要求时。

6.1.2 型式检验应从出厂产品中随机抽取一台进行检验。

6.1.3 型式检验项目应符合表 2 规定。

表 2 型式检验项目

序号	检验项目	试验方法	技术要求
1	几何精度	5.2	4.1
2	工作精度	5.3	4.2
3	液压系统	5.4	4.3
4	电气系统	5.5	4.4
5	空运转功率	5.6.1	4.5.1
6	温度和温升	5.6.2	4.5.2
7	噪声	5.6.3	4.5.3
8	活动部位	5.6.4	4.5.4
9	安全防护	5.6.5	4.5.5
10	负荷特性	5.7	4.6
11	材料性能和加工质量	5.8	4.7.3、4.7.4
12	清洁度	5.9	4.8
13	外观质量	5.10	4.9

6.1.4 判定规则

表 2 中全部检验项目合格,则为型式检验合格。其中有一项不合格时,则应加倍抽样对该项指标进行复验。复验中若仍有不合格,则判定该次型式检验不合格。

6.2 出厂检验

6.2.1 每台产品均应进行出厂检验,检验合格后方可出厂。

6.2.2 每台产品按表 2 中第 1、2、3、6、8、9 和 13 项逐项进行检验。

7 标志、包装、运输和储存

7.1 标志

7.1.1 每台产品应在适当位置固定铭牌,其内容应包括:

a) 制造厂名;

b) 产品名称;

c） 产品型号；

d） 产品的主参数；

e） 制造日期及出厂编号。

7.1.2 在包装箱规定位置应有以下内容：

a） 产品名称、型号；

b） 出厂编号及箱号；

c） 包装箱外形尺寸：长(cm)×宽(cm)×高(cm)；

d） 净质量(kg)、毛质量(kg)；

e） 到站及收货单位；

f） 发站及发货单位；

g） 运输及储运指示标志。

7.2 包装

7.2.1 包装前应进行防锈处理，并应符合 GB/T 4879 的规定。

7.2.2 产品出厂包装箱技术要求应符合 JB/T 8356.1 的规定。

7.2.3 随机应提供下列技术文件，随机文件应符合 JB/T 9875 的规定：

a） 使用说明书；

b） 合格证明书；

c） 装箱单。

7.3 运输

按照包装箱上指示进行装卸，运输中不应有较大振动及碰撞。

7.4 储存

产品应储存在空气流通，干燥，无腐蚀金属和破坏漆膜的场所。

ICS 43.180
R 17
备案号:

中华人民共和国交通行业标准

JT/T 123—2007
代替 JT/T 123—1993

气缸体轴瓦镗床

Cylinder bushing boring machine

2007-06-28 发布 2007-10-01 实施

中华人民共和国交通部 发布

气缸体轴瓦镗床

1 范围

本标准规定了气缸体轴瓦镗床的分类与结构、技术要求、试验方法、检验规则以及标志、包装、运输和储存等要求。

本标准适用于修理汽车、拖拉机和摩托车等的发动机气缸体轴瓦镗床。

2 规范性引用文件

下列文件中的条款通过本标准的引用而成为本标准的条款。凡是注日期的引用文件,其随后所有的修改单(不包括勘误的内容)或修订版均不适用于本部分,然而,鼓励根据本标准达成协议的各方研究是否可使用这些文件的最新版本。凡是不注日期的引用文件,其最新版本适用于本标准。

GB/T 699　优质碳素结构钢

GB 5226.1　机械安全　机械电气设备　第1部分:通用技术条件

GB/T 9061　金属切削机床　通用技术条件

GB/T 15375　金属切削机床　型号编制方法

GB/T 15760　金属切削机床　安全防护通用技术条件

GB/T 16769　金属切削机床　噪声声压级测量方法

GB/T 17421.1　机床检验通则　第1部分:在无负荷或精加工条件下机床的几何精度

GB/T 4879　防锈包装

JB/T 3997　金属切削机床　灰铸铁件技术条件

JB/T 8356.1　机床包装　技术条件

JB/T 9872　金属切削机床　机械加工件通用技术条件

JB/T 9875　金属切削机床　随机技术文件的编制

JB/T 9876　金属切削机床　结合面涂色法检验及评定

JB/T 9877　金属切削机床　清洁度的测定

3 分类与结构

3.1 分类

3.1.1 气缸体轴瓦镗床分为基本型、简易型、整形修理型。

3.1.2 产品型号编写应符合 GB/T 15375 的规定。

3.2 结构

3.2.1 基本型气缸体轴瓦镗床

基本型气缸体轴瓦镗床由床身、主轴箱、主轴箱位置调整机构、万向节头、镗刀杆、镗刀杆支架以及镗刀杆支架位置调整机构等部件组成。

工作时,主轴通过万向节头使镗刀杆作回转运动。主轴套在主轴箱内轴向移动,实现自动进给运动。应具有自动停车及极限位置保护机构。

结构型式见图1。

3.2.2 简易型气缸体轴瓦镗床

结构型式见图2。

简易型气缸体轴瓦镗床由动力头、万向节头、镗刀杆、垫铁及可调整的活动镗架等部件组成。传动

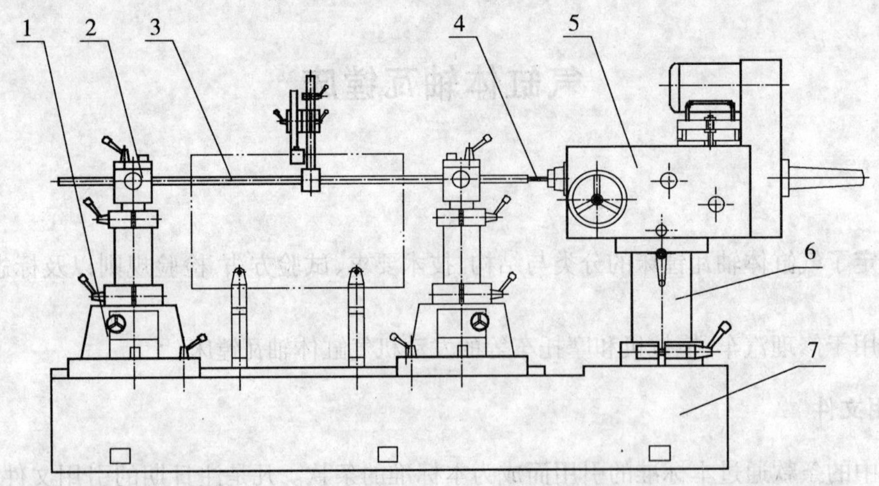

图 1 基本型气缸体轴瓦镗床

1-镗刀杆支架位置调整机构;2-镗刀杆支架;3-镗刀杆;4-万向节头;5-主轴箱;6-主轴箱位置调整机构;7-床身

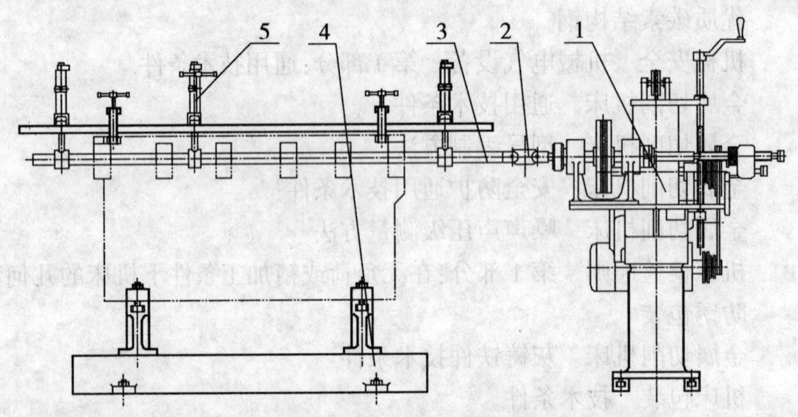

图 2 简易型气缸体轴瓦镗床

1-动力头;2-万向节头;3-镗刀杆;4-垫铁;5-可调整的活动镗架

系统为开启式或半开启式。机床主轴作回转运动和轴向进给运动。在无动力源的情况下应具有手动镗削功能。

3.2.3 整形修理型气缸体轴瓦镗床

整形修理型气缸体轴瓦镗床是在基本型基础上,增加相应的缸体及镗刀杆定位模板部件等组成。

4 技术要求

4.1 几何精度

4.1.1 主轴径向跳动误差不应大于 0.04mm。

4.1.2 镗刀杆的径向跳动误差不应大于 0.01mm。

4.2 工作精度

4.2.1 镗削后的缸体轴承孔圆柱度误差不应大于 0.005mm。

4.2.2 镗削后的缸体各轴承孔的同轴度误差不应大于 0.04mm。

4.2.3 镗削后轴承孔表面粗糙度不大于 Ra 0.8μm。

4.3 电气系统

电气系统的技术要求应符合 GB 5226.1 保护接地电路的连续性、绝缘电阻检验和耐压试验的有关规定。

4.4 空运转性能

4.4.1 空运转功率

主运动机构各级速度空运转至稳定状态时,其空运转功率(不包括主电机的空载功率)不应大于主电机额定功率的30%。

4.4.2 温度和温升

主轴轴承达到稳定温度时,温度不大于70℃,温升不大于40℃。

4.4.3 噪声

噪声的声压级不大于83dB(A)。

4.4.4 镗床活动部位

镗床活动部位要求如下:

a) 镗床主运动系统的起动、停止动作应灵敏、可靠;

b) 变速机构应灵活、可靠,指示准确;

c) 调整机构、夹紧机构和其他附件应灵活、可靠;

d) 工件、刀具、量具及附件的装卸应灵活、可靠;

e) 手轮、手柄操纵力应符合表1的规定。

表1 手轮、手柄操纵力 单位:N

项 目	操 纵 力
镗刀杆支架移动调节手轮 主轴箱变速和进给操纵手柄	≤40
主轴箱升降或水平移动手柄 主轴手动进给手轮 镗刀杆支架升降手轮	≤60

4.4.5 安全防护

主轴进给运动应有限位和预防碰撞的保护装置,并安全、可靠。

4.5 负荷特性

主传动系统功率达到额定值时,其结构稳定性良好,电气系统正常、可靠。

4.6 材料性能和加工质量

4.6.1 下列铸件的材料机械性能不应低于JB/T 3997中HT200的性能,并在粗加工后进行时效处理:

a) 主轴箱;

b) 镗刀杆支架立柱;

c) 镗刀杆支架底座。

4.6.2 镗刀杆材料的机械性能不应低于GB/T 699中的45号钢性能,并采取耐磨措施,硬度不低于HRC42。

4.6.3 下列结合面配合加工要求应符合JB/T 9872中有关重要固定结合面的规定:

a) 主轴箱上面与箱盖下面;

b) 主轴箱与立柱结合面。

4.7 清洁度

重要零件表面、机械传动系统、主轴箱内不应有金属屑、金属末、灰尘、棉丝、漆皮等脏物,应符合JB/T 9877中的有关规定。

4.8 外观要求

应符合GB/T 9061的有关规定。

5 试验方法

5.1 一般要求

5.1.1 精度检测前的安装，主轴及其他部件的空运转升温，检测工具的精度，均应符合 GB/T 17421.1 中的规定。

5.1.2 精度检测前，须安置在适当基础上，在床身导轨上放置水平仪，其纵向和横向的读数均不超过 0.08/1000。

5.2 几何精度检测

几何精度的检测应按表 2 规定进行。

按 5.6 规定的负荷试验后，应进行几何精度的复检。

表 2 几何精度检测

序号	简图	检测项目	检测方法
1	千分表	主轴径向跳动	固定千分表，使其测头触及主轴表面。旋转主轴，在垂直平面和水平平面内检验，千分表读数的最大差值应符合规定要求
2	千分表 a b	镗刀杆径向跳动	固定千分表，使其测头分别触及靠近镗套端部的镗刀杆表面上 a、b 点旋转镗刀杆，在垂直平面和水平平面内检验，a、b 两点误差分别计算，千分表读数最大差值应符合规定要求

5.3 工作精度检测

5.3.1 试件和刀具

a) 试件材质：高锡铝合金；

b) 刀具采用硬质合金镗刀。

5.3.2 检测方法

a) 用两点法检测试件的若干横剖面和纵剖面，任一横剖面上和任一纵剖面上最大直径和最小直径差值的 1/2，应符合 4.2.1 的规定；

b) 将镗刀杆支架上的镗套更换为检验轴套，以两检验轴套为两支点穿入检验棒，并使检验棒穿过缸体轴承孔，将杠杆千分表或专用对中表固定在检验棒的相应位置上，旋转检验棒，并调整镗刀杆支架找正检验棒的位置，使千分表在缸体两端轴承孔读数为零，然后依次检验各中间轴承孔。千分表读数的最大差值应符合 4.2.2 的规定；

c） 用表面粗糙度比较样块，检验轴承孔内表面的表面粗糙度，应符合4.2.3的规定。

5.4 电气系统检测

应按GB 5226.1保护接地电路的连续性、绝缘电阻检验及耐压试验的有关规定进行检测。

5.5 空运转试验

试验时，机床的主运动机构应从最低速度起依次运转，每级速度运转时间不得少于2min，在最高转速下运转足够的时间(不得少于1h)，使主轴轴承达到稳定温度。

5.5.1 空运转功率试验

主运动机构各级速度空运转功率达到稳定后，用功率表测量功率，应符合4.4.1的规定。

5.5.2 温度和温升试验

主轴轴承达到稳定温度时，用半导体点温计检验主轴轴承的温度和温升，应符合4.4.2的规定。

5.5.3 噪声检验

按GB/T 16769规定的方法测量机床噪声的声压级，测量结果应符合4.4.3的规定。

5.5.4 活动部位试验

按GB/T 9061的要求进行空运转，在镗床空运转条件下检查以下项目：

a） 选择一中等速度反复启动、停止主运动不少于5次，进行检验应符合4.4.4a)的规定；

b） 变换主运动进给运动的速度不少于5次，检查变速机构应符合4.4.4b)的规定；

c） 用测力计检验手轮操纵力，应符合表1的规定。

5.5.5 安全防护检测

按GB/T 15760规定的方法进行检测，其结果应符合4.4.5的规定。

5.6 负荷试验

在功率表的监测下调节负载，使主传动系统达到额定功率的时间不少于0.5min，机械和电器应符合4.5的规定。

5.7 材料性能和加工质量检测

铸件的材料机械性能应按JB/T 3997进行检测，其结果应符合4.6.1的规定。

钢件应按GB/T 699进行检测，其结果应符合4.6.2的规定。

重要固定结合面应按JB/T 9876进行检测，其结果应符合4.6.3的规定。

5.8 清洁度检验

清洁度用目测手感法检验，其结果应符合4.7的规定。

5.9 外观质量检验

各部位的外观质量用目测手感法检验，其结果应符合4.8的规定。

6 检验规则

产品验收检验分为型式检验和正常生产产品的出厂检验。

6.1 型式检验

6.1.1 有下列情况之一时，一般应进行型式检验：

a） 新产品试制、定型鉴定时；

b） 机床结构、性能有较大变化时；

c） 产品停产一年以上又重新生产时；

d） 国家质量监督机构提出型式检验要求时。

6.1.2 型式检验应从出厂产品中随机抽取一台进行检验。

6.1.3 型式检验项目应符合表3规定。

6.1.4 判定规则

表3中全部检验项目合格，则为型式检验合格，其中有一项不合格时，则应加倍抽样对该项指标进

行复验,复验中若仍有不合格,则判定该次型式检验不合格。

表3 型式检验项目

序 号	检验项目	试验方法	技术要求
1	几何精度	5.2	4.1
2	工作精度	5.3	4.2
3	电气系统	5.4	4.3
4	空运转功率	5.5.1	4.4.1
5	温度和温升	5.5.2	4.4.2
6	噪声	5.5.3	4.4.3
7	活动部位	5.5.4	4.4.4
8	安全防护	5.5.5	4.4.5
9	负荷特性	5.6	4.5
10	材料性能和加工质量	5.7	4.6
11	清洁度	5.8	4.7
12	外观质量	5.9	4.8

6.2 出厂检验

6.2.1 每台产品均应进行出厂检验,检验合格后方可出厂。

6.2.2 每台产品按表3中第1、2、5、7、8和12项逐项进行检验。

7 标志、包装、运输、储存

7.1 标志

7.1.1 每台产品应在适当位置固定铭牌,其内容应包括:

a) 制造厂名;

b) 产品名称;

c) 产品型号;

d) 产品的主参数;

e) 制造日期及出厂编号。

7.1.2 在包装箱规定位置应有如下内容:

a) 产品名称、型号;

b) 出厂编号及箱号;

c) 包装箱外形尺寸:长(cm)×宽(cm)×高(cm);

d) 净质量(kg)、毛质量(kg);

e) 到站及收货单位;

f) 发站及发货单位;

g) 运输及储运指示标志。

7.2 包装

7.2.1 包装前应进行防锈处理,并应符合 GB/T 4879 的规定。

7.2.2 产品出厂包装箱技术要求应符合 JB/T 8356.1 的规定。

7.2.3 随机应提供下列技术文件,随机文件应符合 JB/T 9875 的规定:

a) 使用说明书;

b) 合格证明书;

c) 装箱单。

7.3 运输

按照包装箱上指示进行装卸,运输中不应有较大振动及碰撞。

7.4 储存

产品应储存在空气流通,干燥,无腐蚀金属和破坏漆膜的场所。

ICS 43.180
R 17
备案号：

中华人民共和国交通行业标准

JT/T 125—2007
代替 JT/T 125—1993

气缸珩磨机

Cylinder honing machine

2007-06-28 发布　　2007-10-01 实施

中华人民共和国交通部　发布

气缸珩磨机

1 范围

本标准规定了气缸珩磨机的分类,技术要求,试验方法,检验规则和标志、包装、运输、储存。

本标准适用于汽车、拖拉机和摩托车等机械发动机气缸珩磨用的各式气缸珩磨机。

2 规范性引用文件

下列文件中的条款通过本标准的引用而成为本标准的条款。凡是注日期的引用文件,其随后所有的修改单(不包括勘误的内容)或修订版均不适用于本标准,然而,鼓励根据本标准达成协议的各方研究是否可使用这些文件的最新版本。凡是不注日期的引用文件,其最新版本适用于本标准。

GB 191	包装储运图示标志(GB 191—2000,ISO 780:1997,EQV)
GB/T 3167	金属切削机床　操作指示形象化符号(GB/T 3167—1993,ISO 7000:1984,NEQ)
GB/T 4879	防锈包装
GB 5226.1—2002	机械安全　机械电气设备　第1部分　通用技术条件(IEC 60204-1:2000,IDT)
GB/T 6060.2	表面粗糙度比较样块 磨、车、镗、铣、插及刨加工表面(GB/T 6060.2—2006,ISO 2632-1:1985,MOD)
GB/T 9061	金属切削机床　通用技术条件
GB/T 13306	标牌
GB/T 15375	金属切削机床　型号编制方法
GB/T 16769	金属切削机床　噪声声压级测量方法
JB/T 8356.1	机床包装技术条件
JB/T 8356.2	机床包装箱
JB/T 8356.3	机床包装用中、小木箱
JB/T 9875	金属切削机床　随机技术文件的编制
JB/T 9877	金属切削机床　清洁度的测定

3 分类

3.1 分类

按 GB/T 15375 对金属切削机床名称和类、组系划分表规定,本标准所表述的产品属第三类磨床汽车、拖拉机修磨机床中的气缸珩磨机。综合组系代号为3M98型气缸珩磨机。

3.2 型号

产品的型号按 GB/T 15375 的规定编制。机床型号表示方法为:

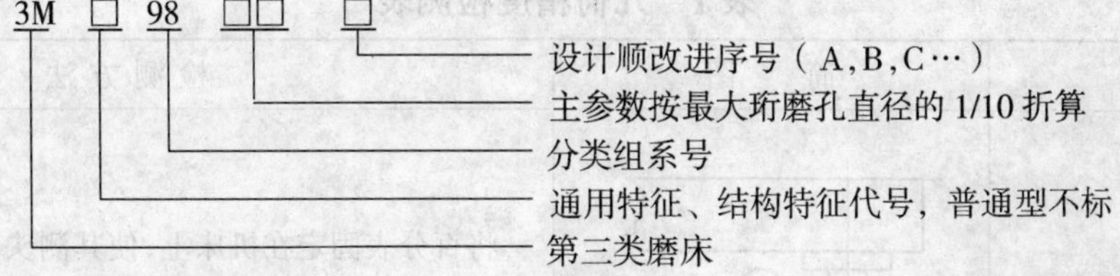

4 技术要求

4.1 几何精度

主轴外圆径向跳动,在靠近前支承处不应大于0.05mm。

4.2 工作精度

经珩磨加工后的气缸孔内表面应符合下列要求：

a) 圆度：不应大于 0.005mm；

b) 圆柱度：不应大于 0.0075mm；

c) 表面粗糙度：不应大于 Ra0.63μm。

4.3 空运转性能

4.3.1 工作性能

气缸珩磨机工作时，往复运动速度低于 5m/min 应无明显的换向停留时间；往复运动速度高于 10m/min越程距离不应大于 20mm。

4.3.2 温度和温升

4.3.2.1 气缸珩磨机主轴旋转轴承达到稳定温度时，温度不大于 70℃，温升不大于 40℃。

4.3.2.2 气缸珩磨机液压系统在额定工作压力条件下，连续运行至热平衡时，液压油的油温不大于 60℃，温升不大于 30℃。

4.3.3 噪声

气缸珩磨机运行时，不应有不正常的尖叫声和冲击声，气缸珩磨机的噪声声压级不大于 83dB(A)。

4.3.4 手轮手柄操纵力

气缸珩磨机的常用手轮、手柄操纵力在工作行程范围内应均匀且不大于 40N。

4.3.5 空运转功率

气缸珩磨机的主传动系统的空运转功率(不包括电机的空载功率)不应超过电机额定功率的 30%。

4.4 冷却系统和液压系统

4.4.1 冷却系统的供液量不低于 20L/min，冷却系统的油箱容量不应低于每分钟供液量的 3 倍。

4.4.2 气缸珩磨机应具有防止冷却液飞溅的防护装置。

4.4.3 气缸珩磨机的冷却液不应混入液压系统，冷却液和液压油不应有漏、渗油现象。

4.4.4 液压油箱内的杂质、污物应清除干净，系统的液压油应清洁，其杂质不应超过 50mg/100mL。

4.5 电气系统

气缸珩磨机电气系统的绝缘、耐压、保护电路的连续性应符合 GB 5226.1 的有关要求。

4.6 外观质量

气缸珩磨机的外观应符合 GB/T 9061 的要求。

5 试验方法

将试件牢固地装夹在气缸珩磨机工作平台上，选择合适的珩磨头，按操作规程完成不少于 3 个气缸孔的粗、精珩磨工作，检查气缸珩磨机的几何精度和工作精度。

5.1 几何精度检测

几何精度的检测按表 1 进行。

表 1 几何精度检测表

检测项目	简图	检测方法
4.1 主轴外圆径向跳动误差		将百分表固定在机床上，使其测头垂直地触及靠近前支承轴承主轴外圆表面，旋转主轴，百分表读数的最大差值即为主轴外圆的径向跳动误差

5.2　工作精度检测

气缸珩磨机工作精度检测按表 2 进行。

表 2　工作精度检测表

序号	检 测 项 目	简　图	检 测 方 法
1	4.2 a)气缸孔圆度		用内径量表在缸孔任意截面上回转测量数点,取其指示器读数最大与最小差值的 1/2 作为单个截面的圆度,按上述方法测量若干个截面,取其最大值为该缸孔的圆度误差
2	4.2 b)气缸孔圆柱度		用内径量表在上口的一个横截面上测量数点,并记录指示器最大与最小读数,按上述方法由上而下测量不少于 3 个横截面,然后取各截面内所测得的所有读数中最大与最小读数差值的 1/2,即为该孔的圆柱度误差
3	4.2 c)气缸孔表面粗糙度		用符合 GB/T 6060.2 标准的表面粗糙度对比检查气缸孔表面粗糙度

工作精度试验的试件要求为:

a)　试件可用符合要求的发动机气缸或专用试件;

b)　试件材料为灰铸铁,表面硬度值 HB190 ± 30,珩磨前的气缸孔内表面粗糙度不应大于 Ra 2.5μm;

c)　试件的孔径不应小于机床最大珩孔直径的 0.6 倍。

5.3　空运转性能检测

5.3.1　工作性能

用秒表、转速表、钢尺等常规工具检测气缸珩磨机工作性能,应符合 4.3.1 的要求。

5.3.2　温度和温升

5.3.2.1　气缸珩磨机运转后,用点温计测量主轴轴承对应的机件外壳处的初始温度,然后逐级从低到高使主轴运转达到最高速,每级转速运转时间不少于 2min,并在高速挡运转不少于 1h,使气缸珩磨机达到稳定温度后,再用点温计测量靠近主轴轴承外壳处的温度,此时即为机床主轴轴承的最高温度。最高温度与初始温度之差为温升,温度与温升的检测结果应符合 4.3.2.1 的要求。

5.3.2.2　液压系统在额定压力下连续工作运转到稳定温度,用温度计在液压箱油泵吸油管口处测定液压油的初始油温、最高油温,并计算液压油温升,测量结果应符合 4.3.2.2 的要求。

5.3.3　噪声

气缸珩磨机噪声的测量应符合 GB/T 16769 的规定,其测量结果应符合 4.3.3 的要求。

5.3.4　手轮手柄操纵力

气缸珩磨机的常用手轮、手柄操纵力用弹簧测力计检验,其操纵力应符合 4.3.4 的要求。

5.3.5　空运转功率

用功率表测量气缸珩磨机主轴高速空运转时的空载输入功率和电机空载功率,其结果应符合4.3.5 的要求。

5.4 冷却系统和液压系统检测

5.4.1 冷却液

用量值容器检验冷却液每分钟供液量及冷却油箱容量,应符合 4.4.1 的要求。

5.4.2 防飞溅装置及回流检验

目测检视防止冷却液飞溅装置和冷却液、液压油回流工作情况,应符合 4.4.2 和 4.4.3 的要求。

5.4.3 清洁度

按 JB/T 9877 的要求用称重法检验液压油的清洁度,应符合 4.4.4 的要求。

5.5 电气系统安全性检验

电气系统的安全性能应按照 GB 5226.1 的有关规定,对气缸珩磨机的电气系统的绝缘性能、耐压性能和保护电路的连续性性能进行检验,测量结果应符合 4.5 的要求。

5.6 外观检验

目测检验气缸珩磨机的外观,其结果应符合 4.6 的要求。

6 检验规则

6.1 检验分类及检验项目

气缸珩磨机产品检验分出厂检验和型式检验,检验项目见表 3。

表3 检 验 项 目 表

序号	检 验 项 目	试验方法	技术要求
1	几何精度	5.1	4.1
2	工作精度	5.2	4.2
3	工作性能	5.3.1	4.3.1
4	主轴及液压油的温度和温升	5.3.2	4.3.2
5	气缸珩磨机噪声	5.3.3	4.3.3
6	手轮手柄操纵力	5.3.4	4.3.4
7	空运转功率	5.3.5	4.3.5
8	防飞溅和回流	5.4.2	4.4.2,4.4.3
9	冷却液容量和液压油清洁度	5.4.1,5.4.3	4.4.1,4.4.4
10	电气系统	5.5	4.5
11	外观质量	5.6	4.6

6.2 型式检验

6.2.1 有下列情况之一时,一般应进行型式检验:

a) 新产品或老产品转厂生产的试制定型鉴定;

b) 产品结构、材料、工艺如有较大改变,可能影响产品性能时;

c) 正常生产时,应每年进行一次型式检验;

d) 产品长期停产(一年以上)恢复生产时;

e) 常规检验结果与上次型式检验有较大差异时;

f) 国家质量监督机构提出进行型式检验要求时。

6.2.2 型式检验样机数量:一台。

6.2.3 型式检验项目按表3要求逐项检验。

6.2.4 型式检验的项目全部合格,即判定该次型式检验合格。若有一项不合格,则该次型式检验判定为不合格。

6.3 出厂检验

6.3.1 常规的出厂检验由制造厂质量检验部门负责。

6.3.2 出厂检验项目按表3第1、3、6、8、10、11项要求逐项检验,表3中第2、4、5、7、9项为抽检项目。每批气缸珩磨机抽检项目按2%执行。若出厂气缸珩磨机数量不满50台时,至少抽检一台。

6.3.3 按表3所列的检验项目如出现不合格情况时,应找出原因,排除故障后再加倍抽检;如再出现不合格情况时,应对本批产品进行全部检验;如继续发现不合格情况,则判定本批产品为不合格产品,不合格产品不能出厂。

6.3.4 经检验合格的产品,质量检验部门应出具合格证明文件后,产品才能出厂。

7 标志、包装、运输、储存

7.1 标志

7.1.1 标志所采用的铭牌和标牌应符合GB/T 13306和GB/T 3167的规定,铭牌和标牌的字母、数字、图形应清晰耐久,固定位置正确、平整、牢固、不歪斜。

7.1.2 铭牌应固定在设计图样规定的位置,铭牌上至少应有下列内容:

a) 制造厂名;

b) 产品名称;

c) 产品的型号;

d) 主要的技术规格;

e) 出厂编号及出厂年月。

7.1.3 气缸珩磨机包装箱的箱面一般应有以下内容:

a) 产品的型号及名称;

b) 出厂编号及箱号;

c) 箱体体积(长×宽×高),cm^3;

d) 净重及毛重,kg;

e) 制造厂;

f) 收货站(港)及收货单位;

g) 发货站(港)及发货单位。

7.1.4 按GB 191的规定,箱面应有“向上”、“怕湿”、“重心”等包装储运标志。

7.2 包装

7.2.1 气缸珩磨机的包装箱应符合JB/T 8356.1、JB/T 8356.2、JB/T 8356.3的有关规定。

7.2.2 气缸珩磨机在包装前对金属裸露表面应进行防锈处理,气缸珩磨机的防锈应符合GB/T 4879的规定。

7.2.3 包装箱内应放入随机技术文件,并采取防潮措施,保证气缸珩磨机的成套性。气缸珩磨机的随机技术文件应包括使用说明书、合格证明书和装箱单。随机技术文件的编制方法宜符合JB/T 9875的规定。

7.2.4 包装箱内主机应固定,附件箱或工具箱应放在包装箱的空隙处并固定之,与主机接触处应隔开。包装箱内应无杂物、脏物。

7.3 运输

机床的运输应适合陆路及水路运输及装载的要求。

7.4 储存

机床的储存宜放入通风、干燥的室内场地，不应与有腐蚀性、挥发性的化学物品堆放在一起。存放满一年的产品出厂时宜开箱检查，必要时可重新包装。

ICS 43.180
R 17
备案号:

中华人民共和国交通行业标准

JT/T 126—2007
代替 JT/T 126—1993

立式制动鼓镗床

Vertical brake drum boring machine

2007-06-28 发布 2007-10-01 实施

中华人民共和国交通部 发布

立式制动鼓镗床

1 范围

本标准规定了制动鼓镗床分类、技术要求、试验方法、检验规则及标志、包装、运输、储存。

本标准适用于修理汽车和拖拉机制动鼓镗削用的立式制动鼓镗床。

2 规范性引用文件

下列文件中的条款通过本标准的引用而成为本标准的条款。凡是注日期的引用文件,其随后所有的修改单(不包括勘误的内容)或修订版均不适用于本标准,然而,鼓励根据本标准达成协议的各方研究是否可使用这些文件的最新版本。凡是不注日期的引用文件,其最新版本适用于本标准。

GB 191　包装储运图示标志(GB 191—2000,ISO 780:1997,EQV)

GB/T 3167　金属切削机床　操作指示形象化符号(GB/T 3167—1993,ISO 7000:1984,NEQ)

GB/T 4879　防锈包装

GB 5226.1—2002　机械安全　机械电气设备　第1部分　通用技术条件(IEC 60204-1:2000,IDT)

GB/T 6060.2　表面粗糙度比较样块 磨、车、镗、铣、插及刨加工表面(GB/T 6060.2—2006,ISO 2632-1:1985,MOD)

GB/T 9061　金属切削机床　通用技术条件

GB/T 13306　标牌

GB/T 15375　金属切削机床　型号编制方法

GB/T 16769　金属切削机床　噪声声压级测量方法

JB/T 8356.1　机床包装　技术条件

JB/T 8356.2　机床包装箱

JB/T 8356.3　机床包装用中、小木箱

JB/T 9875　金属切削机床　随机技术文件的编制

3 分类

3.1 分类

按 GB/T 15375 对金属切削机床名称和类、组、系划分表的规定,本标准所表述的产品属镗床类汽车、拖拉机修理用镗床,综合组系代号为T83型制动鼓镗床。制动鼓镗床在切削运行时,常见的有工件固定、刀具旋转并垂直进给和工件旋转、刀具垂直进给切削两种情况。

3.2 型号

型号命名应符合 GB/T 15375,方法如下:

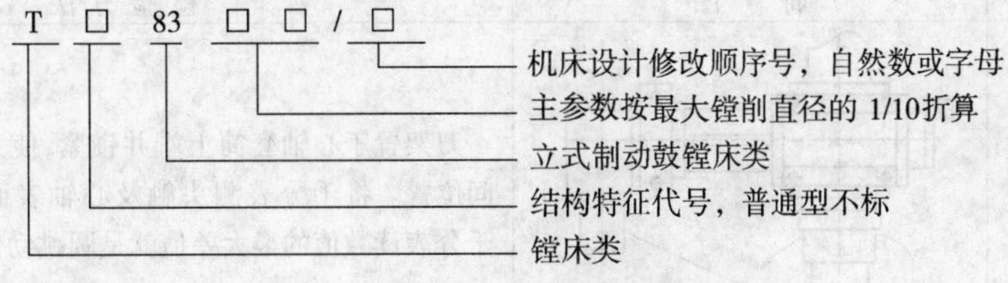

4 技术要求

4.1 几何精度

4.1.1 工件固定、刀架旋转类制动鼓镗床的几何精度：刀架转动对心轴的径向跳动不大于0.05mm。

4.1.2 工件旋转、刀架移动进给类制动鼓镗床的几何精度：

a) 主轴定位孔的径向跳动误差不大于0.015mm；

b) 主轴的轴向跳动误差不大于0.01mm；

c) 主轴轴肩支承面的跳动误差不大于0.02mm；

d) 主轴轴线的圆跳动误差近主轴端面处不大于0.015mm；离主轴端面300mm处不大于0.025mm；

e) 主轴轴线对刀架移动导轨面的平行度在切削刀尖移动母线上的误差不大于0.025mm/300mm，在刀尖移动母线的90°正交线处误差不大于0.05mm/300mm。

4.2 工作精度

镗削后的制动鼓应符合表1的规定。

表1 工作精度表

序号	项　目	允许偏差	
		最大镗削直径＜500mm	最大镗削直径≥500mm
1	圆柱面对轴承孔的圆跳动	≤0.08mm	≤0.10mm
2	圆柱度	≤0.04mm	≤0.05mm
3	表面粗糙度	≤Ra3.2μm	≤Ra3.2μm

4.3 空运转性能

4.3.1 主轴转速应由低到高逐级运转，主轴轴承达到稳定温度时，主轴轴承温度不应大于70℃，温升不大于40℃。

4.3.2 机床运转时不应有不正常的尖叫声和不规则的冲击声。机床的噪声声压级不大于85dB(A)。

4.3.3 各常用手轮、手柄的操纵力应均匀且不大于40N，不常用的手轮、手柄的操纵力不应大于80N。

4.3.4 机床的空运转功率(不包括电机的空载功率)不应超过电机的额定功率30%。

4.4 电气系统

机床的电气系统的绝缘、耐压和接地连续性性能应符合GB 5226.1的有关要求。

4.5 负荷试验特性

机床进行负荷切削时，所有的机构工作应正常。不应有明显的震颤，不应发生传动轴咬死等现象，制动鼓镗床切削功率应达到最大设计功率。

4.6 外观

机床的外观应符合GB/T 9061的规定。

5 试验方法

5.1 几何精度检验

机床的几何精度检验，应符合表2或表3规定。机床空运转试验前和负荷切削后均应符合要求。

表2 工件固定类制动鼓镗床精度检验表

检验项目	简　图	检验方法
刀架旋转对心轴的圆跳动误差	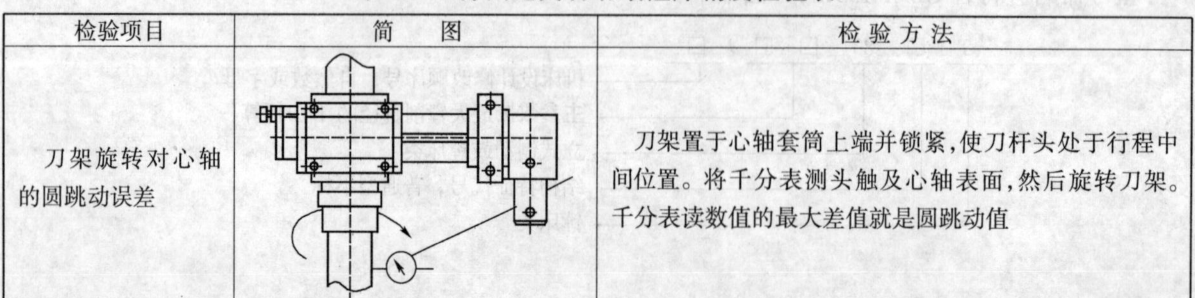	刀架置于心轴套筒上端并锁紧，使刀杆头处于行程中间位置。将千分表测头触及心轴表面，然后旋转刀架。千分表读数值的最大差值就是圆跳动值

表 3　工件旋转类制动鼓镗床精度检验表

序号	检验项目	简　图	检验方法
1	主轴定位孔的径向跳动		将千分表座固定在走刀架上，千分表测头触及主轴定位孔的圆周面上。转动主轴，指示器读数的最大差值，即为主轴定位孔的径向跳动误差
2	主轴的轴向跳动和主轴轴肩支承面的跳动	a b	将千分表座固定在走刀架上，主轴定位孔插入检验心轴，心轴中心孔放入钢球，将千分表测头顶在钢球上，转动主轴，千分表读数的最大差值即为主轴的轴向跳动误差。将千分表测头触及主轴轴肩支承面上，同上方法，可测得主轴轴肩支承面的跳动误差值
3	主轴轴线的圆跳动	b a 300mm	将千分表座固定在走刀架上，使千分表测头触及检验心棒表面 a、b 两处，分别检验。旋转主轴，每次测得读数的最大差值，即为该处主轴轴线的圆跳动误差值
4	主轴轴线对刀架垂直移动导轨面的平行度： a)在切削刀具移动的垂直母线上误差； b)在切削刀具垂直移动母线90°正交线处误差	b a 300mm	将千分表座固定在走刀架上，使千分表测头触及检验心棒表面 a、b 处，垂直移动走刀架进行检验。记下第一次测得的读数差值，将心棒旋转 180°重复检验一次，并记下测得的读数差值。二次测得的读数差值的算术平均值即为主轴轴线对刀架垂直移动导轨面的平均度，a、b 两处分别计算

5.2　工作精度

5.2.1　工作精度检验宜在制动鼓镗床空运转或负荷切削(在需要进行负荷切削时)试验后进行。

5.2.2　工作精度检验用试件宜用鼓式汽车制动轮壳体。试件镗削直径和镗削宽度不应小于该型号制动鼓镗床的主参数的最大尺寸的 60%，切削刀具的几何形状应符合切削要求。制动鼓镗床的主轴转速和刀具进给量等切削参数按制动鼓镗床切削设计计算书的规定进行。

5.2.3　制动鼓镗床工作精度的检验按表 4 进行。

表 4　制动鼓镗床工作精度检验表

序号	检验项目	简　图	检验方法
1	制动鼓内圆柱面对轴承孔轴线的径向圆跳动	百分表 心轴 制动鼓内圆柱面	将百分表座固定在检验心轴上，使百分表的测头触及制动鼓切削表面上，旋转心轴，使测头与制动鼓切削面相对移动，百分表读数最大值与最小值之差即为制动鼓内圆柱面对轴承孔的径向圆跳动误差

表 4(续)

序号	检验项目	简图	检验方法
2	制动鼓内圆柱面的圆柱度		用内径千分尺采用两点法进行检测,在制动鼓内圆柱面上如 AA、BB 所示任取上、中、下 3 个横截面,在同一横截面上任意 aa′、bb′二处测量直径值,然后取各截面内所测读数中最大与最小直径差值的 1/2,即为制动鼓内圆柱面的圆柱度误差
3	制动鼓内圆柱面的表面粗糙度		用符合 GB/T 6060.2 的比较样块目测检验

5.3 空运转检验

5.3.1 主轴轴承温度与温升检验

机床的主轴启动后,用点温计测量主轴轴承的初始温度。然后从制动鼓镗床的最低转速起,逐级依次运转,每级运转时间不少于 2min,在主轴最高转速时应运转足够时间,连续运转时间不少于 1h,在主轴轴承达到稳定温度时,在轴承或紧靠轴承的相邻部位测得主轴轴承的最高温度,其最高温度及其温升值应符合 4.3.1 的规定。

5.3.2 噪声检验

机床的噪声检验按 GB/T 16769 的规定进行,测量结果应符合 4.3.2 的规定。

5.3.3 手轮手柄操纵力检验

用管状弹簧测力计测量制动鼓镗床各操纵手轮、手柄的操纵力,测量结果应符合 4.3.3 的规定。

5.3.4 空运转功率检验

用功率表测量电动机的空载功率和制动鼓镗床高速运转时的空运转功率,其结果应符合 4.3.4 的规定。

5.4 电气系统检验

电气系统的安全性能检验应按 GB 5226.1 的有关规定进行。对制动鼓镗床的绝缘性能、耐压性能和保护电路的连续性性能的检验结果应符合 4.4 的要求。

5.5 负荷试验

负荷切削试验应在空运转试验完成后进行,切削试验用的试件与刀具的要求与 5.2.2 相同。按设计计算书的规定逐渐加大切削深度直至达到规定的最大切削负荷功率,试验加工应符合 4.5 的要求。

5.6 外观检验

目测检验制动鼓镗床外观质量,检验结果应符合 4.6 的要求。

6 检验规则

6.1 检验分类及检验项目

产品检验分出厂检验与型式检验,检验项目按表 5 进行。

表 5 检验项目表

序号	检验项目	技术要求	检验方法
1	几何精度	4.1	5.1
2	工作精度	4.2	5.2
3	主轴轴承温度与温升	4.3.1	5.3.1
4	机床噪声	4.3.2	5.3.2
5	手轮、手柄操纵力	4.3.3	5.3.3
6	空运转功率	4.3.4	5.3.4
7	电气系统	4.4	5.4
8	负荷切削	4.5	5.5
9	外观	4.6	5.6

6.2 型式检验

6.2.1 有下述情况之一时，一般应进行型式检验：

a) 新产品或老产品转厂生产的试制定型鉴定；

b) 产品的结构、材料、工艺如有较大变动，可能影响产品性能时；

c) 正常生产时，应每年进行一次型式检验；

d) 产品长期停产(一年以上)恢复生产时；

e) 常规检验结果与上次型式检验有较大差异时；

f) 国家质量监督机构提出进行型式检验要求时。

6.2.2 型式检验样机数量：一台。

6.2.3 型式检验项目，如表 5 所列逐项检验。

6.2.4 型式检验项目全部合格，即判定该次型式检验合格。若有一项不合格，则该次型式检验判为不合格。

6.3 出厂检验

6.3.1 常规的出厂检验由制造厂质量检验部门负责。

6.3.2 出厂产品检验项目按表 5 第 1、3、5、7、9 项要求逐项检验，表 5 中第 2、4、6、8 项为抽验项目。每批机床抽验项目按出厂产品数 2% 执行，若出厂机床数量不满 50 台时，至少抽验一台。

6.3.3 按表 5 所列的检验项目出现不合格情况时，应找出原因，排除故障后再加倍抽验。如再出现不合格情况时，应对本批机床进行 100% 检验。如继续发现不合格情况，则判定本批产品不合格。不合格产品不准出厂。

6.3.4 经检验合格的产品，质量检验部门应出具合格证明文件后，产品才能出厂。

7 标志、包装、运输、储存

7.1 标志

7.1.1 标志所采用的铭牌和标牌应符合 GB/T 13306 和 GB/T 3167 的规定。铭牌和标牌的数字和字母应清晰耐久，固定位置要正确、平整、牢固、不歪斜。

7.1.2 铭牌应固定在设计图样规定的位置。铭牌上至少应有下列内容：

a) 制造厂名；

b) 产品的名称；

c) 产品的型号；

d) 重要技术规格(包括最大设计切削功率)；

e） 出厂编号及出厂年月。

7.1.3 制动鼓镗床包装箱面一般应标有以下内容：

a） 产品型号及名称；

b） 出厂编号及箱号；

c） 箱体体积（长×宽×高），cm^3；

d） 净重及毛重，kg；

e） 制造厂；

f） 收货站（港）及收货单位；

g） 发货站（港）及发货单位；

7.1.4 按GB 191的规定，箱面应有“向上”、“怕湿”、“重心”等包装储运标志。

7.2 包装

7.2.1 制动鼓镗床的包装箱应符合JB/T 8356.1、JB/T 8356.2、JB/T 8356.3的有关规定。

7.2.2 制动鼓镗床在装箱前对金属零件的裸露表面应进行防锈处理。产品的防锈应符合JB/T 4879的规定。

7.2.3 包装箱内应放入随机技术文件，并采取防潮措施，保证制动鼓镗床的成套性。随机技术文件应包括使用说明书、合格证明书和装箱单。随机技术文件的编制方法宜符合JB/T 9875的规定。

7.2.4 包装箱内主机应固定，附件箱或工具箱应放在包装箱的空隙处并固定之，与主机接触处应隔开。包装箱内应无杂物、脏物。

7.3 运输

制动鼓镗床的运输应适合陆路及水路运输与装载的要求。应按照包装箱面指示装卸并固定，运输中不应有较大的振动和碰撞。

7.4 储存

制动鼓镗床包装箱储存宜放入通风、干燥的室内场地。禁止与有腐蚀性、挥发性的化学物品堆放在一起。存放满一年的产品在出厂时宜开箱检查，必要时可重新包装、油漆。

ICS 43.180
R 17
备案号：

中华人民共和国交通行业标准

JT/T 129—2007
代替 JT/T 129—1993

磨 气 门 机

Valve refacer

2007-06-28 发布 2007-10-01 实施

中华人民共和国交通部 发布

磨 气 门 机

1 范围

本标准规定了磨气门机的类型结构、技术要求、检验方法、检验规则和标志、包装、运输、储存等要求。

本标准适用于汽车、拖拉机和摩托车等发动机气门修理用的磨气门机。

2 规范性引用文件

下列文件中的条款通过本标准的引用而成为本标准的条款。凡是注日期的引用文件,其随后所有的修改单(不包括勘误的内容)或修订版均不适用于本标准,然而,鼓励根据本标准达成协议的各方研究是否可使用这些文件的最新版本。凡是不注日期的引用文件,其最新版本适用于本标准。

GB 191　包装储运图示标志(GB 191—2000,ISO 780:1997,EQV)

GB/T 3167　金属切削机床　操作指示形象化符号(GB/T 3167—1993,ISO 7000:1984,NEQ)

GB 5226.1—2002　机械安全　机械电气设备　第1部分　通用技术条件(IEC 60204-1:2000,IDT)

GB/T 6060.2　表面粗糙度比较样块　磨、车、镗、铣、插及刨加工表面(GB/T 6060.2—2006,ISO 2632-1:1985,MOD)

GB/T 9061　金属切削机床　通用技术条件

GB/T 13306　标牌

GB/T 16769　金属切削机床　噪声声压级测量方法

JB/T 8356.1　机床包装　技术条件

JB/T 8356.2　机床包装箱

JB/T 8356.3　机床包装用中、小木箱

JB/T 9875　金属切削机床　随机技术文件的编制

3 类型、结构

3.1 类型

磨气门机按功能分为以下两种类型:

a) 基本型:应能完成气门芯锥面的修磨;

b) 多功能型:除能完成基本型的功能外,还可修磨气门芯杆的端面或修磨其他加工面。

3.2 结构

为满足加工所需功能,磨气门机一般由机身、拖板、车头座、砂轮座、冷却液泵等组成,见图1。

4 技术要求

4.1 基本参数

4.1.1 最大磨削直径不应小于60mm。

4.1.2 气门锥面磨削角调整范围应为30°~60°。

4.2 几何精度

4.2.1 车头主轴内锥面的圆跳动值不应大于0.01mm;

4.2.2 车头主轴夹持检验棒后,在离主轴端面30mm处圆跳动的值不应大于0.02mm;

4.2.3 砂轮安装轴锥面的圆跳动值不应大于0.015mm。

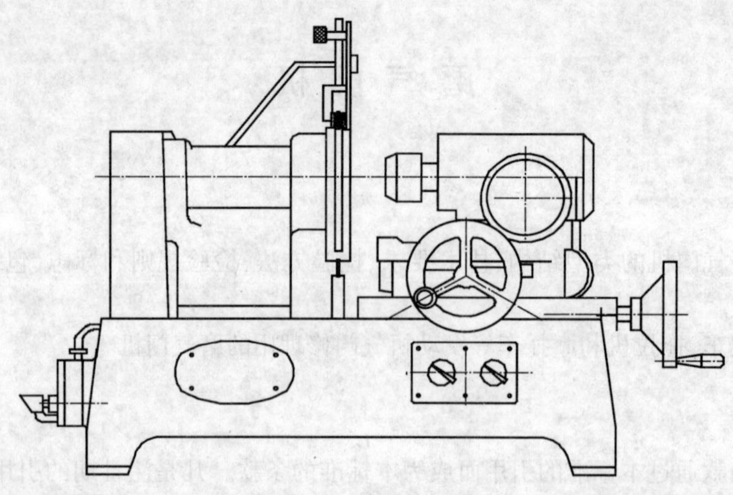

图1 磨气门机外形图

4.3 工作精度

4.3.1 加工后试件气门锥面对气门杆轴线的圆跳动值不应大于 0.025mm;

4.3.2 加工后试件气门锥面的表面粗糙度应为 Ra0.8μm 以上。

4.4 空运转性能

4.4.1 设备空运转时,各运动机构运转应灵活、平稳,无阻滞现象,不应有不正常的尖叫声和不规则的冲击声,设备的噪声声压级不应大于 85dB(A)。

4.4.2 手轮、手柄操纵力在行程范围内应均匀且不大于 40N。有刻度装置的手轮,反向空行程量不大于 1/20r。

4.4.3 主轴承和砂轮工作轴轴承运转达到稳定温度时,按使用轴承的类型,其温度值和温升应符合表1的要求。

表1 轴承温度温升表

单位:℃

轴承类型	温度	温升
滑动轴承	≤60	30
滚动轴承	≤70	40

4.4.4 各注油孔应清晰,油道畅通,指示油标清晰透明,不应有渗漏现象。

4.4.5 冷却系统工作应可靠,冷却液的流量和冷却液箱的容量应足以保证冷却液的连续使用。

4.4.6 砂轮部分应设置安全防护装置。

4.4.7 空运转功率(不包括电机空载功率)不应超过电机额定功率的 25%。

4.5 电气系统性能

机床电气系统的运行绝缘性能、耐压性能及保护电路的连续性要求,均应符合 GB 5226.1 中的有关规定。

4.6 外观

外观应符合 GB/T 9061 的规定。

5 检验方法

5.1 几何精度检测

几何精度在空运转前和负荷切削后均应符合要求,几何精度的检测项目和检测方法应符合表 2 的规定。

表 2 几何精度检测表

序号	检 测 项 目	简 图	检 测 方 法
1	车头主轴内锥面的跳动误差		将千分表固定在机身上，并将千分表测头触及车头主轴内锥面近外端处。旋转车头主轴进行检验，千分表读数的最大差值即是车头主轴内锥面圆跳动误差值
2	车头主轴夹持检验棒后，在离主轴端面 30mm 处的圆跳动误差	30mm	将检验棒夹持在主轴夹头内，将千分表固定在机床床身上，其测头触及检验棒的外表面上，旋转主轴检验。千分表读数的最大差值即是车头主轴的圆跳动误差值
3	砂轮主轴锥面的圆跳动误差		将千分表固定在机床床身上，将千分表测头触及砂轮安装轴锥面靠外端处，旋转砂轮轴检验。千分表读数的最大差值即是砂轮轴的圆跳动误差值

5.2 工作精度检测

5.2.1 试件一般宜采用符合 4.1 要求范围的气门零件。试件气门杆夹紧在车头主轴的夹头中，伸出 30mm 进行修磨。将修磨好的气门放在专用检具上，用千分表检查试件圆跳动的值，应符合 4.3.1 的规定。

5.2.2 试件锥面修磨后，表面粗糙度应和符合 GB/T 6060.2 要求的表面粗糙度样块比照检验，结果应符合 4.3.2 的规定。

5.3 空运转检验

经调整达到运转条件后，方可进行空运转试验。

5.3.1 进行空运转试验时，检查运动机构，并按 GB/T 16769 的规定进行机床噪声检查，测量结果应符合 4.4.1 的规定。

5.3.2 各手轮手柄操纵力及反向空行程量用管状弹簧测力计检测。检验结果应符合 4.4.2 的规定。

5.3.3 主传动系统应逐级运行，每级运行时间不少于 2min，最高速级运转时间不少于 1h，使主轴轴承达到稳定温度。在轴承部位或靠近轴承处用点温计测量，测量结果应符合 4.4.3 的要求。

5.3.4 检视各油孔及油道、油标，其结果应符合 4.4.4 的规定。

5.3.5 检查冷却系统，其结果应符合 4.4.5 的规定。

5.3.6 检查机械系统的安全防护装置，其结果应符合 4.4.6 的规定。

5.3.7 用功率表测量机床运转时空运转输入功率和电机空载输入功率，测试结果符合 4.4.7 的规定。

5.4 电气系统安全性能

电气系统安全性能应符合 GB 5226.1 的有关规定，对机床的绝缘性能、耐压性能和保护电路的连续性性能进行检测。测量结果应符合 4.5 的规定。

5.5 外观检验

用目测法检验磨气门机外观质量，其结果应符合 4.6 的规定。

6 检验规则

6.1 检验分类及检验项目

磨气门机检验分出厂检验和型式检验,检验项目见表3。

表3 检验项目表

序 号	检验项目	检验方法	技术要求
1	几何精度	5.1	4.2
2	工作精度	5.2	4.3
3	空运转、噪声	5.3.1	4.4.1
4	手轮、手柄操纵力	5.3.2	4.4.2
5	轴承温度	5.3.3	4.4.3
6	油路、冷却液	5.3.4、5.3.5	4.4.4、4.4.5
7	安全防护装置	5.3.6	4.4.6
8	空运转功率	5.3.7	4.4.7
9	电气安全	5.4	4.5
10	外观质量	5.5	4.6

6.2 型式检验

6.2.1 有下列情况之一时,一般应进行型式检验:

a) 新产品或老产品转厂生产试制定型鉴定;

b) 产品结构、材料、工艺有较大改变,可能影响产品性能时;

c) 正常生产时每年应进行一次型式检验;

d) 产品长期停产(一年以上)恢复生产时;

e) 出厂检验结果与上次型式检验有较大差异时;

f) 国家质量监督机构提出进行型式检验要求时。

6.2.2 型式检验样机数量:一台。

6.2.3 型式检验项目按表3要求逐项检验。

6.2.4 型式检验项目全部合格,即判定该次型式检验合格;若有一项不合格,则该次型式检验判定为不合格。

6.3 出厂检验

6.3.1 产品出厂检验应由制造厂质量检验部门负责。

6.3.2 出厂检验项目按表3第1、4、6、7、9、10项要求逐项检验;表3中第2、3、5、8项为抽验项目。抽验项目按每批产品出厂数的2%执行;若交验数量不满50台时,至少应抽验一台。

6.3.3 按表3所列的检验项目出现不合格情况时,应找出原因,排除故障后再加倍抽验。如再出现不合格情况时,应对本批产品进行100%检验。如继续发现不合格情况,则判定本批产品为不合格产品。不合格产品不准出厂。

6.3.4 经检验合格的产品,质量检验部门应出具产品合格证明文件后,产品才可以出厂。

7 标志、包装、运输和储存

7.1 标志

7.1.1 标志所采用的铭牌和标牌应符合 GB/T 13306 和 GB/T 3167 的规定。铭牌和标牌的数字、字母应清晰耐久,固定位置正确、平整、牢固、不歪斜。

7.1.2 铭牌应固定在设计图样规定的位置，铭牌上至少应有下列内容：

a) 制造厂名；

b) 产品名称；

c) 产品的型号及重要的技术规格；

d) 出厂编号及出厂年月。

7.1.3 磨气门机包装箱面一般应标有以下内容：

a) 产品型号及名称；

b) 出厂编号及箱号；

c) 箱体体积(长×宽×高)，cm^3；

d) 净重及毛重，kg；

e) 制造厂；

f) 收货站(港)及收货单位；

g) 发货站(港)及发货单位。

7.1.4 按 GB 191 的规定，箱面应有“向上”、“怕湿”、“重心”等包装储运标志。

7.2 包装

7.2.1 包装箱应符合 JB/T 8356.1、JB/T 8356.2、JB/T 8356.3 的有关规定。

7.2.2 产品在包装前，金属零件的裸露表面应进行防锈处理，机床的防锈应符合 GB/T 4879 的规定。

7.2.3 包装箱内应放入随机技术文件，并采取防潮措施，保证磨气门机的成套性。磨气门机的随机技术文件应包括使用说明书、合格证明书和装箱单。随机技术文件的编制方法宜符合 JB/T 9875 的规定。

7.2.4 包装箱内的主机应固定，规定装入的附件箱或工具应固定在包装箱的空隙处，与主机接触处应隔开，包装箱内应无杂物、脏物。

7.3 运输

产品的运输应适合陆路及水路运输与装载的要求。

7.4 储存

产品的储存宜放入通风、干燥的室内场地，不应与有腐蚀性、挥发性的化学物品堆放在一起。存放满一年的产品在出厂时，宜开箱检查，必要时可重新包装。

ICS 43.180
R 17
备案号:

中华人民共和国交通行业标准

JT/T 155—2004
代替 JT/T 155—1994

汽车举升机

Automobile lift

2004-04-16 发布 2004-07-15 实施

中华人民共和国交通部 发布

汽车举升机

1 范围

本标准规定了汽车举升机的术语和定义、产品分类、要求、试验方法、检验规则以及标志、包装、运输和贮存等。

本标准适用于额定举升质量不大于 20 000kg 的各类液压传动和机械传动的汽车举升机(以下简称举升机)。

2 规范性引用文件

下列文件中的条款通过本标准的引用而成为本标准的条款。凡是注日期的引用文件,其随后所有的修改单(不包括勘误的内容)或修订版均不适用于本标准,然而,鼓励根据本标准达成协议的各方研究是否可使用这些文件的最新版本。凡是不注日期的引用文件,其最新版本适用于本标准。

GB/T 191　包装储运图示标志(eqv ISO 780)
GB/T 2681　电工成套装置中的导线颜色
GB/T 2682　电工成套装置中的指示灯和按钮的颜色
GB 2894—1996　安全标志(neq ISO 3864:1984)
GB/T 3323　钢熔化焊对接接头射线照相和质量分级
GB/T 3765　卡套式管接头技术条件
GB/T 3766　液压系统通用技术条件(eqv ISO 4413)
GB/T 3768—1996　声学　声压法测定噪声源声功率级　反射面上方采用包络测量表面的简易法(eqv ISO 3746)
GB/T 5653　扩口式管接头技术条件
GB/T 5972　起重机械用钢丝绳检验和报废实用规范(eqv ISO 4309)
GB/T 6074　板式链、端接头及槽轮
GB/T 8918　钢丝绳(eqv ISO 2408)
GB/T 13306　标牌
GB/T 13384　机电产品包装通用技术条件
JB/T 7949　钢结构焊缝外形尺寸

3 术语和定义

下列术语和定义适用于本标准。

3.1 汽车举升机　automobile lift

用以支承在汽车底盘或车身的某一部位,使汽车升降的设备。

3.2 额定举升质量　capacity

举升机在有效工作行程范围内,能够举升/降下的最大允许举升质量。

3.3 最大举升高度　lifting stroke

举升机与汽车相接触的最低支承面与地面的最大垂直移动距离。

3.4 同步装置　synchronizer

保持举升机工作(升降)台同步升/降的装置。

3.5 下沉量 descending volume

举升机的工作位置自然垂直下降的移动距离。

4 产品分类

4.1 分类

4.1.1 按传动方式分为液压传动和机械传动两种。

4.1.2 按结构分为有柱式和无柱式。

4.2 产品型号

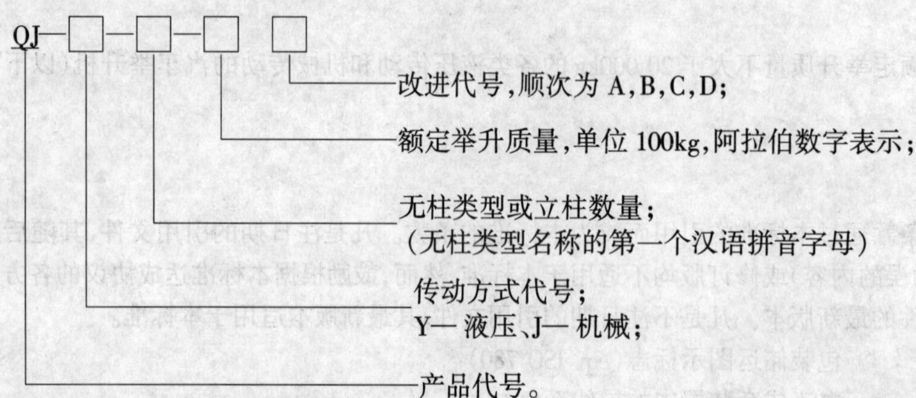

示例:QJ-Y-J-50A,即表示液压剪式举升质量为 5 000kg、第一次改进的汽车举升机。

示例:QJ-J-2-30C,即表示机械式 2 柱举升质量为 3 000kg、第三次改进的汽车举升机。

5 要求

5.1 主要零部件要求

5.1.1 升降台

5.1.1.1 升降台的强度和刚度应符合表 2 的要求。

5.1.1.2 当升降台面对角线为 L 时,升降台两对角线的差值不大于 $0.002L$。

5.1.2 液压传动系统

5.1.2.1 液压系统设计、安装应符合 GB/T 3766 的有关规定。

5.1.2.2 金属油管及管接头联接处尺寸应符合 GB/T 5653 和 GB/T 3765 的规定。

5.1.3 机械传动部分

5.1.3.1 钢丝绳

5.1.3.1.1 举升用钢丝绳应符合 GB/T 8918 和 GB/T 5972 的规定或品质在同等标准以上的制品,推荐使用线接触钢丝绳,其安全系数应为最大静拉力的七倍以上。

5.1.3.1.2 钢丝绳端和钢丝绳端固定装置的破断拉力值,应为最大静拉力的七倍以上。

5.1.3.2 链条

举升机使用的链条,应符合 GB/T 6074 的规定或品质在同等标准以上的制品,其安全系数应为最大静拉力的五倍以上。

5.1.3.3 滑轮

5.1.3.3.1 滑轮直径与钢丝绳直径的比值应大于 18。

5.1.3.3.2 滑轮应有防止钢丝绳跳出绳槽的装置。

5.2 焊接

5.2.1 焊接表面要求平整均匀,不允许有裂纹、焊穿、脱焊、漏焊等缺陷,并符合 JB/T 7949 的规定。

5.2.2 举升机结构件承载受力部位和单柱、双柱举升机立柱底部四周应按 GB/T 3323 的要求进行照相探伤抽检。

5.3 涂装

5.3.1 涂装前,应对金属表面进行除污、除油、除锈处理。

5.3.2 涂装表面要求均匀、光洁、附着力强、不应有露底、破裂、气泡和明显的流痕、桔皮等现象。

5.4 外观

举升机的外观应清洁,不应有裂纹、毛刺、裸露的金属表面及其他缺陷。

5.5 整机性能

5.5.1 同步装置

具有两个以上升降台、托臂的举升机应设有保持同步升降的装置,在升降的有效工作行程范围内举升机上升和下降的不同步性应小于 3mm/10s。

5.5.2 电气系统

5.5.2.1 举升机的电气系统应根据负荷的大小装有断路器,电机控制应有过载、断相保护装置。

5.5.2.2 举升机如设有照明装置应采用 36V 以下安全电压,其电源应与动力电源分设。

5.5.2.3 指示灯、按钮和导线的颜色应符合 GB/T 2681、GB/T 2682 的规定。

5.5.2.4 操作装置符合以下要求:

a) 操作装置控制电源应采用 36V 以下的安全电压;

b) 升降台、托臂、上升、下降到最大行程的位置时,应具有自动停机装置;

c) 以控制上升及下降为目的的操作装置,原则上应采用"手离即停"的方式;

d) 如果采用"手离持续"的方式,升降台、托臂在最低位置及最大举升高度的位置时,这种持续的功能应被自动地解除。另外,采用"手离持续"方式的设备,应配备紧急停止装置。

5.5.2.5 电气系统应有良好的绝缘性能,绝缘电阻不得小于 5MΩ。

5.5.2.6 电气系统应有可靠的接地装置和明显的接地标志,接地电阻值不大于 4Ω。

5.5.3 安全装置

5.5.3.1 举升机应设有正常工作时防止被举升车辆自然下降的安全装置。

5.5.3.2 机械式举升机,任何工作点都能安全自锁,且应设有工作螺母失效保护装置。

5.5.3.3 液压式举升机应设有钢丝绳及链条突然断裂,油管突然爆裂的保险装置,且该装置应安全可靠。

5.5.3.4 液压式举升机除液压系统能自锁外,还应设有机械锁止装置。

5.5.3.5 平板组合升降台式举升机,应配备防止车轮滚动的装置。

5.5.3.6 门式举升机应配备防止损伤汽车车顶的装置。

5.5.4 技术参数

技术参数见表 1。

表 1 技 术 参 数

<table>
<tr><td rowspan="3">额定举升质量(kg)</td><td colspan="2">最大举升高度(mm)</td><td rowspan="3">最低支承面距地面高度(mm)</td><td rowspan="3">托臂回转角度(底盘接触式)(°)</td><td colspan="4">升降速度(mm/s)</td></tr>
<tr><td rowspan="2">车轮接触式</td><td rowspan="2">底盘接触式</td><td colspan="2">液压传动</td><td colspan="2">机械传动</td></tr>
<tr><td>升</td><td>降</td><td>升</td><td>降</td></tr>
<tr><td>≤</td><td colspan="2">≥</td><td>≤</td><td>≥</td><td>≥</td><td rowspan="4"><40
>20</td><td colspan="2">≥</td></tr>
<tr><td>3 000</td><td>1 500</td><td>1 650</td><td>200</td><td rowspan="3">90</td><td rowspan="2">20</td><td>20</td><td>25</td></tr>
<tr><td>12 000</td><td>1 400</td><td>1 600</td><td>300</td><td>15</td><td>20</td></tr>
<tr><td>20 000</td><td>1 200</td><td>1 400</td><td>350</td><td>15</td><td>10</td><td>15</td></tr>
</table>

5.5.5 举升机在无负荷运行工况时,动作状况应平稳、没有异响或异常现象。

5.5.6 举升机在额定举升质量工况时,动作状况应平稳、没有异响或异常现象,各部分不应有永久变形、破损及其他异常情况。

5.5.7 液压系统工作应平稳、无振动、无爬行现象。

5.5.8 操作装置、安全装置动作应有效、灵敏、安全可靠。

5.5.9 噪声

举升机额定负荷工况时,其噪声不得超过 75dB(A)。

5.5.10 温度

5.5.10.1 液压式举升机在额定举升质量工况时,全行程连续往复升、降 10 次,油温应不高于环境温度 40℃。

5.5.10.2 机械式举升机在额定举升质量工况时,全行程连续往复升、降 10 次,其主要传动部件的表面温度应不高于环境温度 40℃。

5.5.11 下沉量

将 120%额定举升质量,举升到 900mm 高度,在安全装置非锁止状态下停放 10min 后测量升降台、托臂的下沉量应不大于 2mm,举升 8h 后测量下沉量应不大于 8mm。

5.5.12 相对位移量

不同载荷时,相对位移量应符合表 2 的要求。

表 2 相对位移量

项目类别	无负荷状态	额定举升质量状态	120%额定举升质量状态
升降台、托臂从最低位置 H_1 上升到最大举升高度位置 H_2 时的距离为 H,其立柱 H_2 点向内(-)向外(+)倾斜量(单柱)	$\leqslant +0.006H$	$\leqslant -0.006H$	$\leqslant -0.008H$
升降台、托臂从最低位置 H_1 上升到最大举升高度位置 H_2 时的距离为 H,其立柱 H_2 点向前(-)向后(+)倾斜量(单柱)	$\leqslant \pm 0.001H$	$\leqslant \pm 0.002H$	$\leqslant \pm 0.003H$
托臂式举升机各支承面的相对高度差 mm(托臂完全伸展的状态)	≤15		≤20
距立柱最远点的托臂支承面相对下降量 mm(托臂完全伸展的状态)	—	≤40	≤50
当纵梁长度为 L_1 时,两纵梁的挠度(二次举升用副纵梁相同)	$\leqslant +0.002L_1$	$\leqslant 0.0035L_1$	$\leqslant 0.005L_1$
当横梁长度为 L_2 时,两横梁的挠度(二次举升用副横梁相同)	$\leqslant +0.002L_2$	$\leqslant 0.003L_2$	$\leqslant 0.0045L_2$
当升降台面两端 A 点到 B 点的长度为 L_3 时,升降台四角的高度差	$\leqslant 0.001L_3$	$\leqslant 0.002L_3$	$\leqslant 0.003L_3$
当升降台面两端 A 点到 B 点的长度为 L_3 时,升降台 A 点与 B 点的高度差	$\leqslant 0.001L_3$	$\leqslant 0.002L_3$	$\leqslant 0.003L_3$

5.5.13 耐负荷稳定性

5.5.13.1 在安全装置被解除,托臂完全伸展的状态下,在前后方向按 6:4 的比例举升额定举升质量的 120%的载荷,部件不应有破损以及其他的异常情况。

5.5.13.2 在安全装置被解除,托臂完全伸展的状态下,升降台、托臂在最大举升高度位置时,前后方向按 6:4 的比例施加额定举升质量的 150% 载荷，部件不应有永久变形、破损以及其他的异常情况。

5.5.14 耐久性

5.5.14.1 在额定举升质量工况下举升机全行程往复工作 1 000 次，零部件不得失效，焊接件无开焊，电动机无故障、液压系统无故障。

5.5.14.2 在 5.5.14.1 的基础上，举升机继续工作到 3 000 次，以安全可靠为前提，检查零部件损坏程度。允许更换易损件，允许添加液压油和润滑剂。

6 试验方法

6.1 试验用仪器

试验用仪器见表 3。

表 3 试验用仪器

序号	名称	规格型号	准确度等级或分度值	序号	名称	规格型号	准确度等级或分度值
1	水准仪	0～360°	±2mm/km	8	电子秒表	0～9h 59.99s	0.01s
2	经纬仪	0～360°	测回水平方向不大于 ±6″ 测回垂直方向不大于 ±10″	9	标尺	0～500mm	0.1mm
3	声级计	25～140dB(A)	1 级	10	标尺	0～1000mm	0.1mm
4	绝缘电阻测量仪	500V 500MΩ	1MΩ	11	卷尺	0～10m	1 级
5	接地电阻测量仪	0～100Ω	1Ω	12	游标卡尺	0～150mm	0.02mm
6	数字温度计	−40～100℃	1 级	13	外径千分尺	100～300mm	0.01mm
7	数字万用表	—	—	14	外径千分尺	50～150mm	0.01mm

6.2 机械传动部分

6.2.1 举升用钢丝绳

每批钢丝绳使用拉力试验机对试样进行破断拉力试验，其破断拉力值应达到 5.1.3.1 要求的安全系数，如试样不合格，应加倍检验，再不合格，整批报废。

6.2.2 钢丝绳端和钢丝绳端固定装置

使用拉力试验机对库存钢丝绳端和钢丝绳端固定装置进行抽检试验，每批抽检一个，其破断拉力值应符合 5.1.3.1 的要求。如不合格，应加倍抽检，再不合格，整批报废。

6.2.3 举升用链条

使用拉力试验机对库存链条进行抽检试验，每批抽检一根，其破断拉力值应符合 5.1.3.2 的有关要求。如不合格，应加倍抽检，再不合格，整批报废。

6.2.4 滑轮

目测检验滑轮防止钢丝绳跳出绳槽的装置，使用外径千分尺和游标卡尺分别测量滑轮直径与钢丝绳直径的比值，其各项结果应符合 5.1.3.3 的各项要求。

6.3 同步装置

升降台、托臂在任意位置，使用水准仪分别对两个以上升降台、托臂和立柱设定可分辨毫米单位的原点位置标志，使用秒表记时，使用标尺测量举升机举升额定举升质量条件下，上升 30s、下降 20s 内各升降台、托臂的上升、下降距离，其不同步值应符合 5.5.1 的规定。

6.4 电气系统

6.4.1 绝缘电阻

用 500V 绝缘电阻测量仪，测量用绝缘材料隔开的两导体之间的电阻值，应符合 5.5.2.5 的规定。

6.4.2 接地电阻

用接地电阻测量仪测量外部保护导线端子与举升机任何导线零件和金属外壳之间的电阻，应符合 5.5.2.6 的规定。

6.4.3 操作装置动作

6.4.3.1 检查"手离即停"方式的操作装置，在手已离开操作装置的状态时，举升机是否能自动停止升、降运行。在手未离开操作装置的状态时升降台、托臂在到达最低位置及最大举升高度的位置时是否能自动停止运行。

6.4.3.2 检查"手离持续"方式的操作装置，在手离开操作装置的状态时，升降台、托臂在到达最低位置及最大举升高度的位置时是否能自动解除持续运行状态。在手离开操作装置的状态时，进行紧急停止的操作，检查举升机是否能立即停止。

6.5 安全性能

按 5.5.3 各项要求，进行检查及试验。

6.6 升降速度

在常温条件下、举升额定举升质量使用秒表分别测定举升机从升降台、托臂最低位置到最大举升高度位置全行程上升和全行程下降时间，测定 3 次其平均值应符合表 1 的规定。

6.7 无负荷运行

举升机无负荷运行工况时，全行程连续往复升、降 3 次，运行工况应符合 5.5.5 的要求。

6.8 噪声

举升机额定举升质量工作状态时使用声级计，在距离地面高度 1.5m 距离举升机噪声源 1.5m 处，按 GB/T 3768 的方法测量，其噪声应符合 5.5.9 的要求。

6.9 温升

6.9.1 液压式举升机在额定举升质量运行状态时，从升降台、托臂最低位置到最大举升高度位置全行程连续往复升、降 10 次后，使用温度计测量储油箱内的油温，其结果应符合 5.5.10 的要求。

6.9.2 机械式举升机在额定举升质量工作状态时，从升降台、托臂最低位置到最大举升高度位置全行程连续往复升、降 10 次后，使用温度计测量主要传动部件的表面温度，其结果应符合 5.5.10 的要求。

6.10 下沉量

在托臂端部、升降台、两端的 1/2 处安装可分辨毫米单位的标尺，将 120% 额定举升质量，举升到 900mm 高度，使用水准仪设定原点位置，停放 5min、10min、8h 后测定升降台、托臂的下沉量，结果应符合 5.5.11 中的要求（出厂检验时 8h 后的试验项目可以不做）。

6.11 相对位移量

6.11.1 立柱倾斜量

6.11.1.1 在升降台、托臂最低位置 H_1 点和最大举升高度位置 H_2 点的立柱测量面中心位置，分别安装可分辨毫米单位的标尺，使用经纬仪测量各立柱在无负荷状态时 H_2 点向内（－）向外（＋）向前（－）向后（＋）的倾斜量（单柱测量），其结果应符合表 2 中的各项要求。

6.11.1.2 在额定举升质量状态、120% 额定举升质量状态，升降台、托臂在最大举升高度位置时测量 H_2 点向内（－）向外（＋）向前（－）向后（＋）的倾斜量（单柱测量），其结果应符合表 2 中的各项要求。

6.11.2 升降台、托臂端部相对高度差

在升降台、托臂端部安装可分辨毫米单位的标尺，升降台、托臂上升到水准仪便于测量的高度位置，使用水准仪测量举升机在无负荷状态时各支承面的相对高度差，其结果应符合表 2 中的要求。

6.11.3 托臂支承面相对下降量

按 6.11.2 的方法测量距立柱最远点的托臂支承面相对下降量,其结果应符合表 2 中的要求。

6.11.4 纵梁挠度值

在两纵梁两端部和两端的 1/2 处分别安装可分辨毫米单位的标尺,纵梁上升到水准仪便于测量的高度位置,使用水准仪测量两纵梁在无负荷状态、额定举升质量状态和 120% 额定举升质量状态时的挠度值,其结果应符合表 2 中的要求(二次举升用副纵梁的测量方法和要求与上述相同)。

6.11.5 横梁挠度值

按 6.11.4 方法测量,两横梁(二次举升用副横梁)的挠度值,其结果应符合表 2 中的要求。

6.11.6 升降台面四角的高度差

在升降台面四角处分别安装可分辨毫米单位的标尺,升降台上升到水准仪便于测量的高度位置,使用水准仪测量,升降台在无负荷状态、额定举升质量状态和 120% 额定举升质量状态时的升降台面四角的高度差,其结果应符合表 2 中的各项要求。

6.11.7 升降台面两端的高度差

在升降台面两端分别安装可分辨毫米单位的标尺,升降台上升到水准仪便于测量的高度位置,使用水准仪测量,升降台在无负荷状态、额定举升质量状态和 120% 额定举升质量状态时的升降台两端的高差度,其结果应符合表 2 中的要求。

6.12 钢丝绳及链条突然断裂

根据不同情况,在额定负载质量下,作模拟试验。

6.13 耐负荷稳定性

6.13.1 在安全装置被解除,托臂完全伸展的状态下,前后方向按 6:4 的比例举升额定举升质量的 120% 的载荷,使升降台、托臂从最低位置到最大举升高度位置往返升降 3 次,部件不应有破损以及其他的异常情况,为保证试验安全在试验时应安装防止载荷滑落的安全装置。

6.13.2 在安全装置被解除,托臂完全伸展的状态下,升降台、托臂在最大举升高度位置时,前后方向按 6:4 的比例施加额定举升质量的 150% 载荷停留 10min 后,部件不应有永久变形,破损以及其他的异常情况,为保证试验安全在试验时应安装防止载荷滑落的安全装置。

6.14 耐久性

在额定举升质量工况下举升机全行程往复连续工作 1 000 次,零部件不得失效,焊接件无开焊,电动机无故障、液压系统无故障。

在 1 000 次试验的基础上,举升机继续工作到 3 000 次,以安全可靠为前提,检查零部件损坏程度。允许更换易损件,允许添加液压油和润滑剂。

7 检验规则

检验分为产品型式检验和出厂检验两种。

7.1 产品型式检验

7.1.1 产品出现下列情况之一时,应按第 5 章的全部要求进行检验;

a) 新产品投产前;

b) 产品设计工艺和材料有重大改变时;

c) 产品转让或停产一年以上再生产时;

d) 正常生产的产品,每二年或累计生产 500 台进行一次;

e) 出厂检验结果与上次产品型式检验有较大差异时;

f) 质量监督机构,提出进行产品型式检验的要求时。

7.1.2 产品型式检验抽样方法

在出厂检验合格的产品中随机抽样,抽样基数不少于 5 台。

7.1.3 产品检验数量为一台。

7.1.4 产品检验如出现不合格项目时,应对检验产品的数量加倍进行全部项目的重检,如还不合格,则本次产品型式检验为不通过,不许生产。

7.2 出厂检验

出厂检验项目应按第6章中除6.1.14以外的全部要求进行检验,并符合第5章中的相关内容。

8 标志、包装、运输和贮存

8.1 标志

8.1.1 安全标志

在举升机醒目的位置除应设有GB 2894相应的禁止标志、警告标志和提示标志外应设有表4中的禁止标志,禁止标志应符合GB 2894—1996中4.1.3的基本形式要求。

表4 禁止标志

编号	图形标志	名称	说明
4-1		禁止使用	禁止单轮、单轴使用
4-2		禁止站人	举升机在有负荷上升或下降的运行状态时托臂、升降台下禁止站人
4-3		禁止超负荷工作	举升机在正常工作状态时禁止超过额定举升质量工作

8.1.2 产品标志

8.1.2.1 产品铭牌应固定在举升机醒目的位置,并应符合GB/T 13306的规定。

8.1.2.2 产品铭牌应包括下列内容:

a） 制造厂名；

b） 产品名称及型号；

c） 额定举升质量；

d） 最大举升高度；

e） 制造日期；

f） 出厂编号。

8.1.3 包装标志

包装标志应包括下列内容：

a） 制造厂名；

b） 产品名称及型号；

c） 箱号；

d） 毛重、净重；

e） 体积(长×宽×高)

f） 收、发货单位；

g） 喷制“向上”、“怕雨”等图示标志，并应符合 GB/T 191 的规定。

8.2 包装

8.2.1 包装应符合 GB/T 13384 的规定。

8.2.2 装箱时具有下列技术文件：

a） 产品使用说明书；

b） 产品合格证书；

c） 装箱单。

8.3 运输

8.3.1 产品整体或部件运输，应符合运输的有关规定。

8.3.2 产品上可移动的部件，均应固定，并用软包装物垫好。

8.4 贮存

8.4.1 产品在室内存放时，应有良好的通风和防潮措施；

8.4.2 产品在室外存放时，应有良好的遮盖保护，以防风吹日晒雨淋。

中华人民共和国交通行业标准

JT 224—1996

中负荷车辆齿轮油安全使用技术条件

Specifications of safe using automobile heavy duty gear oils

1996-07-26 发布　　　　1996-12-01 实施

中华人民共和国交通部　发布

中华人民共和国交通行业标准

JT 224—1996

中负荷车辆齿轮油安全使用技术条件

Specifications of safe using automobile heavy duty gear oils

1996-07-26 发布　　　　1996-12-01 实施

中华人民共和国交通部　发布

中华人民共和国交通行业标准

JT 224—1996

中负荷车辆齿轮油安全使用技术条件

Specifications of safe using automobile heavy duty gear oils

1996－07－26 发布　　　　1996－12－01 实施

1 范围

本标准规定了中负荷车辆齿轮油安全使用的润滑、防锈、抗腐蚀、抗磨、抗擦伤、抗疲劳、贮存稳定性等必须具备的技术条件。

本标准适用于汽车传动机构为准双曲面齿轮或运行条件较为苛刻的螺旋伞齿轮等中负荷车辆齿轮使用的齿轮油。

2 引用标准

下列标准包含的条文，通过在本标准中引用而构成本标准的条文。在标准出版时，所示版本均为有效。所有标准都会被修订，使用本标准的各方应探讨、使用下列标准最新版本的可能性。

GB/T 260—88　石油产品水分测定法
GB/T 265—88　石油产品运动粘度测定法和动力粘度计算法
GB/T 267—88　石油产品闪点与燃点测定法（开口杯法）
GB/T 387—90　深色石油产品硫含量测定法（管式炉法）
GB/T 511—88　石油产品和添加剂机械杂质测定法（重量法）
GB/T 2541—81　石油产品粘度指数算表
GB/T 3142—82　润滑剂承载能力测定法（四球法）
GB/T 3535—83　石油倾点测定法
GB/T 4756—84　石油和液体石油产品取样法（手工法）
GB/T 5096—85　石油产品钢片腐蚀测定法
GB/T 11143—89　加抑制剂矿物油在水存在下防锈性能试验法
GB/T 11145—89　车用流体润滑剂低温粘度测定法（勃罗克费尔特粘度计法）
GB/T 12579—90　润滑油泡沫性质测定法
SH 0164—92　石油产品包装、贮运及交货验收规则
SH/T 0296—92　添加剂和含添加剂润滑油的磷含量测定法（比色法）
SH/T 0309—92　含添加剂润滑油的钙、钡、锌含量测定法（络合滴定法）

3 要求和试验方法（表 1）

4 推荐使用范围

4.1　适用于在低速高扭矩、高速低扭矩下操作的手动传动箱、螺旋伞齿轮、特别是各种车用的准双曲面齿轮润滑。

表1 要求和试验方法

项目		技术要求			试验方法
		90	85W/90	80W/90	
运动粘度(100℃),mm^2/s		13.5~24.0	13.5~24.0	13.5~24.0	GB/T 265
粘度指数	不小于	75	—	—	GB/T 2541
表观粘度达150Pa·s时的温度1),℃	不高于	—	-12	-26	GB/T 11145
闪点(开口),℃	不低于	180	180	165	GB/T 267
倾点,℃	不高于	-10	-15	-30	GB/T 3535
机械杂质,%	不大于	0.05	0.05	0.05	GB/T 511
水分	不大于	痕迹	痕迹	痕迹	GB/T 260
铜片腐蚀(121℃,3h)	不高于	3b	3b	3b	GB/T 5096
锈蚀试验(15号钢棒)		无锈	无锈	无锈	GB/T 11143 A法
最大无卡咬负荷p_B,N	不小于	883	883	883	GB/T 3142
泡沫倾向性/泡沫稳定性,mL/mL:					GB/T 12579
24℃±0.5℃	不大于	100/0	100/0	100/0	
93℃±0.5℃	不大于	100/0	100/0	100/0	
后24℃±0.5℃	不大于	100/0	100/0	100/0	
磷含量,%		报告	报告	报告	SH/T 0296
硫含量,%		报告	报告	报告	GB/T 387
锌含量,$\times10^{-6}$	不大于	10	10	10	SH/T 0309
齿轮台架2)		通过	通过	通过	附录

1)表观粘度为保证项目。
2)齿轮台架为保证项目。

4.2 适用于规定使用(GL-4)质量水平的后桥齿轮箱,例如:东风EQ-1092、北京BJ2023S、北京BJ1041及进口的日野、日产、三菱等载重汽车和轻型汽车。

4.3 85W/90和80W/90两种齿轮油的使用环境温度分别在-12℃和-26℃以上地区四季通用。

5 包装、标志、贮存、运输及交货验收

本产品的包装、标志、贮存、运输及交货验收应符合SH 0164的规定。

6 抽样

抽样方法应符合GB/T 4756的规定,取3L作为检验和留样用。

齿轮台架试验方法

使用东风EQ 1092车驱动桥总成,每次试验时更换新的主减速器齿轮对和轴承,安装好后加油7L。在全尺寸驱动桥试验台上,按下列试验规范进行试验:

表 A1 试 验 要 求

试验阶段	小齿轮负荷 N·m	小齿轮转速 r/min	油温 ℃	时间 h	备注
磨合	392	320	<65	2	
试验	1 471	320	115±3	20	

试验结束后,取样 0.5L 检验:粘度(40℃)、铜片腐蚀、最大无卡咬负荷等理化指标。

拆检主减速器总成,检验并记录:齿轮表面磨光、刮伤、磨损、擦伤、腐蚀变色、表面疲劳、壳体和齿轮传动部件上的沉积物及铜件的变色情况。

中华人民共和国交通行业标准

JT 225—1996

汽车发动机冷却液安全使用技术条件

Specifications of safe using automobile engine coolant fuild

1996-07-26 发布　　　　1996-12-01 实施

中华人民共和国交通部　发布

中华人民共和国交通行业标准

JT 225—1996

汽车发动机冷却液安全使用技术条件

Specifications of safe using automobile engine coolant fuild

1996-07-26 发布　　1996-12-01 实施

中华人民共和国交通部　发布

中华人民共和国交通行业标准

汽车发动机冷却液安全使用技术条件

JT 225－1996

Specifications of safe using automobile engine coolant fuild

1 范围

本标准规定了汽车发动机冷却系统用冷却液的安全使用技术条件及推荐使用范围。

本标准适用于汽车发动机冷却系统使用的冷却液的使用检验、社会抽查、行业统检。

2 引用标准

下列标准包含的条文,通过在本标准中引用而构成本标准的条文。在标准出版时,所示版本均为有效。所有标准都会被修订,使用本标准的各方应探讨、使用下列标准最新版本的可能性。

GB 10111－88 利用随机数骰子随机抽样方法

SH/T 0065－91 发动机冷却液或防锈剂试验样品的取样及其水溶液的配制

SH/T 0066－91 发动机冷却液泡沫倾向测定法(玻璃器皿法)

SH/T 0069－91 发动机防冻剂、防锈剂和冷却液 PH 值测定法

SH/T 0084－91 冷却系统化学溶液对汽车上的有机涂料影响试验法

SH/T 0085－91 发动机冷却液腐蚀测定法(玻璃器皿法)

SH/T 0089－91 发动机冷却液沸点测定法

SH/T 0090－91 发动机冷却液冰点测定法

SH 0164－92 石油产品包装、贮运及交货验收规则

SH 0521－92 乙二醇型发动机冷却液及其浓缩液

3 技术条件

3.1 普通汽车发动机冷却液技术条件,见表 1。

表 1 普通汽车发动机冷却液技术条件

项目	技术条件			试验方法
	－25 号	－35 号	－45 号	
颜色	清亮透明、有醒目颜色			目测
气味	无异味			
冰点,℃ ≤	－25	－35	－45	SH/T 0090
对汽车有机涂料的影响	无			SH/T 0084
沸点,℃ ≥	106	107	108	SH/T 0089

中华人民共和国交通部 1996-07-26 批准　　1996-12-01 实施

表 1(完)

项　　目	技术条件			试验方法
	－25 号	－35 号	－45 号	
PH　值	7.5～11.0			SH/T 0069
腐蚀试验,试片变化值 mg/片:				SH/T 0085
紫　铜	±10			
黄　铜	±10			
钢	±10			
铸　铁	±10			
焊　锡	±30			
铸　铝	±30			
泡沫倾向				SH/T 0066
泡沫体积,mL　≤	150			
泡沫消失时间,s　≤	5			

3.2　对于湿式缸套的柴油机及铝质散热器发动机冷却液应增加气穴试验和模拟使用试验,技术条件与试验方法应符合 SH 0521－92 的有关规定。

4　推荐使用范围(表 2)

表 2　推荐使用范围

级　别	推　荐　使　用　范　围
－25 号	在我国一般地区如长江以北、华北环境最低气温在－15 ℃以上地区均可使用
－35 号	在东北、西北大部分地区及华北环境最低气温在－25 ℃以上的寒冷地区选用
－45 号	在东北、西北及华北等环境最低气温在－35 ℃以上的严寒地区选用

5　产品的包装、标志、贮存、运输及交货验收

本产品的包装、标志、贮存、运输及交货验收应符合 SH 0164 的规定。

6　取样方法

取样方法执行 SH/T 0065 标准的规定,取 2 L 作为检验和留样用,市场小包装抽样,执行 GB 10111 标准的规定,取 2 L 小包装一桶作为检验和留样用。

中华人民共和国交通行业标准

JT/T 305—1997

客车电动换气扇

1996-03-04 发布　　1997-08-01 实施

中华人民共和国交通部　发布

中华人民共和国交通行业标准

JT/T 305—1997

客车电动换气扇

1996-03-04 发布　　1997-08-01 实施

中华人民共和国交通部　发布

中华人民共和国交通行业标准

客车电动换气扇

JT/T 305-1997

1 范围

本标准规定了客车电动换气扇(以下简称换气扇)的产品分类、要求、试验方法、检验规则、标志、包装、贮存、运输和交货验收。

本标准适用于客车用电动换气扇。

2 引用标准

下列标准包含的条文,通过在本标准中引用而构成为本标准的条文。在标准出版时所示版本均为有效。所有标准都会被修订,使用本标准的各方应探讨、使用下列标准最新版本的可能性。

GB 191-90 包装储运图示标志

GB 4942.1-85 电机外壳防护分级

GB/T 13306-91 标牌

JB 2864-81 汽车用电镀层和化学处理层

JB 4159-85 热带电工产品通用技术要求

QC/T 29092-92 汽车用暖风电动机技术条件

ZB K 65001-87 车船用直流电风扇

ZB T 35001-87 汽车电气设备基本技术条件

3 产品分类

3.1 产品型号

3.1.1 换气扇的型号组成表示如下:

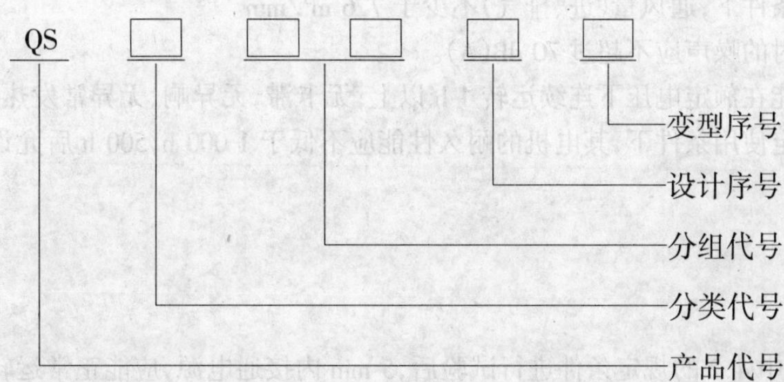

a) 产品代号

换气扇的产品代号选择其名称的 2 个单字“气”、“扇”,用其第一个大写字母“QS”组成;

中华人民共和国交通部 1997-03-04 批准 1997-08-01 实施

b) 分类代号

按产品使用的直流电压分别用“1”、“2”两个阿拉伯数字表示；“1”表示 12 V,“2”表示 24 V；

c) 分组代号

按产品的扇翼直径尺寸用两位阿拉伯数字表示，例如“29”表示扇翼直径为 290 mm；

d) 设计序号

按产品设计的先后顺序，以 1 位阿拉伯数字表示；

e) 变型代号

按产品的变型(某些参数和结构有改变)顺序以汉字拼音大写字母“A”、“B”、“C”……表示，基本型省略不标。

3.1.2 型号举例

第一代设计的电压等级为 24 V，扇翼直径为 φ290 mm 的基本型换气扇，其型号表示为：

QS2291

4 要求

4.1 换气扇的接线制为单线制、负极搭铁。

4.2 换气扇为连续工作定额。

4.3 换气扇应能在下列条件下工作：

a) 周围空气温度为 －35 ℃～55 ℃；

b) 月平均最大相对湿度为 90%，同时该月的平均最低温度为 25 ℃。

4.4 产品的外壳防护等级为 IP55。

4.5 换气扇各互不相接的导电电线之间及零部件对机壳的绝缘介电强度应能耐 50 Hz、实际正弦波电压 550 V、历时 1 min 的试验无击穿损伤。

4.6 在气温不高于 40 ℃，大气压力在 86 kPa～106 kPa 时，换气扇电机温度应不高于 95 ℃。

4.7 换气扇电镀层和化学处理层应符合 JB 2864 的有关规定。

4.8 换气扇的油漆层应符合 ZB T35 001 中 3.21 的规定。

4.9 零部件的联接应牢固可靠。

4.10 塑料零件的外观质量不得低于 JB 4159 中 2.4.3 塑料零件外观分级方法的二级要求。

4.11 换气扇电动机应能承受 16 h 盐雾试验。

4.12 换气扇应能承受 ZB T 35 001 中 3.6 规定条件的耐振试验。

4.13 换气扇应具有吸气、排气、循环等功能，工作正常。

4.14 在规定使用条件下，通风量(进、排气)不少于 7.6 m^3/min。

4.15 换气扇工作时的噪声应不超过 70 dB(A)。

4.16 换气扇均应能在额定电压下连续运转 1 h 以上，无卡滞，无异响，无异常发热。

4.17 换气扇在规定使用条件下，其电机的耐久性能应不低于 1 000 h，500 h 后允许更换电刷和磨光换向器一次。

5 试验方法

5.1 低温试验

按 ZB T 35 001 中 4.2 的规定条件进行试验后，5 min 内接通电源，应能正常运转。

5.2 高温试验

按 ZB T 35 001 中 4.4 的规定条件进行试验后，5 min 内接通电源，应能正常运转。

5.3 湿热试验

按 ZB T 35001 中 4.5 的规定进行。

5.4 耐电压试验

按 ZB T 35001 中 4.9 的规定进行。

5.5 电机温升试验

按 ZB T 35001 中 4.11 的规定进行。

5.6 电镀层和化学处理层检验

按 JB 2864 中规定的方法进行。

5.7 油漆层检验

按 ZB T 35001 中 4.13 的规定进行。

5.8 耐久性试验

按 ZB T 35001 中 4.15 的规定进行。

5.9 噪声测试

按 QC/T29092 中 4.7、5.13 的规定进行。

5.10 盐雾试验

按 ZB T 35001 中 4.6 的规定进行。

5.11 外壳防护等级试验

按 ZB T 35001 中 4.8 的规定进行。

5.12 通风量试验

换气扇在额定转速状态下，用热球式风速计测出平均风速，根据 ZB K 65001 附录 A 的计算公式计算出风量数值应符合 4.14 的规定。

6 检验规则

6.1 出厂检验

a) 每台产品须经检验合格后方能出厂，并附有证明质量合格的文件；

b) 出厂检验项目为 4.4、4.5、4.6、4.7、4.8、4.10、4.13、4.15、4.16。

6.2 型式试验

6.2.1 凡下列情况之一时，应进行型式试验：

a) 新产品鉴定前；

b) 结构工艺、原材料有重大改变时；

c) 成批生产的产品，每二年不少于一次；

d) 出厂试验结果与上次型式试验的结果有较大差异时；

e) 国家监督机构提出进行型式试验要求时。

6.2.2 型式试验的数量定为三台，均从出厂合格的同批产品中随机抽取。

6.2.3 型式试验为本标准技术要求的全部内容。

6.2.4 经过型式试验的产品须全部符合本标准有关规定的要求，如有个别项目不合格时，应重新抽取加倍数量的产品，就该不合格项目进行复试，如仍有不合格时，则该批产品认为不合格。

7 标志、包装、购存、运输及交货验收

7.1 每台换气扇应在明显处设置标志，其内容如下：

a) 在扇翼端盖处设商标；

b) 在侧部设置标牌，注明制造厂名称、产品型号、额定电压、出厂日期，标牌应符合 GB/T 13306 的规定。

7.2 每台换气扇须用独立的纸箱包装。

7.2.1 产品应按规定的包装、定位、紧固方式等进行包装，包装须牢固、可靠。

7.2.2　包装箱外壁的文字、标记包括下列内容：

a) 制造厂名称、产品名称及型号、数量、毛重等；

b) 收货单位名称及地址；

c) 字样符号应符合 GB 191 的有关规定。

7.2.3　随同电动换气扇包装的技术文件应有：

a) 装箱单；

b) 产品出厂合格证；

c) 产品使用说明书。

7.3　产品应存放在干燥通风场所。

ICS 03.220.20
R 06
备案号：

中华人民共和国交通行业标准

JT/T 306—2007
代替 JT/T 306—1997

汽车节油产品使用技术条件

Technical specification of fuel saving products for automobiles

2007-09-14 发布　　2007-10-15 实施

中华人民共和国交通部　发布

汽车节油产品使用技术条件

1 范围

本标准规定了汽车节油产品的使用技术条件。

本标准适用于各类汽车节油产品。

2 规范性引用文件

下列文件中的条款通过本标准的引用而成为本标准的条款。凡是注日期的引用文件,其随后所有的修改单(不包括勘误的内容)或修订版均不适用于本标准。然而,鼓励根据本标准达成协议的各方研究是否可使用这些文件的最新版本。凡是不注日期的引用文件,其最新版本适用于本标准。

GB/T 265　石油产品运动粘度测定法和动力粘度计算法

GB/T 3142　润滑剂承载能力测定法(四球法)

GB/T 3535　石油产品倾点测定法(GB/T 3535—2006,ISO 3016:1994,MOD)

GB/T 3536　石油产品闪点和燃点测定法(克利夫兰开口杯法)(GB/T 3536—1983,ISO 2592:1973,EQV)

GB 3847　车用压燃式发动机和压燃式发动机汽车排气烟度排放限值及测量方法

GB/T 5096　石油产品铜片腐蚀试验法

GB/T 14951　汽车节油技术评定方法

GB 18285　点燃式发动机汽车排气污染物排放限值及测量方法(双怠速法及简易工况法)

GB 18352　(所有部分)轻型汽车污染物排放限值及测量方法

3 术语和定义

下列术语和定义适用于本标准。

3.1

汽车节油产品　fuel saving products for automobiles

在降低汽车燃料消耗同时对汽车的其他使用性能无不良影响的产品。

3.2

节油率　rate of fuel saving

汽车使用节油产品后,燃油消耗降低的比率。

3.3

净化率　rate of pollution controlling

汽车使用节油产品后,汽车排气污染物降低的比率。

4 技术条件

4.1 汽车节油产品使用经济性技术指标

4.1.1 发动机燃料经济性能台架对比试验

按 GB/T 14951 规定的方法进行发动机性能台架对比试验,市区运行模式节油率 α_s、城间运行模式节油率 α_c 及快速车道运行模式节油率 α_q 三项指标之一不小于 1.5%,且其余节油率均大于 0。

4.1.2 汽车燃料经济性道路对比试验

按 GB/T 14951 规定的方法进行汽车性能道路对比试验,应满足下列条件之一:

a) α_s、α_c 及 α_q 三者之一不小于 3.0%,其余节油率均大于 0;

b) 汽车运行百公里节油率 α_b 应不小于 3.0%，且 α_s、α_c 及 α_q 均大于 0；

c) 汽车多工况节油率 α_d 不小于 3.0%，且 α_s、α_c 及 α_q 均大于 0。

4.2 汽车节油产品使用动力性技术指标

汽车节油产品使用动力性技术指标应满足表 1 的要求。

表 1 汽车节油产品使用动力性技术指标

评定项目	技术指标	试验评定方法
发动机转矩对比系数 K_M[a]	≥0.99	GB/T 14951
发动机功率对比系数 K_P[a]	≥0.99	
汽车加速时间对比系数 K_t[b]	≤1.01	
汽车滑行距离对比系数 K_s[b]	≥0.99	

a 采用发动机性能台架对比试验评定指标时应用。

b 采用汽车性能道路对比试验评定指标时应用（K_s 为与汽车润滑系相关的汽车节油产品需增加的动力性评价技术指标）。

4.3 汽车节油产品使用排气污染物技术指标

汽车节油产品使用排气污染物技术指标，应满足表 2 的要求。

表 2 汽车节油产品使用排气污染物技术指标

评定项目	技术指标	试验评定方法
汽车排气污染物 CO 净化率 R_{CO}，%	≥0	GB 3847 GB/T 14951 GB 18285 GB 18352（所有部分）
汽车排气污染物 HC 净化率 R_{HC}，%		
汽车排气污染物 NO_X 净化率 R_{NO_X}，%		
汽车排气污染物 HC + NO_X 净化率 R_{HC+NO_X}，%		
柴油车排气污染烟度净化率 R_{KJ}，%		
柴油车排气污染颗粒物净化率 R_{PM}，%		

4.4 理化性能技术指标

4.4.1 燃油添加剂类汽车节油产品使用理化性能技术指标，应满足表 3 的要求。

表 3 燃油添加剂类汽车节油产品理化性能技术指标

评定项目	技术指标	试验方法
铜片腐蚀	不大于 1 级	GB/T 5096
相容性	不分层、不浑浊、无沉淀	GB/T 14951

4.4.2 发动机润滑油添加剂类汽车节油产品使用理化性能技术指标，应满足表 4 的要求。

表 4 发动机润滑油添加剂类汽车节油产品理化性能技术指标

评定项目	技术指标	试验方法
运动粘度（100℃），mm^2/s	不超出参比油的粘度指标	GB/T 265
闪点（开口），℃	不低于参比油	GB/T 3536
倾点，℃	不高于参比油	GB/T 3535
铜片腐蚀（100℃，3h）	不大于 1 级	GB/T 5096
最大无卡咬负荷（P_B），kg	不小于参比油	GB/T 3142
稳定性	不分层，无沉淀	GB/T 14951

4.5 电子类汽车节油产品的电器性能技术指标

电子类汽车节油产品的电器性能技术指标，应符合国家有关汽车电器的标准。

中华人民共和国交通行业标准

JT/T 324—1997

汽车喷烤漆房通用技术条件

General requirements for automobile spray booth

1997-05-15 发布　　　　1997-10-01 实施

中华人民共和国交通部 发布

中华人民共和国交通行业标准

JT/T 324—1997

汽车喷烤漆房通用技术条件

General requirements for automobile spray booth

1997-05-15发布　　1997-10-01实施

中华人民共和国交通部　发布

中华人民共和国交通行业标准

JT/T 324-1997

汽车喷烤漆房通用技术条件

General requirements for automobile spray booth

1 范围

本标准规定了汽车喷烤漆房(以下简称漆房)的术语、产品分类与命名、技术要求、试验方法、检验规则以及标志、包装、运输和贮存等。

本标准适用于汽车维修作业用的漆房。汽车制造行业用的漆房可参照执行。

2 引用标准

下列标准所包含的条文,通过在本标准中引用而构成为本标准的条文。在标准出版时,所示版本均为有效。所有标准都会被修订,使用本标准的各方应探讨使用下列标准最新版本的可能性。

GB 191-90　包装储运图示标准

GB 1312-91　管形荧光灯座和启动器座技术条件

GB 2681-81　电工成套装置中的导线颜色

GB 2682-82　电工成套装置中的指示灯和按钮的颜色

GB 4720-84　电控设备　第一部分:低压电器电控设备

GB/T 13306-91　标牌

GB 16297-1996　大气污染物综合排放标准

JT/T 218-1996　机动车检测维修设备及工具产品型号编制方法

JT/T 297-1996　机动车检测维修设备及工具分类与代码

TJ 36-79　工业企业设计卫生标准

3 定义

本标准采用下列定义。

3.1　燃油加热型漆房　Spray booth heated by fuel

以燃烧煤油或柴油产生的热量间接加热空气介质,并在其中进行喷、烤漆作业的装置。

3.2　电加热型漆房　Spray booth heated by electricity

以电能转化的热量直接加热空气介质,并在其中进行喷、烤漆作业的装置。

3.3　漆房作业区　Operation area of spray booth

进行喷、烤漆作业的空间。

3.4　扫膛延时时间　Heat-exchange chamber scavenge duration

从燃烧器启动对热交换器膛内进行强制换气到油路电磁阀体开启、油嘴喷油的延续时间。

中华人民共和国交通部 1997-05-15 批准　　1997-10-01 实施

3.5　点火超时断油　　Fuel cut-off for over-time iginition

扫膛延时结束后的数秒内,燃烧器未能点燃,控制装置关闭油路阀门,切断供油。

3.6　超温报警　　Over-heating alarm

控制系统在烤漆温度超过设定的工作温度未能关闭燃烧器时,发出的声、光报警信号。

3.7　垂直层流　　Vertical flow

在漆房作业区内,空气以均匀的垂直断面速度沿平行流线流动。

3.8　作业区内压　　Inner air pressure of operation area

漆房作业区与漆房外的环境气压差。

3.9　作业区洁净度　　Purity of air media in operation area

漆房作业区中空气介质含尘量多少的程度。

3.10　计数浓度　　Concentration of dust perticulate

单位体积空气中含灰尘颗粒数(粒/m^3 或粒/L)。

3.11　参考平面　　Reference plane

漆房作业区内距底面1.5m高的假想测试平面。

4　分类与命名

4.1　分类

4.1.1　按加热型式分为:燃油加热型和电加热型。

4.1.2　按作业区长度分为:

小型、中型、大型、特大型。其对应关系见表1。

表　1

漆房规格	小　型	中　型	大　型	特大型
作业区长度 L(m)	$L \leq 8$	$8 < L \leq 12$	$12 < L \leq 16$	$L > 16$

4.2　型号命名

按 JT/T 218、JT/T 297 的规定命名。

主参数代号以作业区长度、宽度(m)值(精确到小数点后一位)的10倍阿拉伯数字表示。

示例:

燃油加热型喷烤漆房,作业区长度和宽度:7.0 m;4.0 m,第二次改进设计。

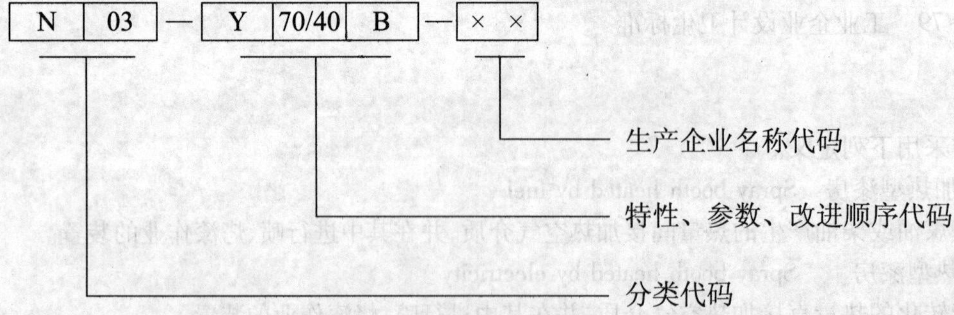

5　技术要求

5.1　基本要求

5.1.1　漆房应按规定程序批准的设计图样和技术文件组织生产并符合本标准要求。

5.1.2　漆房房体应具有良好的阻燃、保温、隔热性能。

5.1.3　所用原材料,外购、外协件应符合相应标准要求,并附有合格证或有关证明其质量的认证性文件。

5.2 外观质量

5.2.1 漆房外表面应平整、光洁，不得有明显的磕伤、划痕；涂层表面漆膜均匀，金属基底必须经过除油、除锈处理。

5.2.2 所有螺栓、螺母均应经过表面处理，并连接牢固。

5.2.3 部件铆接面贴合紧密、牢固，铆点均匀。

5.2.4 焊接件焊点应平整、均匀，不得有焊穿、裂纹、脱焊、漏焊等缺陷，并清除焊渣。

5.2.5 装配质量要求

5.2.5.1 外形安装尺寸误差不得大于标称尺寸的 3×10^{-3}。

5.2.5.2 对角线差不得大于长度标称尺寸的 3×10^{-3}。

5.3 主要系统技术要求

5.3.1 送、排风系统

5.3.1.1 风机应满足作业区风量、风压的要求。

5.3.1.2 风机驱动电机应选用防爆型，允许介质温度不低于 80℃。

采用非防爆型驱动电机时，电机应外置。

5.3.1.3 电机总功率超过 11kW 时，不得直接启动，应采用启动补偿装置或其它相应启动方法。

5.3.1.4 风机外壳上必须标有旋转方向指示。

5.3.2 净化系统

5.3.2.1 进气净化应采用合理有效的空气过滤器。

5.3.2.2 排气净化应包括漆雾过滤和有害挥发物净化装置。

5.3.3 加热系统

5.3.3.1 燃烧器应有不小于 10s 的扫膛延时时间，并具有点火超时断油保护功能。

5.3.3.2 电加热器与金属支架间应有良好的电气绝缘，其常温绝缘电阻不得小于 1MΩ。

5.3.3.3 电加热器与导线的连接须保证良好接触。接线端的设置应便于检查。

5.3.3.4 热交换器应满足下列要求：

a）选用材料应具有耐热、防锈和良好的导热性；

b）具有泄压装置；

c）在 392kPa 压力下，整体无泄漏。

5.3.3.5 油路连接件连接可靠、牢固，不得有漏、渗现象。

5.3.3.6 应设置专用燃油箱。燃油箱与加热装置必须隔离或采取相应措施。

5.3.3.7 循环加热气体中不得含有易燃、易爆成分。

5.3.4 照明系统

5.3.4.1 照明应选用荧光灯。荧光灯座和启动器应符合 GB 1312 要求。

5.3.4.2 照明电路应选用耐高温导线。

5.3.4.3 照明电路所有不接地的导线必须采用单独的熔断器或断路器作短路保护，不得借用其他电路的保护器件。

5.3.5 控制系统

5.3.5.1 漆房控制系统在下列环境条件下应能正常工作：

a）环境温度：　－5℃～40℃

b）相对湿度：　≤70%（20℃以下）

　　　　　　　≤50%（40℃）

c）工作电压：　额定电压±10%范围内

5.3.5.2 控制系统应能满足喷、烤漆工艺的要求，控制动作准确、可靠。

5.3.5.3 控制系统的平均无故障工作时间（MTBF）应不小于 1 000h。

5.3.5.4 电器装配要求：

a)电气元件、部件、插接件装配牢靠,布线合理、整齐,焊点光滑,无虚焊、错焊;

b)指示灯、按钮和导线的颜色应符合 GB 2681、GB 2682 的规定;

c)导线线径选择合理,其载流容量应保证运转安全;

d)系统应根据负荷的大小装有熔断器或断路器,电机控制应有过载、断相保护装置。

5.3.5.5 温控系统应有超温报警保护功能。超温时,系统能自动关闭加热装置并报警。

5.3.5.6 送风系统应与加热系统联锁。送、排风系统未启动时,加热装置启动开关无效。

5.3.5.7 风机发生故障时,系统应能自动关闭加热装置。

5.3.5.8 系统应有良好的绝缘性能,绝缘电阻不得小于 1MΩ。

5.3.5.9 系统必须有可靠的接地装置和明显的接地标志。接地电阻阻值不得大于 0.1Ω。

5.3.5.10 系统在耐压试验中,绝缘部分应无击穿、无表面闪络、漏泄电流明显增大或电压突然下降等现象。

5.4 整机性能

5.4.1 作业区风速

作业区气流应满足人体健康的要求。垂直层流断面的风速算术平均值和测点风速应符合表 2 的规定。

5.4.2 作业区内压

作业区必须维持微正压。内压值应符合表 2 的规定。

表 2

主要参数		类型			
		小型	中型	大型	特大型
风速 m/s	算术平均值 v_m	≥0.2			
	测点风速 v_i	$v_i=(1\pm50\%)v_m$			
内压,Pa		10～80			
升温时间,min	燃油加热型	≤15	≤20	≤25	≤30
	电加热型	≤15	—	—	—
噪声,dB(A)		≤85			
洁净度		粒子计数法:除允许一个测点超标外,其余测点不得出现大于或等于 15μm 的粒子。 直观评定法:疵点数目小于或等于 10 个/m^2。			
作业区照度值,lx		≥500			
油耗,L/h		≤18	≤37	≤75	—

5.4.3 升温时间

将环境温度 20℃的空气介质加热至作业区温度 60℃所需时间应符合表 2 的规定。

5.4.4 噪声

漆房运行时,作业区内、外的噪声级应符合表 2 的规定。

5.4.5 作业区洁净度

作业区洁净度采用计数浓度表示。应符合表 2 的规定。

5.4.6 作业区照度

作业区照度值不得小于 500lx。

5.4.7 油耗

油耗应符合表 2 的规定。

5.4.8 排放

漆房应有专用排气净化装置,苯系物排放应符合 GB 16297 的规定。

作业区内(呼吸带以上)苯系物最高允许浓度应符合 TJ 36 的规定。

6 试验方法

进行6.1～6.7条试验时,作业区内不得停放车辆和存放物品。

试验用仪器必须经标定或校准并符合国家有关标准。

6.1 作业区风速

仪器:便携式热球电风速计或便携式热敏电阻恒温风速计。

将作业区底面均匀分为若干平面,每个平面的对角线的交点即为测试点,测点间距小于2m(见图1)。在参考平面内分别对每个测点测量。

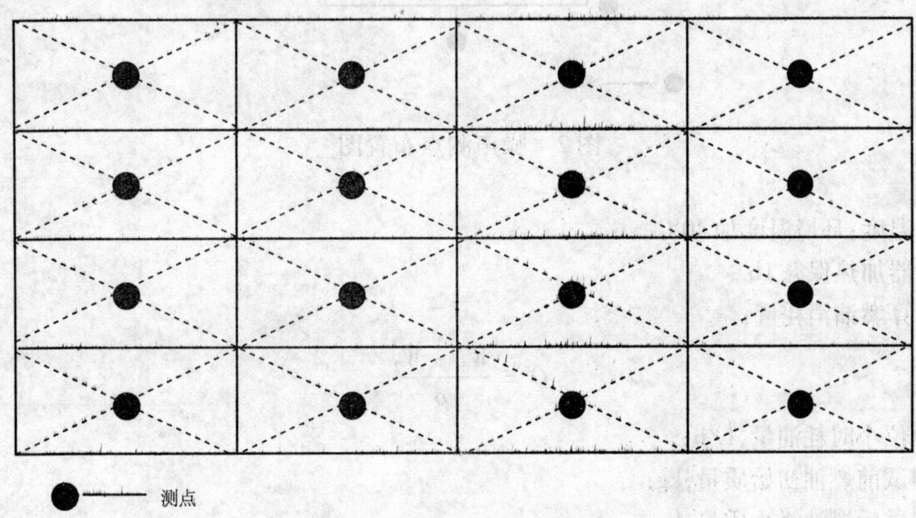

图1 测点布置图

6.2 作业区内压

仪器:补偿式微压计、倾斜式微压计或同类型仪表,精度不低于1级。

测点布置按6.1,在参考平面内测量。

6.3 升温时间

6.3.1 测试条件:环境温度(20±2)℃。

启动燃烧器或电加热器,用秒表测量作业区温度加热至60℃所需时间。

6.3.2 不符合6.3.1测试条件,且环境温度高于10℃或低于30℃时,用秒表测量作业区增温40℃所需时间。

6.4 作业区照度

仪器:便携式照度计。

测点布置按6.1。在参考平面内测量。

6.5 噪声

仪器:声级计。

6.5.1 作业区内

在作业区参考平面内测量。

6.5.2 作业区外

在漆房周边距漆房1m、高度1.5m处测量。

测点布置如图2。

6.5.3 当实测噪声值与背景噪声值的差值大于或等于10dB(A)时,实测噪声值有效;为6dB(A)～9dB(A)时,应将实测噪声值结果减去1dB(A);为4dB(A)～5dB(A)时,应减去2dB(A);当小于3dB(A)时,则测量无效。

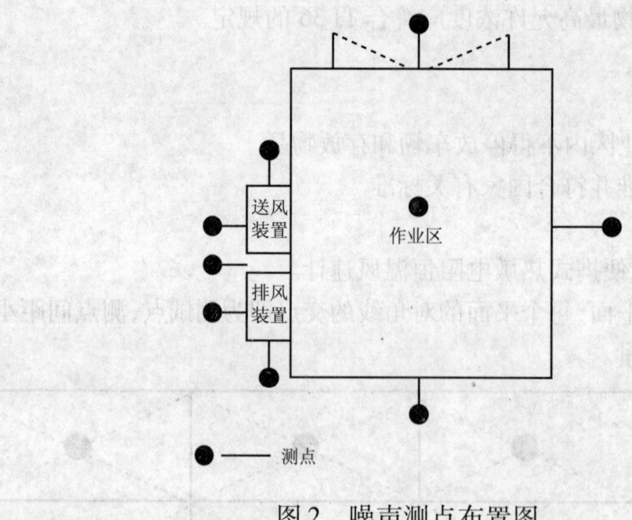

图2　噪声测点布置图

6.6　油耗

设定烤漆温度:环境温度加40℃。

启动燃烧器加热保温1h。

按下式计算燃油消耗量:

$$Q=\frac{W_1-W_2}{\rho}$$

式中:Q——单位小时耗油量,L/h;

W_1——测试前燃油初始质量,kg;

W_2——测试后燃油终止质量,kg;

ρ——燃油密度。

当环境温度低于10℃或高于30℃时,不进行测量。

6.7　作业区洁净度

6.7.1　粒子计数法

仪器:尘埃粒子计数器测量。

测点布置按6.1。每个测点连续测量3次。当有大于或等于15μm粒子出现时,应再采样3次,当其再次出现时,取其平均值作为该测点的实测数值。允许1个测点超标。每次测量的采样量不得小于1L。

6.7.2　直观评定法

将厚度1mm、面积$1m^2$的金属试件置于测试平面中心位置,喷涂两遍,并加热烘烤20min。漆种采用黑色低温烤漆。

检查试件涂层表面的疵点数目。

6.8　苯系排放物

使用仪器和测试方法执行国家环保法规的规定。

6.9　绝缘性能

用500V兆欧表按GB 4720规定的方法测量。

6.10　接地电阻

用接地电阻测量仪测量外部保护导线端子与设备任何导体零件和金属外壳之间的电阻。

6.11　耐电压

按GB 4720规定的方法测量。

7　检验规则

7.1　检验分类

漆房的检验分型式检验和出厂检验。

7.2 型式检验

7.2.1 有下列情况之一时,一般应进行型式检验:

a)新产品或老产品转厂生产的试制定型鉴定;

b)正式生产后,如结构、材料、工艺有较大改变,可能影响产品性能时;

c)正常生产时,定期或积累一定产量后,应周期性进行一次检验;

d)产品长期停产后,恢复生产时;

e)出厂检验结果与上次型式检验有较大差异时;

f)国家质量监督机构提出进行型式检验的要求时。

7.2.2 型式检验内容为本标准的全部内容。

7.2.3 型式检验抽样、抽检和判定原则:

产品抽样基数3台,抽样样品数1台。抽样样品在检验中出现不合格时,应在抽样基数中加倍抽样,对不合格项复检,复检合格,判该项目合格;否则,判该批产品该项不合格。

7.3 出厂检验

7.3.1 生产单位应对漆房进行出厂检验。合格的产品附合格证后,方能交付订货方。

7.3.2 出厂检验项目见表3。

表 3

序号	检验项目	序号	检验项目	序号	检验项目	序号	检验项目
1	5.2节全部内容	3	5.3.3.4条c)	5	5.3.5.2条	7	5.3.5.5~5.3.5.10条
2	5.3.3.1~5.3.3.3条	4	5.3.3.5条	6	5.3.5.4条a) b)		

8 标志、包装、运输、贮存

8.1 标志

8.1.1 产品标志

8.1.1.1 漆房必须在外表醒目位置上牢固地安装标牌。标牌应符GB/T 13306的规定。

8.1.1.2 产品标牌应包括下列内容:

a)制造厂名;

b)产品名称及型号;

c)商标;

d)制造时间(或编号);

e)产品的主要技术参数。

8.1.2 包装标志

a)制造厂名;

b)产品名称及型号;

c)箱号;

d)毛重、净重;

e)体积(长×宽×高);

f)收、发货单位;

g)图示标志应符合GB 191的有关规定。

8.2 包装

8.2.1 漆房部件应采用合理牢靠的分类包装。

8.2.2 电器设备包装应采用防震、抗冲击材料。

8.2.3 房体板的包装应采用抗磨材料。

8.2.4　包装箱应有防雨、防潮措施。

8.2.5　装箱时应具备下列技术文件：

a)产品使用说明书；

b)产品合格证书；

c)装箱单；

d)其它有关技术文件。

8.3　运输与存放

8.3.1　运输中必须采取防潮、防震和防冲击措施，以免损伤。

8.3.2　电器设备必须能在－25℃～55℃的温度范围内运输和存放，并能经受温度70℃、时间不超过24h的短期运输和存放。

8.3.3　产品应在干燥和通风良好的仓库存放。

ICS 43.180
R 17
备案号:

中华人民共和国交通行业标准

JT/T 386—2004
代替 JT/T 386—1999

汽车排气分析仪

Analyzer for vehicle emission pollutants

(ISO 3930:2000 Instruments for measuring vehicle exhaust emissions,NEQ)

2004-04-16 发布

2004-07-15 实施

中华人民共和国交通部 发布

ICS 43.180
R 17
备案号：

中华人民共和国交通行业标准

JT/T 386—2004
代替 JT/T 386—1999

汽车排气分析仪

Analyzer for vehicle emission pollutants
(ISO 3930:2000 Instruments for measuring vehicle exhaust emissions, NEQ)

2004-04-16 发布 2004-07-15 实施

中华人民共和国交通部 发布

汽车排气分析仪

1 范围

本标准规定了汽车排气分析仪(以下简称分析仪)的术语和定义、产品分类、技术要求、试验方法、检验规则、标志与使用说明书、包装、运输、贮存。

本标准适用于检测点燃式发动机和装用点燃式发动机在用车辆排气污染物的仪器。

2 规范性引用文件

下列文件中的条款通过本标准的引用而成为本标准的条款。凡是注日期的引用文件,其随后所有的修改单(不包括勘误的内容)或修订版均不适用于本标准,然而,鼓励根据本标准达成协议的各方研究是否可使用这些文件的最新版本。凡是不注日期的引用文件,其最新版本适用于本标准。

GB/T 191　包装储运图示标志(eqv ISO 780)
GB/T 5181　汽车排放术语和定义
GB/T 6587.7—1986　电子测量分析仪　基本安全试验
GB 9969.1　工业产品使用说明书　总则
GB/T 11606.7　分析仪环境试验方法　交变湿热试验
GB/T 11606.14　分析仪环境试验方法　低温贮存试验
GB/T 11606.15　分析仪环境试验方法　高温贮存试验
GB/T 11606.16　分析仪环境试验方法　跌落试验
GB/T 11606.17　分析仪环境试验方法　碰撞试验

3 术语和定义

GB/T 5181 确立的以及下列术语和定义适用于本标准。

3.1 响应时间 response time

分析仪导入某种规定成份的气体时,从气体进入排气取样系统的入口起到分析仪的示值由初始值上升至稳定值的95%为止的时间间隔。

3.2 最大允许误差的模 modulus of maximum permissible errors

最大允许误差的绝对值。

3.3 Lambda 值(λ)

依据空燃比确定发动机燃烧效率的无量纲参数。

3.4 丙烷/正己烷当量系数(PEF)

碳氢化合物(HC)的含量应用正己烷(C_6H_{14})ppm 的当量来表示,当分析仪用丙烷(C_3H_8)气体标定时,PEF 为正己烷当量浓度与丙烷校准气体浓度之比,此系数应在每台分析仪的明显位置以三位有效数字永久性标明,该系数的值在 0.490~0.540 之间。

4 产品分类

4.1 按测量的排气种类划分

4.1.1 两组分汽车排气分析仪

检测并显示 CO、HC 两种成分的汽车排气分析仪。

4.1.2 四组分汽车排气分析仪

检测并显示 CO、HC 、CO_2、$O_2$4 种成分以及参数 λ 值的汽车排气分析仪。

4.1.3 五组分汽车排气分析仪

检测并显示 CO、HC、CO_2、O_2、NO5 种成分以及参数 λ 值的汽车排气分析仪。

4.2 按准确度划分

按准确度应划分为 0 级、I 级和 II 级分析仪。

5 技术要求

5.1 分析仪结构

5.1.1 分析仪由排气取样系统、校准器入口、排气分析系统和排气口组成，见图 1。

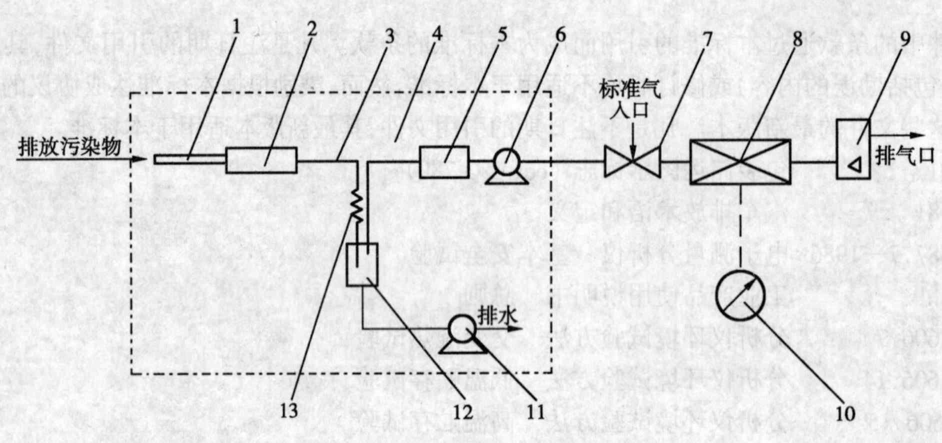

图 1 分析仪结构示意图

1-取样探头；2、5-滤清器；3 - 取样导管；4-排气取样系统；6、11-泵；7-换向阀；8-排气分析系统；9-流量计；10-显示系统；12-水分离器；13-滤网

5.1.2 排气取样系统是由取样探头、滤清器、取样导管、水分离器、气泵和流量计等组成。

通过取样探头、取样导管和泵从汽车排气管中收集取出排气污染物，经滤清器和水分离器除去排气污染物中的颗粒物和冷凝物后，送入气体分析系统。

5.1.3 取样探头插入车辆排气管部分的长度应不小于 400mm（并有保持装置）。取样导管长度为 4m ~ 6m。

5.1.4 排气取样系统应耐腐蚀；所用材料应能耐受 873K(600℃)的排气温度。

5.2 工作条件

5.2.1 环境温度：5℃ ~ 40℃；

5.2.2 相对湿度：不大于 90%；

5.2.3 大气压力：0 级和 I 级分析仪，86kPa ~ 106kPa；II 级分析仪，标准大气压，误差为 ± 2.5kPa；

5.2.4 电源：电压，187V ~ 242V；频率，50Hz ± 1 Hz。

5.3 计量性能

5.3.1 测量范围

最小测量范围见表 1。

测量结果显示：

CO、CO_2、O_2 体积分数用“%vol”表示，HC、NO 体积分数用“ppm vol($\times 10^{-6}$)”表示。

表1　最小测量范围

准确度等级	CO % vol	HC ppm vol	CO_2 % vol	O_2 % vol	NO ppm vol
0和Ⅰ	0~10	0~10000	0~20	0~25	0~4000
Ⅱ	0~7	0~2000	0~16	0~21	0~5000

5.3.2　最大允许误差

最大允许误差见表2。

表2　最大允许误差

准确度等级	误　差	CO	HC	CO_2	O_2	NO
0	绝对误差	±0.03% vol	±10 ppm vol	±0.5% vol	±0.1% vol	±25 ppm vol
	相对误差	±5%	±5%	±5%	±5%	±4%
Ⅰ	绝对误差	±0.06% vol	±12 ppm vol	±0.5% vol	±0.1% vol	±25 ppm vol
	相对误差	±5%	±5%	±5%	±5%	±4%
Ⅱ	绝对误差	±0.2% vol	±30 ppm vol	±1% vol	±0.2% vol	±25 ppm vol
	相对误差	±10%	±10%	±10%	±10%	±10%

注:满足绝对误差或相对误差任何一项即为合格。

5.3.3　分辨率

显示的最小有效数字具有以下分辨率,见表3。

表3　分辨率

准确度等级	CO % vol	HC ppm vol	CO_2 % vol	O_2 % vol	NO ppm vol
0和Ⅰ	0.01	1	0.1	a	1
Ⅱ	0.05	5	0.1	0.1	1

注:对测量值不大于4% vol,a值取0.02% vol;

对测量值大于4% vol,a值取0.1% vol。

5.3.4　Lambda值(λ)计算

配置了λ指示的分析仪,λ应按附录A计算。

5.3.5　稳定性

经预热后,分析仪4h内的零位漂移和量距漂移应不超过其最大允许误差。

5.3.6　重复性

分析仪的示值重复性应不大于最大允许误差的模的1/3。

5.3.7　干扰误差

分析仪除被测组分外的气体干扰误差不大于最大允许误差的模的1/2。

5.3.8　样气低流量警告指示

检测中,当样气的流量低到使分析仪的示值误差超过最大允许误差的模的1/2或使分析仪的响应时间大于5.4.2的规定时,分析仪应有低流量警告指示。对0级和Ⅰ级分析仪,出现该指示时分析仪应自动锁定,终止检测。

5.3.9　HC气体的残留物

检测开始前,分析仪通过取样探头对环境空气取样时,HC示值应不大于20 ppm vol。如果HC示值大于20 ppm vol,分析仪应自动锁定,终止检测,同时分析仪应有警告提示,显示当前值,清洗至低于20 ppm vol,再重新检测。

5.3.10 丙烷/正己烷当量系数(PEF)

分析仪通入丙烷校准气时的绝对示值误差与通入相应的正已烷校准气时的绝对示值误差之差应不大于其最大允许误差模的1/2。

5.3.11 电源电压变动的影响

电源电压在187V~242V、电源频率在50Hz±1Hz的范围内变化时,分析仪各通道的示值误差应不大于其最大允许误差的模的1/2。

5.4 分析仪预热时间和响应时间

5.4.1 预热时间

对于0级和Ⅰ级分析仪,预热时间不大于15min,在预热期间应锁定其测量功能,不得显示示值;对于Ⅱ级分析仪,预热时间不大于30min。

5.4.2 响应时间

5.4.2.1 CO、HC和CO_2通道:不大于15s。

5.4.2.2 O_2通道:不大于60s。

5.5 排气取样系统的气密性

因泄漏环境空气将进入排气取样系统,样气因被稀释而造成的误差,应不大于最大允许误差的模的1/2。对0级和Ⅰ级分析仪,进行泄漏检查时如出现气密性超差,分析仪应自动锁定,终止检测,同时分析仪应有警告提示,请检查气路气密性。

5.6 电气安全性

5.6.1 绝缘电阻

分析仪电源线对外壳接地点的绝缘电阻值应大于40MΩ。

5.6.2 绝缘强度

分析仪在1500V(有效值)、50Hz正弦波试验电压下持续1min,不得出现击穿或重复飞弧现象、电晕放电效应及类似现象可忽略不计。

5.6.3 泄漏电流

分析仪泄漏电流值应不大于5mA(AC峰值)。

5.7 外观质量

5.7.1 显示仪表不应有笔划短缺、显示不清晰的缺陷。

5.7.2 仪器外表面涂层应色泽均匀、无明显的剥落、擦伤、凹陷、起泡、裂纹。

5.7.3 仪器的操作按钮应灵活可靠。取样探头、取样导管不得有破裂、漏气、堵塞现象。

6 试验方法

试验条件按照5.2的规定。校准气应符合附录B的规定。

6.1 最大允许误差

6.1.1 接通电源,预热分析仪。

6.1.2 调整分析仪的零位,使仪器进入检测状态。

6.1.3 向分析仪通入附录B的B.4.1的校准气进行校准,每种气体试验3次,每一量程测量三点,每一测量点重复三次,取算术平均值,然后按下式计算误差,该值应符合5.3.2的规定。

$$\Delta a = C_a - C_s \tag{1}$$

$$\Delta b = (C_a - C_s)/C_s \times 100\% \tag{2}$$

式中:Δa——绝对误差;

Δb——相对误差；

C_a——实际读数算术平均值；

C_s——校准气标准值。

6.2 预热时间

6.2.1 分析仪校准后切断电源 6h 以上。

6.2.2 接通电源，按 5.4.1 的规定预热分析仪。

6.2.3 在尚未完成预热时，检查 0 级和 I 级分析仪是否能锁定测量功能并且不显示示值；预热完成后，检查分析仪是否有不能进入测量状态或不能显示示值的情况。

6.2.4 在预热时间完成时和预热时间后的 2min、5min、15min 时，向分析仪通入附录 B 的 B.4.1 中试验点 1 规定的校准气分别进行测量，其测量值为 C_i，校准气标准值为 C_s。则

$$\Delta a = C_i - C_s \tag{3}$$

$$\Delta b = (C_i - C_s)/C_s \times 100\% \tag{4}$$

该值应符合 5.3.2 规定。

6.3 响应时间

6.3.1 将探头通入环境空气稳定后，将探头切换入符合附录 B 的 B.4.2 的校准气并读取分析仪示值由零变至标准值 95% 时所需的时间。

6.3.2 氧通道响应时间应通过氮气来测定，其响应时间为分析仪示值由空气值 21% vol 回复为 0.1% vol 时所需时间。

上述数值应符合 5.4.2 的规定。

6.4 稳定性

6.4.1 分析仪预热后通入环境空气，调零，记录零位示值 Z_0。

6.4.2 对于 0 级和 I 级分析仪，向分析仪通入符合附录 B 的 B.4.2 规定的校准气；对于 II 级分析仪，向分析仪通入附录 B 的 B.4.3 规定的校准气。待示值稳定后，记录示值 M_0。

6.4.3 然后分析仪继续通入环境空气，每隔 1h 记录一次零位示值 Z_i，再通入符合附录 B 的 B.4.2 和 B.4.3 规定的各校准气，记录示值 M_i，4h 后结束本试验。

6.4.4 其零位漂移误差和量距漂移误差按公式(5)、(6)、(7)计算，该值应符合 5.3.5 的要求。

$$\Delta Z_i = Z_i - Z_0 \tag{5}$$

$$\Delta S_i = (M_i - Z_i) - (M_0 - Z_0) \tag{6}$$

$$\delta S_i = \frac{(M_i - Z_i) - (M_0 - Z_0)}{(M_0 - Z_0)} \times 100\% \tag{7}$$

式中：ΔZ_i——第 i 小时的零位漂移误差；

Z_i——第 i 小时的零位示值；

Z_0——试验开始时的零位示值；

ΔS_i——第 i 小时的量距漂移绝对误差；

M_i——第 i 小时通入校准气时分析仪的示值；

M_0——试验开始时，通入校准气时分析仪的示值；

δS_i——第 i 小时的量距漂移相对误差。

6.5 重复性

6.5.1 当分析仪调零后，对于 0 级和 I 级分析仪，向分析仪通入附录 B 的 B.4.2 规定的校准气；对于 II 级分析仪，向分析仪通入附录 B 的 B.4.3 规定的校准气。待读数示值稳定后，记录第 i 次检测值 C_i，然

后按以上方法在不清零的情况下再重复操作五次，记录六次算术平均值 $\bar{C}$。

6.5.2 计算绝对标准偏差 S 和相对标准偏差 C_v 应符合 5.3.6 要求。

$$S=\sqrt{\frac{1}{n-1}\sum_{i=1}^{n}(C_i-\bar{C})^2} \tag{8}$$

$$C_v=\frac{S}{\bar{C}}\times 100\% \tag{9}$$

式中：n——测量次数，$n=6$；

$\bar{C}$——n 次测量算术平均值。

6.6 干扰误差

6.6.1 启动气泵，通入环境空气，将分析仪调零，进入检测状态。

6.6.2 将附录 B 的 B.4.4 规定的校准气从校准气入口通入分析仪，分析仪测量校准气的时间至少为 1min，记录分析仪各通道的示值，该值应符合 5.3.7 要求。

6.7 样气低流量警告指示

开始时校准气以大于分析仪所需气体流量通入，检测期间使气体流量逐渐减少，0 或 I 级分析仪应能自动终止检测，II 级分析仪应有低流量警告显示。

6.8 排气取样系统的气密性

该项目可根据分析仪制造厂操作说明书所述方法进行，当分析仪泄漏量超过 5.5 规定的允许值时，0 或 I 级分析仪应会自动终止检测。

6.9 HC 气体的残留物

6.9.1 分析仪经预热后，对车辆的排气进行取样，取样时间不少于 5min，车辆的排气中至少应含有 0.5%vol的 CO 和 800ppmvol 的 HC。

6.9.2 取样后立即将取样探头放置在环境空气中，按分析仪使用说明的操作方法进行 HC 残留物检查。HC 示值尚未回落到 20 ppm vol 时，检查分析仪是否能自动锁定，终止检测，并观察分析仪的 HC 示值最终是否能回落到 20 ppm vol 以下。

6.9.3 HC 的示值回落到 20 ppm vol 以下后，向分析仪通入符合附录 B 的 B.4.6 规定的校准气，并记录示值，该值应符合 5.3.9 要求。

6.10 丙烷/正己烷当量系数(PEF)

6.10.1 用附录 B 的 B.4.7 中规定的两种丙烷校准气进行测量，计算分析仪对每一种丙烷标准值的绝对误差。此处 HC 标准值为

$$\mathrm{I}=C\times PEF \tag{10}$$

式中：C——丙烷校准气标准值；

PEF——制造商给出的转换因子。

6.10.2 用附录 B 的 B.4.6 规定的两种正己烷校准气进行测量，计算分析仪对每一种正己烷标准值的绝对误差。

由丙烷得到的绝对误差与由正己烷得到的绝对误差差别应符合 5.3.10 规定要求。

6.11 电源电压变动

6.11.1 将分析仪置于 50Hz、220V ± 2V 的电源下，按 6.2.1 ~ 6.2.3 对分析仪进行预热、调零和量距调整。

6.11.2 向分析仪通入符合附录 B 的 B.4.2 中规定的校准气，记录分析仪的相应示值。

6.11.3 在继续通入校准气的情况下将电源电压调节到 187V ± 2V，记录分析仪的相应示值。

6.11.4 在继续通入校准气的情况下将电源电压调节到 242V ± 2V，记录分析仪的相应示值。

6.11.5 在继续通入校准气的情况下将电源电压调回到 220V ± 2V，记录分析仪的相应示值。

6.11.6 上述各通道的示值误差应符合 5.3.11 要求。

6.12 电气安全性

各项试验结果应符合 5.6 要求。

6.12.1 交变湿热试验

按 GB/T 11606.7 规定的执行。

6.12.2 绝缘电阻试验

分析仪经 6.12.1 的试验后立即进行本项试验。

分析仪的电源插头与电网脱开,电源开关置于接通位置。用绝缘电阻表在分析仪电源插头的相线端(L 端)与机壳或保护接地端(E 端)之间施加 500V 直流试验电压,稳定 5s 后测量其绝缘电阻值。

6.12.3 绝缘强度试验

按 GB/T 6587.7—1986 中 3.2 的规定执行。

6.12.4 泄漏电流试验

按 GB/T 6587.7—1986 中 3.3 的规定进行,泄漏电流测量电路按 GB/T 6587.7—1986 中图 1 的方法连接。

6.13 低温贮存试验

按 GB/T 11606.14 的规定进行。

6.14 高温贮存试验

按 GB/T 11606.15 的规定进行。

6.15 跌落试验

按 GB/T 11606.16 的规定进行。跌落方式为水平自由跌落,跌落高度为 250mm,跌落次数为 4 次。

6.16 碰撞试验

按 GB/T 11606.17 的规定进行。

6.17 外观检查

用目视和手动方法进行,应符合 5.7 的要求。

7 检验规则

7.1 出厂检验

7.1.1 分析仪应经制造厂质量检验部门检验合格并出具检验合格证书后方可出厂。

7.1.2 出厂检验按 6.1、6.4、6.5、6.8、6.10、6.12.2 和 6.17 进行。检验的比例为 100%。

7.1.3 判定规则:出厂检验如有一项不合格则判定为不合格,不准出厂。

7.2 型式检验

7.2.1 遇有下列情况之一,应进行型式检验:

——新产品的试制定型检验;

——正式生产后,产品的结构、材料、生产工艺有较大改变,可能影响产品性能;

——正常生产时,每两年或累计的生产数量超过 200 台后;

——出厂检验的结果与上次型式检验有较大差异;

——国家质量监督部门要求进行型式检验。

7.2.2 型式检验的样机应从近期出厂,检验合格的产品中随机抽取两台。

7.2.3 型式检验按第 6 章的所有项目进行,应符合第 5 章的全部规定。

7.2.4 判定规则:

对于 5.2,5.3.2,5.3.5~5.3.11,5.4~5.7 项,抽检样品中两台中如有一项不合格则判定该批为不合格。

如 5.7 不合格,允许再抽取同样的数量复检,若仍有不合格,则判定该批不合格。

8 标志与使用说明书

8.1 标志

8.1.1 产品标志

分析仪应在机箱上明显位置装有标牌,标牌应包括下列内容:

——产品名称及型号;

——制造厂名和商标;

——产品编号;

——出厂日期;

——制造计量器具许可证编号及标志;

——丙烷/正己烷当量系数(*PEF*)。

8.1.2 包装标志

分析仪的外包装上有包装储运标志,按 GB/T191 规定,标志应包括下列内容:

——制造厂名称及地址;

——分析仪的型号和名称;

——包装箱的尺寸和净重(总质量);

——"向上"、"小心轻放"、"防潮"、"防暴晒"等字样或相应图案。

8.2 使用说明书

分析仪应附有使用说明书,使用说明书的内容应符合 GB 9969.1 的要求。

9 包装、运输、贮存

9.1 包装

应使用专用包装箱,箱中有装箱单、产品合格证、使用说明书。包装箱坚固、耐用,适合长途运输。

9.2 运输

分析仪在包装状态下运输,运输中应小心轻放,防止剧烈的震动和撞击,严禁抛掷。不得淋雨及长期受潮,不得与腐蚀性物质一起运输。

9.3 贮存条件

9.3.1 环境温度:-10℃~60℃。

9.3.2 相对湿度:不大于90%。

9.3.3 周围不得有酸性、碱性或其他腐蚀性气体。

附 录 A
（规范性附录）
LAMBDA 计算

A.1 引论

Lambda（λ……希文）是确定发动机燃烧效率的一个参数，它与燃料的组成有关，同用于燃烧的空气以及排放气中发现的燃烧生成物有关。配置了 Lambda 指示的分析仪应按标准公式作相应计算，当 Lambda 在 0.8 至 1.2 之间与此相应的分辨率及使用选定公式的计算中最大允许误差不超过 0.3%，λ 值应按 4 位数字显示。

基本公式中具有以下参数：

燃料成分：碳、氢、氧和水；

空气的水含量；

排放气成分：二氧化碳，一氧化碳，碳氢化合物和氮氧化物。

此公式由 J. Brettschneider 推导发表。

由基本公式导出简化公式，其依据是可以忽略排气中空气及氧化氮（NO_x）的含量，当测定排出气体成分后，可作 λ 计算。

A.2 简化 λ 公式

根据 CO，CO_2，HC 和 O_2 的测定，可以计算出 λ，公式的标准形式为：

$$\lambda = \frac{[CO_2] + \frac{[CO]}{2} + [O_2] \left\{ \left(\frac{H_{CV}}{4} \times \frac{3.5}{3.5 + \frac{[CO]}{CO_2}} - \frac{O_{CV}}{2} \right) \times ([CO_2] + [CO]) \right\}}{\left(1 + \frac{H_{CV}}{4} - \frac{O_{CV}}{2}\right) \times \{([CO_2] + [CO]) + (K_1 \times [HC])\}}$$

式中：[ ]——浓度，HC 浓度以 ppm vol 表示，其余浓度以% vol 表示；

K_1——HC 转换因子，若以 ppm vol 正己烷（C_6H_{14}）作等价表示此值等于 6×10^{-4}；

H_{CV}——燃料中氢和碳的原子比，可选为 1.7261；

O_{CV}——燃料中氧和碳的原子比，可选为 0.0176；

注：此 λ 简化计算仅对汽车排气测量 NO_x 的浓度可忽略时才能采用。

附 录 B
（规范性附录）
校准气及其标准值

B.1 校准气应具有国家质量监督检验检疫局批准的标准物质证书，校准气应采用气体钢瓶包装或用动态混合法来制备。

B.2 校准气每种气体成分体积分数容许偏差不超过推荐值的15%。

B.3 校准气成分的不确定度应不超过1%，对于含量不大于2000ppm vol的丙烷及NO校准气，不确定度允许不大于2%。

B.4 校准气的推荐值：

a) 最大允许误差和预热时间试验用校准气的成分应符合表B.1的规定；

表B.1 最大允许误差和预热时间试验用校准气的成分

校准气	试验点		
	1	2	3
CO（% vol）	0.5	1	3.5
C_3H_8（ppm vol）	200	600	2000
CO_2（% vol）	6	10	14
O_2（% vol）	0.5	10	20.9
NO（ppm vol）	100	500	1000

b) 时间稳定性试验（0级和Ⅰ级分析仪）、重复性试验（0级和Ⅰ级分析仪）、响应时间试验、样气低流量警告指示和电源电压变动试验用校准气应符合表B.2的规定；

表B.2 时间稳定性试验（0级和Ⅰ级分析仪）、重复性试验（0级和Ⅰ级分析仪）、响应时间试验、样气低流量警告指示和电源电压变动试验用校准气

校准气	CO	C_3H_8	CO_2	O_2	NO
成 分	0.5% vol	2000 ppm vol	14% vol	0.5% vol	100 ppm vol

c) 时间稳定性试验（Ⅱ级分析仪）、重复性试验（Ⅱ级分析仪）用校准气的成分应符合表B.3的规定；

表B.3 时间稳定性试验（Ⅱ级分析仪）、重复性试验（Ⅱ级分析仪）用校准气

校准气	CO	C_3H_8	CO_2	O_2	NO
成 分	3.5% vol	2000 ppm vol	14% vol	0.5% vol	1000 ppm vol

d) 非被测气体的干扰试验用校准气的成分应符合表B.4的规定；

表B.4 非被测气体的干扰试验用校准气

被测气体	校准气					
	CO（% vol）	C_3H_8（ppm vol）	CO_2（% vol）	O_2（% vol）	NO（ppm vol）	H_2（ppm vol）
CO	—	4000	16	10	3000	5
C_3H_8	6	—	16	10	3000	5
CO_2	6	4000	—	10	3000	5
O_2	6	4000	16	—	3000	5
NO	6	4000	16	10	—	5

e) 排气取样系统的气密性试验用校准气的成分应符合表 B.5 的规定;

表 B.5 排气取样系统的气密性试验用校准气

校准气	CO	C_3H_8	CO_2	NO
成　分	3.5% vol	2000 ppm vol	14% vol	1000 ppm vol

f) HC 气体的残留物试验用校准气的成分应符合表 B.6 的规定;

表 B.6 HC 气体的残留物试验用校准气

校　准　气	CO	C_3H_8
成　分	3.5% vol	2000 ppm vol

g) 丙烷/正己烷当量系数(PEF)试验用校准气的成分应符合表 B.7 的规定;

表 B.7 丙烷/正己烷当量系数(PEF)试验用校准气

校　准　气	低　量　程　组		中　量　程　组	
	丙烷(C_3H_8)	正己烷(C_6H_{14})	丙烷(C_3H_8)	正己烷(C_6H_{14})
成　份	200 ppm vol	100 ppm vol	2000 ppm vol	1000 ppm vol

中华人民共和国交通行业标准

JT/T 413—2000

就车式车轮动平衡仪技术条件

Specification for balancer on motor vehicle wheel

2000-02-28 发布　　　　2000-05-01 实施

中华人民共和国交通部 发布

中华人民共和国交通行业标准

JT/T 413—2000

就车式车轮动平衡仪技术条件

Specification for balancer on motor vehicle wheel

2000-02-28 发布　　2000-05-01 实施

中华人民共和国交通部　发布

中华人民共和国交通行业标准

就车式车轮动平衡仪技术条件

JT/T 413—2000

Specification for balancer on motor vehicle wheel

1 范围

本标准规定了就车式车轮动平衡仪的技术要求、试验方法和检验规则。

本标准适用于对轴负荷在 1 000kg 以下的汽车车轮作现场动平衡的就车式车轮动平衡仪(以下简称平衡仪),其他类型的平衡仪可参照执行。

2 引用标准

下列标准包含的条文,通过在本标准中引用而构成本标准的条文。在本标准出版时,所示版本均为有效。所有标准都会被修订,使用本标准的各方应探讨使用下列标准最新版本的可能性。

GB/T 6444—86 平衡词汇

GB/T 9239—88 刚性转子平衡品质许用不平衡的确定

JJG(交通)011—93 就车式车轮动平衡仪计量检定规程

3 定义

本标准采用下列定义。

3.1 就车式车轮动平衡仪 Balancer on Motor Vehicle Wheel

不需要从车上拆下车轮就可以对其进行动平衡测定的检测仪器。

3.2 最小可测不平衡质量 Minimum Measurable Uneven Mass

在平衡仪所能检测到的不平衡质量中,数值最小的不平衡质量。

3.3 不平衡质量示值误差 Difference Between Real Value and Shown Value for Uneven Mass

在用平衡仪对不平衡量进行检测的过程中,平衡仪测出的不平衡质量读数与实际的不平衡质量数值之差。

3.4 不平衡相位角示值误差 Difference Between Real Value and Shown Value for Uneven Phase Angle

在用平衡仪对不平衡量进行检测的过程中,平衡仪测出的不平衡相位角读数与实际的不平衡相位角数值之差。

3.5 剩余不平衡质量 Remanent Uneven Mass

在平衡仪对车轮作过平衡之后,车轮上还存在的不平衡质量。

3.6 标准转子 Standard Rotor

中华人民共和国交通部 2000-2-28 发布 2000-5-1 实施

采用与 JJG(交通)011—93 相同定义。

3.7 专用试验装置 Exclusive Experiment Device

采用与 JJG(交通)011—93 相同定义。

4 技术要求

4.1 总则

平衡仪应符合本标准中的有关规定,并按规定程序批准的图样和技术文件制造。

4.2 使用条件

平衡仪在下列条件下应能正常工作:

a) 环境温度 -40℃ ~45℃;

b) 空气相对湿度不大于 95%(25℃);

c) 工作电压波动量不超过额定值的 10%。

4.3 性能要求

4.3.1 总成及各种零部件均应符合国家有关标准的要求;外购件及外协件必须保证产品质量。

4.3.2 电路和电子元器件应符合国家有关安全防护的规定。

4.3.3 指针式显示时,应表盘清晰,指针转动灵活;数字式显示时,应数字显示清晰完整;配备有打印装置时,应打印结果清晰,并与显示的数字相一致。

4.3.4 各开关、旋钮及按键应功能正常,操作灵活可靠,并在相应位置有文字或符号标志。

4.3.5 所有易损件均应具有互换性。

4.3.6 外表面应平整、光洁,不得有磕伤、划痕;涂层表面涂膜均匀,金属基底必须经过除污、除锈处理。

4.3.7 最小可测不平衡质量不大于 10g。

4.3.8 工作转速应使被测车轮线速度不小于 120km/h。

4.3.9 相位角示值误差 ±5°。

4.3.10 平衡质量示值误差 ±5g。

4.3.11 工作噪声不大于 80dB(A)。

5 试验方法

5.1 外观性能试验

外观性能试验按 4.3.3、4.3.4 和 4.3.6 的规定,通过目测与手感进行。

5.2 主要性能参数试验

5.2.1 最小可测不平衡质量 e 试验

a) 选择平衡转速,用转速表测定转速,并作好记录。

b) 确定最小可测不平衡质量 e 值

根据车轮最大工作转速,按 GB/T 9239 确定 e_{per} 值,再由公式(1)计算 e 值:

$$e = \frac{m \times e_{per}}{2 \times r} \tag{1}$$

式中:m——标准转子的质量,kg;

r——标准转子试验平面上加试重的位置到标准转子轴心的距离,mm;

e_{per}——许用不平衡度,g · mm/kg;

e 值计算举例:

选定车轮最大工作转速 n = 2 000r/min,由 GB/T 9239 可以查出当 G = 40 时,e_{per} = 200g · mm/kg。

选定转子质量 m = 40kg,转子半径 r = 279mm,则对应于标准转子每一个实验平面的不平衡质量计算如下:

$$m=\frac{40\times200}{2\times279}=14.25(\mathrm{g})$$

c）启动专用试验装置，将标准转子平衡到剩余不平衡质量 1.0e 以下。

d）在标准转子任意试验平面上加上两个（10～20）e 的试重，两试重的位置不允许同相或反相。

e）按平衡仪规定的程序和平衡转速，根据平衡仪读数进行不超过四次的启动平衡，并作好读数记录。

f）用 10e 的试重依次同相地分别加在试验平面上均匀分布的间隔 30°的 12 个轴向螺孔内或均匀分布的间隔 45°的 8 个轴向螺孔内，顺序任意（每次启动只允许一次读数）。

g）算术平均值$\overline{A}$和 A_0 的计算按公式（2）和（3）进行。

$$\overline{A}=\frac{1}{n}\sum_{i=1}^{n}A_i,i=1,2,\cdots,8;\quad 或\quad i=1,2,\cdots,12; \tag{2}$$

$$A_0=\frac{1}{10}\times\overline{A} \tag{3}$$

式中：A_i——12 点（或 8 点）中任意一点的读数值；

$\overline{A}$——12 点（或 8 点）读数的算术平均值；

A_0——相当于在某端已加上 1.0e 的试重时仪表相应的读数值。

h）当 A_i 的所有读数符合公式（4）要求时，最小剩余不平衡质量 e 就符合 4.3.7 的要求了。

$$8.8A_0<A_i<11.2A_0 \tag{4}$$

5.2.2 相位角示值误差试验

a）启动专用的试验装置，将标准转子平衡到剩余不平衡质量 1.0e 以下；

b）用一个 10e 的试重置于标准转子试验平面一个已知相位的螺孔内，启动专用的试验装置，记录相位读数；

c）再将同一试重置于间隔 90°的另一已知相位的螺孔内，按步骤 b）重复三次；

d）把已知的相位值与读数相位值相比较，其误差应符合 4.3.9 的要求。

5.2.3 不平衡质量示值误差试验

a）启动专用的试验装置，将标准转子平衡到剩余不平衡质量 1.0e 以下；

b）在标准转子校正平面的任一选定螺孔内，放入一个已知质量的试重块，启动专用的试验装置，记录不平衡质量读数；

c）在同一个螺孔内，放入另一个已知质量的试重块，启动专用的试验装置，记录不平衡质量的读数；

d）按步骤 c）重复三次。比较已知质量数值与读数质量数值，其误差应符合 4.3.10 的规定。

5.2.4 工作噪声

a）测量环境噪声三次，取其平均值作为背景噪声值；

b）声级计传声器应面向平衡仪，在距平衡仪水平距离 1.0m，距地面高度 1.5m 处进行测量；

c）声级计传声器测量点沿平衡仪周围不少于四点。启动平衡仪，以各测量点中测得的最大值作为平衡仪声压级；

d）当实测噪声值与背景噪声值的差值不小于 10dB（A）时，实测噪声值有效；当实测噪声值与背景噪声值的差值为（6～9）dB（A）时，应将实测噪声值结果减去 1dB（A）；当实测噪声值与背景噪声值的差值小于 3dB（A）时，则测量结果无效。

6 检验规则

6.1 出厂检验

每台平衡仪都须按下表要求进行出厂检验，检验合格后，才准出厂。

表 1

序号	检 验 项 目	技术要求	试验方法	序号	检 验 项 目	技术要求	试验方法
1	外观质量	4.3.3	5.1	4	相位角示值误差	4.3.9	5.2.2
2	外观质量	4.3.4	5.1	5	不平衡质量示值误差	4.3.10	5.2.3
3	外观质量	4.3.6	5.1				

6.2 型式检验

6.2.1 有下列情况之一,应进行型式检验:

a）新产品投产时;

b）停产两年以上的产品再生产时;

c）老产品转厂生产时;

d）产品结构、工艺或主要零部件的材料有较大改变影响产品的主要性能时。

6.2.2 型式检验的平衡仪应从出厂检验合格的产品或试制样机中任意抽取两台,并按第4章规定的全部技术要求进行检验。

6.2.3 型式检验中,所有检验项目检验结果都合格方为型式检验合格;抽检不合格,则应加倍抽样检验;如检验结果仍为不合格,则认定该批产品为不合格。

7 标志、包装、运输和贮存

7.1 每件产品应在醒目位置标出产品标牌。产品标牌应符合国家的有关规定。

7.2 包装前应经过防锈处理。包装应牢固、可靠。

7.3 包装箱内应包括平衡仪使用说明书、合格证书、装箱单等文件。

7.4 运输包装应符合国家的有关规定。

7.5 可移动部件,均应固定,并用软包装物垫好。

7.6 主机及其附件运输时,必须符合国家有关防湿和不得倒置的规定。

中华人民共和国交通行业标准

JT/T 425—2000

汽车维修业质量检验人员技术水平要求

Technical standard requirement for technicians in charge of quality-inspection of auto maintenance and repair

2000-09-29 发布　　　　2000-12-01 实施

中华人民共和国交通部 发布

中华人民共和国交通行业标准

汽车维修业质量检验人员技术水平要求

JT/T 425—2000

Technical standard requirement for technicians in charge of qua lity-inspection of auto maintenance and repair

1 范围

本标准规定了汽车维修质量检验人员(以下简称质检人员)应具备的理论水平和操作技能的要求。

本标准适用于汽车维修质检人员的培训和考核。

2 引用标准

下列标准所包含的条文,通过在本标准中引用而构成为本标准的条文。本标准出版时,所示版本均为有效。所有标准都会被修订,使用本标准的各方应探讨使用下列标准最新版本的可能性。

GB/T 16739.1—1997 汽车维修业开业条件 第一部分:一类汽车维修企业

JT/T 27.1—1993 交通行业工人技术等级标准 公路运输与公路养护 汽车驾驶员

JT/T 27.18—1993 交通行业工人技术等级标准 公路运输与公路养护 汽车维修工

JT/T 201—1995 汽车维护工艺规范

3 质检人员分级

依照 GB/T 16739.1—1997 中的 6.3.2 的规定,汽车维修质检人员分为质量总检验员和质量检验员。

4 技术要求

4.1 质检人员基本素质要求

4.1.1 质量总检验员应具备高中文化水平,持质检员证从事质检工作三年,且具有达到 JT/T 27.18 要求的汽车维修工高级技术等级证书和机动车驾驶证,并达到 JT/T 27.1 规定的中级汽车驾驶员水平。

4.1.2 质量检验员应具备高中文化水平,且具有达到 JT/T 27.18 要求的汽车维修工中级技术等级证书和机动车驾驶证,并达到 JT/T 27.1 规定的中级汽车驾驶员水平。

4.2 质检人员技术水平要求

4.2.1 质量总检验员

a)应系统了解有关汽车维修质量管理规章和相关法律、法规,相关的主要规章和相关的法律、法规见附录 A(提示的附录);

b)熟知质量总检验员的岗位职责和职业道德规范;

c)熟练掌握汽车维修质量检验的基本原理、技术标准、规范和方法,相关的主要标准和规范见附录 B(提示的附录);

d)独立完成并可指导他人完成汽车维修全过程的各项质量检验工作;

e)达到表 1 规定的理论水平要求和表 2 规定的操作技能要求。

4.2.2 质量检验员

中华人民共和国交通部 2000-09-29 发布 2000-12-01 实施

a)应系统了解有关汽车维修质量管理规章和相关法律、法规,相关的主要规章和相关的法律、法规见附录 A(提示的附录);

b)熟知质量检验员的岗位职责和职业道德规范;

c)掌握汽车维修质量检验的基本原理、技术标准、规范和方法,相关的主要标准和规范见附录 B(提示的附录);

d)独立完成并可指导维修工进行相关工种或过程的质量检验工作;

e)达到表 1 规定的理论水平要求和表 2 规定的操作技能要求。

表 1　质检人员理论水平要求

序号	项　　目	技　术　要　求
1	汽车维修质量管理知识	了解汽车维修质量管理相关法律、法规;熟悉汽车维修质量管理的行业规章、管理制度和职能;了解汽车维修质量保证体系、汽车维修质量监督办法及汽车综合性能检测的主要任务
2	汽车维修质量检验员岗位职责与职业道德规范知识	熟悉汽车维修质量检验工作职能和质检员任职资格、岗位职责、职业道德规范
3	汽车维修质量检验基础知识	熟悉汽车维修技术标准、汽车维修质量检查评定标准、汽车维修质量检验的方法和内容;了解汽车常用金属材料、非金属材料和油料的性能;掌握主要配件及油料的质量鉴别知识;熟悉汽车电子电路主要元器件的结构原理;掌握汽车电路图的识读方法、电气线路检修一般程序
4	汽车维修检验及技术档案知识	熟悉汽车各级维护前、维护过程和竣工检验的项目和技术要求;掌握送修标志;熟悉发动机、底盘、汽车电气设备等系统主要零部件和总成修理检验的内容;熟悉汽车修理竣工的检验项目;熟悉组成汽车维修技术档案的各类文件类型
5	汽车整车检测与诊断知识	熟悉汽车整车检测与诊断项目和各项目的要求以及相关检测仪器设备的结构原理及性能
6	发动机检测与诊断知识	熟悉发动机检测与诊断项目和各项目的要求以及相关检测仪器设备的结构原理及性能
7	底盘及车身检测与诊断知识	熟悉汽车传动系、转向系、制动系、行驶系及车身检测与诊断项目和各项目的要求及相关检测仪器的结构原理及性能
8	微机控制系统检测与诊断知识	熟悉发动机、自动变速器、制动、防滑和安全气囊等系统的微机控制结构与原理;了解汽车故障诊断仪、故障自诊断系统的类型、特点和使用方法
9	汽车空调系统检测与诊断知识	熟悉汽车空调系统的结构原理、检测项目和各项目的要求以及检测仪器的结构原理
10	质量分析	能对生产中出现的主要质量问题,进行质量分析,并提出书面报告

表2　质检人员操作技能技术要求

序号	项　　目	技　术　要　求
1	整车及总成检验常用检测仪器的使用维护	掌握车速表试验台、制动试验台、侧滑试验台等的使用方法；熟练掌握气体分析仪、烟度计、声级计、前照灯检验仪、车轮定位仪、电控汽车故障诊断仪、底盘测功机、发动机综合测试仪、汽车万用表等检测仪器及各种常规测量仪具的使用方法及维护要领
2	配件质量鉴定	能鉴定汽车零件是否可用、可修，识别常用汽车配件的优劣
3	底盘输出功率的测定	能应用底盘测功机进行底盘输出功率测定，并进行测试结果分析
4	汽车排气污染物的测定与分析	能应用气体分析仪(或烟度计)对汽车排气污染物进行测量，并结合测量结果进行相关故障分析、提出排放达标和降低排放的维修措施
5	车速表的校验及前照灯的检验	能应用车速表试验台进行车速表校验；熟练应用前照灯检验仪进行前照灯检验，并根据检测结果进行调整
6	汽车防雨密封性试验和汽车外观检视	熟悉汽车防雨密封性试验和汽车外观检视的方法，并根据检验结果提出维修方案
7	汽车异响的检测与诊断	能利用仪器或凭经验对汽车发动机、底盘等总成的异响进行检测与诊断，确定异响类型和部位，并提出消除异响的维修措施
8	发动机功率与油耗的检测诊断	能应用发动机综合测试仪和油耗计进行发动机功率与油耗的检测，并能根据检测结果分析影响发动机功率的典型故障，提出故障排除方法
9	发动机气缸密封性检测	掌握气缸压缩压力、曲轴箱窜气量、气缸漏气量、进气歧管真空度的检测方法，并能根据检测结果判断发动机气缸密封性能
10	起动系统起动性能检测与诊断	能应用发动机综合测试仪或汽车电器万能试验器检测起动性能，并能根据检测结果进行起动系故障分析
11	点火系统点火性能的检测与诊断	能应用发动机综合测试仪或点火示波器进行点火系检测与诊断，进行点火波形分析，判断点火系故障，提出维修方案
12	燃油供给系统检测与诊断	能应用燃油系统检测仪，对燃油压力、流量和密封性能进行检测并能根据检测结果分析燃油供给系统的故障；能利用发动机综合测试仪检测柴油机燃油供给系统的供油提前角和压力波形，并能结合检测结果进行柴油机燃油供给系统的故障分析
13	润滑系统检测与诊断	应用润滑油质量检测仪检测润滑油的污染程度，并提出处理方案
14	汽车传动系统检测与诊断	能用仪器或凭经验对传动系统的工作状态进行检测，并提出调整维修方案

表 2(完)

序号	项目	技术要求
15	汽车转向系检测与诊断	能应用转向参数测量仪进行转向盘转向力、转向盘自由转动量的检测,能应用间隙检测仪进行转向系间隙检测,并提出调整维修措施
16	汽车制动系检测与诊断	能应用制动试验台进行汽车制动性能台试检测,并能通过道路试验检测制动距离和制动减速度;能利用检测结果进行制动性能分析,并提出改进制动性能的维修措施
17	汽车行驶系检测与诊断	能应用车轮定位仪进行前、后车轮定位参数的检测和诊断;能应用车轮平衡仪进行车轮动平衡检测;能应用间隙检测仪进行汽车悬架间隙检测;并能根据检测结果进行故障分析并作相应的调整
18	轿车车身整形定位检测	能根据车身矫正系统提供的测量数据和放样资料对整形后车身进行定位检测
19	发动机微机控制系统的检测与诊断	能应用电控汽车故障诊断、汽车自诊断功能对发动机电控系统进行检测诊断,并进行故障分析与排除
20	微机控制自动变速器的检测与诊断	能应用故障分析仪、汽车自诊断功能、液压系统检测仪对自动变速器进行各项性能检测,并进行故障分析与排除
21	微机控制防抱死系统和防侧滑系统检测与诊断	能进行 ABS 和 ASR 系统故障自诊断测试;正确查对故障诊断表进行 ABS 和 ASR 系统的故障诊断;并进行故障分析与排除
22	微机控制安全气囊系统的检测与诊断	能应用故障分析仪/汽车自诊断功能进行故障检测;并进行故障分析与排除
23	空调系统检测与诊断	正确进行空调系统工作压力、密封性测试;掌握空调系统故障检测与诊断的程序和常见故障的检测与诊断方法
24	二级维护前检测诊断与附加作业项目的确定	能完成 JT/T 201 中 7.2 规定项目的汽车二级维护前的检测诊断工作,并能根据检测诊断结果和 JT/T 201 中 7.3 的要求确定附加作业项目
25	汽车维护基本作业项目的检验	能完成汽车各级维护基本作业项目和二级维护附加作业项目的作业质量检验,并能承担汽车二级维护竣工上线检测的送检工作
26	汽车修理进厂检验	通过进厂检验,能确定汽车修理的作业项目
27	汽车主要零部件检验	正确应用常规测量仪表/量具进行主要零部件的检验
28	汽车电器与电子设备部件及总成检验	能正确进行蓄电池、发电机和调节器,起动机和起动继电器、仪表及辅助电器、微机控制系统主要传感器、执行器、ECU 的检验
29	车身面漆检验	能鉴别车身面漆色彩差异,发现喷漆缺陷
30	汽车修理竣工检验	能严格根据技术标准,按照相关的试验方法,对汽车修理质量进行全面检验,发现修理缺陷,正确填写检验单,检验合格后签发汽车维修竣工出厂合格证
31	汽车维修技术档案的建立	正确填写各种维修检验表格,做好检测诊断记录工作,建立完整的维修技术档案

附 录 A
（提示的附录）

与汽车维修质量检验人员相关的质量管理规章和相关法律、法规

A1 相关的法律

中华人民共和国产品质量法
中华人民共和国计量法
中华人民共和国标准化法
中华人民共和国合同法
中华人民共和国消费者权益保护法

A2 相关规章和法规

交通部 1990 年第 13 号令,《汽车运输业车辆技术管理规定》
交通部 1991 年第 28 号令,《汽车维修质量管理办法》
交通部 1998 年第 2 号令,《道路运输车辆维护管理规定》
交通部 1998 年第 3 号令,《道路运输行政处罚规定》

附 录 B
（提示的附录）

与汽车维修质量检验人员相关的技术标准和规范

B1 相关国家标准

GB 1495—1979 机动车辆允许噪声
GB/T 1496—1979 机动车辆噪声测量方法
GB/T 3798—1983 汽车大修竣工出厂技术条件
GB/T 3799—1983 汽车发动机大修竣工技术条件
GB＊3800—1983 汽车车架修理技术条件
GB＊3801—1983 汽车发动机缸体与缸盖修理技术条件
GB＊3802—1983 汽车发动机曲轴修理技术条件
GB＊3803—1983 汽车发动机凸轮轴修理技术条件
GB/T 3845—1993 汽油车排放污染物的测量 怠速法
GB/T 3846—1993 柴油车自由加速烟度的测量 滤纸烟度法
GB 3847—1999 压燃式发动机和装用压式发动机的车辆排气可见污染物排放限值及测试方法
GB/T 5336—1985 大客车车身修理技术条件
GB＊5372—185 汽车变速器修理技术条件
GB 5624—1985 汽车维修术语
GB 7258—1997 机动车运行安全技术条件
GB/T 7554—1987 机动车前照灯使用和光束调整技术规定
GB＊8823—1988 汽车前桥及转向系修理技术条件
GB＊8824—1988 汽车传动轴修理技术条件
GB＊8825—1988 汽车驱动桥修理技术条件
GB/T 11340—1989 汽车曲轴箱排放污染物测量方法及限值
GB/T 11642—1989 轻型汽车排气污染物测试方法
GB/T 12676—1990 汽车制动性能试验方法
GB 13594—1992 汽车防抱制动系统性能要求和试验方法
GB/T 14365—1993 声学 机动车辆定置噪声测量方法
GB 14761—1999 汽车排放污染物限值及测试方法
GB 14761.2—1993 车用汽油机排气污染物排放标准
GB 14761.5—1993 汽油车怠速污染物排放标准
GB 14761.6—1993 柴油车自由加速烟度排放标准
GB/T 14762—1993 车用汽油机排气污染物测量方法
GB/T 14763—1993 汽油车燃油蒸发污染物的测量 收集法
GB/T 15746.1—1995 汽车修理质量检查评定标准 整车大修
GB/T 15746.2—1995 汽车修理质量检查评定标准 发动机大修

注：GB＊表示已转为行标

GB/T 15746.3—1995 汽车修理质量检查评定标准　车身大修

GB 16170—1996 汽车定置噪声限值

GB/T 16739.1—1997 汽车维修业开业条件　第一部分:一类汽车维修企业

GB/T 16739.2—1997 汽车维修业开业条件　第二部分:二类汽车维修企业

GB/T 16739.3—1997 汽车维修业开业条件　第三部分:三类汽车维修业户

GB/T 17349.1—1998 道路车辆　汽车诊断系统—词汇术语

GB/T 17349.2—1998 道路车辆　汽车诊断系统—图形符号

GB 17691—1999 压燃式发动机和装用压式发动机的车辆排气污染物排放限值及测试方法

GB/T 17692—1999 汽车用发动机净功率测试方法

B2　相关交通行业标准

JT/T 198—1995 汽车技术等级评定标准

JT/T 199—1985 汽车技术等级评定的检测方法

JT/T 201—1995 汽车维护工艺规范

JT/T 303—1996 汽车轮胎使用与维修要求

B3　相关其它行业行业标准

JB 4020—1985 汽车驻车制动试验方法

中华人民共和国交通行业标准

JT/T 445—2001

汽车底盘测功机通用技术条件

General specifications for automotive chassis dynamometers

2001-04-10 发布　　　　2001-08-01 实施

中华人民共和国交通部　发布

中华人民共和国交通行业标准

JT/T 445—2001

汽车底盘测功机通用技术条件

General specifications for automotive chassis dynamometers

1 范围

本标准规定了双滚筒汽车底盘测功机(以下简称测功机)的产品分类与命名、组成与功能、技术要求、试验方法、检验规则及标志、包装、运输、贮存。

本标准适用于采用电涡流测功器作为功率吸收装置的双滚筒汽车底盘测功机,其它型式的汽车底盘测功机可参照执行。

2 引用标准

下列标准包含的条文,通过在本标准中引用而构成为本标准的条文。在本标准出版时,所示版本均为有效。所有标准都会被修订,使用本标准的各方应探讨使用下列标准最新版本的可能性。

GB191—2000 包装储运图示标准

GB/T2681—1981 电工成套装置中的导线颜色

GB/T2682—1982 电工成套装置中的指示灯和按钮的颜色

GB/T3187—1994 可靠性、维修性术语

GB/T13306—1991 标牌

GB14761—1999 汽车排放污染物限值及测试方法

JT/T218—1996 机动车检测维修设备及工具产品型号编制方法

JB/T7790—1995 电涡流测功机(器)技术条件

3 定义

本标准采用下列定义。

3.1 汽车底盘测功机 automotive chassis dynamometers

用于测量汽车驱动轮输出功率等汽车性能试验的装置。

3.2 功率吸收装置 power absorption unit

用于吸收汽车驱动轮输出扭矩(功率)的装置。

3.3 惯量模拟装置 inertia simulation system

用于模拟汽车惯性质量的机械装置。

3.4 额定吸收功率 rated absorptive power

在额定工作条件下,测功机功率吸收装置所能测量的最大功率。

3.5 额定吸收扭矩 rated absorptive torque

在额定工作条件下,测功机功率吸收装置所能测量的最大扭矩。

3.6 最高测试速度 maximum testing speed

在额定工作条件下,测功机所能测试的汽车最高行驶速度。

中华人民共和国交通部 2001-04-10 批准　　2001-08-01 实施

3.7 恒速控制方式 speed control mode

调节功率吸收装置,使被测试汽车保持某一恒定车速的控制方式。

3.8 恒扭矩控制方式 torque control mode

调节功率吸收装置,使被测试汽车驱动轮输出扭矩保持某一恒定值的控制方式。

3.9 恒电流控制方式 current control mode

调节功率吸收装置的励磁电流,用于测试汽车驱动轮输出扭矩(功率)的控制方式。

3.10 道路行驶阻力模拟控制方式 road load inertia simulation mode

使功率吸收装置按照道路行驶阻力调节吸收功率的控制方式。

3.11 安置角 θ tire contact angle

测功机主、从动滚筒中心到被测汽车车轮中心的连线与重力垂线所形成的角度。

3.12 瞬时可用度 instantaneous availability

按 GB/T3187 7.1.1 的定义。

3.13 稳态可用度 stead-state availability

按 GB/T3187 7.1.6 的定义。

4 组成与功能

4.1 测功机的主要组成应包括:滚筒机构、功率吸收装置、惯量模拟装置、举升及滚筒制动装置、控制与测量系统、标定装置及安全装置,必要时可配备反拖装置。

4.2 测功机应具有下述主要测试功能:

1)车速表、里程表检测;

2)滑行性能检测;

3)加速性能检测;

4)底盘输出功率和扭矩的检测。

4.3 测功机可具有下述测试功能:

1)油耗检测时的加载功能;

2)排气污染物检测时的加载功能。

4.4 配备反拖装置的测功机,应能检测汽车动力传动系统的损耗功率。

5 分类与命名

5.1 分类

5.1.1 按功率吸收装置的冷却方式分为:水冷式、风冷式、油冷式。

5.1.2 按承载质量分为:小型、中型、大型、特大型,对应关系见表 1。

表 1

测功机规格	小型	中型	大型	特大型
承载质量 M(t)	$M \leqslant 3$	$3 < M \leqslant 6$	$6 < M \leqslant 10$	$M > 10$

5.2 型号命名

按 JT/T218 的规定命名。

主参数代号以额定吸收功率(kW)、允许承载质量(t)的阿拉伯数字和冷却方式表示;冷却方式用下列字母表示:S-水冷;F-风冷;Y-油冷。

示例:电涡流式汽车底盘测功机,额定吸收功率 150kW,允许承载质量 10t,风冷,第二次改进设计。

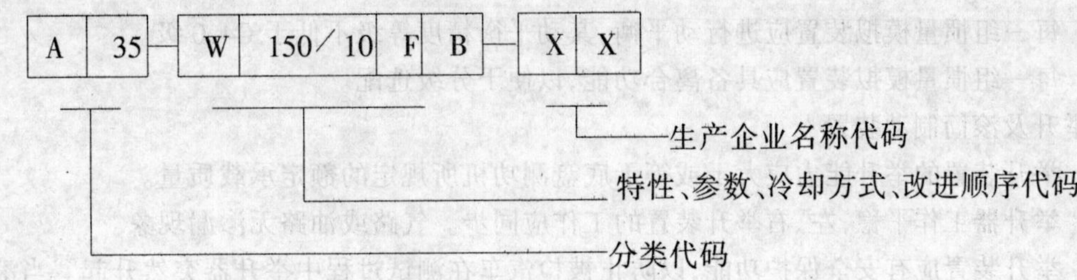

6 技术要求

6.1 基本要求

6.1.1 测功机应按规定程序批准的设计图样和技术文件组织生产并符合本标准要求。

6.1.2 所用原材料、外购、外协件应符合相应标准要求,并附有合格证或有关证明其质量的认证性文件。

6.1.3 测功机在下列环境条件下应能正常工作:

a)环境温度:0~40℃

b)相对湿度:≤85%

c)工作电压:额定电压±10%

d)工作环境周围的污染、振动 电磁干扰应对测试结果无影响。

6.2 外观质量

6.2.1 测功机外表面应平整、光洁,不得有明显的磕伤、划痕;涂层表面均匀,金属基底必须经过除油、除锈处理。

6.2.2 所有螺栓、螺母均应经过表面处理,重要螺栓的连接应符合设计文件规定的力矩要求。

6.2.3 焊接件的焊缝应平整、均匀,不得有焊穿、裂纹、脱焊、漏焊等缺陷,并清除焊渣。

6.2.4 各种开关、按钮、旋钮、仪表都应有明显和清晰的文字或符号标示,且操作灵活可靠。

6.2.5 各种仪表显示应清晰,没有影响读数的缺陷。

6.3 装配质量

6.3.1 滚筒机构、功率吸收装置,惯量模拟装置之间的链联轴器同轴度应小于 φ0.5mm。

6.3.2 测功机应标明系统的内部摩擦损失功率(包括轴承摩擦损失和系统驱动摩擦损失等)。

6.4 主要系统技术要求

6.4.1 滚筒机构

6.4.1.1 滚筒采用双滚筒。

6.4.1.2 滚筒直径为 200mm 到 530mm,建议采用 370mm。

6.4.1.3 滚筒表面粗糙度应使轮胎在上面不打滑且其产生的牵引力与干燥道路路面的作用力相一致;滚筒表面粗糙度不应引起轮胎花纹表面的不正常磨损。

6.4.1.4 双滚筒应保证适用车辆的安置角 θ 大于 26°。

6.4.1.5 前后滚筒轴线平行度不大于 0.8mm/m

6.4.1.6 滚筒表面径向跳动不大于 0.4mm。

6.4.1.7 滚筒机构装配完成后,各滚筒高度差不大于 1mm。

6.4.1.8 每个滚筒的动平衡精度等级不低于 G6.3。

6.4.1.9 滚筒在额定工况下能平稳连续运转,无异常现象。

6.4.1.10 滚筒总的转动惯量应给出具体数值。

6.4.2 惯量模拟装置

6.4.2.1 惯量模拟装置应满足所测试汽车的惯性质量。

6.4.2.2 惯量模拟装置根据需要分级,每一级的转动惯量应给出具体数值并标明其序号。

6.4.2.3 每一组惯量模拟装置应进行动平衡,其动平衡精度等级不低于 G4.0 级。

6.4.2.4 每一组惯量模拟装置应具备离合功能,以便于分级选配。

6.4.3 举升及滚筒制动装置

6.4.3.1 举升装置的举升能力应大于或等于底盘测功机所规定的额定承载质量。

6.4.3.2 举升器工作平稳,左、右举升装置的工作应同步。气路或油路无渗漏现象。

6.4.3.3 举升装置应有安全保护功能,以防止被检汽车在测试过程中举升器突然升起。当滚筒转速大于 5km/h 时,举升装置无论手控或自控均不应升起。

6.4.3.4 举升器在举升状态保持 10h 后,举升器下降不得超过 10mm。

6.4.3.5 滚筒制动装置应能使被检汽车进出时滚筒不发生转动。

6.4.4 功率吸收装置

6.4.4.1 功率吸收装置如采用风冷式电涡流测功器,应标明冷却风扇的功率损耗。

6.4.4.2 电涡流测功器的技术要求应符合 JB/T 7790 的有关规定。

6.4.5 安全装置

6.4.5.1 测功机所配备的安全装置应独立于执行系统。

6.4.5.2 测功机应配备将汽车固定在滚筒上的装置,如钢丝绳、铁链等。

6.4.6 标定装置

6.4.6.1 测功机应配备标定装置。

6.4.6.2 标定装置的安装应符合 7.7.1 的有关规定。

6.4.6.3 标定装置应分别标明测力杠杆力臂长度值和滚筒中心至测功机测力传感器的力臂长度值。

6.4.7 测量系统

6.4.7.1 测功机应配备测力装置和测速装置。

6.4.7.2 测量系统的示值误差应符合表 2 的规定。

表 2

<table>
<tr><th colspan="3">要　求</th><th>扭矩(驱动力)</th><th>功率</th><th>车速</th><th>距离</th><th>时间</th></tr>
<tr><td colspan="3">零值误差</td><td>±1d</td><td>±1d</td><td>±1d</td><td>±1d</td><td></td></tr>
<tr><td rowspan="4">测量误差</td><td rowspan="2">升程</td><td>≥20%F.S</td><td>±2%</td><td>±2.5%</td><td rowspan="4">±1%F.S</td><td rowspan="4">±1%</td><td rowspan="4">±0.2s</td></tr>
<tr><td><20%F.S</td><td>±3%</td><td>±3.5%</td></tr>
<tr><td rowspan="2">回程</td><td>≥20%F.S</td><td>±2%</td><td>±2.5%</td></tr>
<tr><td><20%F.S</td><td>±3%</td><td>±3.5%</td></tr>
<tr><td colspan="8">注:d 为分度值。</td></tr>
</table>

6.4.8 控制系统

6.4.8.1 控制系统应能满足 4.2 所规定的测试功能的要求。

6.4.8.2 控制系统应具有自动控制和手动控制两种方式。

6.4.8.3 控制系统应具有恒速控制、恒扭控制、恒电流控制三种控制方式。

6.4.8.4 控制系统应具有下述运行模式:

a)道路行驶阻力模拟,道路行驶阻力模拟的试验方法按 GB14761—1999 的附录 C(标准的附录)中的附件 CC 执行。

b)自检

c)标定

6.4.8.5 控制系统应采用计算机进行测控。

6.4.8.6 控制系统应具有专供数据通讯用的接口。

6.4.8.7 控制系统的稳态可用度应不小于0.95。

6.4.8.8 控制系统应有良好的绝缘性能,绝缘电阻不得小于1MΩ。

6.4.8.9 控制系统必须有可靠的接地装置和明显的接地标志。接地电阻阻值不得大于0.1Ω。

6.4.8.10 电气元件、部件、插接件装配牢靠,布线合理、整齐、焊点光滑、无虚焊、错焊。

6.4.8.11 指示灯、按钮和导线的颜色应符合GB/T2681、GB/T2682的规定。

6.4.8.12 导线线径选择合理,其载流容量应保证运转安全。

6.4.8.13 控制系统应根据负荷的大小装有熔断器或断路器,电机控制应有过载断相保护装置。

6.4.8.14 控制系统的控制误差应符合下述规定

a)恒速控制误差:±0.2km/h

b)恒扭矩控制误差:±1%F·S

c)恒电流控制误差:0.5%

6.4.8.15 控制系统的采样应满足下述要求:

a)恒速控制在±0.2km/h内,恒扭矩控制在±1%F·S内;恒电流控制在0.5%内;

b)保持稳定调节10s后方可采样;

c)采样次数不少于五次。

6.4.8.16 控制系统测试值的重复性误差不大于±3%。

6.4.9 反拖装置

具有反拖装置的测功机,其反拖装置应符合下列要求:

6.4.9.1 反拖装置的扭矩测量误差为±2%。

6.4.9.2 反拖装置的速度测量误差为±1%F·S。

7 试验方法

7.1 通用试验条件

7.1.1 环境条件

环境温度:0~40℃

环境湿度:<85%

大气压力:80~110kPa

7.1.2 仪器、设备

百分表、转速表、测力计、砝码、声级计、兆欧表、接地电阻测量仪、万用表。水准仪、标尺、试验用仪器必须经过检定合格并在检定有效期内,其精度等级应高于被测设备一个等级。

7.1.3 试验用车

试验用汽车一辆,其驱动轴轴载质量应符合被试测功机额定承载质量。

7.2 外观检查

通过目测、操作检查,应符合6.2的要求。

7.3 装配质量检查

7.3.1 链联轴器同轴度检查

用百分表检查链联轴器同轴度,应符合6.3.1的要求。

7.3.2 最高车速检验

将试验汽车驶上滚筒机构,通过汽车驱动滚筒,考核测功机能否达到设计所要求的最高测试速度。

7.4 滚筒检验

7.4.1 前、后滚筒轴线平行度检验如图1所示,安置百分表,在滚筒轴向两端测定前后滚筒平行度,应符合6.4.1.5的要求。

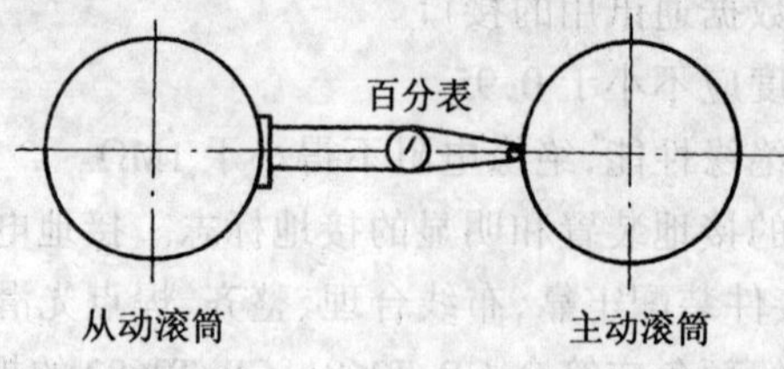

图 1

7.4.2 滚筒表面径向跳动检验。

通过固定在基座上的百分表在每个滚筒均匀分布的五个圆周截面上,测量其径向跳动量,均应符合6.4.1.6的要求

7.4.3 各滚筒高度差检验

如图2所示,将水平仪安置在测功机框架上,标尺安置在滚筒上,分别测出各滚筒两端高度值,求出最大高度值与最小高度值之差,应符合6.4.1.8的要求。

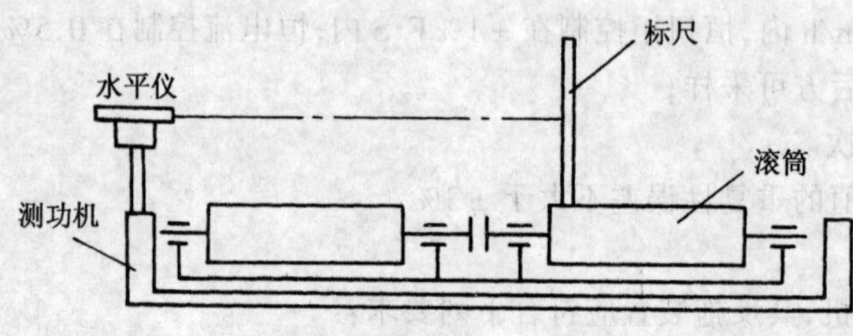

图 2

7.5 举升装置试验

7.5.1 举升能力试验

在举升装置上放上额定承载质量1.2倍的载荷,操纵举升装置升、降5min,观察其举升状况,应符合6.4.3.2的要求。

7.5.2 举升装置稳定性试验

将举升装置升起,保持10h后,应符合6.4.3.4要求。

7.6 安全装置试验

将测试汽车驱动轮置于测功机滚筒上,用钢丝或铁链将汽车固定在工作位置上,启动汽车,逐步加速至5km/h,稳定20s后,将举升装置置于升起状态,举升器应符合6.4.3.3规定。

7.7 示值误差试验

7.7.1 扭矩(驱动力)示值误差试验

a)将专用测力杠杆如图3所示固定在主动滚筒(或主动滚筒轴)上,安装好标准测力器和测试仪器;

b)对具有专用承载平台的测功机,无需专用测力杠杆,可在专用承载平台上直接加砝码,但必须测量专用承载平台中心至功率吸收装置旋转中心的距离,即力臂长度;

c)测量点为额定测试扭矩的10%、20%、40%、60%、80%、100%,读取示值,然后逐级减载至零,重复进行3次,按附录A(标准的附录)中表A1记录试验条件及试验数据;

d)测量示值误差按下式计算:

$$\delta_{Mi}=\left(\frac{\bar{M}_i}{M_{oi}}-1\right)\times 100\%$$

式中:δ_{Mi}——i 测量点示值误差,%;

$\bar{M}_i$——i 测量点扭矩(驱动力)示值平均值,N·m;

M_{oi}——i 测量点扭矩(驱动力)基准值,N·m。

e)零值误差的确定:

重复三次测量卸载至零,取偏离零值最大的示值点作为零值误差;

f)示值误差应符合 6.4.7.2 中表 2 的规定。

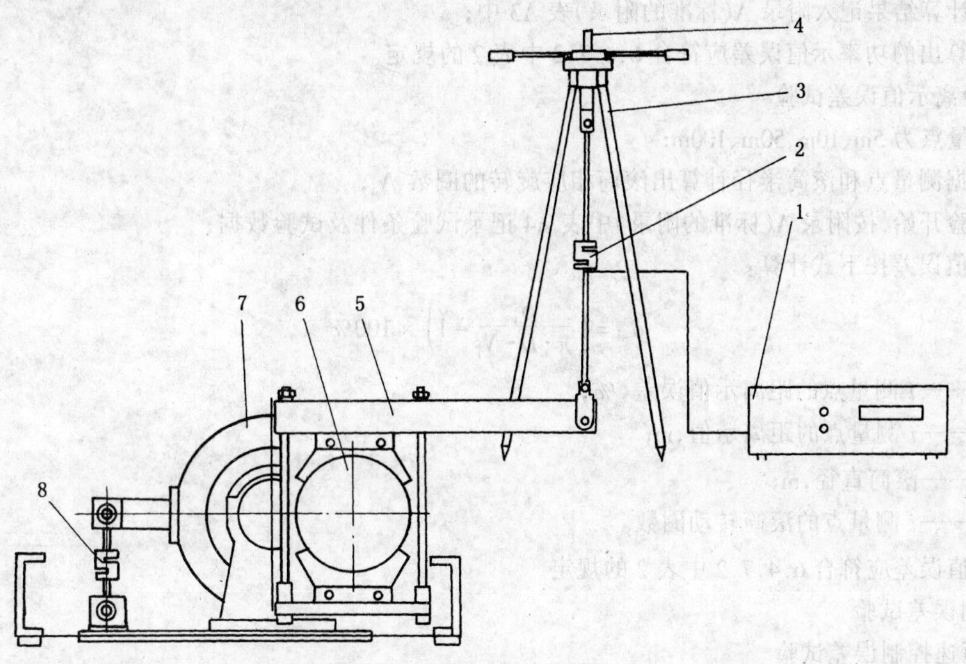

图 3

1-力显示仪;2-标准测力计;3-三角架;4-丝杠;5-测力杠杆;6-前滚筒;7-涡流测功器;8-工作传感器

7.7.2 车速示值误差试验

a)测量点为 10km/h、30km/h、40km/h、60km/h、120km/h;每一测量点测量三次;

b)将试验汽车驱动轮置于测功机滚筒上,启动汽车,逐步加速至各测量点;

c)用标准转速仪测取读数,待汽车在每一测量点速度下稳定 20s 后,方可记录试验数据,按附录 A(标准的附录)中表 A2 记录试验条件及试验数据;

d)示值误差按下式计算:

$$\delta_{vi} = \left(\frac{V_i}{V_{0i}} - 1\right) \times 100$$

式中:V_{0i}——i 测量点速度基准值,km/h;

V_i——i 测量点速度平均值,km/h;

δ_{vi}——i 测量点示值误差,%。

e)零值误差的确定

各测量点试验结束后,标准转速仪为零时,显示仪表回零位的偏离值即为零值误差;

f)示值误差应符合 6.4.7.2 中表 2 的规定。

7.7.3 功率示值误差试验

a)功率测量误差由 7.7.1 的扭矩(驱动力)示值误差试验结果与 7.7.2 的车速示值误差试验结果进行计算而得出,计算公式如下:

$$\delta_{pi} = \sqrt{(\delta_{Mi})^2 + (\delta_{vi})^2}$$

式中:δ_{pi}——i 测量点功率示值误差,%;

δ_{Mi}——i 测量点扭矩(驱动力)示值误差,%;

δ_{vi}——i 测量点速度示值误差,%。

b)测量点分别为:

扭矩(驱动力)按 7.7.1b)中规定测试扭矩值的 60%计算;

速度按 30km/h 和 60km/h 计算;

c)将计算结果记入附录 A(标准的附录)表 A3 中;

d)计算出的功率示值误差应符合 6.4.7.2 中表 2 的规定。

7.7.4 距离示值误差试验

a)测量点为 5m、10m、50m、100m;

b)根据测量点和滚筒半径计算出滚筒相应旋转的圈数 N_i;

c)试验开始,按附录 A(标准的附录)中表 A4 记录试验条件及试验数据;

d)示值误差按下式计算:

$$\delta_{si}=\left(\frac{S_i}{\pi\cdot D\cdot N_i}-1\right)\times 100\%$$

式中:δ_{si}——i 测量点的距离示值误差,%;

S_i——i 测量点的距离示值,m;

D——滚筒直径,m;

N_i——i 测量点的滚筒转动圈数。

e)示值误差应符合 6.4.7.2 中表 2 的规定。

7.8 控制误差试验

7.8.1 恒速控制误差试验

a)将控制方式设定在恒速控制方式;

b)测量点为 30km/h、40km/h、50km/h、60km/h,每一测量点测量三次;

c)将试验汽车驱动轮置于测功机滚筒上,启动汽车,逐步加速至各测量点;

d)待汽车在每一测量点速度下稳定 10s 后,按附录 B(标准的附录)中表 B1 的要求记录试验条件及试验数据;取实测车速值与基准车速值之差的最大绝对值作为恒速控制误差;

e)控制误差应符合 6.4.8.14a)的规定。

7.8.2 恒扭矩控制误差试验

a)将控制方式设定在恒扭矩控制方式;

b)测量点为额定测试扭矩的 10%、20%、40%、60%,每一测量点测量三次;

c)将试验汽车驱动轮置于测功机滚筒上,启动汽车,逐步加速至各测量点;

d)待汽车在每一测量点稳定 10s 后,按附录 B(标准的附录)中表 B2 的要求记录试验条件及试验数据;

e)恒扭矩控制误差按下式计算:

$$\delta_{cmi}=\left(\frac{M_{oi}-|M_i|_{max}}{M_H}\right)\times 100$$

式中:δ_{cmi}——i 测量点恒扭矩控制误差,%;

M_{oi}——i 测量点扭矩基准值,N·m;

$|M_i|_{max}$——i 测量点实测扭矩值与扭矩基准值之差的绝对值最大者,N·m。

M_H——测功机额定吸收扭矩,N·m。

f)控制误差应符合 6.4.8.14b)的规定。

7.9 重复性误差试验

7.9.1 恒速控制重复性试验

a)将控制方式设定在恒速控制方式;

b)测量点为 30km/h、60km/h、90km/h,每一测量点重复试验三次;

c)将试验汽车驱动轮置于测功机滚筒上,启动汽车,逐步加步加速至各测量点,满负荷测试;

d)按附录 C(标准的附录)中表 C1 的要求记录试验条件及试验数据;

e)重复性误差按下式计算:

$$\delta_{Rvi}=\left(\frac{M_{RVimax}-M_{RVimin}}{M_{RVimin}}\right)\times 100$$

式中:δ_{Rvi}——i 测量点的重复性误差,%;

M_{Rviman}——i 测量点测试扭矩的最大试验值,N·m;

M_{Rvimin}——i 测量点测试扭矩的最小试验值,N·m。

f)重复性误差应符合 6.4.8.16 的规定。

7.9.2 恒扭矩控制重复性试验

a)将控制方式设定在恒扭矩控制方式;

b)测量点为额定测试扭矩的 10%、20%、60%;

c)将试验汽车驱动轮置于测功机滚筒上,启动汽车,逐步加速至各测量点;

d)按附录 C(标准的附录)中表 C2 的要求记录试验条件及试验数据;

e)重复性误差按下式计算:

$$\delta_{Ri}=\left(\frac{M_{Rimax}-M_{Rimin}}{M_{Rimin}}\right)\times 100\%$$

式中:δ_{Ri}——i 测量点的重复性误差;%;

M_{Rmax}——i 测量点测试扭矩的最大试验值,N·m;

M_{Rimin}——i 测量点测试扭矩的最小试验值,N·m。

f)重复性误差应符合 6.4.8.16 的规定。

7.10 绝缘性能检验

用 500V 兆欧表测量测功机的绝缘电阻,应符合 6.4.8.8 的规定。

7.11 接地电阻检验

用接地电阻测量仪测量外部保护导线端子与设备任何导体零件和金属外壳之间的电阻,应符合 6.4.8.9的规定。

8 检验规则

8.1 检验分类

测功机的检验分型式检验和出厂检验。

8.2 型式检验

8.2.1 有下列情况之一时,应进行型式检验:

a)新产品或老产品转厂生产的试制定型鉴定;

b)正式生产后,结构、材料、工艺有较大改变,可能影响产品性能时;

c)正常生产时,每生产 100 台后,应进行一次检验;

d)产品长期停产后,恢复生产时;

e)出厂检验结果与上次型式检验有较大差异时;

f)国家质量监督机构提出进行型式检验的要求时。

8.2.2 型式检验内容为本标准第 6 章的全部内容。

8.2.3 型式检验抽样、抽检和判定原则:

产品抽样基数三台,抽样样品数一台。抽样样品在检验中出现不合格时,应在抽样基数中加倍抽样,对不合格项复检,复检合格,判该项目合格;否则,判该批产品该项不合格。

8.3 出厂检验

8.3.1 生产单位应对测功机进行出厂检验。合格的产品附合格证后,方能交付订货方。

8.3.2 出厂检验项目见表 3:

表 3

序号	检验项目	序号	检验项目	序号	检验项目
1	6.2	3	6.4.6	5	6.4.8.1-6.4.8.6
2	6.4.3.1-6.4.3.3	4	6.4.7	6	6.4.8.14-6.4.8.17

9 标志、包装、运输、贮存

9.1 标志

9.1.1 产品标志

9.1.1.1 测功机必须在醒目位置上牢固地安装标牌。标牌应符 GB/T13306 的规定。

9.1.1.2 产品标牌应包括下列内容:

a)制造厂名;

b)产品名称及型号;

c)商标;

d)制造时间(或编号);

e)产品的主要技术参数。

9.1.2 包装标志

a)制造厂名;

b)产品名称及型号;

c)箱号;

d)毛重、净重;

e)体积(长×宽×高);

f)收、发货单位;

g)图示标志应符合 GB191 的有关规定。

9.2 包装

9.2.1 测功机部件应采用合理牢靠的分类包装。

9.2.2 电器设备包装应采用防震、抗冲击材料。

9.2.3 包装箱应有防雨、防潮措施。

9.2.4 装箱时应具备下列技术文件:

a)产品使用说明书;

b)产品合格证书;

c)装箱单;

d)其它有关技术文件。

9.3 运输与存放

9.3.1 运输中必须采取防潮、防震和防冲击措施,以免损伤。

9.3.2 电器设备必须能在 -25~+55℃的温度范围内运输和存放,并能经受温度 70℃、时间不超过 24h 的短期运输和存放。

9.3.3 产品应在干燥和通风良好的仓库存放。

附　录　A

（标准的附录）

示值误差试验记录表

A1　示值误差试验记录表(见表 A1)

表 A1　扭矩(驱动力)示值误差试验记录表

汽车型号	总质量(kg)	底盘测功机型号
汽车牌号	整备质量(kg)	额定吸收扭矩(N·m)
发动机型号	发动机额定功率(kW/r/min)	额定吸收功率(kW)
总行驶里程(km)	发动机额定扭矩(N·m/r/min)	额定轴载质量(kg)
轮胎规格	轮胎气压(kPa)	

专用测力杠杆力臂长度(mm)　　主动滚筒中心至测功机测力传感器长度(mm)

测试用力传感器型号______量程______精度______检定日期______

环境温度　环境湿度　试验地点　试验日期

			测试扭矩(N·m)					
扭矩基准值(M_{oi})								
零值误差								
实测扭矩示值	升程	第一次						
		第二次						
		第三次						
		平均值($\bar{M}_i$)						
	回程	第一次						
		第二次						
		第三次						
		平均值($\bar{M}_i$)						
扭矩误差示值(δ_{Mi})	升程							
	回程							

A2　车速示值误差试验记录表(见表 A2)

表 A2　车速示值误差试验记录表

汽车型号	总质量(kg)	底盘测功机型号
汽车牌号	整备质量(kg)	额定吸收扭矩(N·m)
发动机型号	发动机额定功率(kW/r/min)	额定吸收功率(kW)
总行驶里程(km)	发动机额定扭矩(N·m/r/min)	额定轴载质量(kg)
轮胎规格	轮胎气压(kPa)	

转速仪型号____________________精度____________________检定日期

环境温度　　环境湿度　　试验地点　　试验日期

		测试车速(km/h)				
车速基准值 V_{oi}(km/h)		10	30	40	60	120
零值误差						
实测车速示值	第一次					
	第二次					
	第三次					
	平均值($\bar{V}_i$)					
车速示值误差(δ_{vi})						

A3　功率示值误差试验记录表(见表 A3)

表 A3　功率示值误差试验记录表

汽车型号　　总质量(kg)　　底盘测功机型号

汽车牌号　　整备质量(kg)　　额定吸收扭矩(N·m)

发动机型号　　发动机额定功率(kW/r/min)　　额定吸收功率(kW)

总行驶里程(km)　　发动机额定扭矩(N·m/r/min)　　额定轴载质量(kg)

轮胎规格　　轮胎气压(kPa)

专用测力杠杆力臂长度(mm)　主动滚筒中心至测功机测力传感器长度(mm)

测试用力传感器型号______量程______精度______检定日期____________

转速仪型号______精度__________检定日期____________________

环境温度　　环境湿度　　试验地点　　试验日期

	30km/h 测量误差(%)						60km/h 测量误差(%)					
车速示值误差(δ_{Vi})												
扭矩示值误差(δ_{Mi})												
功率示值误差(δ_{Pi})												

A4　距离示值误差试验记录表(见表 A4)

表 A4　距离示值误差试验记录表

汽车型号　　总质量(kg)　　底盘测功机型号

汽车牌号　　整备质量(kg)　　额定吸收扭矩(N·m)

发动机型号　　发动机额定功率(kW/r/min)　　额定吸收功率(kW)

总行驶里程(km)　　发动机额定扭矩(N·m/r/min)　　额定轴载质量(kg)

轮胎规格　　轮胎气压(kPa)

环境温度　　环境湿度　　试验地点　　试验日期

试验距离基准值(m)	5	10	50	100
滚筒直径(m)				
滚筒转动圈数 N_i				
距离示值误差 δ_{Si}(%)				

附 录 B

(标准的附录)

控制误差试验记录表

B1 恒速控制误差试验记录表(见表 B1)

表 B1 恒速控制误差试验记录表

汽车型号	总质量(kg)	底盘测功机型号
汽车牌号	整备质量(kg)	额定吸收扭矩(N·m)
发动机型号	发动机额定功率(kW/r/min)	额定吸收功率(kW)
总行驶里程(km)	发动机额定扭矩(N·m/r/min)	额定轴载质量(kg)
轮胎规格	轮胎气压(kPa)	

环境温度　环境湿度　试验地点　试验日期

试验车速基准值(km/h)		30	40	50	60
实测车速值(km/h)	第一次				
	第二次				
	第三次				
恒速控制误差(km/h)					

B2 恒扭矩控制误差试验记录表见表 B2。

表 B2 恒扭矩控制误差试验记录表

汽车型号	总质量(kg)	底盘测功机型号
汽车牌号	整备质量(kg)	额定吸收扭矩(N·m)
发动机型号	发动机额定功率(kW/r/min)	额定吸收功率(kW)
总行驶里程(km)	发动机额定扭矩(N·m/r/min)	额定轴载质量(kg)
轮胎规格	轮胎气压(kPa)	

环境温度　环境湿度　试验地点　试验日期

扭矩基准值 M_{oi}(N·m)					
实测扭矩值 M_i(N·m)	第一次				
	第二次				
	第三次				
$\|M_i\|_{max}$(N·m)					
测功机额定吸收扭矩 M_H(N·m)					
恒扭矩控制误差 δ_{cmi}(%F·S)					

附 录 C

（标准的附录）

重复性误差试验记录表

C1 恒速控制重复性试验记录表(见表 C1)

表 C1 恒速控制重复性试验记录表

汽车型号	总质量(kg)	底盘测功机型号
汽车牌号	整备质量(kg)	额定吸收扭矩(N·m)
发动机型号	发动机额定功率(kW/r/min)	额定吸收功率(kW)
总行驶里程(km)	发动机额定扭矩(N·m/r/min)	额定轴载质量(kg)
轮胎规格	轮胎气压(kPa)	

环境温度 环境湿度 试验地点 试验日期

车速基准值(km/h)		30	60	90
实测扭矩值 M_i(N·m)	第一次			
	第二次			
	第三次			
$M_{RVmax}-M_{RVmin}$ (N·m)				
恒速控制重复性误差 δ_{RVi}(%)				

C2 恒扭矩控制重复性试验记录表见表 C2。

表 C2 恒扭矩控制重复性试验记录表

汽车型号	总质量(kg)	底盘测功机型号
汽车牌号	整备质量(kg)	额定吸收扭矩(N·m)
发动机型号	发动机额定功率(kW/r/min)	额定吸收功率(kW)
总行驶里程(km)	发动机额定扭矩(N·m/r/min)	额定轴载质量(kg)
轮胎规格	轮胎气压(kPa)	

环境温度 环境湿度 试验地点 试验日期

扭矩基准值(N·m)				
实测扭矩值 M_{Ri}(N·m)	第一次			
	第二次			
	第三次			
实测最大扭矩值 M_{Rimax}(N·m)				
实测最小扭矩值 M_{Rimin}(N·m)				
恒扭矩控制重复性误差 δ_{Ri}(N·m)				

中华人民共和国交通行业标准

JT/T 448—2001

汽车悬架装置检测台

Automotive suspension tester

2001-08-30 发布　　　　2001-12-01 实施

中华人民共和国交通部　发布

中华人民共和国交通行业标准

JT/T 448—2001

汽车悬架装置检测台

Automotive suspension tester

1 范围

本标准规定了谐振式汽车悬架装置检测台的产品命名、技术要求、试验方法、检验规则和标志、包装、运输、贮存。

2 引用标准

下列标准包含的条文，通过本标准中引用而成为本标准的条文。在标准出版时，所示版本均为有效。所有标准都会被修订，使用本标准的各方应探讨使用下列标准最新版本的可能性。

GB 191—2000 包装储运图示标志
GB/T 2681—1981 电工成套装置中的导线颜色
GB/T 2682—1982 电工成套装置中的指示灯和按钮的颜色
GB 9969.1—1988 工业产品使用说明书 总则
GB/T 12534—1990 汽车道路试验方法 通则
GB/T 13306—1991 标牌
GB/T 13384—1992 机电产品包装通用技术条件

3 定义

本标准采用下列定义。

3.1 谐振式汽车悬架装置检测台 resonant-automotive suspension tester

通过机械激振使汽车悬架系统产生谐振的方法来测定汽车悬架装置性能的检测装置。

3.2 额定承载质量 rated load mass

汽车悬架装置检测台能够承受的最大汽车轴质量。

3.3 起始激振频率 beginning excited vibrant frequency

检测台驱动电机启动后，飞轮的稳定转速对应的频率，它是机械激振扫频过程中的最高频率。

3.4 静态车轮垂直接地力 static-vertical wheel contact force

汽车悬架装置检测台面与被测汽车悬架装置处于静止状态时，汽车车轮作用在台面上的垂直作用力。

3.5 动态车轮垂直接地力 dynamic-vertical wheel contact force

汽车悬架装置检测台面与被测汽车悬架装置的车轮部分出现共振时，汽车车轮作用在台面上的垂直作用力。

3.6 吸收率 absorptivity

被测汽车最小的动态车轮垂直接地力与静态车轮垂直接地力之比，以百分数表示(%)。

3.7 吸收率偏置误差 offsetting error of absorptivity

中华人民共和国交通部 2001-08-30 批准 2001-12-01 实施

被测试汽车的车轮相对检测台台面中心偏置时产生的吸收率误差。

3.8 空载变动 discharging zero offset

汽车悬架装置检测台台面因加载方法破坏其平衡状态，卸载后显示装置偏离零位的值。

4 产品命名

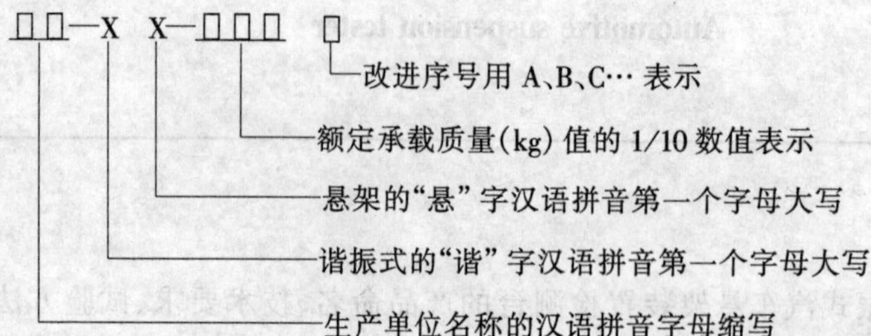

例：□□—XX—150A 表示某某公司生产的额定承载质量为 1500kg 的第一次改进型谐振式汽车悬架装置检测台。

5 技术要求

5.1 基本要求

5.1.1 汽车悬架装置检测台应按规定程序批准的设计图样和技术文件组织生产并符合本标准要求。

5.1.2 所用原材料、外购、外协件应符合相应标准要求，并附有合格证或有关证明其质量的认证性文件。

5.1.3 检测台在下列环境条件下应能正常工作：

a)环境温度：0～40℃；

b)相对湿度：不大于 85%；

c)电　　源：380×(1±10%)V，50×(1±2%)Hz；

d)工作环境周围的污染、振动、电磁干扰对测试结果无影响。

5.2 外观质量

5.2.1 检测台外表面应平整、光洁，不得有明显的磕伤、划痕；涂层表面漆膜均匀，金属基底必须经过除油、防锈处理。

5.2.2 所有螺栓、螺母均应经过表面处理，并连接牢固；重要螺栓的连接应符合设计文件规定的力矩要求。

5.2.3 焊接件的焊缝应平整、均匀，不得有焊穿、裂纹、脱焊、漏焊等缺陷，并清除焊渣。

5.2.4 各种开关、按钮、旋钮、仪表都应有明显和清晰的文字或符号标志，且操作灵活可靠。

5.2.5 各种仪表显示应清晰，没有影响读数的缺陷。

5.3 空载变动和零点飘移的要求

5.3.1 检测台空载变动不应大于 0.15%额定承载质量。

5.3.2 检测台 30min 的零点飘移不应超过 0.15%额定承载质量。

5.4 示值误差

检测台示值误差应符合表 1 的要求。

表1 示 值 误 差

承载质量 kg	吸收率重复性%	吸收率偏置误差%	承载质量示值误差%	左、右台承载质量示值差%
150≤承载质量<400	2	3	±5	2
承载质量≥400			±3	

5.5 鉴别力阈不大于1.5d。(1000个分度值)

5.6 起始激振频率 $f > 15\text{Hz}$。

5.7 检测台在120%额定承载质量状态下,静压2h后进行测试,应符合本标准各项要求。

检测台的稳态可用度不小于0.95。

5.8 控制系统

5.8.1 控制系统应有良好的绝缘性能,在动力电路导线和保护接地电路间施加500V(DC)时测得的绝缘电阻不应小于1MΩ。

5.8.2 检测台应有可靠的接地装置和明显的接地标志,接地电阻值不得大于0.1Ω。

5.8.3 电气元件、附件、插接件装配牢靠,布线合理、整齐、焊点光滑、无虚焊、错焊。

5.8.4 指示灯、按钮和导线的颜色应符合GB/T 2681、GB/T 2682的规定。

5.8.5 控制系统应根据负荷的大小装有熔断器或断路器,电机控制应有过载断相保护装置。

5.9 检测台检测完成后,显示装置显示值应在5s内稳定,示值保留时间不少于8s。

6 试验方法

6.1 试验仪器及量具

6.1.1 砝码、测力计、转速仪、兆欧表、接地电阻测量仪、万用表、标尺、试验用仪器必须经过检定合格,并在检定有效期内。

6.1.2 用砝码检定的。0.1kg、0.2kg×2、0.5kg×2、1kg×2、2kg×2、5kg以及与50%额定承载质量相当的一组砝码,准确度 6_1 级(M_{22})。

6.1.3 用传感器检定的。压力传感器测量范围不小于50%额定承载质量,准确度为 C_3 级,三次仪表不低于3000分度。反力架或千斤顶等测量用工具。

6.2 外观检查

通过目测,操作检查,应符合5.2的要求。

6.3 空载变动和零点漂移的检测

6.3.1 按检测台要求开机10min后,调整零位。

6.3.2 用加载方法破坏其平衡状态,重复三次,每次卸载后最大的偏离零位值应符合5.3.1的要求。

6.3.3 重新调整好零位,每隔10min读取一次,连续三次,每次零点漂移值应符合5.3.2的要求。

6.4 承载质量示值误差与鉴别力阈的测试

6.4.1 选取额定承载质量的20%、50%、80%三个值,中间再插入常用的承载质量值,测试点不少于五个。逐点加载,再逐点减载,重复三次。左、右台应分别测试。

6.4.2 承载质量示值误差的计算:

承载质量示值误差按式(1)计算:

$$\delta_i = \frac{\overline{D}_i - m_i}{m_i} \times 100\% \qquad (1)$$

式中:δ_i——第 i 测试点的示值误差(%),$i = 1$、2、3、4、5;

$\overline{D}_i$——第 i 测试点的重复三次示值算术平均值,kg;

$$\overline{D}_i = \sum_{j=1}^{3} D_{ij}/3$$

D_{ij}——第 i 测试点的第 j 次示值,$j = 1$、2、3;

m_i——第 i 测试点的检定质量,kg。

6.4.3 各测试点的示值误差及左、右台相同承载质量时的示值差均应符合5.4的要求。

6.4.4 按上述步骤,在20%、50%额定承载质量测试点时,逐点增加1d、1.1d、1.2d、1.3d……承载质量,观察示值改变1d时增加的质量值。然后逐步减小1d、1.1d、1.2d、1.3d……承载质量,观察示值改变1d

时减小的质量值。本项测试结果应符合本标准 5.5 的要求。

6.5 吸收率示值误差测试

6.5.1 根据检测台额定承载质量和承载台面对称中心线间距选择试验车,试验车应符合 GB/T 12534—1990 中 4.1.2 的要求。

6.5.2 将试验车沿与检测台横轴线相垂直的方向驶上承载台面,解除手制动,使变速器处于空档。各次试验时,使车轮中心面分别位于承载台面对称中心线及对称中心线左(右)侧 100mm 处。

6.5.3 启动检测台,分别测试左(右)车轮位于承载台面对称中心线及对称中心线左(右)侧 100mm 位置时的吸收率,在每一位置重复测六次。车轮位于承载台面对称中心线时的吸收率测量值为 x_{ai},$i=1$、2、3、4、5、6,平均值为 $\overline{x}_a$。

车轮偏置于台面中心线 100mm 位置时的吸收率测量值为 x_{oi},$i=1$、2、3、4、5、6,平均值为 $\overline{x}_o$。

6.5.4 计算吸收率重复性:

重复性 S_a、S_o 按式(2)、(2′)计算:

$$S_a=\sqrt{\sum_{i=1}^{6}(x_{ai}-\overline{x}_a)^2/5} \tag{2}$$

$$S_o=\sqrt{\sum_{i=1}^{6}(x_{oi}-\overline{x}_o)^2/5} \tag{2′}$$

式中

$$\overline{x}_a=\sum_{i=1}^{6}x_{ai}/6 \tag{3}$$

$$\overline{x}_o=\sum_{i=1}^{6}x_{oi}/6 \tag{3′}$$

6.5.5 各测试位置吸收率重复性均应符合 5.4 的要求。

6.5.6 计算吸收率偏置误差 S_e,按式(4)计算:

$$S_e=\sqrt{\sum_{i=1}^{6}(x_{oi}-\overline{x}_a)^2/5} \tag{4}$$

式中:x_{oi}——车轮左偏置(右偏置)100mm 时吸收率测量值,$i=1$、2、3、4、5、6;

$\overline{x}_a$——车轮位于台面中心位置时吸收率平均值。

6.5.7 吸收率偏置误差应符合 5.4 的要求。

6.6 起始激振频率测试

接通电源,用转速仪测试汽车悬架装置检测台左(右)驱动电机的飞轮稳定转速 n(r/min),按式(5)计算起始激振频率 f(Hz),其值应符合 5.6 的要求。

$$f=\frac{n}{60}\quad(\text{Hz}) \tag{5}$$

6.7 绝缘性能检验

用 500V 兆欧表测量,绝缘性能应符合 5.8.1 的规定。

6.8 接地电阻检验

用接地电阻测量仪测量外部保护线端子与设备任何导体零件和金属外壳之间的电阻,应符合 5.8.2 的规定。

7 检验规则

7.1 检验分类

汽车悬架装置检测台的检验分型式检验和出厂检验。

7.2 型式检验

7.2.1 有下列情况之一时,一般应进行型式检验。

a)新产品试制定型鉴定;

b)正式生产后,结构、材料、工艺有较大改变,可能影响产品性能时;

c)正式生产后,累计生产的数量超过 100 台时;

d)产品停产一年后,恢复生产时;

e)产品转厂生产时;

f)出厂检验结果与上次型式检验有较大差异时;

g)国家质量监督机构提出进行型式检验要求时。

7.2.2 产品型式检验,应按照本标准第 5 章中技术要求的内容逐项检验。

7.2.3 型式检验抽样、抽检和判定原则

产品抽样基数三台,抽样样品数一台。抽样样品在检验中出现不合格项时,应在抽样基数中加倍抽样,对不合格项复检,复检合格,判该项目合格;否则,判该批产品该项不合格。

7.3 出厂检验

7.3.1 汽车悬架装置检测台经厂质检部门检验合格,并签发合格证明书后方可出厂。

7.3.2 出厂检验应按本标准 5.3、5.4、5.5、5.6、5.7、5.8、5.9 的要求逐台检验。

7.3.3 出厂检验项目全部合格的可判为合格品,有一项不合格者,判为不合格品。

8 标志、标签、使用说明书

8.1 产品标志

8.1.1 产品标牌除应符合 GB/T 13306 规定,应有下列内容:

a)产品名称及型号;

b)额定承载质量;

c)电机额定功率;

d)制造厂名;

e)出厂日期;

f)出厂编号。

8.1.2 汽车悬架装置检测台应有标明汽车驶入方向的标志。

8.2 使用说明书

使用说明书的编写应符合 GB 9969.1 的规定。

9 包装、运输、贮存

9.1 包装

9.1.1 电器设备应用防潮材料包好,在周围衬垫防震缓冲材料,外罩塑料套后置入包装箱中。

9.1.2 不便于装箱或装包的零散件,应扎紧捆牢置于包装箱内适当位置。

9.1.3 未经防锈处理的工作表面应采取防锈、包装措施。

9.1.4 随机技术文件应包括:

a)使用说明书;

b)合格证明书;

c)装箱单。

9.1.5 包装箱面标志除符合 GB/T 13384 有关规定外,应有下列内容:

a)产品名称及型号;

b)出厂编号及箱号；

c)箱体外形尺寸(长×宽×高)；

d)毛质量(kg)；

e)包装、贮运指示标记应符合 GB 191 规定；

f)到站及发货单位。

9.2 运输

包装成箱的产品在运输过程中，严禁抛掷、倒置、剧烈震动和雨淋。

9.3 贮存

包装好的检测台应贮存在环境温度 0～40℃，相对湿度不大于 85%，周围空气中无酸性、碱性和其他腐蚀性气体的仓库中。

JT

中华人民共和国交通行业标准

JT/T 460—2001

客车座椅靠背调角器技术条件

Technique Specification of Backrest Angle Adjuster for Bus Seat

2001-12-14 发布　　2002-05-01 实施

中华人民共和国交通部　发布

中华人民共和国交通行业标准

JT/T 460—2001

客车座椅靠背调角器技术条件

Technique Specification of Backrest Angle Adjuster for Bus Seat

2001-12-14 发布　　　　2002-05-01 实施

中华人民共和国交通部　发布

客车座椅靠背调角器技术条件

1 范围

本标准规定了客车座椅调角器(以下简称调角器)的技术要求、试验方法、检验规则、质量保证、标志、包装、运输和贮存。

本标准适用于客车采用齿板调节机构限位、平面蜗卷弹簧自动回位的驾驶座椅调角器和乘客座椅调角器。卧铺客车卧具调角器和其他类型汽车座椅调角器可参照执行。

2 规范性引用文件

下列文件中的条款通过本标准的引用而成为本标准的条款。凡是注日期的引用文件,其随后所有的修改单(不包括勘误的内容)或修订版均不适用于本标准,然而,鼓励根据本标准达成协议的各方研究是否可使用这些文件的最新版本。凡是不注日期的引用文件,其最新版本适用于本标准。

QC/T 484—1999 汽车油漆涂层

3 技术要求

3.1 性能要求

3.1.1 松动间隙

调角器在设计基准位置的松动间隙应满足表1的规定。

表 1

作用力 N	方向	加力点距回转中心 mm	测量点距回转中心 mm	松动间隙 mm
196	向后	200	200	≤1.2

3.1.2 解锁操纵力

调节手柄操纵力为(34.3±14.7)N。

3.1.3 回位力矩

调角器回位力矩应满足相应座椅产品的技术要求。

3.1.4 调节手柄强度

调节手柄加载至294N时,应无明显变形,且能正常工作。

3.1.5 调节手柄套拔出力

调节手柄套应固紧,拔出力应大于196N。

3.1.6 调角器静载荷强度

调角器按4.6规定的方法试验后,调角器不允许变形、破坏,且能正常工作。

3.1.7 调角器以6.28rad/s的角速度从最前倾位置向后转动,应能锁止在第一锁止位置。

3.1.8 蜗卷弹簧耐静力特性

静力试验后,蜗卷弹簧回位力矩衰减率应小于20%。

3.1.9 定位偏差性能

调角器在其对侧定位点(距调角器回转臂安装平面 420mm)偏离设计回转轴线不大于 17mm 安装后,能正常工作。

3.1.10 调角器交变载荷耐久性

调角器按 4.10 规定的方法试验 15000 次后,应无变形、损坏,且能正常工作。

3.1.11 调角器工作耐久性

在 4.11 规定的动作周期中,调角器在工作耐久性试验后,不得变形、损坏、功能失效等。

3.1.12 调角器冲击耐久性

在 4.12 规定的动作周期中,调角器在 1000 次冲击耐久性试验后,不得变形、损坏、功能失效等。

3.2 外观及装配质量要求

3.2.1 调角器的运动工作面应涂以足够的润滑脂,但不能溢出。

3.2.2 调角器表面应平滑光亮、无毛刺、焊接、铆接部位应牢固、可靠,运动灵活,不允许出现缺件、漏装现象。

3.2.3 调角器油漆涂层应符合 QC/T 484—1999 中 TQ7 的要求。

4 试验方法

4.1 松动间隙

调角器松动间隙试验方法如图 1 所示,将 *A*、*B* 点固定,调角器锁定在基准位置上,用百分表表头正对 *C* 点测量,沿 F_1 方向逐渐加载到规定值后,检查松动间隙是否在规定范围内。

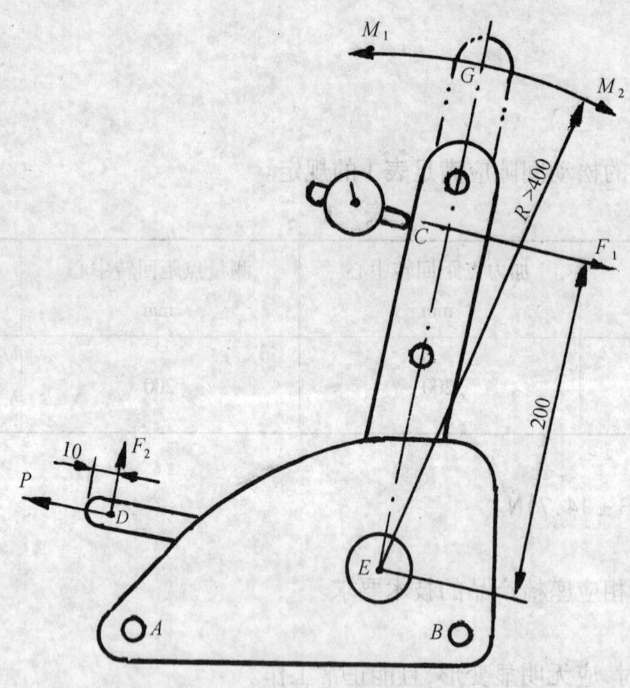

图 1 (尺寸单位:cm)

4.2 解锁操纵力

调节手柄解锁操纵力试验方法如图 1 所示,将 *A*、*B* 点固定,在距柄端 10mm 处的 *D* 点逐渐施加力 F_2(同时在 *C* 点加力以利于检查解除锁止否),检查解除锁止时的最小操纵力是否在规定范围内。

4.3 回位力矩

调角器自动回位力矩试验如图 1 所示,将 *A*、*B* 点固定,在调角器匀速回转中用测力计测量其位于不同位置时 *C* 点所受的力,该力对回转轴线的力矩即为回位力矩。

4.4 调节手柄强度

调节手柄强度试验如图 1 所示,将 A、B 点固定,在距柄端 10mm 处沿手柄解锁方向加载至 294N 后,检查手柄有无变形,能否正常工作。

4.5 调节手柄套拔出力

调节手柄套拔出力试验如图 1 所示,将 A、B 点固定,用测力计逐渐加力 P 至 196N,检查手柄套是否脱落。

4.6 静载荷强度

调角器静载荷强度试验如图 1 所示,将调角器安装在试验台上,分别对回转中心 E 点施加 $M_1=588\text{N}\cdot\text{m}$ 和 $M_2=735\text{N}\cdot\text{m}$ 并保持 3s 后,检查调角器是否满足要求。

4.7 调角器锁止状态

调角器在第一锁止位置的锁止状况检查应在专用试验台上进行。

4.8 蜗卷弹簧耐静力特性

调角器在最后倾位置锁止 72h 后,按 4.3 的方法检查回位力矩并计算衰减率。

4.9 定位偏差性能试验

在专用试验台上进行,使调角器对侧定位点向上、下、左、右分别偏离 17mm 后安装调角器,检查调角器调节是否正常,锁止是否可靠。

4.10 调角器交变载荷耐久性

调角器交变载荷耐久性试验如图 1 所示,将调角器按实际装车状态安装在试验台上,以 1~2Hz 的频率,相对回转中心 E 点施加 $M_1=147\text{N}\cdot\text{m}$, $M_2=294\text{N}\cdot\text{m}$ 的正弦波交变载荷 15000 次,试验中及试验后,检查调角器是否满足标准要求。

4.11 调角器工作耐久性

调角器工作耐久性试验方法如下所述:将调角器装于座椅总成(或模拟总成)上,按①→②→①* 的顺序以 2.62~3.49rad/s 角速度进行 5000 次试验,②→③→②* 的顺序以 0.87~1.75rad/s 进行 3000 次试验,在试验过程中应防止明显冲击,在试验中及试验后,检查调角器是否满足标准要求。

4.12 调角器冲击耐久性

调角器冲击耐久性试验方法如下所述:将调角器安装在试验台上,按①→③→①* 的顺序试验 1000 次,在①→③* 过程中,以 1.74~2.62rad/s 的角速度转动,在③→①* 过程中,应让其自由转动,在试验中及试验后,检查调角器是否满足标准要求。

5 检验规则

5.1 出厂检验

5.1.1 调角器应由制造厂质检部门检验合格,并签发产品合格证后方可出厂。

5.1.2 调角器均应按 3.3.1、3.3.2 的要求进行外观及装配质量的检验。

5.1.3 调角器的主要尺寸参数均应按产品图样要求进行检验,其抽样数为每批产品的 5%。

5.2 型式检验

5.2.1 有下列情况之一时,应对产品进行型式检验,每次随机抽样数为 3 套,抽样基数不少于 50 套。

a)新产品或者老产品转厂生产的定型鉴定;

b)正式生产后,如结构、材料、工艺有较大改变,可能影响产品性能时;

c)正常生产不超过 3 年;

d)产品停产一年后,恢复生产时;

e)质量监督机构提出进行型式检验的要求时。

---

*:①表示靠背最前倾位置;②表示设计基准位置;③表示靠背最后倾位置。

5.2.2 型式检验项目包括3.2规定的内容

5.2.3 型式检验中,某项指标不合格时,应加倍抽样,对该项目进行重检,重检合格则认为本批产品合格,但3.1.6"调角器静载荷强度"为重要项,不允许加倍抽样。

6 质量保证

调角器装在座椅上并装车出厂后,在正常使用条件下,自出厂之日起一年内,且客车行驶里程不超过30000km时,出现由于制造质量引起调角器损坏或失效,由生产厂负责免费修理直至更换。

7 标志、包装、运输和贮存

7.1 调角器出厂时应标明制造厂名称、产品名称、制造日期和生产批号。

7.2 调角器应用防潮材料包装后,再装入箱内。

7.3 运输时应避免碰撞,并防止日晒雨淋。

7.4 贮存时应放置在干燥通风,无腐蚀气体的仓库内。

ICS 35.240.60
R07
备案号

中华人民共和国交通行业标准

JT/T 478—2002

汽车检测站
计算机控制系统技术规范

Technical specifications for computer controll system of vehicle inspecting station

2002-08-01 发布　　2002-10-10 实施

中华人民共和国交通部　发布

汽车检测站计算机控制系统技术规范

1 范围

本标准规定了汽车检测站计算机控制系统(以下简称“控制系统”)的术语和定义、运行环境、检测控制、业务处理、数据接口、性能与工艺、系统维护和系统文档。

本标准适用于汽车综合性能检测站的控制系统。其他检测站的控制系统可参照执行。

2 规范性引用文件

下列文件中的条款通过本标准的引用而成为本标准的条款。凡是注日期的引用文件,其随后所有的修改单(不包括勘误的内容)或修订版均不适用于本标准, 然而,鼓励根据本标准达成协议的各方研究是否可使用这些文件的最新版本。凡是不注日期的引用文件,其最新版本适用于本标准。

GB 9361	计算机站场地安全要求
GB 14050	系统接地的型式及安全技术要求
GB 18565 - 2001	营运车辆综合性能要求和检验方法
GB/T 17993 - 1999	汽车综合性能检测站通用技术条件
GB/T 18344	汽车维护、检测、诊断技术规范
JT/T 198	汽车技术等级评定标准
JT/T 414 - 2000	道路运政管理信息系统　信息体系结构

3 术语和定义

下列术语和定义适用于本标准。

3.1

检车通道 inspection pathway

受检车辆通过检测车间内的具有系列检测设备、附属设备及其控制设备的行驶路径。

3.2

检车单元 inspection work place

检车通道上的一段可以容纳一辆受检车辆进行一个或多个项目测试的具有独立进程逻辑的区域。

3.3

业务节点（operation）center

检测站按照服务流程为车辆提供登录至终检业务活动的逻辑点。

3.4

软件系统崩溃 system crash

控制系统外部或内部的原因导致软件发生的致命性逻辑错误。

3.5

重大故障 major failure

软件系统崩溃,或任何可导致检测停顿 30min 以上或检测数据不完备的硬件故障。

3.6

平均无故障工作时间 mean time between failures（MTBF）

控制系统在一年工作期间内全部重大故障的间隔时间平均值。

3.7

平均维修时间 mean time to repair (MTTR)

控制系统在一年工作期间内所有维修时间与重大故障次数的比值。

3.8

有效度 availability (A)

表示控制系统在工作期间内实现其指定功能能力的一项可靠性指标。计算公式为

$$A = \frac{MTBF}{MTBF + MTTR}$$

式中:

A——有效度;

MTBF——平均无故障工作时间,h;

MTTR——平均维修时间,h。

4 运行环境

控制系统在如下运行环境中应能正常工作。

4.1 供配电与接地

4.1.1 总配电容量应与检测站的总用电量相适应,电压波动应不大于10%,频率波动应不大于1Hz。

4.1.2 控制系统和检测设备仪表系统的供电应在配电柜处独立于检测设备机械动力用电和其他用电之外,应具备足够容量的净化稳压电源,稳压后的电压波动应不大于5%,频率波动应不大于0.8Hz;关键计算机供电应具备足够容量的不间断电源。

4.1.3 应选用GB 14050中规定的TT接地型式,安全保护地的接地电阻应不大于4Ω。

4.1.4 应设置防雷保护地,其接地电阻不应大于10Ω,且与安全保护地或交流工作地不应有电气连接。

4.2 检测车间

4.2.1 检测车间的温度在0~40℃,相对湿度在8%~80%,温度变化率应小于15℃/h,应不凝露。

4.2.2 安全条件应按GB 9361规定的防火C类、防水B类、防雷击B类、防鼠害B类综合执行。

4.3 计算机房

4.3.1 总面积不小于$20m^2$,净高不小于2.5m。

4.3.2 开机时室温为15~30℃,相对湿度为40%~70%,温度变化率小于10℃/h,应不凝露。

4.3.3 停机时室温为5~35℃,相对湿度为20~85%,温度变化率小于10℃/h,应不凝露。

4.3.4 粒度不小于0.5μm的尘埃不多于18000粒/dm^3。

4.3.5 安全条件按照GB9361规定的场地选择C类、防火C类、空调系统C类、火灾报警及消防设施C类、电磁波的防护C类、计算机房内部装修B类、供配电系统B类、防水B类、防静电B类、防雷击B类、防鼠害B类综合执行。

4.4 受控设备

受控设备种类符合GB/T 17993-1999表1的规定且具备控制所必需的电气接口。

5 检测控制

5.1 适检车型

如受控设备功能支持,控制系统和受控设备配合,应能对符合5.1.1~5.1.3条件的汽车、汽车列车完成5.2规定的所有检测项目的检测。

5.1.1 车轴形式

其车轴形式为下列之一:

—4×2 后驱后驻车;

—4×2 前驱后驻车;

—4×2 前驱前驻车;

—4×4 全驱后驻车;

—4×4 全连驱后驻车;

—6×2 双后浮动桥中驻车;

—6×4 双后驱双后驻车;

—6×4 双后连驱双后驻车;

—6×6 全连驱双后驻车;

—8×4 双后驱双后驻车;

—10×6 三后驱三后驻车;

—6×2 中驱中驻车半挂;

—8×2 中驱中驻车半挂;

—8×4 双中驱双中驻车半挂;

—10×2 中驱中驻车半挂;

—10×4 双中驱双中驻车半挂;

—12×4 双中驱双中驻车半挂;

—8×2 后驱后驻车全挂。

5.1.2 燃料种类

其燃料种类为下列之一:

—柴油;

—汽油;

—车用气体燃料(液化石油气 LPG 和压缩天然气 CNG);

—其它。

5.1.3 前照灯制

其前照灯制为下列之一:

—二只远近光可变前照灯,对称等高排列。

—二只远近光可变前照灯对称位于外侧,二只远光前照灯对称位于内侧,四只灯等高度排列。

5.2 适检项目

如受控设备的功能支持,控制系统和 4.4 规定的受控设备配合,应能完成 GB 18565、GB/T 18344 和 JT/T 198 相应检测项目的检测。

5.3 检测调度功能

5.3.1 控制系统应能使检测站内各检车通道对按照任何车辆次序和检测次序到达的已登录车辆进行调度并完成应检项目的检测。

5.3.2 应具有把受检车辆调度到检车通道任意检车单元、任意项目检测的能力。

5.3.3 在采用流水式调度模式的检车通道上不应出现检车单元之间的逆向引车移动。

5.3.4 应具有调度受检车辆接受检车单元内任意项目、任意次数检测的能力。

5.3.5 检车单元上一个受控设备出现故障时,控制系统应能使该受控设备承担的检测项目在本次检测中取消,剩余项目应仍能作为一个整体继续进行自动检测。

5.4 项目测试功能

控制系统具有输出该检车单元引车员引导信号、完成数据采集、处理、量值变换和判定的能力。

5.4.1 能够操纵受控设备进入测试工况,通过引导指示器指示操作员完成必要的辅助操作。

5.4.2 根据有关标准、规程的要求完成检测数据的采样。

5.4.3 采样过程应涵盖测量对象有效状态的全过程。

5.4.4 采样数据须经过量值变换按有关标准、规程规定的计量单位表示。

5.4.5 应能实时给出检测数据和进行指标数据的计算和修约。

5.4.6 应能根据有关标准实时完成受检车辆项目的合格性判定。

5.4.7 对于系统自动采集的数据,控制系统不应提供人工键入和修改的功能。

5.4.8 具备控制受控设备机械动作的能力。

5.4.9 对于通过模拟通道采样的信号,每路记录点之间间隔时间应不大于 10ms,各同步信号记录时刻的同步误差不超过 0.5ms。

5.4.10 经过软硬件滤波后,有关检测项目的过程曲线应平滑而不失真。

5.4.11 外观人工检查和底盘人工检查应能分别容纳 40 项以上项目的输入;外观人工检查和底盘人工检查的项目设定应能按需要进行调整。

5.5 数据存储

5.5.1 在受检汽车受检时,控制系统应实时记录检测数据。

5.5.2 在完成一辆受检车辆的全部测试后,控制系统应立即将该受检车辆完备的检测数据和判定结果存入数据库。

5.6 系统标定

5.6.1 应具备对各受控设备进行标定的界面。

5.6.2 标定界面应能显示受控设备各(通过模拟量联网的)输入通道的零点输出、AD 值和标定值;当通讯协议支持时,系统校准界面应能实时显示数字通讯传输的量的示值。

5.6.3 系统或受控设备的检定按照相关标准执行。

5.6.4 不应给检测站提供不受监管地自行采用纯软件方式进行标定的功能。

6 业务处理

6.1 登录

至少能正确登录如下内容。

6.1.1 车型构造信息

a) 车型代号;

b) 车型类别;

c) 厂牌;

d) 车轴形式;

e) 有无 ABS;

f) 前照灯制;

g) 前照灯离地高度;

h) 总质量;

i) 整备质量;

j) 变速器型式;

k) 悬架型式;

l) 发动机型号;

m) 额定功率;

n) 额定转矩功率;

o) 额定油耗;

p) 燃料种类;

q) 是否电控燃油喷射。

6.1.2 车辆特征信息

a) 号牌种类；
b) 号牌号码；
c) 车辆类型；
d) 车型代号；
e) 车辆识别号(VIN)；
f) 发动机号码；
g) 车架号码；
h) 道路运输证号；
i) 车辆技术档案号；
j) 车身颜色；
k) 新车/在用车；
l) 车主名称；
m) 出厂日期。

6.1.3 检测信息

a) 检验类别；
b) 检测项目；
c) 维修厂家；
d) 引车员。

6.2 查询

6.2.1 公开查询

a) 应能按照多种组合条件查询出特定受检车辆特定检测进行信息显示；
b) 应能显示附录 A.2 中全部检测项目最终判定结果；
c) 应能显示收费标准；
d) 应能显示检测标准；
e) 应不具备修改任何检测数据的功能。

6.2.2 内部查询

a) 应能通过选取业务节点机上受检车辆队列中的车辆进行显示；
b) 应能按照多种组合条件进行选择特定受检车辆特定检测进行显示，附录 A.1 ~ A.10 中所有能够进行关系比较的字段均可作为组合条件表达式的变量；
c) 应能显示附录 A.2 中全部检测项目最终判定结果；
d) 应能显示附录 A.3 和附录 A.4 中全部检测项目自动判定结果；
e) 应能显示附录 A.5 和附录 A.8 ~ A.10 中全部指标数值及其自动判定结果；
f) 应能显示附录 A.6 ~ A.10 中全部原始数据和过程曲线；
g) 应不具备修改任何检测数据的功能。

6.3 终检

终检应具有如下功能：

6.3.1 路试数据录入功能

6.3.1.1 可以录入路试数据和结果。

6.3.1.2 路试数据应与测试数据有区分标志备查。

6.3.2 技术判断

6.3.2.1 应能根据检测数据自动判定附录 A.2 中的检测项目。

6.3.2.2 应能录入技术负责人的技术判断结果。

6.3.2.3 不得具备修改任何检测数据的功能。

6.3.3 检测报告打印功能

6.3.3.1 应能打印检测报告,应能打印附录A中的任何检测项目的结果、指标数值、原始数据、过程曲线、路试数据和路试结果。

6.3.3.2 应全面真实地反映检测内容,不应出现自相矛盾的信息。

6.3.3.3 复检的检测报告应包含本次检验全部检测项目的最新检测结果。

6.3.3.4 应能根据不同检验类别打印不同报告。

6.3.3.5 应能按需要查询和打印已检车辆的检测报告,且内容应与检测的即时报告一致。

6.3.3.6 应能由用户自行选择报告内容和调整报告样式。

6.3.4 具有内部查询功能。

6.4 系统监视功能

6.4.1 监视功能

6.4.1.1 应能监视各业务节点计算机的实时开机状态。

6.4.1.2 应能监视各工位计算机实时的挂线、通讯、开机、检车的状态。

6.4.1.3 应能监视各在测车辆的实时受检位置。

6.4.2 通知功能

6.4.2.1 应能向指定业务节点或所有业务节点发送短信息。

6.4.3 数据查询功能

6.4.3.1 应能查询在检车辆的已检项目的数据。

6.4.3.2 应包含内部查询功能。

6.5 信息管理

6.5.1 应能自动定时备份。

6.5.2 应能保存所有已录入的车辆信息。

6.5.3 车辆检测数据至少保存二年。

6.6 统计

应能对数据库中的检测数据按起止时间进行下列统计并打印统计报表。

a) 全部检测结果的统计;

b) 分项检测结果的统计;

c) 按检验类别分组对检测结果的统计;

d) 按车辆类型分组对检测结果的统计;

e) 按承修业户分组对检测结果的统计;

f) 按车主分组对检测结果的统计;

g) 初检复检次数的统计。

7 数据接口

7.1 数据库

7.1.1 数据库设计应自动强制数据一致性。

7.1.2 数据库管理系统 DBMS 应支持 SQL 和 ODBC 两种工业标准。

7.1.3 数据库管理系统 DBMS 应支持 TB 级数据容量。

7.1.4 数据库应具有 C2 级安全性。

7.1.5 数据库应具有企业级可靠性。

7.2 数据进口

控制系统应具备从管理部门获取如下信息的能力,填入检测站数据库,格式见附录B。

a) 维修业户档案信息表 Menders JT/T 414—2000 之 A03;

b) 车辆档案信息表 Vehicles JT/T 414—2000 之 B01;

c) 车辆异动信息表 Vicissitude JT/T 414—2000 之 B06;

d) 车辆检测维护备案信息表 Reference JT/T 414—2000 之 B02;

e) 车辆营运状态信息表 Business JT/T 414—2000 之 B03。

7.3 数据出口

控制系统应具备向外界提供如下信息的能力,格式见附录 A。

7.3.1 控制系统应能将如下信息向外传输。

a) 车辆档案信息表 autos;

b) 判定项目信息表 assess。

7.3.2 控制系统应能向管理部门提供下列信息。

7.3.2.1 车辆信息

车辆档案信息表 autos。

7.3.2.2 由管理部门要求的每次检验的信息:

—判定项目信息表 assess;

—检验项目信息表 examine。

7.3.2.3 在检测站进行的每次检测的信息:

—检测项目信息表 detects;

—整车指标数据信息表 targets;

—整车原始数据信息表 prehens;

—整车曲线信息表 vprocess;

—车轴数据信息表 vaxles;

—发动机气缸数据信息表 vcylinds;

—发动机工况废气数据信息表 vexhaust。

7.3.2.4 有关检测站的信息:

—各业务节点的实时工作状态表 centers;

—各工位控制机的实时工作状态表 wplaces;

—受检车辆在检测流程中的实时分布状态表 wqueue;

—正在采用的检测标准信息表 stands;

—正在采用的收费标准信息表 uprice;

—检测站员工清单表 employee;

—检测设备清单表 facility;

—检测站检测设备的检定情况表 calibrat。

7.4 传输性能与工艺

控制系统与管理部门的双向数据传输功能应能满足如下条件:

a) 能支持远程通讯;

b) 全部传输线路中断时,不影响检测站或管理部门的各自正常运行。

8 性能与工艺

8.1 检车能力

控制系统应有多检车单元的控制能力,其测试应不影响正常的车流速率。

8.2 容错能力

8.2.1 在控制系统软件界面下,不应因为人工误操作引起控制系统或受控设备的损坏。

8.2.2 当控制系统遭遇人为干扰时、或当一个受控设备出现失效恢复时、或当一个检车单元控制系统局部硬件出现失效恢复时,在干扰排除并经过对该检车单元的受检车辆执行不超过该检车单元范围的重测后,控制系统应保证受检车辆队列所有车辆的检测连续性、数据完整性和数据有效性,不应出现软件系统崩溃。

8.3 安全性

在控制系统控制下,不应产生因为检测设备各部件机械动作时序不当而造成的车辆、人员、检测设备的损坏。

8.4 可靠性

控制系统的平均无故障工作时间应不小于600h,有效度应大于0.98。

8.5 电磁兼容性

8.5.1 在距受控检测线10m处测得的控制系统产生的辐射干扰场强应不大于0.1V/m。

8.5.2 控制系统在1V/m的射频辐射干扰下,不应发生对检测调度和检测数据有影响的故障。

8.6 误差

在检定受控设备时,控制系统显示值与标准物质示值之间的误差应符合计量检定规程的要求。如受控设备的显示值也符合计量检定规程的误差要求,控制系统显示值与受控设备显示值之间的最大差值应不超过计量检定规程规定的示值误差。

8.7 接口独立性

当检测设备电气接口允许时,控制系统的连接不应破坏原检测设备仪表的功能,且当控制系统不工作时,原检测设备仪表应能正常工作。

8.8 硬件工艺

8.8.1 控制系统与受控设备的互联线应采用穿管暗敷或线槽布线,金属线互联应采用锡焊连接或压接连接,不应采用绞接连接。

8.8.2 计算机部件、电子部件、电气部件和机械部件应符合相关工业标准。

8.8.3 设备间互连信号线应采用屏蔽线,导线导体横截面积不小于0.5mm^2。

8.8.4 峰值小于100mV的模拟信号传输导线长度不得超过2m。峰值大于100mV的模拟信号传输导线长度不得超过15m。

8.9 软件界面

8.9.1 软件应为中文界面。

8.9.2 应具备在线帮助功能。

8.10 操作权限控制功能

软件应具备对操作员权限进行分配控制的功能。

9 系统维护

9.1 硬件维护

9.1.1 应具备模拟输入通道故障的诊断功能。

9.1.2 应具备开关量输入输出通道故障的诊断功能。

9.1.3 应具备通讯链路故障的诊断功能。

9.2 软件维护

9.2.1 应具备控制系统软件的安装软件包,使用户能自主地恢复工作程序。

9.2.2 软件升级时应能够继承原有数据。

9.2.3 应具备查询所有检测标准限值的界面,不应允许用户随意改变标准限值。

10 系统文档

10.1 应具备安装维护的图纸和手册、设备互连接线图表、使用手册、装箱清单。

10.2 应具备控制系统产品合格证。

附 录 A
(规范性附录)
数据出口接口格式

A.1 车辆档案信息表

车辆档案信息表 Autos(检测站→管理部门)应包括以下栏目:

—号牌种类	char(2)	PCLASS-ID (Number Plate Class's ID)
—号牌号码	char (12)	PLATE-ID(Plate Number)
—车辆代码	int	AUTO-ID (Auto ID)
—检测站代码	int	STATION-ID(Inspection Station ID)
—车架号码	varchar(20)	CHASSIS-NO(Chassis Serial Number)
—发动机型号	char(14)	ENGINE-ID (Engine Model's ID)
—发动机号码	varchar(20)	ENGINE-NO (Engine Serial Number)
—制造厂代码	char(8)	MANUFACTID(Manufacture ID)
—车型代码	char(30)	MODEL-ID (Automotive Model's ID)
—管理部门代码	char(18)	OFFICE-ID (Office ID)
—车主代码	char(10)	OWNER-ID(Automotive Owner's ID)
—驱动型式	char(40)	PATTERN-ID(Drive Pattern Name)
—分区代码	smallint	REGION-ID (Administrative Region ID)
—车型类别	char(12)	VCLASS-ID (Automotive's Class ID)
—车辆识别号	char(17)	VIN(Automotive Identification Number)
—二冲程车	bit	AUT-2STROK(2 Strokes Engine)
—车主地址	varchar(40)	AUT-ADDR (Owner's Address)
—经济类型	char(2)	AUT-ASSESF(Asses Forms)
—整车高度	smallint	AUT-BDHIGH(Automotive's Height)
—整车长度	smallint	AUT-BDLEN (Automotive's Length)
—整车宽度	smallint	AUT-BDWIDT(Automotive's Width)
—启动电压	float	AUT-BOOTVT(Starting Voltage)
—车辆厂牌	varchar(40)	AUT-BRAND (Brand of Automotive Model)
—栏板高度	smallint	AUT-BXHIGH(Box Height)
—车箱长度	smallint	AUT-BXLEN (Box Length)
—车箱宽度	smallint	AUT-BXWIDT(Box Width)
—额定扭矩功率	real	AUT-TORPOW(Engine Power at Rated Torque Output)
—车身颜色	char(10)	AUT-COLOR (Body's Color)
—发动机缸序	varchar(20)	AUT-CYLNDO(Cylinder cycle Order)
—额定缸压	real	AUT-CYLNDP(Rated Cylinder Pressure)
—发动机缸数	tinyint	AUT-CYLNDS(Cylinders of Engine)
—是否双排气管	bit	AUT-DBEXHU(Duble Exhaust Pipes Flag)
—上次检测日期	datetime	AUT-DDETEC(Last Inspection Date)
—车主电话	char(15)	AUT-DIAL (Owner's Dial Number)
—下次检测日期	datetime	AUT-DLIMIT(Date of Next Time Inspection Before)
—出厂日期	datetime	AUT-DMANUF(Date of Leaving Factory)

—营运日期　datetime　AUT-DSERVI(Date of Putting into Service)
—额定转矩检测车速　real　AUT-DYNSP1(Inspecting Speed for Power at Rated Torque)
—经济车速　real　AUT-DYNSP2(Speed for Economic Cost)
—额定功率检测车速　real　AUT-DYNSP3(Speed for Max Power Output)
—发动机排列　char(4)　AUT-ENGNEP(Engine Cylinders Alignment Pattern)
—额定功率　real　AUT-EPOWER(Rated Engine Power)
—待扣标志　bit　AUT-ESCAPE(On - levy Flag)
—冻结标志　bit　AUT-FROZEN(Frozen Flag)
—油耗测量速度　float　AUT-FSPEED(Speed for Fuel consumption measurement)
—燃油种类　char(4)　AUT-FUEL (Fuel's Type)
—模拟行驶阻力　real　AUT-FUELR (Resistance for Measuring Fuel Consumption (daN))
—燃油系结构　char(8)　AUT-FUELST(Fuel Subsystem Structure)
—废气检测方式　tinyint　AUT-GASPLN(Inspection Procedure for Exhaust Gas)
—高速车标志　bit　AUT-HSPEED(Hi Speed Flag)
—点火提前角　float　AUT-ILANG (Ignition Ahead Angle)
—独立悬挂　bit　AUT-INDEPE(Independent Pendent System Flag)
—前照灯数　char(4)　AUT-LAMP (Headlights Quantity)
—前照灯高　int　AUT-LAMPHI(Headlight Location Height)
—主灯间距　int　AUT-LAMPHW(Distance Between Host Headlight Locations)
—左边驾驶　bit　AUT-LFSIDE(Steering Wheel at Left Side)
—道路运输证号　char(10)　AUT-LICENS(Transport License No.)
—制造厂家　varchar(40)　AUT-MANUFR(Manufacturer's Name)
—空车质量　int　AUT-MASSEP(Empty Automotive Mass)
—核载质量　int　AUT-MASSLD(Authorized Load Mass)
—整备质量　int　AUT-MASSRD(Ready Automotive Mass)
—准拖质量　int　AUT-MASSTR(Authorized Trailer Mass)
—总 质 量　int　AUT-MASSTT(Designed Total Mass)
—车辆技术档案号　char(10)　AUT-MCASE (Vehicle Technique Case Number)
—车型名称　varchar(30)　AUT-MNAME (Model's Name)
—制造国别　char(3)　AUT-NATION(Nation of Manufacturer)
—定扭底功标准　real　AUT-NUOMA (Standard for Dynamo - power at Rated Torque)
—定功底功标准　real　AUT-NUOPA (Standard for Dynamo - power at Rated Power)
—额定油耗　real　AUT-OILCNS(Fuel Consumption(l/hkm))
—车主名称　varchar(40)　AUT-ONAME (Owner's Name)
—是否客车　bit　AUT-PASSAG(Passenger Carrier Flag)
—车辆近照　image　AUT-PICTUR(Picture of the Automotive)
—经营许可证号　char(15)　AUT-PERMIS(Owner's Licence Number)
—额定转速　int　AUT-REV (Rated Rev (Rpm))
—怠速限值　int　AUT-REVIDL(Idle Rev (Rpm))
—额定扭矩转速　int　AUT-REVTRQ(Rev at rated Torque(Rpm))
—轻载标志　bit　AUT-SMALLD(Small Load Flag)
—最高车速　float　AUT-SPDMAX(Designed Maximum Speed (km/h))
—使用阶段　char(4)　AUT-STAGE (Life Cycle Stage Flag)

—转向器型式 char(8) AUT-STEERP(Steering Machine Pattern)
—转弯半径 real AUT-TNDIAM(Turn Radius)
—额定转矩 real AUT-TORQUE(Rated Torque (Nm))
—轮胎气压 float AUT-TYREPR(Tire Pressure)
—排量 real AUT-VOLUME(Exhaust Volume)
—排气管出口坐标 int AUT-XPIPEP(mm)
—年份标识 char(10) AUT-YEAR (Year Identify Number)

A.2 判定项目信息表

判定项目信息表 Assess(检测站→管理部门)应包括以下栏目:

—技术等级评定序号 int ASSESS-ID (Assess ID)
—车辆代码 int AUTO-ID (Auto ID→AUTOS.AUTO-ID)
—号牌种类 char(2) PCLASS-ID (Number Plate Class's ID)
—号牌号码 char(12) PLATE-ID (Plate Number)
—检测站代码 int STATION-ID(Inspection Station ID)
—检验流水号 int EXAMINE-ID(Examination ID→EXAMIMNES.EXAMINE-ID)
—初检日期 datetime ASS-BEGIN (Begin Date)
—下次检验日期 datetime ASS-DLIMIT(Deadline of Next Time Inspection)
—检测类型 char(4) ASS-ETYPE (Inspection Type)
—检测次数 smallint ASS-ITERAT(Test times)
—不合格关键项目数 tinyint ASS-KEYFAI(Quantity of Fail Key Items)
—行驶里程 int ASS-MILES (Odometer Reading)
—维修种类 char(4) ASS-MTTYPE(Maintenance Type)
—检验合格日期 datetime ASS-OKDATE(Qualify Date)
—项次合格率 real ASS-OKRATE(Certified - Item Times Rate)
—评定分数 real ASS-POINTS(Score Points)
—评定评语 varchar(60) ASS-REMARK(Assess Remark)
—送检单位 varchar(50) ASS-SUNIT (Sender)
—外观检查合格 char(6) ASS-FIELD (Field Eyeballing Certify Flag)
—底盘外检合格 char(6) ASS-CHASS (Chassis Eyeballing Certify Flag)
—外检合格 char(6) ASS-VISUAL(Eyeballing Certify Flag)
—整车装备 char(6) ASS-XWHOL (Eyeballing for Whole Equipment)
—启动系与异响 char(6) ASS-XBOOT (Eyeballing for Starter and Odd Noise)
—传动系悬挂车架 char(6) ASS-XCHAS (Eyeballing for Trnsmssn and Pendent)
—转向与制动装置 char(6) ASS-XSTER (Eyeballing for Steering and Brake)
—车身装饰 char(6) ASS-XDECO (Eyeballing for Body Decoration)
—门窗 char(6) ASS-XDOOR (Eyeballing for Doors and Windows)
—仪表与信号装置 char(6) ASS-XINST (Eyeballing for Instrument and Signals)
—润滑 char(6) ASS-XLUB (Eyeballing for Lube Certify Flag)
—轮胎 char(6) ASS-XTYRE (Eyeballing for Tire Certify Flag)
—行车制动 char(6) ASS-BSUM (Brake Subsystem Certify Flag)
—制动力平衡 char(6) ASS-BIMBL (Brakeage Balance Certify Flag)
—车轮阻滞力 char(6) ASS-BDRAG (Wheel Resistance Certify Flag)
—制动协调时间 char(6) ASS-BLAG (Brake Lag Certify Flag)

—驻车制动力 char(6) ASS-PARK (Park Brakeage Certify Flag)
—废气排放 char(6) ASS-EXHAU (Exhaust Gas Emission Certify Flag)
—前照灯发光强度 char(6) ASS-LILL (Headlight Illumination Certify Flag)
—前照灯光束偏移量 char(6) ASS-LDIR (Headlight Azimuth Offset Certify Flag)
—喇叭声级 char(6) ASS-HORN (Horn Sound Level Certify Flag)
—转向盘操纵力 char(6) ASS-STRFRC(Steering Wheel Operation Force Certify Flag)
—转向盘自由转动量 char(6) ASS-STRTHR(Steering Wheel Free Throw Certify Flag)
—侧滑 char(6) ASS-SSLIP (Side Slip Certify Flag)
—防雨密封性 char(6) ASS-PFRAIN(Rain Proof Certify Flag)
—连接件密封性 char(6) ASS-CONNTI(Connecting Part Airproof Certify Flag)
—动力性 char(6) ASS-POWER (Output Power Certify Flag)
—等速油耗 char(6) ASS-FUELCS(Fuel Consumption Certify Flag)
—车速表 char(6) ASS-SPEEDO(Speedo Error Certify Flag)
—转向角 char(6) ASS-VEER (Veer Angle Certify Flag)
—车轮动平衡，摆动 char(6) ASS-IMBALN(Dynamic Balance and Swing Certify Flag)
—滑行阻力 char(6) ASS-SLIDR (Slide Resistance Certify Flag)
—滑行距离 char(6) ASS-SLIDD (Slide Distance Certify Flag)
—单缸转速降 char(6) ASS-CLNDSD(Single - Cylinder - off Rev Loss Certify Flag)
—气缸压力 char(6) ASS-CLNDPR(Cylinder Pressure Certify Flag)
—闭合角 char(6) ASS-DCLOSE(Distributor Relay Close Angle Certify Flag)
—分电器重叠角 char(6) ASS-DOVER (Distributor Overlay Angle Certify Flag)
—点火提前角 char(6) ASS-IAHDAN(Ignition Ahead Angle Certify Flag)
—点火高压 char(6) ASS-IHVOLT(Ignition Voltage Certify Flag)
—启动系 char(6) ASS-BOOT (Starter Subsystem Certify Flag)
—充电系 char(6) ASS-RCHRG (Recharge Subsystem Certify Flag)
—歧管真空 char(6) ASS-VACUM (Manifold Vacuum Certify Flag)
—前轮前束 char(6) ASS-TOE (Front Wheel Toe Certify Flag)
—前轮外倾 char(6) ASS-CAMBER(Front Wheel Camber Certify Flag)
—主销内倾 char(6) ASS-TRKDF (Tracking Difference Certify Flag)
—主销后倾 char(6) ASS-CASTER(Caster Certify Flag)
—漆膜光洁度 char(6) ASS-LACQR (Lacquer Film Certify Flag)
—悬架减振效率 char(6) ASS-PNDNT (Pendent Absorb Efficiency Certify Flag)
—LPG 泄漏 char(6) ASS-LPGLK (LPG Leakage Certify Flag)

A.3 检验项目信息表

检验项目信息表 Examines(检测站→管理部门)应包括以下栏目：

—检验流水号 int EXAMINE-ID(Examination ID)
—车辆代码 int AUTO-ID (Auto ID→AUTOS.AUTO-ID)
—检验类别 char(8) INSPECT-ID(Inspection Type's ID)
—维修业户代码 char(15) MAINTEN-ID(Maintainer ID)
—初检日期 datetime EXA-BEGIN (Date of Initial Test)
—检验合格日期 datetime EXA-END (Certified Date)
—检验车轮定位 bit EXA-FALIGN(Alignment of Wheels Inspect Flag)
—检验模拟加速工况 bit EXA-FASM (Acceleration Simulation Mode Inspect Flag)

—检验车身周正　bit　EXA-FASYMM(Body's Asymmetry Inspect Flag)
—检验轴距差　bit　EXA-FBASED(Axle Base Symmetry Difference Inspect Flag)
—检验启动系　bit　EXA-FBOOT (Starter System Inspect Flag)
—检验制动踏板行程　bit　EXA-FBPTHR(Brake Pedal Throw Inspect Flag)
—检验行车制动　bit　EXA-FBRAKE(Brake Performance Inspect Flag)
—检验底盘功率　bit　EXA-FCHPOW(Chassis Output Power Inspect Flag)
—检验离合器力　bit　EXA-FCLCHF(Clutch Operation Force Inspect Flag)
—检验单缸漏气　bit　EXA-FCLEAK(Gas Leakage of Cylinders Inspect Flag)
—检验离合行程　bit　EXA-FCLTCH(Clutch Pedal/Lever Throw Inspect Flag)
—检验曲轴箱窜气　bit　EXA-FCRKLK(Crankcase Gas Leakage Inspect Flag)
—检验连杆异响　bit　EXA-FCRODD(Rim Odd Noise of Connecting Rod Inspect Flag)
—检验底盘间隙　bit　EXA-FCSCLR(Chassis Crevices Inspect Flag)
—检验曲轴异响　bit　EXA-FCSODD(Rim Odd Noise of Crankshaft Inspect Flag)
—检验气缸压力　bit　EXA-FCYLDP(Cylinder Pressures Inspect Flag)
—检验单缸动力　bit　EXA-FCYPOW(Single Cylinder Power Inspect Flag)
—检验分电器　bit　EXA-FDISTR(Engine Ignition Distributor Inspect Flag)
—检验车轮动平衡　bit　EXA-FDYNAM(Tire Dynamic Imbalances Inspect Flag)
—检验等速油耗　bit　EXA-FEFUEL(Equivelocity Fuel Consumption Inspect Flag)
—检验发动机电喷系　bit　EXA-FENGCI (Engine Computerized Inject Subsystem Inspect Flag)
—检验发动机加速时间　bit　EXA-FESPDU(Engine Revup Time Inspect Flag)
—检验水油温度　bit　EXA-FETEMP(Engine Operation Temperatures Inspect Flag)
—检验供油压力　bit　EXA-FFPRSR(Fuel Pressures of Diesel Inspect Flag)
—检验燃料消耗　bit　EXA-FFUELS(Multi – condition Fuel Consumption Inspect Flag)
—检验废气　bit　EXA-FGAS (Exhaust Gas Inspect Flag)
—检验点火提前　bit　EXA-FGLANG(Ignition Ahead Angle Inspect Flag)
—检验配气相位　bit　EXA-FGMPHS(Phases of Intake & Release Valves Inspect Flag)
—检验喇叭声级　bit　EXA-FHORN (Horn Sound Level Inspect Flag)
—检验喷油状况　bit　EXA-FINJCT(Fuel Injector Status of Diesel Inspect Flag)
—检验点火高压　bit　EXA-FIVOLT(Ignition Voltages Inspect Flag)
—检验喷油提前　bit　EXA-FJLANG(Injection Ahead Angle of Diesel Inspect Flag)
—检验漆膜光洁度　bit　EXA-FLACQR(Lacquer Film Glossiness Inspect Flag)
—检验左主灯　bit　EXA-FLAMPL(Left Host Headlight Inspect Flag)
—检验右主灯　bit　EXA-FLAMPR(Right Host Headlight Inspect Flag)
—检验左内灯　bit　EXA-FLMPIL(Left Internal Headlight Inspect Flag)
—检验右内灯　bit　EXA-FLMPIR(Right Internal Headlight Inspect Flag)
—检验 LPG 泄漏　bit　EXA-FLPGLK(LPG Leakage Inspect Flag)
—检验机油污染　bit　EXA-FLUBPL(Lube Pollution Inspect Flag)
—检验机油压力　bit　EXA-FLUBPR(Lube Pressure Inspect Flag)
—检验机油油品　bit　EXA-FLUBQL(Lube Quality Analysis Inspect Flag)
—检验发动机功率　bit　EXA-FNGPOW(Engine Output Power Inspect Flag)
—检验最大转矩　bit　EXA-FNGTRQ(Engine Maximum Torque Inspect Flag)
—检验车内噪声　bit　EXA-FNOISI(Inside Noise Inspect Flag)

—检验车外噪声	bit	EXA-FNOISO(Outside Noise Inspect Flag)
—检验里程表	bit	EXA-FODO (Odometer Item Inspect Flag)
—检验驻车制动	bit	EXA-FPARK (Park Force Inspect Flag)
—检验敲缸异响	bit	EXA-FPCODD(Odd Noise of Piston Beat Cylinder Inspect Flag)
—检验防尘密封	bit	EXA-FPDUST(Prevent Dust Ability Inspect Flag)
—检验驻车储备行程	bit	EXA-FPLTHR(Park Lever Throw Inspect Flag)
—检验悬架减振效率	bit	EXA-FPNDNT(Pendent Absorb Efficiency Inspect Flag)
—检验防雨密封	bit	EXA-FPRAIN(Prevent Rain Ability Inspect Flag)
—检验活塞销异响	bit	EXA-FPSODD (Snib Odd Noise of Piston and Connect Rod Inspect Flag)
—检验充电系	bit	EXA-FRCHRG(Recharge Generator Performance Inspect Flag)
—检验转向盘力	bit	EXA-FSFORC(Steering Wheel Operation Force Inspect Flag)
—检验滑行距离	bit	EXA-FSLIDD(Slide Distance Inspect Flag)
—检验滑行阻力	bit	EXA-FSLIDR(Slide Resistance Inspect Flag)
—检验前轮侧滑	bit	EXA-FSLIPF(Side Slip of Front Wheels Inspect Flag)
—检验各轴侧滑	bit	EXA-FSLIPS(Side Slip of All of Axles Inspect Flag)
—检验排气消光度	bit	EXA-FSMKLA(Smoke Light Absorbefacient Inspect Flag)
—检验烟度	bit	EXA-FSMOKE(Smoke Degree Inspect Flag)
—检验速度表	bit	EXA-FSPDO (Speedometer Inspect Flag)
—检验整车加速时间	bit	EXA-FSPDUP(Speedup Time Inspect Flag)
—检验小瓦响	bit	EXA-FSRODD(Odd Noise of Connecting Rod Rim Inspect Flag)
—检验转向盘自由度	bit	EXA-FSWFRE(Steering Wheel Maximum Free Angle Inspect Flag)
—检验车轮摆动	bit	EXA-FSWING(Wheel Swings Inspect Flag)
—检验转弯直径	bit	EXA-FTDIAM(Turning Diameter Inspect Flag)
—检验传动游隙	bit	EXA-FTVACI(Transmission System Vacillations Inspect Flag)
—检验轮胎气压	bit	EXA-FTYREP(Tire Gas Pressures Inspect Flag)
—检验歧管真空	bit	EXA-FVACUM(Exhaust Manifold Vacuum Inspect Flag)
—检验转向角	bit	EXA-FVEER (Veer Angle Inspect Flag)
—检验底盘外检	bit	EXA-FVISLC(Eyeballing under Chassis Inspect Flag)
—检验外观检查	bit	EXA-FVISLF(Eyeballing at Field Inspect Flag)
—检验气门异响	bit	EXA-FVVODD(Odd Noise of Cylinder Valves Inspect Flag)
—检验员证号	char(8)	EXA-GENERA(General Examiner's Certificate No.)
—车轮定位次数	tinyint	EXA-IALIGN(Alignment of Wheels Times)
—模拟加速工况次数	tinyint	EXA-IASM (Acceleration Simulation Mode Times)
—车身周正次数	tinyint	EXA-IASYMM(Body's Asymmetry Times)
—轴距差次数	tinyint	EXA-IBASED(Axle Base Symmetry Difference Times)
—启动系次数	tinyint	EXA-IBOOT (Starter System Times)
—制动踏板行程次数	tinyint	EXA-IBPTHR(Brake Pedal Throw Times)
—行车制动次数	tinyint	EXA-IBRAKE(Brake Performance Times)
—底盘功率次数	tinyint	EXA-ICHPOW(Chassis Output Power Times)
—离合器力次数	tinyint	EXA-ICLCHF(Clutch Operation Force Times)
—单缸漏气次数	tinyint	EXA-ICLEAK(Gas Leakage of Cylinders Times)
—离合行程次数	tinyint	EXA-ICLTCH(Clutch Pedal/Lever Throw Times)

—曲轴箱窜气次数 tinyint EXA-ICRKLK(Crankcase Gas Leakage Times)
—连杆异响次数 tinyint EXA-ICRODD(Rim Odd Noise of Connecting Rod Times)
—底盘间隙次数 tinyint EXA-ICSCLR(Chassis Crevices Times)
—曲轴异响次数 tinyint EXA-ICSODD(Rim Odd Noise of Crankshaft Times)
—气缸压力次数 tinyint EXA-ICYLDP(Cylinder Pressures Times)
—单缸动力次数 tinyint EXA-ICYPOW(Single Cylinder Power Times)
—分电器次数 tinyint EXA-IDISTR(Engine Ignition Distributor Times)
—车轮动平衡次数 tinyint EXA-IDYNAM(Tire Dynamic Imbalances Times)
—等速油耗次数 tinyint EXA-IEFUEL(Equivelocity Fuel Consumption Times)
—发动机电喷系次数 tinyint EXA-IENGCI(Engine Computerized Inject Subsystem Times)
—发动机加速时间次数 tinyint EXA-IESPDU(Engine Revup Time Times)
—水油温度次数 tinyint EXA-IETEMP(Engine Operation Temperatures Times)
—供油压力次数 tinyint EXA-IFPRSR(Fuel Pressures of Diesel Times)
—燃料消耗次数 tinyint EXA-IFUELS(Multi – condition Fuel Consumption Times)
—废气次数 tinyint EXA-IGAS (Exhaust Gas Times)
—点火提前次数 tinyint EXA-IGLANG(Ignition Ahead Angle Times)
—配气相位次数 tinyint EXA-IGMPHS(Phases of Intake & Release Valves Times)
—喇叭声级次数 tinyint EXA-IHORN (Horn Sound Level Times)
—喷油状况次数 tinyint EXA-IINJCT(Fuel Injector Status of Diesel Times)
—点火高压次数 tinyint EXA-IIVOLT(Ignition Voltages Times)
—喷油提前次数 tinyint EXA-IJLANG(Injection Ahead Angle of Diesel Times)
—漆膜光洁度次数 tinyint EXA-ILACQR(Lacquer Film Glossiness Times)
—左主灯次数 tinyint EXA-ILAMPL(Left Host Headlight Times)
—右主灯次数 tinyint EXA-ILAMPR(Right Host Headlight Times)
—左内灯次数 tinyint EXA-ILMPIL(Left Internal Headlight Times)
—右内灯次数 tinyint EXA-ILMPIR(Right Internal Headlight Times)
—LPG 泄漏次数 tinyint EXA-ILPGLK(LPG Leakage Times)
—机油污染次数 tinyint EXA-ILUBPL(Lube Pollution Times)
—机油压力次数 tinyint EXA-ILUBPR(Lube Pressure Times)
—机油油品次数 tinyint EXA-ILUBQL(Lube Quality Analysis Times)
—发动机功率次数 tinyint EXA-INGPOW(Engine Output Power Times)
—最大转矩次数 tinyint EXA-INGTRQ(Engine Maximum Torque Times)
—车内噪声次数 tinyint EXA-INOISI(Inside Noise Times)
—车外噪声次数 tinyint EXA-INOISO(Outside Noise Times)
—里程表次数 tinyint EXA-IODO (Odometer Item Times)
—驻车制动次数 tinyint EXA-IPARK (Park Force Times)
—敲缸异响次数 tinyint EXA-IPCODD(Odd Noise of Piston Beat Cylinder Times)
—防尘密封次数 tinyint EXA-IPDUST(Prevent Dust Ability Times)
—驻车储备行程次数 tinyint EXA-IPLTHR(Park Lever Throw Times)
—悬架减振效率次数 tinyint EXA-IPNDNT(Pendent Absorb Efficiency Times)
—防雨密封次数 tinyint EXA-IPRAIN(Prevent Rain Ability Times)
—活塞销异响次数 tinyint EXA-IPSODD(Snib Odd Noise of Piston and Connecting Rod Times)
—充电系次数 tinyint EXA-IRCHRG(Recharge Generator Performance Times)

—转向盘力次数　tinyint　EXA-ISFORC(Steering Wheel Operation Force Times)
—滑行距离次数　tinyint　EXA-ISLIDD(Slide Distance Times)
—滑行阻力次数　tinyint　EXA-ISLIDR(Slide Resistance Times)
—前轮侧滑次数　tinyint　EXA-ISLIPF(Side Slip of Front Wheels Times)
—各轴侧滑次数　tinyint　EXA-ISLIPS(Side Slip of All of Axles Times)
—排气消光度次数　tinyint　EXA-ISMKLA(Smoke Light Absorbefacient Times)
—烟度次数　tinyint　EXA-ISMOKE(Smoke Degree Times)
—速度表次数　tinyint　EXA-ISPDO (Speedometer Times)
—整车加速时间次数　tinyint　EXA-ISPDUP(Speedup Time Times)
—小瓦响次数　tinyint　EXA-ISRODD(Odd Noise of Connecting Rod Rim Times)
—转向盘自由度次数　tinyint　EXA-ISWFRE(Steering Wheel Maximum Free Angle Times)
—车轮摆动次数　tinyint　EXA-ISWING(Wheel Swings Times)
—转弯直径次数　tinyint　EXA-ITDIAM(Turning Diameter Times)
—整车次数　smallint　EXA-ITERAT(Detection Iterations)
—传动游隙次数　tinyint　EXA-ITVACI(Transmission System Vacillations Times)
—轮胎气压次数　tinyint　EXA-ITYREP(Tire Gas Pressures Times)
—歧管真空次数　tinyint　EXA-IVACUM(Exhaust Manifold Vacuum Times)
—转向角次数　tinyint　EXA-IVEER (Veer Angle Times)
—底盘外检次数　tinyint　EXA-IVISLC(Eyeballing under Chassis Times)
—外观检查次数　tinyint　EXA-IVISLF(Eyeballing at Field Times)
—气门异响次数　tinyint　EXA-IVVODD(Odd Noise of Cylinder Valves Times)
—车轮定位合格　bit　EXA-KALIGN(Alignment of Wheels OK Flag)
—模拟加速工况合格　bit　EXA-KASM (Acceleration Simulation Mode OK Flag)
—车身周正合格　bit　EXA-KASYMM(Body's Asymmetry OK Flag)
—轴距差合格　bit　EXA-KBASED(Axle Base Symmetry Difference OK Flag)
—启动系合格　bit　EXA-KBOOT (Starter System OK Flag)
—行车制动合格　bit　EXA-KBRAKE(Brake Performance OK Flag)
—连杆异响合格　bit　EXA-KCRODD(Rim Odd Noise of Connecting Rod OK Flag)
—曲轴异响合格　bit　EXA-KCSODD(Rim Odd Noise of Crankshaft OK Flag)
—气缸压力合格　bit　EXA-KCYLDP(Cylinder Pressures OK Flag)
—单缸动力合格　bit　EXA-KCYPOW(Single Cylinder Power OK Flag)
—分电器合格　bit　EXA-KDISTR(Engine Ignition Distributor OK Flag)
—车轮动平衡合格　bit　EXA-KDYNAM(Tire Dynamic Imbalances OK Flag)
—发动机加速时间合格　bit　EXA-KESPDU(Engine Revup Time OK Flag)
—供油压力合格　bit　EXA-KFPRSR(Fuel Pressures of Diesel OK Flag)
—废气合格　bit　EXA-KGAS (Exhaust Gas OK Flag)
—点火提前合格　bit　EXA-KGLANG(Ignition Ahead Angle OK Flag)
—配气相位合格　bit　EXA-KGMPHS(Phases of Intake & Release Valves OK Flag)
—喇叭声级合格　bit　EXA-KHORN (Horn Sound Level OK Flag)
—点火高压合格　bit　EXA-KIVOLT(Ignition Voltages OK Flag)
—喷油提前合格　bit　EXA-KJLANG(Injection Ahead Angle of Diesel OK Flag)
—漆膜光洁度合格　bit　EXA-KLACQR(Lacquer Film Glossiness OK Flag)
—左主灯合格　bit　EXA-KLAMPL(Left Host Headlight OK Flag)

—右主灯合格	bit	EXA-KLAMPR(Right Host Headlight OK Flag)
—左内灯合格	bit	EXA-KLMPIL(Left Internal Headlight OK Flag)
—右内灯合格	bit	EXA-KLMPIR(Right Internal Headlight OK Flag)
—LPG 泄漏合格	bit	EXA-KLPGLK(LPG Leakage OK Flag)
—机油污染合格	bit	EXA-KLUBPL(Lube Pollution OK Flag)
—机油油品合格	bit	EXA-KLUBQL(Lube Quality Analysis OK Flag)
—车内噪声合格	bit	EXA-KNOISI(Inside Noise OK Flag)
—车外噪声合格	bit	EXA-KNOISO(Outside Noise OK Flag)
—里程表合格	bit	EXA-KODO (Odometer Item OK Flag)
—驻车制动合格	bit	EXA-KPARK (Park Force OK Flag)
—敲缸异响合格	bit	EXA-KPCODD(Odd Noise of Piston Beat Cylinder OK Flag)
—防尘密封合格	bit	EXA-KPDUST(Prevent Dust Ability OK Flag)
—防雨密封合格	bit	EXA-KPRAIN(Prevent Rain Ability OK Flag)
—活塞销异响合格	bit	EXA-KPSODD(Snib Odd Noise of Piston and Connecting Rod OK Flag)
—充电系合格	bit	EXA-KRCHRG(Recharge Generator Performance OK Flag)
—转向盘力合格	bit	EXA-KSFORC(Steering Wheel Operation Force OK Flag)
—滑行距离合格	bit	EXA-KSLIDD(Slide Distance OK Flag)
—滑行阻力合格	bit	EXA-KSLIDR(Slide Resistance OK Flag)
—前轮侧滑合格	bit	EXA-KSLIPF(Side Slip of Front Wheels OK Flag)
—排气销光度合格	bit	EXA-KSMKLA(Smoke Light Absorbefacient OK Flag)
—烟度合格	bit	EXA-KSMOKE(Smoke Degree OK Flag)
—速度表合格	bit	EXA-KSPDO (Speedometer OK Flag)
—小瓦响合格	bit	EXA-KSRODD(Odd Noise of Connecting Rod Rim OK Flag)
—转向盘自由度合格	bit	EXA-KSWFRE(Steering Wheel Maximum Free Angle OK Flag)
—车轮摆动合格	bit	EXA-KSWING(Wheel Swings OK Flag)
—转向角合格	bit	EXA-KVEER (Veer Angle OK Flag)
—底盘外检合格	bit	EXA-KVISLC(Eyeballing under Chassis OK Flag)
—外观检查合格	bit	EXA-KVISLF(Eyeballing at Field OK Flag)
—气门异响合格	bit	EXA-KVVODD(Odd Noise of Cylinder Valves OK Flag)
—送 检 人	char(10)	EXA-MSEND (Automotive Sender)
—新车标志	bit	EXA-NEWCAR(New Car Flag)
—送检通知单号	char(10)	EXA-NOTICE(Inspection Notice No.)
—行驶里程	int	EXA-ODO (Odometer Reading)
—合格标志	bit	EXA-OK (Certified Flag)
—检验价格	money	EXA-PRICE (Examination's Cost)
—规范报表预印序列号	char(12)	EXA-PRNTNO(Printing Form S/N)
—原型标志	bit	EXA-PROTO (Prototype Flag)
—底盘功率级别	tinyint	EXA-RCHPOW(Chassis Output Power Rank)
—等速油耗级别	tinyint	EXA-REFUEL(Equivelocity Fuel Consumption Rank)
—注释	varchar(150)	EXA-REMARK(Remark)
—发动机功率级别	tinyint	EXA-RNGPOW(Engine Output Power Rank)

A.4 检测项目信息表

检测项目信息表 Detects(检测站→管理部门)应包括以下栏目:

—检测流水号 int DETECT-ID (Test ID in Queue)
—检验流水号 int EXAMINE-ID(Examination ID - - > EXAMINES. EXAMINE-ID)
—天气代码 char(4) WEATHER-ID(Weather ID)
—车轮定位项目完成 bit DET-AALIGN(Alignment of Wheels Detected Flag)
—模拟加速工况项目完成 bit DET-AASM (Acceleration Simulation Mode Detected Flag)
—车身周正项目完成 bit DET-AASYMM(Body's Asymmetry Detected Flag)
—轴距差项目完成 bit DET-ABASED(Axle Base Symmetry Difference Detected Flag)
—启动系项目完成 bit DET-ABOOT (Starter System Detected Flag)
—制动踏板行程项目完成 bit DET-ABPTHR(Brake Pedal Throw Detected Flag)
—行车制动项目完成 bit DET-ABRAKE(Brake Performance Detected Flag)
—底盘功率项目完成 bit DET-ACHPOW(Chassis Output Power Detected Flag)
—离合器力项目完成 bit DET-ACLCHF(Clutch Operation Force Detected Flag)
—单缸漏气项目完成 bit DET-ACLEAK(Gas Leakage of Cylinders Detected Flag)
—离合行程项目完成 bit DET-ACLTCH(Clutch Pedal/Lever Throw Detected Flag)
—曲轴箱窜气项目完成 bit DET-ACRKLK(Crankcase Gas Leakage Detected Flag)
—连杆异响项目完成 bit DET-ACRODD(Rim Odd Noise of Connecting Rod Detected Flag)
—底盘间隙项目完成 bit DET-ACSCLR(Chassis Crevices Detected Flag)
—曲轴异响项目完成 bit DET-ACSODD(Rim Odd Noise of Crankshaft Detected Flag)
—气缸压力项目完成 bit DET-ACYLDP(Cylinder Pressures Detected Flag)
—单缸动力项目完成 bit DET-ACYPOW(Single Cylinder Power Detected Flag)
—分电器项目完成 bit DET-ADISTR(Engine Ignition Distributor Detected Flag)
—车轮动平衡项目完成 bit DET-ADYNAM(Tire Dynamic Imbalances Detected Flag)
—等速油耗项目完成 bit DET-AEFUEL(Equivelocity Fuel Consumption Detected Flag)
—发动机电喷系项目完成 bit DET-AENGCI(Engine Computerized Inject Subsystem Detected Flag)
—发动机加速时间项目完成 bit DET-AESPDU(Engine Revup Time Detected Flag)
—水油温度项目完成 bit DET-AETEMP(Engine Operation Temperatures Detected Flag)
—供油压力项目完成 bit DET-AFPRSR(Fuel Pressures of Diesel Detected Flag)
—燃料消耗项目完成 bit DET-AFUELS(Multi – condition Fuel Consumption Detected Flag)
—废气项目完成 bit DET-AGAS (Exhaust Gas Detected Flag)
—点火提前项目完成 bit DET-AGLANG(Ignition Ahead Angle Detected Flag)
—配气相位项目完成 bit DET-AGMPHS(Phases of Intake & Release Valves Detected Flag)
—喇叭声级项目完成 bit DET-AHORN (Horn Sound Level Detected Flag)
—喷油状况项目完成 bit DET-AINJCT(Fuel Injector Status of Diesel Detected Flag)
—点火高压项目完成 bit DET-AIVOLT(Ignition Voltages Detected Flag)
—喷油提前项目完成 bit DET-AJLANG(Injection Ahead Angle of Diesel Detected Flag)
—漆膜光洁度项目完成 bit DET-ALACQR(Lacquer Film Glossiness Detected Flag)
—左主灯项目完成 bit DET-ALAMPL(Left Host Headlight Detected Flag)
—右主灯项目完成 bit DET-ALAMPR(Right Host Headlight Detected Flag)
—左内灯项目完成 bit DET-ALMPIL(Left Internal Headlight Detected Flag)
—右内灯项目完成 bit DET-ALMPIR(Right Internal Headlight Detected Flag)
—LPG 泄漏项目完成 bit DET-ALPGLK(LPG Leakage Detected Flag)
—机油污染项目完成 bit DET-ALUBPL(Lube Pollution Detected Flag)
—机油压力项目完成 bit DET-ALUBPR(Lube Pressure Detected Flag)

—机油油品项目完成	bit	DET-ALUBQL(Lube Quality Analysis Detected Flag)
—发动机功率项目完成	bit	DET-ANGPOW(Engine Output Power Detected Flag)
—最大转矩项目完成	bit	DET-ANGTRQ(Engine Maximum Torque Detected Flag)
—车内噪声项目完成	bit	DET-ANOISI(Inside Noise Detected Flag)
—车外噪声项目完成	bit	DET-ANOISO(Outside Noise Detected Flag)
—里程表项目完成	bit	DET-AODO (Odometer Item Detected Flag)
—驻车制动项目完成	bit	DET-APARK (Park Force Detected Flag)
—敲缸异响项目完成	bit	DET-APCODD(Odd Noise of Piston Beat Cylinder Detected Flag)
—防尘密封项目完成	bit	DET-APDUST(Prevent Dust Ability Detected Flag)
—驻车储备行程项目完成	bit	DET-APLTHR(Park Lever Throw Detected Flag)
—悬架减振效率项目完成	bit	DET-APNDNT(Pendent Absorb Efficiency Detected Flag)
—防雨密封项目完成	bit	DET-APRAIN(Prevent Rain Ability Detected Flag)
—活塞销异响项目完成	bit	DET-APSODD(Snib Odd Noise of Piston and Connect Rod Detected Flag)
—充电系项目完成	bit	DET-ARCHRG(Recharge Generator Performance Detected Flag)
—转向盘力项目完成	bit	DET-ASFORC(Steering Wheel Operation Force Detected Flag)
—滑行距离项目完成	bit	DET-ASLIDD(Slide Distance Detected Flag)
—滑行阻力项目完成	bit	DET-ASLIDR(Slide Resistance Detected Flag)
—前轮侧滑项目完成	bit	DET-ASLIPF(Side Slip of Front Wheels Detected Flag)
—各轴侧滑项目完成	bit	DET-ASLIPS(Side Slip of All of Axles Detected Flag)
—排气消光度项目完成	bit	DET-ASMKLA(Smoke Light Absorbefacient Detected Flag)
—烟度项目完成	bit	DET-ASMOKE(Smoke Degree Detected Flag)
—速度表项目完成	bit	DET-ASPDO (Speedometer Detected Flag)
—整车加速时间项目完成	bit	DET-ASPDUP(Speedup Time Detected Flag)
—小瓦响项目完成	bit	DET-ASRODD(Odd Noise of Connecting Rod Rim Detected Flag)
—转向盘自由度项目完成	bit	DET-ASWFRE(Steering Wheel Maximum Free Angle Detected Flag)
—车轮摆动项目完成	bit	DET-ASWING(Wheel Swings Detected Flag)
—转弯直径项目完成	bit	DET-ATDIAM(Turning Diameter Detected Flag)
—传动游隙项目完成	bit	DET-ATVACI(Transmission System Vacillations Detected Flag)
—轮胎气压项目完成	bit	DET-ATYREP(Tire Gas Pressures Detected Flag)
—歧管真空项目完成	bit	DET-AVACUM(Exhaust Manifold Vacuum Detected Flag)
—转向角项目完成	bit	DET-AVEER (Veer Angle Detected Flag)
—底盘外检项目完成	bit	DET-AVISLC(Eyeballing under Chassis Detected Flag)
—外观检查项目完成	bit	DET-AVISLF(Eyeballing at Field Detected Flag)
—气门异响项目完成	bit	DET-AVVODD(Odd Noise of Cylinder Valves Detected Flag)
—检测协调时间	bit	DET-BLAG (Apply Brakeage Lag)
—检测踏板力	bit	DET-BPEDAL(Apply Brake Pedal)
—登录引车员中心代码	int	DET-CDRIVE(Center ID of Logged Drive Name)
—终检日期	datetime	DET-DATE (Detect Terminate Date)
—在线调试标志	bit	DET-DEBUG (Debug Line Flag)
—启初转速合格	bit	DET-FBIRSP(Initial Starting Rev OK Flag)
—电瓶电压合格	bit	DET-FBIVLT(Initial Battery Voltage OK Flag)
—启动电流合格	bit	DET-FBMCNT(Starting Current OK Flag)
—启动电压合格	bit	DET-FBMVLT(Starting Battery Voltage OK Flag)

—整车制动因数合格 bit DET-FBRAKE(Maximum Brakeage Ratio OK Flag)
—前制动因数合格 bit DET-FBSUMF(Front Axle Maximum Brakeage Ratio OK Flag)
—启动压降合格 bit DET-FBTVTD(Decrement of Starting Voltage OK Flag)
—左销后倾合格 bit DET-FCASTL(Left Snib Caster Angle OK Flag)
—右销后倾合格 bit DET-FCASTR(Right Snib Caster Angle OK Flag)
—底盘检查权重合格 bit DET-FCHSIS(Chassis Eyeballing Result Weight OK Flag)
—离合器力合格 bit DET-FCLCFR(Clutch Pedal/Lever Operation Force OK Flag)
—平均缸压合格 bit DET-FCPAVE(Average Pressure of Cylinders OK Flag)
—气缸压差合格 bit DET-FCPDIF(Max Pressure Difference of Cylinders OK Flag)
—怠速最大充压充流合格 bit DET-FCRGIC(Current at Idle Rev Max Recharge Voltage OK Flag)
—怠速最大充压合格 bit DET-FCRGIV(Max Recharge Voltage at Idle Rev OK Flag)
—中速最大充压充流合格 bit DET-FCRGMC(Current at Medium Rev Max Recharge Voltage Flag)
—中速最大充压合格 bit DET-FCRGMV(Max Recharge Voltage at Medium Rev OK Flag)
—连杆异响合格 bit DET-FCRODD(Connecting Rod Rim Odd Noise OK Flag)
—单缸转速降平衡合格 bit DET-FCSDBL(Single – Cylinder – off Rev Slowdown Balance OK Flag)
—分电器重叠角合格 bit DET-FDOVER(Ignition Distributor Overlay Angle OK Flag)
—整车最大阻滞率合格 bit DET-FDRAG (Max Wheel Drag Ratio OK Flag)
—发动机加速时间合格 bit DET-FESPDP(Engine Revup Time OK Flag)
—外观检查权重合格 bit DET-FFIELD(Field Eyeballing Result Weight OK Flag)
—最大供油压力合格 bit DET-FFSPPM(Maximum Fuel Supply Pressure OK Flag)
—开启供油压力合格 bit DET-FFSPPO(Fuel Supply Pressure when Injector Open OK Flag)
—怠速一氧化碳合格 bit DET-FGCO (Carbon Monoxide Concentration OK Flag)
—怠速碳氢化合物合格 bit DET-FGHC (Hydrocarbon Concentration OK Flag)
—高怠速一氧化碳合格 bit DET-FHCO (Fast Idle Carbon Monoxide Concentration OK Flag)
—高怠速碳氢化合物合格 bit DET-FHHC (Fast Idle Hydrocarbon Concentration OK Flag)
—高速点火提前角合格 bit DET-FILANH(Ignition Ahead Angle (Hi Rev) OK Flag)
—低速点火提前角合格 bit DET-FILANL(Ignition Ahead Angle (Low Rev) OK Flag)
—中速点火提前角合格 bit DET-FILANM(Ignition Ahead Angle (Medium Rev) OK Flag)
—所有左轮最大动不平衡 bit DET-FIMBL (Maximum Imbalance Among All Left Wheels OK Flag)
—所有右轮最大动不平衡 bit DET-FIMBR (Maximum Imbalance Among All Right Wheels OK Flag)
—平均点压合格 bit DET-FIVTAV(Average Ignition Voltage OK Flag)
—点火高压最小值合格 bit DET-FIVTLO(Lowest Ignition Voltage OK Flag)
—高速喷油提前角合格 bit DET-FJLDAH(Injection Ahead Angle at Hi Rev OK Flag)
—低速喷油提前角合格 bit DET-FJLDAL(Injection Ahead Angle at Low Rev OK Flag)
—中速喷油提前角合格 bit DET-FJLDAM(Injection Ahead Angle at Medium Rev OK Flag)
—折合距离合格 bit DET-FKMS (Calculated Distance When Odometer at 3000m OK Flag)
—漆膜光泽度合格 bit DET-FLACQR(Lacquer Film Glossiness OK Flag)
—协调时间合格 bit DET-FLAG (Brake Lag OK Flag)
—最低缸压比合格 bit DET-FLCPRS(Lowest Cylinder Pressure Percentage OK Flag)
—左灯近光水平偏合格 bit DET-FLDL-H(Left Dipped Beam Center Hor Offset OK Flag)
—左灯近光心高合格 bit DET-FLDL-V(Left Dipped Headlight Beam Center Height OK Flag)
—右灯近光水平偏合格 bit DET-FLDR-H(Right Dipped Beam Center Hor Offset OK Flag)
—右灯近光心高合格 bit DET-FLDR-V(Right Dipped Headlight Beam Center Height OK Flag)

—左灯远光水平偏合格 bit DET-FLHL-H(Left Far Beam Center Horiz Offset OK Flag)
—左灯远光亮度合格 bit DET-FLHL-I(Left Headlight Far Beam Illumination OK Flag)
—左灯远光心高合格 bit DET-FLHL-V(Left Far Headlight Beam Center Height OK Flag)
—右灯远光水平偏合格 bit DET-FLHR-H(Right Far Beam Center Hor Offset OK Flag)
—右灯远光亮度合格 bit DET-FLHR-I(Right Headlight Far Beam Illumination OK Flag)
—右灯远光心高合格 bit DET-FLHR-V(Right Far Headlight Beam Center Height OK Flag)
—左内灯远光水平偏合格 bit DET-FLIL-H(Left Internal Far Beam Horiz Offset OK Flag)
—左内灯远光亮度合格 bit DET-FLIL-I(Left Internal Headlight Illumination OK Flag)
—左内灯远光心高合格 bit DET-FLIL-V(Left Int Headlight Beam Center Height OK Flag)
—右内灯远光水平偏合格 bit DET-FLIR-H(Right Int Beam Center Horiz Offset OK Flag)
—右内灯远光亮度合格 bit DET-FLIR-I(Right Internal Headlight Illumination OK Flag)
—右内灯远光心高合格 bit DET-FLIR-V(Right Int Headlight Beam Center Height OK Flag)
— LPG 泄漏合格 bit DET-FLPGLK(LPG Leakage OK Flag)
—最低缸压合格 bit DET-FMCPRS(Lowest Cylinder Pressure OK Flag)
—最大启动电流合格 bit DET-FMXBTC(Max Starting Current OK Flag)
—大瓦响合格 bit DET-FNGODD(Odd Noise of Engine Crankshaft Rim OK Flag)
—车内噪声合格 bit DET-FNOISI(Inside Noise Level OK Flag)
—车外噪声合格 bit DET-FNOISO(Outside Noise Level OK Flag)
—驻车制动因数合格 bit DET-FPARK (Maximum Park Ratio OK Flag)
—平均闭合角合格 bit DET-FPCANG(Platinum Close Angle OK Flag)
—活塞敲缸响合格 bit DET-FPCODD(Odd Noise by Piston Beat Cylinder OK Flag)
—防尘性能合格 bit DET-FPDUST(Dust Proof OK Flag)
—防雨性能合格 bit DET-FPRAIN(Water Proof OK Flag)
—滑行阻力比合格 bit DET-FRESIS(Slide Resistance Ratio OK Flag)
—最大单缸转速降合格 bit DET-FSCHIS(Highest Down Rate of Rev – Cylinder Test OK Flag)
—最小单缸转速降合格 bit DET-FSCLWS(Lowest Down Rate of Rev – Cylinder Test OK Flag)
—滑行距离合格 bit DET-FSLIDD(Slide Distance OK Flag)
—前轴侧滑合格 bit DET-FSLIPF(Side Slip of Front Wheels OK Flag)
—左前轮侧滑合格 bit DET-FSLPFL(Side Slip of Left Front Wheel OK Flag)
—右前轮侧滑合格 bit DET-FSLPFR(Side Slip of Right Front Wheel OK Flag)
—尾气光吸收度合格 bit DET-FSMKAF(Smoke Light Absorbefacient OK Flag)
—烟度均值(Rb)合格 bit DET-FSMOKE(Smoke Degree OK Flag)
—活塞销异响合格 bit DET-RBBOD(Snib Noise of Piston & Connecting Rod OK Flag)
—喇叭声级声级合格 bit DET-FSOUND(Horn Sound Level OK Flag)
—车速表差合格 bit DET-FSPDO (Speedometer Deviation at 40km/h OK Flag)
—小瓦响合格 bit DET-FSRODD(Odd Noise by Connecting Rod Rim OK Flag)
—左右轮转向角差合格 bit DET-FSTRDF(Veer Angle Balance OK Flag)
—转向盘力值合格 bit DET-FSTRFR(Steering Wheel Operation Force OK Flag)
—转向盘自由度角合格 bit DET-FSTRTH(Maximum Free Angle of Steering Wheel OK Flag)
—所有左轮最大摆动量合格 bit DET-FSWGL (Maximum Swing Among All Left Wheels OK Flag)
—所有右轮最大摆动量合格 bit DET-FSWGR (Maximum Swing Among All Right Wheels OK Flag)
—左销内倾合格 bit DET-FTRCKL(Tracking Difference Angle of Left Snib OK Flag)
—右销内倾合格 bit DET-FTRCKR(Tracking Difference Angle of Right Snib OK Flag)

—真空度波动量合格 bit DET-FVCMRP(Ripple of Manifold Vacuum OK Flag)
—最坏真空度合格 bit DET-FVCMWS(Worst Manifold Vacuumity among Cylinders OK Flag)
—启动系与异响权重合格 bit DET-FXBOOT(Starter and Odd Noise Check Result Weight OK Flag)
—传动系悬挂车架权重合格 bit DET-FXCHAS(Transmission & Pendent & Chassis Check Result Weight)
—外检检查权重合格 bit DET-FXCHCK(Visual Outside Check Result Weight OK Flag)
—连接件密封性权重合格 bit DET-FXCONN(Connecting part tightness Check Result Weight OK Flag)
—最高缸压合格 bit DET-FXCPRS(Highest Cylinder Pressure OK Flag)
—车身装饰权重合格 bit DET-FXDECO(Ornament Check Result Weight OK Flag)
—门窗权重合格 bit DET-FXDOOR(Door & Window Check Result Weight OK Flag)
—仪表与信号装置权重合格 bit DET-FXINST(Instruments Check Result Weight OK Flag)
—润滑权重合格 bit DET-FXLUBE(Lube System Check Result Weight OK Flag)
—转向与制动装置权重合格 bit DET-FXSTER(Steering & Brake Check Result Weight OK Flag)
—轮胎权重合格 bit DET-FXTYRE(Tyre Check Result Weight OK Flag)
—整车装备权重合格 bit DET-FXWHOL(Whole Check Result Weight OK Flag)
—制动点间隔 real DET-INTVLB(Time Interval between Brake Data Points (s))
—复检次数 smallint DET-ITERAT(Detection Iterations for the Examination)
—总控员名 char(10) DET-MCENTR(Central Room Operator's Name)
—底盘检查员名 char(10) DET-MCHASS(Chassis Inspector's Name)
—技术负责人名 char(10) DET-MCHECK(Chief Inspector's Name)
—引车员名 char(10) DET-MDRIVE(Driver's Name)
—排放检测员名 char(10) DET-MEXHAU(Exhaust Inspector's Name)
—外观检查员名 char(10) DET-MFIELD(Field Inspector's Name)
—登录员名 char(10) DET-MGREFF(Greffier's Name)
—状态标志 bit DET-OK (Status Flag)
—制动点数 int DET-POINTB(Points of Brake Data)
—检测价格 money DET-PRICE (Detection's Cost)
—报告管理编号 char(12) DET-PRNTNO(Printing SN)
—底盘功比级别 tinyint DET-RCHSPW(Chassis Maximum Output Power Ratio (%) Rank)
—等速油比级别 tinyint DET-RFUELC(Fuel Consumption Ratio (%) Rank)
—发动机功比级别 tinyint DET-RNGNPW(Engine's Maximum Output Power Ratio (%) Rank)
—检测车轮定位 bit DET-TALIGN(Alignment of Wheels Detect Flag)
—检测模拟加速工况 bit DET-TASM (Acceleration Simulation Mode Detect Flag)
—检测车身周正 bit DET-TASYMM(Body's Asymmetry Detect Flag)
—检测轴距差 bit DET-TBASED(Axle Base Symmetry Difference Detect Flag)
—检测启动系 bit DET-TBOOT (Starter System Detect Flag)
—检测制动踏板行程 bit DET-TBPTHR(Brake Pedal Throw Detect Flag)
—检测行车制动 bit DET-TBRAKE(Brake Performance Detect Flag)
—检测底盘功率 bit DET-TCHPOW(Chassis Output Power Detect Flag)
—检测离合器力 bit DET-TCLCHF(Clutch Operation Force Detect Flag)
—检测单缸漏气 bit DET-TCLEAK(Gas Leakage of Cylinders Detect Flag)
—检测离合行程 bit DET-TCLTCH(Clutch Pedal/Lever Throw Detect Flag)
—检测曲轴箱窜气 bit DET-TCRKLK(Crankcase Gas Leakage Detect Flag)
—检测连杆异响 bit DET-TCRODD(Rim Odd Noise of Connecting Rod Detect Flag)

—检测底盘间隙	bit	DET-TCSCLR(Chassis Crevices Detect Flag)
—检测曲轴异响	bit	DET-TCSODD(Rim Odd Noise of Crankshaft Detect Flag)
—检测气缸压力	bit	DET-TCYLDP(Cylinder Pressures Detect Flag)
—检测单缸动力	bit	DET-TCYPOW(Single Cylinder Power Detect Flag)
—检测分电器	bit	DET-TDISTR(Engine Ignition Distributor Detect Flag)
—检测车轮动平衡	bit	DET-TDYNAM(Tyre Dynamic Imbalances Detect Flag)
—检测等速油耗	bit	DET-TEFUEL(Equivelocity Fuel Consumption Detect Flag)
—检测发动机电喷系	bit	DET-TENGCI(Engine Computerized Inject Subsystem Detect Flag)
—检测发动机加速时间	bit	DET-TESPDU(Engine Revup Time Detect Flag)
—检测水油温度	bit	DET-TETEMP(Engine Operation Temperatures Detect Flag)
—检测供油压力	bit	DET-TFPRSR(Fuel Pressures of Diesel Detect Flag)
—检测燃料消耗	bit	DET-TFUELS(Multi – condition Fuel Consumption Detect Flag)
—检测废气	bit	DET-TGAS (Exhaust Gas Detect Flag)
—检测点火提前	bit	DET-TGLANG(Ignition Ahead Angle Detect Flag)
—检测配气相位	bit	DET-TGMPHS(Phases of Intake & Release Valves Detect Flag)
—检测喇叭声级	bit	DET-THORN (Horn Sound Level Detect Flag)
—检测喷油状况	bit	DET-TINJCT(Fuel Injector Status of Diesel Detect Flag)
—检测点火高压	bit	DET-TIVOLT(Ignition Voltages Detect Flag)
—检测喷油提前	bit	DET-TJLANG(Injection Ahead Angle of Diesel Detect Flag)
—检测漆膜光洁度	bit	DET-TLACQR(Lacquer Film Glossiness Detect Flag)
—检测左主灯	bit	DET-TLAMPL(Left Host Headlight Detect Flag)
—检测右主灯	bit	DET-TLAMPR(Right Host Headlight Detect Flag)
—检测左内灯	bit	DET-TLMPIL(Left Internal Headlight Detect Flag)
—检测右内灯	bit	DET-TLMPIR(Right Internal Headlight Detect Flag)
—检测 LPG 泄漏	bit	DET-TLPGLK(LPG Leakage Detect Flag)
—检测机油污染	bit	DET-TLUBPL(Lube Pollution Detect Flag)
—检测机油压力	bit	DET-TLUBPR(Lube Pressure Detect Flag)
—检测机油油品	bit	DET-TLUBQL(Lube Quality Analysis Detect Flag)
—检测发动机功率	bit	DET-TNGPOW(Engine Output Power Detect Flag)
—检测最大转矩	bit	DET-TNGTRQ(Engine Maximum Torque Detect Flag)
—检测车内噪声	bit	DET-TNOISI(Inside Noise Detect Flag)
—检测车外噪声	bit	DET-TNOISO(Outside Noise Detect Flag)
—检测里程表	bit	DET-TODO (Odometer Item Detect Flag)
—检测驻车制动	bit	DET-TPARK (Park Force Detect Flag)
—检测敲缸异响	bit	DET-TPCODD(Odd Noise of Piston Beat Cylinder Detect Flag)
—检测防尘密封	bit	DET-TPDUST(Prevent Dust Ability Detect Flag)
—检测驻车储备行程	bit	DET-TPLTHR(Park Lever Throw Detect Flag)
—检测悬架减振效率	bit	DET-TPNDNT(Pendent Absorb Efficiency Detect Flag)
—检测防雨密封	bit	DET-TPRAIN(Prevent Rain Ability Detect Flag)
—检测活塞销异响	bit	DET-TPSODD(Snib Odd Noise of Piston and Connecting Rod Detect Flag)
—检测充电系	bit	DET-TRCHRG(Recharge Generator Performance Detect Flag)
—检测转向盘力	bit	DET-TSFORC(Steering Wheel Operation Force Detect Flag)
—检测滑行距离	bit	DET-TSLIDD(Slide Distance Detect Flag)

—检测滑行阻力 bit DET-TSLIDR(Slide Resistance Detect Flag)
—检测前轮侧滑 bit DET-TSLIPF(Side Slip of Front Wheels Detect Flag)
—检测各轴侧滑 bit DET-TSLIPS(Side Slip of All of Axles Detect Flag)
—检测排气消光度 bit DET-TSMKLA(Smoke Light Absorbency Detect Flag)
—检测烟度 bit DET-TSMOKE(Smoke Degree Detect Flag)
—检测速度表 bit DET-TSPDO (Speedometer Detect Flag)
—检测整车加速时间 bit DET-TSPDUP(Speedup Time Detect Flag)
—检测小瓦响 bit DET-TSRODD(Odd Noise of Connecting Rod Rim Detect Flag)
—检测转向盘自由度 bit DET-TSWFRE(Steering Wheel Maximum Free Angle Detect Flag)
—检测车轮摆动 bit DET-TSWING(Wheel Swings Detect Flag)
—检测转弯直径 bit DET-TTDIAM(Turning Diameter Detect Flag)
—检测传动游隙 bit DET-TTVACI(Transmission System Vacillations Detect Flag)
—检测轮胎气压 bit DET-TTYREP(Tyre Gas Pressures Detect Flag)
—检测歧管真空 bit DET-TVACUM(Exhaust Manifold Vacuum Detect Flag)
—检测转向角 bit DET-TVEER (Veer Angle Detect Flag)
—检测底盘外检 bit DET-TVISLC(Eyeballing under Chassis Detect Flag)
—检测外观检查 bit DET-TVISLF(Eyeballing at Field Detect Flag)
—检测气门异响 bit DET-TVVODD(Odd Noise of Cylinder Valves Detect Flag)

A.5 整车指标数据信息表

整车指标数据信息表 Targets(检测站→管理部门)应包括以下栏目:

—检测流水号 int DETECT-ID (Test ID in Queue→DETECTS.DETECT-ID)
—车身对称差 real TAR-IASYBD(Height Symmetric Difference of Auto Body)
—保险杠对称差 real TAR-IASYBP(Height Symmetric Difference of Bumper)
—驾驶室对称差 real TAR-IASYCB(Symmetric Difference of Driver's Cab)
—翼子板对称差 real TAR-IASYWG(Symmetric Difference of Wing Boards)
—启末电流 real TAR-IBECNT(End Starting Current (A))
—启末电压 real TAR-IBEVLT(End Battery Voltage (V))
—启初转速 real TAR-IBIRSP(Initial Starting Rev (r/min))
—电瓶电压 real TAR-IBIVLT(Initial Battery Voltage (V))
—启动中途电流 real TAR-IBMCNT(Starting Midway Current (A))
—启动中途电压 real TAR-IBMVLT(Starting Midway Battery Voltage (V))
—整车制动因数 real TAR-IBRAKE(Maximum Brakeage Ratio (%))
—制动行程 char(10) TAR-IBRKTH(Brake Pedal Throw (mm))
—前制动因数 real TAR-IBSUMF(Front Axle Maximum Brakeage Ratio (%))
—启动压降 real TAR-IBTVTD(Decrement of Starting Voltage (V))
—左销后倾 real TAR-ICASTL(Left Snib Caster Angle)
—右销后倾 real TAR-ICASTR(Right Snib Caster Angle)
—高速离心提前角 real TAR-ICFLGH(Centrifugal Ignition Ahead Angle (Hi Rev) (Degree))
—低速离心提前角 real TAR-ICFLGL(Centrifugal Ignition Ahead Angle (Low Rev) (Degree))
—中速离心提前角 real TAR-ICFLGM(Centrifugal Ignition Ahead Angle (Medium Rev) (Degree)
—节气门电压 real TAR-ICHOKE(Choker Sensor Voltage)
—底盘检查权重 real TAR-ICHSIS(Chassis Eyeballing Result Weight)
—底盘功比 real TAR-ICHSPW(Chassis Maximum Output Power Ratio (%))

—离合器力	real	TAR-ICLCFR(Clutch Pedal/Lever Operation Force (N))
—离合行程	char(10)	TAR-ICLCTH(Clutch Pedal Throw (mm))
—1 档游隙	real	TAR-ICLRG1(Vacillation Clearance of Gear 1st (mm))
—2 档游隙	real	TAR-ICLRG2(Vacillation Clearance of Gear 2nd (mm))
—3 档游隙	real	TAR-ICLRG3(Vacillation Clearance of Gear 3rd (mm))
—4 档游隙	real	TAR-ICLRG4(Vacillation Clearance of Gear 4th (mm))
—5 档游隙	real	TAR-ICLRG5(Vacillation Clearance of Gear 5th (mm))
—6 档游隙	real	TAR-ICLRG6(Vacillation Clearance of Gear 6th (mm))
—7 档游隙	real	TAR-ICLRG7(Vacillation Clearance of Gear 7th (mm))
—8 档游隙	real	TAR-ICLRG8(Vacillation Clearance of Gear 8th (mm))
—倒档游隙	real	TAR-ICLRGB(Vacillation Clearance of Back Gear (mm))
—后桥游隙	real	TAR-ICLRRB(Clearance of Rear Bridge (mm))
—传轴游隙	real	TAR-ICLRSF(Vacillation Clearance of Shaft (mm))
—平均缸压	real	TAR-ICPAVE(Average Pressure of Cylinders (kPa))
—气缸压差	real	TAR-ICPDIF(Max Pressure Difference of Cylinders)
—怠速最大充压充流	real	TAR-ICRGIC(Current at Idle Rev Max Recharge Voltage)
—怠速最大充压转速	real	TAR-ICRGIR(Rev at Idle Max Recharge Voltage(Rpm))
—怠速最大充压	real	TAR-ICRGIV(Max Recharge Voltage at Idle Rev)
—中速最大充压充流	real	TAR-ICRGMC(Current at Medium Rev Max Recharge Voltage(A))
—中速最大充压转速	real	TAR-ICRGMR(Rev at Medium Rev Max Recharge Voltage(Rpm))
—中速最大充压	real	TAR-ICRGMV(Max Recharge Voltage at Medium Rev (V))
—曲轴箱窜气量	real	TAR-ICRKLK(Crankcase Gas Leakage (l/min))
—连杆异响	char(10)	TAR-ICRODD(Connecting Rod Rim Odd Noise)
—底盘间隙	char(10)	TAR-ICSCLR(Chassis Clearances)
—单缸转速降平衡	real	TAR-ICSDBL(Single – Cylinder – off Rev Slowdown Balance)
—轴距对称差	real	TAR-IDIFWB(Symmetric Difference of Wheel Base)
—分电器重叠角	real	TAR-IDOVER(Ignition Distributor Overlay Angle (Degree))
—整车最大阻滞率	real	TAR-IDRAG (Max Wheel Drag Ratio (%))
—发动机转速下降时间	real	TAR-IEDNTM(Engine Rev Slow Down Time)
—等燃耗 1	real	TAR-IEOIL1(Fuel Consumption at Equivelocity 1)
—等燃耗 2	real	TAR-IEOIL2(Fuel Consumption at Equivelocity 2)
—等燃耗 3	real	TAR-IEOIL3(Fuel Consumption at Equivelocity 3)
—等燃耗 4	real	TAR-IEOIL4(Fuel Consumption at Equivelocity 4)
—等燃耗 5	real	TAR-IEOIL5(Fuel Consumption at Equivelocity 5)
—等燃耗 6	real	TAR-IEOIL6(Fuel Consumption at Equivelocity 6)
—发动机加速时间	real	TAR-IESPDP(Engine Revup Time)
—发动机最大转速	real	TAR-IESPIN(Engine Rev (r/min))
—外观检查权重	real	TAR-IFIELD(Field Eyeballing Result Weight)
—关闭供油压力	real	TAR-IFSPPC(Fuel Supply Pressure when Injector Close (MPa))
—最大供油压力	real	TAR-IFSPPM(Maximum Fuel Supply Pressure (MPa))
—开启供油压力	real	TAR-IFSPPO(Fuel Supply Pressure when Injector Open (MPa))
—残余供油压力	real	TAR-IFSPPR(Fuel Pressure Remain (MPa))
—全速燃耗	real	TAR-IFUELB(Full Speed Fuel Consumption)

—等速油比	real	TAR-IFUELC(Fuel Consumption Ratio (%))
—油耗测量平均阻力	real	TAR-IFULRA(Average Resistance in Fuel Measurement Process)
—油耗测量最高阻力	real	TAR-IFULRH(Max Resistance in Fuel Measurement Process)
—油耗测量最低阻力	real	TAR-IFULRL(Min Resistance in Fuel Measurement Process)
—油耗测量平均速度	real	TAR-IFULSA(Average Speed in Fuel Measurement Process)
—油耗测量最高速度	real	TAR-IFULSH(Max Speed in Fuel Measurement Process)
—油耗测量最低速度	real	TAR-IFULSL(Min Speed in Fuel Measurement Process)
—怠速一氧化碳	real	TAR-IGCO (Carbon Monoxide Concentration (%))
—怠速二氧化碳	real	TAR-IGCO2 (Carbon Dioxide Concentration (%))
—怠速碳氢化合物	real	TAR-IGHC (Hydrocarbon Concentration (ppm))
—怠速氮氧化合物	real	TAR-IGNO (Nitrous Monoxide(ppm))
—怠速氧气含量	real	TAR-IGO2 (Oxygen Concentration(%))
—高怠速一氧化碳	real	TAR-IHCO (Fast Idle Carbon Monoxide Concentration (%))
—高怠速二氧化碳	real	TAR-IHCO2 (Fast Idle Carbon Dioxide Concentration (%))
—高怠速碳氢化合物	real	TAR-IHHC (Fast Idle Hydrocarbon Concentration (ppm))
—高怠速空燃比率	real	TAR-IHLMDA(Fast Idle Mix Ratio of Air over Fuel)
—高怠速氮氧化合物	real	TAR-IHNO (Fast Idle Nitrous Monoxide(ppm))
—高怠速氧气含量	real	TAR-IHO2 (Fast Idle Oxygen Concentration(%))
—高速点火提前角	real	TAR-IILANH(Ignition Ahead Angle (Hi Rev) (Degree))
—低速点火提前角	real	TAR-IILANL(Ignition Ahead Angle (Low Rev) (Degree))
—中速点火提前角	real	TAR-IILANM(Ignition Ahead Angle (Medium Rev) (Degree))
—所有左轮最大动不平衡	real	TAR-IIMBL (Maximum Imbalance Among All Left Wheels)
—所有右轮最大动不平衡	real	TAR-IIMBR (Maximum Imbalance Among All Right Wheels)
—点火高压不匀度	real	TAR-IIVLTD(Max Ignition Voltage Difference)
—平均点压	real	TAR-IIVTAV(Average Ignition Voltage (kV))
—点火高压最小值	real	TAR-IIVTLO(Lowest Ignition Voltage)
—高速喷油提前角	real	TAR-IJLDAH(Injection Ahead Angle at Hi Rev (degree))
—低速喷油提前角	real	TAR-IJLDAL(Injection Ahead Angle at Low Rev (degree))
—中速喷油提前角	real	TAR-IJLDAM(Injection Ahead Angle at Medium Rev (degree))
—喷油占空比	real	TAR-IJTDTY(Injector Sensor Pulse Duty Ratio)
—喷油脉冲频率	real	TAR-IJTFRE(Injector Sensor Pulse Frequency)
—折合距离	real	TAR-IKMS (Calculated Distance When Odometer at 3000m)
—漆膜光泽度	real	TAR-ILACQR(Lacquer Film Glossiness)
—协调时间	real	TAR-ILAG (Brake Lag (s))
—最低缸压比	real	TAR-ILCPRS(Lowest Cylinder Pressure Percentage(%))
—左灯近光水平偏	real	TAR-ILDL-H(Left Dipped Beam Center Hor Offset (cm/dam))
—左灯近光亮度	real	TAR-ILDL-I(Left Dipped Headlight Illumination (cd))
—左灯近光光心高度	real	TAR-ILDL-V(Left Dipped Headlight Beam Center Height (H))
—右灯近光水平偏	real	TAR-ILDR-H(Right Dipped Beam Center Hor Offset (cm/dam))
—右灯近光亮度	real	TAR-ILDR-I(Right Dipped Headlight Illumination (cd))
—右灯近光心高	real	TAR-ILDR-V(Right Dipped Headlight Beam Center Height (H))
—多工况燃耗	real	TAR-ILFUEL(Limit Condition Average Fuel Consumption)
—左灯远光水平偏	real	TAR-ILHL-H(Left Far Beam Center Horiz Offset (cm/dam))

—左灯远光亮度	real	TAR-ILHL-I(Left Headlight Far Beam Illumination (cd))
—左灯远光心高	real	TAR-ILHL-V(Left Far Headlight Beam Center Height (H))
—右灯远光水平偏	real	TAR-ILHR-H(Right Far Beam Center Hor Offset (cm/dam))
—右灯远光亮度	real	TAR-ILHR-I(Right Headlight Far Beam Illumination (cd))
—右灯远光心高	real	TAR-ILHR-V(Right Far Headlight Beam Center Height (H))
—左内灯远光水平偏	real	TAR-ILIL-H(Left Internal Far Beam Horiz Offset (cm/dam))
—左内灯远光亮度	real	TAR-ILIL-I(Left Internal Headlight Illumination (cd))
—左内灯远光心高	real	TAR-ILIL-V(Left Int Headlight Beam Center Height (H))
—右内灯远光水平偏	real	TAR-ILIR-H(Right Int Beam Center Horiz Offset (cm/dam))
—右内灯远光亮度	real	TAR-ILIR-I(Right Internal Headlight Illumination (cd))
—右内灯远光心高	real	TAR-ILIR-V(Right Int Headlight Beam Center Height (H))
—怠速空燃比率	real	TAR-ILMBDA(Ratio of Mix Ratio of Air over Fuel)
— LPG 泄漏	real	TAR-ILPGLK(LPG Leakage)
—机油温度	real	TAR-ILTEMP(Lube Temperature)
—高速机油压力	real	TAR-ILUBFP(Lube Pressure at High Rev)
—怠速机油压力	real	TAR-ILUBIP(Lube Pressure at Idle Rev)
—中速机油压力	real	TAR-ILUBMP(Lube Pressure at Medium Rev)
—机油污染	real	TAR-ILUBPL(Pollution Situation of Lube)
—润滑油介电常数	real	TAR-ILUBQL(Lube Quality Analysis)
—最低缸压	real	TAR-IMCPRS(Lowest Cylinder Pressure (kPa))
—多工燃耗	real	TAR-IMTOIL(Multiple Conditions Fuel Consumption)
—最大启动电流	real	TAR-IMXBTC(Max Starting Current (A))
—底盘最大转矩	real	TAR-IMXTRQ(Max Torque)
—最大扭力	real	TAR-IMXTWS(Engine's Max Twist Force)
—发动机功率与额定值之比	real	TAR-INGNPW(Engine Power Over Rated Value(%))
—大瓦响	char(10)	TAR-INGODD(Odd Noise of Engine Crankshaft Rim)
—车内噪声	real	TAR-INOISI(Inside Noise Level (dB(A)))
—车外噪声	real	TAR-INOISO(Outside Noise Level (dB(A)))
—驻车制动因数	real	TAR-IPARK (Maximum Park Ratio (%))
—平均闭合角	real	TAR-IPCANG(Platinum Close Angle (Degree))
—活塞敲缸响	char(10)	TAR-IPCODD(Odd Noise by Piston Beat Cylinder)
—防尘性能	char(10)	TAR-IPDUST(Dust Proof)
—防雨性能	char(10)	TAR-IPRAIN(Water Proof)
—驻车储备	char(10)	TAR-IPRKTH(Spare Throw for Parking Lever (mm))
—滑行阻力比	real	TAR-IRESIS(Slide Resistance Ratio(%))
—最大单缸转速降	real	TAR-ISCHIS(Highest Slow Down Ratio of Rev - Cylinder Test)
—最小单缸转速降	real	TAR-ISCLWS(Lowest Slow Down Ratio of Rev - Cylinder Test)
—滑行时间	real	TAR-ISLDTM(Slide Time (s))
—滑行距离	real	TAR-ISLIDD(Slide Distance (m))
—前轴侧滑	real	TAR-ISLIPF(Side Slip of Front Wheels (mm/m))
—左前轮侧滑	real	TAR-ISLPFL(Side Slip of Left Front Wheel(mm/m))
—右前轮侧滑	real	TAR-ISLPFR(Side Slip of Right Front Wheel (mm/m))
—尾气光吸收度	real	TAR-ISMKAF(Smoke Light Absorbency (/m))

—烟度均值(Rb) real TAR-ISMKRB(Smoke Degree (Rb))
—烟度均值(FSN) real TAR-ISMOKE(Smoke Degree (FSN))
—活塞销异响 char(10) TAR-ISNBOD(Snib Noise of Piston & Connecting Rod)
—喇叭声级 real TAR-ISOUND(Horn Sound Level (dB(A)))
—车速表差 real TAR-ISPDO (Speedometer Deviation (%) at 40km/h)
—底盘加速时间 real TAR-ISPDTM(Speedup Time (s))
—小瓦响 char(10) TAR-ISRODD(Odd Noise by Connecting Rod Rim)
—左右轮转向角差 real TAR-ISTRDF(Veer Angle Balance)
—转向盘力值 real TAR-ISTRFR(Steering Wheel Operation Force (N))
—左内转向角 real TAR-ISTRLI(Max Inside Veer Angle of Left Wheel)
—左外转向角 real TAR-ISTRLO(Max Outside Veer Angle of Left Wheel)
—右内转向角 real TAR-ISTRRI(Max Inside Veer Angle of Right Wheel)
—右外转向角 real TAR-ISTRRO(Max Outside Veer Angle of Right Wheel)
—转向盘自由角 real TAR-ISTRTH(Maximum Free Angle of Steering Wheel)
—所有左轮最大摆动量 real TAR-ISWGL (Maximum Swing Among All Left Wheels)
—所有右轮最大摆动量 real TAR-ISWGR (Maximum Swing Among All Right Wheels)
—转速占空比 real TAR-ITCDTY(Tachometer Sensor Pulse Duty Ratio)
—转速脉冲频率 real TAR-ITCFRE(Tachometer Sensor Pulse Frequency)
—转弯直径 real TAR-ITDIAM(Turning Diameter Value)
—左销内倾 real TAR-ITRCKL(Tracking Difference Angle of Left Snib)
—右销内倾 real TAR-ITRCKR(Tracking Difference Angle of Right Snib)
—高速真空提前角 real TAR-IVCLGH(Vacuum Ignition Ahead Angle (Hi Rev) (Degree))
—低速真空提前角 real TAR-IVCLGL(Vacuum Ignition Ahead Angle (Low Rev) (Degree))
—中速真空提前角 real TAR-IVCLGM(Vacuum Ignition Ahead Angle (Medium Rev) (Degree))
—真空度波动量 real TAR-IVCMRP(Ripple of Manifold Vacuum(kPa))
—最坏真空度 real TAR-IVCMWS(Worst Manifold Vacuum among Cylinders(kPa))
—卡门流量电压 real TAR-IVKARM(Karmen Volume Meter Sensor Voltage)
—热线流量电压 real TAR-IVLINE(Hot Line Volume Meter Sensor Voltage)
—冷却水温 real TAR-IWTEMP(Cooling Water Temperature)
—启动系与异响权重 real TAR-IXBOOT(Starter and Odd Noise Check Result Weight)
—传动系悬挂车架权重 real TAR-IXCHAS(Transmission & Pendent & Chassis Check Result Weight)
—外检检查权重 real TAR-IXCHCK(Visual Outside Check Result Weight)
—连接件密封性权重 real TAR-IXCONN(Connecting part tightness Check Result Weight)
—最高缸压 real TAR-IXCPRS(Highest Cylinder Pressure (kPa))
—车身装饰权重 real TAR-IXDECO(Ornament Check Result Weight)
—门窗权重 real TAR-IXDOOR(Door & Window Check Result Weight)
—仪表与信号装置权重 real TAR-IXINST(Instruments Check Result Weight)
—润滑权重 real TAR-IXLUBE(Lube System Check Result Weight)
—转向与制动装置权重 real TAR-IXSTER(Steering & Brake Check Result Weight)
—轮胎权重 real TAR-IXTYRE(Tyre Check Result Weight)
—整车装备权重 real TAR-IXWHOL(Whole Check Result Weigh

A.6 整车原始数据信息表

整车原始数据信息表 Prehens(检测站→管理部门)应包括以下栏目:

—检测流水号 int DETECT-ID (Test ID in Queue→DETECTS. DETECT-ID)
—整车加速终止速度 real PRE-VACCND(End Speed For Measure Acceleration Performance)
—整车加速起始速度 real PRE-VACCST(Begin Speed For Measure Acceleration Performance)
—总制动力 real PRE-VBRAKE(Total Brakeage)
—启动转速标准低限 real PRE-VBRSSL(Starting Rev Std Low)
—启动电流标准低限 real PRE-VBTCSL(Starting Current Std Low)
—启动电压标准低限 real PRE-VBTVSL(Starting Voltage Std Low)
—电瓶压降标准高限 real PRE-VBVDSH(Battery Voltage Down When Starting Std Hi)
—电瓶电压标准低限 real PRE-VBYVSL(Battery Voltage Std Low)
—底盘检查 varchar(200) PRE-VCHSIS(Chassis Eyeballing Fail Items)
—关闭油压标准高限 real PRE-VCOPSH(Fuel Pressure When Close Std Hi)
—关闭油压标准低限 real PRE-VCOPSL(Fuel Pressure When Close Std Low)
—底盘输出功率 real PRE-VCSPOW(Chassis Maximum Power Output (kW))
—额定底盘输出功率 real PRE-VCSPWR(Chassis Rated Output Power (kW))
—气缸压力标准低限 real PRE-VCYPSL(Cylinder Pressure Std Low)
—重叠角标准高限 real PRE-VDOASH(Distributor Overlay Angle Std Hi)
—烟度值一(Rb) real PRE-VDSRB1(Smoke Density Sampling Value 1 (Rb))
—烟度值二(Rb) real PRE-VDSRB2(Smoke Density Sampling Value 2 (Rb))
—烟度值三(Rb) real PRE-VDSRB3(Smoke Density Sampling Value 3 (Rb))
—发动机加速时间标准高限 real PRE-VEUTSH(Engine Revup Time Std Hi)
—外观检查 varchar(200) PRE-VFIELD(Field Eyeballing Fail Items)
—油耗飞轮状态 tinyint PRE-VFLYWH(Fly Wheel Status)
—等速油耗 1 real PRE-VFUEL1(The 1st Fuel Consumption in 100km at 50km/h Mono-Speed)
—等速油耗 2 real PRE-VFUEL2(The 2nd Fuel Consumption in 100km at 50km/h Mono-Speed)
—等速油耗 3 real PRE-VFUEL3(The 3rd Fuel Consumption in 100km at 50km/h Mono-Speed)
—等速油耗 real PRE-VFUELC(Actual Fuel Consumption in 100km at 50km/h Mono-Speed)
—油耗测量阻力 real PRE-VFUELF(Resistance for Measure Equivelocity Fuel Consumption)
—额定等速油耗 real PRE-VFUELR(Rated Fuel Consumption in 100km at 50km/h Mono-Speed)
—油耗测量速度 real PRE-VFUELV(Speed for Measure Equivelocity Fuel Consumption)
—怠速最低二氧化碳 real PRE-VGCO2L(Idle Minimum Carbon Dioxide Concentration (%))
—怠速最高二氧化碳 real PRE-VGCO2U(Idle Maximum Carbon Dioxide Concentration (%))
—怠速最低一氧化碳 real PRE-VGCOL (Idle Minimum Carbon Monoxide Concentration (%))
—怠速最高一氧化碳 real PRE-VGCOU (Idle Maximum Carbon Monoxide Concentration (%))
—怠速最低碳氢化物 real PRE-VGHCL (Idle Minimum Hydrocarbon Concentration (ppm))
—怠速最高碳氢化物 real PRE-VGHCU (Idle Maximum Hydrocarbon Concentration (ppm))
—怠速最低空燃比 real PRE-VGLMDL(Idle Minimum Lambda)
—怠速最高空燃比 real PRE-VGLMDU(Idle Maximum Lambda)
—怠速最低氮氧化物 real PRE-VGNOL (Idle Minimum Nitrous Monoxide(ppm))
—怠速最高氮氧化物 real PRE-VGNOU (Idle Maximum Nitrous Monoxide(ppm))
—怠速氧气最低浓度 real PRE-VGO2L (Idle Minimum Oxygen Concentration(%))
—怠速氧气最高浓度 real PRE-VGO2U (Idle Maximum Oxygen Concentration(%))
—高怠速最低二氧化碳 real PRE-VHCO2L(Fast Idle Minimum Carbon Dioxide Concentration (%))
—高怠速最高二氧化碳 real PRE-VHCO2U(Fast Idle Maximum Carbon Dioxide Concentration (%))

—高怠速最低一氧化碳　real　PRE-VHCOL (Fast Idle Minimum Carbon Monoxide Concentration (%)
—高怠速最高一氧化碳　real　PRE-VHCOU (Fast Idle Maximum Carbon Monoxide Concentration (%)
—高怠速最低碳氢化物　real　PRE-VHHCL (Fast Idle Minimum Hydrocarbon Concentration (ppm))
—高怠速最高碳氢化物　real　PRE-VHHCU (Fast Idle Maximum Hydrocarbon Concentration (ppm))
—高怠速最低氮氧化物　real　PRE-VHNOL (Fast Idle Minimum Nitrous Monoxide(ppm))
—高怠速最高氮氧化物　real　PRE-VHNOU (Fast Idle Maximum Nitrous Monoxide(ppm))
—高怠速氧气最低浓度　real　PRE-VHO2L (Fast Idle Minimum Oxygen Concentration(%))
—高怠速氧气最高浓度　real　PRE-VHO2U (Fast Idle Maximum Oxygen Concentration(%))
—高速提前角转速　real　PRE-VIAHRS(Rev when Hi Rev Ignition Ahead Angle)
—低速提前角转速　real　PRE-VIALRS(Rev when Low Rev Ignition Ahead Angle)
—中速提前角转速　real　PRE-VIAMRS(Rev when Medium Rev Ignition Ahead Angle)
—高速点火提前角标准高　real　PRE-VILHSH(Ignition Ahead Angle at Hi Rev Std Hi)
—高速点火提前角标准低　real　PRE-VILHSL(Ignition Ahead Angle at Hi Rev Std Low)
—低速点火提前角标准高　real　PRE-VILLSH(Ignition Ahead Angle at Low Rev Std Hi)
—低速点火提前角标准低　real　PRE-VILLSL(Ignition Ahead Angle at Low Rev Std Low)
—中速点火提前角标准高　real　PRE-VILMSH(Ignition Ahead Angle at Medium Rev Std Hi)
—中速点火提前角标准低　real　PRE-VILMSL(Ignition Ahead Angle at Medium Rev Std Low)
—进气门关闭角标准高限　real　PRE-VIVCSH(Intake Valve Close Phase Std Hi)
—进气门关闭角标准低限　real　PRE-VIVCSL(Intake Valve Close Phase Std Low)
—进气门开启角标准高限　real　PRE-VIVOPH(Intake Valve Open Phase Std Hi)
—进气门开启角标准低限　real　PRE-VIVOPL(Intake Valve Open Phase Std Low)
—点火高压标准高限　real　PRE-VIVTSH(Ignition Voltage Std Hi)
—点火高压标准低限　real　PRE-VIVTSL(Ignition Voltage Std Low)
—高速喷油提前角标准高　real　PRE-VJLHSH(Injection Ahead Angle at Hi Rev Std Hi)
—高速喷油提前角标准低　real　PRE-VJLHSL(Injection Ahead Angle at Hi Rev Std Low)
—低速喷油提前角标准高　real　PRE-VJLLSH(Injection Ahead Angle at Low Rev Std Hi)
—低速喷油提前角标准低　real　PRE-VJLLSL(Injection Ahead Angle at Low Rev Std Low)
—中速喷油提前角标准高　real　PRE-VJLMSH(Injection Ahead Angle at Medium Rev Std Hi)
—中速喷油提前角标准低　real　PRE-VJLMSL(Injection Ahead Angle at Medium Rev Std Low)
—前照灯离地高度　real　PRE-VLAMPH(Lamp Position Height (mm))
—左灯近光垂直偏　real　PRE-VLDL-V(Left Dipped Beam Vertical Offset (cm/dam))
—右灯近光垂直偏　real　PRE-VLDR-V(Right Dipped Beam Vertical Offset (cm/dam))
—左主远光垂直偏　real　PRE-VLHL-V(Left Host Far Beam Vertical Offset (cm/dam))
—左主灯测量灯高　real　PRE-VLHLHI(Position Height of Left Host Light)
—右主远光垂直偏　real　PRE-VLHR-V(Right Host Far Beam Vertical Offset (cm/dam))
—右主灯测量灯高　real　PRE-VLHRHI(Position Height of Right Host Light)
—左内灯远光垂直偏　real　PRE-VLIL-V(Left Internal Far Beam Ver. Offset (cm/dam))
—左内灯测量灯高　real　PRE-VLILHI(Position Height of Left Inner Light)
—右内灯远光垂直偏　real　PRE-VLIR-V(Right Internal Far Beam Ver. Offset (cm/dam))
—右内灯测量灯高　real　PRE-VLIRHI(Position Height of Right Inner Light)
—配气测量转速　real　PRE-VMIXRS(Rev when Measure Gas Mix Phases)
—最大油压标准低限　real　PRE-VMOPSL(Max Fuel Pressure Std Low)
—发动机功率　real　PRE-VNGPOW(Engine's Maximum Power Output (kW))

—发动机功率 1　real　PRE-VNGPW1(The 1st Engine's Maximum Power Output (kW))
—发动机功率 2　real　PRE-VNGPW2(The 2nd Engine's Maximum Power Output (kW))
—发动机功率 3　real　PRE-VNGPW3(The 3rd Engine's Maximum Power Output (kW))
—额定发动机功率　real　PRE-VNGPWR(Engine's Rated Output Power (kW))
—实测距离　real　PRE-VODOMS(Measured Distance (m))
—表头读数　real　PRE-VODORD(Odometer Reading (m))
—开启油压标准低限　real　PRE-VOOPSL(Fuel Pressure When Open Std Low)
—总驻车力　real　PRE-VPARK(Total Park Brakeage)
—闭合角标准高限　real　PRE-VPCASH(Platinum relay Close Angle Std Hi)
—闭合角标准低限　real　PRE-VPCASL(Platinum relay Close Angle Std Low)
—充电电流标准高限　real　PRE-VRCCSH(Recharge Current Std Hi)
—标准缸压　real　PRE-VRCPRE(Referenced Cylinder Pressure)
—充电电压标准低限　real　PRE-VRCVSL(Recharge Voltage Std Low)
—排气门关闭角标准高限　real　PRE-VRVCSH(Release Valve Close Phase Std Hi)
—排气门关闭角标准低限　real　PRE-VRVCSL(Release Valve Close Phase Std Low)
—排气门开启角标准高限　real　PRE-VRVPSH(Release Valve Open Phase Std Hi)
—排气门开启角标准低限　real　PRE-VRVPSL(Release Valve Open Phase Std Low)
—滑行距离起始速度　real　PRE-VSLDST(Begin Speed For Measuring Slide Distance)
—实测滑行阻力　real　PRE-VSLIDR(Slide Resistance Test Value)
—排气光吸收度一(/m)　real　PRE-VSMKA1(Smoke Light Absorbency Sampling Value 1 (/m))
—排气光吸收度二(/m)　real　PRE-VSMKA2(Smoke Light Absorbency Sampling Value 2 (/m))
—排气光吸收度三(/m)　real　PRE-VSMKA3(Smoke Light Absorbency Sampling Value 3 (/m))
—排气光吸收度四(/m)　real　PRE-VSMKA4(Smoke Light Absorbency Sampling Value 4 (/m))
—烟度值一(Rb)　real　PRE-VSMOK1(Smoke Density Sampling Value 1 (Rb))
—烟度值二(Rb)　real　PRE-VSMOK2(Smoke Density Sampling Value 2 (Rb))
—烟度值三(Rb)　real　PRE-VSMOK3(Smoke Density Sampling Value 3 (Rb))
—实测车速　real　PRE-VSPDOR(Speed (km/h) When Speedo at 40km/h)
—测功车速　real　PRE-VSPDPW(Speed When Dynamo - power Reach Maximum Value)
—总重　real　PRE-VTWGHT(Total Weight)
—启动性与异响　varchar(100)　PRE-VXBOOT(Starter and Odd Noise)
—传动系悬挂车架　varchar(100)　PRE-VXCHAS(Transmission & Pendent & Chassis)
—连接检密封性　varchar(100)　PRE-VXCONN(Connecting part tightness)
—车身装饰　varchar(100)　PRE-VXDECO(Ornament)
—门窗　varchar(100)　PRE-VXDOOR(Door & Window)
—仪表与信号装置　varchar(100)　PRE-VXINST(Instruments)
—润滑　varchar(100)　PRE-VXLUBE(Lube System)
—转向与制动装置　varchar(100)　PRE-VXSTER(Steering & Brake)
—轮胎　varchar(100)　PRE-VXTYRE(Tyre)
—整车装备　varchar(100)　PRE-VXWHOL(Whole)

A.7　整车曲线信息表

整车曲线信息表 Vprocess(检测站→管理部门)应包括以下栏目：

—检测流水号　int　DETECT-ID (Test ID in Queue→DETECTS. DETECT-ID)
—加速时间速度曲线　image　VPR-VACCSP(Acceleration Speed Data(km/h))

—底盘测功功率曲线 image VPR-VDPDAT(Dynamo – power Data)
—底盘输出功率特性曲线 image VPR-VDPNAT(Dynamo – power Output Characteristics)
—底盘测功速度数据 image VPR-VDPSPD(Dynamo – power Measurement Speed Data)
—底盘测功最大扭力数据 image VPR-VDPTRQ(Dynamo – power Twisting Force Data (daN))
—油耗距离数据 image VPR-VFUELD(Fuel Consumption Measurement Distance Data)
—等速油耗曲线 image VPR-VFUELI(Fuel Increment Procedure Data(l))
—油耗速度曲线 image VPR-VFUELS(Speed Data for Fuel Procedure(km/h))
—油耗阻力曲线 image VPR-VFULFD(Resistance Data for Fuel Procedure(daN))
—怠速二氧化碳曲线 image VPR-VGCO2D(Idle Carbon Dioxide Concentration Data(%))
—怠速一氧化碳曲线 image VPR-VGCOD (Idle Carbon Monoxide Concentration Data(%))
—怠速碳氢化合物曲线 image VPR-VGHCD (Idle Hydrocarbon Concentration Data(ppm))
—怠速氮氧化合物曲线 image VPR-VGNOD (Idle Nitrous Monoxide Concentration Data(ppm))
—怠速氧气曲线 image VPR-VGO2D (Idle Oxygen Concentration Data(%))
—高怠速二氧化碳曲线 image VPR-VHCO2D(Fast Idle Carbon Dioxide Concentration Data(%))
—高怠速一氧化碳曲线 image VPR-VHCOD (Fast Idle Carbon Monoxide Concentration Data(%))
—高怠速碳氢化合物曲线 image VPR-VHHCD (Fast Idle Hydrocarbon Concentration Data(ppm))
—高怠速氮氧化合物曲线 image VPR-VHNOD (Fast Idle Nitrous Monoxide Concentration Data(ppm))
—高怠速氧气曲线 image VPR-VHO2D (Fast Idle Oxygen Concentration Data(%))
—喇叭声级曲线 image VPR-VHORND(Horn Sound Level Process Data)
—加速采样间隔 real VPR-VNTVAC(Advance Performance Sampling Interval(ms))
—油耗采样间隔 real VPR-VNTVFL(Fuel Consumption Sampling Interval)
—废气采样间隔 real VPR-VNTVGS(Gas Sampling Interval(ms))
—喇叭声级采样间隔 real VPR-VNTVHN(Horn Sound Level Sampling Interval(ms))
—悬架减振采样间隔 real VPR-VNTVPD(Pendent Oscillation Absorb Sampling Interval(ms))
—滑行采样间隔 real VPR-VNTVSD(Free Slide Sampling Interval(ms))
—侧滑采样间隔 real VPR-VNTVSS(Side Slip Sampling Interval(ms))
—充电电流数据 image VPR-VRCCNT(Recharge Current Data)
—充电转速数据 image VPR-VRCRSP(Rev Data of Recharge Measurement)
—充电电压数据 image VPR-VRCVLT(Recharge Voltage Data)
—滑行距离曲线 image VPR-VSLDDS(Free Slide Distance Data(m))
—滑行速度曲线 image VPR-VSLDSP(Free Slide Speed Data(km/h))

A.8 车轴数据信息表

车轴数据信息表 Vaxles(检测站→管理部门)应包括以下栏目:

—车轴代码 tinyint AXLE-ID (Auto Axle ID→AXLES. AXLE-ID)
—检测流水号 int DETECT-ID (Test ID in Queue – – > DETECTS. DETECT-ID)
—防抱死制动生效合格 bit VAX-FABS (ABS Work State OK Flag)
—制动失衡率合格 bit VAX-FBIMBL(Maximum Brakeage Imbalance OK Flag)
—左主销后倾角合格 bit VAX-FCASTL(Caster of Left Snib OK Flag)
—右主销后倾角合格 bit VAX-FCASTR(Caster of Left Snib OK Flag)
—左轮外倾合格 bit VAX-FCMBRL(Camber of Left Wheel OK Flag)
—右轮外倾合格 bit VAX-FCMBRR(Camber of Right Wheel OK Flag)
—左轮阻滞率合格 bit VAX-FDRAGL(Left Wheel Drag Ratio OK Flag)
—单轴最大阻滞率合格 bit VAX-FDRAGM(Axle Max Wheel Drag Ratio OK Flag)

—右轮阻滞率合格 bit VAX-FDRAGR(Right Wheel Drag Ratio OK Flag)
—左内轮失衡合格 bit VAX-FIMBIL(Dynamic Imbalance of Left Inside Wheel OK Flag)
—右内轮失衡合格 bit VAX-FIMBIR(Dynamic Imbalance of Right Inside Wheel OK Flag)
—左外轮失衡合格 bit VAX-FIMBOL(Dynamic Imbalance of Left Outside Wheel OK Flag)
—右外轮失衡合格 bit VAX-FIMBOR(Dynamic Imbalance of Right Outside Wheel OK Flag)
—左悬架振动吸收率合格 bit VAX-FPDARL(Oscillation Absorbe Ratio of Left Pendent OK — Flag)
—右悬架振动吸收率合格 bit VAX-FPDARR(Oscillation Absorbe Ratio of Right Pendent OK Flag)
—踏板力合格 bit VAX-FPEDAL(Brake Pedal Force Procedure Data OK Flag)
—左主销内倾角合格 bit VAX-RBBIL(Tracking Difference of Left Snib OK Flag)
—右主销内倾角合格 bit VAX-RBBIR(Tracking Difference of Left Snib OK Flag)
—左内轮摆动合格 bit VAX-FSWGIL(Dynamic Swing of Left Inside Wheel OK Flag)
—右内轮摆动合格 bit VAX-FSWGIR(Dynamic Swing of Right Inside Wheel OK Flag)
—左外轮摆动合格 bit VAX-FSWGOL(Dynamic Swing of Left Outside Wheel OK Flag)
—右外轮摆动合格 bit VAX-FSWGOR(Dynamic Swing of Right Outside Wheel OK Flag)
—左右轮同轴度合格 bit VAX-FTALLY(Left Right Wheel Tally OK Flag)
—车轮前束合格 bit VAX-FTOEIN(Toe of Wheels OK Flag)
—单轴协调时间合格 bit VAX-FXLAG (Axle Brake Lag OK Flag)
—防抱死制动生效 tinyint VAX-IABS (ABS Work State)
—制动失衡率 real VAX-IBIMBL(Maximum Brakeage Imbalance (%))
—左主销后倾角 real VAX-ICASTL(Caster of Left Snib)
—右主销后倾角 real VAX-ICASTR(Caster of Left Snib)
—左轮外倾 real VAX-ICMBRL(Camber of Left Wheel)
—右轮外倾 real VAX-ICMBRR(Camber of Right Wheel)
—左轮阻滞率 real VAX-IDRAGL(Left Wheel Drag Ratio (%))
—单轴最大阻滞率 real VAX-IDRAGM(Axle Max Wheel Drag Ratio (%))
—右轮阻滞率 real VAX-IDRAGR(Right Wheel Drag Ratio (%))
—左内轮失衡量 real VAX-IIMBIL(Dynamic Imbalance of Left Inside Wheel)
—右内轮失衡量 real VAX-IIMBIR(Dynamic Imbalance of Right Inside Wheel)
—左外轮失衡量 real VAX-IIMBOL(Dynamic Imbalance of Left Outside Wheel)
—右外轮失衡量 real VAX-IIMBOR(Dynamic Imbalance of Right Outside Wheel)
—左轮悬架吸收率 real VAX-IPDARL(Oscillation Absorbe Ratio of Left Pendent)
—右轮悬架吸收率 real VAX-IPDARR(Oscillation Absorbe Ratio of Right Pendent)
—左右轮吸收率差 real VAX-IPDTAD(Oscillation Absorbe Ratio Balance (%))
—悬架平均吸收率 real VAX-IPDTAR(Average Pendent Oscillation Absorbe Efficiency (%))
—踏板力 real VAX-IPEDAL(Brake Pedal Force Procedure Data (N))
—左轮侧滑 real VAX-ISLIPL(Side Slip of Left Wheels)
—右轮侧滑 real VAX-ISLIPR(Side Slip of Right Wheels)
—左主销内倾角 real VAX-ISNBIL(Tracking Difference of Left Snib)
—右主销内倾角 real VAX-ISNBIR(Tracking Difference of Left Snib)
—单轴侧滑 real VAX-ISSLIP(Side Slip of Wheels (mm/m))
—左内轮摆动量 real VAX-ISWGIL(Dynamic Swing of Left Inside Wheel)
—右内轮摆动量 real VAX-ISWGIR(Dynamic Swing of Right Inside Wheel)
—左外轮摆动量 real VAX-ISWGOL(Dynamic Swing of Left Outside Wheel)

—右外轮摆动量　real　VAX-ISWGOR(Dynamic Swing of Right Outside Wheel)
—左右轮同轴度　real　VAX-ITALLY(Left Right Wheel Tally)
—车轮前束　real　VAX-ITOEIN(Toe of Wheels)
—左内轮胎压　char(10)　VAX-ITYRIL(Air Pressure of Left Inside Tyre)
—右内轮胎压　char(10)　VAX-ITYRIR(Air Pressure of Right Inside Tyre)
—左外轮胎压　char(10)　VAX-ITYROL(Air Pressure of Left Outside Tyre)
—右外轮胎压　char(10)　VAX-ITYROR(Air Pressure of Right Outside Tyre)
—轴荷失衡率　real　VAX-IWIMBL(Weight Imbalance (%))
—单轴协调时间　real　VAX-IXLAG (Axle Brake Lag(s))
—左轮最大制动力　real　VAX-VBRAKL(Left Maximum Brakeage(daN))
—右轮最大制动力　real　VAX-VBRAKR(Right Maximum Brakeage(daN))
—左轮制动有效曲线　image　VAX-VDATAL(Active Left Brakeage Data (daN))
—右轮制动有效曲线　image　VAX-VDATAR(Active Right Brakeage Data (daN))
—左轮阻滞力　real　VAX-VDRAGL(Left Wheel Drag (daN))
—右轮阻滞力　real　VAX-VDRAGR(Right Wheel Drag (daN))
—左轮阻滞力曲线　image　VAX-VDRGDL(Left Wheel Drag Data (daN))
—右轮阻滞力曲线　image　VAX-VDRGDR(Right Wheel Drag Data (daN))
—左轮制动快踩曲线　image　VAX-VFASTL(Fast Left Wheel Brakeage Data (daN))
—快踩踏板力曲线　image　VAX-VFASTP(Fast Brake Pedal Force Procedure Data (N))
—右轮制动快踩曲线　image　VAX-VFASTR(Fast Right Wheel Brakeage Data (daN))
—左轮失衡力　real　VAX-VMIMBL(Left Brakeage When Difference Max(daN))
—右轮失衡力　real　VAX-VMIMBR(Right Brakeage When Difference Max(daN))
—左轮饱和力　real　VAX-VMSUML(Left Brakeage When Sum Max(daN))
—右轮饱和力　real　VAX-VMSUMR(Right Brakeage When Sum Max(daN))
—左轮驻车力　real　VAX-VPARKL(Maximum Parking Force of Left Wheel (daN))
—右轮驻车力　real　VAX-VPARKR(Maximum Parking Force of Right Wheel (daN))
—踏板力有效曲线　image　VAX-VPEDAL(Active Brake Pedal Force Procedure Data (N))
—左轮悬架特性曲线　image　VAX-VPLCUR(Left Wheel Curve of Pendent Absorb Characteristics)
—右轮悬架特性曲线　image　VAX-VPRCUR(Right Wheel Curve of Pendent Absorb Characteristics)
—侧滑曲线　image　VAX-VSLIPD(Side Slip Procedure Data)
—左轮制动慢踩曲线　image　VAX-VSLOWL(Slowly Left Brakeage Data (daN))
—慢踩踏板力曲线　image　VAX-VSLOWP(Slowly Brake Pedal Force Procedure Data (N))
—右轮制动慢踩曲线　image　VAX-VSLOWR(Slowly Right Brakeage Data (daN))
—左轮侧滑曲线　image　VAX-VSLPLD(Left Wheel Side Slip Procedure Data)
—右轮侧滑曲线　image　VAX-VSLPRD(Right Wheel Side Slip Procedure Data)
—最大轮制动力　real　VAX-VWBRAK(Max Wheel Brakeage)
—左轮荷重　real　VAX-VWGHTL(Left Wheel Weight (kg))
—右轮荷重　real　VAX-VWGHTR(Right Wheel Weight (kg))
—制动和力　real　VAX-VXBRAK(Axle's Brakeage (daN))
—轴制动因数　real　VAX-VXBRKF(Axle Brake Factor)
—最大制动力差　real　VAX-VXDIFF(Max Difference of Wheel Brakeages)
—轴重　real　VAX-VXWGHT(Axle Weight)

A.9　发动机气缸数据信息表

发动机气缸数据信息表 Vcylinds(检测站→管理部门))应包括以下栏目:

—气缸数据代码　int　CYLIND-ID (Cylinder Record's ID→CYLINDS. CYLIND-ID)
—检测流水号　int　DETECT-ID (Test ID in Queue→DETECTS. DETECT-ID)
—气缸压缩压力合格　bit　VCY-FCYLNP(Cylinder Compact Pressures OK Flag)
—进气阀关闭角合格　bit　VCY-FIVCLS(Intake Valve Close Phase OK Flag)
—点火高压输出电压合格　bit　VCY-FIVOLT(Ignition Output Voltage OK Flag)
—排气阀关闭角合格　bit　VCY-FRVCLS(Release Valve Close Phase OK Flag)
—进气歧管真空度合格　bit　VCY-FVACUM(Exhaust Manifold Vacuum OK Flag)
—气门异响合格　bit　VCY-FVVODD(Odd Noise by Valve Operation OK Flag)
—白金闭合角　real　VCY-ICCANG(Platinum Close Angle(%))
—气缸漏气量　real　VCY-ICLEAK(Gas Leakage (l/min))
—单缸转速降比　real　VCY-ICSDWN(Rev Slow Down Ratio after Cylinder off (%))
—气缸压缩压力　real　VCY-ICYLNP(Compact Pressures (kPa))
—次级火花持续时间　real　VCY-IDISTM(Ignition Discharge Time (ms))
—火花塞跳火电压　real　VCY-IDVOLT(Discharge Voltage of Ignition (kV))
—柴油喷油压力　char(10)　VCY-IINJCT(Injection Pressure (MPa))
—初级点火电压　real　VCY-IIPVLT(Ignition Primary Coil Voltage (V))
—进气阀关闭角　real　VCY-IIVCLS(Intake Valve Close Phase (Degree))
—点火高压输出电压　real　VCY-IIVOLT(Ignition Output Voltage (kV))
—进气阀开启角　real　VCY-IIVOPN(Intake Valve Open Phase (Degree))
—排气阀关闭角　real　VCY-IRVCLS(Release Valve Close Phase (Degree))
—排气阀开启角　real　VCY-IRVOPN(Release Valve Open Phase (Degree))
—进气歧管真空度　real　VCY-IVACUM(Exhaust Manifold Vacuum(kPa))
—气门异响　char(10)　VCY-IVVODD(Odd Noise by Valve Operation)
—速缸下降转速　real　VCY-VCRDWN(Absolutely Rev Slow Down after Cylinder off)
—气缸相对缸压　real　VCY-VCRPRE(Relative Cylinder Pressure vs. Standard One)
—速缸末速　real　VCY-VSCFSP(Final Rev at Rev - Cylinder Test)
—速缸初速　real　VCY-VSCISP(Initial Rev of Rev - Cylinder Test)

A.10 发动机工况废气数据信息表

发动机工况废气数据信息表 Vexhaust(检测站→管理部门)应包括以下栏目:

—检测流水号　int　DETECT-ID (Test ID in Queue→DETECTS. DETECT-ID)
—发动机工况代码　char(10)　NGSTATE-ID(Engine Work State ID→NGSTATES. NGSTATE-ID)
—大气压力　real　VEX-AIRPRS(Atmosphere Pressure)
—大气温度　real　VEX-AIRTMP(Atmosphere Temperature)
—一氧化碳合格　bit　VEX-FCO (Carbon Monoxide Concentration OK Flag)
—碳氢化合物合格　bit　VEX-FHC (Hydrocarbon Concentration OK Flag)
—相对湿度　real　VEX-HUMITY(Relative Humidity)
—点火提前角　real　VEX-IAHEAD(Ignition Ahead Angle)
—一氧化碳　real　VEX-ICO (Carbon Monoxide Concentration (%))
—二氧化碳　real　VEX-ICO2 (Carbon Dioxide Concentration (%))
—碳氢化合物　real　VEX-IHC (Hydrocarbon Concentration (ppm))
—空燃比率　real　VEX-ILAMDA(Ratio of Mix Ratio of Air over Fuel)
—氮氧化合物　real　VEX-INOX (Nitrous Monoxide(ppm))

—工况时间 real VEX-INTVAL(Work State Interval)
—氧气含量 real VEX-IO2 (Oxygen Concentration(%))
—加载功率 real VEX-LOADPW(Loading Power)
—转速 int VEX-REV (Engine Rev)
—二氧化碳曲线 image VEX-VCO2D (Carbon Dioxide Concentration Data(%))
—最低二氧化碳 real VEX-VCO2L (Minimum Carbon Dioxide Concentration (%))
—最高二氧化碳 real VEX-VCO2U (Maximum Carbon Dioxide Concentration (%))
—一氧化碳曲线 image VEX-VCOD (Carbon Monoxide Concentration Data(%))
—最低一氧化碳 real VEX-VCOL (Minimum Carbon Monoxide Concentration (%))
—一氧化碳校正前曲线 image VEX-VCORD (Carbon Monoxide Concentration Raw Data(%))
—最高一氧化碳 real VEX-VCOU (Maximum Carbon Monoxide Concentration (%))
—稀释校正系数曲线数据 image VEX-VDFD (Dilute Factor Data)
—碳氢化合物曲线 image VEX-VHCD (Hydrocarbon Concentration Data(ppm))
—最低碳氢化物 real VEX-VHCL (Minimum Hydrocarbon Concentration (ppm))
—碳氢化合物校正前曲线 image VEX-VHCRD (Hydrocarbon Concentration Raw Data(ppm))
—最高碳氢化物 real VEX-VHCU (Maximum Hydrocarbon Concentration (ppm))
—湿度校正系数曲线数据 image VEX-VKHMDT(Humidity Factor Data)
—空燃比曲线 image VEX-VLMBDD(Lambda Data)
—最低空燃比 real VEX-VLMDL (Minimum Lambda)
—最高空燃比 real VEX-VLMDU (Maximum Lambda)
—氮氧化合物曲线 image VEX-VNOXD (Nitrous Monoxide Concentration Data(ppm))
—最低氮氧化物 real VEX-VNOXL (Minimum Nitrous Monoxide(ppm))
—氮氧化合物校正前曲线 image VEX-VNOXRD(Nitrous Monoxide Concentration Raw Data(ppm))
—最高氮氧化物 real VEX-VNOXU (Maximum Nitrous Monoxide(ppm))
—废气采样间隔 real VEX-VNTGAS(Gas Sampling Interval(ms))
—氧气曲线 image VEX-VO2D (Oxygen Concentration Data(%))
—氧气最低浓度 real VEX-VO2L (Minimum Oxygen Concentration(%))
—氧气最高浓度 real VEX-VO2U (Maximum Oxygen Concentration(%))

A.11 各业务节点的实时工作状态表

各业务节点的实时工作状态表 Centers(检测站→管理部门)应包括以下栏目:
—业务节点代码 int CENTER-ID (Service Node ID)
—业务节点名称 char(14) CEN-NAME (Service Node Name)
—节点开机状态 smallint CEN-STATUS(Node Controller State)

A.12 各工位控制机的实时工作状态表

各工位控制机的实时工作状态表 Wplaces(检测站→管理部门)应包括以下栏目:
—检车单元代码 int WPLACE-ID (Working Place's ID)
—模拟量零点偏信息 smallint WPL-DIAGAD(Analogue Signal Zero Exceptions)
—数字输入异常信息 smallint WPL-DIAGGE(Digital Input Exceptions)
—键盘异常信息 smallint WPL-DIAGKB(Keyboard Exceptions)
—检车单元名称 varchar(20) WPL-NAME (Working Place's Name)
—通讯状态 bit WPL-STATEC(Communication Status)
—挂线状态 bit WPL-STATEL(Line Status)
—机器状态 smallint WPL-STATEM(Machine Status)

—检测状态 smallint WPL-STATER(Test Status)

A.13 受检车辆在检测流程中的实时分布状态表

受检车辆在检测流程中的实时分布状态表 Wqueue(检测站→管理部门)应包括以下栏目:

—检测流水号 int DETECT-ID (Test ID in Queue→DETECTS. DETECT-ID)

—中心代码 int CENTER-ID (Service Node ID→CENTERS. CENTER-ID)

—计算机名称 char(31) WQU-MACHIN(Computer Machine Name)

A.14 正在采用的检测标准信息表

正在采用的检测标准信息表 Stands(检测站→管理部门)应包括以下栏目:

—标准代码 smallint STANDARDID(Standard Record ID)

—M12540CO 标准 1 real STA-2COM1 (M1 2540 CO for RM at 0 - 1050)

—M12540CO 标准 2 real STA-2COM2 (M1 2540 CO for RM at 1050 - 1250)

—M12540CO 标准 3 real STA-2COM3 (M1 2540 CO for RM at 1250 - 1470)

—M12540CO 标准 4 real STA-2COM4 (M1 2540 CO for RM at 1470 - 1700)

—M12540CO 标准 5 real STA-2COM5 (M1 2540 CO for RM at 1700 - 1930)

—M12540CO 标准 6 real STA-2COM6 (M1 2540 CO for RM at 1930 - 2150)

—M12540CO 标准 7 real STA-2COM7 (M1 2540 CO for RM at 2150 - 2500)

—N12540CO 标准 1 real STA-2CON1 (N1 2540 CO for RM at 0 - 1050)

—N12540CO 标准 2 real STA-2CON2 (N1 2540 CO for RM at 1050 - 1250)

—N12540CO 标准 3 real STA-2CON3 (N1 2540 CO for RM at 1250 - 1470)

—N12540CO 标准 4 real STA-2CON4 (N1 2540 CO for RM at 1470 - 1700)

—N12540CO 标准 5 real STA-2CON5 (N1 2540 CO for RM at 1700 - 1930)

—N12540CO 标准 6 real STA-2CON6 (N1 2540 CO for RM at 1930 - 2150)

—N12540CO 标准 7 real STA-2CON7 (N1 2540 CO for RM at 2150 - 2500)

—N12540CO 标准 8 real STA-2CON8 (N1 2540 CO for RM at 2500 - 3500)

—M12540HC 标准 1 real STA-2HCM1 (M1 2540 HC for RM at 0 - 1050)

—M12540HC 标准 2 real STA-2HCM2 (M1 2540 HC for RM at 1050 - 1250)

—M12540HC 标准 3 real STA-2HCM3 (M1 2540 HC for RM at 1250 - 1470)

—M12540HC 标准 4 real STA-2HCM4 (M1 2540 HC for RM at 1470 - 1700)

—M12540HC 标准 5 real STA-2HCM5 (M1 2540 HC for RM at 1700 - 1930)

—M12540HC 标准 6 real STA-2HCM6 (M1 2540 HC for RM at 1930 - 2150)

—M12540HC 标准 7 real STA-2HCM7 (M1 2540 HC for RM at 2150 - 2500)

—N12540HC 标准 1 real STA-2HCN1 (N1 2540 HC for RM at 0 - 1050)

—N12540HC 标准 2 real STA-2HCN2 (N1 2540 HC for RM at 1050 - 1250)

—N12540HC 标准 3 real STA-2HCN3 (N1 2540 HC for RM at 1250 - 1470)

—N12540HC 标准 4 real STA-2HCN4 (N1 2540 HC for RM at 1470 - 1700)

—N12540HC 标准 5 real STA-2HCN5 (N1 2540 HC for RM at 1700 - 1930)

—N12540HC 标准 6 real STA-2HCN6 (N1 2540 HC for RM at 1930 - 2150)

—N12540HC 标准 7 real STA-2HCN7 (N1 2540 HC for RM at 2150 - 2500)

—N12540HC 标准 8 real STA-2HCN8 (N1 2540 HC for RM at 2500 - 3500)

—M12540NO 标准 1 real STA-2NOM1 (M1 2540 NO for RM at 0 - 1050)

—M12540NO 标准 2 real STA-2NOM2 (M1 2540 NO for RM at 1050 - 1250)

—M12540NO 标准 3 real STA-2NOM3 (M1 2540 NO for RM at 1250 - 1470)

—M12540NO 标准 4 real STA-2NOM4 (M1 2540 NO for RM at 1470 - 1700)

—M12540NO 标准 5　real　STA-2NOM5（M1 2540 NO for RM at 1700 – 1930）
—M12540NO 标准 6　real　STA-2NOM6（M1 2540 NO for RM at 1930 – 2150）
—M12540NO 标准 7　real　STA-2NOM7（M1 2540 NO for RM at 2150 – 2500）
—N12540NO 标准 1　real　STA-2NON1（N1 2540 NO for RM at 0 – 1050）
—N12540NO 标准 2　real　STA-2NON2（N1 2540 NO for RM at 1050 – 1250）
—N12540NO 标准 3　real　STA-2NON3（N1 2540 NO for RM at 1250 – 1470）
—N12540NO 标准 4　real　STA-2NON4（N1 2540 NO for RM at 1470 – 1700）
—N12540NO 标准 5　real　STA-2NON5（N1 2540 NO for RM at 1700 – 1930）
—N12540NO 标准 6　real　STA-2NON6（N1 2540 NO for RM at 1930 – 2150）
—N12540NO 标准 7　real　STA-2NON7（N1 2540 NO for RM at 2150 – 2500）
—N12540NO 标准 8　real　STA-2NON8（N1 2540 NO for RM at 2500 – 3500）
—M15025CO 标准 1　real　STA-5COM1（M1 5025 CO for RM at 0 – 1050）
—M15025CO 标准 2　real　STA-5COM2（M1 5025 CO for RM at 1050 – 1250）
—M15025CO 标准 3　real　STA-5COM3（M1 5025 CO for RM at 1250 – 1470）
—M15025CO 标准 4　real　STA-5COM4（M1 5025 CO for RM at 1470 – 1700）
—M15025CO 标准 5　real　STA-5COM5（M1 5025 CO for RM at 1700 – 1930）
—M15025CO 标准 6　real　STA-5COM6（M1 5025 CO for RM at 1930 – 2150）
—M15025CO 标准 7　real　STA-5COM7（M1 5025 CO for RM at 2150 – 2500）
—N15025CO 标准 1　real　STA-5CON1（N1 5025 CO for RM at 0 – 1050）
—N15025CO 标准 2　real　STA-5CON2（N1 5025 CO for RM at 1050 – 1250）
—N15025CO 标准 3　real　STA-5CON3（N1 5025 CO for RM at 1250 – 1470）
—N15025CO 标准 4　real　STA-5CON4（N1 5025 CO for RM at 1470 – 1700）
—N15025CO 标准 5　real　STA-5CON5（N1 5025 CO for RM at 1700 – 1930）
—N15025CO 标准 6　real　STA-5CON6（N1 5025 CO for RM at 1930 – 2150）
—N15025CO 标准 7　real　STA-5CON7（N1 5025 CO for RM at 2150 – 2500）
—N15025CO 标准 8　real　STA-5CON8（N1 5025 CO for RM at 2500 – 3500）
—M15025HC 标准 1　real　STA-5HCM1（M1 5025 HC for RM at 0 – 1050）
—M15025HC 标准 2　real　STA-5HCM2（M1 5025 HC for RM at 1050 – 1250）
—M15025HC 标准 3　real　STA-5HCM3（M1 5025 HC for RM at 1250 – 1470）
—M15025HC 标准 4　real　STA-5HCM4（M1 5025 HC for RM at 1470 – 1700）
—M15025HC 标准 5　real　STA-5HCM5（M1 5025 HC for RM at 1700 – 1930）
—M15025HC 标准 6　real　STA-5HCM6（M1 5025 HC for RM at 1930 – 2150）
—M15025HC 标准 7　real　STA-5HCM7（M1 5025 HC for RM at 2150 – 2500）
—N15025HC 标准 1　real　STA-5HCN1（N1 5025 HC for RM at 0 – 1050）
—N15025HC 标准 2　real　STA-5HCN2（N1 5025 HC for RM at 1050 – 1250）
—N15025HC 标准 3　real　STA-5HCN3（N1 5025 HC for RM at 1250 – 1470）
—N15025HC 标准 4　real　STA-5HCN4（N1 5025 HC for RM at 1470 – 1700）
—N15025HC 标准 5　real　STA-5HCN5（N1 5025 HC for RM at 1700 – 1930）
—N15025HC 标准 6　real　STA-5HCN6（N1 5025 HC for RM at 1930 – 2150）
—N15025HC 标准 7　real　STA-5HCN7（N1 5025 HC for RM at 2150 – 2500）
—N15025HC 标准 8　real　STA-5HCN8（N1 5025 HC for RM at 2500 – 3500）
—M15025NO 标准 1　real　STA-5NOM1（M1 5025 NO for RM at 0 – 1050）
—M15025NO 标准 2　real　STA-5NOM2（M1 5025 NO for RM at 1050 – 1250）

—M15025NO 标准 3　real　STA-5NOM3（M1 5025 NO for RM at 1250 – 1470）
—M15025NO 标准 4　real　STA-5NOM4（M1 5025 NO for RM at 1470 – 1700）
—M15025NO 标准 5　real　STA-5NOM5（M1 5025 NO for RM at 1700 – 1930）
—M15025NO 标准 6　real　STA-5NOM6（M1 5025 NO for RM at 1930 – 2150）
—M15025NO 标准 7　real　STA-5NOM7（M1 5025 NO for RM at 2150 – 2500）
—N15025NO 标准 1　real　STA-5NON1（N1 5025 NO for RM at 0 – 1050）
—N15025NO 标准 2　real　STA-5NON2（N1 5025 NO for RM at 1050 – 1250）
—N15025NO 标准 3　real　STA-5NON3（N1 5025 NO for RM at 1250 – 1470）
—N15025NO 标准 4　real　STA-5NON4（N1 5025 NO for RM at 1470 – 1700）
—N15025NO 标准 5　real　STA-5NON5（N1 5025 NO for RM at 1700 – 1930）
—N15025NO 标准 6　real　STA-5NON6（N1 5025 NO for RM at 1930 – 2150）
—N15025NO 标准 7　real　STA-5NON7（N1 5025 NO for RM at 2150 – 2500）
—N15025NO 标准 8　real　STA-5NON8（N1 5025 NO for RM at 2500 – 3500）
—汽油车提前角公差　real　STA-AATOL0(Ahead Angle Tolerance for Gasoline)
—柴油车提前角公差　real　STA-AATOL1(Ahead Angle Tolerance for Derv)
—一级车最高车龄　real　STA-AGE1（Max Age for the 1st Class Auto）
—二级车最高车龄　real　STA-AGE2（Max Age for the 2nd Class Auto）
—车身对称差　real　STA-ASMBDY(Body Symmetric Tolerance)
—轴距对称差　real　STA-ASMXBS(Axle Base Symmetric Tolerance)
—阻 滞 力　real　STA-BDRAG（Drag）
—平衡计算分野　real　STA-BFLUVE(Interfluve for Rear Imbalance Calc.)
—前轴平衡差　real　STA-BFMUS（Imbalance of Front Axle Brake）
—前轴力和　real　STA-BFSUM（Sum of Front Axle Brake）
—踏板力 0　real　STA-BPDLF0(Drive Brake Pedal Force for Light Car)
—踏板力 1　real　STA-BPDLF1(Drive Brake Pedal Force for Heavy Car)
—踏板力 2　real　STA-BPDLF2(Brake Pedal Force for BJ2020 Series)
—踏板行程 0　real　STA-BPDLT0(Brake Pedal Throw of Small Passenger)
—踏板行程 1　real　STA-BPDLT1(Brake Pedal Throw of Else Automotive)
—后轴力差　real　STA-BRDIFF(Difference of Back Axle Brake)
—后轴平衡差　real　STA-BRMUS（Imbalance of Back Axle Brake）
—整车力和　real　STA-BSUM（Sum of All Brake Force）
—协调时间 0　real　STA-BTIME0(Harmonization Time for Single Car（s))
—协调时间 1　real　STA-BTIME1(Harmonization Time for Serial Car（s))
—离合握力　real　STA-CLVRF（Clutch Squeeze Force）
—离合踏力 0　real　STA-CPDLF0(Clutch Pedal Force for Normal Automotive)
—离合踏力 1　real　STA-CPDLF1(Clutch Pedal Force for Tractor)
—速缸不匀度　real　STA-CSDIFF(Rev – down Difference among cylinders)
—底盘功率 1 级　real　STA-CSPOW1(Criterion of the 1st Class Dynamo – power)
—底盘功率 2 级　real　STA-CSPOW2(Criterion of the 2nd Class Dynamo – power)
—四缸真空波动量　real　STA-CVCMD4(Max Delta for 4 – cylinders Vacuum)
—六缸真空波动量　real　STA-CVCMD6(Max Delta for 6 – cylinders Vacuum)
—怠速真空度高限　real　STA-CVCMIH(Upper Limit for Manifold Vacuum(kPa))
—怠速真空度低限　real　STA-CVCMIL(Lower Limit for Manifold Vacuum(kPa))

—缸压因数低限　real　STA-CYLPRL(Cylinder Pressure Ratio)
—汽油车缸压差　real　STA-CYPD0 (Cylinder Pressure Difference for Gas)
—柴油车缸压差　real　STA-CYPD1 (Cylinder Pressure Difference for Derv)
—分电器重叠角高限　real　STA-DSTOVL(Distributor Overlay Angle)
—发动机功率 1 级　real　STA-ENGN1 (the 1st Class Engine Power)
—发动机功率 2 级　real　STA-ENGN2 (the 2nd Class Engine Power)
—油耗 1 级　real　STA-FUELC1(the 1st Class Fuel Consumption)
—油耗 2 级　real　STA-FUELC2(the 2nd Class Fuel Consumption)
——氧化碳 0　real　STA-GCO0 (Carbon Monoxide for Heavy Prototype)
——氧化碳 1　real　STA-GCO1 (Carbon Monoxide for Light Prototype)
——氧化碳 2　real　STA-GCO2 (Carbon Monoxide for Heavy New Car)
—二氧化碳 0　real　STA-GCO20 (Carbon Monoxide for Heavy Prototype)
—二氧化碳 1　real　STA-GCO21 (Carbon Monoxide for Light Prototype)
—二氧化碳 2　real　STA-GCO22 (Carbon Monoxide for Heavy New Car)
—二氧化碳 3　real　STA-GCO23 (Carbon Monoxide for Light New Car)
—二氧化碳 4　real　STA-GCO24 (Carbon Monoxide for Heavy New - made Car)
—二氧化碳 5　real　STA-GCO25 (Carbon Monoxide for Light New - made Car)
—二氧化碳 6　real　STA-GCO26 (Carbon Monoxide for Heavy early - made Car)
—二氧化碳 7　real　STA-GCO27 (Carbon Monoxide for Light early - made Car)
——氧化碳 3　real　STA-GCO3 (Carbon Monoxide for Light New Car)
——氧化碳 4　real　STA-GCO4 (Carbon Monoxide for Heavy New - made Car)
——氧化碳 5　real　STA-GCO5 (Carbon Monoxide for Light New - made Car)
——氧化碳 6　real　STA-GCO6 (Carbon Monoxide for Heavy early - made Car)
——氧化碳 7　real　STA-GCO7 (Carbon Monoxide for Light early - made Car)
—黑烟浓度 0　real　STA-GDS0 (Smoke Degree for Prototype Car)
—黑烟浓度 1　real　STA-GDS1 (Smoke Degree for New Car)
—黑烟浓度 2　real　STA-GDS2 (Smoke Degree for New - Made Plied Car)
—黑烟浓度 3　real　STA-GDS3 (Smoke Degree for Early - Made Plied Car)
—碳氢化物 0　real　STA-GHC00 (Hydrocarbon for Heavy 4 - Strokes Prototype Car)
—碳氢化物 1　real　STA-GHC01 (Hydrocarbon for Heavy 2 - Strokes Prototype Car)
—碳氢化物 2　real　STA-GHC02 (Hydrocarbon for Light 4 - Strokes Prototype Car)
—碳氢化物 3　real　STA-GHC03 (Hydrocarbon for Light 2 - Strokes Prototype Car)
—碳氢化物 4　real　STA-GHC04 (Hydrocarbon for Heavy 4 - Strokes New Car)
—碳氢化物 5　real　STA-GHC05 (Hydrocarbon for Heavy 2 - Strokes New Car)
—碳氢化物 6　real　STA-GHC06 (Hydrocarbon for Light 4 - Strokes New Car)
—碳氢化物 7　real　STA-GHC07 (Hydrocarbon for Light 2 - Strokes New Car)
—碳氢化物 8　real　STA-GHC08 (Hydrocarbon for Heavy 4 - Strokes New - made Car)
—碳氢化物 9　real　STA-GHC09 (Hydrocarbon for Heavy 2 - Strokes New - made Car)
—碳氢化物 10　real　STA-GHC10 (Hydrocarbon for Light 4 - Strokes New - made Car)
—碳氢化物 11　real　STA-GHC11 (Hydrocarbon for Light 2 - Strokes New - made Car)
—碳氢化物 12　real　STA-GHC12 (Hydrocarbon for Heavy 4 - Strokes Old - made Car)
—碳氢化物 13　real　STA-GHC13 (Hydrocarbon for Heavy 2 - Strokes Old - made Car)
—碳氢化物 14　real　STA-GHC14 (Hydrocarbon for Light 4 - Strokes Old - made Car)

—碳氢化物 15 real STA-GHC15 (Hydrocarbon for Light 2 – Strokes Old – made Car)
—空燃比 0 real STA-GLMBD0(Carbon Monoxide for Heavy Prototype Car)
—空燃比 1 real STA-GLMBD1(Carbon Monoxide for Light Prototype Car)
—空燃比 2 real STA-GLMBD2(Carbon Monoxide for Heavy New Car)
—空燃比 3 real STA-GLMBD3(Carbon Monoxide for Light New Car)
—空燃比 4 real STA-GLMBD4(Carbon Monoxide for Heavy New – made Car)
—空燃比 5 real STA-GLMBD5(Carbon Monoxide for Light New – made Car)
—空燃比 6 real STA-GLMBD6(Carbon Monoxide for Heavy Old – made Car)
—空燃比 7 real STA-GLMBD7(Carbon Monoxide for Light Old – made Car)
—氮氧化物 0 real STA-GNO0 (Carbon Monoxide for Heavy Prototype Car)
—氮氧化物 1 real STA-GNO1 (Carbon Monoxide for Light Prototype Car)
—氮氧化物 2 real STA-GNO2 (Carbon Monoxide for Heavy New Car)
—氮氧化物 3 real STA-GNO3 (Carbon Monoxide for Light New Car)
—氮氧化物 4 real STA-GNO4 (Carbon Monoxide for Heavy New – made Car)
—氮氧化物 5 real STA-GNO5 (Carbon Monoxide for Light New – made Car)
—氮氧化物 6 real STA-GNO6 (Carbon Monoxide for Heavy Old – made Car)
—氮氧化物 7 real STA-GNO7 (Carbon Monoxide for Light Old – made Car)
—氧气含量 0 real STA-GO20 (Carbon Monoxide for Heavy Prototype Car)
—氧气含量 1 real STA-GO21 (Carbon Monoxide for Light Prototype Car)
—氧气含量 2 real STA-GO22 (Carbon Monoxide for Heavy New Car)
—氧气含量 3 real STA-GO23 (Carbon Monoxide for Light New Car)
—氧气含量 4 real STA-GO24 (Carbon Monoxide for Heavy New – made Car)
—氧气含量 5 real STA-GO25 (Carbon Monoxide for Light New – made Car)
—氧气含量 6 real STA-GO26 (Carbon Monoxide for Heavy Old – made Car)
—氧气含量 7 real STA-GO27 (Carbon Monoxide for Light Old – made Car)
—M1 高怠速 CO 标准 real STA-HCOM1 (M1 Fast Idle CO Standard)
—N1 高怠速 CO 标准 real STA-HCON1 (N1 Fast Idle CO Standard)
—货箱高度差 real STA-HDBOX (Height Difference between Left and Right Box)
—前部高度差 real STA-HDFRNT(Height Differ. between Left and Right Front)
—M1 高怠速 HC 标准 real STA-HHCM1 (M1 Fast Idle HC Standard)
—N1 高怠速 HC 标准 real STA-HHCN1 (N1 Fast Idle HC Standard)
—声级上限 real STA-HSNDHI(Upper Boundary of Sound Level)
—声级下限 real STA-HSNDLO(Lower Boundary of Sound Level)
—点火高压高限 real STA-IGNHVH(Upper Boundary of Ignition High Voltage(kV))
—点火高压低限 real STA-IGNHVL(Upper Boundary of Ignition High Voltage(kV))
—客车漆面光洁度 real STA-LACQR0(Lacquer Finish of Car)
—货车驾驶室漆面光洁度 real STA-LACQR1(Lacquer Finish of Drive Cabinet of Truck)
—左灯远光水平偏左 0 real STA-LFLHB0(Max Left Offset of Left Far Beam for Industry)
—左灯远光水平偏左 1 real STA-LFLHB1(Max Left Offset of Left Far Beam for Farmer)
—左灯远光水平偏右 0 real STA-LFLHU0(Max Right Offset of Left Far Beam for Industry)
—左灯远光水平偏右 1 real STA-LFLHU1(Max Right Offset of Left Far Beam for Farmer)
—右灯远光水平偏 0 real STA-LFRH0 (Max Horiz. Offset of Right Far for Industry)
—右灯远光水平偏 1 real STA-LFRH1 (Max Horiz. Offset of Right Far for Farmer)

—远光垂直偏下限 0　real　STA-LFVB0 (Min Vertical Offset of Far Beam for Industry)
—远光垂直偏下限 1　real　STA-LFVB1 (Min Vertical Offset of Far Beam for Farmer)
—远光垂直偏上限 0　real　STA-LFVU0 (Max Vertical Offset of Far Beam for Industry)
—远光垂直偏上限 1　real　STA-LFVU1 (Max Vertical Offset of Far Beam for Farmer)
—新车二冲程亮度 0　real　STA-LI2N0 (2 – Lamps Illumination for New Industry Car)
—新车二冲程亮度 1　real　STA-LI2N1 (2 – Lamps Illumination for New Farmer Car)
—在用车二冲程亮度 0　real　STA-LI2U0 (2 – Lamps Illumination for Plied Industry Car)
—在用车二冲程亮度 1　real　STA-LI2U1 (2 – Lamps Illumination for Plied Farmer Car)
—新车四冲程亮度 0　real　STA-LI4N0 (4 – Lamps Illumination for New Industry Car)
—新车四冲程亮度 1　real　STA-LI4N1 (4 – Lamps Illumination for New Farmer Car)
—在用车四冲程亮度 0　real　STA-LI4U0 (4 – Lamps Illumination for Plied Industry Car)
—在用车四冲程亮度 1　real　STA-LI4U1 (4 – Lamps Illumination for New Farmer Car)
—近光水平偏上限 0　real　STA-LNH0 (Max Horiz. Offset of Near Beam for Industry)
—近光水平偏上限 1　real　STA-LNH1 (Max Horiz. Offset of Near Beam for Farmer)
—近光垂直偏下限 0　real　STA-LNVB0 (Min Vertical Offset of Near Beam for Industry)
—近光垂直偏下限 1　real　STA-LNVB1 (Min Vertical Offset of Near Beam for Farmer)
—近光垂直偏上限 0　real　STA-LNVU0 (Max Vertical Offset of Near Beam for Industry)
—近光垂直偏上限 1　real　STA-LNVU1 (Max Vertical Offset of Near Beam for Farmer)
—折算里程　real　STA-MILECA(Calibrate Mileage)
—检测里程　real　STA-MILEDE(Taximeter Detect Distance)
—里程上限　real　STA-MILEHI(kms Upper Boundary of Taximeter Calibration)
—里程下限　real　STA-MILELO(kms Lower Boundary of Taximeter Calibration)
—驻车拉力 0　real　STA-PLVRF0(Park Lever Force of Small Passenger)
—驻车拉力 1　real　STA-PLVRF1(Park Lever Force of Else Automotive)
—汽功率比　real　STA-POWRTI(Minimum Power/Mass of Industry Automotive)
—驻车踩力 0　real　STA-PPDLF0(Park Pedal Force of Small Passenger)
—驻车踩力 1　real　STA-PPDLF1(Park Pedal Force of Else Automotive)
—驻车力 0　real　STA-PSUM0 (Lower Boundary of Park Force for Big Load)
—驻车力 1　real　STA-PSUM1 (Lower Boundary of Park Force for Small Load)
—滑行阻力　real　STA-SLDRST(Max Slide Resistance Ratio)
—无增压消光度　real　STA-SMKLA0(Smoke Light Absorbency without Turbine)
—增压器消光度　real　STA-SMKLA1(Smoke Light Absorbency with Turbine)
—车速表上限　real　STA-SPDOHI(Upper Speed Boundary of Speedo 40km/h Calibration)
—车速表下限　real　STA-SPDOLO(Lower Speed Boundary of Speedo 40km/h Calibration)
—大修侧滑上限　real　STA-SSLIP1(Upper Boundary of Side Slip After Big Maintenance)
—侧滑上限　real　STA-SSLIPF(Upper Boundary of Side Slip)
—转 向 力　real　STA-STRFRC(Steering Wheel Operation Force)
—高速车转向盘自由转量　real　STA-STRTH0(Steering Wheel Free Angle for Hi Speed Automotive)
—低速车转向盘自由转量　real　STA-STRTH1(Steering Wheel Free Angle for Low Speed Automotive)
—起动压降高限　real　STA-STTVD (Starting Battery Voltage Descent(V))
—大车摆动　real　STA-SWINGL(Swing of Large Automotive)
—小车摆动　real　STA-SWINGS(Swing of Small Automotive)
—三轮轴荷比　real　STA-SWRT3W(Min. Dif – mass/Axle – mass of 3 Wheel Motor Car)

—其他轴荷比 real STA-SWRTEL(Min. Dif - mass/Axle - mass of Else Automotive)
—小客轴荷比 real STA-SWRTSP(Min. Dif - mass/Alxe - mass of Small Passenger)
—转弯直径 real STA-TDIAMT(Turning Diameter)
—车轮动平衡标准 real STA-WDYNA (Wheel Dynamic Balance(g))
—小车车轮摆动 real STA-WSWNG0(Wheel Swing for Small Automotive(mm))
—大车车轮摆动 real STA-WSWNG1(Wheel Swing for Big Automotive(mm))
—左右轴距差 real STA-XBASED(Axle Base Difference)
—底盘外检不合格权重 real STA-XCHSS (Failed Weight for Visual Check Under Chassis)
—外观检查不合格权重 real STA-XFIELD(Failed Weight for Visual Check Above Chassis)
—外检子系统不合格权重 real STA-XSUBS (Failed Weight for Visual Check Subsystem)
—总外检不合格权重 real STA-XVISUA(Failed Weight for Visual Check)

A.15 正在采用的收费标准信息表

正在采用的收费标准信息表 Uprice(检测站→管理部门)应包括以下栏目:

—单价代码 int UPRICE-ID (Unit Price Item ID)
—单价 money UPR-AMOUNT(Unit Price)
—收费大项 varchar(20) UPR-CLASS (Charge Class)
—项目内容 char(40) UPR-NAME (Detail Name)
—备注 varchar(40) UPR-REMARK(Remark)
—项目属性 tinyint UPR-TYPE (Detail Property)
—计量单位 char(10) UPR-UNIT (Unit)

A.16 检测站员工清单 表 Employee

检测站员工清单 表 Employee(检测站→管理部门)应包括以下栏目:

—职员代码 char(10) EMPLOYEEID(Employee ID)
—出生日期 datetime EMP-DBIRTH(Date of Birth)
—学位 char(10) EMP-DEGREE(Degree)
—学历 varchar(20) EMP-EDU (Education Level)
—姓名 varchar(20) EMP-NAME (Name)
—籍贯 varchar(40) EMP-NATIVE(Native Place)
—照片 image EMP-PICTUR(Picture)
—职务 varchar(20) EMP-POSITN(Titles of Position)
—技术职称 char(12) EMP-RANK (Technic Rank)
—最后毕业学校 varchar(40) EMP-SCHOOL(Last Graduated School)
—性别 char(2) EMP-SEX (Sex)

A.17 检测设备清单 Facility

检测设备清单 Facility(检测站管→理部门)应包括以下栏目:

—检测设备资产代码 varchar(20) FACILITYID(Gauge Assess ID)
—安装日期 datetime FAC-DATEI (Installation Date)
—制造日期 datetime FAC-DATEM (Manufacture Date)
—购买日期 datetime FAC-DATEP (Purchasement Date)
—产品型号代码 char(20) FAC-MODEL (Model's Code)
—仪器名称 char(50) FAC-NAME (Gauge's Name)
—维护人员 char(10) FAC-PSERVI(Service Staff Names)
—制造序号 varchar(20) FAC-SN (Manufacture Serial Number)

—台子规格	real	FAC-SPECIF(Specification)
—生产厂家	char(50)	FAC-VENDOR(Vendor Name)

A.18 检定记录 Calibrat

检定记录 Calibrat(检测站→管理部门)应包括以下栏目:

—检定记录号	int	CALIBRATID(Calibration Record No)
—检测设备资产代码	varchar(20)	FACILITYID(Gauge Assess ID→FACILITY.FACILITYID)
—检定单位	varchar(40)	CAL-AUTHOR(Calibration Authority)
—检定日期	datetime	CAL-DATEC (Calibration Date)
—发证日期	datetime	CAL-DATEV (Certify Date)
—检定执行人	varchar(20)	CAL-PCHECK(Person to Calibrating)
—鉴定核准人	varchar(20)	CAL-PVERIF(Person to Verify)
—检定合格证编号	varchar(30)	CAL-SNCERT(SN of Certificate)

附 录 B
(规范性附录)
数据进口接口格式

B.1 维修业户表

维修业户表 Menders(管理部门→检测站)应包括以下栏目:

—业户代码	char(10)	MENDER-ID (Maintenance Business Proprietor ID)
—业户名称	varchar(50)	MEN-NAME (Maintenance Business Proprietor Name)
—业户地址	varchar(50)	MEN-ADDRESS(Address)
—经营许可证号	varchar(20)	MEN-LICENC (Licence ID)
—企业级别	char(4)	MEN-CLASS (Class)
—企业类别	char(4)	MEN-TYPE (Type)

B.2 车辆状态表

车辆状态表 Vehicles(管理部门→检测站)应包括以下栏目:

—车辆(挂车)牌照号	char(12)	PLATE-ID (Plate Number)
—车牌颜色	varchar(4)	PLATE-COLOR(Number Plate Color)
—厂牌型号	char(16)	MODEL-NAME (Brand and Model Name)
—发动机号	varchar(12)	ENGINE-NO (Engine Serial Number)
—车架号	varchar(12)	CHASSIS-NO (Chassis Serial Number)
—车辆类别	varchar(16)	VCLASS-ID (Vehicle's Class ID)
—出厂日期	datetime	VEH-DATEM (Date for Leaving Factory)
—营运日期	datetime	VEH-DATEB (Date for Business)
—车身颜色	varchar(6)	VEH-COLOR (Vehicle Body Color)
—燃料类型	varchar(6)	VEH-FUEL (Vehicle Fuel Type)
—车辆(挂车)吨位	numeric(4,2)	VEH-MASSTT (Total Mass of Vehicle)
—客车座位	smallint	VEH-SEATS (Seats for Passengers)
—客车铺位	smallint	VEH-BEDS (Beds for Passengers)
—客车级型	char(12)	VEH-PRANKT (Rank and Type of Passengers)
—额定功率	numeric(4,1)	VEH-EPOWER (Rated Engine Power)
—行驶里程	numeric(8,2)	VEH-ODO (Odometer Reading)
—车辆照片	image	VEH-PICTURE(Picture of the Vehicle)
—道路运输证号	varchar(10)	VLICENSEID (Vehicle Transport License ID)
—营运状态	varchar(2)	VEH-BUSINESS(Vehicle Business State)
—车主代码	char(10)	OWNER-ID (Owner ID)
—车主名称	varchar(50)	VEH-ONAME (Owner Name)
—经营许可证号	char(20)	OLICENSEID (Owner Transport Business License ID)
—车辆识别号	char(17)	VIN (Vehicle Identification Number)
—座位排列型式	char(8)	VEH-PATTNS (Arrange Pattern of Seats)
—铺位排列型式	char(8)	VEH-PATTNB (Arrange Pattern of Beds)

B.3 车辆异动表

车辆异动表 Vicissitude(管理部门→检测站)应包括以下栏目:

—车辆(挂车)牌照号	char(12)	PLATE-ID (Plate Number)

—车牌颜色 varchar(4) PLATE-COLOR(Number Plate Color)
—异动类别 varchar(10) VIC-TYPE (Variation Type)
—异动情况 varchar(50) VIC-TEXT (Variation Content Text)
—异动时间 datetime VIC-DATE (Variation Date)
—异动记录 int VIC-TIMES (Variation Times)

B.4 检测维修信息表

检测维修备案信息表 Reference(管理部门→检测站)应包括以下栏目:

—车辆(挂车)牌照号 char(12) PLATE-ID (Plate Number)
—车牌颜色 varchar(4) PLATE-COLOR(Number Plate Color)
—车辆技术等级 varchar(6) REF-TARANK (Technique Assess Rank)
—技术等级评定日期 datetime REF-TADATE (Technique Assess Date)
—本次二级维护时间 datetime REF-M2DATE (Date of Last Maintenance Class 2)
—下次二级维护时间 datetime REF-M2NDATE(Date for Next Maintenance Class 2)
—车辆二级维护备案记录int REF-M2TIMES(Times of Maintenace Class 2)
—客车级型 char(12) REF-PRANKT (Passager Carrier Rank and Type)
—客车级型评定日期 datetime REF-PRDATE (Passager Carrier Rank and Type Assess Date)

B.5 营运状态信息表

营运状态信息表 Business(管理部门→检测站)应包括以下栏目:

—车辆(挂车)牌照号 char(12) PLATE-ID (Plate Number)
—车牌颜色 varchar(4) PLATE-COLOR(Number Plate Color)
—营运状态 varchar(4) BUS-SHUTOUT(Flag for Shutout)

参考文献

GB 50057　建筑物防雷设计规范

GB 5080－1997　设备可靠性实验

GB/T 13423　工业控制用软件评定准则

GB/T 13983　仪器仪表基本术语

GB/T 15312　制造业自动化术语

JT/T 415　道路运政管理信息系统 编目编码规则

ICS 75.020
R04
备案号

中华人民共和国交通行业标准

JT/T 494—2003

汽油机进气阀沉积物模拟试验方法

Simulating test method for intake valve deposit of gasoline engine

2003-08-27 发布　　2003-12-01 实施

中华人民共和国交通部　发布

ICS 75.020
R04
备案号

中华人民共和国交通行业标准

JT/T 494—2003

汽油机进气阀沉积物模拟试验方法

Simulating test method for intake valve deposit of gasoline engine

2003-08-27发布　　2003-12-01实施

中华人民共和国交通部　发布

汽油机进气阀沉积物模拟试验方法

1 范围

本标准规定了汽油机进气阀沉积物的模拟试验方法和设备。

本标准适用于汽油清净剂的清净性检验,也可用于车用无铅汽油清净性的检验。

2 规范性引用文件

下列文件中的条款通过本标准的引用而成为本标准的条款。凡是注日期的引用文件,其随后所有的修改单(不包括勘误的内容)或修订版均不适用于本标准。然而,鼓励根据本标准达成协议的各方研究是否可使用这些文件的最新版本。凡是不注日期的引用文件,其最新版本适用于本标准。

GB17930 车用无铅汽油

3 方法概要

在规定的试验条件下,将定量的基础汽油或试验汽油经过喷嘴与空气混合并喷射到一个已经称重并加热到试验温度条件下的沉积物收集器上,模拟汽油机进气阀沉积物生成。然后将生成的沉积物称量、并照相。

4 试验环境条件

4.1 试验室温度:16℃~25℃。

4.2 强制通风。

5 仪器设备和试剂

5.1 仪器设备

仪器设备包括以下:

a)L—2 型汽油机进气阀沉积物模拟试验机(汽油清净性检测仪);

b)空气压缩机:气体流量大于 30L/min;

c)天平:精确到 0.1mg;

d)干燥器:含干燥剂;

e)烘箱:温度控制在 100℃±2℃;

f)微量进样器:1mL;

g)容量瓶:特制 300mL 容量瓶;

h)测温表:精确到 0.1℃;

i)数码相机:对沉积物收集器进行照相留影。

5.2 试验试剂

试验试剂包括以下:

a)正庚烷:分析纯;

b)石油醚:分析纯;

c)甲　苯:分析纯;

d)无水乙醇:分析纯;

e)洗液:发动机活塞专用洗液;

f)水砂纸:NO.400;

g)去污粉;

h)助剂:专用助剂;

i)基础汽油:符合 GB17930 的车用无铅汽油(不加汽油清净剂)并加入一定量的专用助剂组成。

6 准备工作

6.1 沉积物收集器的准备

6.1.1 先用洗液浸泡 60min,再用 NO.400 水砂纸沿着收集器长度方向打磨,直到表面光亮无污,然后用去污粉擦洗残留的洗液,再用流动的自来水清洗沉积物收集器,在无水乙醇中浸泡片刻,用镊子夹出放到 100℃的烘箱中不少于 15min。

6.1.2 将沉积物收集器由烘箱中取出,置于干燥器中冷却至室温。

6.1.3 冷却后用测温表测量并记录收集器温度。称准后并记录下沉积物收集器的质量。沉积物连续两次称量时的温度变化不应大于 0.2℃,称量的误差小于 0.2mg,即可将沉积物收集器放入干燥器中备用。

6.2 仪器设备的准备

6.2.1 拧开汽油盛样瓶,将大约 20mL 甲苯倒入盛样瓶中,然后拧紧瓶盖,将盛样瓶呈水平状双手横握两端,上下晃动,充分清洗瓶的内壁,放回盘内。再在喷嘴前放置溶剂回收盒。

6.2.2 打开设备面板上的空气截止阀和燃料截止阀,开大燃料流量计调节阀,盛样瓶中的溶剂经喷嘴喷向溶剂回收盒,清洗燃料供给系统,喷完为止。

6.2.3 关闭空气截止阀和燃料截止阀。

6.2.4 用 20mL 正庚烷重复 6.2.1~6.2.3。

6.2.5 用 20mL 待检油样重复 6.2.1~6.2.3。

6.2.6 持续吹气 5min,关闭空气截止阀和燃料截止阀,并关闭汽油流量计调节阀。

6.3 油样的准备

取 300mL 待检油样,倒入容量瓶中,加入与基础汽油等量的专用助剂并摇匀,更换燃料进样口处的过滤海绵,拧紧盛样瓶盖。

7 试验步骤

7.1 将试验计时器设定为 70min。

7.2 打开试验器罩上盖,将沉积物收集器装入支架槽内,并夹紧,插上测温热电偶。

7.3 打开仪器电源开关,按下加热开关,使沉积物收集器温度达到设定温度。

7.4 打开空气截止阀,调节气体压力到 80kPa±1kPa,流量控制在稳定状态。

7.5 打开燃料截止阀,使油压达到 7.5kPa±0.5kPa,打开燃料流量计调节阀,流量控制在稳定状态。

7.6 开始喷油,打开计时器开关,开始计时。

7.7 保持空气和燃料的流量以及沉积物收集器的温度在规定值内,直到 300mL 油样全部喷完,关闭空气截止阀和燃料截止阀。关闭计时开关。

7.8 保持沉积物收集器温度在设定温度下 10min,关闭加热开关,使之自然降温至 50℃以下。

7.9 取出沉积物收集器的测温热电偶,松开加热器的夹紧机构。

7.10 用镊子取出沉积物收集器,将其置于正庚烷的烘杯中浸泡 6min 取出。

7.11 将沉积物收集器浸入盛有石油醚的烧杯中,浸泡片刻取出并放入 100℃的烘箱中不少于 15min。

7.12 将沉积物收集器由烘箱中取出,置于干燥器中冷却至室温。

7.13 对沉积物收集器测温,与试验前测得的温度误差应小于 0.2℃,方可称量,连续两次称出的质量误差在 0.2mg 以内。

7.14 对沉积物收集器进行照相。

8 试验结果

8.1 汽油沉积物生成量计算公式

$$D_l = D_{Fi} - D_{li} \tag{1}$$

式中：D_l——试验生成的沉积物质量，mg；

D_{Fi}——试验沉积物收集器的最终质量，mg；

D_{li}——试验沉积物收集器的初始质量，mg。

8.2 汽油清净剂清净性能用下降率（%）表示，计算公式

$$\delta = [(D - D_{Ad})/D] \times 100\% \tag{2}$$

式中：δ——沉积物的下降率，%；

D——基础汽油的沉积物质量，mg；

D_{Ad}——加清净剂时试验汽油的沉积物质量，mg。

8.3 照相制片

9 精密度

同一操作者，在同一实验室使用同一台仪器，重复测定两个结果与其算术平均值的差数见表 1。

表 1

沉积物质量（mg/300mL）	允许差数
≤2	0.3mg
>2	算术平均值的 ±10%

10 报告

报告包括以下内容：

a)送样人及送样单位；

b)被检样品名称和批号；

c)送检日期和检验日期；

d)检验结果（沉积物质量或下降率）；

e)照片。

ICS 03.220.20
R 16
备案号

中华人民共和国交通行业标准

JT/T 497—2004

乘用车悬架特性的评定指标和检测方法

Evaluating index and Testing methods for suspension specificity of passenger car

2004-03-17 发布　　2004-06-01 实施

中华人民共和国交通部　发布

乘用车悬架特性检测和评定方法

1 范围

本标准规定了乘用车悬架特性的评定指标、检测和评定方法。

本标准适用于谐振式汽车悬架装置检测台和平板式检测台。

2 规范性引用文件

下列文件中的条款通过本标准的引用而成为本标准的条款。凡是注日期的引用文件,其随后所有的修改单(不包括勘误的内容)或修订版均不适用于本标准,然而,鼓励根据本标准达成协议的各方研究是否可使用这些文件的最新版本。凡是不注日期的引用文件,其最新版本适用于本标准。

GB 18565—2001　营运车辆综合性能要求和检验方法

JT/T 448—2001　汽车悬架装置检测台

3 评价指标和评定方法

3.1 评价指标

3.1.1 吸收率

3.1.1.1 用谐振式汽车悬架装置检测台检测汽车悬架特性时,其评价指标为吸收率。

3.1.1.2 按 JT/T 448—2001 3.6 的规定,汽车在谐振式汽车悬架装置检测台检测悬架特性时,被测汽车的车轮在外界激励振动下,共振时的最小的动态车轮垂直接地力与静态车轮垂直接地力之比为吸收率,用百分数表示(%)。

3.1.2 悬架效率

3.1.2.1 用平板式检测台检测汽车悬架特性时,其评价指标为悬架效率。

3.1.2.2 用平板式检测台检测汽车悬架特性时,车辆以 5~10km/h 的速度驶上平板式检测台后,驾驶员迅速踩下制动踏板,车轮制动停在平板上,此时车轮处的负重发生变化,图 1 示出测试时前后车轮处的负重随时间变化的曲线。图 1a)反映的是制动时前部车身先加速向下,前轮处的动态负重先从静态负重附近(O 点)上升到最大值(A 点),再从最大值下降到最小值(B 点)。而图 1b)反映后部车身的振动,它与图 1a)反相位。即前部车身向下运动时后部车身向上抬起。由于车辆悬架系统能衰减、吸收车身的振动,所以,车身的振动经过一段时间后就会消失。

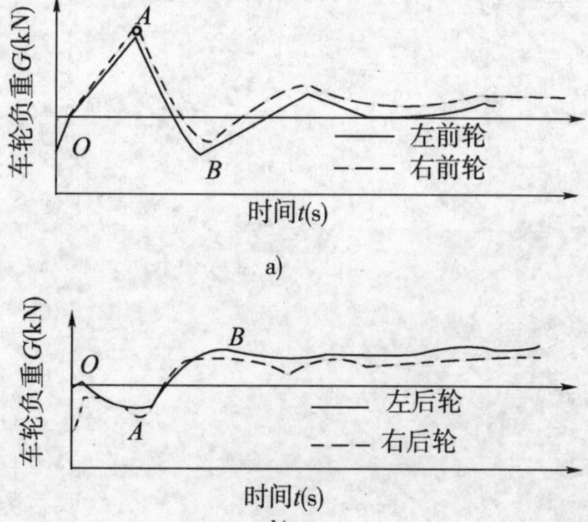

图 1 车轮处负重的变化曲线

a)前轮;b)后轮

悬架效率 η 可用下式表达:

$$\eta = [1 - |(G_B - G_O)/(G_A - G_O)|] \times 100\% \quad (1)$$

式中:η——悬架效率;

G_O——各车轮处静态负荷值;

G_A——图 1 曲线上 A 点的纵坐标绝对值;

G_B——图 1 曲线上 B 点的纵坐标绝对值。

3.2 评定方法

3.2.1 用谐振式汽车悬架装置检测台检测汽车悬架

特性时，吸收率应不小于40%；同轴左右轮吸收率之差不得大于15%。

3.2.2　用平板式检测台检测汽车悬架特性时，悬架效率应不小于45%；同轴左右轮悬架效率之差不得大于20%。

4　检测方法

4.1　用谐振式汽车悬架装置检测台检测汽车悬架特性时，按GB 18565—2001中12.4.3.1的规定进行。

4.2　用平板式检测台检测汽车悬架特性时，按GB 18565—2001中12.4.3.2的规定进行。

ICS 43.180
R 17
备案号：

中华人民共和国交通行业标准

JT/T 503—2004

汽车发动机综合检测仪

Automobile engine multi-analyzer

2004-04-16 发布　　2004-07-15 实施

中华人民共和国交通部　发布

汽车发动机综合检测仪

1 范围

本标准规定了汽车发动机综合检测仪的技术要求、试验方法、检验规则及标志、运输等项内容。

本标准适用对于点燃式发动机、装用点燃式发动机的车辆和压燃式发动机、装用压燃式发动机的车辆进行发动机综合性能检测的仪器。

2 规范性引用文件

下列文件中的条款通过本标准的引用而成为本标准的条款。凡是注日期的引用文件,其随后所有的修改单(不包括勘误的内容)或修订版均不适用于本标准,然而,鼓励根据本标准达成协议的各方研究是否可使用这些文件的最新版本。凡是不注日期的引用文件,其最新版本适用于本标准。

GB/T 191　包装储运图示标志(eqv ISO 780)

GB 1227　精密压力表(eqv IEC 584 - 1,584 - 2)

GB 9969.1—1998　工业品使用说明书 总则

GB/T 11606.3　分析仪器环境试验方法　低温试验方法

GB/T 11606.4　分析仪器环境试验方法　高温试验方法

GB/T 11606.5　分析仪器环境试验方法　温度变化试验

GB/T 11606.6　分析仪器环境试验方法　恒定湿度试验

GB/T 11606.7　分析仪器环境试验方法　交变湿热试验

GB/T 11606.8　分析仪器环境试验方法　振动试验

JT/T 386—2004　汽车排气分析仪

3 术语和定义

下列术语和定义适用于本标准。

3.1 发动机综合检测仪 engine multi-analyzer

发动机在不解体的情况下,通过对其多种参数检测,能够对发动机进行性能分析和故障诊断的一种仪器。

3.2 适配器 adapter

测量中用于提取信号的器具。

3.3 示值误差 permissible errors

对发动机的同一参数进行测量时,用试验或检定仪器、装置的测量结果为标准值 C,发动机检测仪的测量值为 $C_i(i=1,2,3)$。则定义 $a_{max} = [(|C_1 - C| + |C_2 - C| + |C_3 - C|)/3C] \times 100\%$ 为示值误差。

3.4 次级击穿电压 firing voltage

击穿火花塞间隙时所需要的电压,单位为千伏(kV)。

3.5 火花电压 sparking voltage

火花塞间隙被击穿后,可维持火花塞持续放电的相对稳定的电压,单位为千伏(kV)。

3.6 火花持续时间 sparking time

火花从开始发生到熄灭的时间,用火花电压持续时间来表示,单位为毫秒(ms)。

4 技术要求

4.1 工作条件

4.1.1 环境温度:0℃ ~40℃。

4.1.2 相对湿度:不大于 85%。

4.1.3 电源:AC220×(1±10%)V,50Hz×(1±1%)Hz;或采用车载直流 12V 或 24V 电源。

4.1.4 环境气压:80kPa~106kPa。

注:在高原地区,应适合当地环境气压要求。

4.2 产品必备功能

4.2.1 基本功能

4.2.1.1 转速检测。

4.2.1.2 起动机的起动电压、电流及发电机充电性能检测。

4.2.1.3 进气管内真空度检测:进气管内真空/压力波形检测。

4.2.1.4 温度检测:包括冷却水温度、机油温度、进气温度。

4.2.1.5 示波器功能。

4.2.1.6 数据传输功能。

4.2.1.7 自我诊断功能。

4.2.1.8 参数设定功能。

4.2.1.9 测试结果、显示、打印、数据存贮。

4.2.2 点燃式发动机的检测功能

4.2.2.1 点火系统性能检测及分析:包括初级点火信号、次级点火信号、点火提前角检测。

4.2.2.2 动力平衡:用以检测、判断发动机各缸工作均匀性。

4.2.2.3 汽车排放污染物测量功能。

4.2.3 压燃式发动机的检测功能

4.2.3.1 压燃式发动机喷油压力不拆卸测试。

4.2.3.2 压燃式发动机喷油提前角的测试。

4.3 选装功能

4.3.1 车用多用表功能。

4.3.2 发动机加速时间测量。

4.3.3 检测数据分析功能。

4.4 外观质量

4.4.1 机箱表面无划伤、无凹陷、无裂痕。

4.4.2 所有联接件应联接可靠。

4.4.3 表面印刷字符清晰。

4.5 系统运行

4.5.1 工作可靠,所有接插件接触良好,无拔插松动现象。

4.5.2 主控计算机运行中无死机、程序跑飞现象。

4.5.3 外壳接地电阻值应小于 1Ω。

4.5.4 绝缘电阻不小于 20MΩ。

4.6 最小测试范围及示值误差

最小测试范围及示值误差要求见表 1。

表 1　最小测试范围及示值误差

序　号	测　试　参　数	测　试　范　围	示　值　误　差
1	发动机转速	300r/min ~ 1200r/min	2.5%
		1200r/min ~ 2400r/min	2.0%
		2400r/min ~ 5000r/min	1.5%
		5000r/min ~ 7200r/min	1.0%
2	击 穿 电 压	0kV ~ 35kV	5%
3	火花电压	0V ~ 10kV	5%
4	点燃式发动机点火提前角	0°　60°	绝对误差 ± 1°
5	火花持续时间	0ms ~ 9.99ms	5%
6	点火初级电压	− 20V ~ 400V	5%
7	压燃式发动机喷油压力	0MPa ~ 30MPa	5%
8	压燃式发动机喷油提前角	0°　60°	绝对误差 ± 1°
9	起动电流	0A ~ 900A	2%
10	充电电流	0A ~ 40A	2%
11	充电电压	0V ~ 40V	2%
12	进气管内真空/压力	20kPa ~ 105kPa	2%
13	温　　度	− 10℃ ~ 30℃	1.5%
		31℃ ~ 70℃	2.0%
		71℃ ~ 110℃	2.5%
		111℃ ~ 150℃	3.0%
14	电　　压	0 V ~ 400V	1%
15	电　　阻	0MΩ ~ 40MΩ	1%
16	电　　流	0 A ~ 20A	1%

4.7　环境适应性

4.7.1　低温适应性应满足 GB 11606.3 的要求。

4.7.2　高温适应性应满足 GB 11606.4 的要求。

4.7.3　温湿适应性应满足 GB 11606.5、GB 11606.6 和 GB 11606.7 的要求。

4.7.4　振动适应性应满足 GB 11606.8 的要求。

5　试验方法

5.1　试验条件

5.1.1　环境温度：0℃ ~ 40℃；

5.1.2　相对湿度：不大于 85%；

5.1.3　大气压力：80kPa ~ 106kPa。

5.2　试验装置

试验采用的标准试验装置(含信号发生器)和仪器见表 2。

表 2 标准试验装置、仪器或信号发生器

名 称	主 要 技 术 参 数
标准发动机试验装置 （含信号发生器）	转速：　300r/min～1200r/min，不大于±1.0% 1200r/min～2400 r/min，不大于±0.8% 2400r/min～5000 r/min，不大于±0.6% 5000r/min～7200 r/min，不大于±0.4% 点火提前角：　0°　60°，1.0° 白金闭合角：　0°　90°，1.0° 加速时间：　200ms～2000ms，不大于±1.0% 次级电压：　0V ～1000 V，不大于±4.0% 0kV～35kV，不大于±5.0% 火花持续时间：　0ms～9.99 ms，不大于±0.5% 能提供标准点火初级、次级波形。 喷油提前角：　0°　60°，　1.0° 喷油压力：　0MPa　25MPa，不大于±2.0%
标准直流可调电压源	－20V～400V，不大于±2.0%
标准直流可调电流源	0A～40A，不大于±0.4% 0A～900A，不大于±0.8%
标准可调电阻	0Ω～1000Ω：不大于±0.2% 1kΩ～900 kΩ：不大于±0.3% 900kΩ～40MΩ：不大于±0.4%
精密压力测试仪	0MPa～0.20MPa，0.4 级 0MPa～1.00MPa，0.4 级 0MPa～4.00MPa，0.4 级 0MPa～600MPa，0.4 级
绝缘电阻测量仪（兆欧计）	500V　0MΩ～500MΩ
耐压测试仪	（0kV～1.5kV）±2.0%（50Hz 正弦波）
可调标准真空度/压力源	20kPa～105kPa，不大于±0.8%
可调标准温度源	－10℃～150℃，不大于±0.8%

5.3 外观检查

采用目测、手摸、操作等方法，应符合 4.4 和 4.5 要求。

5.4 基本功能的试验

5.4.1 发动机转速试验

5.4.1.1 采用表 2 中的标准发动机试验装置，试验曲轴转速分别为 800，1200，2400，5000，7200 r/min。

5.4.1.2 将标准发动机试验装置置于发动机转速的输出状态，检测仪置于发动机转速的检测状态，或采用比对试验方法。按照规定的试验曲轴转速进行试验，记录检测仪的示值。

5.4.1.3 每个试验点共检测三次，试验记录参见附录 A 中的表 A.1。

5.4.1.4 计算绝对误差值，求出示值误差。

5.4.2 起动电流试验

5.4.2.1 采用表 2 中的标准直流可调电流源，试验电流分别为 100，200，300，400，500，600，700，800，900A。

5.4.2.2　将标准直流可调电流源置于电流的输出状态,检测仪分别置于起动电流的检测状态。按照规定的试验电流,正行程和负行程各检测一次,记录检测仪的示值,取其平均值。

5.4.2.3　每个试验点共检测三次,试验记录参见附录 A 中的表 A.2;

5.4.2.4　计算绝对误差值,求出示值误差。

5.4.3　充电电流试验

5.4.3.1　采用表 2 中的标准直流可调电流源,试验电流分别为 0,4,8,12,16,20,24,28,32,36 ,40 A。

5.4.3.2　将标准直流可调电流源置于充电电流的输出状态,检测仪分别置于充电电流的检测状态。按照规定的试验电流,正行程和负行程各检测一次,记录检测仪的示值,取其平均值。

5.4.3.3　每个试验点共检测三次,试验记录参见附录 A 中的表 A.3。

5.4.3.4　计算绝对误差值,求出示值误差。

5.4.4　充电电压试验

5.4.4.1　采用表 2 中的标准直流可调电压源,试验电压分别为 12V,24V。

5.4.4.2　将标准直流可调电压源置于充电电压的输出状态,检测仪分别置于充电电流的检测状态。按照规定的试验电压进行试验,记录检测仪的示值,取其平均值。

5.4.4.3　每个试验点共检测三次,试验记录参见附录 A 中的表 A.4。

5.4.4.4　计算绝对误差值,求出示值误差。

5.4.5　进气管内真空度/压力试验

5.4.5.1　采用表 2 中的可调标准真空度/压力源和精密压力测试仪(0MPa ~ 0.20MPa,符合 GB/T 1227 规定的 0.4 级真空表),试验真空度分别为 0,20,40,60,80,100 kPa。

5.4.5.2　将可调标准真空度/压力源置于真空度/压力的输出状态,并与精密压力测试仪正确连接;将检测仪置于真空度/压力的检测状态。按照规定的试验真空度进行试验,正行程和负行程各检测一次,记录检测仪的示值,取其平均值。

5.4.5.3　每个试验点共检测三次,试验记录参见附录 A 中的表 A.5。

5.4.5.4　计算绝对误差值,求出示值误差。

5.4.6　温度试验

5.4.6.1　采用表 2 中的可调标准温度源,试验温度分别为 -10,10,30,50,70,90,110,130,150℃。

5.4.6.2　将可调标准温度源置于温度的输出状态,将检测仪置于温度的检测状态。按照规定的试验温度进行试验,正行程和负行程各检测一次,记录检测仪的示值,取其平均值。

5.4.6.3　每个试验点共检测三次,试验记录参见附录 A 中的表 A.6。

5.4.6.4　计算绝对误差值,求出示值误差。

5.4.7　电压试验

5.4.7.1　采用表 2 中的标准直流可调电压源,试验电压分别为 10,50 ,100,150,200,250,300 ,350 V。

5.4.7.2　将标准直流可调电压源置于电压的输出状态,将检测仪置于系统电压的检测状态。按照规定的电压进行试验,记录检测仪的示值。

5.4.7.3　每个试验点共检测三次,试验记录参见附录 A 中的表 A.7。

5.4.7.4　计算绝对误差值,求出示值误差。

5.4.8　电阻试验

5.4.8.1　采用表 2 中的标准可调电阻,试验电阻分别为 0,10,100,900Ω 和 10,100,900kΩ 及 10,20,30MΩ。

5.4.8.2　将标准可调电阻置于电阻的输出状态,将检测仪置于系统电阻的检测状态。按照规定的电阻进行试验,记录检测仪的示值。

5.4.8.3　每个试验点共检测三次,试验记录参见附录 A 中的表 A.8。

5.4.8.4　计算绝对误差值,求出示值误差。

5.4.9 电流试验

5.4.9.1 采用表 2 中的标准直流可调电流源,试验电流分别为 0,5,10,15,20 A。

5.4.9.2 将标准直流可调电流源置于电流的输出状态,将检测仪置于系统电流的检测状态。按照规定的电流进行试验,记录检测仪的示值。

5.4.9.3 每个试验点共检测三次,试验记录参见附录 A 中的表 A.9。

5.4.9.4 计算绝对误差值,求出示值误差。

5.5 点燃式发动机的检测与分析功能试验

5.5.1 点燃式发动机点火系的击穿电压及火花电压试验

5.5.1.1 采用表 2 中的标准发动机试验装置,试验曲轴转速为 600r/min。

5.5.1.2 将标准发动机试验装置置于点火系击穿电压及火花电压的输出状态,检测仪置于点火系击穿电压及火花电压的检测状态。按照规定的转速进行试验,记录检测仪的示值。

5.5.1.3 每个试验点共检测三次,试验记录参见附录 A 中的表 A.10。

5.5.1.4 计算绝对误差值,求出示值误差。

5.5.2 点燃式发动机点火系次级的火花持续时间试验

5.5.2.1 采用表 2 中的标准发动机试验装置,试验曲轴转速为 600r/min。

5.5.2.2 将标准发动机试验装置置于火花持续时间的输出状态,检测仪置于火花持续时间的检测状态。按照规定的转速进行试验,记录检测仪的示值。

5.5.2.3 每个试验点共检测三次,试验记录参见附录 A 中的表 A.10。

5.5.2.4 计算绝对误差值,求出示值误差。

5.5.3 点燃式发动机点火提前角试验

5.5.3.1 采用表 2 中的标准发动机试验装置, 利用频闪灯法进行试验。试验的曲轴转速和标准发动机试验装置输出的标准点火提前角见表 3。

表 3 试验转速和标准点火提前角

序 号	试验转速 (r/min)	标准点火提前角 Ai (°)		
		A_1	A_2	A_3
1	600	4.0	10.0	14.0
2	1200	12.0	16.0	24.0
3	2400	24.0	36.0	48.0

5.5.3.2 将标准发动机试验装置置于点火提前角的输出状态,检测仪置于点火提前角检测状态。按照表 3 设定的试验点进行试验,记录检测仪的示值。

5.5.3.3 每个试验点检测三次,试验记录参见附录 A 中的表 A.11。

5.5.3.4 计算绝对误差值,求出示值误差。

5.5.4 汽车排放污染物测量功能的试验

按照 JT/T 386—2004 中第 6 章的规定进行汽车排放污染物测量功能的试验。试验结果应满足 JT/T 386—2004 中 5.4 的规定。

5.6 压燃式发动机的检测与分析功能试验

5.6.1 压燃式发动机喷油压力不拆卸测试

5.6.1.1 采用表 2 中的标准发动机试验装置。试验压力分别为 0,5,10,15,20,25MPa。

5.6.1.2 将标准发动机试验装置置于喷油压力的输出状态,检测仪置于喷油压力的检测状态,或采用比对试验方式。按照规定的试验压力进行试验,记录检测仪的示值。

5.6.1.3 每个试验点共检测三次,试验记录参见附录 A 中的表 A.12。

5.6.1.4 计算绝对误差值,求出示值误差。

5.6.2 压燃式发动机喷油提前角的测试

5.6.2.1 采用表2中的标准发动机试验装置,利用频闪灯法进行试验。试验的曲轴转速和标准发动机试验装置输出的标准喷油提前角见表4。

表4 试验转速和标准喷油提前角

序号	试验转速 (r/min)	标准喷油提前角 A_i (°)		
		A1	A2	A3
1	600	4.0	10.0	14.0
2	1200	12.0	16.0	24.0

5.6.2.2 将标准发动机试验装置置于喷油提前角的输出状态,检测仪置于喷油提前角检测状态。按照表4设定的试验点进行试验,记录检测仪的示值。

5.6.2.3 每个试验点检测3次,试验记录参见附录A中的表A.13。

5.6.2.4 计算绝对误差值,求出示值误差。

5.7 环境适应性

5.7.1 低温适应性试验

按GB 11606.3的规定进行。

5.7.2 高温适应性试验

按GB 11606.4的规定进行。

5.7.3 温湿适应性试验

按GB 11606.5、GB 11606.6和GB 11606.7的规定进行。

5.7.4 振动适应性试验

按GB 11606.8的规定进行。

6 检验规则

6.1 检验类别

产品检验分出厂检验和型式检验。检验项目见表5。

表5 检验项目

检验项目	型式检验	出厂检验	技术要求
外观检查	—	√	4.4
功能检查	—	√	4.2,4.3
低温检验	√	—	4.7.1
高温检验	√	—	4.7.2
温湿检验	√	—	4.7.3
振动检验	√	—	4.7.4
测试精度检验	√	√	4.6,5.2

6.2 出厂检验

6.2.1 每台产品应按出厂检验项目进行检验,检验合格后才能出厂,并附有产品合格证。

6.2.2 每台产品按第5章试验方法检验,应符合第4章技术要求,检验的比例为100%。

6.2.3 判定规则:出厂检验如有一项不合格则判定为不合格。

6.3 型式检验

6.3.1 有下列情况之一时，应进行型式检验：

——新产品或老产品转厂生产的试制定型鉴定；

——正式生产后如结构、材料、工艺有较大改变，可能影响产品性能时；

——正常生产时，定期或累积一定产量后，应周期性进行一次检验；

——产品停产一年后，恢复生产时；

——出厂检验结果与上次例行检验有较大差异时；

——国家质量监督机构提出型式检验的要求时。

6.3.2 型式检验的样机数量按每批5%进行检验，若小数点后不足一台按一台处理，但每批不得少于两台。

6.3.3 型式检验中如发现一台不合格时，可以对该批产品10%再抽样，对不合格项目及相关项目进行复检，如仍有一台不合格者则此批产品判为不合格。

7 标志、包装、运输和贮存

7.1 标志

7.1.1 应在检测仪的明显部位加有标志，标志内容如下：

——产品名称；

——制造厂名及注册商标；

——产品型号；

——计量器具许可证编号；

——制造日期。

7.1.2 包装储运标志应符合GB/T 191的规定。

7.2 包装

7.2.1 应使用专用包装箱，箱中附有装箱单、产品合格证、使用说明书。包装箱坚固、耐用，适合长途运输，并具有明显的包装储运标志。

7.2.2 使用说明书应符合GB 9969.1—1998附录A的规定。

7.3 运输

在运输或搬运时，应避免雨淋、受潮、剧烈振动或碰撞。

7.4 贮存条件

7.4.1 环境温度：-40℃～40℃。

7.4.2 相对湿度：不大于85%。

7.4.3 周围不得有酸性、碱性或其他腐蚀性气体。

附 录 A
（资料性附录）
试验记录表

A.1 发动机转速试验记录表见表 A.1。

表 A.1 发动机转速试验记录表

序号	试验转速 N (r/min)	测量转速 N_0 (r/min)			绝对误差 (r/min)	示值误差 (%)
		第一次	第二次	第三次		
1	800					
2	1200					
3	2400					
4	5000					
5	7200					

A.2 起动电流试验记录表见表 A.2。

表 A.2 起动电流记录表

序号	标准电流示值 (A)		测量电流示值正行程 (A)	测量电流示值负行程 (A)	测量电流平均值 (A)	测量绝对误差 (A)	示值误差 (%)
1	100	第一次					
		第二次					
		第三次					
2	200	第一次					
		第二次					
		第三次					
3	300	第一次					
		第二次					
		第三次					
4	400	第一次					
		第二次					
		第三次					
5	500	第一次					
		第二次					
		第三次					
6	600	第一次					
		第二次					
		第三次					

表 A.2(续)

序号	标准电流示值(A)		测量电流示值正行程(A)	测量电流示值负行程(A)	测量电流平均值(A)	测量绝对误差(A)	示值误差(%)
7	700	第一次					
		第二次					
		第三次					
8	800	第一次					
		第二次					
		第三次					
9	900	第一次					
		第二次					
		第三次					

A.3　充电电流试验记录表见表 A.3。

表 A.3　充电电流试验记录表

序号	标准电流示值(A)		测量电流示值正行程(A)	测量电流示值负行程(A)	测量电流示值平均值(A)	测量绝对误差(A)	示值误差(%)
1	0	第一次					
		第二次					
		第三次					
2	4	第一次					
		第二次					
		第三次					
3	8	第一次					
		第二次					
		第三次					
4	12	第一次					
		第二次					
		第三次					
5	16	第一次					
		第二次					
		第三次					
6	20	第一次					
		第二次					
		第三次					

表 A.3(续)

序号	标准电流示值 (A)		测量电流示值正行程 (A)	测量电流示值负行程 (A)	测量电流示值平均值 (A)	测量绝对误差 (A)	示值误差 (%)
7	24	第一次					
		第二次					
		第三次					
8	28	第一次					
		第二次					
		第三次					
9	32	第一次					
		第二次					
		第三次					
10	36	第一次					
		第二次					
		第三次					
11	40	第一次					
		第二次					
		第三次					

A.4 充电电压试验记录表见表 A.4。

表 A.4 充电电压试验记录表

序号	标准电压 (V)	测量电压 (V)			绝对误差 (V)	示值误差 (%)
		第一次	第二次	第三次		
1	12					
2	24					

A.5 进气管内真空度/压力试验记录表见表 A.5。

表 A.5 进气管内真空度/压力试验记录表

序号	标准真空度/压力示值 (kPa)		测量示值正行程 (kPa)	测量示值负行程 (kPa)	测量示值平均值 (kPa)	测量绝对误差 (kPa)	示值误差 (%)
1	0	第一次					
		第二次					
		第三次					
2	20	第一次					
		第二次					
		第三次					

表 A.5(续)

序号	标准真空度/压力示值(kPa)		测量示值正行程(kPa)	测量示值负行程(kPa)	测量示值平均值(kPa)	测量绝对误差(kPa)	示值误差(%)
3	40	第一次					
		第二次					
		第三次					
4	60	第一次					
		第二次					
		第三次					
5	80	第一次					
		第二次					
		第三次					
6	100	第一次					
		第二次					
		第三次					

A.6 温度试验记录表见表 A.6。

表 A.6 温度试验记录表

序号	标准温度示值(℃)		测量温度示值正行程(℃)	测量温度示值负行程(℃)	测量温度示值平均值(℃)	测量绝对误差(℃)	示值误差(%)
1	-10	第一次					
		第二次					
		第三次					
2	10	第一次					
		第二次					
		第三次					
3	30	第一次					
		第二次					
		第三次					
4	50	第一次					
		第二次					
		第三次					
5	70	第一次					
		第二次					
		第三次					

表 A.6(续)

序号	标准温度示值(℃)		测量温度示值正行程(℃)	测量温度示值负行程(℃)	测量温度示值平均值(℃)	测量绝对误差(℃)	示值误差(%)
6	90	第一次					
		第二次					
		第三次					
7	110	第一次					
		第二次					
		第三次					
8	130	第一次					
		第二次					
		第三次					
9	150	第一次					
		第二次					
		第三次					

A.7 系统电压试验记录表见表 A.7。

表 A.7 系统电压试验记录表

序号	标准电压示值(V)		测量电压示值正行程(V)	测量电压示值负行程(V)	测量电压示值平均值(V)	测量绝对误差(V)	示值误差(%)
1	10	第一次					
		第二次					
		第三次					
2	50	第一次					
		第二次					
		第三次					
3	100	第一次					
		第二次					
		第三次					
4	150	第一次					
		第二次					
		第三次					
5	200	第一次					
		第二次					
		第三次					

表 A.7(续)

序号	标准电压示值(V)		测量电压示值正行程(V)	测量电压示值负行程(V)	测量电压示值平均值(V)	测量绝对误差(V)	示值误差(%)
6	250	第一次					
		第二次					
		第三次					
7	300	第一次					
		第二次					
		第三次					
8	350	第一次					
		第二次					
		第三次					
		第一次					
		第二次					

A.8 系统电阻试验记录表见表 A.8。

表 A.8 系统电阻试验记录表

序号	标准电阻示值(Ω)		测量电阻示值正行程(Ω)	测量电阻示值负行程(Ω)	测量电阻示值平均值(Ω)	测量绝对误差(Ω)	示值误差(%)
1	0	第一次					
		第二次					
		第三次					
2	10	第一次					
		第二次					
		第三次					
3	100	第一次					
		第二次					
		第三次					
4	900	第一次					
		第二次					
		第三次					
5	10k	第一次					
		第二次					
		第三次					
6	100k	第一次					
		第二次					
		第三次					

表 A.8(续)

序号	标准电阻示值(Ω)		测量电阻示值正行程(Ω)	测量电阻示值负行程(Ω)	测量电阻示值平均值(Ω)	测量绝对误差(Ω)	示值误差(%)
7	900k	第一次					
		第二次					
		第三次					
8	10M	第一次					
		第二次					
		第三次					
9	20M	第一次					
		第二次					
		第三次					
10	30M	第一次					
		第二次					
		第三次					

A.9 系统电流试验记录表见表 A.9。

表 A.9 系统电流试验记录表

序号	标准电流(A)	测量电流(A)			绝对误差(A)	示值误差(%)
		第一次	第二次	第三次		
1	0					
2	5					
3	10					
4	15					
5	20					

A.10 点燃式发动机点火系的击穿电压、火花电压、火花持续时间试验记录表见表 A.10。

表 A.10 点燃式发动机点火系的击穿电压、火花电压、火花持续时间试验记录表

序号	标 准 值	测 量 示 值			绝对误差	示值误差(%)
		第一次	第二次	第三次		
1	击穿电压	kV	kV	kV	kV	
2	火花电压	kV	kV	kV	kV	
3	火花持续时间	ms	ms	ms	ms	

A.11　点燃式发动机点火提前角试验记录表见表 A.11。

表 A.11　点燃式发动机点火提前角试验记录表

序号	试验转速（r/min）	标准点火提前角（°）	测量示值（°）			绝对误差（°）	示值误差（%）
			第一次	第二次	第三次		
1	600	4.0					
		10.0					
		14.0					
2	1200	12.0					
		16.0					
		24.0					
3	2400	24.0					
		36.0					
		48.0					

A.12　压燃式发动机喷油压力不拆卸测试试验记录表见表 A.12。

表 A.12　压燃式发动机喷油压力不拆卸测试试验记录表

序号	标准喷油压力（MPa）	测量喷油压力（MPa）			绝对误差（MPa）	示值误差（%）
		第一次	第二次	第三次		
1	0					
2	5					
3	10					
4	15					
5	20					
6	25					

A.13　压燃式发动机喷油提前角的测试试验记录表见表 A.13。

表 A.13　压燃式发动机喷油提前角的测试试验记录表

序号	试验转速（r/min）	标准点火提前角（°）	测量示值（°）			绝对误差（°）	示值误差（%）
			第一次	第二次	第三次		
1	600	4.0					
		10.0					
		14.0					
2	1200	12.0					
		16.0					
		24.0					

ICS 43.180
R 17
备案号:

中华人民共和国交通行业标准

JT/T 504—2004

前轮定位仪

Front-wheel alignmenter

2004-04-16 发布 2004-07-15 实施

中华人民共和国交通部 发布

前轮定位仪

1 范围

本标准规定了前轮定位仪的术语和定义、技术要求、试验方法、检验规则、标志与使用说明书、包装、运输和贮存。

本标准适用于检测汽车前轮定位的仪器。

2 规范性引用文件

下列文件中的条款通过本标准的引用而成为本标准的条款。凡是注日期的引用文件,其随后所有的修改单(不包括勘误的内容)或修订版均不适用于本标准,然而,鼓励根据本标准达成协议的各方研究是否可使用这些文件的最新版本。凡是不注日期的引用文件,其最新版本适用于本标准。

GB/T 191　包装储运图示标志(eqv ISO 780)

GB 5226.1　机械安全　机械电器设备　第1部分　通用技术条件

GB 9969.1　工业产品使用说明书　总则

GB/T 11606.14　电子仪器环境试验方法　低温贮存试验

GB/T 11606.15　电子仪器环境试验方法　高温贮存试验

GB/T 11606.16　电子分析仪器环境试验方法　跌落试验

GB/T 13384　机电产品包装　通用技术条件

3 术语和定义

下列术语和定义适用于本标准。

3.1 前轮定位仪　front-wheel alignmenter

用于测量车辆前轮定位参数的仪器。

4 产品分类

4.1 分类与代号

前轮定位仪分为:

——光学式,代号为G;

——电子式,代号为D;

——激光式,代号为J;

——其他类型,代号自定义。

4.2 型号

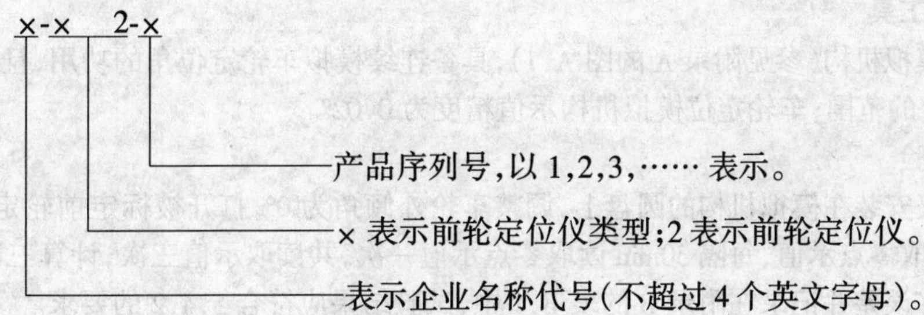

5 技术要求

5.1 工作条件

5.1.1 温度:0℃~40℃。

5.1.2 相对湿度:不大于90%。

5.1.3 电源:AC 220×(1±10%)V,50×(1±2%)Hz。

5.1.4 环境气压:70kPa~106kPa。

5.2 结构要求

结构中不应具有妨碍前轮定位仪发挥正常使用性能的任何缺陷,使之在使用中可以满足本标准规定的全部要求。

5.3 性能要求

5.3.1 前轮定位仪应具备轮辋偏差补偿功能,即轮辋的变形不应影响前轮定位检测精度。

5.3.2 测量参数、范围

——单轮前束角:±3°;

——车轮外倾角:±10°;

——主销后倾角:±15°;

——主销内倾角:±20°;

——转盘转角:±45°;

——包容角:±32°。

5.4 示值要求

5.4.1 示值分辨率

角度分辨率为1′,其中前束示值用角度表示时分辨率为1′或用毫米表示时为0.1mm。

5.4.2 零位漂移

零位漂移30min内不大于4′。

5.4.3 示值允许误差

示值误差±4′。

5.5 外观及其他要求

5.5.1 仪器的机箱应有足够的机械强度和刚度。外表面不得有明显的凹陷、崩缺现象,表面涂层不得有明显的剥落、划痕、气泡、流挂等现象。

5.5.2 仪器的按钮应有功能标识,操作灵活可靠,仪器显示清晰,不得有影响读数的缺陷。

5.6 电气安全性

定位仪的保护接地电路、绝缘应符合GB 5226.1的规定。

6 试验方法

6.1 试验条件

按照5.1的规定。

6.2 试验仪器及工具

车轮定位角模拟机构(参见附录A的图A.1),具备连续模拟车轮定位角的功用,且模拟各参数大小符合5.3.2所规定的范围;车轮定位模拟机构示值精度为0.02°。

6.3 零位漂移试验

将前轮定位仪安装在模拟机构的圆盘上,调整车轮外倾角为0°,打开被标定前轮定位仪电源,进入仪器标定程序,读取零点示值,每隔30min读取零点示值一次,共读取示值三次,计算三次示值的算术平均值作为零点漂移误差并记录在附录B的表B.1中,试验结果应符合5.4.2的要求。

6.4 示值误差试验

6.4.1 外倾示值误差试验

6.4.1.1 进行完6.3规定的零位漂移试验后,调整车轮定位仪模拟机构的圆盘上外倾调整旋钮(和前束共用),使外倾角依次为+2°、+1°、0°、-1°、-2°,从被检前轮定位仪仪表上读取外倾角示值并记录在附录B的表B.2中。

6.4.1.2 重复6.4.1.1过程两次,其中一次按-2°、-1°、0°、+1°、+2°顺序测试。

6.4.1.3 计算每个测试点的三次算术平均值。

6.4.1.4 按公式(1)计算外倾角示值误差并记录在附录B的表B.2中,试验结果应符合5.4.3的要求。

$$\Delta c_{\mathrm{i}} = \bar{c}_{\mathrm{i}} - c_{\mathrm{si}} \tag{1}$$

式中:Δc_{i}——仪器在第 i 测试点的外倾角示值误差,°;

$\bar{c}_{\mathrm{i}}$——仪器在第 i 测试点的三次外倾角示值的算术平均值,°,$i=1,2,3$;

c_{si}——第 i 测试点的车轮定位仪模拟机构的外倾角示值,°,$i=1,2,3$。

6.4.2 前束示值误差试验

6.4.2.1 进行完6.4.1试验后,放松传感器机头,使其相对于挂轴或插孔处于自由状态,将圆盘向前旋转90°后锁止,调整传感器机头处于水平状态后将其锁紧。

6.4.2.2 调整前束调整旋钮(和外倾共用),使试验台圆盘的前束角各依次为+2°、+1°、0°、-1°、-2°,从被检前轮定位仪的仪表上读取前束示值并记录在附录B的表B.2中。

6.4.2.3 重复6.4.2.2过程两次(总共三次),其中一次按-2°、-1°、0°、+1°、+2°顺序测试。

6.4.2.4 计算每个测试点的三次算术平均值。

6.4.2.5 按公式(2)计算前束示值误差并记录在附录B的表B.2中,试验结果应符合5.4.3的要求。

$$\Delta t_{\mathrm{i}} = \bar{t}_{\mathrm{i}} - t_{\mathrm{si}} \tag{2}$$

式中:Δt_{i}——仪器在第 i 测试点的前束角示值误差,°;

$\bar{t}_{\mathrm{i}}$——仪器在第 i 测试点的三次前束角示值的算术平均值,°,$i=1,2,3$;

t_{si}——第 i 测试点的车轮定位仪模拟机构的前束角示值,°,$i=1,2,3$。

6.4.3 车轮主销后倾角和主销内倾角示值误差试验

6.4.3.1 以单侧车轮为例,将车轮定位仪模拟机构的外倾角和前束角调整到零点,再调整主销后倾角和内倾角各依次为3°、6°、9°、12°、15°(同时调整或分别调整),通过回转台,带动传感器从车轮直行位置向左、右两个方向摆动相等的角度(角度大小根据被检仪器规定),按前轮定位仪说明书中规定的主销后倾角和内倾角的测量方法进行测量,将仪表示值记录在附录B的表B.2中。

6.4.3.2 重复6.4.3.1过程两次(总共三次),其中一次按15°、12°、9°、6°、3°顺序测试。

6.4.3.3 计算每个测试点的三次算术平均值。

6.4.3.4 按公式(3)计算主销内倾角和主销后倾角示值误差并记录在附录B的表B.2中,试验结果应符合5.4.3的要求。

$$\Delta k_{\mathrm{i}} = \bar{k}_{\mathrm{i}} - k_{\mathrm{si}} \tag{3}$$

式中:Δk_{i}——仪器在第 i 测试点的主销内倾角(或主销后倾角)误差,°;

$\bar{k}_{\mathrm{i}}$——仪器在第 i 测试点的三次主销内倾角(或主销后倾角)的算术平均值,°,$i=1,2,3$;

k_{si}——第 i 测试点的车轮定位仪模拟机构的主销内倾角(或主销后倾角),°,$i=1,2,3$。

6.5 外观检验

通过目测与手感检查,外观质量应符合5.5规定。

6.6 运输和贮存试验

本试验在仪器处于完整包装的状态下进行。高温贮存试验与低温贮存试验之间,应在前项试验完成后,将机器放置在工作条件下 24h 以上,才能进行后项试验。

6.6.1 低温贮存试验

按 GB/T 11606.14 的规定进行。

6.6.2 高温贮存试验

按 GB/T 11606.15 的规定进行。

6.6.3 运输试验

前轮定位仪经频率范围 50Hz、振幅 0.35mm 经过 0.5h 室内振动试验后,应符合本标准技术性能。

6.6.4 跌落试验

按 GB/T 11606.16 的规定进行。跌落方式:自由跌落;跌落高度:400mm;跌落次数:4 次;跌落地面性质:水泥地面,试验后应符合本标准技术性能。

7 检验规则

7.1 检验类别

产品检验分出厂检验和型式检验。

7.2 出厂检验

7.2.1 每台产品应按出厂检验项目进行检验,检验合格后才能出厂,并附有产品合格证。

7.2.2 每台产品按第 6 章试验方法检验,应符合第 5 章技术要求,检验的比例为 100%。

7.2.3 判定规则:出厂检验如有一项不合格则判定为不合格。

7.3 型式检验

7.3.1 有下列情况之一时,应进行型式检验:

——新产品或老产品转厂生产的试制定型鉴定;

——正式生产后如结构、材料、工艺有较大改变,可能影响产品性能时;

——正常生产时,定期或累积一定产量后,应周期性进行一次检验;

——产品停产一年后,恢复生产时;

——出厂检验结果与上次例行检验有较大差异时;

——国家质量监督机构提出型式检验的要求时。

7.3.2 型式检验的样机数量按每批 5% 进行检验,若小数点后不足一台按一台处理,但每批不得少于两台。

7.3.3 型式检验项目按第 5 章所有项目进行。

7.3.4 型式检验中如发现一台不合格时,可以对该批产品中 10% 再抽样,对不合格项目及相关项目进行复检,如仍有一台不合格者则此批产品判为不合格。

8 标志、使用说明书

8.1 标志

8.1.1 产品标志

仪器应在机箱上明显位置装有标牌,标牌应包含下列内容:

——产品名称及型号;

——制造厂名和商标;

——产品编号;

——生产日期;

——制造计量器具许可证编号及标志;

——产品标准编号。

8.1.2 包装标志

仪器的外包装上有包装储运标志,标志应包括下列内容:

——产品名称及型号;

——制造厂名及地址;

——包装箱的外形尺寸:长×宽×高,mm;

——总质量,kg;

——运输、贮存作业图示标志应符合 GB/T 191 的有关规定。

8.2 使用说明书

仪器应附有使用说明书,使用说明书的内容应符合 GB 9969.1 的要求。

9 包装、运输、贮存

9.1 包装

9.1.1 包装前应进行防锈处理。

9.1.2 仪器应按产品包装技术图样的要求包装,包装箱内应有下列文件:

——产品合格证;

——装箱清单;

——保修卡;

——产品使用说明书。

9.1.3 产品出厂包装技术要求应符合 GB/T 13384 的规定。

9.2 运输

仪器在包装状态下运输,运输中防止剧烈的振动和撞击,严禁抛掷。不得淋雨及长期受潮,不得与腐蚀性物质一起运输。

9.3 贮存

仪器应贮存在干燥、通风及无腐蚀性气体侵蚀的仓库里,贮存温度为 -40℃ ~ 55℃。

附　录　A
（资料性附录）
车轮定位角模拟机构

A.1　结构特征

车轮定位模拟机构由四部分组成，参见图A.1：第一部分是车轮外倾和前束调整机构，分别由圆盘1、外倾和前束调整机构支撑板2、圆盘倾角调整转轴3、圆盘支撑板4、圆盘回转轴5、带豁口锁止盘6、圆盘锁销7、外倾和前束调整螺钉（旋钮）8、张紧弹簧9、外倾与前束刻度定标10、外倾与前束刻度游标11

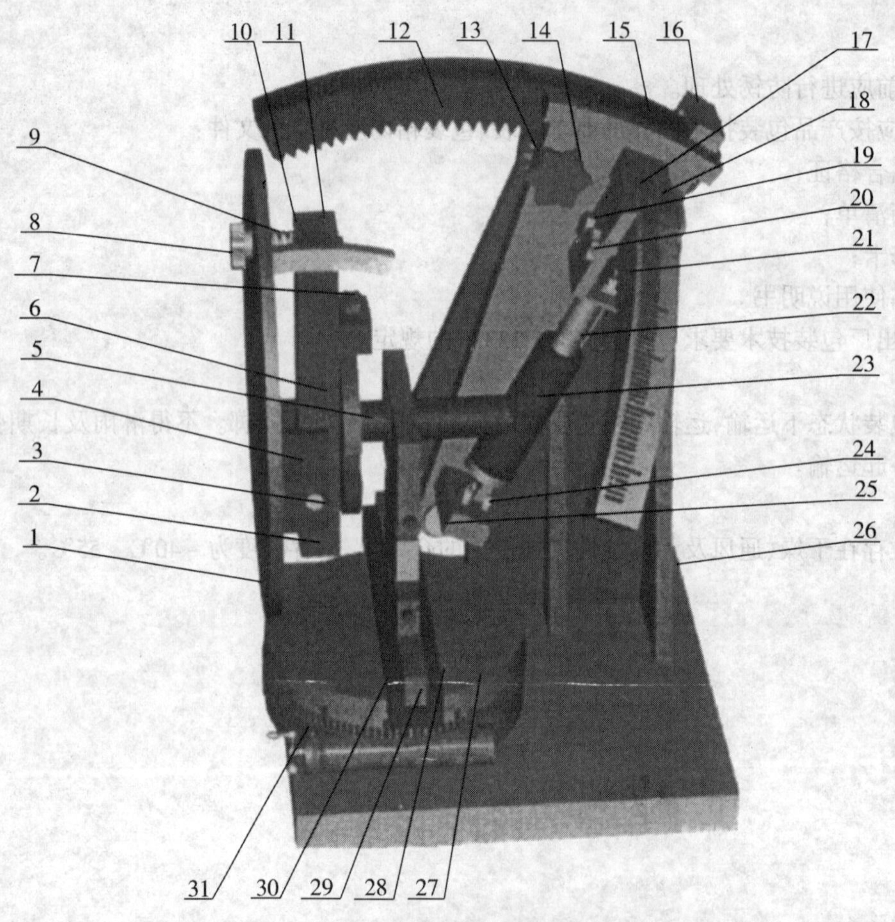

图A.1　车轮定位角模拟机构

1-圆盘；2-外倾和前束调整机构支撑板；3-圆盘倾角调整转轴；4-圆盘支撑板；5-圆盘回转轴；6-带豁口锁止盘；7-圆盘锁销；8-外倾和前束调整螺钉（旋钮）；9-张紧弹簧；10-外倾与前束刻度定标；11-外倾与前束刻度游标；12-主销内倾角调整弧形齿轮（定标）；13-主销内倾角调整齿轮；14-主销内倾角调整旋钮；15-主销内倾角刻度游标；16-主销内倾角调整锁板；17-主销后倾角刻度游标；18-主销后倾角调整弧形齿轮（刻度定标）；19-主销后倾角调整锁紧螺栓；20-主销后倾角调整旋钮；21-主销后倾角调整齿轮；22-主销轴；23-主销轴外套筒；24-主销后倾角游标转轴；25-主销支撑转轴；26-支承架；27-机床用回转台；28-导向槽；29-导向长板；30-转向折板；31-回转角度调整手柄

等组成；第二部分是主销内倾调整机构，主要由主销内倾角调整弧形齿轮（定标）12、主销内倾角调整齿轮13、主销内倾角调整旋钮14、主销内倾角刻度游标15、主销内倾角调整锁板16等组成；第三部分为主销后倾调整机构，主要由主销后倾角刻度游标17、主销后倾角调整弧形齿轮（刻度定标）18、主销后倾角调整锁紧螺栓19、主销后倾角调整旋钮20、主销后倾角调整齿轮21、主销轴22、主销轴外套筒23、主销后倾角游标转轴24、主销支撑转轴25、支承架26等部分组成;第四部分是由机床用回转台27、导向槽28、导向长板29、转向折板30、回转角度调整手柄31部分等组成。

车轮定位模拟机构各部分的结构关系是:整个机构固定在支承架26上。主销内倾角调整弧形齿轮(定标)12通过支承杆固定在支承架26上,主销内倾角刻度游标15通过支承杆固定在主销支承转轴25上,游标15和定标12的曲率中心均在转轴25的轴心上。定标12的内圆面是弧形齿条,游标15通过主销内倾角调整旋钮14旋动齿轮13可使得游标15相对定标12运动,其移动角度通过刻度读知。在游标15的垂向上是主销后倾角刻度定标18,主销后倾角刻度游标17通过主销轴22可绕转轴24转动,游标17和定标18的曲率中心均在转轴24的轴心上。主销轴22通过轴承或轴套套有可转动的圆筒23,圆筒23固联着圆盘1的回转轴5,回转轴5的另一端是外倾和前束调整机构,其具体结构是:支承板2的一端通过转轴3和圆盘1上的支撑板4相联,另一端通过调整螺钉8和圆盘1相联,圆盘1和支承板2之间是张紧弹簧9,在圆盘1和支承板2上分别固定有弧形定标10和弧形游标11,两者的曲率中心均在转轴3的轴心上。在回转轴5上挂有三节可折叠的拨板30,拨板的下端是一滑板29,滑板29可通过回转角度调整手柄31在回转台27上的滑槽28内滑动。

A.2 技术原理

A.2.1 模拟车轮外倾角原理

调整主销倾角,使圆盘回转轴5处于水平,旋动外倾和前束调整螺钉(旋钮)8,则圆盘1相对于支承板2的夹角即会变化,夹角变化大小通过游标和定标读出。

A.2.2 模拟车轮前束原理

将圆盘旋转90°,用锁销7固定圆盘,依据调整外倾角的方法实现前束的调整。

A.2.3 模拟主销后倾角和内倾角原理

旋转旋钮14,主销内倾角刻度游标15即可绕转轴25相对定标12转动,其大小即为主销内倾角大小。旋转旋钮20,主销后倾角刻度游标17即可绕转轴24相对定标18转动,其大小即为主销后倾角大小。

附　录　B
（规范性附录）
试验记录表格

B.1　零位漂移试验记录见表 B.1

表 B.1　零位漂移试验记录表

<table>
<tr><td rowspan="2">检测项目</td><td colspan="3">零 位 示 值</td><td rowspan="2">零位漂移</td><td rowspan="2">允许值</td></tr>
<tr><td>1</td><td>2</td><td>3</td></tr>
<tr><td>前束角(°)</td><td></td><td></td><td></td><td></td><td rowspan="4">不大于 4′</td></tr>
<tr><td>外倾角(°)</td><td></td><td></td><td></td><td></td></tr>
<tr><td>主销内倾角(°)</td><td></td><td></td><td></td><td></td></tr>
<tr><td>主销后倾角(°)</td><td></td><td></td><td></td><td></td></tr>
</table>

B.2　传感器示值误差试验记录见表 B.2

表 B.2　第____号传感器示值误差试验记录表

<table>
<tr><td colspan="3">试　验　点</td><td>1</td><td>2</td><td>3</td><td>4</td><td>5</td><td>示值允许误差</td></tr>
<tr><td rowspan="6">前束角(°)</td><td rowspan="4">前轮定位仪示值</td><td>第一次</td><td></td><td></td><td></td><td></td><td></td><td rowspan="6">± 4′</td></tr>
<tr><td>第二次</td><td></td><td></td><td></td><td></td><td></td></tr>
<tr><td>第三次</td><td></td><td></td><td></td><td></td><td></td></tr>
<tr><td>算术平均值</td><td></td><td></td><td></td><td></td><td></td></tr>
<tr><td colspan="2">检验仪理论示值</td><td>2°</td><td>1°</td><td>0°</td><td>－1°</td><td>－2°</td></tr>
<tr><td colspan="2">示值误差</td><td></td><td></td><td></td><td></td><td></td></tr>
<tr><td rowspan="6">外倾角(°)</td><td rowspan="4">前轮定位仪示值</td><td>第一次</td><td></td><td></td><td></td><td></td><td></td><td rowspan="6">± 4′</td></tr>
<tr><td>第二次</td><td></td><td></td><td></td><td></td><td></td></tr>
<tr><td>第三次</td><td></td><td></td><td></td><td></td><td></td></tr>
<tr><td>算术平均值</td><td></td><td></td><td></td><td></td><td></td></tr>
<tr><td colspan="2">检验仪理论示值</td><td>2°</td><td>1°</td><td>0°</td><td>－1°</td><td>－2°</td></tr>
<tr><td colspan="2">示值误差</td><td></td><td></td><td></td><td></td><td></td></tr>
<tr><td rowspan="6">主销内倾角(°)</td><td rowspan="4">前轮定位仪示值</td><td>第一次</td><td></td><td></td><td></td><td></td><td></td><td rowspan="6">± 4′</td></tr>
<tr><td>第二次</td><td></td><td></td><td></td><td></td><td></td></tr>
<tr><td>第三次</td><td></td><td></td><td></td><td></td><td></td></tr>
<tr><td>算术平均值</td><td></td><td></td><td></td><td></td><td></td></tr>
<tr><td colspan="2">检验仪理论示值</td><td>3°</td><td>6°</td><td>9°</td><td>12°</td><td>15°</td></tr>
<tr><td colspan="2">示值误差</td><td></td><td></td><td></td><td></td><td></td></tr>
</table>

表 B.2(续)

<table>
<tr><td colspan="3">试　验　点</td><td>1</td><td>2</td><td>3</td><td>4</td><td>5</td><td>示值允许误差</td></tr>
<tr><td rowspan="6">主销后倾角
(°)</td><td rowspan="4">前轮定位仪
示值</td><td>第一次</td><td></td><td></td><td></td><td></td><td></td><td rowspan="6">± 4′</td></tr>
<tr><td>第二次</td><td></td><td></td><td></td><td></td><td></td></tr>
<tr><td>第三次</td><td></td><td></td><td></td><td></td><td></td></tr>
<tr><td>算术平均值</td><td></td><td></td><td></td><td></td><td></td></tr>
<tr><td colspan="2">检验仪理论示值</td><td>3°</td><td>6°</td><td>9°</td><td>12°</td><td>15°</td></tr>
<tr><td colspan="2">示值误差</td><td></td><td></td><td></td><td></td><td></td></tr>
</table>

ICS 43.180
R 17
备案号:

中华人民共和国交通行业标准

JT/T 505—2004

四轮定位仪

Four-wheel alignmenter

2004-04-16 发布　　2004-07-15 实施

中华人民共和国交通部　发布

四轮定位仪

1 范围

本标准规定了四轮定位仪的术语和定义、技术要求、试验方法、检验规则、标志与使用说明书和包装、运输、贮存。

本标准适用于检测汽车四轮定位的仪器。

2 规范性引用文件

下列文件中的条款通过本标准的引用而成为本标准的条款。凡是注日期的引用文件,其随后所有的修改单(不包括勘误的内容)或修订版均不适用于本标准,然而,鼓励根据本标准达成协议的各方研究是否可使用这些文件的最新版本。凡是不注日期的引用文件,其最新版本适用于本标准。

GB/T 191 包装储运图示标志(eqv ISO 780)

GB 5226.1 机械安全 机械电器设备 第1部分 通用技术条件

GB 9969.1 工业产品使用说明书 总则

GB/T 11606.14 电子仪器环境试验方法 低温贮存试验

GB/T 11606.15 电子仪器环境试验方法 高温贮存试验

GB/T 11606.16 电子仪器环境试验方法 跌落试验

GB/T 13384 机电产品包装 通用技术条件

3 术语和定义

下列术语和定义适用于本标准。

3.1 四轮定位仪 four-wheel alignmenter

用于测量汽车四轮定位参数的仪器。

3.2 单轮前束 individual wheel toe-in

每一车轮的旋转平面相对汽车纵向轴线(几何中心线)的内夹角称为单轮前束角(θ),车轮前端偏向纵向轴线方向为正,反之为负,单轮前束通过公式(1)计算。

$$l = D \times \tan\theta \tag{1}$$

式中:l——单轮前束值,单位:mm;

D——车轮前束测量点所处的直径,单位:mm;

θ——单轮前束角,单位:°。

3.3 总前束 total wheel toe-in

左、右单轮前束之和。

3.4 推力角 thrust angle

车辆在俯视平面内纵向轴线和推力线(是一条假想的线,从后轴中心向前延伸,由两后轮共同确定的后轴行驶方向线)的夹角。推力线相对纵向轴线向左侧偏斜为正,向右侧偏斜为负。

3.5 轴偏角 wheel setback angle

同一轴上两车轮中心连线与车辆纵向轴线的垂线之间的夹角。右轮相对于左轮在前为正,反之为负。轴偏角也称为退缩角。

4 产品分类

4.1 分类

四轮定位仪分为：

——光学式，代号为 G；

——电子式，代号为 D；

——机械式，代号为 J；

——其他类型，代号自定义。

4.2 型号

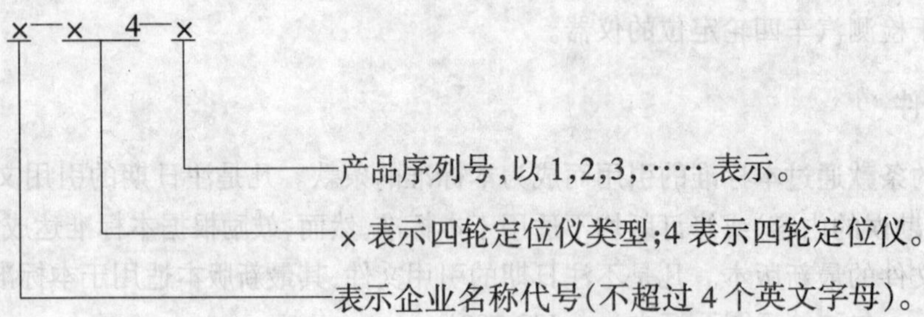

5 技术要求

5.1 工作条件

5.1.1 温度：0℃～40℃。

5.1.2 相对湿度：不大于 90%。

5.1.3 电源：AC 220×(1±10%)V，50×(1±2%)Hz。

5.1.4 环境气压：70kPa～106kPa。

5.2 结构要求

结构中不应具有妨碍四轮定位仪发挥正常使用性能的任何缺陷，使之在使用中可以满足本标准规定的全部要求。

5.3 性能要求

5.3.1 基本要求

5.3.1.1 仪器应稳定可靠。

5.3.1.2 仪器具备轮辋偏差补偿功能，即在补偿范围内不应影响车轮定位检测精度。

5.3.1.3 仪器测量精度应不受太阳光或其他灯光照射的影响。

5.3.1.4 仪器具有测量结果打印功能。

5.3.1.5 仪器具有数据通讯功能。

5.3.1.6 四轮定位仪系统响应时间不大于 1s。

5.3.2 系统

5.3.2.1 系统应具有调零功能。

5.3.2.2 系统应具有自诊断功能。

5.3.2.3 系统应具有标定功能。

5.3.3 夹具

5.3.3.1 夹具是将测量头安装于车轮上的装置。

5.3.3.2 夹具卡爪形成的平面与安装测量头的轴的垂直度不大于 0.1mm。

5.3.3.3 夹具应能夹持牢固，操作方便，且有安全保护装置。

5.3.4 转盘

5.3.4.1 转盘是支撑车轮并测量车轮转角的装置。

5.3.4.2 转盘直径不小于350mm。

5.3.4.3 转盘的任意方向平移量不小于40mm。

5.3.4.4 转盘的转角测量范围不小于－45°～＋45°。

5.3.4.5 电子式转盘测量精度为0.1°。

5.3.4.6 机械式转盘测量精度为0.5°。

5.3.4.7 电子式转盘转角零点误差不大于0.1°。

5.3.4.8 机械式转盘转角零点误差不大于0.5°。

5.3.4.9 机械式转盘指针上刻有一明显的指示标志线。

5.3.4.10 转盘刻度应清晰。

5.3.4.11 转盘应转动自如,无阻滞、卡死现象。

5.3.5 附件

5.3.5.1 后轮支撑滑板

四轮定位仪若配备左右可移动的两个支撑滑板,滑板在空载情况下移动阻力不大于10N,位移量不小于50mm。

5.3.5.2 转向盘固定器

四轮定位仪应配备转向盘固定器,且其附件操作轻便,使用可靠。

5.3.5.3 制动踏板固定器

四轮定位仪应配备制动踏板固定器,且其附件操作轻便,使用可靠。

5.3.6 测量参数、范围及精度

5.3.6.1 总前束角

测量范围:±6°。

精度:在±2°范围内精度为±4′,其余范围精度为±10′。

5.3.6.2 单一车轮前束角

测量范围:±3°。

精度:在±2°范围内精度为±2′,其余范围精度为±5′。

5.3.6.3 车轮外倾角

测量范围:±10°。

精度:在±4°范围内精度为±2′,其余范围精度为±10′。

5.3.6.4 主销后倾角

测量范围:±15°。

精度:在±12°范围内精度为±6′,其余范围精度为±10′。

5.3.6.5 主销内倾角

测量范围:±20°。

精度:在0°～＋18°范围内精度为±6′,其余范围精度为±10′。

5.3.6.6 推力角

测量范围:±6°。

精度:在±2°范围内精度为±2′,其余范围精度为±10′。

5.3.6.7 轴偏角

测量范围:±6°。

精度:在±2°范围内精度为±2′,其余范围精度为±10′。

5.4 示值要求

5.4.1 示值分辨率

角度分辨率为 1′,其中前束示值用角度表示时分辨率为 1′或用毫米表示时为 0.1mm。

5.4.2 零位漂移

零位漂移 30min 内不大于 4′。

5.4.3 示值误差

示值误差 ±4′。

5.4.4 示值稳定性

示值稳定性 10s 内为 ±2′。

5.5 电气安全性

四轮定位仪的保护接地电路、绝缘应符合 GB 5226.1 的规定。

5.6 外观及其他要求

5.6.1 仪器的机箱应有足够的机械强度和刚度,各连接件连接紧固可靠。外表面不得有明显的凹陷、崩缺现象,表面涂层不得有明显的剥落、划痕、气泡、流挂等现象。

5.6.2 仪器的按钮应有功能标识,操作灵活可靠,仪器显示清晰,不得有影响读数的缺陷。

6 试验方法

6.1 试验条件

按照 5.1 的规定。

6.2 试验仪器及工具

6.2.1 四轮定位仪零位示值试验架

6.2.1.1 结构

参考附录 A 的图 A.1 所示。

6.2.1.2 技术要求

6.2.1.2.1 结构刚度满足测量要求。

6.2.1.2.2 模拟轮距(1.2~1.8)m,模拟轴距(2.0~3.5)m。

6.2.1.2.3 四轮定位仪的传感器机头和试验架的轴孔配合精度不低于$\frac{H7}{g6}$或$\frac{G7}{h6}$。

6.2.1.2.4 用于固定传感器机头的四个定位轴(或孔)呈矩形布置,矩形对角线长度误差小于 1mm,各轴(或孔)中心应在同一平面内且水平,平面度公差为 0.2mm。

6.2.1.2.5 前后轴的平行度公差为 1mm。

6.2.2 四轮定位仪试验台

6.2.2.1 结构

参考附录 A 的图 A.2 和图 A.3 所示。

6.2.2.2 技术要求

6.2.2.2.1 具备连续模拟车轮定位角的功用,且模拟各参数大小符合 5.3.6 所规定的范围。

6.2.2.2.2 模拟车轮的圆盘的端面圆跳动量不大于 0.05mm,径向圆跳动量不大于 0.05mm。

6.2.2.2.3 四轮定位仪试验台示值精度为 0.02°。

6.2.2.2.4 试验架上左、右轮模拟倾角相同情况下,四圆盘中心对角线长度误差小于 1mm。

6.2.2.2.5 试验架上左、右轮模拟倾角相同情况下,四圆盘中心在同一平面内且水平,平面度公差为 0.2mm。

6.2.2.2.6 模拟轮距(1.2~1.8)m,模拟轴距(2.0~3.5)m。

6.3 零位漂移试验

将四个传感器机头按实际检测位置装在附图 A1 所示的轴头上或插孔内,仪器调整水平,打开被标定四轮定位仪电源,进入仪器标定程序,读取零点示值,每隔 30min 读取零点示值一次,共读取示值三次,计算三次示值的算术平均值作为零点漂移误差并记录在附录 B 的表 B.1 中,试验结果应符合 5.4.2

的要求。

6.4 示值误差试验

6.4.1 外倾示值误差试验

6.4.1.1 进行完6.3规定的零位漂移试验后，调整四轮定位仪试验台的四个圆盘上外倾调整旋钮（和前束共用），使试验台四个圆盘的外倾角各依次为+2°、+1°、0°、-1°、-2°，从被检四轮定位仪仪表上读取外倾角示值并记录在附录B的表B.2中。

6.4.1.2 重复6.4.1.1过程两次，其中一次按-2°、-1°、0°、+1°、+2°顺序测试。

6.4.1.3 计算每个测试点的三次算术平均值。

6.4.1.4 按公式(2)计算外倾示值误差并记录在附录B的表B.2中，试验结果应符合5.4.3的要求。

$$\Delta c_i = \bar{c}_i - c_{si} \tag{2}$$

式中：Δc_i——仪器在第 i 测试点的外倾角示值误差，°；

$\bar{c}_i$——仪器在第 i 测试点的三次外倾角示值的算术平均值，°，$i=1,2,3$；

c_{si}——第 i 测试点的四轮定位仪试验台的外倾角示值，°，$i=1,2,3$。

6.4.2 前束示值误差试验

6.4.2.1 进行完6.4.1试验后，放松4个传感器机头，使其相对于挂轴或插孔处于自由状态，将4个圆盘向前旋转90°后锁止，调整4个传感器机头处于水平状态后将其锁紧。

6.4.2.2 调整前束调整旋钮（和外倾共用），使试验台4个圆盘的前束角各依次为+2°、+1°、0°、-1°、-2°，从被检四轮定位仪的仪表上读取前束示值并记录在附录A的表A.2中。

6.4.2.3 重复6.4.2.2过程两次（总共三次），其中一次按-2°、-1°、0°、+1°、+2°顺序测试。

6.4.2.4 计算每个测试点的三次算术平均值。

6.4.2.5 按公式(3)计算前束示值误差并记录在附录B的表B.2中，试验结果应符合5.4.3的要求。

$$\Delta t_i = \bar{t}_i - t_{si} \tag{3}$$

式中：Δt_i——仪器在第 i 测试点的前束角示值误差，°；

$\bar{t}_i$——仪器在第 i 测试点的三次前束角示值的算术平均值，°，$i=1,2,3$；

t_{si}——第 i 测试点的四轮定位仪试验台的前束角示值，°，$i=1,2,3$。

6.4.3 车轮主销后倾角和主销内倾角示值误差试验

6.4.3.1 以单侧车轮为例，将四轮定位仪试验台的外倾角和前束角调整到零点，再调整主销后倾角和内倾角各依次为3°、6°、9°、12°、15°（同时调整或分别调整），通过回转台，带动传感器从车轮直行位置向左、右两个方向摆动相等的角度（角度大小根据被检仪器规定），按四轮定位仪说明书中规定的主销后倾角和内倾角的测量方法进行测量，将仪表示值记录在附录B的表B.2中。

6.4.3.2 重复6.4.3.1过程两次（总共三次），其中一次按15°、12°、9°、6°、3°顺序测试。

6.4.3.3 计算每个测试点的三次算术平均值。

6.4.3.4 按公式(4)计算主销内倾角和主销后倾角示值误差并记录在附录B的表B.2中，试验结果应符合5.4.3的要求。

$$\Delta k_i = \bar{k}_i - k_{si} \tag{4}$$

式中：Δk_i——仪器在第 i 测试点的主销内倾角（或主销后倾角）误差，°；

$\bar{k}_i$——仪器在第 i 测试点的三次主销内倾角（或主销后倾角）的算术平均值，°，$i=1,2,3$；

k_{si}——第 i 测试点的四轮定位仪试验台的主销内倾角（或主销后倾角），°，$i=1,2,3$。

6.5 示值稳定性试验

6.5.1 外倾角示值稳定性试验

6.5.1.1 按6.4.1.1方法试验，对外倾角为+2°的测试点，每隔10s读一次四轮定位仪仪表示值，共读取六组数据。

6.5.1.2 计算 6.5.1.1 所读取数据的标准差作为示值稳定性误差,并记录在附录 B 的表 B.3 中,试验结果应符合 5.4.4 的要求。

6.5.2 外倾角示值稳定性试验

6.5.2.1 按 6.4.2.1 方法试验,对前束角为 +1°的测试点,每隔 10s 读一次四轮定位仪仪表示值,共读取六组数据。

6.5.2.2 计算 6.5.2.1 所读取数据的标准差作为示值稳定性误差,并记录在附录 B 的表 B.3 中,,试验结果应符合 5.4.4 的要求。

6.5.3 主销内倾角和主销后倾角示值稳定性试验

6.5.3.1 按 6.4.3.1 方法试验,对主销内倾角和主销后倾角分别为 +9°的测试点,每隔 10s 读一次仪表示值,共读取六组数据。

6.5.3.2 计算 6.5.3.1 所读取数据的标准差作为示值稳定性误差,并记录在附录 B 的表 B.3 中,试验结果应符合 5.4.4 的要求。

6.6 电气性能试验

应按 GB 5226.1 的有关规定进行保护接地电路的连续性、绝缘电阻检验、耐压试验。

6.7 外观检验

通过目测与手感检查,外观质量应符合 5.6 规定。

6.8 运输和运输贮存试验

本试验在仪器处于完整包装的状态下进行。高温贮存试验与低温贮存试验之间,应在前项试验完成后,将仪器放置在工作条件下 24h 以上,才能进行后项试验。

6.8.1 低温贮存试验

按 GB/T 11606.14 的规定进行。

6.8.2 高温贮存试验

按 GB/T 11606.15 的规定进行。

6.8.3 运输试验

四轮定位仪经频率范围 50Hz、振幅 0.35mm 经过 0.5h 室内振动试验后,应符合本标准技术性能。

6.8.4 跌落试验

按 GB/T 11606.16 的规定进行。跌落方式:自由跌落;跌落高度:400mm;跌落次数:四次;跌落地面性质:水泥地面,试验后应符合本标准技术性能。

7 检验规则

7.1 检验类别

产品检验分出厂检验和型式检验。

7.2 出厂检验

7.2.1 每台产品应按出厂检验项目进行检验,检验合格后才能出厂,并附有产品合格证。

7.2.2 每台产品按第 6 章试验方法检验,应符合第 5 章技术要求,检验的比例为 100%。

7.2.3 判定规则:出厂检验如有一项不合格则判定为不合格。

7.3 型式检验

7.3.1 有下列情况之一时,应进行型式检验:

——新产品或老产品转厂生产的试制定型鉴定;

——正式生产后如结构、材料、工艺有较大改变,可能影响产品性能时;

——正常生产时,定期或累积一定产量后,应周期性进行一次检验;

——产品停产一年后,恢复生产时;

——出厂检验结果与上次例行检验有较大差异时;

——国家质量监督机构提出型式检验的要求时。

7.3.2 型式检验的样机数量按每批 5%进行检验,若小数点后不足一台按一台处理,但每批不得少于两台。

7.3.3 型式检验项目按第 5 章所有项目进行。

7.3.4 型式检验中如发现一台不合格时,可以对该批产品 10%再抽样,对不合格项目及相关项目进行复检,如仍有一台不合格者则此批产品判为不合格。

8 标志、使用说明书

8.1 标志

8.1.1 产品标志

仪器应在机箱上明显位置装有标牌,标牌应包含下列内容:

——产品名称及型号;

——制造厂名和商标;

——产品编号;

——生产日期;

——制造计量器具许可证编号及标志;

——产品标准编号;

——额定电源电压及频率。

8.1.2 包装标志

仪器的外包装上有包装储运标志,标志应包括下列内容:

——产品名称及型号;

——制造厂名及地址;

——包装箱的外形尺寸:长×宽×高,mm;

——总质量,kg;

——运输、贮存作业图示标志:"小心轻放"、"防潮"、"不准倒置"等,图示标志应符合 GB/T 191 的有关规定。

8.2 使用说明书

仪器应附有使用说明书,使用说明书的内容应符合 GB 9969.1 的要求。

9 包装、运输、贮存

9.1 包装

9.1.1 包装前应进行防锈防潮处理。

9.1.2 仪器应按产品包装技术图样的要求包装,包装箱内应有下列文件:

——产品合格证;

——装箱清单;

——保修卡;

——产品使用说明书。

9.1.3 产品出厂包装技术要求应符合 GB/T 13384 的规定。

9.2 运输

仪器在包装状态下运输,运输中应小心轻放,防止剧烈的振动和撞击,严禁抛掷。不得淋雨及长期受潮,不得与腐蚀性物质一起运输。

9.3 贮存

仪器应贮存在干燥、通风及无腐蚀性气体侵蚀的仓库里,贮存温度为-40℃~55℃。

附 录 A
(资料性附录)
四轮定位仪试验用仪器

A.1 四轮定位仪零位示值试验架(见图 A.1)

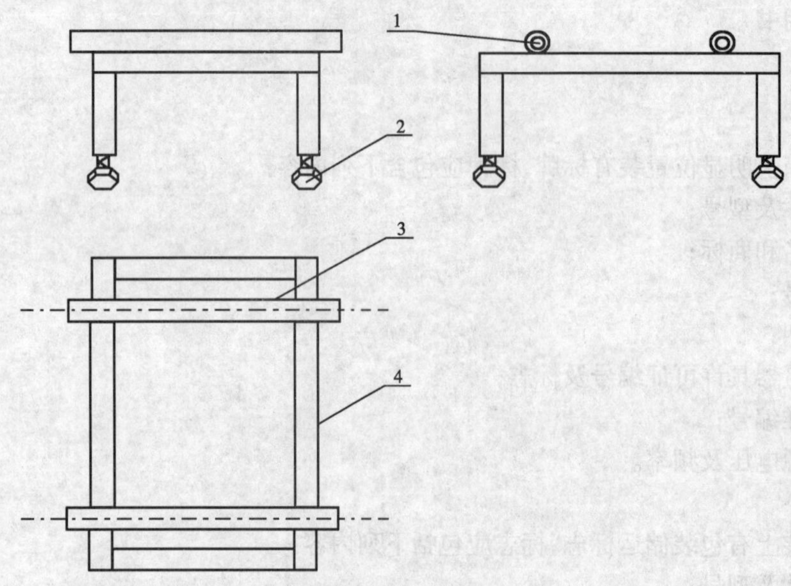

图 A.1 四轮定位仪零点试验架结构简图

1-传感器机头固定圆孔(或固定轴);2-调平螺丝;3-支承轴;4-支承架

A.2 四轮定位仪试验台(见图 A.2)

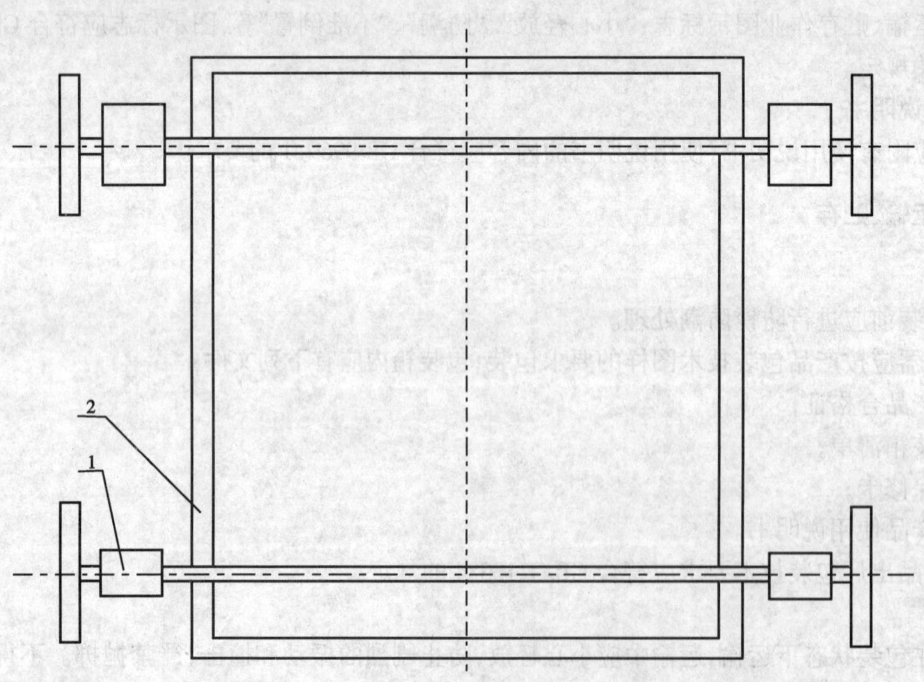

图 A.2 四轮定位仪试验台

1-车轮定位角模拟机构(参考图 A.3);2-支承框架

A.3 车轮定位角模拟机构

A.3.1 结构特征

车轮定位模拟机构由四部分组成,参见图 A.3:第一部分是车轮外倾和前束调整机构,分别由圆盘1、外倾和前束调整机构支撑板 2、圆盘倾角调整转轴 3、圆盘支撑板 4、圆盘回转轴 5、带豁口锁止盘 6、圆盘锁销 7、外倾和前束调整螺钉(旋钮)8、张紧弹簧 9、外倾与前束刻度定标 10、外倾与前束刻度游标 11 等组成;第二部分是主销内倾调整机构,主要由主销内倾角调整弧形齿轮(定标)12、主销内倾角调整齿轮 13、主销内倾角调整旋钮 14、主销内倾角刻度游标 15、主销内倾角调整锁板 16 等组成;第三部分为主销后倾调整机构,主要由主销后倾角刻度游标 17、主销后倾角调整弧形齿轮(刻度定标)18、主销后倾角调整锁紧螺栓 19、主销后倾角调整旋钮 20、主销后倾角调整齿轮 21、主销轴 22、主销轴外套筒 23、主销后倾角游标转轴 24、主销支撑转轴 25、支承架 26 等部分组成;第四部分是由机床用回转台 27、导向槽 28、导向长板 29、转向折板 30、回转角度调整手柄 31 部分等组成。

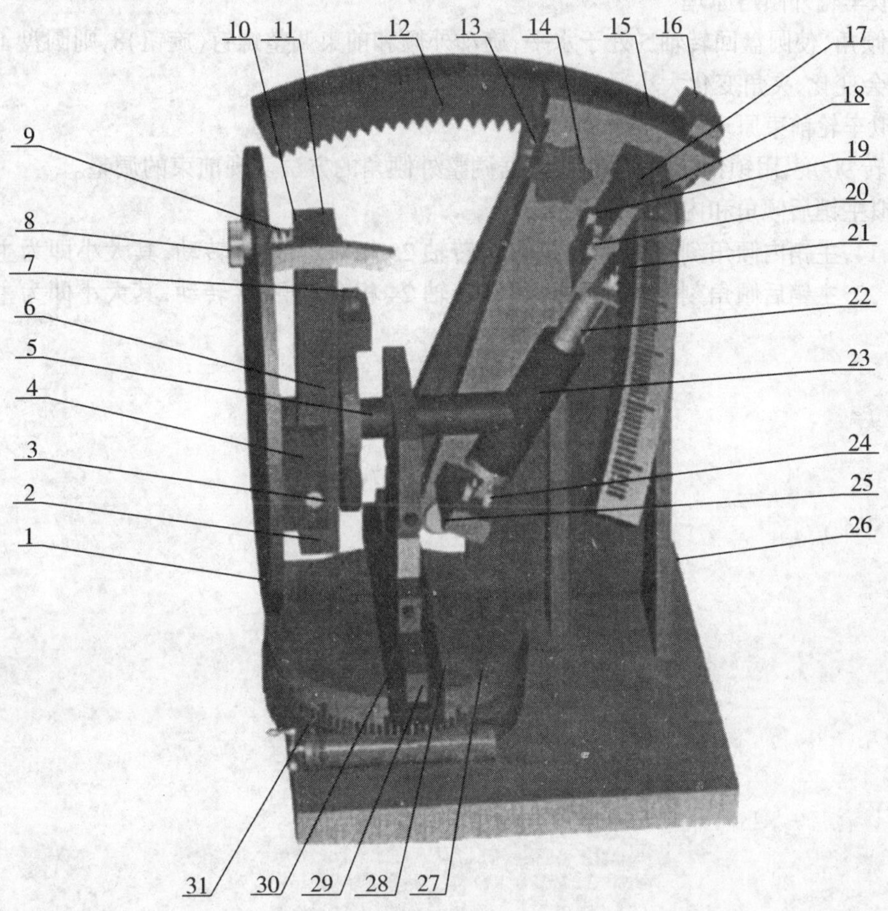

图 A.3 车轮定位角模拟机构

1-圆盘;2-外倾和前束调整机构支撑板;3-圆盘倾角调整转轴;4-圆盘支撑板;5-圆盘回转轴;6-带豁口锁止盘;7-圆盘锁销;8-外倾和前束调整螺钉(旋钮);9-张紧弹簧;10-外倾与前束刻度定标;11-外倾与前束刻度游标;12-主销内倾角调整弧形齿轮(定标);13-主销内倾角调整齿轮;14-主销内倾角调整旋钮;15-主销内倾角刻度游标;16-主销内倾角调整锁板;17-主销后倾角刻度游标;18-主销后倾角调整弧形齿轮(刻度定标);19-主销后倾角调整锁紧螺栓;20-主销后倾角调整旋钮;21-主销后倾角调整齿轮;22-主销轴;23-主销轴外套筒;24-主销后倾角游标转轴;25-主销支撑转轴;26-支承架;27-机床用回转台;28-导向槽;29-导向长板;30-转向折板;31-回转角度调整手柄

车轮定位模拟机构各部分的结构关系是:整个机构固定在支承架 26 上。主销内倾角调整弧形齿轮

(定标)12通过支承杆固定在支承架26上,主销内倾角刻度游标15通过支承杆固定在主销支承转轴25上,游标15和定标12的曲率中心均在转轴25的轴心上。定标12的内圆面是弧形齿条,游标15通过主销内倾角调整旋钮14旋动齿轮13可使得游标15相对定标12运动,其移动角度通过刻度读知。在游标15的垂向上是主销后倾角刻度定标18,主销后倾角刻度游标17通过主销轴22可绕转轴24转动,游标17和定标18的曲率中心均在转轴24的轴心上。主销轴22通过轴承或轴套套有可转动的圆筒23,圆筒23固联着圆盘1的回转轴5,回转轴5的另一端是外倾和前束调整机构,其具体结构是:支承板2的一端通过转轴3和圆盘1上的支撑板4相联,另一端通过调整螺钉8和圆盘1相联,圆盘1和支承板2之间是张紧弹簧9,在圆盘1和支承板2上分别固定有弧形定标10和弧形游标11,两者的曲率中心均在转轴3的轴心上。在回转轴5上挂有三节可折叠的拨板30,拨板的下端是一滑板29,滑板29可通过回转角度调整手柄31在回转台27上的滑槽28内滑动。

A.3.2 技术原理

A.3.2.1 模拟车轮外倾角原理

调整主销倾角,使圆盘回转轴5处于水平,旋动外倾和前束调整螺钉(旋钮)8,则圆盘1相对于支承板2的夹角即会变化,夹角变化大小通过游标和定标读出。

A.3.2.2 模拟车轮前束原理

将圆盘旋转90度,用锁销7固定圆盘,依据调整外倾角的方法实现前束的调整。

A.3.2.3 模拟主销后倾角和内倾角原理

旋转旋钮14,主销内倾角刻度游标15即可绕转轴25相对定标12转动,其大小即为主销内倾角大小。旋转旋钮20,主销后倾角刻度游标17即可绕转轴24相对定标18转动,其大小即为主销后倾角大小。

附 录 B
（规范性附录）
试验记录表格

B.1 零位漂移试验记录见表 B.1

表 B.1 零位漂移试验记录表

检测项目	零位示值			零位漂移	允许值
	1	2	3		
前束角(°)					≤4′
外倾角(°)					
主销内倾角(°)					
主销后倾角(°)					

B.2 传感器示值误差试验记录见表 B.2

表 B.2 第____号传感器示值误差试验记录表

试验点			1	2	3	4	5	示值允许误差
前束角(°)	四轮定位仪示值	第一次						±4′
		第二次						
		第三次						
		算术平均值						
	检验仪理论示值		2°	1°	0°	－1°	－2°	
	示值误差							
外倾角(°)	四轮定位仪示值	第一次						±4′
		第二次						
		第三次						
		算术平均值						
	检验仪理论示值		2°	1°	0°	－1°	－2°	
	示值误差							
主销内倾角(°)	四轮定位仪示值	第一次						±4′
		第二次						
		第三次						
		算术平均值						
	检验仪理论示值		3°	6°	9°	12°	15°	
	示值误差							

表 B.2(续)

试验点			1	2	3	4	5	示值允许误差
主销后倾角(°)	四轮定位仪示值	第一次						±4′
		第二次						
		第三次						
		算术平均值						
	检验仪理论示值		3°	6°	9°	12°	15°	
	示值误差							

B.3 示值稳定性试验记录见表 B.3

表 B.3 示值稳定性试验记录表

次数 / 试验内容	1	2	3	4	5	6	标准差	允许值
前束角(°)								≤4′
外倾角(°)								
主销内倾角(°)								
主销后倾角(°)								

ICS 43.180
R 17
备案号：

中华人民共和国交通行业标准

JT/T 506—2004

不透光烟度计

Opacimeters

2004-04-16 发布　　2004-07-15 实施

中华人民共和国交通部　发布

不透光烟度计

1 范围

本标准规定了不透光烟度计(以下简称仪器)的术语、定义、符号、单位、要求、试验方法、检验规则、标志、使用说明书和包装、运输、贮存。

本标准适用于测量压燃式发动机和装用压燃式发动机的车辆排气可见污染物的不透光烟度计。

2 规范性引用文件

下列文件中的条款通过本标准的引用而成为本标准的条款。凡是注日期的引用文件,其随后所有的修改单(不包括勘误的内容)或修订版均不适用于本标准,然而,鼓励根据本标准达成协议的各方研究是否可使用这些文件的最新版本。凡是不注日期的引用文件,其最新版本适用于本标准。

GB/T 191　包装储运图示标志(eqv ISO 780)

GB 3847—1999　压燃式发动机和装用压燃式发动机的车辆排气可见污染物限值及测试方法(eqv ECE R 24/03:1986)

GB/T 6587.7—1986　电子测量仪器　基本安全试验

GB 9969.1　工业产品使用说明书　总则

GB/T 11606.7　分析仪器环境试验方法　交变湿热试验

GB/T 11606.14　分析仪器环境试验方法　低温贮存试验

GB/T 11606.15　分析仪器环境试验方法　高温贮存试验

GB/T 11606.16　分析仪器环境试验方法　跌落试验

GB/T 11606.17　分析仪器环境试验方法　碰撞试验

3 术语、定义、符号和单位

下列术语、定义、符号和单位适用于本标准。

3.1 透光度　transmittance

光源发出的光穿过充满被测气体的测量区到达接收器的光度与穿过充满洁净空气的同一测量区到达接收器的光度的百分比。

$$\tau = \frac{I}{I_0} \times 100 \tag{1}$$

式中:τ——透光度,%;

I——光源发出的光穿过充满被测气体的测量区到达接收器的光度,cd;

I_0——光源发出的光穿过充满洁净空气的同一测量区到达接收器的光度,cd。

3.2 不透光度　opacity

光源发出的光穿过被测气体到达接收器时光的传输衰减度。

$$N = 100 - \tau \tag{2}$$

式中:N——不透光度,%。

3.3 光通道有效长度　effective optical path length

光源与接收器之间因通道边缘效应和排气烟度不均匀性而经修正的光通道长度,用符号 L_A 表示。

3.4 基准光通道有效长度 effective optical path standard length

为了使具有不同光通道有效长度的烟度计测量出的不透光度值具有可比性,设定一光通道有效长度作为折算和检验基准,称之为基准光通道有效长度,用符号 L_s 表示,$L_s = 430\text{mm}$。

3.5 光吸收系数 light absorption coefficient

由比尔—朗伯(Beer-Lambert)定律确定的系数。

$$k = -\frac{1}{L_A}\ln\left(1 - \frac{N}{100}\right) \tag{3}$$

式中:k——光吸收系数,m^{-1};

L_A——光通道有效长度,m;

N——不透光度,%。

3.6 物理响应时间 physical response time

由仪器测量室的物理特性(测量室的长度及空气动力学性能、光电转换速度等)决定的响应时间。它等于从排气开始进入测量室起到完全充满测量室过程当中,使光电接收器相应的输出信号从其变化幅度的 10% 到 90% 所经历的时间,用符号 t_p 表示。

3.7 电气响应时间 electrical response time

由仪器测量电路决定的响应时间。它等于仪器的光源在 0.01s 内熄灭时,其示值从满量程的 10% 到满量程的 90% 所经历的时间,用符号 t_e 表示。

3.8 仪器响应时间 instrument response time

由物理响应时间和电气响应时间共同决定的时间,用符号 t_a 表示,即:

$$t_a = \sqrt{t_p^2 + t_e^2} \tag{4}$$

3.9 测量室 measurement chamber

用于测量发动机排烟的不透光度的管状空间。

3.10 单光程式不透光烟度计 single light path opacimeter

光源与接受器分别置于光通道两端的不透光烟度计。

3.11 双光程式不透光烟度计 dual light path opacimeter

光源与接受器置于光通道同一端的不透光烟度计。

4 技术要求

4.1 工作条件

4.1.1 温度:0℃~40℃。

4.1.2 相对湿度:不大于 95%。

4.1.3 电源:AC 220×(1±10%)V,50×(1±2%)Hz。

4.1.4 大气压力:70.0 kPa~106.0kPa。

4.2 结构要求

不透光烟度计的主要结构包括:光源、光接收器、光通道、测量室、取样管、取样探头等。

4.2.1 光源

色温范围为 2800K~3250K 的白炽灯或光谱峰值波长为 550nm~570nm 的绿色发光二极管。

4.2.2 光接收器

光电转换元件,其光谱响应曲线应类似于人眼的光适应曲线。在波长 550nm 到 570nm 范围内有最大响应,在波长小于 430nm 或超过 680nm 时,其响应应小于该最大响应的 4%。

4.2.3 光通道有效长度

光通道有效长度的实际值与其标称值之差不超过标称值的 ±2%。

4.2.4 取样管

取样管长度:1.5m~2.0m。

取样管固定在排气管上时,夹持机构应操作方便,夹持牢固,在测量中不得窜位或脱落。

4.2.5 取样探头

取样探头长度:0.3m。

取样探头耐高温性:置于500℃的高温下1h,取样探头不产生变形和老化。

取样探头其他技术要求按GB 3847—1999附录G的规定。

4.2.6 测量室

4.2.6.1 当测量室内充满光吸收系数约1.7m^{-1}的被测气体时,因反射或散射的综合作用产生的偏差不超过0.05m^{-1}。

4.2.6.2 仪器可安装适当的测量装置(如压力传感器)以测量测量室的压力。压力测量装置的示值误差为±0.2kPa,仪器应提供利用外部仪器检定或校准压力测量装置的方式。

4.2.6.3 测量室内应装有合适的温度测量装置,温度测量装置的示值误差为5℃。仪器应提供利用外部仪器检定或校准温度测量装置的方式。

4.2.6.4 测量室中的工作压力与大气压力之差不超过0.75kPa,工作温度应在70℃~280℃之间。

4.2.6.5 在非标准测量条件下(标准条件是指测量室中的工作压力与大气压力之差不超过0.75kPa,测量室温度为100℃),仪器检测结果应考虑测量室的压力和温度的影响,由公式(5)进行修正。

$$k_{cor} = k_{obs} \cdot (P_{atm}/P_{obs}) \cdot ((T_m + 273)/373) \tag{5}$$

式中:k_{cor}——因温度、压力影响而进行修正的光吸收系数,m^{-1};

k_{obs}——修正前的光吸收系数,m^{-1};

P_{obs}——检测时测量室内的气压,kPa;

P_{atm}——基准气压,取101.3kPa;

T_m——检测时测量室内的温度,℃

4.3 功能要求

4.3.1 仪器应具有发动机转速及机油温度的测量功能。转速示值误差在转速不大于1000r/min时不超过±20r/min,在其他范围不超过±50r/min;油温测量示值误差不超过±5℃。

4.3.2 不透光烟度计的设计应使发动机在稳定转速工况下,充入测量室内的烟气,其不透光的程度是均匀的。

4.3.3 仪器具有与微机串口通讯功能,并有模拟量输出接口。

4.3.4 仪器应具有自动校准功能,可进行日常仪器的自检与定期校准。

4.3.5 仪器开机后15min内测量室应预热至工作温度。

4.3.6 仪器响应时间不大于1.0s。

4.4 示值要求

4.4.1 示值显示

仪器应同时显示不透光度、光吸收系数、发动机转速和机油温度示值,且能打印测量结果。对同一参数测量结果的各种输出与显示值应一致。

4.4.2 示值范围

不透光度:(0~100)%;

光吸收系数:(0~∞)m^{-1}。

4.4.3 分辨力

不透光度:0.1%;

光吸收系数:0.01m^{-1}。

4.4.4 不透光度零位及满量程时的示值允许误差

仪器应有调零装置,通入洁净的空气时仪器的示值应能调到 0。满量程时(关断光源或完全挡住光源的光线)示值应为 100%。零位和满量程时的示值允许误差为 ±0.5%。

4.4.5 零位漂移

不透光度:1h 内为 ±1.0%;

光吸收系数:1h 内为 $\pm 0.025\text{m}^{-1}$。

4.4.6 零位恢复性

连续通入光吸收系数大约为 1.7m^{-1} 的烟气 1h 或连续进行 12 次柴油车自由加速排放测量后,零位漂移应符合 4.4.5 要求。

4.4.7 示值误差

不透光度:±2.0%;

光吸收系数:仪器光吸收系数示值与按仪器不透光度示值用公式(6)计算的 K 值之间的差值,不得大于 0.05m^{-1}。

$$k = -\frac{1}{L_s}\ln\left(1 - \frac{N_s}{100}\right) \tag{6}$$

式中:N_s——不透光度示值,%。

4.4.8 示值稳定性

不透光度:10s 内为 1.0%;

光吸收系数:10s 内为 0.15m^{-1}。

4.5 电气安全

4.5.1 绝缘电阻

在 500V 直流试验电压下持续 5s,绝缘电阻值应不小于 2MΩ。

4.5.2 绝缘强度

在 1500V(有效值)、50Hz 正弦波试验电压下持续 1min 不得出现击穿或重复飞弧现象,电晕放电效应及类似现象可忽略不计。

4.5.3 泄漏电流

泄漏电流值应不大于:交流 5mA(峰值),直流 5mA。

4.6 外观及其他要求

4.6.1 仪表显示应清晰,不得有影响读数的缺陷。

4.6.2 仪器的机箱应有足够的机械强度和刚度。

4.6.3 仪器外表面涂层应色泽均匀,表面涂层不得有明显的凹陷、崩缺、剥落、擦伤、划痕、气泡、流挂、裂纹等现象,各部分应清洁。

4.6.4 各种调节旋钮、按钮应转动灵活、平稳、锁定可靠,不应有影响使用的缺陷。

4.6.5 仪器应在机箱上明显位置装有标牌,标牌内容见 7.1.1 的规定。

4.6.6 仪器经 5.10 运输和 5.11 贮存试验后,其性能应符合 4.4.4,4.4.5 和 4.4.7 的规定。

5 试验方法

5.1 试验条件

按照 4.1 的规定。

5.2 试验仪器及工具

测量仪器及量具必须经计量部门鉴定合格并在有效期内方准使用。

5.2.1 基准不透光烟度计

光通道有效长度已知,有效长度误差不大于 0.2%,不透光度示值误差为 ±0.5%,采样频率不小于 50 次/s 的不透光烟度计。

5.2.2 试验样气

样气的不透光度在 15%到 85%之间并且较恒定均匀,压力与大气压力之差不大于 0.75kPa,温度大于 70℃且基本恒定。

5.2.3 标准滤光片

在 555nm 波长时的滤光片不透光度值分别约为 71%、50%、34%、27%、20%(对于双光程不透光烟度计来说,应约为 84%、71%、58%、52%、45%),其不透光度相对不确定度应不大于 0.3%,几何尺寸应按被检仪器规定;数量各一片。

5.2.4 数据采集、存储装置

具有自动触发,快速采样、存储(记录)功能的装置,如数字存储示波器或记录仪。其响应时间应等于或小于不透光烟度计的响应时间。在 0~0.2V 时,分辨力不大于 10μV,采样速率不低于 100 次/s,数据存储量不小于 500 个。

5.2.5 绝缘电阻表(兆欧表)

量程:不小于 100MΩ;

测量电压:直流 500V。

5.2.6 绝缘强度试验仪

测量电压:1500V(有效值)、50Hz 正弦波;

5.3 光通道有效长度试验

5.3.1 试验准备

a) 使被测的不透光烟度计和基准不透光烟度计通电预热并进入检定实时采样状态;

b) 连接基准不透光烟度计、被测不透光烟度计与试验样气产生装置;

c) 控制样气产生装置,使样气不透光度值在 15%到 85%之间,温度在 100℃左右,压力与大气压力之差不大于 0.75kPa。

5.3.2 同时读取两台仪器的未折算(指实测,下同)的不透光度 N 值及测量室的温度,并记录在附录 A 的表 A.1 中,共读取十组示值。

5.3.3 将每组示值代入公式(7),计算被测不透光烟度计的光通道有效长度:

$$L_{Ai} = L_{A0} \times \frac{(273 + T_i)}{(273 + T_{0i})} \times \frac{\ln(1 - N_i/100)}{\ln(1 - N_{0i}/100)} \tag{7}$$

式中:L_{Ai}——被测不透光烟度计第 i 组计算的光通道有效长度,m,$i = 1,2\cdots\cdots,10$;

L_{A0}——基准不透光烟度计的光通道有效长度,m;

T_i——被测不透光烟度计的测量室在第 i 次检测的温度,℃,$i = 1,2,3\cdots\cdots,10$;

T_{0i}——基准不透光烟度计的测量室在第 i 次检测的温度,℃,$i = 1,2,3\cdots\cdots,10$;

N_i——被测不透光烟度计第 i 次读取的未折算不透光度值,$i = 1,2,3\cdots\cdots,10$;

N_{0i}——基准不透光烟度计第 i 次读取的未折算不透光度值,$i = 1,2,3\cdots\cdots,10$。

5.3.4 按公式(8)计算光通道有效长度的算术平均值,结果应符合 4.2.3 的要求。

$$L_A = \frac{1}{10}\sum_{i=1}^{10} L_{Ai} \tag{8}$$

5.4 零位时和满量程时的示值误差试验

5.4.1 将仪器通电预热。

5.4.2 向仪器通入压力在 1 个大气压左右的洁净热(100℃左右)空气,使仪器置零。将零位的不透光度示值记录在附录 A 的表 A.2 中。

5.4.3 关断光源的电源或用黑色吸光材料挡住光源的光线,将仪器满量程的不透光度示值记录在附录 A 的表 A.2 中。

5.4.4 重复 5.4.2 和 5.4.3 的操作两次(总共三次)。

5.4.5 计算三次零位示值的算术平均值,将此值作为零位时的示值误差。

5.4.6 按公式(9)计算满量程时的示值误差,结果应符合 4.4.4 的要求。

$$\Delta_{100} = \bar{N}_{100} - 100 \tag{9}$$

式中:Δ_{100}——满量程时的示值误差,%;

$\bar{N}_{100}$——三次满量程时不透光度示值的算术平均值,%。

5.5 零位漂移试验

5.5.1 在 5.4 试验完成后重新向仪器通入压力在 1 个大气压左右的洁净热(100℃左右)空气并将仪器调零,待数据稳定后,将零位示值记录在附录 A 的表 A.3 中。

5.5.2 1h 后再向仪器通入上述的洁净热空气,待数据稳定后,读取仪器示值并记录在附录 A 的表 A.3 中。

5.5.3 按公式(10)计算仪器的零位漂移值并记录在表 A.3 中,结果应符合 4.4.5 的要求。

$$\Delta Z_0 = Z_1 - Z_0 \tag{10}$$

式中:ΔZ_0——仪器零位(不透光度)的漂移值,%;

Z_0——试验开始时仪器零位的不透光度示值,%;

Z_1—— 1h 后仪器零位的不透光度示值,%。

5.6 示值误差试验

5.6.1 将仪器调零。

5.6.2 对单光程式不透光烟度计,按不透光度值约为 71%、50%、34%、27% 和 20% 选取测试点,依次将相应的标准滤光片插入被测仪器保护气幕窗的插槽内,读取仪器的不透光度和光吸收系数的示值并记录在附录 A 的表 A.4 中。重复上述过程两次(总共三次)。对双光程式不透光烟度计,按不透光度值约为 84%、71%、58%、52% 和 45% 选取测试点进行同样试验。

5.6.3 计算不透光度和光吸收系数三次示值的算术平均值。

5.6.4 按公式(11)计算不透光度示值误差并记录在表 A.4 中,结果应符合 4.4.7 的要求。

$$\Delta N_i = \bar{N}_i - N_{si} \tag{11}$$

式中:ΔN_i——仪器在第 i 测试点的不透光度示值误差,%;

$\bar{N}_i$——仪器在第 i 测试点的三次不透光度示值的算术平均值,%,$i=1,2,3$;

N_{si}——第 i 测试点的标准滤光片不透光度标称值或换算值(用于双光程式不透光烟度计),%,$i=1,2,3$。

对于双光程式不透光烟度计,标准滤光片的不透光度标称值的换算值按公式(12)计算。

$$N_d = 100 \times (1 - T_c \cdot T_c \cdot \alpha) \tag{12}$$

式中:α——光通道的效率,其值由生产单位提供;

N_d——滤光片不透光度换算值;

T_c——滤光片透光率,由 $T_c = N_{st}/100$ 确定,其中 N_{st} 为滤光片不透光度标称值。

5.6.5 按公式(13)计算光吸收系数示值误差并记录在表 A.4 中,结果应符合 4.4.7 的要求。

$$\Delta k_i = \bar{k}_i - k_{si} \tag{13}$$

式中:Δk_i——仪器在第 i 测试点的光吸收系数示值误差,m^{-1};

$\bar{k}_i$——仪器在第 i 测试点的三次光吸收系数示值的算术平均值,m^{-1},$i=1,2,3$;

k_{si}——第 i 测试点的标准滤光片的光吸收系数标称值或换算值(用于双光程式不透光烟度计),m^{-1},$i=1,2,3$。

5.7 示值稳定性试验

5.7.1 将被测不透光烟度计设置在定时采样且能记录实时采样值的状态下。对仪器要求:采样速率不小于 30 次/s,采样时间设定为 10s。

5.7.2 连接被测仪器与试验样气发生装置。对气体要求:样气的温度恒定,光吸收系数在 $1.7m^{-1}$左右且稳定均匀,10s 内样气光吸收系数的变动量不大于 $0.05m^{-1}$。

5.7.3 被测仪器对被测气体进行连续取样,10s 后停止测量。

5.7.4 计算 5.7.3 所采集数据 N 和 K 值的标准差。并按公式(14)和(15)计算不透光度和光吸收系数的最大值和最小值之差,记录在表 A.5 中。

5.7.5 重复上述操作两次(总共三次)。

5.7.6 计算三次试验的不透光度和光吸收系数标准差的算术平均值,并将其作为仪器的示值稳定性误差,结果应符合 4.4.8 的要求。

$$\Delta_{iN} = N_{imax} - N_{imin} \tag{14}$$

式中:Δ_{iN}——第 i 次试验被测仪器不透光度示值的最大值和最小值之差,$i = 1,2,3$;

N_{imax}——第 i 次试验被测仪器不透光度示值的最大值,$i = 1,2,3$;

N_{imin}——第 i 次试验被测仪器不透光度示值的最小值,$i = 1,2,3$。

$$\Delta_{ik} = k_{imax} - k_{imin} \tag{15}$$

式中:Δ_{ik}——第 i 次试验被测仪器光吸收系数示值的最大值和最小值之差,$i = 1,2,3$;

k_{imax}——第 i 次试验被测仪器光吸收系数示值的最大值,$i = 1,2,3$;

k_{imin}——第 i 次试验被测仪器光吸收系数示值的最小值,$i = 1,2,3$。

5.8 仪器响应时间试验

5.8.1 物理响应时间试验

5.8.1.1 试验准备

a) 将数据采集、存储装置接在被测仪器光电接收器的输出端;

b) 用导管将被测仪器与样气发生装置连接。调节装置使样气的光吸收系数在 $1.7m^{-1}$左右,压力与大气压力之差不超过 0.75kPa。

5.8.1.2 向被测仪器输入洁净热(100℃左右)空气,然后将仪器调零。

5.8.1.3 使仪器从通入干净热空气骤然(不大于 0.1s)转换到通入样气,与此同时使数据采集、存储装置开始工作。

5.8.1.4 从数据采集、存储装置的记录中找出光电接收器的输出信号从其变化幅度的 10%过渡到 90%时所经历的时间 t_{p1},并记录在附录 A 的表 A.6 中。

5.8.1.5 重复上述操作二次,将结果 t_{p2}和 t_{p3}记录在表 A.6 中。

5.8.1.6 按公式(16)计算被测仪器的物理响应时间 t_p。

$$t_p = \frac{1}{3}(t_{p1} + t_{p2} + t_{p3}) \tag{16}$$

式中:t_p——被测仪器的物理响应时间,s;

t_{p1}——第 1 次试验的物理响应时间,s;

t_{p2}——第 2 次试验的物理响应时间,s;

t_{p3}——第 3 次试验的物理响应时间,s。

5.8.2 电气响应时间试验

5.8.2.1 将仪器设置在连续采样并能记录实时采样值的状态。

5.8.2.2 向仪器通入洁净热(100℃左右)空气,然后将仪器调零。

5.8.2.3 在 0.01s 内迅速关断仪器光源的电源或用黑色吸光材料挡住光源的光线。

5.8.2.4 从仪器的数据采集记录中找出从满量程的 10%过渡到 90%时所经历的时间 t_{e1},并记录在附录 A 的表 A.6 中。

5.8.2.5 重复上述操作两次,将结果 t_{e2} 和 t_{e3} 记录在表 A.6 中。

5.8.2.6 按公式(17)计算被测仪器的电气响应时间 t_e。

$$t_e = \frac{1}{3}(t_{e1} + t_{e2} + t_{e3}) \tag{17}$$

式中:t_e——被测仪器的电气响应时间,s;

t_{e1}——第 1 次试验的电气响应时间,s;

t_{e2}——第 2 次试验的电气响应时间,s;

t_{e3}——第 3 次试验的电气响应时间,s。

5.8.3 仪器响应时间

按公式(4)计算被测仪器响应时间 t_a,并记录在附录 A 的表 A.6 中,结果应符合 4.3.6 的要求。

5.9 电气安全试验

仪器在非包装及非工作状态下,按 GB/T 11606.7 的试验条件和试验方法进行交变湿热试验后,分别进行 5.9.1 ~ 5.9.3 试验。

5.9.1 绝缘电阻试验。

本试验按 GB/T 6587.7—1986 中 3.1 的规定进行,结果应符合 4.5.1 的要求。

5.9.2 绝缘强度试验

本试验按 GB/T 6587.7—1986 中 3.2 的规定进行,结果应符合 4.5.2 的要求。

5.9.3 泄漏电流试验

本试验按 GB/T 6587.7—1986 中 3.3 的规定进行,结果应符合 4.5.3 的要求。泄漏电流测量电路按 GB/T 6587.7—1986 中图 1 的方法连接。

5.10 贮存试验

本试验在仪器处于完整包装的状态下进行。高温贮存试验后,将仪器放置在工作条件下 24h 以上再进行低温贮存试验。

5.10.1 高温贮存试验

按 GB/T 11606.15 的规定进行,结果应符合 4.6.6 的要求。

5.10.2 低温贮存试验

按 GB/T 11606.14 的规定进行,结果应符合 4.6.6 的要求。

5.11 运输试验

5.11.1 跌落试验

按 GB/T 11606.16 的规定进行,结果应符合 4.6.6 的要求。

5.11.2 碰撞试验

按 GB/T 11606.17 的规定进行,结果应符合 4.6.6 的要求。

5.12 外观检查

人工方法进行检查。如进行 5.11 试验,在试验之前和试验之后均应作本检查。

5.13 重复试验

进行 5.11 和 5.12 试验后,再次进行 5.3、5.4 和 5.5 试验。

6 检验规则

6.1 出厂检验

6.1.1 仪器应经制造厂质量检验部门检验合格并出具检验合格证书后方可出厂。

6.1.2 出厂检验按 5.4,5.5,5.6 和 5.12 进行,应符合 4.4.4,4.4.5,4.4.7 和 4.6 的规定。检验的抽样比例为 100%。

6.1.3 判定规则:出厂检验如有一项不合格则判定为不合格,不准出厂。

6.2 型式检验

6.2.1 遇有下列情况之一,应进行型式检验:

——新产品的试制定型鉴定;

——正式生产后,产品的结构、材料、生产工艺有较大改变,可能影响产品性能;

——正常生产时,每二年或累计的生产数量超过 200 台后;

——产品转厂生产时;

——出厂检验的结果与上次型式检验有较大差异;

——国家质量监督部门要求进行型式检验。

6.2.2 型式检验的样机应从近期出厂,检验合格的产品中随机抽取两台。

6.2.3 型式检验按第 5 章的所有项目进行,应符合第 4 章的全部规定。

6.2.4 判定规则:

——对 4.3.6,4.4.3~4.4.7,4.5,4.6 两台中如有一项不合格则判定该批为不合格。

——如 4.6 不合格,允许再抽取同样的数量复检,若仍有不合格,则判定该批为不合格。

7 标志、使用说明书

7.1 标志

7.1.1 产品标志

仪器应在机箱上明显位置装有标牌,标牌应包含下列内容:

——产品名称及型号;

——制造厂名和商标;

——产品编号;

——生产日期;

——制造计量器具许可证编号及标志;

——产品标准编号及标准备案号;

——测量范围;

——精度;

——额定电源电压及频率;

——耗电量。

7.1.2 包装标志

仪器的外包装应包括下列内容:

——产品名称及型号;

——制造厂名及地址;

——包装箱的外形尺寸:长×宽×高,mm;

——总质量,kg;

——运输、贮存作业图示标志:“小心轻放”、“防潮”、“不准倒置”等,图示标志应符合 GB/T 191 的有关规定。

7.2 使用说明书

仪器应附有使用说明书,使用说明书的内容应符合 GB 9969.1 的要求。

8 包装、运输、贮存

8.1 包装

仪器应按产品包装技术图样的要求包装,包装箱内应有下列文件:

——产品合格证;

——装箱清单；

——产品使用说明书。

8.2 运输

仪器在包装状态下运输，运输中应小心轻放，防止剧烈的振动和撞击，严禁抛掷。不得淋雨及长期受潮，不得与腐蚀性物质一齐运输。

8.3 贮存

仪器应贮存在干燥、通风及无腐蚀性气体侵蚀的仓库里，贮存温度为 -40℃ ~ 55℃。

附 录 A
（规范性附录）
试验记录表格

A.1 光通道有效长度试验记录见表 A.1

表 A.1 光通道有效长度试验记录表

基准不透光烟度计的光通道有效长度 L_{A0}：__________ m

第 i 次测量	基准不透光烟度计		被测不透光烟度计		
	不透光度示值 N_{0i}（%）	测量室的温度 T_{0i}（℃）	不透光度示值 N_i（%）	测量室的温度 T_i（℃）	光通道有效长度 L_{Ai}（m）
1					
2					
3					
4					
5					
6					
7					
8					
9					
10					
被测不透光烟度计实际的光通道有效长度					

A.2 零位时和满量程时的示值误差试验记录见表 A.2

表 A.2 零位时和满量程时的示值误差试验记录表

试验次数	零位时不透光度示值（%）	满量程时不透光度示值（%）	示值允许误差%
第 1 次			±0.5
第 2 次			
第 3 次			
算术平均值			
示值误差			

A.3 零位漂移试验记录见表 A.3

表 A.3 零位漂移试验记录表

开始时的不透光度示值 Z_0（%）	1h 后的不透光度示值 Z_1（%）	零位漂移 ΔZ_0（%）	允许值（%）
			1h 内不大于 1

A.4 示值误差试验记录见表 A.4

表 A.4 示值误差试验记录表

试验点			1	2	3	示值允许误差
不透光度（%）	仪器示值	第一次				ΔN_{max} ±2.0
		第二次				
		第三次				
	算术平均值 $\bar{N}_i$					
	标准滤光片标称值 N_s（或换算值 N_d）					
	示值误差 ΔN_i					
光吸收系数（m^{-1}）	仪器示值	第一次				ΔK_{max} ±0.0.5
		第二次				
		第三次				
	算术平均值 $\bar{k}_i$					
	标准滤光片标称值 k_{si}（或换算值 k_d）					
	示值误差 Δk_i					

A.5 示值稳定性试验记录见表 A.5

表 A.5 示值稳定性试验记录表

第 i 次试验		1	2	3	标准差的算术平均值	允许值
不透光度示值（%）	最大值 N_{imax}				$\bar{\Delta}_{iN}$ =	10s 内不大于 1.0
	最小值 N_{imin}					
	差值 Δ_{iN}					
	标准差 σ_{iN}				$\bar{\sigma}_{iN}$ =	0.5
光吸收系数示值（m^{-1}）	最大值 k_{imax}				$\bar{\Delta}_{ik}$ =	10s 内不大于 0.15
	最小值 N_{imin}					
	差值 Δ_{ik}					
	标准差 σ_{iK}				$\bar{\sigma}_{iK}$ =	0.175

A.6 仪器响应时间试验记录见表 A.6

表 A.6 仪器响应时间试验记录表

物理响应时间（s）	第一次试验 t_{p1}	第二次试验 t_{p2}	第三次试验 t_{p3}	t_p
电气响应时间（s）	第二次试验 t_{e1}	第二次试验 t_{e2}	第三次试验 t_{e3}	t_e
仪器响应时间（s）				

ICS 43.180
R 17
备案号:

中华人民共和国交通行业标准

JT/T 507—2004
代替 JT 3131—1987

汽车侧滑检验台

Automobile side slip tester

2004-04-16 发布　　2004-07-15 实施

中华人民共和国交通部　发布

汽车侧滑检验台

1 范围

本标准规定了汽车侧滑检验台的术语和定义、技术要求、试验方法、检验规则以及标志、包装运输和贮存。

本标准适用于动态检验的双滑板联动汽车侧滑检验台。单板汽车侧滑检验台可参照执行。

2 规范性引用文件

下列文件中的条款通过本标准的引用而成为本标准的条款。凡是注日期的引用文件，其随后所有的修改单(不包括勘误的内容)或修订版均不适用于本标准，然而，鼓励根据本标准达成协议的各方研究是否可使用这些文件的最新版本。凡是不注日期的引用文件，其最新版本适用于本标准。

GB/T 191　包装储运图示标志(eqv ISO 780)

GB 2894　安全标志(neq ISO 3864)

GB/T 13306　标牌

GB/T 13384　机电产品包装　通用技术条件

3 术语和定义

下列术语和定义适用于本标准。

3.1 汽车侧滑检验台　automobile side slip tester

用来检验汽车车轮在直线行驶过程中车轮侧滑量大小及方向的设备。

3.2 侧滑量　side slip distance

是指汽车在没有外加转向力的条件下，以车速(3~5)km/h 直线行驶通过检验台时，滑板的横向位移量与滑板的纵向有效测量长度之比值，侧滑量以米每千米(m/km)表示。滑板向内为负(-)值、向外为正(+)值。

3.3 双滑板联动汽车侧滑检验台　twin slipper automobile side slip tester

由机械装置连接的左、右滑板可同步向内、向外移动，并通过机械和电测量装置显示侧滑量的汽车侧滑检验台。

4 产品分类

4.1 分类

4.1.1 按额定承载质量分为 3t、10t、13t 三种。

4.1.2 按纵向有效测量长度分为 500mm 和 1000mm 两种。

4.2 产品型号

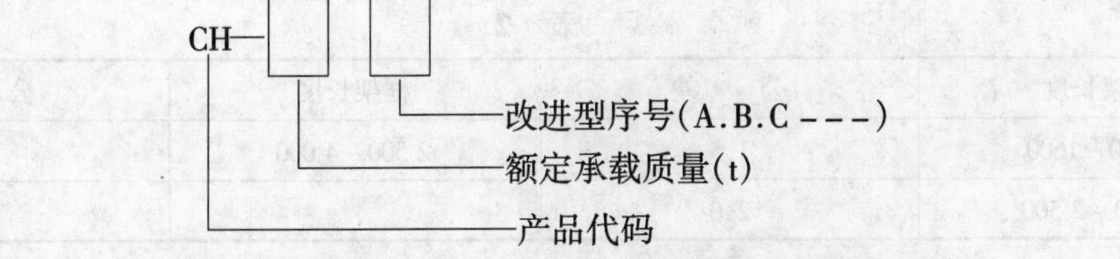

示例：CH—10A，即表示额定承载质量为 10t，第一次改进型汽车侧滑检验台。

5 技术要求

5.1 技术参数及外观

5.1.1 双滑板承载质量分为 3t、10t、13t 三级。

5.1.2 滑板纵向有效测量长度、滑板向内及向外滑动量、仪表显示值的关系应符合表 1 规定。

表 1

滑板有效测量长度（mm）	滑板向内、向外最大滑动量（mm）	仪表显示值	
		滑板向内及向外滑动量(mm)	汽车侧滑量(m/km)
500	≥5.0	0.5	±1.0
1 000	≥10.0	1.0	±1.0
推荐采用滑板有效测量长度 1000mm。			

5.1.3 侧滑量量程：对称零点左、右均不小于 10.0m/km。

5.1.4 滑板移动应灵活平稳，没有明显的阻滞和晃动现象。沿车辆行驶方向滑板不应有明显的间隙。

5.1.5 仪表显示应清晰，无影响读数的缺陷。数字式显示应稳定，不能有缺划、闪烁现象。数字显示装置读数保持时间不少于 8s，指针式仪表回转应平稳，不应有跳动、卡住和阻滞现象。

5.2 零值误差及零点漂移

5.2.1 滑板位移 3m/km 时，立即释放水平拉力，滑板应回初始位置。允许偏差为 ±0.2m/km。

5.2.2 滑板位移 0.4m/km 时，立即释放水平拉力，滑板应回初始位置，允许偏差为 ±0.2m/km。

5.2.3 侧滑检验台的零点漂移 30min 内，不超过 0.2m/km。

5.3 示值误差

5.3.1 分辨力：0.1m/km

5.3.2 示值误差：±0.2m/km

5.3.3 报警点误差：±0.2m/km。

5.3.4 示值重复性误差：0.1m/km。

5.4 滑板位移同步性

双滑板联动侧滑台，左右滑板同步性误差不大于 0.1mm。

5.5 滑板移动所需作用力

5.5.1 滑板从零位开始移动 0.1m/km 时，

——滑板有效测量长度等于 1000mm，所需作用力不大于 60N；

——滑板有效测量长度等于 500mm，所需作用力不大于 40N。

5.5.2 滑板移动至侧滑量 5m/km 时，

——滑板有效测量长度等于 1000mm，所需作用力不大于 120N；

——滑板有效测量长度等于 500mm，所需作用力不大于 80N。

5.6 框架

5.6.1 框架两纵梁和横梁的平行度公差见表 2。

表 2

单位：mm

框架长度	公 差	框架长度	公 差
1 000~1600	1.5	2 500~4 000	2.5
1 600~2 500	2.0		

5.6.2 框架上平面的平面度公差见表 3。

表 3

单位:mm

框架长度	公　差	框架长度	公　差
1 000 ~ 1 600	2.5	2 500 ~ 4 000	4.0
1 600 ~ 2 500	3.0		

5.6.3 框架两纵梁和横梁组成的四边形,其两对角线之差小于 3mm。

5.7 导轨

5.7.1 滑板承载导轨的硬度:HRC40 ~ 45。

5.7.2 滑板限位导轨的硬度:HRC40 ~ 45。

5.8 滚动元件

5.8.1 尺寸公差等级不得低于 IT8 级;

5.8.2 形状公差,其圆度、圆柱度不得低于 8 级;

5.8.3 硬度 HRC45 ~ 50。

5.9 装配质量

5.9.1 滚动元件在承载导轨上,应滚动自如,并应与上、下承载导轨同时接触,并应清洁润滑。

5.9.2 滑板装配后,其前后方向的窜动量不大于 0.1mm。

5.9.3 滑板的基面对于框架上平面的高度差:±2mm。

5.9.4 两滑板基面的高度差不大于 2mm。

5.9.5 滑板与框架前后方向边隙:5mm ± 0.5mm。

5.9.6 滑板与框架左右方向边隙:不小于 15mm。

5.10 电气系统

5.10.1 电气系统在环境温度 0℃ ~ 40℃、相对湿度 85%时,应能正常工作。

5.10.2 抗电强度:仪表外壳应经受 50Hz、1.5kV,历时 1min 的耐压试验,不应出现飞弧现象。

5.10.3 接地电阻不大于 4Ω。

5.10.4 绝缘电阻:带电部位与金属支架间绝缘阻抗不小于 5MΩ。

5.10.5 电源:电压 220(1 ± 10%)V,频率 50(1 ± 2%)Hz。

5.11 焊接与涂漆

5.11.1 焊接件表面要求平整均匀,不应有焊穿、脱焊、漏焊、裂纹等缺陷。

5.11.2 涂漆作业前应对金属表面进行除污、除油、除锈处理,并喷防锈底漆。

5.11.3 面涂膜要均匀,富有光泽,附着力强,不应有露底、裂纹、气泡和明显的流痕、桔皮。

6 试验方法

6.1 仪器、仪表

检验用仪器、仪表要求见表 4。

表 4

序　号	品　名	数量(个)	规　格	准确度等级或分度值
1	百分表	1	(0 ~ 30)mm	2 级
2	百分表	1	(0 ~ 10)mm	2 级
3	测力计	1	(0 ~ 200)N	2 级
4	档位工具	2	—	—
5	滑板微动工具	1	—	—

表 4(续)

序号	品名	数量(个)	规格	准确度等级或分度值
6	磁性表座	2	—	—
7	钢直尺	2	500mm、1000mm	2 级
8	绝缘电阻测量仪(兆欧表)	1	量程不小于 100MΩ 测量电压 500V	1MΩ
9	钢卷尺	1	5 000mm	2 级
10	接地电阻测量仪	1	(1~100)Ω	1Ω
11	耐压测试仪	1	50Hz、≥1.5kV	1kV

6.2 技术参数及外观质量

通过目测手感检查,应符合 5.1 的规定。

6.3 零值误差和零点漂移

6.3.1 零值误差

如图 1 安装百分表和档位工具,百分表测量杆轴线应与滑板移动方向一致,调整好仪表及百分表零位。向内、向外移动滑板,当侧滑量分别为 3.0m/km 和 0.4m/km 时,释放使滑板自由回位。上述过程各重复三次,每次释放后侧滑量指示应回零,分别记录每次回位后示值,应符合 5.2 的规定。

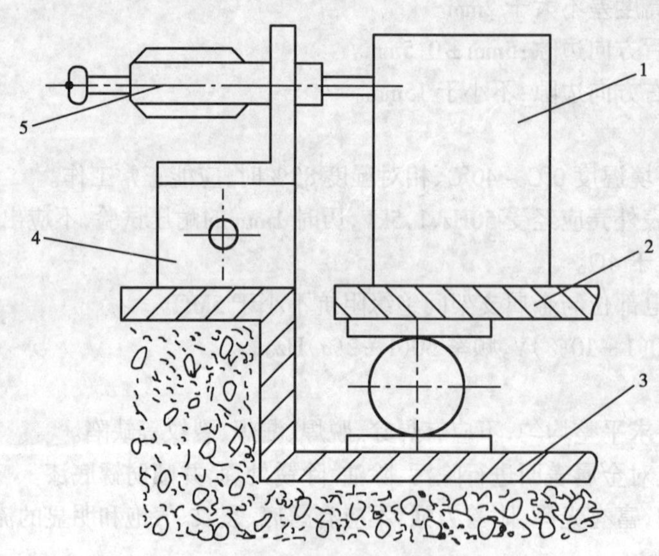

图 1 检验安装示意图

1-挡位工具;2-滑板;3-基座;4-磁性表座;5-百分表

6.3.2 零点漂移

预热 30min,调整好数显式侧滑台的零位。每隔 10min 观察一次,连续三次,每次漂离零位值均应符合 5.2.3 的规定。

6.4 示值误差

6.4.1 分辨力

目测检查分辨力应符合 5.3.1 的规定。

6.4.2 示值误差

用微动工具缓慢推动滑板,当侧滑台示值分别为 3,5,7m/km 时,分别读取百分表示值,向内、向外各重复三次,按下式计算示值误差。

$$\Delta_i = X_i - S_i/L \tag{1}$$

式中：Δ_i——第 i 测量点时示值误差，m/km；

X_i——第 i 测量点的侧滑台示值，m/km；

S_i——第 i 测量点百分表 3 次示值的平均值，mm；

L——滑板沿机动车辆行进方向的有效测量长度，m。

示值误差应符合 5.3.2 的规定。

6.4.3 报警点误差

在进行 6.4.2 检验的同时，当推动滑板至报警点（声响或灯光）瞬间，读取百分表的示值。重复三次，以其平均值按公式(1)计算报警点误差，应符合 5.3.3 的规定。

6.4.4 重复性误差

重复性误差检验在检验 6.4.2 的同时进行。各测量点三次示值之间的最大偏差作为重复性误差。应符合 5.3.4 的规定。

6.4.5 滑板位移同步性

按图 1 方法，在左右滑板均安置百分表及挡位工具，并同时调整好左右百分表零位。向内向外分别推动滑板，当侧滑量为 ±5m/km 时，读取左右百分表的示值。左、右百分表的示值之差应符合 5.4 的规定。

6.4.6 侧滑板移动所需要作用力

按图 1 方法固定百分表和挡位工具，百分表测量杆轴线与滑板移动方向一致并调整好左右百分表零位。用测力计移动滑板方向（向内、向外）拉动滑板，当百分表变化 0.1mm 时测力计示值应符合 5.5.1 的规定。当侧滑量为 5m/km 时，测力计示值应符合 5.5.2 的规定。

6.5 电气系统

6.5.1 抗电强度：显示仪表处于非工作状态，开关处于接通位置，试验电压应在 5s ~ 10s 内由零升规定值，并保持 1min，随后试验电压以同样速度降至零，应符合 5.10.2 的要求。

6.5.2 接地电阻：用接地电阻测量仪测量外部保护导线端子与侧滑台任何零件和金属外壳之间的电阻，应符合 5.10.3 的要求。

6.5.3 绝缘电阻：在断电状态，用兆欧表测量用绝缘材料隔开的两导电体之间的电阻值，应符合 5.10.4 的规定。

6.6 装配质量：锁紧滑板，分别敲击左、右滑板四角，检查有无较大的振动以检查滚动元件与承载导轨是否同时接触。

6.7 检查声光信号与所显示的相关数值同步性（以安装传感器侧滑板为主动侧）。

7 检验规则

检验分为型式检验和出厂检验两种

7.1 型式检验

7.1.1 产品出现下列情况之一时，应进行型式检验。

a) 新产品投产前；

b) 产品设计工艺和材料有重大改变时；

c) 产品转让时；

d) 正常生产的产品，每三年进行一次；

e) 产品停产一年后，恢复生产时；

f) 出厂检验结果与上次产品型式检验有较大差异时；

g) 质量监督检验机构，提出进行产品型式检验要求时。

7.1.2 抽样

在出厂检验合格的产品中，随机抽样，抽样基数不少于 3 台。

7.1.3 产品检验数量为一台。

7.1.4 检验项目:第5章所有项目。

7.1.5 判定规则:

产品检验如出现不合格项目时,应对被检产品加倍进行复检,如还不合格,则本次产品型式检验为不合格。

7.2 出厂检验

7.2.1 产品应经生产厂质检部门逐台检验合格,并签发产品合格证。

7.2.2 检验项目:5.1~5.5。

7.2.3 判定规则:

检验项目中若有一项不合格,应经返工后再检验,合格后方可出厂。

8 标志、包装、运输和贮存

8.1 标志

8.1.1 安全标志

在醒目位置上标有该型号产品的额定承载质量及行车方向,并符合 GB 2894 的规定。

8.1.2 产品标志

8.1.2.1 产品铭牌应固定在醒目位置上,并符合 GB/T 13306 的规定。

8.1.2.2 产品铭牌应包括下列内容:

a) 制造厂名、厂址;
b) 产品的名称及型号;
c) 产品额定 承载质量;
d) 产品出厂编号及制造日期;
e) 制造计量器具许可证标志及编号。

8.1.2.3 外包装箱上应有下列内容:

a) 厂名、厂址;
b) 产品名称及型号;
c) 出厂编号及箱号;
d) 箱体外形尺寸、总质量;
e) 向上、怕雨、由此吊起等图示标志遵照 GB/T 191 的规定;
f) 制造计量器具许可证标志及编号;
g) 执行标准代号。

8.1.2.4 在显示装置上,应装订该产品的铭牌,内容包括:

a) 产品的名称、型号;
b) 电源:电压、电流、频率;
c) 产品出厂编号及制造日期;
d) 制造厂名称;
e) 计算机连线接口形式。

8.2 包装

8.2.1 包装应符合 GB/T 13384 的规定。

8.2.2 产品随行文件包括:

a) 产品使用说明书;
b) 产品合格证书;
c) 装箱单;

d) 保修单。

8.3 运输

8.3.1 产品整体或部件运输,应符合运输的规定。

8.3.2 产品上可移动的部件,均需固定,并用软包装物垫好。

8.4 贮存

8.4.1 产品在室内存放时,应有良好的通风和防潮措施。环境温度为0℃~40℃,相对湿度不大于85%,无酸、碱和其他腐蚀性气体。

8.4.2 产品在室外存放时,应有良好的遮盖保护,以防风吹日晒雨淋。

ICS 43.180
R 17
备案号:

中华人民共和国交通行业标准

JT/T 508—2004
代替 JT/T 3166—1993

机动车前照灯检测仪

Vehicle headlamp tester

2004-04-16 发布　　2004-07-15 实施

中华人民共和国交通部　发布

ICS 43.180
R 17
备案号

中华人民共和国交通行业标准

JT/T 508—2004
代替 JT/T 3166—1995

机动车前照灯检测仪

Vehicle headlamp tester

2004-04-16 发布　　2004-07-15 实施

中华人民共和国交通部　发布

机动车前照灯检测仪

1 范围

本标准规定了机动车前照灯检测仪(以下简称前照灯仪)的术语和定义、产品分类、要求、试验方法、检验规则、标志、包装、运输与贮存。

本标准适用于机动车前照灯检测仪产品制造与验收。前照灯仪使用维修部门亦可参照执行。

2 规范性引用文件

下列文件中的条款通过本标准的引用而成为本标准的条款。凡是注日期的引用文件,其随后所有的修改单(不包括勘误的内容)或修订版均不适用于本标准,然而,鼓励根据本标准达成协议的各方研究是否可使用这些文件的最新版本。凡是不注日期的引用文件,其最新版本适用于本标准。

GB/T 191　包装储运图示标志(eqv ISO 780)
GB/T 6587.7—1986　电子测量仪器　基本安全试验
JB 8　产品标牌
JB 1471　出口机床包装技术条件
JB 2524　机床包装技术条件
JB 2554　机床防锈技术条件
JB 2855　机床涂漆技术条件

3 术语和定义

下列术语和定义适用于本标准。

3.1 前照灯检测仪　headlamp tester

对前照灯的发光强度和光束照射方向进行检验的仪器。

3.2 明暗截止线　cut-line

灯光投射到配光屏幕上,眼睛感觉到的明暗陡变的分界线。

3.3 近光光束的照射方向　irradiation direction of low beam

近光光束明暗截止线的拐点的投射方向。

4 产品分类

4.1 按操作方式,前照灯仪分为:手动式、半自动式和自动式。

4.2 按测试功能,前照灯仪分为:远光型和远/近光型。

4.3 产品型号

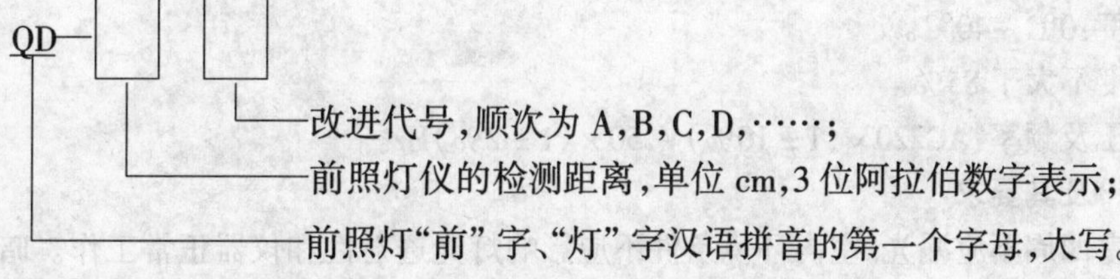

示例:QD—100C,即表示检测距离为 100cm、第三次改进的前照灯仪。

5 要求

5.1 基本参数

5.1.1 前照灯仪对前照灯光束照射方向测量的定量指示单位分为两种：

a) 以偏移值指示：cm/dam；

b) 以偏移值和偏转角的双重指示：cm/dam，(°)。

5.1.2 检测范围：

a) 对前照灯基准中心离地高度的检测范围不小于50cm～130cm；

b) 对前照灯光束照射方向偏移值或偏转角的检测范围不小于：

——垂直方向：上20cm/dam～下40cm/dam或上1°30′～下2°30′；

——水平方向：左40cm/dam～右40cm/dam或左2°30′～右2°30′；

c) 对前照灯远光发光强度的检测范围不小于0cd～40 000cd。

5.2 前照灯基准中心离地高度测量的示值误差的绝对值不大于10mm。

5.3 远光光束照射方向测量的偏移值或偏转角示值误差的绝对值不大于4.4cm/dam或15′。

5.4 远光发光强度测量的示值误差应符合以下规定：

a) 当光束照射方向偏移值或偏转角为零时，其示值误差的绝对值不大于12%；

b) 当光束照射方向偏移值或偏转角为测量范围内的其他值时，其示值误差的绝对值不大于15%。

5.5 接收器的疲劳特性

当发光强度指示器的示值为满量程的2/3以上时，光照2min后的示值与此发光强度下再继续照射10min时的示值的相对变化量的绝对值不大于3%。

5.6 对于自动式前照灯仪，偏移值或偏转角的重复性误差的绝对值不大于4.4cm/dam或15′。

5.7 近光光束照射方向测量的偏移值或偏转角示值误差的绝对值不大于4.4cm/dam或15′。

5.8 前照灯仪的安全性能应符合GB/T 6587.7中I类安全仪器的规定。

5.8.1 正常工作条件下(温度5℃～40℃，相对湿度20%～90%)的绝缘电阻不小于20MΩ。

5.8.2 受潮预处理后的绝缘电阻不小于2MΩ。

5.8.3 受潮预处理后的绝缘强度应能承受1.5kV正弦电压1min不击穿、不飞弧。

5.8.4 受潮预处理后漏电电流不大于5mÀ(峰值)。

5.8.5 接地端子应有良好的导电性能和保护作用。

5.9 前照灯仪的防锈处理和防锈材料应符合JB 2554的要求。

5.10 前照灯仪表面不应有不正常的凸起、凹陷，涂装、镀层光滑，颜色光亮均匀；所有光学零件应清洁，不应有斑点、气泡、划痕等缺陷。

5.11 前照灯仪的涂装应符合JB 2855的要求。

5.12 前照灯仪受光箱前面应有指示其垂直和水平面中心线的明显标记。

6 试验方法

6.1 环境条件

6.1.1 环境温度：0℃～40℃。

6.1.2 相对湿度不大于85%。

6.1.3 电源电压及频率：AC220×(1±10%)V，50×(1±2%)Hz。

6.2 设备(设备)及其要求

6.2.1 试验暗室四周不应漏光，室内环境条件不应影响灯光透射性和仪器正常工作。暗室不小于14m×3m。

6.2.2 前照灯仪导轨上平面的水平误差不大于 0.5mm/m。试验场地的水平面与导轨的水平面的高度差不大于 3mm。

6.2.3 设备的要求见表 1。

表 1

	远光校准器	近光校准器	经纬仪	水准仪	钢卷尺
发光强度不确定度	4%	—	—	—	—
照射方向偏转角示值误差	±5′	±5′	—	—	—
照射方向偏转角零位示值误差	±5′	±5′	—	—	—
角度转动机构空程误差	±3′	±3′	—	—	—
重调水平调整机构光轴变化	±3′	±3′	—	—	—
标准偏差	—	—	±6″	±3mm/km	—
准确度等级	—	—	—	—	II
量程	40 000cd	40 000cd	—	—	3m
数量	一台	一台	一台	一台	一个

6.3 设备的设置

6.3.1 试验在暗室内进行。

6.3.2 设备的设置如图 1 所示。

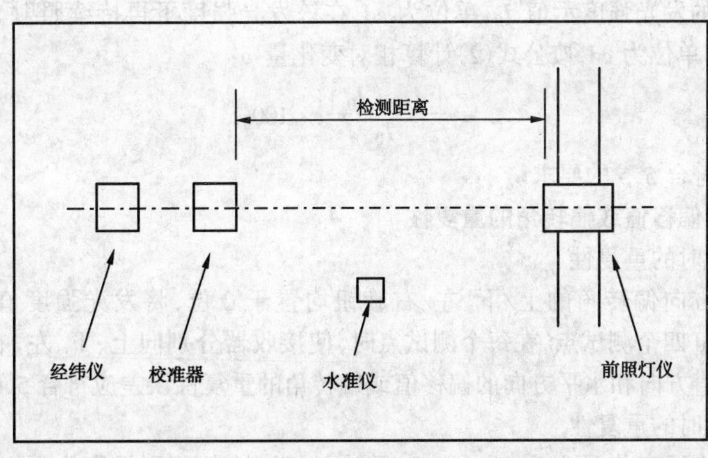

图 1 设备的设置

6.3.3 用经纬仪和水准仪调整校准器和前照灯仪的高度及位置。

6.4 前照灯基准中心离地高度的示值误差

远光校准器照射方向偏转角的上/下、左/右旋钮均置于 0 位，点亮后，将发光强度设定为 20 000cd，用钢卷尺测量校准器基准中心离地高度值，前照灯仪的高度指示值与该值的误差应符合 5.2 的要求。

6.5 远光光束照射方向示值误差

远光校准器的发光强度为 15 000cd,点亮 20min 后,调节校准器,使校准器照射方向偏转角的指示值分别为表 2 中的各测试点数值时,前照灯仪的指示值相对于各测试点的示值误差均应符合 5.3 的要求。

表 2

№		1	2	3	4
测试点	偏移值,cm/dam	上 20,左 40	上 20,右 40	下 40,左 40	下 40,右 40
	偏转角,°	上 1,左 2	上 1,右 2	下 2,左 2	下 2,右 2

6.6 远光发光强度示值误差

6.6.1 远光校准器照射方向偏转角的上/下、左/右旋钮均置于 0 位,将发光强度值分别设定为 8 000,10 000,15 000,20 000,30 000,40 000cd 六个测试点,记录前照灯仪对应于各测试点的指示值并按公式(1)计算误差。

$$\delta_k = \frac{|I'_k - I_k|}{I_k} \times 100\% \tag{1}$$

式中:δ——误差,%;

k——表示测试点顺序,$k = 1,2,3,4,5,6$;

I'——前照灯仪发光强度示值,单位为 cd;

I——校准器发光强度示值,单位为 cd。

按公式(1)计算得的 δ_k 值应符合 5.4a)的要求

6.6.2 将远光校准器的发光强度值分别设定为 8 000,10 000,15 000,20 000,30 000 40 000cd 六个测试点,再按表 2 分别设定校准器的偏移值或偏转角,记录前照灯仪对应于各测试点的指示值并按公式(1)计算误差,其误差 δ_k 值应符合 5.4b)的要求。

6.7 接收器的疲劳特性

调节远光校准器的发光强度,使前照灯仪的发光强度示值为 30 000cd,在该发光强度下持续照射 2min 后记录前照灯仪的发光强度示值 I_0,单位为 cd,在该发光强度下再持续照射 10min 后记录前照灯仪的发光强度示值 I_1,单位为 cd,按公式(2)计算相对变化量 ρ:

$$\rho = \frac{|I_1 - I_0|}{I_0} \times 100\% \tag{2}$$

其相对变化量应符合 5.5 的要求。

6.8 自动式前照灯仪偏移值或偏转角的重复性

6.8.1 发光强度变化时的重复性

远光校准器照射方向偏转角的上/下、左/右旋钮均置于 0 位,将发光强度值分别设定为 8 000,10 000,15 000,20 000cd 四个测试点,在每个测试点时,使接收器分别向上、下、左、右移动 3cm ~ 6cm,前照灯仪自动测量的垂直方向和水平方向的偏移值或偏转角的重复性误差应符合 5.6 的要求。

6.8.2 照射方向变化时的重复性

将远光校准器发光强度值设定为 20 000cd,照射方向偏转角分别设定为上 1°/左 0°、下 2°/左 0°、上 0°/左 2°、上 0°/右 2°四个测试点,在每个测试点时,使接收器分别向上、下、左、右移动 3cm ~ 6cm,前照灯仪自动测量的垂直方向和水平方向的偏移值或偏转角的重复性误差应符合 5.6 的要求。

6.9 近光光束照射方向示值误差

将近光校准器的电压设定为与远光校准器发光强度为 15 000cd 时相同的电压或将近光校准器的发光强度设定为 10 000cd,点亮 20min 后,调节校准器的上/下、左/右旋钮,使校准器照射方向偏转角的指示值分别为表 2 中的各测试点数值时,用前照灯仪对校准器进行测量,其误差应符合 5.7 的要求。

6.10 安全性能

按 GB/T 6587.7 中 I 类安全仪器的要求规定进行安全试验,符合 5.8 的要求。

经过受潮预处理后,进行绝缘电阻试验和耐压试验;按 GB/T 6587.7—1986 中 9.8 的规定检验泄漏电流。

未经受潮预处理的仪器,应在环境温度为 5℃ ~ 40℃、相对湿度 20% ~ 90%的条件下,用 500V 绝缘电阻测量仪检测。

6.11 防锈处理的检查

按 JB 2554 的方法进行,应符合 5.9 的要求。

6.12 外观检查

用目测方法检查,应符合 5.10 的要求。

6.13 涂装处理的检查

按 JB 2855 的方法进行,应符合 5.11 的要求。

7 检验规则

7.1 出厂检验

7.1.1 产品须经生产厂质检部门检验并签发合格证书后方可出厂。

7.1.2 出厂检验项目如表 3 所示。

表 3

№	检 验 项 目	要 求	检 验 方 法
1	前照灯基准中心离地高度的示值误差	5.2	6.4
2	远光光束照射方向示值误差	5.3	6.5
3	远光发光强度示值误差	5.4	6.6
4	自动式前照灯仪的偏移值或偏转角的重复性	5.6	6.8
5	近光光束照射方向示值误差	5.7	6.9
6	安全性能	5.8.1	6.10
7	防锈、外观及涂装	5.9、5.10、5.11	6.11、6.12、6.13

7.1.3 前照灯仪出厂时应按照 7.1.2 的规定逐项检验合格,有任一项不合格,均判定为不合格品。

7.2 型式检验

7.2.1 有下列情况之一时,应作型式检验:

a) 新产品的试制鉴定;

b) 正式生产后,如结构、材料、工艺有较大改变,可能影响产品性能时;

c) 正常生产后,每三年或累计生产的数量超过 300 台后,应周期性进行一次检验;

d) 产品停产一年后,恢复生产时;

e) 出厂检验与上次型式检验有较大的差异时;

f) 国家检验部门提出进行型式检验的要求时。

7.2.2 型式检验的样机在出厂检验合格的产品中随机抽样,抽样基数不少于三台。产品检验数量为 1 台。

7.2.3 型式检验应按第 5 章要求的内容全部进行检验。

7.2.4 产品检验如出现不合格项目,应对检验产品的数量加倍进行全部项目的重检,如仍不合格,则本次产品型式检验为不通过,不允许生产。

8 标志、包装、运输、贮存

8.1 标志

8.1.1 产品标志

在前照灯仪的醒目位置应有铭牌,符合 JB 8 的要求并包括下列内容:

a) 制造厂名;

b) 产品名称;

c) 产品型号或标记;

d) 制造日期或生产批号;

e) 计量许可证标志和编号。

8.1.2 包装标志

包装贮运标志须符合 GB/T 191 的要求,应包括下列内容:

a) 产品名称;

b) 产品型号、规格;

c) 制造厂名;

d) 易碎物品;

e) 向上;

f) 怕雨;

g) 总质量;

h) 包装箱外形尺寸(长×宽×高)。

8.2 包装

8.2.1 前照灯仪的包装分为内包装和外包装;内包装为塑料薄膜罩,外包装为箱包装。

8.2.2 外包装箱及其包装技术要求按照 JB 2524 的规定。

8.2.3 出口产品的包装及包装技术要求按照 JB 1471 的规定。

8.2.4 前照灯仪应作防锈处理后可靠地固定在包装箱内。包装箱应作防潮防雨处理。

8.2.5 随机技术文件,内容应包括:

a) 产品使用说明书;

b) 产品检验合格证书;

c) 产品装箱清单。

8.3 运输

前照灯仪在运输过程中应小心轻放,严禁倒置、倾倒及抛掷,防止剧烈震动及撞击。

8.4 贮存

8.4.1 前照灯仪应贮存在干燥、通风、无阳光直射及没有腐蚀性气体的仓库中。

8.4.2 前照灯仪在贮存期间每六个月应作一次开箱检查和保养。

ICS 43.180
R 16
备案号：

中华人民共和国交通行业标准

JT/T 509—2004

轿车车身维护技术要求

Maintenance specification for passenger car body

2004-04-16 发布　　2004-07-15 实施

中华人民共和国交通部　发布

轿车车身维护技术要求

1 范围

本标准规定了轿车车身、底盘外表及发动机室外表维护的主要内容及工艺要求。

本标准适用于轿车。

2 维护主要内容

2.1 车身

车身维护包括以下内容：

a) 车身清洁；

b) 研磨；

c) 抛光；

d) 新车开蜡；

e) 打蜡；

f) 封釉；

g) 玻璃贴膜；

h) 内部清洁维护；

i) 附件清洁维护。

2.2 底盘外表

2.3 发动机室外表

3 工艺要求

3.1 车身清洁

3.1.1 清洁条件和步骤

3.1.1.1 宜在车身表面冷却至60℃以下进行，环境温度应保持在0℃～40℃。

3.1.1.2 清洁步骤为：高压水冲洗、上液、擦拭、清除沥青、冲净、擦干、车内清洁。

3.1.2 高压水冲洗

3.1.2.1 冲洗时应使用中性水。

3.1.2.2 应将车轮及制动盘部位、翼子板部挡泥板、车前栅网部位、车身表面、门内边框和车裙等各处泥沙、污物彻底冲洗干净。冲洗车前栅网部位时，应使用雾状水流，不得对水箱或冷凝器的散热片造成损伤。

3.1.2.3 应全面冲洗底盘，彻底清洁边缘部分、弯曲部位、挡泥板等部位。

3.1.2.4 挡泥板处安装塑胶拱罩的，必要时应拆下清洗，并彻底冲洗挡泥板及翼子板内侧。

3.1.3 上液

上液应使用专用洗涤剂，玻璃部分应使用玻璃清洁剂，并按规定比例与水充分混合。不得使用洗衣粉、肥皂水、脱蜡洗涤剂等其他洗涤剂。

3.1.4 擦拭

擦拭应均匀全面、由上至下进行，不应将漆面擦出划痕。

3.1.5 清除沥青

对于车身表面的焦油、沥青等污物,应使用专用焦油沥青清洗剂彻底清除。

3.1.6 冲净

擦拭完毕,应用清水冲刷车辆,并排除制动摩擦副中的积水。

3.1.7 擦干

擦干车身水分,擦干漆面、玻璃、门内边框、保险杠等;除去缝隙和接口处水分。全车无水迹;玻璃无污迹。

3.1.8 车内清洁

应彻底清洁汽车内室,将车内底部、座椅、布质旁侧板、车尾箱托板架等各处的砂、尘、碎屑清除干净。烟灰缸应清洗干净;脚垫应取出车外清洁、干燥;仪表台、转向盘、踏板胶槽、门边和座椅下应清洁干净;后备箱应清洁并整理;清洁、消毒座垫。

3.2 研磨

3.2.1 研磨工作应在室内、干净、无风环境中进行。

3.2.2 研磨之前应用脱蜡洗车剂彻底清洁漆面,并遮挡空滤器进气口、橡胶件、镀铬件。

3.2.3 研磨前应先开动研磨抛光机,清洁研磨头,再将其轻放于漆面;研磨力度应均匀加大至规定要求,并根据漆面状况进行调节;研磨过程中,研磨头应始终保持与工作面平行;研磨结束前,研磨力度应逐渐减小,最后慢慢抬离工作面;不得出现不易去除的磨痕。

3.2.4 研磨时应按顺序进行施工,不应有遗漏;不应研磨到车身漆面之外的其他部件;不应研磨过甚,磨穿漆面;研磨时应保持研磨盘和漆面处于常温状态。研磨后漆面应呈均匀的亚光色。

3.2.5 研磨后,应用脱蜡洗车剂彻底清洁车体。

3.3 抛光

3.3.1 抛光前如需研磨,按3.2进行。

3.3.2 抛光前应先用脱蜡洗车剂将车身表面清洗干净,干燥后再进行抛光操作。

3.3.3 抛光前应确认被抛光涂膜完全干硬。

3.3.4 抛光时应遵循先粗后细、最后进行镜面处理的顺序。每完成一道抛光工序后,应彻底清除残留物。

3.3.5 抛光轮应在使用前清洗干净,无残留颗粒及固蜡。

3.3.6 对于车身边角不宜使用抛光机的位置,应采用手工方法抛光。

3.3.7 抛光完成后应检查前后刮水器,喷水嘴应无堵塞,喷水良好。

3.3.8 抛光工序完成后全车应整洁,无油污、无氧化物、无粘附性杂质,玻璃、保险杠、饰条、轮胎、轮辋等表面、边角部位及缝隙不应有残留物。车身漆面色泽一致,亮度均匀,不应有划痕。

3.4 新车开蜡

3.4.1 开蜡前应清洁车身。

3.4.2 开蜡环境温度应不低于15℃。

3.4.3 开蜡时应动作轻柔,避免划伤漆面。

3.4.4 开蜡完毕,应将车身冲洗干净,表面无残余车蜡,光泽均匀。

3.4.5 新车开蜡后,宜及时打蜡。

3.5 打蜡

3.5.1 上蜡前应彻底清洁车身表面,并确保车身干燥。

3.5.2 车身漆面如有严重氧化、龟裂、蚀痕、严重水痕、中度或严重褪色等现象,应视情进行研磨、抛光或喷漆作业后,再进行上蜡作业。

3.5.3 车身表面温度应降到常温,不应在阳光的直接照射下打蜡。

3.5.4 应采用与表面涂层相适宜的车蜡。

3.5.5 上蜡时要均匀涂在车漆表面(油漆面和镀铬面),去污性蜡要用力以直线方式擦涂,油性蜡要以圈状擦涂。没有漆膜的部位不允许沾涂上蜡痕。

3.5.6 前挡风玻璃下方的塑胶板、前后车牌、转向灯、后视镜座、尾灯总成等胶质装配装饰件及其周围的细小部分及缝隙,均应进行清洁、上蜡处理,且不应存留上蜡残渣。

3.6 封釉

3.6.1 封釉应避免在室外阳光下和相对湿度较大的地方进行,应选择阴凉和干净无尘的地方操作。

3.6.2 封釉前应用中性清洗剂清洁车身的漆面粉尘、油渍及污垢。

3.6.3 用专用材料打磨漆面的飞漆、沥青等粗糙颗粒,直到手感光滑。

3.6.4 研磨抛光及还原,直至漆面出现光亮效果。

3.6.5 除蜡清洁,将车身各部位用专用除蜡剂认真清洗,特别是边角及缝隙,并将水迹吹干。

3.6.6 用专用振抛机配合釉保护剂进行振抛封釉,反复震抛使釉面经过加热,挤压入漆孔内,形成牢固的保护层。

3.6.7 最后用干净柔软的无尘纸或漆面清洁巾进行擦拭除尘,清洁车身。

3.6.8 封釉后的车辆在 8h 之内不得用水清洗车身。

3.6.9 应在产品规定周期内完成全套封釉,并按规定时间进行釉面护理。

3.7 玻璃贴膜

3.7.1 玻璃应清洁,贴膜宜在无尘环境中进行。

3.7.2 除后挡外,应整张粘贴;拼接时刀法应精确,不得出现两次以上未对齐现象。

3.7.3 深色膜应按要求采取挖孔处理,边缘线平滑。

3.7.4 膜材粘贴完好,无起边现象,边缘应与玻璃边缘线保持平行,刀线平滑。

3.7.5 膜材与玻璃之间,无气泡、尘粒、折痕、水滴印痕。玻璃无划痕。

3.7.6 贴膜后不应有模糊、色差现象,从外侧看不应有强反光现象,边缘应无漏光现象。

3.8 内部清洁维护

3.8.1 作业时应将车内照明灯关闭。

3.8.2 地毯应取出车外,用专用地毯清洗机配合专用地毯清洁剂清洁,干燥后放回车内。

3.8.3 绒布座椅应进行清洁、消毒,应恢复其绒毛柔顺性,座椅面料不应有毛球、脱色等现象;皮革座椅的清洁护理,应使用专用皮革清洁护理剂及真皮清洁柔顺剂。

3.8.4 仪表台应清洁干净,并用含硅油的仪表喷蜡、胶质件润光剂或洁护剂等进行护理。空调通风口,应用塑料皮革清洁剂处理。不应将仪表喷蜡喷涂到电器、开关、皮革座椅及靠背上;不应将含硅油的清洁护理剂喷涂到车身漆面上。

3.8.5 转向盘、变速手柄、驻车制动器手柄等部位清洁护理后不应有粘手、打滑的现象;安全带应清洁干净。

3.8.6 车门、门柱、门框边缘等喷漆表面部分,应使用防静电清洁除油剂清洁,再抛光处理。车门内衬(旁板)和拉扶手,按其不同材质分别使用绒布清洁剂或真皮清洁护理剂进行清洁护理。车门锁、铰链部位、踏板的支点处,应用清洁除锈剂清洁,并涂润滑油脂,动作时不应有异响。车门内侧底部的排水孔应畅通。

3.8.7 作业完毕后,打开汽车电器、仪表等应工作正常。

3.9 附件清洁维护

3.9.1 对保险杠等塑胶件应使用清洁保护剂进行清洁维护。

3.9.2 对轮毂、轮胎等应进行清洁、保护及上光,且作业中不得去掉或移动平衡铅块。

3.9.3 对金属、电镀件、铝合金件应用专用材料进行清洁维护。

3.10 底盘外表

3.10.1 底盘外表应按 3.1.2.3 进行清洗并干燥。

3.10.2 对车身底部和底盘、悬架等处的锈痕或伤痕,应磨去浮渣、锈污,彻底清洁干净后,再先后喷涂上底盘防锈漆和底盘涂料。

3.10.3 如需对底盘部位全面喷涂底盘防护材料,应先拆下四只车轮,将轮毂、减振器及转向节等有相对运动的接合表面,以及排气管等其他不得喷涂的部分覆盖、遮蔽,发动机室无防护板或防护板破损时,应先行遮蔽,然后进行底盘涂料的喷涂作业。

3.10.4 喷涂时应将材料充分摇匀,由前往后顺序均匀喷涂。

3.10.5 施工后的底盘应干透,触摸不粘手,按下不变软。

3.11 发动机室外表

3.11.1 对保险(配电)盒、发电机、分电器、汽车控制主电脑,以及各功能的控制模块、传感器及接插件等,应进行覆盖、包裹,防止潮湿。

3.11.2 对整个发动机室及发动机外围部件,应用发动机去污清洁剂清洁,细小部位应使用刷子擦拭。

3.11.3 发动机室周围漆面、发动机罩内表面、冷却水箱、雨刮水箱应清洁。前挡风玻璃下方发动机盖与两前翼子板接合处的流水槽,应清洁,并保持疏通。

3.11.4 彻底除去清洁剂,无残留。不得使用高压水冲洗。

3.11.5 线束或塑胶物件,应喷涂胶质件润光剂加以保护。

3.11.6 发动机的电器部件,应用电器元件专用清洁剂清洁,再用多功能防腐润滑剂喷涂。

3.11.7 如须拆卸蓄电池接头,点火开关应置于 OFF 处,使用备用电池使车辆处于不间断供电状态。

3.11.8 蓄电池接线柱在拧紧接线箍后应涂上润滑脂。蓄电池支架及固定螺栓应进行防锈、补漆作业,装有蓄电池套子的车辆应对套子进行清洗,干燥后装复。

3.11.9 起动前应将电路系统彻底风干。

ICS 43.180
R 16
备案号:

中华人民共和国交通行业标准

JT/T 510—2004

汽车防抱制动系统检测技术条件

Technical specifications for vehicles anti-lock braking systems test

2004-04-16 发布　　2004-07-15 实施

中华人民共和国交通部　发布

汽车防抱制动系统检测技术条件

1 范围

本标准规定了具有防抱制动装置的汽车制动系统的技术要求和检测方法。

本标准适用于在公路及城市道路上行驶的在用汽车。

2 规范性引用文件

下列文件中的条款通过本标准的引用而成为本标准的条款。凡是注日期的引用文件,其随后所有的修改单(不包括勘误的内容)或修订版均不适用于本标准,然而,鼓励根据本标准达成协议的各方研究是否可使用这些文件的最新版本。凡是不注日期的引用文件,其最新版本适用于本标准。

GB 7258 机动车运行安全技术条件

3 术语和定义

下列术语和定义适用于本标准:

3.1 滑移率 slip rate

车速与轮速之差对车速之百分比。台架检测时其值由下式计算:

$$s_i = \frac{v - v_{wi}}{v} \times 100\%$$

$$v = \omega \times r$$

$$v_{wi} = \omega_{wi} \times r_{wi}$$

式中:s_i——滑移率;

v——制动时滚筒线速度,m/s;

ω——试验台滚筒角速度,rad/s;

r——试验台滚筒半径,m;

v_{wi}——制动时车轮线速度,m/s;

ω_{wi}——车轮角速度,rad/s;

r_{wi}——车轮半径,m。

4 技术要求

4.1 制动力

车辆在检验台上测出的制动力应符合表 1 的要求。

表 1

制动力总和与整车质量的百分比	轴制动力与轴荷的百分比
≥60%	≥60%(前轴)

4.2 制动力平衡要求

在制动力增长全过程中同时测得的左右轮制动力差的最大值,与全过程中测得的该轴左右轮最大制动力中大者之比,对前轴不得大于20%;对后轴,在后轴制动力大于等于后轴轴荷的60%时不得大于24%;当后轴制动力小于后轴轴荷的60%时,在制动力增长全过程中同时测得的左右轮制动力差的最大值不得大于后轴轴荷的8%。

4.3 制动协调时间

车辆在检验台上测出的制动协调时间不大于0.6s。

4.4 车轮阻滞力

车辆在检验台上测出的车轮阻滞力不大于该轴轴荷的5%。

4.5 驻车制动性能

车辆在检验台上测出的驻车制动力的总和应不小于该车在测试状态下整车质量的20%。

4.6 车轮滑移率

车轮滑移率应在15%~20%的范围内。

5 检测方法

5.1 检验条件

5.1.1 检验为空载检验。

5.1.2 汽车制动踏板力或制动气压;

——气压制动系:气压表的指示气压不大于600kPa;

——液压制动系:踏板力,座位数不大于9座的载客汽车不大于400N;其他车辆不大于450N。

5.1.3 轮胎充气至厂定压力值,误差不超过±10kPa;胎面花纹高度不低于1.6mm。

5.1.4 检验台应具备受检车各轴各轮同时测量下列参数功能:

a) 各轮制动特性测量;

b) 制动力测量;

c) 制动力平衡测量;

d) 制动协调时间测量;

e) 车轮阻滞力测量;

f) 驻车制动力测量;

g) 滑移率测量。

5.2 制动能力

5.2.1 检验

5.2.1.1 检验台滚筒表面应清洁,没有松散物质及油污。检验员将车辆位置摆正,起动检验台,测取4.1~4.5所要求的参数值,并记录车轮是否抱死。

5.2.1.2 在测量制动时,为了获得足够的附着力,以避免车轮抱死,允许在车辆上增加足够的附加质量或施加相当于附加质量的作用力(附加质量或作用力不计入轴荷);也可采取防止车辆移动的措施。

5.2.2 检验结果处理

5.2.2.1 当采取增加足够的附加质量或施加相当于附加质量的作用力方法之后,仍出现车轮抱死并在滚筒上打滑或整车随滚筒滚动向后移出的现象,而制动力仍未达到合格要求时,应改用GB 7258中规定的其他方法进行检验。

5.2.2.2 当车辆经台架检验后对其制动性能有质疑时,可用GB 7258中规定的路试检验进行复检,并以满载路试的检验结果为准。

5.2.2.3 使用台架检测车辆制动力时,当检测结果为不合格且与标准规定值之差不超过标准规定值的15%时,在对车辆不进行任何调整的情况下,应重新进行检测。

5.3 车轮滑移率

5.3.1 检测

试验台滚筒表面应清洁,没有松散物质及油污。检验员将车辆位置摆正,起动检验台,使滚筒的线速度达到 50km/h 以上;待滚筒的线速度稳定在 40(±1.5)km/h 时实施制动,测取所要求的参数值。

5.3.2 检测结果处理

受检车任一车轮的滑移率均应满足 4.6 要求。

ICS 43.180
R 16
备案号:

中华人民共和国交通行业标准

JT/T 511—2004

液化石油气汽车维护、检测技术规范

Specification for the maintenance and inspection of liquefied petroleum gas vehicle

2004-04-16 发布　　2004-07-15 实施

中华人民共和国交通部　发布

液化石油气汽车维护、检测技术规范

1 范围

本标准规定了液化石油气(以下简称 LPG)汽车维修企业具备的技术条件、LPG 汽车维护、检测的周期、作业内容和技术要求。

本标准适用于 LPG 汽车,包括单一燃料 LPG 汽车和 LPG/汽油两用燃料汽车。

2 规范性引用文件

下列文件中的条款通过本标准的引用而成为本标准的条款。凡是注日期的引用文件,其随后所有的修改单(不包括勘误的内容)或修订版均不适用于本标准。鼓励根据本标准达成协议的各方研究是否可使用这些文件的最新版本。凡是不注日期的引用文件,其最新版本适用于本标准。

GB 17259　机动车用液化石油气钢瓶
GB/T 16739　汽车维修业开业条件
GB/T 17676　天然气汽车和液化石油气汽车　标志
GB/T 17895　天然气汽车和液化石油气汽车　词汇
GB/T 18344　汽车维护、检测、诊断技术规范
GB/T 18364.1　汽车用液化石油气加气口(螺旋式)
GB/T 18437.2　燃气汽车改装技术要求　液化石油气汽车
QC/T 247　液化石油气汽车专用装置技术条件
QC/T 256　液化石油气汽车定型试验规程
QC/T 672　汽车用液化石油气蒸发调压器
QC/T 673　汽车用液化石油气电磁阀
QC/T 675　汽车用汽油电磁阀
QC/T 689　液化石油气客车技术条件

3 术语和定义

GB/T 17895 所确立的以及下列术语和定义适用于本标准。

3.1 单一燃料液化石油气汽车　mono-fuel LPG vehicle

只有一套液化石油气燃料供给系统、只能燃用液化石油气单一燃料的汽车。

3.2 液化石油气/汽油两用燃料汽车　LPG/gasoline bi-fuel vehicle

具有两套相互独立的燃料供给系统,一套供给液化石油气,另一套供给汽油,两套燃料供给系统可分别但不可同时向发动机供给燃料的汽车。

3.3 液化石油气专用装置　LPG special equipment

为了在汽车上燃用液化石油气,在汽车上专门安装的由储气部件、供气部件、控制部件或燃料转换部件等组成的一整套燃料供给系统。

4 LPG 汽车维修企业应具备的技术条件

4.1 LPG 汽车维修企业应符合 GB/T 16739 的规定。

4.2 进行 LPG 汽车维修的作业人员需经过专业培训,经考核合格,取得行业主管部门颁发的 LPG 汽

车维修上岗证；竣工检验人员应取得行业主管部门核准的 LPG 汽车检验员资格。

4.3 LPG 汽车维修企业还应达到以下条件：

a) 具备维修 LPG 汽车专用装置特殊要求所需的维修、检测、诊断仪器设备，包括密封性及压力检查等手段；

b) 设有密封性检查、卸压操作的专用场地和存放专用装置的库房；

c) LPG 汽车维修作业车间通风良好，不得有地沟及通往地下设施的通口，在有 LPG 泄漏可能的场所应明示防明火、防静电的标志；

d) 有可行有效的消防安全管理措施和必备的设备、消防人员等。

4.4 维修作业过程中所涉及的 LPG 专用装置，应符合 GB/T 18364.1、GB 17259、QC/T 247、QC/T 672、QC/T 673、QC/T 675 等有关标准规定，并由经批准具备 LPG 专用装置生产资质的企业提供；气瓶的运输、储存、经销和使用应符合有关部门的规定。

5 LPG 汽车维护、检测作业内容与技术要求

5.1 LPG 汽车维护的分级和周期

LPG 汽车维护的分级和周期应符合 GB/T 18344 规定。

5.1.1 日常维护

出车前，行车中，收车后。以清洁、补给和安全检视为作业中心内容，由驾驶员负责执行的车辆维护作业。

5.1.2 一级维护

除日常维护作业外，以清洁、润滑、密封性检查、调整、紧固为作业中心内容，并检查有关制动、操纵、LPG 专用装置等安全部件，由 LPG 汽车维修企业负责执行的车辆维护作业。

5.1.3 二级维护

在一级维护作业的基础上，以检查、调整转向节、转向摇臂、制动蹄片、悬架等经过一定时间的使用容易磨损或变形的安全部件以及 LPG 专用装置的紧固、密封及其性能保持为主，并拆检轮胎，进行轮胎换位，检查调整发动机工作状况、排气污染控制装置以及影响车辆使用与行驶安全的相关装置等，由 LPG 汽车维修企业负责执行的车辆维护作业。

5.2 维护作业的安全要求

5.2.1 LPG 汽车维护作业前，应首先进行 LPG 专用装置的密封性检查，如有泄漏应先排除故障，在确认系统密封良好后再进行维护作业。

5.2.2 维护作业中应先进行涉及 LPG 使用的检查、维护等作业，然后关闭储气瓶截止阀并使管路内的 LPG 耗尽，再进行其他项目的维护。

5.2.3 当需要进行焊割等有明火的作业时，应拆掉蓄电池及重要总成的电控元件。应安全拆卸气瓶并放入专用库房妥善保管；或在专用的符合安全防护要求的场地将 LPG 供气系统（包括储气瓶）卸压，确保供气系统内无 LPG。

5.2.4 如需在气瓶附近打磨或切割时，应先将其拆掉或进行有效隔离。应由具备认可资格的单位、人员从事气瓶维护与检测，不得在气瓶上进行挖补、焊割等作业。

5.2.5 LPG 汽车如发生漏气，应立即关闭电源和储气瓶截止阀，然后在专用场地进行处理。如果高压管路破裂或脱落导致气体大量泄漏而无法关闭储气瓶截止阀时，应立即将现场进行隔离，不允许人、车入内，隔离火源，待液化石油气散尽后再作处理。

5.2.6 如发生火情，除立即关闭电源和储气瓶截止阀外，应隔离现场，立即采取有效的灭火与救援措施。

5.3 LPG 汽车日常维护

5.3.1 驾驶员应在出车前、行车中和收车后对车辆进行日常维护，并重点观查 LPG 专用装置有无泄漏

和异常情况。

5.3.2 除 GB/T 18344 规定外还需进行的作业内容:

a) 检视 LPG 专用装置各部件工作状态及其连接和密封,要求状态正常且无松动、泄漏、损坏。气瓶及固定支架固定牢固、无损伤,必要时更换;LPG 管线不得与其他部件擦碰;

b) 检查 LPG 储气量,降至规定值以下时应立即加充 LPG;

c) 对于 LPG/汽油两用燃料汽车,油箱中存有的汽油应符合车辆使用规定及油品质量要求。当长期使用燃油时,应把储气瓶的燃气用完;当使用 LPG 时,应按规定定期转换燃料运行,确保两种燃料供给及其转换系统工作正常;

d) 行车中,应随时观察车辆各系统工作状况,当发现 LPG 专用装置有过热、过冷、异味等异常现象时,应立即关闭 LPG 储气瓶截止阀,并及时送 LPG 汽车维修企业进行维修。

5.4 LPG 汽车一级维护

5.4.1 LPG 汽车一级维护工艺流程

LPG 汽车一级维护按 GB/T 18344 规定的工艺流程执行。

5.4.2 LPG 汽车一级维护基本作业项目和技术要求

除 GB/T 18344 规定外,还需进行的基本作业项目、作业内容和技术要求见表 1。

表 1 LPG 汽车一级维护增加的基本作业项目、作业内容和技术要求

序号	项目		作业内容	技术要求
1	储气装置	LPG 气瓶及固定支架	检查外观和紧固情况	1)气瓶检定审验有效; 2)气瓶表面应无严重划伤、凹凸、裂纹等缺陷; 3)固定支架及扎带完好、无裂纹、固定牢固,垫层完好、无损坏,气瓶应固定可靠,无窜动和旋动现象; 4)安装位置、方式符合 QC/T 247 的要求
2	储气装置	LPG 管路及卡箍	1)检查紧固管路及接头; 2)检查各连接部位有无泄漏	1)高压管路及接头应无擦伤及其他损伤; 2)接头紧固良好,无漏气现象。涂检漏液至少观察 10s 后,无气泡出现; 3)软管无老化、油污、裂纹,连接可靠,与其他部件无摩擦; 4)安装位置、方式符合出厂技术规定和 QC/T 247 的要求
3	储气装置	截止阀、充气阀、组合阀等各类控制阀及相关仪表等	检查密封和工作性能	1)各种阀密封良好、开闭性能灵活有效,相关仪表工作正常,安装牢固可靠; 2)安装位置、方式符合 QC/T 247 和出厂技术规定的要求
4	储气装置	加气口	1)检查加气口的装置及其紧固情况; 2)检查单向阀	1)符合 GB/T 18364.1 相关要求; 2)加气口固定牢固、清洁; 3)加气口、单向阀工作可靠无漏气现象,防尘盖可靠有效
5	LPG 供给装置	蒸发调压器	1)视外观,按规定进行调整; 2)下排污塞,放掉残液; 3)检查滤网、滤芯,必要时清洗	外观清洁,安装牢固,无泄漏现象,各部件性能良好,符合 QC/T 672 要求
6	LPG 供给装置	混合器/喷气装置	检查	各气道通畅、无阻塞、无泄漏,混合器/喷气装置应清洁、固定牢固、装配正确
7	LPG 供给装置	高频电磁阀	检查各电磁阀及其控制装置技术状况	连接可靠、工作正常
8	LPG 供给装置	LPG 电喷控制装置	检查各功能的有效性	各参数均正常

表 1(续)

序号	项　目		作 业 内 容	技 术 要 求
9	燃料转换及控制装置	燃料转换开关及仪表	检查	1)燃料转换器开关转换灵活、可靠; 2)气量显示正常,与储气瓶气压、储气量协调一致
10		LPG 电磁阀	检查、紧固	1)接线牢固、可靠; 2)开闭性能良好,无泄漏; 3)符合 QC/T 673 规定
11		汽油电磁阀及管路	检查、紧固	1)电磁阀及油管安装牢固,管路无碰擦现象; 2)汽油管路无老化及损伤,接头密封良好; 3)电磁阀开闭性能良好,无泄漏,符合 QC/T 675 规定
12	整车		检查、测试	燃油、燃气系统工作正常,LPG 汽车标志符合 GB/T 17676 规定

5.5 LPG 汽车二级维护

5.5.1 LPG 汽车二级维护作业过程、工艺流程及检测诊断

LPG 汽车二级维护作业过程、工艺流程及检测诊断作业均应执行 GB/T 18344 的规定。

5.5.2 LPG 汽车二级维护基本作业项目、作业内容和技术要求

除 GB/T 18344 规定外还需进行的基本作业项目、作业内容和技术要求见表 2。

表 2　LPG 汽车二级维护增加的基本作业项目、作业内容和技术要求

序号	维 护 项 目		作 业 内 容	技 术 要 求
1	储气装置	LPG 气瓶及固定支架	1)查验气瓶检定证明; 2)按规定清理气瓶残液; 3)紧固连接部位; 4)视情更换安全装置	1)气瓶检定审验有效; 2)气瓶无残液; 3)气瓶有下列情况应更换 • 瓶体或附件出现裂纹、灼伤、鼓疱、渗漏或明显的凹陷、膨胀、弯曲; • 外表明显损伤、瓶口螺纹损伤或严重锈蚀。 4)气瓶及支架安装紧固,安装位置应符合 QC/T 247 规定; 5)安全装置完好、有效,符合 QC/T 247 的规定
2		LPG 管路及卡箍	拆装、检查、紧固高压管路及接头,更换密封圈、环形卡箍	1)高压管路及接头应无损伤及挤压变形,LPG 管路无老化、腐蚀,与相邻部件无碰擦现象; 2)接头紧固良好,无漏气、阻塞现象,涂检漏液至少观察 10s 后,无气泡出现; 3)管路通畅符合使用要求
3		截止阀、充气阀、组合阀等各类控制阀及相关仪表等	1)检查各阀门工作性能及接口有无泄漏; 2)视情拆检阀门,更换密封圈、垫	阀门开关灵活,紧固牢靠,阀门无泄漏,性能满足要求
4		加气口	1)清洁、紧固加气口; 2)视情更换单向阀阀芯及防尘盖	1)加气口无油污、灰尘; 2)单向阀工作可靠,无渗漏; 3)防尘盖完好
5		液位传感器	性能检查	1)显示准确; 2)与进气座连接处无泄漏
6		限量充装阀	性能检查	满足设计要求

表 2(续)

序号	维护项目		作业内容	技术要求
7	LPG供给装置	滤清器	清洁或更换滤网	清洁,工作良好
8		蒸发调压器	1)拆检总成,清洁各工作腔并视情更换膜片、密封圈; 2)按各型蒸发调压器技术要求,清洁并定期更换滤网或滤芯; 3)检漏; 4)检查安全阀; 5)检查外观; 6)检查有关热循环装置	1)膜片等关键部件无变形、变质; 2)装配好后的蒸发调压器外观清洁、工作正常; 3)各处无泄漏,气密性等指标符合 QC/T 672 规定; 4)安全阀工作可靠; 5)无变形、变质; 6)热循环装置工作正常
9		混合器/喷气装置	1)拆洗混合器各部件,检查、更换密封胶圈; 2)检查喷气装置	1)各部件清洁,各处密封良好、无泄漏; 2)混合器/喷气装置工作正常
10		高频电磁阀	清除电磁阀滤芯中的杂物、沉淀物,必要时更换	工作正常
11		安全阀	检查	按要求在标定压力范围内能及时开启和关闭
12		低压管路及卡箍	检查并视情更换	管路固定可靠、完好,无泄漏
13	燃料转换及控制装置	燃料转换开关及仪表	1)检查开关及控制电路; 2)检查仪表及插接件	1)开关操作灵活、可靠。开关在“气”位、发动机不运转时,气路电磁阀能在规定时间范围内自动关闭; 2)气量显示正确
14		LPG 电磁阀	检查工作性能	开闭灵活可靠,关闭时密封良好,不漏气
15		汽油电磁阀	检查工作性能	开闭灵活可靠,关闭时密封良好,不漏油

5.5.3 LPG 汽车检验要求

LPG 汽车二级维护的过程检验、竣工验收除执行 GB/T 18344 规定内容外,必须对 LPG 专用装置及系统的安装及密封性进行检查验收,确认符合 GB/T 18437.2、QC/T 256、QC/T 247、QC/T 689 等标准及企业技术要求的相关规定,确认无泄漏。

5.6 各类型 CNG 汽车维护、检测技术规范参照附录 A 进行。

附 录 A
(资料性附录)
各类型 LPG 汽车维护、检测技术规范导则

A.1 对于不同 LPG 车型中汽车维护、检测技术规范相同作业内容部分,依据本标准中相对应的条款执行。

A.2 对于不同 LPG 车型中汽车维护、检测技术规范不同作业内容部分,参照本标准中相对应的条款,依据该车型的使用说明书和维护手册中的有关条款执行。

ICS 43.180
R 16
备案号:

中华人民共和国交通行业标准

JT/T 512—2004

压缩天然气汽车维护、检测技术规范

Specification for the maintenance and inspection of compressed natural gas vehicle

2004-04-16 发布　　2004-07-15 实施

中华人民共和国交通部　发布

压缩天然气汽车维护、检测技术规范

1 范围

本标准规定了压缩天然气(以下简称 CNG)汽车维修企业具备的技术条件、CNG 汽车维护、检测的周期、作业内容和技术要求。

本标准适用于 CNG 汽车,包括单一燃料 CNG 汽车和 CNG/汽油两用燃料汽车。

2 规范性引用文件

下列文件中的条款通过本标准的引用而成为本标准的条款。凡是注日期的引用文件,其随后所有的修改单(不包括勘误的内容)或修订版均不适用于本标准。鼓励根据本标准达成协议的各方研究是否可使用这些文件的最新版本。凡是不注日期的引用文件,其最新版本适用于本标准。

GB 17258 汽车用压缩天然气钢瓶
GB/T 16739 汽车维修业开业条件
GB/T 17676 天然气汽车和液化石油气汽车 标志
GB/T 17895 天然气汽车和液化石油气汽车 词汇
GB/T 18344 汽车维护、检测、诊断技术规范
GB/T 18363 汽车用压缩天然气加气口
GB/T 18437.1 燃气汽车改装技术要求 压缩天然气汽车
QC/T 245 压缩天然气汽车专用装置技术条件
QC/T 257 压缩天然气汽车定型试验规程
QC/T 671 汽车用压缩天然气减压调节器
QC/T 674 汽车用压缩天然气电磁阀
QC/T 675 汽车用汽油电磁阀
QC/T 690 压缩天然气客车技术条件

3 术语和定义

GB/T 17895 所确立的以及下列术语、定义适用于本标准。

3.1 单一燃料压缩天然气汽车 mono-fuel CNG vehicle

只有一套压缩天然气燃料供给系统、只能燃用压缩天然气单一燃料的汽车。

3.2 压缩天然气/汽油两用燃料汽车 CNG/gasoline bi-fuel vehicle

具有两套相互独立的燃料供给系统,一套供给压缩天然气,另一套供给汽油,两套燃料供给系统可分别但不可同时向发动机供给燃料的汽车。

3.3 压缩天然气专用装置 CNG special equipment

为了在汽车上燃用压缩天然气,在汽车上专门安装的由储气部件、供气部件、控制部件或燃料转换部件等组成的一整套燃料供给系统。

4 CNG 汽车维修企业应具备的技术条件

4.1 CNG 汽车维修企业应符合 GB/T 16739 的规定。

4.2 进行 CNG 汽车维修的作业人员需经过专业培训,经考核合格,取得行业主管部门颁发的 CNG 汽

车维修上岗证；竣工检验人员应取得行业主管部门核准的CNG汽车检验员资格。

4.3 CNG汽车维修企业还应达到以下条件：

a）具备维修CNG汽车专用装置特殊要求所需的维修、检测、诊断仪器设备，包括密封性及压力检查等手段；

b）设有密封性检查、卸压操作的专用场地和存放专用装置的库房；

c）CNG汽车维修作业车间通风良好，在有LPG泄漏可能的场所应明示防明火、防静电的标志；

d）有可行有效的消防安全管理措施和必备的设备、消防人员等。

4.4 维修作业过程中所涉及的CNG专用装置，应符合标准GB 17258、GB/T 18363、QC/T 245、QC/T 671、QC/T 674、QC/T 675等有关标准规定，并由经批准具备CNG专用装置生产资质的企业提供；气瓶的运输、储存、经销和使用应符合有关部门的规定。

5 CNG汽车维护、检测作业内容与技术要求

5.1 CNG汽车维护的分级和周期

CNG汽车维护的分级和周期应符合GB/T 18344规定。

5.1.1 日常维护

出车前，行车中，收车后。以清洁、补给和安全检视为作业中心内容，由驾驶员负责执行的车辆维护作业。

5.1.2 一级维护

除日常维护作业外，以清洁、润滑、密封性检查、调整、紧固为作业中心内容，并检查有关制动、操纵、CNG专用装置等安全部件，由CNG汽车维修企业负责执行的车辆维护作业。

5.1.3 二级维护

在一级维护作业的基础上，以检查、调整转向节、转向摇臂、制动蹄片、悬架等经过一定时间的使用容易磨损或变形的安全部件以及CNG专用装置的紧固、密封及其性能保持为主，并拆检轮胎，进行轮胎换位，检查调整发动机工作状况、排气污染控制装置以及影响车辆使用与行驶安全的相关装置等，由CNG汽车维修企业负责执行的车辆维护作业。

5.2 维护作业的安全要求

5.2.1 CNG汽车维护作业前，应首先进行CNG专用装置的密封性检查，如有泄漏应先排除故障，在确认系统密封良好后再进行维护作业。

5.2.2 维护作业中应先进行涉及CNG使用的检查、维护等作业，然后关闭储气瓶截止阀并使管路内的CNG耗尽，再进行其他项目的维护。

5.2.3 当需要进行焊割等有明火的作业时，应拆掉蓄电池及重要总成的电控元件。应安全拆卸气瓶并放入专用库房妥善保管；或在专用的符合安全防护要求的场地将CNG供气系统（包括储气瓶）卸压，确保供气系统内无CNG。

5.2.4 如需在气瓶附近打磨或切割时，应先将其拆掉或有效隔离。应由具备认可资格的单位、人员从事气瓶维护与检测，不得在气瓶上进行挖补、焊割等作业。

5.2.5 CNG汽车如发生漏气，应立即关闭电源和储气瓶截止阀，然后在专用场地进行处理。如果高压管路破裂或脱落导致气体大量泄漏而无法关闭储气瓶截止阀时，应立即将现场进行隔离，不允许人、车入内，隔离火源，待天然气散尽后再作处理。

5.2.6 如发生火情，除立即关闭电源和储气瓶截止阀外，应隔离现场，立即采取有效的灭火与救援措施。

5.3 CNG汽车日常维护

5.3.1 驾驶员应在出车前、行车中和收车后对车辆进行日常维护，并重点观查CNG专用装置有无泄漏和异常情况。

5.3.2 除 GB/T 18344 规定外还需进行的作业内容:

a) 检视 CNG 专用装置各功能部件、系统的工作状态及其连接和密封,要求状态正常且无松动、泄漏、损坏。气瓶及固定支架固定牢固、无损伤,必要时更换;CNG 管线不得与其他部件擦碰;

b) 检查 CNG 储气量,降至规定值以下时应立即加充 CNG;

c) 对于 CNG/汽油两用燃料汽车,油箱中存有的汽油应符合车辆使用规定及油品质量要求。当长期使用燃油时,应把储气瓶的燃气用完;当使用 CNG 时,应按规定定期转换燃料运行,确保两种燃料供给及其转换系统工作正常;

d) 行车中,应随时观察车辆各系统工作状况,当发现 CNG 专用装置有过热、过冷、异味等异常现象时,应立即关闭 CNG 储气瓶截止阀,并及时送 CNG 汽车维修企业进行维修。

5.4 CNG 汽车一级维护

5.4.1 CNG 汽车一级维护工艺流程

CNG 汽车一级维护按 GB/T 18344 规定的工艺流程执行。

5.4.2 CNG 汽车一级维护基本作业项目和技术要求

除 GB/T 18344 规定外还需进行的基本作业项目、作业内容和技术要求见表 1。

表 1 CNG 汽车一级维护增加的基本作业项目、作业内容和技术要求

序号	项目		作业内容	技术要求
1	储气装置	CNG 气瓶及固定支架	检查外观和紧固情况	1)气瓶检定审验有效; 2)气瓶表面应无严重划伤、凹凸、裂纹等缺陷; 3)固定支架及扎带完好、无裂纹、固定牢固,垫层完好、无损坏,气瓶应固定可靠,无窜动和旋动现象; 4)安装位置、方式符合 QC/T 245 的要求
2	储气装置	CNG 管路及卡箍	1)检查紧固管线及接头; 2)检查各连接部位有无泄漏	1)高压管线及接头应无擦伤及其他损伤; 2)各接头紧固良好,无漏气现象,涂检漏液至少观察 10s 后,无气泡出现; 3)软管无老化、油污、裂纹,连接可靠,与其他部件无摩擦; 4)安装位置、方式符合出厂技术规定和 QC/T 245 的要求
3	储气装置	截止阀、充气阀、组合阀等各类控制阀及相关仪表等	检查密封和工作性能	1)各种阀密封良好、开闭性能灵活有效,相关仪表工作正常,安装牢固可靠; 2)安装位置、方式符合 QC/T 245 和出厂技术规定
4	储气装置	加气口	1)检查加气口的装置及其紧固情况; 2)检查单向阀	1)符合 GB/T 18363 相关要求; 2)加气口固定牢固、清洁; 3)加气口、单向阀工作可靠无漏气现象,防尘盖可靠有效
5	CNG 供给装置	减压调节器	1)检视外观,按规定进行调整; 2)卸下排污塞,放掉残液; 3)检查滤网、滤芯,必要时清洗	外观清洁,安装牢固,无泄漏现象,各部件性能良好,符合 QC/T 671 的要求
6	CNG 供给装置	混合器/喷气装置	检查	各气道通畅、无阻塞、无泄漏,混合器/喷气装置应清洁、固定牢固、装配正确
7	CNG 供给装置	高频电磁阀	检查各电磁阀及其控制装置技术状况	连接可靠、工作正常
8	CNG 供给装置	CNG 电喷控制装置	检查各功能的有效性	各参数均正常

表 1(续)

序号	项 目		作业内容	技 术 要 求
9	燃料转换及控制装置	燃料转换开关及仪表	检查	1)燃料转换器开关转换灵活、可靠; 2)气量显示正常,与储气瓶气压、储气量协调一致
10		CNG 电磁阀	检查、紧固	1)接线牢固、可靠; 2)开闭性能良好,无泄漏; 3)符合 QC/T 674 规定
11		汽油电磁阀及管路	检查、紧固	1)电磁阀及油管安装牢固,管路无碰擦现象; 2)汽油管路无老化及损伤,接头密封良好; 3)电磁阀开闭性能良好,无泄漏,符合 QC/T 675 规定
12	整车		检查、测试	燃油、燃气系统工作正常,CNG 汽车标志符合 GB/T 17676 规定

5.5 CNG 汽车二级维护

5.5.1 CNG 汽车二级维护作业过程、工艺流程及检测诊断

CNG 汽车二级维护作业过程、工艺流程及检测诊断作业均应执行 GB/T 18344 的规定。

5.5.2 CNG 汽车二级维护基本作业项目、作业内容和技术要求

除 GB/T 18344 规定外,还需进行的基本作业项目、作业内容和技术要求见表 2。

表 2 CNG 汽车二级维护增加的基本作业项目、作业内容和技术要求

序号	维护项目		作业内容	技 术 要 求
1	储气装置	CNG 气瓶及固定支架	1)查验气瓶检定证明; 2)按规定清理气瓶残液; 3)紧固连接部位; 4)视情更换安全装置	1)气瓶检定审验有效; 2)气瓶无残液; 3)气瓶有下列情况应更换 • 瓶体或附件出现裂纹、灼伤、鼓疱、渗漏或明显的凹陷、膨胀、弯曲; • 外表明显损伤、瓶口螺纹损伤或严重锈蚀。 4)气瓶及支架安装紧固,安装位置应符合 QC/T 245 规定; 5)安全装置完好、有效,符合 QC/T 245 的规定
2		CNG 管路及卡箍	拆装、检查、紧固高压管路及接头,更换密封圈、环形卡箍	1)高压管线及接头应无损伤及挤压变形和松动现象,CNG 管路无老化、腐蚀,与相邻部件无碰擦现象; 2)接头紧固良好,无漏气、阻塞现象,涂检漏液至少观察 10s 后,无气泡出现; 3)管路通畅符合使用要求
3		截止阀、充气阀、组合阀等各类控制阀及相关仪表等	1)检查各阀门工作性能及接口有无泄漏; 2)视情拆检阀门,更换密封圈、垫	阀门开关灵活,紧固牢靠,阀门无泄漏,性能满足要求
4		加气口	1)清洁、紧固加气口; 2)视情更换单向阀阀芯及防尘盖	1)加气口无油污、灰尘; 2)单向阀工作可靠,无渗漏; 3)防尘盖完好
5		压力传感器、压力表	性能检查	1)显示准确; 2)与进气座连接处无泄漏
6		限量充装阀	性能检查	满足设计要求

表 2(续)

序号	维护项目		作业内容	技术要求
7	CNG供给装置	滤清器	清洁或更换滤网	清洁,工作良好
8		减压调节器	1)拆检总成,清洁各工作腔,定期更换滤网; 2)检查高压进气装置是否泄漏,视情更换密封圈; 3)检查各级压力,视情更换弹簧、膜片; 4)密封性检查; 5)检查安全阀	1)膜片等关键部件无变形、变质; 2)装配好后的减压调节器外观清洁、工作正常; 3)各处无泄漏,气密性等指标符合 QC/T 671 规定
9		混合器/喷气装置	1)拆洗混合器各部件,检查、更换密封胶圈; 2)检查喷气装置	1)各部件清洁,各处密封良好、无泄漏; 2)混合器/喷气装置工作正常
10		高频电磁阀	清除电磁阀滤芯中的杂物、沉淀物,必要时更换	工作正常
11		安全阀	检查	按要求在标定压力范围内能及时开启和关闭
12		低压管路及卡箍	检查并视情更换	管路固定可靠、完好,无泄漏
13	燃料转换及控制装置	燃料转换开关及仪表	1)检查开关及控制电路; 2)检查仪表及插接件	1)开关操作灵活、可靠。开关在“气”位、发动机不运转时,气路电磁阀能在规定时间范围内自动关闭; 2)气量显示正确
14		CNG 电磁阀	检查工作性能	开闭灵活可靠,关闭时密封良好,不漏气
15		汽油电磁阀	检查工作性能	开闭灵活可靠,关闭时密封良好,不漏油

5.5.3　CNG 汽车检验要求

CNG 汽车二级维护的过程检验、竣工验收除执行 GB/T 18344 规定内容外,应对 CNG 专用装置及系统的安装及密封性进行检查验收,确认符合 GB/T 18437.1、QC/T 257、QC/T 245、QC/T 690 等标准及企业技术要求的相关规定,确认无泄漏。

5.6　各类型 CNG 汽车维护、检测技术规范参照附录 A 进行。

附 录 A
（资料性附录）
各类型 CNG 汽车维护、检测技术规范导则

A.1 对于不同 CNG 车型中汽车维护、检测技术规范相同作业内容部分，依据本标准中相对应的条款执行。

A.2 对于不同 CNG 车型中汽车维护、检测技术规范不同作业内容部分，参照本标准中相对应的条款，依据该车型的使用说明书和维护手册中的有关条款执行。

ICS 43.180
R 17
备案号:

中华人民共和国交通行业标准

JT/T 632—2005

汽车故障电脑诊断仪

Computer monitor for vehicle trouble diagnosis

2005-09-21 发布 2006-01-01 实施

中华人民共和国交通部 发布

汽车故障电脑诊断仪

1 范围

本标准规定了汽车故障电脑诊断仪技术要求、试验方法、检验规则、标志、包装、运输和贮存等。

本标准适用于汽车故障电脑诊断仪(以下简称诊断仪)的设计、生产、测试和验收。

2 规范性引用文件

下列文件中的条款通过本标准的引用而成为本标准的条款。凡是注日期的引用文件,其随后所有的修改单(不包括勘误的内容)或修订版均不适用于本标准,然而,鼓励根据本标准达成协议的各方研究是否可使用这些文件的最新版本。凡是不注日期的引用文件,其最新版本适用于本标准。

GB/T 191　包装储运图示标志(EQV ISO 780:1997)

GB/T 2423.1　电工电子产品环境试验　第2部分:试验方法　试验A:低温(IDT IEC 68-2-1:1990)

GB/T 2423.2　电工电子产品环境试验　第2部分:试验方法　试验B:高温(IDT IEC 60068-2-2:1974)

GB/T 2423.3　电工电子产品基本环境试验规程　试验Ca:恒定湿热试验方法(EQV IEC 68-2-3—84)

GB/T 2423.5　电工电子产品环境试验　第2部分:试验方法　试验Ea和导则:冲击(IDT IEC 68-2-27—1987)

GB/T 2423.6　电工电子产品环境试验　第二部分:试验方法　试验Eb和导则:碰撞(IDT IEC 68-2-29—1987)

GB/T 2423.10　电工电子产品环境试验　第二部分:试验方法　试验Fc和导则:振动(正弦)(IDT IEC 68-2-6—1982)

GB/T 4857.2　包装　运输包装件　温湿度调节处理(EQV ISO 2233—1986)

GB/T 4857.5　包装　运输包装件　跌落试验方法(EQV ISO 2248—85)

GB 4943　信息技术设备(包括电气事务设备)的安全(IDT IEC 60950:1999)

GB 5080.7　设备可靠性试验　恒定失效率假设下的失效率与平均无故障时间的验证试验方案(IDT IEC 605-7—78)

GB/T 5271.14　数据处理词汇　14部分:可靠性维修和可用性(EQV ISO 2382/14—74)

GB 9254　信息技术设备的无线电骚扰限值和测量方法(IDT CISPR 22:1997)

GB/T 17618　信息技术设备抗扰度限值和测量方法(IDT CISPR 24:1997)

3 缩略语

下列缩略语适用于本标准。

ECU　电控单元

CPU　中央处理器

LCD　液晶显示器

RAM　随机存储器

ROM　只读存储器

ITE 信息技术设备

4 产品分类

诊断仪按其功能可划分为三种类型:

——通用型:检测常见车型的汽车电控系统;

——专用型:检测某一车系的电控系统;

——单系统专用型:检测常见车型中某一种或某几种 ECU 电控单元。

5 技术要求

5.1 外观及结构

5.1.1 诊断仪表面不应有明显的凹痕、划伤、裂缝、变形等。表面整洁,涂镀层应均匀,不应起泡、龟裂、脱落、磨损。金属零部件不应有锈蚀及其他机械损伤。

5.1.2 诊断仪的零部件应紧固无松动,可抽换部件的接插件应能可靠连接。按键、开关按钮的动作应灵活、可靠,布局应方便使用。

5.1.3 产品说明的功能文字、符号、标志,应内容正确、清晰、端正,并符合相应的国家标准。

5.2 功能

5.2.1 通用型和专用型:能读取故障码,检测 ECU 电控单元版本号、清除故障码、数据流测试、动作元件测试、系统匹配和编码功能。

5.2.2 单系统专用型:能读取/清除故障码,检测 ECU 电控单元版本号、数据流测试、动作元件测试、系统匹配和编码功能。

5.3 安全

诊断仪的安全要求应符合 GB 4943 的规定

5.4 电磁兼容性

5.4.1 无线电骚扰

诊断仪的无线电骚扰限值应符合 GB 9254 中规定的 A 级或 B 级无线电骚扰限值。

5.4.2 抗扰度

诊断仪的抗扰度限值应符合 GB/T 17618 的规定。

5.5 电源适应能力

使用直流供电的诊断仪,应能在直流电压标称值的 - 10% 至 + 15% 的条件下正常工作;

使用交流供电的诊断仪,应能在 220V ± 22V,50Hz ± 1Hz 条件下正常工作。

5.6 环境条件

5.6.1 气候环境适应性分为三级,见表 1。

表 1 气候环境适应性

气候条件		级别		
		1	2	3
温度	工作	5℃ ~ 35℃	0℃ ~ 40℃	- 10℃ ~ 55℃
	贮存运输	- 40℃ ~ 55℃		
相对湿度	工作	35% ~ 80%	30% ~ 90%	20% ~ 93%(40℃)
	贮存运输	20% ~ 93%(40℃)		
大气压		86kPa ~ 106kPa		

5.6.2 机械环境适应性见表2、表3、表4和表5。

表2 振动适应性

试验项目	试验内容	级别	
		A级	B级
初始和最后振动响应检查	频率范围(Hz)	5~35	10~58
	扫频速度(oct/min)	≤1	
	位移幅值(mm)	0.15	
定额耐久试验	位移幅值(mm)	0.15	0.75mm(10Hz~25Hz) 0.15mm(25Hz~58Hz)
	持续时间(min)	10±0.5	30±1
扫频耐久试验	频率范围(Hz)	5~35~5	10~58~10
	位移幅值(mm)	0.15	
	扫频速率(oct/min)	≤1	
	循环次数	2	5

表3 冲击适应值

级别	峰值加速度(m/s^2)	脉冲持续时间(ms)	冲击波形
A	150	11	半正弦形或后峰锯齿波形或梯形波(任选其一)
B	300		

表4 碰撞适应性

级别	峰值加速度(m/s^2)	脉冲持续时间(ms)	碰撞次数	碰撞波形
A	100	16	1000	半正弦波
B	150	6		

注:表1~表4规定的环境适应性分级,在使用中允许交叉选用,即同一产品在表1~表4中可选用不同的级别。

表5 运输包装件跌落适应性

包装件质量(kg)	跌落高度(mm)
≤15	1000
15~30	800
30~40	600

5.7 可靠性

采用平均无故障时间(MTBF)衡量产品的可靠性水平。

诊断仪的平均无故障时间(MTBF)应不低于6000h。

6 试验方法

6.1 试验样机

整套诊断仪包括:主机、电缆、接头、测试卡等。在工作条件下进行的测试只针对主机,在非工作条件下进行的测试是针对包装好的整套产品。

6.2 试验环境条件

除气候环境试验,可靠性试验和耐电强度试验以外,其他试验在下述正常大气条件下进行:

——温度:15℃~35℃;

——相对湿度:45%~75%;

——大气压:86kPa~106kPa。

6.3 外观和结构检查

用目测法进行外观和结构检查,应符合5.1的要求。

6.4 功能检查

实际操作,进行功能检测,应符合5.2的要求。

6.5 安全试验

安全试验应按GB 4943的规定进行。

6.6 电源适应能力试验

调节直流电源,使其偏离标称值-10%到+15%的电压范围内,或交流供电220V±22V,50Hz±1Hz范围内,按检查程序运行一遍,受试样品工作应正常。检查程序的编制规则见附录A。

6.7 电磁兼容性试验

6.7.1 无线电骚扰限值

按GB 9254规定的方法进行。试验过程中按检查程序运行,产品应能正常工作。

6.7.2 抗扰度限值

按GB/T 17618规定的进行。试验过程中按检查程序运行,产品应能正常工作。

6.8 环境试验

6.8.1 一般要求

以下各项试验中,规定的初始检测和最后检测,统一按6.3进行外观和结构检查,并按检查程序运行,受试样品应工作正常。

6.8.2 温度下限试验

6.8.2.1 工作温度下限试验

按GB/T 2423.1"试验Ad"进行,受试样品应进行初始检测,严酷程度取5.6.1规定的工作温度下限值,接通电源,按检查程序运行2h,受试样品工作应正常。恢复时间为2h。

6.8.2.2 贮存运输温度下限试验

按GB/T 2423.1"试验Ab"进行。严酷程度取5.6.1中规定的贮存运输温度下限值。受试样品在不工作条件下存放16h。恢复时间为2h,并进行最后检测。

为防止试验中受试样品结霜和凝露,可将受试样品用聚乙烯薄膜密封后进行试验,必要时还可以在密封套内装吸潮剂。

6.8.3 温度上限试验

6.8.3.1 工作温度上限试验

按GB/T 2423.2"试验Bd"进行。受试样品应进行初始检测,严酷程度取5.6.1中规定的工作温度上限值,接通电源,按检查程序运行2h,受试样品工作应正常。恢复时间为2h。

6.8.3.2 贮存运输温度上限试验

按GB/T 2423.2"试验Bb"进行。严酷程度取5.6.1中规定的贮存运输温度上限值。受试样品在不工作条件下存放16h。恢复时间为2h,并进行最后检测。

6.8.4 恒定湿热试验

6.8.4.1 工作条件下的恒定湿热试验

按GB/T 2423.3"试验Ca"进行。严酷程度取5.6.1中规定的工作温度、湿热上限值(第3级产品的温度取40℃)。受试样品应进行初始检测。试验持续时间为2h。在此期间接通电源,按检查程序运行,工作应正常。恢复时间为2h,并进行最后检测。

6.8.4.2 贮存运输条件下的恒定湿热试验

按 GB/T 2423.3“试验 Ca”进行。受试样品应进行初始检测。受试样品在不工作条件下存放 48h，恢复时间为 2h，并进行最后的检测。

6.8.5 振动试验

6.8.5.1 按 GB/T 2423.10“试验 Fc”进行。受试样品按工作位置固定在振动台上，进行初始检测。受试样品在不工作状态下，按表 2 规定的值，分别对三个互相垂直的轴线方向进行振动。

试验工作条件下的振动试验应接通电源，按检查程序运行，工作应正常。试验结束后应进行外观结构检查。

6.8.5.2 初始振动响应

给定频率范围内，在一个扫频循环上完成。试验过程中记录危险频率，包括机械共振频率和导致故障及影响性能的频率(后者仅在工作条件下产生)。对于 B 级受试样品还应进行一次附加的不工作状态下的振动响应检查，并记录共振频率。

6.8.5.3 定频耐久

用初始振动响应检查中记录的危险频率进行定频试验，如果两种危害频率同时存在，则不得只选其中一种。

在试验规定频率范围内无明显共振频率或无影响性能的频率，或危险频率超过四个则不做定频耐久试验，仅做扫频耐久试验。

6.8.5.4 扫频耐久试验

按表 2 给定频率范围由低到高，再由高到低，作为一次循环，并按表 2 规定的循环次数进行，已做过定频耐久试验的样品，不再做扫频耐久试验。

6.8.5.5 最后振动响应

在不工作条件下进行，对于已做过定频耐久试验的受试样品应做此项试验。对于做扫频耐久试验的样品，可将最后一次扫频试验作为最后振动响应检查。

应将记录的共振频率与初始振动响应检查记录的共振频率相比较，若有明显变化，应对受试样品进行修整，重新进行该项试验。

试验结束后应进行外观结构检查，并进行最后检测。

6.8.6 冲击试验

按 GB/T 2423.5“试验 Ea”进行。受试样品应进行初始检测，安装时要注意重力影响，按表 3 规定的值，在不工作的条件下，分别对三个互相垂直轴线方向进行冲击，冲击次数各为三次，试验进行最后检测。

6.8.7 碰撞试验

按 GB/T 2423.6“试验 Eb”进行。受试样品应进行初始检测，安装时要注意重力影响，按表 4 规定值，在不工作条件下，分别对三个互相垂直轴线方向进行碰撞。试验后进行最后检测。

6.8.8 运输包装件跌落试验

对受试样品进行初始检测，将运输包装件处于准备运输状态，按 GB/T 4857.2 的规定进行预处理 4h。

将运输包装件按 GB/T 4857.5 的要求和表 5 的规定值进行跌落，任选四面，每面跌落一次。试验后检查包装件的损坏情况，并对受试样品进行最后检测。

6.9 可靠性试验

6.9.1 试验条件

试验周期内综合应力规定如下：

电应力：受试样品在输入电压标称值的变化范围内工作。一个周期内各种条件工作时间的分配为：电压上限 25%，标称值 50%，电压下限 25%。

温度应力：受试样品在一个周期内正常温度(具体值由产品标准规定)升至表 1 规定的温度上限值

再回到正常温度。温度变化率的平均值为(0.7～1)℃/min或根据受试样品的特殊要求选用其他值。在一个周期内保持在上限和正常温度的持续时间之比应为1:1左右。

在总试验期间内循环次数不应小于三次。每个周期的持续时间应不大于0.2×6000h,电应力和温度应力应同时施加。

6.9.2 试验方案

可靠性试验按GB/T 5080.7进行。在整个试验过程中,按检查程序运行。故障的判据和记入方法按附录B的规定,并只统计关联故障数。

6.9.3 试验时间

试验时间应持续到总试验时间及总故障数均能按选定的试验方案作出接收或拒收判决时截止。多台受试样品试验时,每台受试样品的试验时间不得少于所有受试样品的平均试验时间的一半。

7 检验规则

7.1 检验分类

检验分为:

a) 定型检验;

b) 交收检验;

c) 例行检验。

各类检验项目按表6的规定。

表6 检验项目

检验项目	要求	试验方法	定型检验	交收检验	例行检验
外观和结构	5.1	6.3	○	○	○
功能	5.2	6.4	○	○	○
安全	5.3	6.5	○	○	○
电源适应能力	5.5	6.6	○	—	○
电磁兼容	5.4	6.7	○	—	—
温度下限	5.6.1	6.8.2	○	—	○
温度上限	5.6.1	6.8.3	○	—	○
恒定湿热	5.6.1	6.8.4	○	—	○
振动	5.6.2	6.8.5	○	—	○
冲击	5.6.2	6.8.6	○	—	○
碰撞	5.6.2	6.8.7	○	—	○
运输包装件跌落	5.6.2	6.8.8	○	—	○
可靠性	5.7	6.9	○	—	—

注:"○"表示应进行的检验项目;"—"表示不检验的项目。

7.2 定型检验

7.2.1 产品在定型时均应通过定型检验。

7.2.2 定型检验由产品制造单位质量检验部门或由上级主管部门指定或委托的质量检验单位负责进行。

7.2.3 定型检查中的可靠性鉴定试验的样品数按表7规定，其余检验项目的样品数量为两台。

表7 可靠性鉴定试验的样品数

批量或连续生产台数	最佳样品数	最大样品数
1~3	全部	全部
4~16	3	9
17~52	5	15
53~96	8	19
97~200	13	21
200以上	20	22

7.2.4 定型检验中的各检验项目故障的判定和记录方法见附录B。

除可靠性鉴定一项外，其余项目均按以下规定进行。

检验中出现故障或某项通不过时，应停止试验。查明故障原因，提出故障分析报告，重新进行该项试验。若在以后的检验中再次出现故障或某项通不过时，在查明故障原因，排除故障，提出故障分析报告后，应重新进行定型检验。

7.2.5 检验后要提交定型检验报告。

7.3 交收检验

7.3.1 批量生产或连续生产的产品，进行全数交收检验，检验中出现任一项不合格时，返修后重新进行检验。若再次出现任一项不合格时，则该台产品被判为不合格产品。

7.3.2 交收检验由产品制造单位质量检验部门负责进行。

7.4 例行检验

7.4.1 连续生产的产品，每年至少进行一次例行检验。

7.4.2 例行检验由产品制造单位质量检验部门或上级主管部门指定或委托的质量检验单位负责进行。根据订货方的要求，制造单位应提供该产品近期的例行检验报告。

7.4.3 例行检验样品应在交收检验合格产品中随机抽取。

8 标志、包装、运输、贮存

8.1 包装箱外应标有制造厂名称、产品型号，并喷刷或贴有"小心轻放"、"怕湿"等运输标志，运输标志应符合GB 191的规定。产品的其他标识标志应符合国家有关规定。

8.2 包装箱应符合防潮、防尘、防震的要求，包装箱内应有装箱清单、检验合格证、备附件及有关的随机文件。

8.3 包装后的产品应能以任何交通工具进行运输。产品在运输过程中不允许经受雨、雪或液体物质的淋袭和机械损伤。

8.4 产品贮存时应放在原包装箱内，存放产品的仓库环境温度为0~40℃，相对湿度为30%~85%。仓库内不允许有各种有害气体、易燃和易爆物品及有腐蚀性的化学物品，并且应无强烈的机械振动、冲击和强磁场作用。包装箱应垫离地面至少15cm，距离墙壁、热源、冷源、窗口或空气入口至少50cm。

若在制造单位存放超过六个月，则应在出厂前重新进行交收检验。

附 录 A
（规范性附录）
检查程序编制规则

A.1 检查程序编制原则

用以检查诊断仪各个硬件组成部分的综合程序。它应提供容易暴露各个硬件部分出现故障的测试方法，调入方便，使用灵活，便于人工控制和选择，并可及时显示被检查部分的工作状态，对于故障状态提供清晰的显示结果。

A.2 检查程序总要求

A.2.1 使用者调入和启动方便，可连接检查，也可单项或几项组合检查；

A.2.2 在检查程序运行中，应及时给出运行正常的信息和正在受检查部位工作状态的信息；

A.2.3 检查结束标志要明显，故障信息应确切。

A.3 各模块检查程序的要求

A.3.1 部件检查程序

能够完成对诊断仪各个组成硬件进行正常工作的检测，包括 CPU、ROM、RAM、存储部件以及扩展部件。

A.3.2 输入输出设备检查程序

检查程序按诊断仪硬件系统配置，检查所有输入输出设备，包括键盘、显示、打印、诊断仪检测电缆接口等。

附 录 B
(规范性附录)
故障判据

B.1 故障定义和解释

按 GB/T 5271.14 规定的,出现以下情况之一均视为故障:

a) 受试样品在规定的条件下,出现一个或几个性能参数超过规定要求;

b) 受试样品在规定的应力范围内工作,由于机械零件、结构件的损坏或失灵,或出现了元器件的失效,而使受试样品不能完成其规定的功能。

B.2 故障分类

B.2.1 关联性故障

关联性故障是受试样品预期会出现的故障,通常都是由产品本身条件引起的。它是在解释试验结果和计算可靠性特征值时应计入的故障。

B.2.2 非关联性故障

非关联性故障是受试样品出现非预期的故障,这类故障不是由本身条件引起的,而是试验要求之外而引起的,非关联性故障在解释试验结果和计算可靠性特征值时不计入。但应在试验中做记录,以便于分析与判断。

B.3 关联性故障判据

B.3.1 关联性故障的判据原则

因受试样品出错,可能导致检测设备发生故障,或者受试样品本身的控制功能和检测功能部分或全部失去,均判为关联故障。

B.3.2 关联性故障的判据

B.3.2.1 应更换元器件、零部件或设备才能排除的故障。

B.3.2.2 应修理、调整接插件、电缆、插头和消除短路及接触不良,才能排除的故障。

B.3.2.3 不是由同一因素引起,而同时发生两个以上的关联故障,则应如数计入。若由同一因素引起的,则只计一次。

B.3.2.4 由于受试样品本身原因,试验中出现危及测试、维护和使用人员的安全或造成受试样品和设备严重损坏的故障。一旦出现,应立即拒收或判定不合格。

B.4 非关联性故障判据

B.4.1 非关联性故障的判据原则

非受试样品本身原因引起的故障,或不影响诊断仪的控制功能和检测功能的故障,判为非关联性故障。

B.4.2 非关联性故障的判据

B.4.2.1 因试验条件变化超出规定范围(电源电压超标,温度波动太大,严重电磁干扰,机械冲击、振动等)所引起的故障。

B.4.2.2 因人为操作失误而使受试样品出现故障。

B.4.2.3 由于误判而更换元器件、零部件或在检修过程中,由于人为因素而造成的故障。

B.4.2.4 根据产品有关技术规定,允许调整的部件(零部件、元器件等)未调整好而引起的故障。

B.4.2.5 若出现不正常情况,不需修理,停机 0.5h 后能自动恢复正常运行,每发生累积三次此类事件,则记为一次非关联性故障。

B.4.2.6 联机检测时,由被检测设备反映到受试样品中来的故障。

B.4.2.7 诱发性故障和误用性故障。

B.5 判定

试验检测单位根据故障情况和分析结果,认定某种故障为关联故障或非关联故障的判定。

ICS 43.180
R 17
备案号:

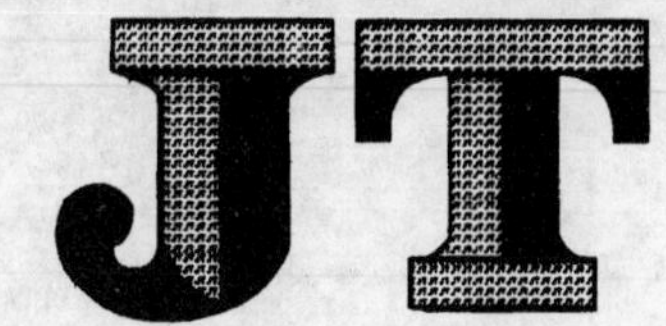

中华人民共和国交通行业标准

JT/T 633—2005

汽车悬架转向系间隙检查仪

Automotive suspension and steering clearance tester

2005-09-21 发布　　2006-01-01 实施

中华人民共和国交通部　发布

汽车悬架转向系间隙检查仪

1 范围

本标准规定了汽车悬架转向系间隙检查仪(以下简称间隙仪)的型号、要求、试验方法、检验规则、标志、标签、使用说明书、包装、运输、贮存。

本标准适用于由机械、液压系统和电气部分组成、承载质量不大于13 000kg的间隙仪。

2 规范性引用文件

下列文件中的条款通过本标准的引用而成为本标准的条款。凡是注日期的引用文件,其随后所有的修改单(不包括勘误的内容)或修订版均不适用于本标准,然而,鼓励根据本标准达成协议的各方研究是否可使用这些文件的最新版本。凡是不注日期的引用文件,其最新版本适用于本标准。

GB/T 191　包装储运图示标志(GB/T 191—2000,ISO 780:1997,EQV)

GB 5226.1—2002　机械安全　机械电气设备第1部分:通用技术条件(IEC 60204-1:2000,IDT)

GB 9969.1　工业产品使用说明书

3 型号

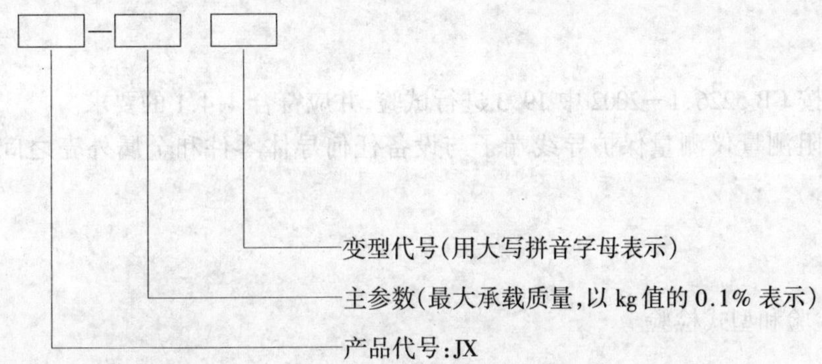

示例:最大承载质量为10 000kg的间隙仪,型号表示为:JX—10。

4 要求

4.1 工作条件

工作条件如下:

a) 环境温度:0~40℃;

b) 相对湿度:不大于85%;

c) 电源电压:额定电压×(1±10%)。

4.2 一般要求

4.2.1 开关、按钮及插座、接线端子等应有明显的文字或符号标志。

4.2.2 焊缝应平整、均匀、牢固;不应有漏焊、烧穿、假焊。

4.2.3 油漆外观应光滑平整、色彩均匀,不应有明显的流痕、桔皮、起泡。

4.3 性能

4.3.1 液压系统工作应正常、无异响、无漏油现象。

4.3.2 每边台面板最大单向位移量为20mm~50mm。

4.3.3 每边台面板最大总位移量为40mm~100mm。

4.3.4 单侧台面板推力不小于20kN。

4.3.5 间隙仪在最大允许承载质量的负荷状态下,静压2h卸载后,间隙仪工作应正常。

4.4 安全

4.4.1 绝缘电阻不小于1MΩ。

4.4.2 接地电阻不大于4Ω。

5 试验方法

5.1 试验条件

试验条件与4.1相同。

5.2 一般要求

用目测法检测,并应符合4.2要求。

5.3 性能

5.3.1 打开电源,启动液压系统,运行台面板至一极限位置,此时,调整调压阀,将液压系统的压力调至额定压力,1min后,用目测方法检验液压系统,应符合4.3.1的规定。

5.3.2 用钢直尺直接测量台面板的单向位移量应符合4.3.2的要求。

5.3.3 用钢直尺直接测量台面板的总位移量应符合4.3.3的要求。

5.3.4 用测力计测量单侧台面板推力应符合4.3.4的要求。

5.3.5 将重物置于间隙仪台面板上,呈最大允许承载质量的负荷状态,静压2h卸载后,启动间隙仪,间隙仪工作应正常。

5.4 安全

5.4.1 绝缘电阻按GB 5226.1—2002中19.3进行试验,并应符合4.4.1的要求。

5.4.2 用接地电阻测量仪测量保护导线端子与设备任何导体零件和金属外壳之间的电阻,应符合4.4.2的要求。

6 检验规则

检验分出厂检验和型式检验。

6.1 出厂检验

6.1.1 间隙仪应经企业质检部门逐台检验合格,并签发产品合格证后方可出厂。

6.1.2 出厂检验项目为4.2、4.3.1、4.3.2、4.3.3、4.4。

6.1.3 判定规则:出厂检验项目全部检验合格,判为合格;若出厂检验项目中有不合格项,应返工后复验,所有项目合格后判为合格。

6.2 型式检验

6.2.1 正常生产三年时,应进行型式检验,凡属下列情况之一时,亦应进行型式检验:

a) 新产品试制定型鉴定时;

b) 原材料、结构、部件有重大改变,可能影响产品性能时;

c) 出厂检验结果与上次型式检验有较大差异时;

d) 国家质量监督部门提出要求时。

6.2.2 抽样:型式检验样机应从出厂检验合格的产品中随机抽取一台。

6.2.3 型式检验项目按第4章要求进行逐项检验。

6.2.4 判定规则:按6.2.3检验后,若有不合格项,则加倍抽样,若合格,则判为型式检验合格。否则,则判定本次型式检验不合格。

7 标志、标签、使用说明书

7.1 标志

7.1.1 产品标牌应有下列内容:

a) 企业名称;
b) 产品名称、型号;
c) 允许承载质量;
d) 出厂编号、出厂日期(年、月)。

7.1.2 外包装箱上应有下列内容:

a) 企业名称和地址;
b) 产品名称及型号;
c) 发往地址和收货单位;
d) 出厂编号及箱号;
e) 箱体外形尺寸、总质量;
f) 向上、怕雨、禁止堆码、由此吊起等图示标志应符合 GB/T 191 的规定。

7.2 标签

7.2.1 产品合格证应有下列内容:

a) 产品型号、名称;
b) 出厂编号、出厂日期;
c) 执行标准编号;
d) 检验员代号、检验日期;
e) 产品检验合格印章;
f) 企业名称。

7.2.2 装箱单上应有下列内容:

a) 产品型号、名称;
b) 质量;
c) 包装物的名称、规格、数量。

7.3 使用说明书

产品使用说明书按 GB 9969.1 要求编写。

8 包装、运输、贮存

8.1 包装

内包装用防潮材料包好,在周围垫防震材料,外罩塑料套后放入框架木箱;电器设备包装应采用防震、抗冲击材料;包装箱应有防雨、防潮措施。

8.2 运输

运输中应防潮、防震、防冲击。

8.3 贮存

产品应贮存在无酸碱性和其他腐蚀性气体的室内。

ICS 43.180
R 17
备案号:

中华人民共和国交通行业标准

JT/T 634—2005

汽车前轮转向角检验台

Automotive front-wheel turning angle tester

2005-09-21 发布 2006-01-01 实施

中华人民共和国交通部 发布

汽车前轮转向角检验台

1 范围

本标准规定了汽车前轮转向角检验台(以下简称转角台)的型号、要求、试验方法、检验规则、标志、标签、使用说明书、包装、运输、贮存。

本标准适用于在用汽车前轮转向角检验台。

2 规范性引用文件

下列文件中的条款通过本标准的引用而成为本标准的条款。凡是注日期的引用文件,其随后所有的修改单(不包括勘误的内容)或修订版均不适用于本标准,然而,鼓励根据本标准达成协议的各方研究是否可使用这些文件的最新版本。凡是不注日期的引用文件,其最新版本适用于本标准。

GB/T 191　包装储运图示标志(GB/T 191—2000,ISO 780:1997,EQV)

GB 5226.1—2002　机械安全　机械电气设备第1部分:通用技术条件(IEC 60204-1:2000,IDT)

GB 9969.1　工业产品使用说明书

3 型号

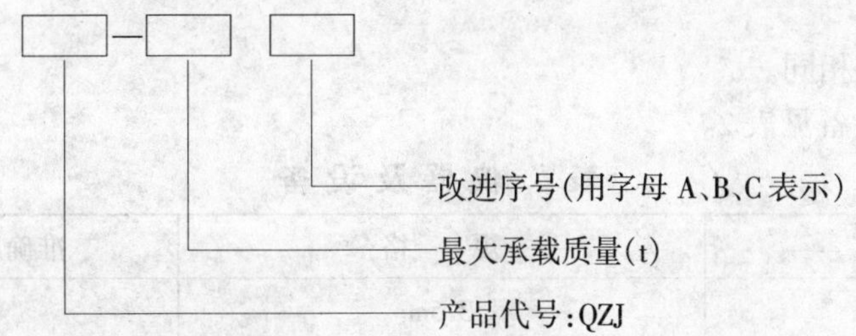

示例:最大承载质量为10t的转角台,型号表示为:QZJ—10。

4 要求

4.1 工作条件

工作条件如下:

a) 环境温度:0~40℃;

b) 相对湿度:不大于85%;

c) 电源电压:AC 380×(1±10%)V。

4.2 基本参数

转角台基本参数应符合表1规定。

表1 基本参数

允许承载质量(t)	左右转盘中心距(mm)		检测范围	示值方式	分辨力
3	最小值≤1150	最大值≥2000	-50°~+50°	数量	0.1°
10					
13	最小值≤1300				

4.3 外观

4.3.1 开关、按钮及插座、接线端子等应有明显的文字或符号标志。

4.3.2 焊缝应平整、均匀、牢固;不应有漏焊、烧穿、假焊。

4.3.3 油漆外观应光滑平整、色彩均匀,不应有明显的流痕、桔皮、起泡。

4.3.4 外部导线应排列合理、整齐。

4.3.5 数字式显示仪表应无影响读数的缺陷。

4.3.6 机架及电气仪表应有保护接地端子,该端子应有清晰的接地标志,保护接地端子应使用黄绿色导线且直径不应小于电动机电源线的直径并与保护接地点可靠接地。

4.4 性能

4.4.1 零值误差:±1°。

4.4.2 零点漂移:数字显示式仪表 30min 的零点漂移为 0.5°。

4.4.3 示值误差:±1°。

4.4.4 鉴别力(阈):角度改变 0.2°时,仪表示值应有变化。

4.4.5 转角台转盘(以下简称转盘)灵活性

转盘的转动及移动应灵活。小型汽车在检测时,转盘与该车的前轮之间应无明显相对滑动。

4.5 安全

4.5.1 绝缘电阻不小于 1MΩ。

4.5.2 接地电阻不大于 4Ω。

5 试验方法

5.1 试验条件

5.1.1 试验条件与 4.1 相同。

5.1.2 试验用仪器及设备见表 2。

表2 仪器及设备

名　　称	规　格	准确度等级或示值误差
钢卷尺	3.5m	2级　1mm
角度测量装置	—	0.1°
绝缘电阻表(兆欧表)	100MΩ　500V	10级
接地电阻测量仪	100Ω	1Ω

5.2 基本参数

5.2.1 用目测法检查转角台的角度检测范围、示值方式、分辨力,应符合 4.2 要求。

5.2.2 启动两转盘电动机,先使两转盘移动至中心距最小位置,用钢卷尺测量中心距值;然后再使两转盘移动至中心距最大位置,用钢卷尺测量中心距值。两值均应符合 4.2 要求。

5.3 外观

用目测法检查,并应符合 4.3 要求。

5.4 性能

5.4.1 零值误差

用角度测量装置检查。使转盘基本位于左右旋转的中位,转角台仪表示值和角度测量装置调为零。旋转转盘(约 10°),再使其回位,当角度测量装置为零时,转角台仪表示值应为零,否则即为零值误差。重复检定三次,每次零值误差均应符合 4.4.1 的要求。

5.4.2 零点漂移

转角台仪表调整零位后,每隔 10min 观察一次,连续三次,每次零点漂移值均应符合 4.4.2 的要求。

5.4.3 示值误差

选取 20°,30°,40°,50°作为转角台左(右)转的检定点,用角度测量装置检查。

按公式(1)计算转角台仪表的示值误差。

$$\Delta S_i = \Psi_i - \Psi_{0i} \tag{1}$$

式中:ΔS_i——第 i 检定点示值误差,单位为度(°);

Ψ_i——第 i 检定点转角台仪表示值,单位为度(°);

Ψ_{0i}——第 i 检定点角度测量装置仪表示值,单位为度(°)。

示值误差的检定重复三次,每次的检定结果应符合 4.4.3 的要求。

5.4.4 鉴别力(阈)

用角度测量装置检查,在 20°处增加或减少 0.2°的角度,观察仪表示值是否有变化,检查结果应符合 4.4.4 的要求。

5.4.5 转盘灵活性

按表 1 中承载质量的分档,选取该档次中前轴轴质量最小的在用汽车为试验车(3t 及 10t 级转角台用奥拓型小轿车或同类小型车为试验车)。驶上转角台的转盘试验,使前轮转向角达到该车型的最大转向角,用目测,前轮与转盘之间应无明显相对滑动。左、右旋转重复三次,均应符合 4.4.5 的要求。

5.5 安全

5.5.1 绝缘电阻按 GB 5226.1—2002 中 19.3 进行试验,应符合 4.5.1 的要求。

5.5.2 用接地电阻测量仪测量保护导线端子与设备任何导体零件和金属外壳之间的电阻,应符合 4.5.2的要求。

6 检验规则

检验分出厂检验及型式检验。

6.1 出厂检验

6.1.1 转角台应经生产厂(公司)质检部门逐台检验合格,并签发产品合格证后方可出厂。

6.1.2 出厂检验项目为 4.3、4.4、4.5。

6.1.3 判定规则

出厂检验项目全部检验合格,判为合格;检验项目中若有一条不合格,应经返工后再检验,合格后方可出厂。

6.2 型式检验

6.2.1 正常生产三年时,应进行型式试验,凡属下列情况之一时,亦应进行型式检验:

a) 新产品试制定型鉴定时;

b) 正式生产后,如结构、材料、工艺有较大改变可能影响产品性能时;

c) 出厂检验结果与上次型式检验有较大差异时;

d) 国家质量监督机构提出要求时。

6.2.2 抽样数:型式检验样机应从出厂检验合格的产品中随机抽取一台进行检验。

6.2.3 型式检验项目按第 4 章要求进行逐项检验。

6.2.4 判定规则:按 6.2.3 检验后,若有不合格项,则加倍抽样,若合格,则判为型式检验合格。否则,则判定本次型式检验不合格。

7 标志、标签、使用说明书

7.1 标志

7.1.1 产品铭牌应有下列内容:

a) 产品名称及型号;

b） 产品额定承载质量；

c） 企业名称；

d） 出厂日期；

e） 出厂编号；

f） 制造计量器具许可证标志及编号。

7.1.2 外包装箱上应有下列内容：

a） 企业名称和地址；

b） 产品名称及型号；

c） 发往地址和收货单位；

d） 出厂编号及箱号；

e） 箱体外形尺寸、总质量；

f） 向上、怕雨、由此吊起等图示标志应符合 GB/T 191 规定；

g） 制造计量器具许可证标志及编号。

7.2 标签

7.2.1 产品合格证应有下列内容：

a） 产品型号、名称；

b） 出厂编号、出厂日期；

c） 执行标准代号；

d） 检验员代号、检验日期；

e） 产品检验合格印章；

f） 企业名称。

7.2.2 装箱单上应有下列内容：

a） 产品型号、名称；

b） 质量；

c） 包装物的名称、规格、数量。

7.3 使用说明书

7.3.1 产品使用说明书的内容应符合 GB 9969.1 的要求；

7.3.2 制造计量器具许可证标志及编号。

8 包装、运输、贮存

8.1 包装

内包装用防潮材料包好，在周围垫防震材料，外罩塑料套后放入框架木箱。

8.2 运输

运输过程中应防潮、防震、防冲击。

8.3 贮存

产品应贮存在无酸碱性和其他腐蚀性气体的室内。

ICS 43.180
R 17
备案号：

中华人民共和国交通行业标准

JT/T 635—2005

轮胎拆装机

Tire changer

2005-09-21 发布 2006-01-01 实施

中华人民共和国交通部 发布

ICS 43.180

R17

备案号

中华人民共和国交通行业标准

JT/T 635—2005

轮胎拆装机

Tire changer

2005-08-21发布　　2006-01-01实施

中华人民共和国交通部　发布

轮胎拆装机

1 范围

本标准规定了轮胎拆装机的术语和定义、产品结构和分类、技术要求、试验方法、检验规则、标志、包装、运输和贮存。

本标准适用于拆装机动车轮胎的轮胎拆装机。

2 规范性引用文件

下列文件中的条款通过本标准的引用而成为本标准的条款。凡是注日期的引用文件,其随后所有的修改单(不包括勘误的内容)或修订版均不适用于本标准,然而,鼓励根据本标准达成协议的各方研究是否可使用这些文件的最新版本。凡是不注日期的引用文件,其最新版本适用于本标准。

GB/T 191 包装储运图示标志(GB/T 191—2000,ISO 780:1997,EQV)
GB/T 699 优质碳素结构钢
GB/T 5226.1 工业机械电气设备 第一部分:通用技术条件
GB/T 13306 标牌
GB/T 13384 机电产品包装通用技术条件
JB/T 3997 金属切削机床 灰铸铁件技术条件
JB/T 9873 金属切削机床 焊接件通用技术条件
JB/T 9877 金属切削机床 清洁度的测定

3 术语和定义

下列术语和定义适用于本标准。

3.1

轮胎拆装机 tire changer

对机动车的轮胎进行维修或更换时,能够完成轮胎与轮辋的分离及装合工序的一种专用机器。

3.2

卡爪 claw chuck

轮胎拆装机采用径向夹紧方式对轮辋夹紧时的夹紧构件,其外形与车床卡盘上的卡爪相似。

3.3

空运转 run under no-load

轮胎拆装机无负荷时的运转。

4 产品结构和分类

4.1 结构及工作方式

4.1.1 整机应由床身、电气控制系统、轮胎夹紧机构、轮胎拆装机构等部分组成。

4.1.2 轮胎夹紧机构将轮胎夹紧,并使轮胎绕自身轴线旋转,轮胎拆装机构可沿轮胎轴向移动,并完成勾拉、挤压等动作,完成轮胎与轮辋的分离与装合。

4.2 产品分类

4.2.1 轮胎拆装机从结构布局上可分为立式和卧式两种型式,卧式轮胎拆装机典型结构型式示意图见

图 1a);立式轮胎拆装机典型结构型式示意图见图 1b)。

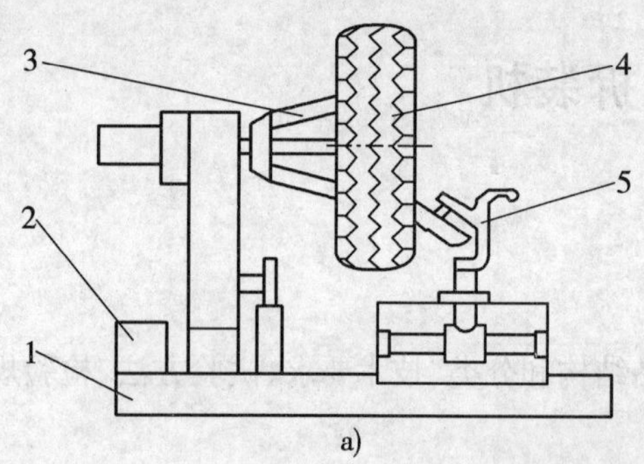

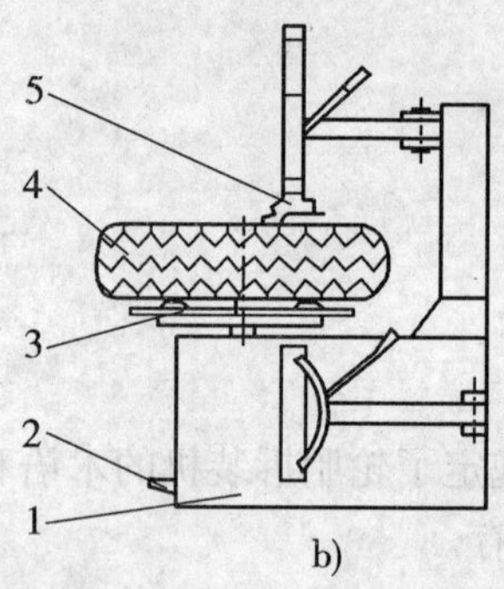

图 1　轮胎拆装机

a)卧式轮胎拆装机;b)立式轮胎拆装机

1-床身;2-电气控制系统;3-轮胎夹紧机构;4-轮胎;5-轮胎拆装机构

4.2.2　型号

产品的型号表示如下:

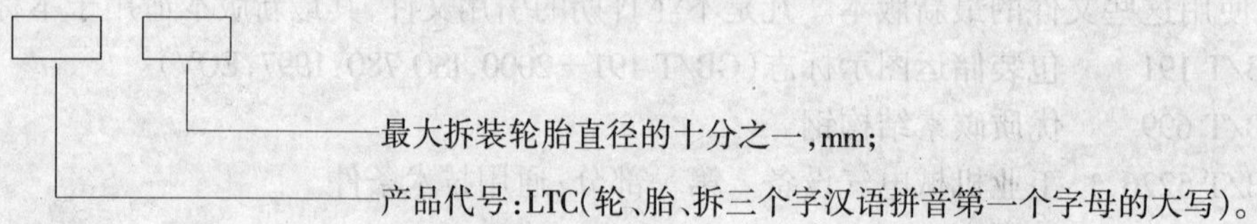

示例:最大拆装轮胎直径为 1600mm 的轮胎拆装机的型号为:LTC160。

5　技术要求

5.1　材料要求

卡爪等主要夹紧、拆装部件的材料要求:

——钢件的机械性能应不低于 GB 699 中 45 号钢的要求,调质处理后硬度为 HRC40 ~ HRC45;

——铸铁件的机械性能应不低于 JB/T 3997 中 HT200 灰铁的要求;

——可采用其他已经证明同样适用的原材料。

5.2　外观质量

5.2.1　外表面不应有不正常的凸凹、粗糙不平和其他损伤。

5.2.2　各部件安装应正确规整,结合面边沿整齐匀称,错位应不大于 1mm。

5.2.3　涂漆表面的颜色应协调均匀,色泽一致,漆层不得有起泡、裂纹、剥落、流挂、皱皮等缺陷。

5.3　加工质量

焊接件应符合 JB/T 9873 的有关规定。

5.4　空运转性能

5.4.1　动作

各转动、移动、摆动部件应灵活有序;各类阀门手柄工作时,用单手操作,应轻便、灵活、可靠。

5.4.2　温度和温升

液压系统在额定工作压力下连续运转达到热平衡时,油温不得超过 60℃,温升不得超过 30℃。

5.4.3　空运转功率

机械传动空运转功率应不超过电机额定功率的 35%;液压传动空运转功率应不超过电机额定功率的 40%。

5.5　液压系统清洁度

液压系统的零部件装配前应清洗干净,不应有金属末、灰尘、漆皮等脏物。液压油内杂质、污物不应超过 50mg/100ml。

5.6 电气控制系统

电气控制系统的耐压和绝缘性能应符合 GB/T 5226.1 中的规定。

5.7 耐压要求

轮胎拆装机在系统额定工作压力的 125%负载情况下保持 1min 应能正常工作,液压或气动管路无渗漏、破损,夹紧、拆装部件无塑性变形及裂纹。

5.8 工作性能要求

按规定的操作方法做轮胎拆装试验,设备应工作正常,安全可靠。

6 试验方法

6.1 测试仪器及量具

试验用的主要测试仪器及量具:布洛氏硬度计、1.5 级水银温度计、1 级功率表、500V 兆欧表、1500V 电压表、微孔滤膜过滤装置、称量瓶、干燥器、分析天平、烘箱等。

6.2 材料要求试验

主要夹紧部件、拆装部件的材料应有材质证明书,硬度用布洛氏硬度计检测。

6.3 外观质量检验

用目测法进行,应符合 5.2 的规定。

6.4 加工质量检验

焊接件质量检验按 JB/T 9873 中规定的检验方法进行。

6.5 空运转试验

6.5.1 动作

启动轮胎拆装机,各类阀门、手柄和各运动部位的要求应符合 5.4.1 的规定。

6.5.2 温度和温升

液压系统在额定工作压力下连续运转达到热平衡时,用水银温度计插入油箱中靠近吸油口的位置,检验液压油的温度和温升,应符合 5.4.2 的规定。

6.5.3 空运转功率

用功率表测量,机械传动空运转功率和液压传动空运转功率应符合 5.4.3 的规定。

6.6 液压系统清洁度检验

出厂检验用目测法进行;型式检验按 JB/T 9877 中的规定,用抽样法采集脏物,重量法进行检验,应符合 5.5 的规定。

6.7 电气控制系统性能试验

电气控制系统的耐压和绝缘性能按 GB/T 5226.1 中规定的方法进行试验,应符合 5.6 的规定。

6.8 耐压试验

将系统压力调到额定工作压力的 125%并给予足够外部负载,保持 1min,应符合 5.7 的规定。

6.9 工作性能试验

按规定的操作方法做拆装轮胎的全过程试验,轮胎拆装机应工作正常、安全可靠。试验用轮胎为产品说明书中规定的可拆装最大轮胎和最小轮胎,每种轮胎的拆装试验次数均不低于两次。

7 检验规则

产品检验分型式检验与出厂检验两种。

7.1 型式检验

7.1.1 有下列情况之一时,应进行型式检验:

a) 新产品或老产品转厂生产的试制定型鉴定;

b) 正式生产后,如结构、材料、工艺有较大改变,可能影响产品性能时;

c) 正常生产时,每三年应周期性进行一次检查;

d) 产品长期停产后,恢复生产时;

e) 出厂检验结果与上次型式检验有较大差异时;

f) 国家质量监督机构提出进行型式检验的要求时。

7.1.2 型式检验的轮胎拆装机,应从出厂检验合格的产品中随机抽取一台,抽样基数一般不少于三台。

7.1.3 型式检验的内容为5.1~5.8规定,全部指标合格为合格,若有一项不合格则对该不合格项目加倍抽样检查,若检验合格则判该次型式检验合格,若仍有不合格,则判该次型式检验不合格。

7.2 出厂检验

7.2.1 轮胎拆装机应经生产厂质检部门检验合格,并附有合格证明后,方可出厂。

7.2.2 出厂检验项目为5.2、5.3、5.4.1、5.5.1和5.8规定,应逐台进行检验,全部项目检验合格则判为合格品,若有一项不合格,判为不合格品。

8 标志、包装、运输和贮存

8.1 标志

8.1.1 每台产品应在适当的位置固定铭牌,铭牌应符合GB/T 13306的有关规定,并至少有下列内容:

a) 制造厂名;

b) 产品名称;

c) 产品型号规格;

d) 主要技术参数;

e) 产品编号及出厂年月。

8.1.2 包装箱外表面上的标志应有如下内容:

a) 产品型号及名称;

b) 出厂编号及箱号;

c) 外形尺寸:长(cm)×宽(cm)×高(cm);

d) 净重及毛重,kg;

e) 生产厂家及其地址;

f) 按GB/T 191的规定刷制"向上"、"怕湿"、"由此铲运"等包装储运指示及标志。

8.2 包装

产品采用箱式包装,每箱一台。产品的包装应符合GB/T 13384的有关要求。

8.3 运输

产品在运输时应按标志放置、固定牢靠,并防雨淋、日晒,禁止与有腐蚀性物品混运。

8.4 贮存

产品应存放在通风、干燥、防雨淋的场所,禁止与有腐蚀性物品混存。

8.5 产品随行文件的要求

8.5.1 产品随行文件应包括:

a) 产品使用说明书;

b) 产品合格证;

c) 装箱单。

8.5.2 产品使用说明书的内容应包括产品用途、性能、技术参数、主要结构、润滑、安装调试、使用与操作、维护保养等内容。

ICS 43.180
R 17
备案号：

中华人民共和国交通行业标准

JT/T 636—2005

立轴缸体缸盖平面磨床

Surface grinding machines with vertical grinding wheel spindle for engine cylinder body and cover

2005-09-21 发布　　2006-01-01 实施

中华人民共和国交通部　发布

立轴缸体缸盖平面磨床

1 范围

本标准规定了立轴缸体缸盖平面磨床的型式、结构、技术要求、试验方法、检验规则以及标志、包装、运输、贮存。

本标准适用于汽车、拖拉机的发动机缸体、缸盖结合面修理加工所用的平面磨床。

2 规范性引用文件

下列文件中的条款通过本标准的引用而成为本标准的条款。凡是注日期的引用文件,其随后所有的修改单(不包括勘误的内容)或修订版均不适用于本标准,然而,鼓励根据本部分达成协议的各方研究是否可使用这些文件的最新版本。凡是不注日期的引用文件,其最新版本适用于本标准。

GB/T 5226.1　机械安全　机械电气设备第一部分:通用技术条件
GB/T 9061　金属切削机床　通用技术条件
GB/T 15375　金属切削机床　型号编制方法
GB/T 15760　金属切削机床　安全防护通用技术条件
JB 2554　机床防锈技术条件
JB 2670　金属切削机床精度检验通则
JB 2855　机床涂漆技术条件
JB/T 3997　金属切削机床　灰铸铁技术条件
JB/T 8356.1　机床包装技术条件
JB/T 9874　金属切削机床　装配通用技术条件
JB/T 9875　金属切削机床　随机技术文件的编制
JB/T 9876　金属切削机床　结合面涂色法评定
JB/T 9877　金属切削机床　清洁度的测定
JB/T 16769　金属切削机床　噪声声压级的测量方法

3 型式结构

3.1 产品的型号编写应符合 GB/T 15375 中有关金属切削机床统一名称和类、组、系的划分的规定。

3.2 3M97 型平面磨床,为磨头垂直进给,工作台往复直线运动型式。

结构型式见图 1。

3.3 3MJ97 型平面磨床,为磨头垂直进给,磨头绕立柱往复回转型式。

结构型式见图 2。

4 技术要求

4.1 3M97 型磨床的预调精度

4.1.1 床身导轨在垂直平面内的直线度:在导轨 1000mm 长度上为 0.02mm,每增加 1000mm 允差增加 0.015mm。

4.1.2 床身导轨在垂直平面内的平行度:在每 1000mm 长度上为 0.02mm。

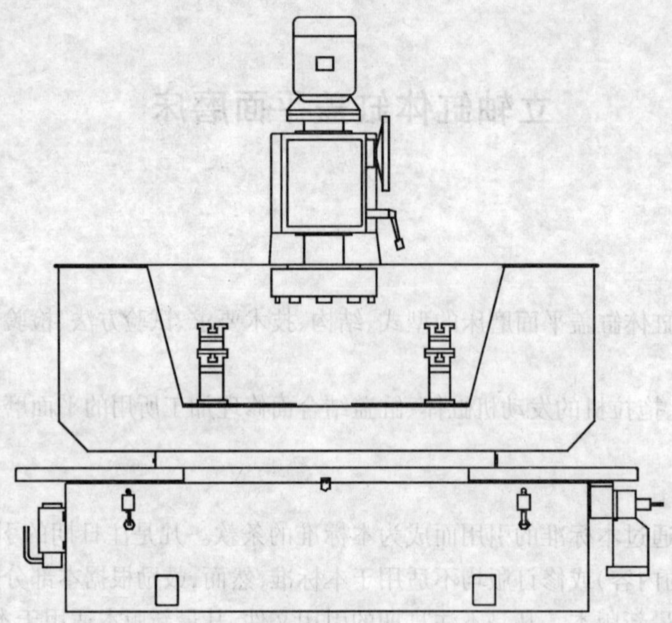

图 1　3M97 型式磨床结构简图

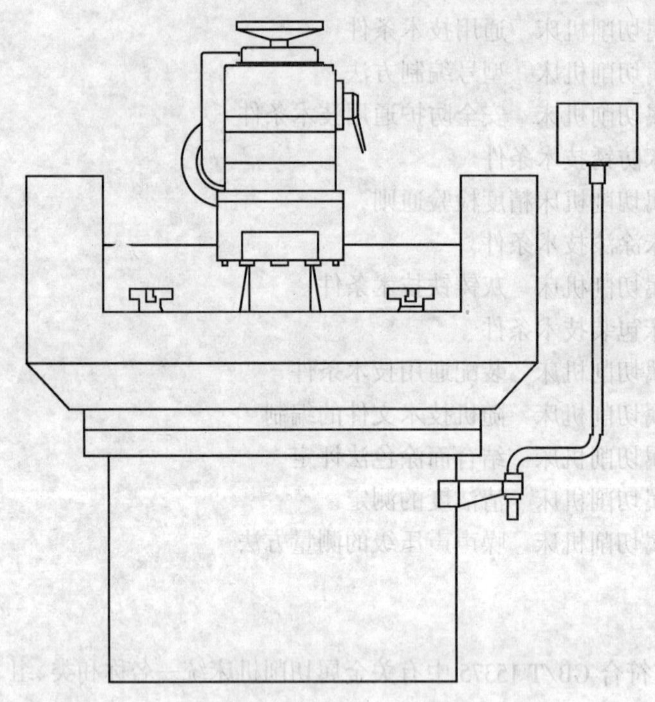

图 2　3MJ97 型式磨床结构简图

4.2 几何精度

4.2.1 砂轮主轴定心锥面的径向跳动不大于 0.015mm。

4.2.2 砂轮主轴轴向窜动不大于 0.01mm。

4.2.3 工作台的平面度

a) 工作台长度不小于 1000mm 时，平面度不大于 0.05mm；

b) 工作台长度小于 1000mm 时，平面度不大于 0.03mm。

4.2.4 工作台面对工作台移动的平行度

3M97 型式磨床在工作台全长上不大于 0.05mm。

4.2.5 摇臂回转轨迹对工作台面的跳动

3MJ97 型式磨床在最大回转范围内跳动不大于 0.05mm。

4.2.6 摇臂往复回转精度

3MJ97 型式磨床在最大回转范围内,摇臂往复回转误差不大于 0.02mm。

4.2.7 磨头主轴中心线对工作台的垂直度

a) 主轴中心线对工作台纵向的垂直度:
在 300mm 测量直径上,3M97 型式磨床只允许砂盘左边低 0.08mm ~ 0.10mm,3MJ97 型式磨床只允许砂盘右边低 0.08mm ~ 0.10mm;

b) 主轴中心线对工作台横向的垂直度:在 300mm 测量直径上,前后两点允差 0.02mm。

4.3 工作精度

4.3.1 加工表面的平面度不大于 0.04mm。

4.3.2 加工表面的粗糙度

——铣削加工表面的粗糙度 $Ra3.2\mu m$;

——磨削加工表面的粗糙度 $Ra1.6\mu m$。

4.4 电气系统

电气系统技术要求应符合 GB/T 5226.1—2002 中 19.2 保护接地电气的连续性、19.3 绝缘电阻检测和 19.4 耐压试验的有关规定。

4.5 空运转性能

4.5.1 空运转功率

主运动机构各级速度空运转至功率达到稳定后,其空运转功率应不超过主电机额定功率的 30%。

4.5.2 温度和温升

主轴温度达到稳定温度时,主轴轴承温度应不超过 70℃,温升不超过 40℃。

4.5.3 噪声

噪声声压级应不超过 83dB(A)。

4.5.4 磨床活动部位

a) 3M97 型式磨床工作台进给、变速、换向及工作台限位机构灵活可靠,无振动爬行现象。

b) 3MJ97 型式磨床摇臂进给平稳,无爬行现象,啮合脱落手柄操作可靠。

c) 手轮力的检测:3M97 型式磨床主轴升降手轮力小于 60N;3MJ97 型式磨床摇臂升降手轮力小于 80N。

4.5.5 安全防护

磨床砂轮防护罩及挡屑防护装置安全可靠。

4.6 负荷特性

主传动系统功率达到额定值时,其结构稳定性应良好,电气系统正常、可靠。

4.7 材料性能和加工制造质量

4.7.1 下列铸件材料的机械性能应不低于 JB/T 3997 中 HT200 的性能,铸件粗加工后应进行时效处理:

a) 主轴箱体;

b) 床身;

c) 工作台。

4.7.2 3M97 型式磨床床身工作台纵向导轨应采取耐磨措施。

4.7.3 3M97 型式磨床床身纵向导轨与其配合件的结合面配合加工要求应符合 JB/T 9874、JB/T 9876 中有关滑动导轨的规定。

4.7.4 下列结合面配合加工要求应符合 JB/T 9874 中有关重要固定结合面的规定:

a) 3M97 型式磨床立柱与床身,主轴箱体与立柱的固定结合面;

b) 3MJ97 型式磨床工作台与底座,外套底面与底座,主电机下法兰面与摇臂的固定结合面。

4.7.5 下列结合面配合加工要求应符合 JB/T 9874 中有关滑动、移置导轨的规定:

——3M97 型式磨床主轴外套与箱体配合面;

——3MJ97 型式磨床主轴与外套配合面。

4.8 清洁度

重要零件的表面,机械传动系统及主轴箱内不应有金属屑、金属末、棉纱、漆皮等脏物,并应符合 JB/T 9877 中的有关规定。

4.9 外观质量

外观质量应符合 GB/T 9061、JB 2855 中的规定。

4.10 其他要求

随机应配备下列附件和工具见表 1。

表 1 附件和工具

序号	名称	说明
1	砂瓦夹紧盘	带砂瓦
2	卸刀盘扳手	
3	专用扳手	带扳手杆
4	砂轮修正器	不带金刚石笔
5	压板	
6	夹钳	
7	普通铣刀	带配重块
8	砂瓦	
9	支承座	3MJ97 型式磨床
10	垫铁	3MJ97 型式磨床
11	支承座	3M97 型式磨床
12	冷却箱及管路	
13	平衡心轴	
14	平衡架	

5 试验方法

5.1 一般要求

5.1.1 精度检验前,磨床应安置在水泥混凝土基础上,进行水平调试,调试好后不应超过:

——纵向:0.04/1000;

——横向:0.04/1000。

5.1.2 精度检测前,主轴及其他部件的空运转升温、检测方法和检测工具的精度,均应符合 JB 2670 的有关规定。

5.1.3 试验条件

试验条件应符合如下要求:

a) 试件

——试件的材质为发动机的缸体或缸盖,材质 HT200(磨削、铣削);

——试件的材质为发动机的缸体或缸盖,材质 ZL104(铣削);

——3M97 型式磨床的试件的尺寸为 600mm × 200mm ；

——3MJ97 型式磨床的试件的尺寸为 450mm × 180mm 。

b) 磨具、刀具

——磨削用砂瓦为 100 × 50 × 15 TM46 - ZR_2AWT 六片；

——铣削用刀具为 YG3X(加工铝合金),立方氮化硼刀具(加工 HT200)。

c) 测试仪器及量具

——0 级平板；

——1 级直角尺；

——1 级平行尺、塞尺、量块；

——水平仪；

——百分表座、1 级百分表；

——千分表座、千分表；

——表面粗糙度比较样块；

——2 型或 2 型以上声级计；

——1 级功率表、500V 兆欧表、1500V 电压表；

——1.5 级温度计、点温计；

——弹簧测力计；

——桥板。

5.2 预调检测见表 2。

表 2 预 调 检 测

序号	简 图	检 测 项 目	检 测 方 法
1		床身导轨在垂直平面内的直线度	在床身导轨上放一专用桥板,桥板在 V 型导轨上的部分是一根圆柱棒,圆柱棒的长度大于等于 250mm,小于等于 500mm,在平导轨上的部分是一个可调整的支点。 在桥板上和床身导轨平行放一水平仪,移动桥板,每隔 250mm 记录一次水平仪的读数,将水平仪读数依次排列,画出桥板的运动曲线,做相互平行的两条直线,夹住运动曲线,距离最小的两条平行线间的坐标值,就是导轨全部长度上的直线度误差
2		床身导轨的平行度	将水平仪转动 90°,移动桥板,每隔 250mm 记录一次水平仪读数,水平仪在每米长度上和全部长度上读数的最大代数差值,就是平行度的误差
注:检测 1、2 项基础精度,只在安装和修理过程中进行考核。			

5.3 几何精度检测见表 3。

表 3 几何精度检测

序号	简图	检测项目	检测方法
1	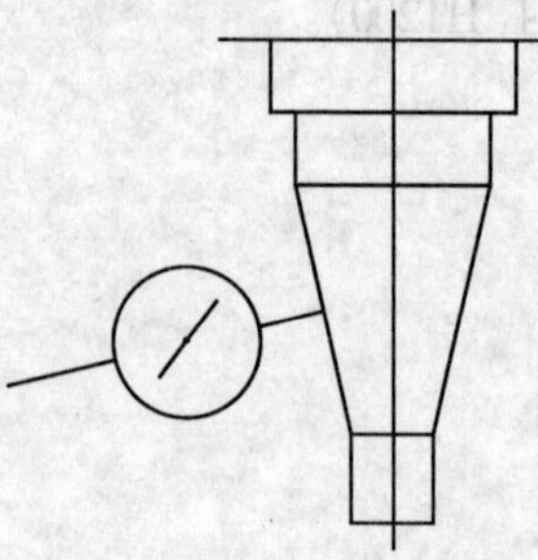	砂轮主轴定心锥面的跳动	将千分表固定在机床上，使千分表测头垂直顶在砂轮定心锥面上，旋转主轴，检验千分表读数的最大值，就是主轴跳动的数值
2	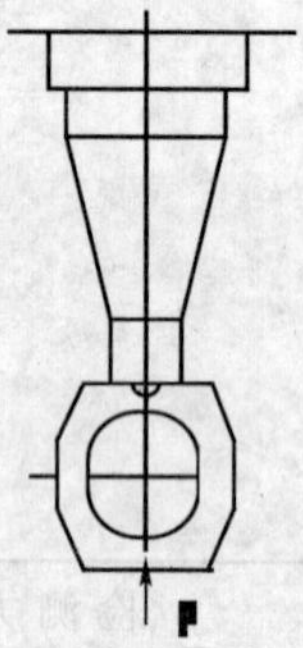	砂轮主轴轴向窜动	将千分表固定在机床上，使千分表测头顶在放入主轴顶尖孔中的钢球表面上，旋转主轴检验，千分表读数的最大值，就是主轴轴向窜动的数值。 检验时允许向主轴轴向施加一个力 F，检验轴向游隙是否消除
3	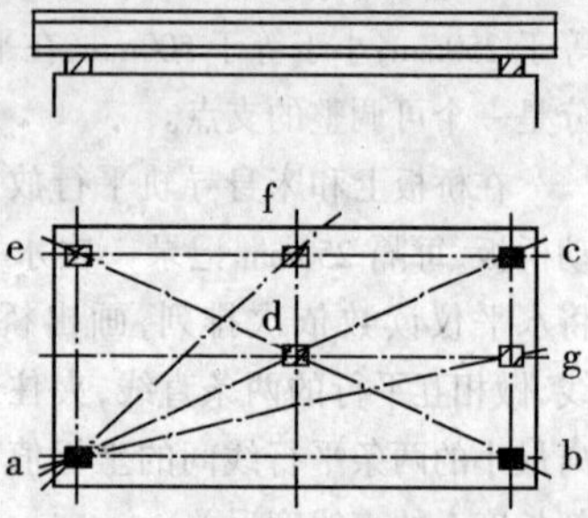	工作台的平面度	按图示规定，在工作台面的 a、b、c 三个基准点上，分别放一等高量块。将平尺放在 a、c 等高量块上，在 d 点处放一可调量块，使其与平尺下表面接触，再将平尺放在 b、d 量块上，在 e 点处放一可调量块，使其与平尺下表面接触，用同样方法分别确定 f、g 点的可调量块高度。将平尺放在图示各位置上，用量具测量平尺检验面与工作台面间的距离。 误差以其最大代数差值计
4	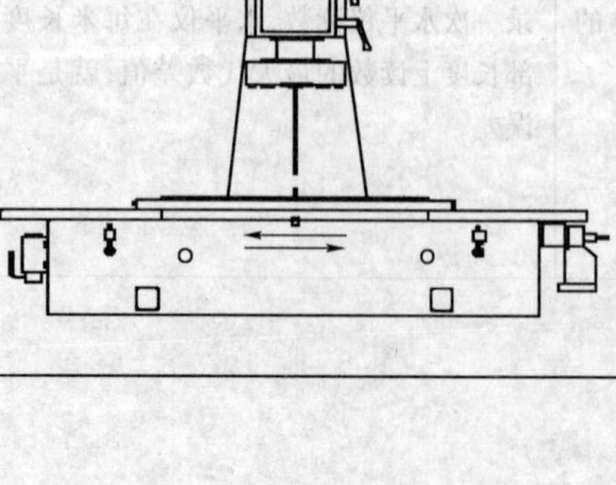	3M97 型式磨床的工作台面对工作台移动的平行度	在工作台面上和工作台移动方向平行放两个等高块，在等高块上放一平尺，将千分表固定在机床上，使测头顶在平尺的测量面上，移动工作台，在工作台的全程上检验，千分表读数的最大差值，就是平行度的误差

表 3(续)

序号	简　图	检测项目	检测方法
5		3MJ97 型式磨床的摇臂回转轨迹对工作台面的跳动 摇臂往复回转精度	将千分表固定在摇臂上,测头顶在工作台面上,转动摇臂,检验工作台全长范围内,千分表的最大偏移量,就是最大跳动误差。 在最大回转范围内,摇臂往复回转误差不大于 0.02mm
6	c a b d	3M97 型式磨床 a. 主轴中心线对工作台纵向的垂直度 b. 主轴中心线对工作台横向的垂直度	在工作台面放一平尺,使平尺(a)与床身导轨平行(纵向),(b)与床身导轨垂直(横向)。在砂轮轴向固定一个角形表杆,将千分表固定在表杆上,使千分表测头顶在平尺检验面上,旋转砂轮主轴,分别检验a、b、c、d 两个方向的垂直度要求
7	c a b d	3MJ97 型式磨床 a. 主轴中心线对工作台纵向的垂直度 b. 主轴中心线对工作台横向的垂直度	在工作台面放一平尺,使平尺(a)与床身导轨平行(纵向),(b)与床身导轨垂直(横向)。在砂轮轴向固定一个角形表杆,将千分表固定在表杆上,使千分表测头顶在平尺检验面上,旋转砂轮主轴,分别检验a、b、c、d 两个方向的垂直度要求

注:F 表示为消除主轴轴承的轴向游隙而加的恒定力(其大小由制造厂规定)。

5.4 工作精度的检测

5.4.1 加工表面的平面度检测方法

在被加工工件的加工面放一平尺,用塞尺测平尺与加工平面的间隙,并应符合 4.3.1 的规定。

5.4.2 加工表面的粗糙度检测方法

用仪器或粗糙度比较样块进行检验,并应符合 4.3.2 的规定。

5.5 电气系统检测

电气系统检测应符合 GB/T 5226.1 中的有关规定。进行绝缘电阻检测、耐压试测和保护电路的连续性检测。

5.6 空运转性能试验

主运动的空运转从低速到高速,低速运转时间不小于 2min,高速运转时间不小于 1h,在高速运转使主轴轴承温度达到稳定时,再进行以下项目的检验。

5.6.1 空运转功率试验

主运动的各级速度空运转功率达到稳定后,用功率表测量功率,并应符合 4.5.1 的规定。

5.6.2 温度和温升试验

主轴轴承温度达到稳定时,用半导体点温计检验主轴轴承温度,并应符合 4.5.2 的规定。

5.6.3 噪声检测

按 JB/T 16769 规定的方法进行检测,并应符合 4.5.3 的规定。

5.6.4 活动部位检测

活动部位检测如下:

a) 3M97 型式磨床工作台进给、变速、换向及工作台限位机构工作可靠,并应符合 4.5.4 的规定;

b) 3MJ97 型式磨床摇臂进给、啮合脱落手柄操作可靠,并符合 4.5.4 的规定;

c) 用测力计检测手轮操纵力,并应符合 4.5.4 的规定。

5.6.5 安全防护检测

应按 JB/T 15760 中的规定方法进行,并应符合 4.5.5 的规定。

5.7 负荷特性试验

使主传动系统达到额定功率的时间不少于 0.5min,用功率表测量主传动系统功率,并应符合 4.6 的规定。

5.8 材料性能和加工制造质量检测

不同类型结合面的检测应按 JB/T 9874 进行,并应符合 4.7 的规定。

5.9 清洁度检测

清洁度用目测手感法检验,并应符合 JB/T 9877 中的有关规定。

5.10 外观质量检测

各部位的外观质量用目测手感法检验,并应符合 GB/T 9061、JB 2855 中的有关规定。

6 检验规则

产品检验分型式检验和出厂检验。

6.1 型式检验

6.1.1 有下列情况之一时,应进行型式检验:

a) 新产品试制,定型鉴定时;

b) 产品结构、性能有较大变化时;

c) 国家质量监督部门提出要求时。

6.1.2 型式检验样机应从出厂产品中随机抽取一台进行检验。

6.1.3 型式检验项目应符合表 4 规定。

表4 型式检验项目

序号	检验项目	技术要求	检测方法	型式检验	出厂检验
1	几何精度	4.2	5.3	+	+
2	工作精度	4.3	5.4	+	+
3	电器系统	4.4	5.5	+	–
4	空运转功率	4.5.1	5.6.1	+	–
5	温度和温升	4.5.2	5.6.2	+	+
6	噪声	4.5.3	5.6.3	+	+
7	机床动作	4.5.4	5.6.4	+	+
8	安全防护	4.5.5	5.6.5	+	+
9	负荷特性	4.6	5.7	+	–
10	清洁度	4.8	5.9	+	–
11	外观质量	4.9	5.10	+	+

注:“+”表示检验项目,“–”表示不验项目。

6.1.4 判定规则

表4中全部检验项目合格,则为型式检验合格,其中有一项不合格时,应加倍抽查,若仍不合格,则该次型式检验不合格。

6.2 出厂检验

6.2.1 每台产品均应进行出厂检验,检验合格后方可出厂。

6.2.2 出厂检验按表4中1、2、5、6、7、8、11项逐项进行检验,全部检验合格,判为合格;若有不合格项,经返工后复检,所有项目合格后判为合格。

7 标志、包装、运输、贮存

7.1 标志

7.1.1 每台产品应在适当位置固定铭牌,其内容包括:

a) 制造厂名;
b) 产品名称;
c) 产品型号;
d) 产品的主参数;
e) 制造日期及出厂编号 。

7.1.2 在包装箱规定位置应有如下内容:

a) 产品名称、型号;
b) 出厂编号及箱号;
c) 包装箱外形尺寸:长(cm)×宽(cm)×高(cm);
d) 净质量,毛质量,kg;
e) 到站及收货单位;
f) 发站及发货单位;
g) 运输及贮运指示标志。

7.2 包装

7.2.1 包装前应进行防锈处理,并按JB 2554的规定进行。

7.2.2 产品出厂包装箱技术要求应符合JB/T 8356.1中的有关规定。

7.2.3 随机应提供下列技术文件,随机文件应符合JB/T 9875的规定:

a) 使用说明书;
b) 合格证明书;
c) 装箱单。

7.3 运输

按照包装箱上指示进行装卸,运输中不应有较大震动及碰撞。

7.4 贮存

产品应贮存在空气流通,干燥,无腐蚀金属和破坏漆膜的场所。

ICS 43.180
R 17
备案号：

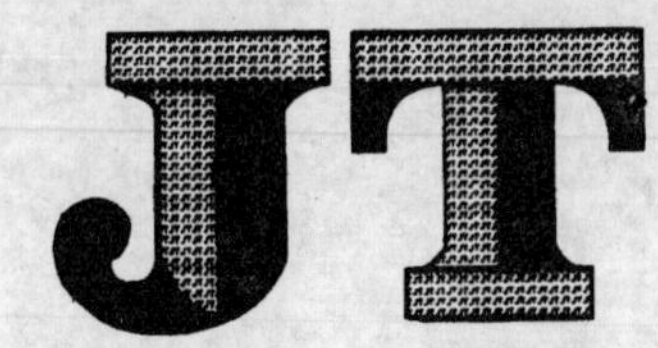

中华人民共和国交通行业标准

JT/T 637—2005

气门座镗床

Valve seats boring machine

2005-09-21 发布　　2006-01-01 实施

中华人民共和国交通部　发布

ICS 43.180
R 17
备案号

中华人民共和国交通行业标准

JT/T 637—2005

气门座镗床

Valve seats boring machine

2005-06-21 发布　　2006-01-01 实施

中华人民共和国交通部　发布

气门座镗床

1 范围

本标准规定了气门座镗床的型式结构、技术要求、试验方法、检验规则以及标志、包装和运输。

本标准适用于修理汽车、拖拉机和摩托车等的气门座镗床。

2 规范性引用文件

下列文件中的条款通过本标准的引用而成为本标准的条款。凡是注日期的引用文件,其随后所有的修改单(不包括勘误的内容)或修订版均不适用于本部分,然而,鼓励根据本标准达成协议的各方研究是否可使用这些文件的最新版本。凡是不注日期的引用文件,其最新版本适用于本标准。

GB/T 230	金属洛氏硬度试验方法
GB/T 699	优质碳素结构钢
GB 5226.1—2002	机械安全　机械电气设备　第1部分:通用技术条件
GB/T 6576	机床　润滑系统
GB/T 7932—2003	气动系统　通用技术条件
GB/T 9061—1988	金属切削机床　通用技术条件
GB/T 15375	金属切削机床　型号编制方法
GB/T 15760	金属切削机床　安全防护通用技术条件
GB/T 16769	金属切削机床　噪声声压级测量方法
GB/T 17421.1	机床检验通则　第1部分:在无负荷或精加工条件下机床的几何精度
JB 2554	机床防锈技术条件
JB/T 3997	金属切削机床　灰铸铁件技术条件
JB/T 8356.1	机床包装技术条件
JB/T 9872	金属切削机床　机械加工件通用技术条件
JB/T 9874	金属切削机床　装配通用技术条件
JB/T 9875	金属切削机床　随机技术文件的编制
JB/T 9876	金属切削机床　结合面涂色法评定
JB/T 9877	金属切削机床　清洁度的测定
JT 3101	汽车修理技术标准

3 分类与结构

3.1 分类

3.1.1 气门座镗床分为基本型、简易型、多功能型。

3.1.2 产品型号编写应符合 GB/T 15375 的规定。

3.2 结构

3.2.1 基本型气门座镗床

结构型式见图1。

基本型气门座镗床由床身、夹具体、镗头、镗刀杆、定位心轴等部件组成。

镗头带动镗刀杆作回转运动；床身水平台面上放置夹具体，整个夹具体可沿着床身水平台面移动和转动。夹具体固定架前后、左右两个方向的转角可调，并具有锁紧机构。

3.2.2 简易型气门座镗床

简易型气门座镗床一般采用轻便型镗头结构，由便携镗头、夹紧架、镗刀、定位心轴等部件组成。

镗头具有使主轴回转和进给的两种运动。

3.2.3 多功能型气门座镗床

多功能型气门座镗床是在基本型基础上，增加移动式镗头、镗头主轴万向摆动、镗刀杆万向摆动及其他部件组成。

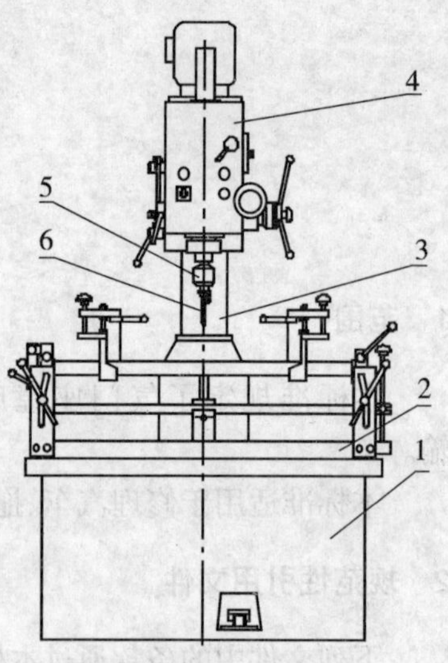

图1 基本型气门座镗床

1-床身；2-夹具体；3-立柱；4-镗头；5-镗刀杆；6-定位心轴

4 技术要求

4.1 几何精度

4.1.1 主轴的轴向窜动量应不大于 0.01mm。

4.1.2 主轴锥孔轴线的径向跳动误差

a) 靠近主轴端面应不大于 0.01mm；

b) 距主轴端面 150 mm 处应不大于 0.02mm。

4.1.3 主轴回转轴线对工作台面的垂直度误差

a) 横向平面内应不大于 0.03/300；

b) 纵向平面内应不大于 0.02/300。

4.1.4 主轴套筒垂直移动对工作台面的垂直度误差

a) 横向垂直面内应不大于 0.015/100；

b) 纵向垂直面内应不大于 0.015/100。

4.1.5 床身工作台面的平面度误差应不大于 0.04mm，表面粗糙度不大于 $Ra1.6\mu m$。

4.1.6 床身与夹具体结合面的接触质量

结合面周边用 0.06mm 塞尺检验，塞尺在滑动结合面间插入深度不得大于 20 mm。并应符合 JB/T 9872 中有关移置导轨表面的规定。

4.2 工作精度

4.2.1 气门座锥面对气门导管孔轴线的圆跳动误差不大于 0.05mm。

4.2.2 气门座锥面表面粗糙度不大于 $Ra1.6\mu m$。

4.2.3 气门座锥面与气门密封锥面的密封性能可靠。

4.3 气动系统

气动系统的管路应符合 GB/T 7932—2003 中第 9 章的有关规定；气动元件应按照供方提供的说明书和建议安装，元件应排列整齐并且其设置的位置应不妨碍系统的调整和维修。

4.4 电气系统

电气系统的技术要求应符合 GB/T 5226.1—2002 中 19.2，19.3 和 19.4 的有关规定。

4.5 空运转性能

4.5.1 空运转功率

主运动机构各级速度空运转至稳定后，其空运转功率（不包括主电机的空载功率）不应超过主电机额定功率的 30%。

4.5.2 温度和温升

主轴轴承达到稳定温度时，温度不应超过 70℃；温升不应超过 40℃。

4.5.3 噪声

噪声的声压级不应超过 83dB(A)。

4.5.4 润滑

主轴箱不应有漏油现象,转动零件(镗刀杆、主轴)不应甩油,油流不应进入电器系统。润滑系统应保证各润滑部位润滑良好,油池、油标等应密封的部位不应有滴、渗漏油发生。

4.5.5 活动部位

镗床的活动部位应符合下列要求:

a) 机床主运动的起动、停止动作应灵敏、可靠;

b) 变速机构应灵活、可靠,指示准确;

c) 调整机构、夹紧机构和其他附件应灵活、可靠;

d) 工件、刀具、量具和附件的装卸应灵活、可靠;

e) 与机床连接的随机附件在该镗床上试运转,其相互关系应符合设计要求;

f) 镗头箱体升降手柄的操纵力应不大于 80N,其他手轮、手柄的操纵力应不大于 40N。

4.5.6 安全防护

安全防护应符合下列要求:

a) 夹具体、镗头箱体移动及转动应有限位和预防碰撞的保护装置,并安全可靠;

b) 主轴进给运动应有限位和预防碰撞的保护装置,并安全可靠。

4.6 负荷特性

4.6.1 镗床主传动系统的最大扭矩试验

应符合 GB/T 9061—1988 的 6.7.2 规定。使镗床达到规定扭矩(基本型气门座镗床最大扭矩应不小于 50N·m)时,镗床传动系统各传动元件和变速机构应可靠,机床运动平稳、准确。

4.6.2 镗床最大切削抗力试验

应符合 GB/T 9061—1988 的 6.7.3 规定。使镗床达到规定切削抗力(基本型气门座镗床最大切削抗力应不小于 500N)时,镗床各运动机构、传动机构应灵活、可靠,过载保险装置可靠。

4.6.3 镗床主传动系统达到最大功率的试验

镗床切削气门座试验时,主传动系统功率达到额定值时,其结构稳定性应良好,电气系统正常、可靠。

4.7 材料性能和加工质量

4.7.1 下列铸件的材料机械性能应不低于 JB/T 3997 中 HT200 的性能,并在粗加工后进行时效处理:

a) 床身;

b) 夹具体底板;

c) 夹具体上支架;

d) 镗头箱体;

e) 立柱。

4.7.2 钢件应符合 GB/T 699 的规定,主轴前端锥孔的硬度不低于 HRC45,定位心轴表面硬度不低于 HRC55。

4.7.3 床身与镗头立柱结合面的加工要求应符合 JB/T 9872 中有关重要固定结合面的规定;床身与夹具体结合面的加工要求应符合 JB/T 9872 中有关移置导轨表面的规定。

4.8 清洁度

重要零件表面、机械传动系统、润滑油池等均不应有金属屑、金属末、灰尘、棉丝、漆皮等脏物。应符合 JB/T 9877 中的有关规定。

4.9 外观要求

外观质量应符合 GB/T 9601 中的有关规定。

5 试验方法

5.1 一般要求

5.1.1 精度检测前的安装,主轴及其他部件的空运转升温,检测工具的精度,均应符合 GB/T 17421.1 中的规定。

5.1.2 精度检测前,在工作台中央位置放置水平仪,在纵向和横向水平仪的读数均不超过0.04/1000。

5.1.3 试验条件

试验条件应符合如下要求:

a) 试验材料:机械性能不低于 HT250,表面硬度 HB230~HB270,硬度差不大于 HB30;

b) 试验规格:镗孔直径不小于最大镗孔直径的 0.7 倍,切削宽度不小于 10mm;

c) 刀具材料采用硬质合金;

d) 测试仪器及量具:

——0 级平板;

——1 级直角尺;

——1 级平行尺、塞尺、量块;

——水平仪;

——百分表座、1 级百分表;

——千分表座、千分表;

——表面粗糙度比较样块;

——2 型或 2 型以上声级计;

——1 级功率表、500V 兆欧表、1500V 电压表;

——1.5 级温度计、点温计;

——弹簧测力计。

5.2 几何精度检测

几何精度的各项检测方法应按表 1 规定进行。按 5.7 规定的负荷试验后应进行几何精度的复检。

表 1 几何精度检测 单位:mm

序号	简 图	检测项目	检测方法
1	专用检棒 千分表 测力计 F	机床主轴的轴向窜动量	固定千分表,使其测头触及插入主轴锥孔内的专用检棒端部的钢球上,旋转主轴。检验时允许在主轴上施加轴向力 F。千分表读数的最大差值应符合规定要求

续上表

序号	简　图	检测项目	检测方法
2	a 150 b	主轴锥孔轴线的径向跳动	将检验棒插入主轴锥孔内，固定千分表，使其测头触及检验棒端表面的如下部位：a.靠近主轴端面处；b.距主轴端面150mm处。旋转主轴检验。 退出检验棒，相对主轴旋转90°，重新插入主轴锥孔中，重复检验三次。 a、b两项误差分别计算，误差以千分表四次读数的算术平均值计，应符合规定。 在机床的横向和纵向平面内均要检验
3	镗头 立柱 300　300 a　b	主轴回转轴线对床身工作台面的垂直度	主轴缩回到原始位置，将主轴箱置于行程的最高位置，并锁紧。 将平尺放在工作台面上：a.在横向平面内；b.在纵向平面内。百分表装在插入主轴锥孔内的角形表杆上，使其测头触及平尺检验面。旋转主轴180°检验。 a、b两项误差分别计算，误差以百分表的读数差值计，应符合规定
4	100　100 a　b	主轴套筒垂直移动对床身工作台面的垂直度	将主轴箱置于行程的最高位置，并锁紧。 将平尺放在工作台面上，其上放角尺：a.在横向垂直平面内；b.在纵向垂直平面内。百分表固定在主轴或主轴套筒上，使其测头触及角尺检验面。移动主轴套筒，在100mm行程上检验。 a、b两项误差分别计算，误差以百分表读数的最大差值计，应符合规定

续上表

序号	简　图	检测项目	检测方法
5	(e, f, c, d, g, a, b)	床身工作台面的平面度	按图示规定，在工作台面的 a、b、c 三个基准点上，分别放一等高量块。将平尺放在 a、c 等高量块上，在 d 点处放一可调量块，使其与平尺下表面接触，再将平尺放在 b、d 量块上，在 e 点处放一可调量块，使其与平尺下表面接触，用同样方法分别确定 f、g 点的可调量块高度。将平尺放在图示各位置上，用量具测量平尺检验面与工作台面间的距离。 误差以其最大代数差值计。 本项亦可用水平仪检测
6		床身台面与夹具体两结合面接触质量	将夹具体放在床身台面的中间位置。用塞尺沿夹具体与床身结合面周边检验。 误差以插入深度不大于 20mm 的塞尺的最大厚度计
注：*F* 表示为消除主轴轴承的轴向游隙而加的恒定力（其大小由制造厂规定）。			

5.3 工作精度检测

5.3.1 将百分表固定在定位心轴上（该定位心轴应与所对应的气门导管孔紧密配合），定位心轴固定在气门导管中，百分表触头垂直触及气门座锥面，旋转定位心轴 360°，测量镗削后的气门座锥面，百分表的最大读数差即为气门座锥面对气门导管孔表面的圆跳动。

5.3.2 用表面粗糙度样块（GB 6060.2）对镗削后的气门座锥面进行对比检查。

5.3.3 镗削后气门座与标准气门密封锥面的密封性能

推荐采用气门着色对研法：在合格的新气门锥面涂一层红色印油与气门座对研，对研后，取出气门，检查气门座工作锥面周圈着色均匀度。工作锥面周圈着色均匀，上下方向允许着色有深浅之分。

5.4 气动系统检测

用目测法检测，并符合 4.3 的规定。

5.5 电气系统检测

应按 GB 5226.1—2002 中 19.2，19.3 和 19.4 的有关规定进行检测。

5.6 空运转试验

试验时，机床的主运动机构应从最低速度起依次运转，每级速度运转时间不得少于 2 min，在最高转速下运转足够的时间（不得少于 1h），使主轴轴承达到稳定温度。

5.6.1 温度和温升试验

主轴轴承达到稳定温度时，用半导体点温度计检验主轴轴承的温度和温升，应符合 4.5.2 的规定。

5.6.2 噪声检验

按 GB/T 16769 规定的方法测量机床噪声的声压级，测量结果应符合 4.5.3 的规定。

5.6.3 活动部位试验

按 GB/T 9061 的要求进行空运转，在镗床空运转条件下检查以下项目：

a) 镗床主运动的起动、停止动作应符合 4.5.5 的规定；

b) 反复变换主运动的速度,检查变速机构灵活性、可靠性以及指示的准确性,应符合 4.5.5 的规定;

c) 调整机构、夹具体和其他附件应符合 4.5.5 的规定;

d) 装卸工件、刀具、量具和附件应符合 4.5.5 的规定;

e) 与机床连接的随机附件应在该机床上试运转,其相互关系应符合设计要求;

f) 检验有刻度装置的手轮反向空程量及手轮、手柄的操纵力。空程量应符合有关标准的规定,操纵力应符合 4.5.5 的规定。

5.6.4 润滑检查

用目测法检测,并应符合 4.5.4 的规定。

5.6.5 安全防护检测

按 GB/T 15760 中规定的方法进行,并应符合 4.5.6 的规定。

5.6.6 空运转功率试验

主运动机构各级速度空运转至功率稳定后,用功率表测量功率,应符合 4.5.1 的规定。

5.7 负荷试验

5.7.1 机床主传动系统的最大扭矩试验

在批量生产时,允许在 2/3 倍最大扭矩下进行试验(基本型气门座镗床镗削气门座直径范围在 ϕ60mm ~ ϕ90mm、主轴转速 50r/min 时),但应每年进行一次最大扭矩试验。应符合 4.6.1 的规定。

5.7.2 机床最大切削抗力试验

在批量生产时,允许在 2/3 倍最大切削抗力进行试验(基本型气门座镗床镗削气门座直径范围在 ϕ60mm ~ ϕ90mm 时),但应每年进行一次最大切削抗力试验。应符合 4.6.2 的规定。

5.7.3 机床主传动系统达到最大功率的试验

使主传动系统达到额定功率的时间不少于 0.5min,用功率表测量主传动系统功率,并应符合 4.6.3 的规定。

5.8 材料性能和加工质量检测

铸件的材料机械性能检测应按 JB/T 3997 进行,并应符合 4.7.1 的规定。

钢件的检测应按 GB/T 699 进行,并应符合 4.7.2 的规定。

不同类型结合面的检测应按 JB/T 9876 进行,并应符合 4.7.3 的规定。

5.9 定位心轴表面硬度试验(抽查)

应按 GB/T 230 的规定在洛氏硬度机上进行,并应符合 4.7.2 的规定。

5.10 清洁度检验

清洁度用目测手感法检验,并应符合 4.8 的规定。

5.11 外观质量检验

各部位的外观质量用目测手感法检验,并应符合 4.9 的规定。

6 检验规则

产品验收检验分为型式检验和正常生产产品的出厂检验。

6.1 型式检验

6.1.1 有下列情况之一时,一般应进行型式检验:

a) 新产品试制、定型鉴定时;

b) 机床结构、性能有较大变化时;

c) 产品停产一年以上又重新生产时;

d) 政府质量监督机构提出型式检验要求时。

6.1.2 型式检验应从出厂产品中随机抽取两台进行检验。

6.1.3 型式检验项目应符合表2规定。

表2 检 验 项 目

序号	检 验 项 目	试 验 方 法	技 术 要 求
1	几何精度	5.2	4.1
2	工作精度	5.3	4.2
3	气动系统	5.4	4.3
4	电气系统	5.5	4.4
5	空运转功率	5.6.6	4.5.1
6	温度和温升	5.6.1	4.5.2
7	噪声	5.6.2	4.5.3
8	动作	5.6.3	4.5.5
9	润滑	5.6.4	4.5.4
10	安全防护	5.6.5	4.5.6
11	主传动系统扭矩	5.7.1	4.6.1
12	最大切削抗力	5.7.2	4.6.2
13	主传动系统最大功率	5.7.3	4.6.3
14	材料性能和加工质量	5.8	4.7
15	定位心轴表面硬度	5.9	4.7.2
16	清洁度	5.10	4.8
17	外观质量	5.11	4.9

6.1.4 判定规则

表2中全部检验项目合格,则为型式检验合格,其中有一项不合格时,则应加倍抽样对该项指标进行复验,复验中若仍有不合格,则判定该次型式检验不合格。

6.2 出厂检验

6.2.1 每台产品均应进行出厂检验,检验合格后方可出厂。

6.2.2 每台产品按表2中1、2、3、6、7、8、9、10、11、12、14、17项逐项进行检验,全部检验合格,判为合格;若有不合格项,须经返工后复检,所有项目合格后判为合格。

7 标志、包装、运输、贮存

7.1 标志

7.1.1 每台产品应在适当位置固定铭牌,其内容应包括:

a) 制造厂名;

b) 产品名称;

c) 产品型号;

d) 产品的主参数;

e) 制造日期及出厂编号。

7.1.2 在包装箱规定位置应有如下内容:

a) 产品名称、型号;

b) 出厂编号及箱号;

c) 包装箱外形尺寸:长(cm)×宽(cm)×高(cm);

d) 净质量、毛质量,kg;

e) 到站及收货单位;

f) 发站及发货单位;

g) 运输及贮运指示标志。

7.2 包装

7.2.1 包装前应进行防锈处理,并应符合 JB 2554 的规定。

7.2.2 产品出厂包装技术要求应符合 JB/T 8356.1 的规定。

7.2.3 随机应提供下列技术文件,随机文件应符合 JB/T 9875 的规定:

a) 使用说明书;

b) 合格证明书;

c) 装箱单。

7.3 运输

按照包装箱上指示进行装卸,运输中不应有较大震动及碰撞。

7.4 贮存

产品应贮存在空气流通、干燥,无腐蚀金属和破坏漆膜的场所。

8 其他

未规定的技术要求和验收项目应符合 GB/T 9061 的有关规定。

ICS 43.180
R 17
备案号：

中华人民共和国交通行业标准

JT/T 638—2005

汽车发动机电喷嘴清洗检测仪

Cleaning and detecting instrument for spray nozzles of vehicle engine

2005-09-21 发布 2006-01-01 实施

中华人民共和国交通部 发布

汽车发动机电喷嘴清洗检测仪

1 范围

本标准规定了汽车发动机电喷嘴清洗检测仪的技术要求、试验方法、检验规则、标志、包装、运输和贮存等。

本标准适用于汽车发动机电喷嘴清洗检测仪(以下简称检测仪)的设计、生产、测试和验收。

2 规范性引用文件

下列文件中的条款通过本标准的引用而成为本标准的条款，凡是注明日期的引用文件，其随后所有的修改单（不包括勘误的内容）或修订版均不适用于本标准，然而，鼓励采用本标准达成协议的各方研究能否适用这些文件的最新版本。不注日期的引用文件，其最新版本适用于本标准。

GB/T 191　包装储运图示标志(EQV ISO 780:1997)

GB/T 2423.1　电工电子产品环境试验第2部分:试验方法　试验A　低温(IDT IEC 60068-2-1:1900)

GB/T 2423.2　电工电子产品环境试验第2部分:试验方法　试验B　高温(IDT IEC 60068-2-2:1974)

GB/T 2423.3　电工电子产品基本环境试验规程　试验Ca:恒定湿热试验方法

GB/T 4943　信息技术设备(包括电气事务设备)的安全(IDT IEC 950:1951)

GB/T 9969.1　工业产品使用说明书总则

GB/T 12804　实验室玻璃仪器量筒(EQV IEC 68-2-2:1974)

3 术语和定义

下列术语和定义适用于本标准。

3.1

脉动　pulse

电动油泵泵油或电喷嘴喷油时,燃油输入管道产生压力的波动,称为脉动。

3.2

反冲洗　reverse flushing

对电喷嘴进油的反方向进行清洗,称为反冲洗。

3.3

重复性误差　repeatability error

检测仪在同一燃油压力,同一转速,同一脉宽,同一喷油次数(或同一喷油时间),对同一电喷嘴,在同一安装位置进行重复检测,任意两次检测的喷油量的误差,称为重复性误差。

3.4

一致性误差　consistence error

检测仪在同一燃油压力,同一转速,同一脉宽及同一喷油次数(或时间),对同一电喷嘴在不同的安装位置进行检测,任意两个安装位置检测的喷油量的平均误差,称为一致性误差。

4 产品种类、模拟检测范围和主要参数

4.1 种类

按检测仪同时检测汽车发动机电喷嘴的个数,分为四缸、六缸、八缸等三种。

4.2 模拟检测范围

汽车发动机电喷嘴清洗检测仪应能模拟汽车发动机的各种转速、电喷嘴的各种喷油脉宽(或喷油的开关周期)按喷油的次数或喷油时间进行模拟检测。模拟检测范围为:

低速: (650~1000)r/min

中速: (2000~4500)r/min

高速: (3000~7500)r/min

喷油脉宽: (0~20)ms

喷油次数: (0~9900)次

喷油时间: (0~1900)s

4.3 主要参数

燃油压力: (0~0.68)MPa

超声波频率: 不小于 20kHz

超声波功率: 不小于 70W

油箱容量: 不小于 2000ml

5 技术要求

5.1 主要设计要求

在设计产品时,应考虑安全性、可靠性和方便维修。若设计系列化产品,则应遵循通用化、系列化和兼容性的原则。

5.2 气候环境与工作条件

检测仪在下列条件下应能正常工作:

a) 工作温度:10℃~40℃范围内;

b) 工作相对湿度:45%~80%范围内;

c) 大气压力:86kPa~106kPa;

d) 周围无震动、无腐蚀性介质、无易燃、易爆气体;

e) 电源电压在标称值 220V±22V、50Hz±2Hz 的范围内;

f) 贮存运输温度:-40℃~55℃;

g) 贮存运输相对湿度:20%~95%。

5.3 管路密封性及耐压性

检测仪的管路应密封、耐压,压力到达不小于 0.8MPa 时,10min 内检测仪中各管路连接处及管路不得有渗漏。

5.4 玻璃量筒要求、容量及精度

检测仪玻璃量筒要求应符合 GB/T 12804 的规定,玻璃量筒的容量不小于 120ml,测量误差应小于 2%。

5.5 检测液、贮存和排放

检测仪用的检测液应有最低、最高液位显示(或指示),且检测仪油箱内存储的检测液应有排空装置。

5.6 功能

5.6.1　清洗功能

检测仪应有超声波清洗、反冲洗功能。超声波频率应不小于 20kHz，超声波换能器的功率不小于 70W。

5.6.2　检测功能

5.6.2.1　滴漏检测

检测仪在检测过程中，当停止检测时，在 1min 内，电喷嘴有一滴或多于一滴的渗漏，则判定该电喷嘴有滴漏现象。

5.6.2.2　阻塞、雾化状、喷油角度检测

把电喷嘴装在检测仪的测试架上进行检测时，电喷嘴不喷油或有时喷、有时不喷时，该电喷嘴判定为阻塞。电喷嘴喷出的油应呈雾化状，喷油角度应呈锥状。

5.6.2.3　模拟检测

检测仪应能模拟检测电喷嘴在发动机低速、中速、高速、变速工况时的喷油量，能观测各个喷油嘴喷油量的均匀度。

5.7　重复性和一致性

5.7.1　检测仪的重复性误差应不大于 2%。

5.7.2　检测仪的一致性误差应不大于 2%。

5.8　检测接头的配备

检测仪应配置顶进油方式接头和多种侧进油方式接头。

5.9　安全

检测仪的安全性要求应符合 GB/T 4943 的规定。

5.10　电源适应能力

检测仪在交流电压标称值 220V 降低 15%和升高 15%的条件下，应能正常工作。

5.11　外观

5.11.1　产品表面不应有明显的凹痕、划伤、裂缝、变形和污染等。所有机械物件均应喷涂、电镀、氧化或做其他防腐处理。

5.11.2　机壳、面板及金属零部件的表面喷涂层应色泽均匀和牢固，不得有露底、剥落、裂纹、起泡和明显的流挂、疙瘩、刻痕等缺陷。

5.11.3　零部件应紧固无松动，可插换部件的接插件应能可靠连接。

5.11.4　操作面板标志和字样应清晰，按键开关应灵敏、可靠，布局应方便使用。

5.11.5　外部接线端子应齐全，内部接线应排列整齐、清洁，接头与插座之间应有定位装置，以保证接插时各接插点具有惟一的对应关系，插件应有紧固或锁紧装置。

5.11.6　说明功能的文字、符号、标志、数字和物理量代号等应符合相应的国家标准，并应鲜明、清晰、无残缺和沾污。

5.12　耐运输颠簸性能

检测仪在包装条件下，应能承受运输颠簸而无损坏，检测仪不经调修仍应符合全部技术要求。

6　试验方法

6.1　试验样机

试验的样机是指整套汽车发动机电喷嘴清洗检测仪，包括：主机、电源、接头等。在工作条件进行的试验只针对主机，在非工作条件下进行的试验是针对包装好的整套产品。

6.2　试验条件

除气候环境试验外，产品其他试验应在 5.2 规定的环境与工作条件下进行。

6.3 管路密封性及耐压性试验

将检测仪的油箱加满油，开启油泵使压力达到不小于 0.8MPa（或利用外接油压、气压），历时 10min 管路各处无泄漏。

6.4 玻璃量筒、容量及精度试验

玻璃量筒应按 GB/T 12804 的规定进行试验。

量筒容量及精度的试验：在室温 20℃条件下，分别用 50ml 和 120ml 精度高于 2%的量筒量取相应的检测液倒入产品的量筒，量筒检测的相对误差应小于 2%。

6.5 检测液贮放试验

把检测仪放置于正常工作位置，将检测液慢慢加入检测仪的油箱内，检测仪应有最低和最高液位指示。用目测法检查。打开排放装置，检测液应能排放干净。

6.6 功能试验

6.6.1 清洗功能试验

6.6.1.1 超声波清洗功能试验

超声波清洗试验主要是检验超声波的清洗度。

a） 试验材料和工具

1） 沥青一块（50g）；

2） 铁盒一个；

3） 50mm × 10mm 厚度为 1mm 钢板一块（中间钻 ϕ2mm 孔一个）；

4） ϕ0.5mm × 150mm 铁丝一根；

5） 检测仪配套的 70W 超声波清洗装置一台。

b） 试验程序

1） 将沥青装在铁盒中，加温使其全部熔化到液态。

2） 把液化的沥青均匀地涂敷在钻有 ϕ2mm 孔的钢板上。

3） 将涂有沥青的钢板放在通风的地方 24h，使沥青全部固化。

4） 将涂有沥青且固化了的钢板用铁丝吊放在超声波清洗装置的清洗槽中，离槽底 20mm。

5） 将中性清洗剂倒入超声波清洗槽中，淹没钢板块并高出 10mm。

6） 接通超声波清洗装置的电源，观察钢板上的沥青，2h 应全部把钢板上的沥青清洗干净。

6.6.1.2 反冲洗试验

在检测仪测试架上对电喷嘴进行反冲洗操作检测，目测结果，应符合产品具有反冲洗的功能要求。

6.6.2 检测功能试验

6.6.2.1 滴漏检测试验

将检测仪放置在正常工作位置，将 2000ml 的检测液加入检测仪的油箱，把电喷嘴（其中有一个电喷嘴有滴漏）装在检测仪的测试架上，然后接通电源，启动油泵，把压力调到 0.3MPa，设置转速 2400r/min，脉宽 12ms，喷油时间 1min。启动检测仪进行检测，检测仪停止工作后，观测 1min，结果应符合 5.6.2.1 的要求。

6.6.2.2 阻塞、雾化状、喷油角度检测的试验

将检测仪放在正常工作位置，灌满检测液，把电喷嘴装在测试架上，然后，接通电源，启动油泵，把压力调到 0.3MPa，设置转速 2500r/min，脉宽 12ms，喷油时间 2min。启动检测仪进行检测，观测测试架上的各个电喷嘴的工作情况，应符合 5.6.2.2 的要求。

6.6.2.3 低速、中速、高速、变速工况电喷嘴喷油量和均匀度检测的试验

将检测仪放置在正常工作位置，油箱灌满检测液，把同型号的电喷嘴（其中有一个是合格的）装在测试架上，然后，接通电源，启动油泵，把压力调到所测型号电喷嘴对应车型的燃油压力。在检测仪上分别进行低速检测、中速检测、高速检测、变速检测。并分别观测各电喷嘴的喷油量和均匀性。且分别与合

格电喷嘴的喷油量相比较,应符合5.6.2.3的要求。

6.7 重复性和一致性的试验

6.7.1 重复性试验

检测仪处于正常工作位置,灌满检测液,接通电源,设定一组模拟工况(例如转速2500r/min,脉宽12ms,喷油时间1min,燃油压力0.3MPa),对同一电喷嘴在同一安装位置进行6次连续检测,记录每次喷油量,重复误差应符合5.7.1的要求。

6.7.2 一致性试验

检测仪处在正常工作位置,灌满检测液,接通电源,设定一组模拟工况(例如,转速3000r/min,脉宽6ms,喷油时间30s,燃油压力0.25MPa),对同一电喷嘴在不同的安装位置(至少三个)进行不少于三次的连续检测,任意两个位置的喷油量的平均误差应符合5.7.2的要求。

6.8 配置多种电喷嘴检测接头试验

把检测仪放在正常工作位置,灌满检测液,把检测仪配置的顶进油方式接头和各种侧进油方式接头,与相对应的电喷嘴逐一安装在检测仪的测试架上,且逐一按5.6和5.7.2的要求进行检测,检测结果应符合5.6和5.7.2的要求。

6.9 安全试验

安全试验应按GB/T 4943的规定进行。

6.10 电源适应能力试验

调节交流电源电压,使其偏离标称值10%,运行一次清洗和检测功能程序,受试样品工作应正常。

6.11 外观和结构检验

用目测进行外观和结构检查,应符合5.10的要求。

6.12 环境试验

6.12.1 一般要求

以下各项试验规定的初始检测和最后检测,应按6.11进行外观和结构检查,并运行一次检测仪的清洗和检测功能程序,受试样品应正常工作。

6.12.2 高温试验

6.12.2.1 工作高温试验

按GB/T 2423.2“试验Bb”规定的方法进行。受试样品应进行初始检测,严酷程度取5.2中规定的工作温度上限值40℃,加电运行检测仪的清洗、检测功能程序2h,受试样品工作应正常,恢复时间为2h,并进行最后检测。

6.12.2.2 贮存运输高温试验

按GB/T 2423.2“试验Bb”规定的方法进行。严酷程度取5.2中规定的贮存运输温度上限值55℃,受试样品在不工作条件下存放16h。恢复时间2h,并进行最后检测。

6.12.3 低温试验

6.12.3.1 工作低温试验

按GB/T 2423.1“试验Ad”规定的方法进行。受试样品须进行初始检测,严酷程度取5.2中规定的工作温度下限值10℃,加电运行检测仪的清洗、检测功能程序2h,受试样品工作应正常,恢复时间为2h,并进行最后检测。

6.12.3.2 贮存运输低温试验

按GB/T 2423.1“试验Ab”规定的方法进行。严酷程度取5.2中规定的贮存运输温度下限值-40℃,受试样品在不工作条件下存放16h。恢复时间2h,并进行最后检测。

为防止试验中受试样品结霜和凝露,允许将受试样品用聚乙烯薄膜密封后进行试验,在密封套内可装吸潮剂。

6.12.4 恒定湿热试验

6.12.4.1 工作条件下的恒定湿热试验

按 GB/T 2423.3“试验 Ca”规定的方法进行。严酷程度取 5.2 中规定的工作温度,湿热上限值。受试样品应进行初始检测。试验持续时间为 2h。在此期间加电运行检测仪的清洗、检测功能程序,工作应正常,恢复时间 2h,并进行最后检测。

6.12.4.2 贮存运输条件下的恒定湿热试验

按 GB/T 2423.3“试验 Ca”规定的方法进行。严酷程度取 5.2 中规定的贮存运输温度,湿热上限值。受试样品应进行初始检测。受试样品在不工作条件下存放 48h,恢复时间 2h,并进行最后检测。

为防止试验中受试样品结霜和凝露,允许将受试样品用聚乙烯薄膜密封后进行试验,在密封套内可装吸潮剂。

6.13 耐运输颠簸性能的试验

检测仪的耐运输颠簸性能可采用下述方法进行试验:

将检测仪的包装件按正常的运输状态紧固安装在碰撞台的台面上,以近似半正弦波的脉冲波形进行碰撞试验。

试验时选用的严酷等级如下:

——峰值加速度(100 ± 10)m/s^2;

——脉冲持续时间(11 ± 2)ms;

——脉冲重复频率(1 ~ 2)Hz;

——碰撞次数(1000 ± 10)次。

经碰撞试验后,不经调修,进行外观、结构及功能检查,运行一次检测仪清洗、检测功能程序一遍,工作应正常,其结果应满足 5.11 的要求。

7 检验规则

7.1 检验分类

检验分类为型式检验和出厂检验。检验项目和顺序分别按表 1 的规定进行。

7.2 型式检验

7.2.1 有下列情况之一时,应进行型式检验:

a) 产品设计定型和生产定型及老产品转厂生产的试制定型鉴定;

b) 产品正式生产后,其结构设计、材料、工艺有较大变化,可能影响产品性能时;

c) 产品长期停产半年以上,恢复生产时;

d) 国家质量监督机构提出进行型式试验的要求时;

e) 出厂检验结果与上次型式检验结果有较大差异时。

7.2.2 型式检验由产品生产单位质量检验部门或由上级主管部门指定或委托的质量检验单位负责进行。

7.2.3 型式检验应在出厂检验合格的产品中随机抽取两台进行检验。

7.2.4 经型式检验的样品,应印有标记,不应作为正品出厂。

7.3 出厂检验

每台检测仪应经生产厂质量检验部门检验合格并签发合格证方能出厂。

表 1 检验项目及顺序

检 验 项 目	要求	试验方法	型式检验	出厂检验
外观及结构	5.11	6.11	√	√
★ 管路密封性及耐压性	5.3	6.3	√	√

续上表

检 验 项 目	要求	试验方法	型式检验	出厂检验
量筒要求容量精度	5.4	6.4	√	×
检测清洗液贮放	5.5	6.5	√	×
★ 功能	5.6	6.6	√	√
★ 重复性和一致性	5.7	6.7	√	√
★ 安全	5.9	6.9	√	√
多种接头	5.8	6.8	√	×
★ 电源适应能力	5.10	6.10	√	×
高温	5.2	6.12.2	√	×
低温	5.2	6.12.3	√	×
恒定湿热	5.2	6.12.4	√	×
耐运输颠簸性能	5.12	6.13	√	×
注:“★”表示主要项目;“√”表示应进行的检验的项目;“×”表示不检验的项目。				

7.4 判定规则

7.4.1 出厂检验规则

每台检测仪出厂检验项目的合格率应达到100%方为合格。

7.4.2 型式检验规则

7.4.2.1 当批量不大于50台时,抽样两台,若检验后,有一台不合格,则判定该批产品为不合格;当批量大于50台时,抽样五台,若检验后,样品中出现两台或两台以上的不合格品,则判定该批产品为不合格。

7.4.2.2 检验样品中出现任一项主要项目不合格,则判定型式检验不合格。

7.4.2.3 若同一样品中有两个或两个以上非主要项目不合格,则判定型式检验不合格。

7.4.2.4 若有两个或少于两个非主要项目不合格,但这两个项目只限于不同的样本不同项目。应加倍抽样复检。复检全部合格,判定型式检验合格,否则为不合格。

8 标志、包装、运输和贮存

8.1 标志

8.1.1 产品标志

在产品上应有型号、产品名称、商标。

8.1.2 包装标志

包装箱应注明产品型号、数量、商标、生产企业名称、产品标准编号、产地、详细地址、规格、数量、重量、外形尺寸。

8.1.3 包装箱外应有印刷或贴有“小心轻放”、“向上”、“怕湿”、“防雨”、“防潮”、“堆码”等储运标志,储运标志应符合GB/T 191的规定。

8.2 包装

8.2.1 产品的外包装用纸箱或木箱制作,箱内要有防震发泡塑料衬垫,产品用塑料袋包装,以保证一般的运输和保存条件下，产品不会损伤。

8.2.2 包装箱应符合防潮、防尘、防震的要求，包装箱内应有装箱清单、检验合格证、产品使用说明书、各附件及有关的随机文件。产品使用说明书应符合 GB/T 9969.1 的规定。

8.3 运输

包装后的产品应能用任何交通工具进行运输。产品在运输过程中不允许雨雪或液体直接淋浸和机械损伤。

8.4 贮存

产品贮存放在原包装箱内，存放仓库环境温度为 -40℃～40℃，相对湿度为 20%～95%。仓库内不允许有各种有害气体、易燃和易爆物品及有腐蚀性的化学物品，并且应无机械震动、冲击和强磁场作用。包装箱应垫离地面至少 10cm，距离墙壁、热源、冷源、窗口或空气入口至少 50cm。若在生产单位存放超过六个月，则应在出厂前重新进行出厂检验。

ICS 43.180
R 17
备案号:

中华人民共和国交通行业标准

JT/T 639—2005

汽车车体校正机

Autobody and frame alignment machine

2005-09-21 发布 2006-01-01 实施

中华人民共和国交通部 发布

ICS 43.180
R 17
备案号

中华人民共和国交通行业标准

JT/T 639—2005

汽车车体校正机

Autobody and frame alignment machine

2005-09-21 发布　　2006-01-01 实施

中华人民共和国交通部　发 布

汽车车体校正机

1 范围

本标准规定了汽车修理用车体校正机(以下简称校正机)的术语和定义、型号、技术要求、试验方法、检验规则以及标志、包装、运输和贮存。

本标准适用于额定承载质量不大于5000kg的各类平台式和框架式汽车车体校正机。

2 规范性引用文件

下列文件中的条款通过本标准的引用而成为本标准的条款。凡是注日期的引用文件,其随后所有的修改单(不包括勘误的内容)或修订版均不适用于本标准,然而,鼓励根据本标准达成协议的各方研究是否可使用这些文件的最新版本。凡是不注日期的引用文件,其最新版本适用于本标准。

GB/T 3768 噪声源声功率等级的测定 简易法

JB/T 8108.1 起重用短环链 验收总则

JB/T 8108.2 起重用短环链 用于葫芦和其他起重设备的T(8)级校准链条

3 术语和定义

下列术语和定义适用于本标准。

3.1

车体 autobody and frame

车辆的金属的外部结构。

3.2

额定承载质量 rated loading capacity

校正机安全承载质量。

3.3

拉塔 pulling tower

采用液压式动力方式用于对车辆变形部位进行施力修复的装置。

3.4

二次举升机 rolling scissor jack

对校正机上的车辆进行第二次举升,以便于车辆定位、拆换轮胎及四轮定位作业的设备。

3.5

最大拉伸力 maximum pulling capacity

在液压系统压力达到最高时,拉塔能够输出的拉伸力。

4 型号

校正机型号表示方法如下:

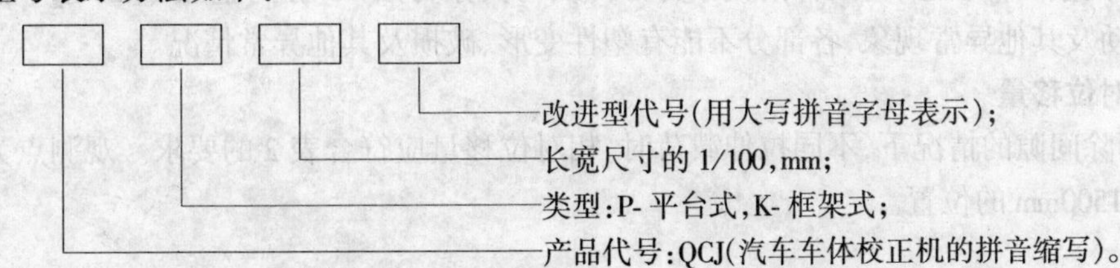

示例:长度为5000mm宽度为2000mm的平台式汽车车体校正机的型号为:QCJP5020。

5 技术要求

5.1 主要参数

主要参数见表1。

表1 主 要 参 数

额定承载质量（kg）	工作台长度（mm）		工作台宽度（mm）		拉塔液压系统压力（MPa）	二次举升机举升高度（mm）	拉塔牵引工作范围（°）
	平台式	框架式	平台式	框架式			
≤5000	≥4500	≥1800	≥1900	≥850	≤70	≥300	360

5.2 外观

5.2.1 焊缝表面不应有明显的气孔、夹渣、裂纹及焊瘤、弧坑、咬边、未熔合、未焊透等缺陷。

5.2.2 表面涂层应均匀、附着力强、不应有露底、破裂、气泡和明显的流痕、桔皮等现象。

5.3 基本要求

5.3.1 校正机平台或框架

5.3.1.1 校正机平台的平面度3mm以内。

5.3.1.2 校正机平台或框架应具有足够强度及刚度，在承载和拉伸加载后不应有不可恢复的塑性变形。

5.3.2 液压拉塔

5.3.2.1 使用钢材机械性能应不低于20号钢的机械性能。

5.3.2.2 拉塔固定容易，安全可靠，承载时无滑移。

5.3.2.3 拉塔在平台或框架以上的高度应不低于1500mm。

5.3.3 机械拉伸系统

5.3.3.1 拉伸用链条应符合JB/T 8108.1及JB/T 8108.2的规定且额定承受力应不低于3t。

5.3.3.2 钣金工具应明确规定其额定承受力。

5.3.4 操作装置

5.3.4.1 控制校正机上升、下降和拉伸的操作装置，应采取“手(脚)离即停”的方式。

5.3.4.2 在突然断电、断气或停止工作的情况下，液压系统应能够自动保持压力。

5.3.4.3 平台式校正机在工作位置应有液压、机械双重安全保护装置。

5.4 额定负载升降性能

对于举升式校正机，在额定承载质量举升状态，举升过程应平稳、没有异响及异常现象，各部分不能有永久变形、破损及其他异常情况。

5.5 夹具夹紧性能

夹具处于夹紧工件状态，对工件沿夹紧力方向及与夹紧力成90°方向施加10kN水平拉力。夹具不能有松脱、转动及其他异常现象，各部分不能有塑性变形、破损及其他异常情况。

5.6 拉塔相对位移量

拉塔在消除间隙的情况下，不同拉伸载荷时，相对位移量应符合表2的要求。观测点为平台或框架为基准，向上1500mm的位置。

表2 拉塔相对位移量

项 目 类 别	最大拉伸力为 P,拉塔输出的拉伸力(kN)	相对位移量(mm)
平台或框架为基准,向上500mm处作为施力点,观测点处向内倾斜量	P	≤75
最高允许拉伸位置为施力点,观测点处向内倾斜量	$P/3$	≤60

5.7 电气系统

电气系统的绝缘电阻应不小于1MΩ。

5.8 噪声

在额定负荷举升及拉伸状态下,液压系统噪声不得超过85dB。

6 试验方法

6.1 试验用仪器

试验用仪器见表3。

表3 试验用仪器

序号	名 称	规格型号	准确度等级
1	经纬仪	0°~360°	测回水平方向不大于±6″,测回垂直方向不大于±10″
2	精密声级计	25dB~140dB	1级
3	绝缘电阻表	500V、500MΩ	1MΩ
4	测力计	0~150kN	1级
5	标尺	0~150mm	1mm
6	标尺	0~500mm	1mm
7	卷尺	10m	1mm
8	砝码	100kg~500kg	1级
9	压力表	0~70MPa	1级

6.2 外观检测

用目测法进行,符合5.2要求。

6.3 基本要求检测

按5.3各项要求,进行检测和试验。

6.4 额定负载升降性能

a) 额定质量的砝码按平台或框架中心线均布;

b) 全行程连续往复升、降三次,运行状况应符合5.4要求。

6.5 夹具夹紧性能试验

按5.5实际操作进行试验。

6.6 拉塔相对位移量试验

在消除拉塔与平台或框架间的间隙的情况下进行试验。

6.6.1 观测点为平台或框架为基准,向上1500mm的位置,将施力塔柱在观测点处安装可分辨mm单位的标尺,以平台或框架为基准,向上500mm作为施力点,施加最大拉伸力。用经纬仪测量塔柱施力前后的相对位移量,其结果应符合表2的要求。

6.6.2 观测点为平台或框架为基准,向上1500mm的位置,将施力塔柱在观测点处安装可分辨mm单位的标尺,最高允许拉伸位置为施力点,施加最大拉伸力的 1/3。用经纬仪测量塔柱施力前后的相对位移量,其结果应符合表 2 的要求。

6.7 电气系统试验

在断电状态下,用绝缘电阻表测量校正机绝缘电阻,应符合 5.7 的要求。

6.8 噪声试验

校正机额定负荷工作状态时使用声级计,按 GB/T 3768 的方法测量,其噪声应符合 5.8 的要求。

7 检验规则

检验分型式检验和出厂检验两种。

7.1 型式检验

7.1.1 凡属下列情况之一时,应进行型式检验:

a) 产品投入生产前;

b) 正常生产三年时;

c) 原材料、结构、部件有重大改变,可能影响产品性能时;

d) 出厂检验结果与上次型式检验有较大差异时;

e) 国家质量监督部门提出要求时。

7.1.2 抽样:型式检验样机应从出厂检验合格的产品中随机抽取一台。

7.1.3 型式检验项目按第 5 章要求进行逐项检验。

7.1.4 判定规则:按 7.1.3 检验,若有不合格项,则加倍抽样,若仍不合格,则判为型式检验不合格。

7.2 出厂检验

7.2.1 校正机应经厂(公司)质检部门逐台检验合格,并签发产品合格证后方可出厂。

7.2.2 出厂检验项目为 5.2、5.3、5.4。

7.2.3 判定规则:出厂检验项目全部检验合格,判为合格;若出厂检验项目中有不合格项,应经返工后复验,所有项目合格后判为合格。

8 标志、标签、使用说明书

8.1 标志

产品标牌应有以下内容:

a) 制造厂(公司)名称;

b) 产品名称、型号;

c) 额定承载质量;

d) 出厂编号、出厂日期(年、月)。

8.2 标签

8.2.1 产品合格证应有下列内容:

a) 产品型号、名称;

b) 出厂编号、出厂日期;

c) 检验员代号;

d) 产品检验合格印章;

e) 厂(公司)名称。

8.2.2 装箱单上应有下列内容:

a) 产品型号、名称;

b) 规格、数量。

8.3 使用说明书

产品使用说明书应有如下内容：

a) 执行标准编号；

b) 安全须知；

c) 主要技术参数；

d) 安装与调试；

e) 使用与操作。

9 包装、运输、贮存

9.1 包装

主机包装应防潮并在周围垫防震材料；附件采用纸箱、塑料箱或木箱包装。

9.2 运输

运输中应防潮、防震、抗冲击。

9.3 贮存

产品应贮存在无酸碱性和其他腐蚀性气体的室内。

ICS 03.220.20
R 07
备案号：

中华人民共和国交通行业标准

JT/T 640—2005

汽车维修行业计算机管理信息系统技术规范

Technical specification of management information systems for automobile maintenance and repair trade

2005-09-21 发布　　2006-01-01 实施

中华人民共和国交通部　发布

ICS 03.220.20
R 07
备案号：

中华人民共和国交通行业标准

JT/T 640—2005

汽车维修行业计算机管理信息系统技术规范

Technical specification of management information systems for automobile maintenance and repair trade

2005-09-21 发布　　2006-01-01 实施

中华人民共和国交通部　发布

汽车维修行业计算机管理信息系统技术规范

1 范围

本标准规定了汽车维修行业计算机管理信息系统的构成、数据信息、系统功能、配置、接口和性能，以及系统的安装和维护等要求。

本标准适用于道路运输管理机构的汽车维修行业计算机信息管理和汽车维修企业计算机信息管理。其他机动车维修行业的计算机信息管理可参照执行。

2 规范性引用文件

下列文件中的条款通过本标准的引用而成为本标准的条款。凡是注日期的引用文件，其随后所有的修改单(不包括勘误的内容)或修订版本均不适用于本标准，然而，鼓励根据本标准达成协议的各方研究是否可使用这些文件的最新版本。凡是不注日期的引用文件，其最新版本适用于本标准。

GB/T 297　机动车检测维修设备及工具分类与代码
GB/T 2260　中华人民共和国行政区划代码
GB/T 2261　人的性别代码
GB/T 3304　中国各民族名称代码
GB/T 4658　文化程度代码
GB/T 4754　国民经济行业分类代码
GB/T 4762　政治面貌代码
GB/T 5624　汽车维修术语
GB/T 12404　单位隶属关系代码
JT/T 198　营运车辆技术等级划分和评定要求
JT/T 414　道路运政管理信息系统　信息结构体系
JT/T 415　道路运政管理信息系统　编目编码规则

3 术语和定义

下列术语和定义适用于本标准。

3.1

流程类别 workflow type

汽车维修业户申请从事某类经营活动的类别。

3.2

业务流水号 business serial No.

业务开始办理时系统产生的流水序号，组成如下：

单位编号(六位)+ 年月(四位)+ 流水号(四位)

3.3

修改日期 modified date

业户资料最终修订时的日期。

3.4

单位编号 the ID of enterprise of vehicle maintenance and repair

软件使用单位的唯一编号。

3.5

工作单号 repair task ID

汽车维修业户一次维修车辆过程的编号，组成如下：

工单前缀(GZ,两位) + 年月日(六位) + 流水号(四位)

汽车维修行业管理部门通过汽车维修业户编号和工作单号能唯一确定车辆的一次维修记录。

4 系统构成和数据信息

4.1 系统构成

系统应由汽车维修行业管理信息系统和汽车维修企业管理信息系统两部分组成；汽车维修行业管理信息系统数据信息集应符合 GB/T 297、GB/T 5624 以及 JT/T 414 等规定的要求，汽车维修企业管理信息系统数据信息集应符合 GB/T 5624 等规定的要求。

4.2 汽车维修行业管理信息系统主要数据信息

汽车维修行业管理信息系统详细数据信息见附录 A。

4.2.1 业户信息

业户基本信息、业户证照、业户异动、业户人数、业户质量信誉考核、维修业户设施信息、维修业户维修量、维修业户维修设备、汽车检测站基本信息、检测量、业户违规等相关信息。

4.2.2 车辆信息

车辆基本信息、检测维护、营运状况、车辆技术等级评定、车辆技术等级等相关信息。

4.2.3 人员信息

人员基本信息、证件、培训、人员异动等相关信息。

4.2.4 单证信息

单证入库、单证领用、单证返回、单证结存、领用单位单证结存、单证作废等相关信息。

4.3 汽车维修企业管理信息系统主要数据信息

汽车维修企业管理信息系统详细数据信息见附录 B。

4.3.1 基本信息

单位基本信息、配件、供应商、人员、客户、车辆、设备和工具等相关信息。

4.3.2 车辆维修业务管理信息

维修工作单、维修项目、组合维修项目、维修项目明细、维修用料明细、维修费用明细、维修派工明细、投诉管理等相关信息。

5 系统功能

5.1 汽车维修行业管理信息系统功能

对业户、车辆、从业人员等管理应具有相应的增加、删除、修改等权限控制机制。

5.1.1 业务办理

5.1.1.1 应按业务流程实现维修业户的申请、审核与审批。

5.1.1.2 业务流程的流转环节、流转条件、办理时限可由用户自行设计定义。

5.1.1.3 待办业务应按业务办理人或时效自动提示和提醒。

5.1.1.4 应按类别统计出不同时期内的业务办理情况，按业务办理人考核业务办理效率。

5.1.2 业户管理

应对 4.2.1 所包括的信息进行日常管理。

5.1.3 车辆管理

5.1.3.1 应对4.2.2所包括的信息进行日常管理。

5.1.3.2 应接收汽车维修业户或汽车检测站传送的维修、维护和检测记录，能实现二级维护和竣工检测数据的自动备案，应能查询并打印汽车综合性能检测报告单。

5.1.4 从业人员管理

从业人员管理是指对汽车维修企业从业人员和汽车检测站从业人员管理。

5.1.4.1 应对4.2.3所包括的信息进行日常管理。

5.1.4.2 从业人员基础信息应从企业管理信息系统中提取。

5.1.5 单据管理

应对4.2.4所包括的信息进行日常管理。

5.1.6 查询统计

5.1.6.1 应按不同的条件对4.2.1所包含的相关信息进行查询统计。

5.1.6.2 应按不同的条件对4.2.2所包含的相关信息进行查询统计；应统计出车辆二级维护信息，以及车辆二级维护执行率。

5.1.6.3 应按不同的条件对4.2.3所包含的相关信息进行查询统计。

5.1.6.4 对单据的各种状态进行统计。

5.1.6.5 统计结果应打印；业户、车辆统计结果应支持数据表格、图形等表示方式；统计条件应支持用户自行设计定义。

5.2 汽车维修企业管理信息系统功能

对业务接待、采购进货、配件销售、工具、人员等管理应具有相应的删除、修改、查询等权限控制机制。

5.2.1 车辆维修

5.2.1.1 业务接待

应记录车辆维修接待信息并能打印相关的信息；接待信息中应至少包括客户信息、维修车辆信息和维修项目信息等基本内容。

5.2.1.2 生产调度

应录入、修改维修派工、维修领料、维修退料等信息，并打印出相应的单据。

5.2.1.3 检验

应录入维修车辆的在厂检验的各项数据；并打印出机动车维修竣工出厂合格证。

5.2.1.4 车辆维修技术档案

应通过车辆的原始数据以及车辆的维修数据建立车辆维修技术档案。

5.2.1.5 维修结算

应对未结算的维修工作单进行结算操作并打印出结算单，结算单中应包含车辆的基本信息、工时费、材料费、应收金额、实收金额、税金、挂账金额以及相应的配件明细和维修项目明细等内容。

5.2.1.6 查询统计

5.2.1.6.1 应按不同的条件统计维修业务接待记录。

5.2.1.6.2 应按不同的条件统计维修车辆的检验信息。

5.2.1.6.3 应按不同的条件查询维修派工、领料、退料等车辆维修信息；统计维修工时，统计条件应至少包含按人员统计和按维修项目统计等方式；统计车辆的返修信息。

5.2.1.6.4 应查询车辆二级维护情况，了解该车辆的下次二级维护时间，以提醒车主到期进行二级维护作业。

5.2.1.6.5 应按不同的条件对已结算或已出厂的维修业务进行统计。

5.2.1.6.6 统计条件应支持用户自行设计定义。

5.2.2 配件管理

5.2.2.1　采购进货

应记录配件的订货、入库、采购退回等信息；并打印出订货单、入库单、配件采购退单等相应单据。

5.2.2.2　配件销售

应记录配件的报价、销售、销售退回等信息；并打印出报价单、销售单、配件销售退单等相应单据。

5.2.2.3　库存管理

5.2.2.3.1　应对库存中的配件进行盘点，并可打印出相应的盘点单，配件的库存根据盘点操作应实时产生相应的变化。

5.2.2.3.2　应实现配件的调拨并可打印出相应的调拨单，配件的库存根据调拨操作应实时产生相应的变化。

5.2.2.4　账务管理

应对相应的客户、供应商进行收款操作，并生成相应的实收、实付记录；应能增加应收账款、应付账款的发生记录，并可根据不同的条件进行查询操作。

5.2.2.5　工具设备管理

应录入、修改工具入库信息及借出、归还、报废等相关信息，并打印出相应单据。

5.2.2.6　人员管理

应录入、修改、打印和查询人员基础档案；数据应报送到汽车维修行业管理信息系统。

5.2.2.7　基本信息管理

5.2.2.7.1　应录入本单位的基本信息，并可根据不同的情况选择成本核算方式、销售依据和入库单价核算方式。

5.2.2.7.2　应记录供应商、客户、维修车辆、维修项目、组合维修项目以及设施、设备、工具的档案信息。

5.2.2.7.3　应设置维修工时费率、优惠标准以及其他费用。

5.2.2.8　查询统计

5.2.2.8.1　应按不同条件查询统计配件订货、配件入库、配件退回等信息。

5.2.2.8.2　应按不同条件查询统计配件报价、配件销售、配件销售退回等信息。

5.2.2.8.3　应按不同条件查询统计出当前配件的库存情况；查询出配件的进出库明细。

5.2.2.8.4　应按不同条件查询库存盘点记录、调拨记录。

5.2.2.8.5　应按不同条件查询实收账款的总账及明细账、实付账款的总账及明细账。

5.2.2.8.6　应按各种组合条件统计出工具设备的各项信息。

5.2.2.8.7　应按各种组合条件统计人员基础档案。

5.2.2.8.8　应统计基本信息管理。

5.2.2.8.9　查询统计结果应能打印；统计条件应支持用户自行设计定义。

6　系统配置

6.1　系统应对系统运行的各种基础参数进行设置，如单位编号、单位名称、机构设置等参数。

6.2　系统应对系统所使用的各种辅助代码进行增加、修改、删除等操作。

6.3　系统应对操作者进行权限分配和控制，控制级别应至少到菜单级；对特殊要求应能够控制到界面的功能按钮；系统应能详细记录用户的使用操作日志。

6.4　系统应提供对系统所使用的各类单证套打位置参数更改的功能。

6.5　系统应提供数据库备份和恢复功能，并有严格的使用权限控制。

6.6　系统应支持用户自定义菜单。

6.7　系统应提供各种数据查询统计的自定义功能，统计图形分析功能，并能挂接在系统中，对要求上报的数据应能上报。

6.8 系统应提供报表的自定义功能,并使自定义的报表挂接在系统中,对要求上报的数据应上报。

7 系统数据接口

7.1 系统数据接口应有良好的可扩展性和开放性。

7.2 应实现上下级管理部门之间相关数据的传递和报送。

7.3 应实现汽车维修企业和汽车维修行业管理部门之间数据传递和报送。

7.4 系统应有完善的数据报送和接收机制,对报送的数据应进行压缩和加密处理;数据上报与传输方式至少应支持磁盘、电话拨号、直接联网等远程数据报送方式;系统应查询数据接收日志。

8 系统性能

8.1 安全性

系统应具有安全控制机制,防止他人非法操作,造成数据修改、丢失等情况;确保数据的真实性。

8.2 可靠性

系统应具有可靠性和容错能力,在用户误操作时能保证系统的正常运行及数据的安全,系统应能保证数据的完整性和有效性。

8.3 扩展性

系统应具有相对的灵活性,应根据管理工作的变化进行相应的功能扩展,系统功能扩展易于维护。

8.4 时效性

系统应快速完成对数据的传送、处理、统计、查询,以满足信息处理对时间的要求,具有较高的工作效率。

9 系统安装和维护

9.1 应具备系统软件的安装软件包、使用户能自主安装、恢复工作程序。

9.2 系统应具备相应的用户文档(例如手册、指南等),用户文档应指明成功运行该系统所需要的数据、控制命令以及运行条件等;应指明所有的出错信息、含义及其修改方法。应描述将用户发现的错误或问题通知系统承办单位(或软件开发商)的方法。

9.3 软件升级时应能够继承原有数据。

附 录 A
（规范性附录）
汽车维修行业计算机管理信息系统数据信息

A.1 业户基本信息

业户基本信息(A0001)见表 A.1。

表 A.1

序号	字段名	字段类型	单位	要求
1	业户名称	VarChar(100)		
2	业户类别	VarChar(20)		
3	业户地址	VarChar(100)		
4	邮政编码	VarChar(6)		
5	行政区划名称	VarChar(30)		
6	行政区划代码	VarChar(6)		按 GB/T 2260 的规定
7	经济类型	VarChar(30)		按 JT/T 415 的规定
8	行业类别	VarChar(20)		按 GB/T 4754 的规定
9	部门类别	VarChar(30)		按 JT/T 415 的规定
10	主管部门	VarChar(30)		
11	法人代表	VarChar(30)		
12	联系人	VarChar(30)		
13	电话号码	VarChar(30)		
14	传真号码	VarChar(30)		
15	工商执照号	VarChar(20)		
16	税务登记号	VarChar(20)		
17	外方经营者	VarChar(30)		
18	中方经营者	VarChar(30)		
19	合同投资额	Numeric(16,2)	万元	
20	实际投资额	Numeric(16,2)	万元	
21	单位隶属关系	VarChar(20)		按 GB/T 12404 的规定
22	分支机构	Text		
23	经营状态	VarChar(50)		按 JT/T 415 的规定
24	开业日期	DateTime	年月日	
25	资质等级	VarChar(20)		
26	经营许可证号	VarChar(20)		

表 A.1(续)

序号	字段名	字段类型	单位	要求
27	机动车维修标志牌号	VarChar(20)		
28	发证机关	VarChar(40)		
29	发证日期	DateTime	年月日	
30	有效期起	DateTime	年月日	
31	有效期止	DateTime	年月日	
32	业户经营范围	VarChar(100)		
33	流程类别	VarChar(30)		
34	业务流水号	VarChar(16)		
35	档案号	VarChar(30)		
36	上级单位	VarChar(100)		
37	修改日期	DateTime	年月日	
38	登记日期	DateTime	年月日	
39	备注	Text		

A.2 业户证照

业户证照(A0002)见表 A.2。

表 A.2

序号	字段名	字段类型	单位	要求
1	经营许可证号	VarChar(20)		
2	批准文号	VarChar(16)		
3	批准日期	DateTime	年月日	
4	核发人	VarChar(15)		
5	发证日期	DateTime	年月日	
6	发证机关	VarChar(40)		
7	领用人	VarChar(15)		
8	有效期起	DateTime	年月日	
9	有效期止	DateTime	年月日	
10	备注	Text		

A.3 业户异动

业户异动(A0004)见表 A.3。

表 A.3

序号	字段名	字段类型	单位	要求
1	异动时间	DateTime	年月日	
2	异动类别	VarChar(20)		按 JT/T 415 的规定
3	异动情况	Text		

A.4 业户人数

业户人数(A0006)见表 A.4。

表 A.4

序号	字段名	字段类型	单位	要求
1	报告日期	VarChar(8)	年	
2	职工总数	Int	人	
3	从业人数	Int	人	
4	管理人员	Int	人	
5	技术人员	Int	人	
6	维修人员	Int	人	
7	技术员	Int	人	
8	助理工程师	Int	人	
9	工程师	Int	人	
10	高级工程师	Int	人	
11	技术工人	Int	人	
12	初级工	Int	人	
13	中级工	Int	人	
14	高级工	Int	人	
15	技师	Int	人	
16	高级技师	Int	人	
17	主修人员	Int	人	
18	检验人员	Int	人	
19	总质检员	Int	人	
20	财务人员	Int	人	
21	价格核算员	Int	人	
22	离退休人员	Int	人	
23	业务人员	Int	人	
24	其他人员	Int	人	
25	技术工人总数	Int	人	

A.5 业户质量信誉考核

业户质量信誉考核(A00X2)见表 A.5。

表 A.5

序号	字段名	字段类型	单位	要求
1	考核单位	VarChar(20)		
2	报告日期	VarChar(8)	年	
3	考核日期	DateTime	年月日	
4	考核结果	VarChar(6)		
5	考核情况	Text		

A.6 维修业户设施信息

维修业户设施信息(A0300)见表 A.6。

表 A.6

序号	字段名	字段类型	单位	要求
1	报告日期	VarChar(8)	年	
2	资质等级	VarChar(20)		
3	接待室面积	Numeric(10,3)	平方米	
4	主修车型	VarChar(30)		
5	主厂房面积	Numeric(10,3)	平方米	
6	危运厂房面积	Numeric(10,3)	平方米	
7	警戒区范围	Numeric(10,3)	平方米	
8	停车场面积	Numeric(10,3)	平方米	
9	库房面积	Numeric(10,3)	平方米	
10	易燃易爆厂房面积	Numeric(10,3)	平方米	
11	修车场面积	Numeric(10,3)	平方米	
12	辅助厂房面积	Numeric(10,3)	平方米	
13	保养修理地沟	Int	条	
14	洗车台	Int	台	
15	设备	Int	台	
16	通用设备	Int		
17	专用设备	Int		
18	检测设备	Int		
19	维修人员	Int	人	
20	检验人员	Int	人	
21	手工具数量	Int		
22	量具数量	Int		

A.7 维修业户维修量

维修业户维修量(A0301)见表 A.7。

表 A.7

序号	字段名	字段类型	单位	要求
1	报告日期	VarChar(8)	年	
2	年维修量	Int	辆次	
3	总产值	Numeric(12,2)	万元	
4	维修总产值	Numeric(12,2)	万元	
5	整车大修	Int	辆次	
6	大修返修	Int	辆次	
7	大修返修率	Numeric(3,1)	%	
8	总成修理	Int	辆次	
9	总成返修	Int	辆次	
10	总成返修率	Numeric(3,1)	%	
11	专项修理	Int	辆次	

表 A.7(续)

序号	字段名	字段类型	单位	要求
12	专项返修	Int	辆次	
13	专项返修率	Numeric(3,1)	%	
14	维护竣工	Int	辆次	
15	维护返修	Int	辆次	
16	维护返修率	Numeric(3,1)	%	
17	一级维护竣工	Int	辆次	
18	一级维护返修	Int	辆次	
19	一级维护返修率	Numeric(4,1)	%	
20	二级维护竣工	Int	辆次	
21	二级维护返修	Int	辆次	
22	二级维护返修率	Numeric(4,1)	%	
23	小修修理	Int	辆次	
24	小修返修	Int	辆次	
25	小修返修率	Numeric(4,1)	%	
26	摩托车修理	Int	辆次	
27	摩托车返修	Int	辆次	
28	摩托车返修率	Numeric(4,1)	%	
29	其他机械修理	Int	辆次	
30	其他机械返修	Int	辆次	
31	其他机械返修率	Numeric(4,1)	%	
32	整体返修率	Numeric(3,1)	%	

A.8 维修业户维修设备

维修业户维修设备(A0302)见表 A.8。

表 A.8

序号	字段名	字段类型	单位	要求
1	报告日期	VarChar(8)	年	
2	设备名称	VarChar(40)		
3	设备类别	VarChar(22)		
4	设备型号	VarChar(20)		
5	测量范围	VarChar(20)		
6	分度值	Numeric(12,4)		
7	精度	Numeric(12,4)		
8	制造厂家	VarChar(30)		
9	出厂年月	DateTime	年月日	
10	购置日期	DateTime	年月日	
11	购进价格	Numeric(19,2)	元	
12	计量鉴定证书号	VarChar(20)		
13	计量检定日期	DateTime	年月日	
14	计量检定有效期	Int	天	
15	检定机关	VarChar(40)		
16	数量	Int	台	
17	是否外协	Boolean		
18	技术状况	VarChar(20)		
19	备注	Text		

A.9 汽车检测站基础信息

汽车检测站基础信息(A0506)见表 A.9。

表 A.9

序号	字段名	字段类型	单位	要求
1	报告日期	VarChar(8)	年	
2	检测站许可证号	VarChar(20)		
3	厂房场地总面积	Numeric(10,3)	平方米	
4	主检测间面积	Numeric(10,3)	平方米	
5	辅助间面积	Numeric(10,3)	平方米	
6	绿化面积	Numeric(10,3)	平方米	
7	试车道长度	Numeric(10,3)	米	
8	计量认证号	Numeric(10,3)		
9	计量证签发日期	DateTime	年月日	
10	计量证签发机关	VarChar(30)		
11	检测站级别	VarChar(6)		按 JT/T 415 的规定
12	检测车	Int	辆	
13	主要设备	Int	台	
14	发动机检测	Int	台	
15	底盘检测	Int	台	
16	年检测能力	Int	辆次	
17	检测人员	Int	人	

A.10 检测量

检测量(A0605)见表 A.10。

表 A.10

序号	字段名	字段类型	单位	要求
1	报告日期	VarChar(8)	年	
2	完成检测量	Int	辆次	
3	整车一次检测合格数	Int	辆次	
4	排放检测合格数	Int	辆次	
5	质量仲裁	Int	辆次	
6	专项检测	Int	辆次	
7	委托检测	Int	辆次	
8	整车大修	Int	辆次	
9	二级维护	Int	辆次	
10	等级鉴定	Int	辆次	
	其中:			
11	一级鉴定	Int	辆次	
12	二级鉴定	Int	辆次	
13	三级鉴定	Int	辆次	
14	考核期	DateTime	年月日	
15	一次检测合格率	Int	%	

A.11 业户违规信息

业户违规信息(A00X3)见表 A.11。

表 A.11

序号	字段名	字段类型	单位	要求
1	违规类型	VarChar(20)		
2	记录人	VarChar(20)		
3	记录日期	DateTime	年月日	
4	处理人	VarChar(20)		
5	处理部门	VarChar(20)		
6	处理日期	DateTime	年月日	
7	处理意见	Text		
8	备注	Text		

A.12 车辆基本信息

车辆基本信息(B01)见表 A.12。

表 A.12

序号	字段名	字段类型	单位	要求
1	车辆类别	VarChar(15)		
2	车辆所属单位	VarChar(100)		
3	车辆牌照号	VarChar(20)		
4	车牌颜色	VarChar(4)		按 JT/T 415 的规定
5	厂牌型号	VarChar(50)		
6	车购证号	VarChar(10)		
7	发动机号	VarChar(20)		
8	底盘号	VarChar(20)		
9	VIN 码	VarChar(17)		
10	出厂日期	DateTime	年月日	
11	车辆类型	VarChar(16)		按 JT/T 415 的规定
12	车身颜色	VarChar(6)		
13	燃料类型	VarChar(6)		按 JT/T 415 的规定
14	车辆吨位	Numeric(5,2)	吨	
15	车辆客位	Numeric(2,0)	个	
16	车辆箱位	Numeric(2,0)	TEU	
17	发动机功率	Numeric(4,2)	kW	
18	入户日期	DateTime	年月日	
19	行驶里程	Numeric(12,2)	km	
20	车辆照片	Image		
21	行驶证号	VarChar(20)		
22	是否营运	Boolean		
23	道路运输证号	VarChar(20)		
24	车辆经营范围	VarChar(100)		

表 A.12(续)

序号	字段名	字段类型	单位	要求
25	车辆状态	VarChar(20)		
26	车辆技术等级	VarChar(20)		按 JT/T 198 的规定
27	车主姓名	VarChar(20)		
28	驾驶员	VarChar(20)		
29	发证日期	DateTime	年月日	
30	所属站点	VarChar(30)		
31	维修档案号	VarChar(20)		
32	车辆档案号	VarChar(20)		
33	车辆原值	Numeric(12,2)	万元	
34	营运线路	VarChar(50)		
35	下次二维日期	DateTime	年月日	
36	下次二维里程	Numeric(12,2)	km	
37	二维间隔方式	VarChar(10)		
38	二维间隔日期	Numeric(4,0)	天	
39	二维间隔里程	Numeric(12,2)	km	
40	修改日期	DateTime	年月日	
41	备注	Text		

A.13 检测维护

检测维护(B02)见表 A.13。

表 A.13

序号	字段名	字段类型	单位	要求
1	本次二维日期	DateTime	年月日	
2	维修单位	VarChar(100)		
3	下次二维日期	DateTime	年月日	
4	维修类别	VarChar(10)		按 JT/T 415 的规定
5	维修合同号	VarChar(20)		
6	机动车维修竣工出厂合格证号	VarChar(20)		
7	发票号	VarChar(50)		
8	进厂日期	DateTime	年月日	
9	出厂日期	DateTime	年月日	
10	接车人	VarChar(10)		
11	接车日期	DateTime	年月日	
12	总质检员	VarChar(10)		
13	竣工日期	DateTime	年月日	
14	签证人	VarChar(10)		
15	签证日期	DateTime	年月日	
16	工作单号	VarChar(30)		
17	合格证复核	VarChar(2)		

表 A.13(续)

序号	字段名	字段类型	单位	要求
18	检测单位	VarChar(100)		
19	检测日期	DateTime	年月日	
20	检测结果	VarChar(6)		
21	检测报告号	VarChar(20)		
22	本次二维里程	Numeric(12,2)	km	
23	下次二维里程	Numeric(12,2)	km	
24	处罚日期	DateTime	年月日	
25	处罚形式	VarChar(4)		
26	处罚金额	Numeric(12,2)	元	
27	处罚依据	VarChar(40)		

A.14 营运状况

营运状况(B03)见表 A.14。

表 A.14

序号	字段名	字段类型	单位	要求
1	道路运输证号	VarChar(20)		
2	发证机关	VarChar(30)		
3	发证时间	DateTime	年月日	
4	承运货种	VarChar(30)		
5	营运状态	VarChar(4)		按 JT/T 415 的规定
6	是否挂靠经营	Boolean		
7	标志牌号	VarChar(10)		
8	是否出入境	Boolean		
9	核发人	VarChar(10)		
10	领用人	VarChar(10)		
11	备注	Text		

A.15 车辆技术等级评定

车辆技术等级评定(B04)见表 A.15。

表 A.15

序号	字段名	字段类型	单位	要求
1	报告日期	VarChar(8)	年	
2	评定单位	VarChar(20)		
3	评定日期	DateTime	年月日	
4	评定情况	VarChar(100)		
5	评定结果	VarChar(6)		
6	备注	Text		

A.16 车辆技术等级信息

车辆技术等级信息(BX2) 见表 A.16。

表 A.16

序号	字段名	字段类型	单位	要求
1	评定日期	DateTime	年月日	
2	评定单位	VarChar(15)		
3	车辆技术等级	VarChar(20)		按 JT/T 198 的规定
4	检测报告	Image		
5	备注	Text		

A.17 人员基本信息

人员基本信息(H00)见表 A.17。

表 A.17

序号	字段名	字段类型	单位	要求
1	业户名称	VarChar(100)		
2	姓名	VarChar(30)		
3	性别	VarChar(12)		按 GB/T 2261 的规定
4	出生年月	DateTime	年月日	
5	籍贯	VarChar(40)		
6	身份证号	VarChar(18)		
7	照片	Image		
8	民族	VarChar(10)		按 GB/T 3304 的规定
9	联系电话	VarChar(30)		
10	家庭住址	VarChar(50)		
11	邮政编码	VarChar(6)		
12	政治面貌	VarChar(30)		按 GB 4762 的规定
13	文化程度	VarChar(20)		按 GB/T 4658 的规定
14	健康状况	VarChar(50)		
15	职务	VarChar(20)		
16	职称	VarChar(20)		
17	岗位	VarChar(20)		
18	聘任时间	DateTime	年月日	
19	工作部门	VarChar(30)		
20	参加工作时间	DateTime	年月日	
21	调入本单位时间	DateTime	年月日	
22	编制类别	VarChar(10)		
23	个人简历	Text		
24	工种	VarChar(20)		按 JT/T 415 的规定
25	从业资格证号	VarChar(20)		
26	技术等级	VarChar(20)		按 JT/T 415 的规定
27	准驾类型	VarChar(20)		

A.18 证件信息

证件信息(H0200)见表 A.18。

表 A.18

序号	字段名	字段类型	单位	要求
1	核发日期	DateTime	年月日	
2	从业资格证号	VarChar(20)		
3	批准日期	DateTime	年月日	
4	核发人	VarChar(15)		
5	发证机关	VarChar(20)		
6	核发原因	VarChar(50)		
7	领用人	VarChar(15)		
8	有效期起	DateTime	年月日	
9	有效期止	DateTime	年月日	
10	备注	Text		

A.19 培训信息

培训信息(H03)见表 A.19。

表 A.19

序号	字段名	字段类型	单位	要求
1	培训内容	VarChar(50)		
2	培训学校	VarChar(30)		
3	培训地点	VarChar(50)		
4	培训时间	DateTime	年月日	
5	培训成绩	VarChar(40)		
6	结业时间	DateTime	年月日	
7	结业证号	VarChar(10)		

A.20 人员异动

人员异动 (H04)见表 A.20。

表 A.20

序号	字段名	字段类型	单位	要求
1	异动时间	DateTime	年月日	
2	异动类别	VarChar(15)		
3	异动情况	text		

A.21 单证入库

单证入库(CSC _ PzRk)见表 A.21。

表 A.21

序号	字段名	字段类型	单位	要求
1	单证名称	VarChar(20)		
2	证前代号	VarChar(10)		
3	起号	Int		
4	止号	Int		

表 A.21(续)

序号	字段名	字段类型	单位	要求
5	张数	Int	张	
6	金额	Numeric(12,2)	元	
7	总金额	Numeric(12,2)	元	
8	经办人	VarChar(10)		
9	入库日期	DateTime	年月日	
10	标记	VarChar(1)		单证出、入库状态标志

A.22 单证领用

单证领用(CSC _ PzLy)表 A.22。

表 A.22

序号	字段名	字段类型	单位	要求
1	单证名称	VarChar(20)		
2	证前代号	VarChar(10)		
3	起号	Int		
4	止号	Int		
5	张数	Int	张	
6	金额	Numeric(12,2)	元	
7	总金额	Numeric(12,2)	元	
8	经办人	VarChar(10)		
9	领用人	VarChar(20)		
10	领用单位	VarChar(100)		
11	领用日期	DateTime	年月日	
12	标记	VarChar(1)		单证使用状态的标志

A.23 单证返回

单证返回(CSC _ PzFh)见表 A.23。

表 A.23

序号	字段名	字段类型	单位	要求
1	单证名称	VarChar(20)		
2	证前代号	VarChar(10)		
3	起号	Int		
4	止号	Int		
5	张数	Int	张	
6	金额	Numeric(12,2)	元	
7	总金额	Numeric(12,2)	元	
8	经办人	VarChar(10)		
9	领用人	VarChar(20)		
10	领用单位	VarChar(100)		
11	返回日期	DateTime	年月日	
12	标记	VarChar(1)		单证使用状态的标志

A.24 单证结存

单证结存(CSC _ PzJc)见表 A.24。

表 A.24

序号	字段名	字段类型	单位	要求
1	单证名称	VarChar(20)		
2	证前代号	VarChar(10)		
3	起号	Int		
4	止号	Int		
5	张数	Int	张	
6	金额	Numeric(12,2)	元	
7	总金额	Numeric(12,2)	元	

A.25 领用单位单证结存

领用单位单证结存(CSC _ PzJc _ Man)见表 A.25。

表 A.25

序号	字段名	字段类型	单位	要求
1	领用单位	VarChar(100)		
2	领用人	VarChar(20)		
3	单证名称	VarChar(20)		
4	证前代号	VarChar(10)		
5	起号	Int		
6	止号	Int		
7	张数	Int	张	
8	金额	Numeric(12,2)	元	
9	总金额	Numeric(12,2)	元	

A.26 单证作废

单证作废(CSC _ PzZf)见表 A.26。

表 A.26

序号	字段名	字段类型	单位	要求
1	单证名称	VarChar(20)		
2	证前代号	VarChar(10)		
3	起号	Int		
4	止号	Int		
5	张数	Int	张	
6	金额	Numeric(12,2)	元	
7	总金额	Numeric(12,2)	元	
8	经办人	VarChar(10)		
9	作废日期	DateTime	年月日	
10	标记	VarChar(1)		单证使用状态的标志

附 录 B
（规范性附录）
汽车维修企业计算机管理信息系统数据信息

B.1 单位基本信息

单位基本信息(DanWei)见表 B.1。

表 B.1

序号	字段名	字段类型	单位	要求
1	单位编号	VarChar(14)		即企业的经营许可证号
2	名称	VarChar(100)		
3	英文名称	VarChar(100)		
4	地址	VarChar(100)		
5	邮政编码	VarChar(6)		
6	电话号码	VarChar(30)		
7	传真号码	VarChar(30)		
8	网址	VarChar(50)		
9	E_mail	VarChar(50)		
10	开户银行	VarChar(80)		
11	开户名	VarChar(100)		
12	银行账号	VarChar(80)		
13	税务登记号	VarChar(20)		
14	工商执照号	VarChar(20)		
15	联系人	VarChar(30)		
16	法定代表人	VarChar(20)		
17	图像标识	Image		

B.2 配件档案

配件档案(Peijian)见表 B.2。

表 B.2

序号	字段名	字段类型	单位	要求
1	配件规格	VarChar(40)		
2	配件名称	VarChar(100)		
3	英文名称	VarChar(100)		
4	拼音码	VarChar(50)		
5	单位	VarChar(10)		
6	是否进口	Boolean		
7	车辆类型	VarChar(16)		按 JT/T 415 的规定
8	厂牌型号	VarChar(50)		
9	通用车型	VarChar(200)		

表 B.2(续)

序号	字段名	字段类型	单位	要求
10	配件类别	VarChar(20)		
11	品牌	VarChar(40)		
12	产地	VarChar(40)		
13	仓位	VarChar(20)		
14	生产厂名	VarChar(40)		
15	厂址	VarChar(100)		
16	主厂码	VarChar(40)		
17	副厂码	VarChar(40)		
18	互换编码	VarChar(40)		
19	适用年限	VarChar(40)	年	
20	重量	Numeric(12,2)	kg	
21	关税税号	VarChar(20)		
22	关税税率	Numeric(12,5)	%	
23	手册名称	VarChar(20)		
24	页次	VarChar(10)		
25	序号	VarChar(10)		
26	备注	Text		

B.3 人员档案

人员档案(Renyuan)见表 B.3。

表 B.3

序号	字段名	字段类型	单位	要求
1	姓名	VarChar(10)		
2	性别	VarChar(4)		按 GB/T 2261 的规定
3	部门编码	VarChar(20)		
4	工作部门	VarChar(40)		
5	小时工资	Numeric(12,2)	元	
6	岗位	VarChar(20)		
7	职务	VarChar(20)		
8	录用方式	VarChar(20)		
9	文化程度	VarChar(20)		按 GB/T 4658 的规定
10	出生年月	DateTime	年月日	
11	录用日期	DateTime	年月日	
12	工龄	Numeric(12,2)	年	
13	籍贯	VarChar(40)		
14	民族	VarChar(10)		按 GB/T 3304 的规定
15	邮政编码	VarChar(6)		
16	家庭住址	VarChar(50)		
17	身份证号	VarChar(18)		

表 B.3(续)

序号	字段名	字段类型	单位	要求
18	联系电话	VarChar(30)		
19	工种	VarChar(20)		按 JT/T 415 的规定
20	技术等级	VarChar(20)		按 JT/T 415 的规定
21	从业资格证号	VarChar(20)		
22	手机号码	VarChar(12)		
23	E_mail	VarChar(50)		
24	职称	VarChar(20)		
25	在职状态	VarChar(10)		
26	备注	Text		

B.4 客户/供应商档案

客户/供应商档案(Kehu)见表 B.4。

表 B.4

序号	字段名	字段类型	单位	要求
1	客户性质	VarChar(10)		
2	客户类别	VarChar(20)		
3	客户名称	VarChar(100)		
4	客户拼音码	VarChar(50)		
5	联系人	VarChar(10)		
6	联系人拼音码	VarChar(5)		
7	邮政编码	VarChar(6)		
8	地区	VarChar(80)		
9	联系地址	VarChar(100)		
10	电话号码	VarChar(30)		
11	传真号码	VarChar(30)		
12	客户全称	VarChar(100)		
13	开户银行	VarChar(80)		
14	银行账号	VarChar(80)		
15	税务登记号	VarChar(20)		
16	法定代表人	VarChar(20)		
17	开票地址	VarChar(100)		
18	网址	VarChar(50)		
19	E_mail	VarChar(50)		
20	建档日期	DateTime	年月日	
21	备注	Text		

B.5 车辆档案

车辆档案(CheLiang)见表 B.5。

表 B.5

序号	字段名	字段类型	单位	要求
1	车辆牌照号	VarChar(20)		
2	车牌颜色	VarChar(4)		
3	VIN 码	VarChar(17)		
4	客户名称	VarChar(100)		
5	底盘号	VarChar(20)		
6	发动机号	VarChar(12)		
7	变速箱号	VarChar(20)		
8	厂牌型号	VarChar(50)		
9	车辆类型	VarChar(16)		按 JT/T 415 的规定
10	出厂日期	DateTime	年月日	
11	车身颜色	VarChar(6)		
12	驾驶员	VarChar(10)		
13	证件号码	VarChar(20)		
14	维修档案号	VarChar(20)		
15	道路运输证号	VarChar(20)		
16	建档日期	DateTime	年月日	
17	年二维次数	Int	次	
18	二维日期	DateTime	年月日	
19	是否有二维协议	Boolean		
20	备注	Text		

B.6 维修工作单

维修工作单(WxGongzd)见表 B.6。

表 B.6

序号	字段名	字段类型	单位	要求
1	工作单号	VarChar(14)		
2	工单分类	VarChar(20)		
3	客户名称	VarChar(100)		
4	联系地址	VarChar(100)		
5	邮政编码	VarChar(6)		
6	电话号码	VarChar(30)		
7	联系人	VarChar(10)		
8	开户银行	VarChar(80)		
9	银行账号	VarChar(80)		
10	税务登记号	VarChar(20)		
11	送修人	VarChar(10)		
12	进厂日期	DateTime	年月日	
13	证件号码	VarChar(20)		
14	完工期限	DateTime	年月日	
15	车辆牌照号	VarChar(20)		

表 B.6(续)

序号	字段名	字段类型	单位	要求
16	车牌颜色	VarChar(4)		
17	维修类别	VarChar(20)		按 JT/T 415 的规定
18	VIN 码	VarChar(17)		
19	底盘号	VarChar(20)		
20	发动机号	VarChar(12)		
21	变速箱号	VarChar(20)		
22	维修档案号	VarChar(20)		
23	道路运输证号	VarChar(20)		
24	车辆类型	VarChar(16)		按 JT/T 415 的规定
25	厂牌型号	VarChar(50)		
26	行驶里程	Numeric(12,0)	km	
27	存油数量	VarChar(10)	升	
28	车身颜色	VarChar(6)		
29	接待日期	DateTime	年月日	
30	接待人	VarChar(10)		
31	责任工程师	VarChar(10)		
32	维修合同号	VarChar(20)		
33	派工日期	DateTime	年月日	
34	总质检员	VarChar(10)		
35	路试结果	VarChar(10)		
36	检测结果	VarChar(6)		
37	检测报告号	VarChar(20)		
38	竣工日期	DateTime	年月日	
39	机动车维修竣工出厂合格证号	VarChar(20)		
40	结算人	VarChar(10)		
41	结算日期	DateTime	年月日	
42	结算方式	VarChar(20)		按 JT/T 415 的规定
43	发票方式	VarChar(20)		
44	发票号	VarChar(20)		
45	工时费合计	Numeric(12,2)	元	
46	材料费合计	Numeric(12,2)	元	
47	其他费合计	Numeric(12,2)	元	
48	不含税金额	Numeric(12,2)	元	
49	税金	Numeric(12,2)	元	
50	含税金额	Numeric(12,2)	元	
51	优惠金额	Numeric(12,2)	元	
52	应收金额	Numeric(12,2)	元	
53	收银员	VarChar(10)		
54	收银日期	DateTime	年月日	

表 B.6(续)

序号	字段名	字段类型	单位	要求
55	实收金额	Numeric(12,2)	元	
56	挂账金额	Numeric(12,2)	元	
57	优惠主管	VarChar(10)		
58	优惠原因	Text		
59	优惠标准	VarChar(20)		
60	接车人	VarChar(10)		
61	出厂日期	DateTime	年月日	
62	备注	Text		
63	制单员	VarChar(10)		
64	制单日期	DateTime	年月日	
65	工单状态	VarChar(10)		
66	出厂里程	Numeric(12,0)	km	
67	质保里程	Numeric(12,0)	km	
68	质保天数	Numeric(4,0)	天	
69	辅料费	Numeric(6,0)	元	
70	上线费	Numeric(6,0)	元	

B.7 维修项目档案

维修项目档案(Wxxm)见表 B.7。

表 B.7

序号	字段名	字段类型	单位	要求
1	维修项目	VarChar(40)		
2	拼音码	VarChar(20)		
3	英文名称	VarChar(40)		
4	车辆类型	VarChar(16)		按 JT/T 415 的规定
5	厂牌型号	VarChar(50)		
6	工种	VarChar(20)		
7	备注	Text		
8	保修天数	Int	天	

B.8 维修项目明细

维修项目明细(Wxxm _ mx)见表 B.8。

表 B.8

序号	字段名	字段类型	单位	要求
1	工作单号	VarChar(14)		
2	维修项目	VarChar(40)		
3	考核工时	Numeric(12,2)	小时	
4	标准工时	Numeric(12,2)	小时	
5	单价	Numeric(12,2)	元	
6	考核单价	Numeric(12,2)	元	
7	工时费	Numeric(12,2)	元	

表 B.8(续)

序号	字段名	字段类型	单位	要求
8	完工期限	DateTime	年月日	
9	完工日期	DateTime	年月日	
10	进度	VarChar(10)		
11	检验合格	VarChar(2)		
12	检验日期	DateTime	年月日	
13	备注	Text		
14	是否加修	Boolean		
15	工种	VarChar(20)		按 JT/T 415 的规定
16	保修天数	Int	天	

B.9 组合维修项目档案

组合维修项目档案(Wxxmzh)见表 B.9。

表 B.9

序号	字段名	字段类型	单位	要求
1	维修项目	VarChar(40)		

B.10 组合维修项目明细

组合维修项目明细(Wxxmzh _ mx)见表 B .10。

表 B.10

序号	字段名	字段类型	单位	要求
1	维修项目	VarChar(40)		
2	标准工时	Numeric(12,2)	小时	
3	考核工时	Numeric(12,2)	小时	
4	单价	Numeric(12,2)	元	
5	考核单价	Numeric(12,2)	元	
6	工种	VarChar(20)		
7	保修天数	Int	天	

B.11 维修用料明细

维修用料明细(Wxyl _ Mx)见表 B.11。

表 B.11

序号	字段名	字段类型	单位	要求
1	工作单号	VarChar(14)		
2	配件名称	VarChar(100)		
3	数量	Numeric(12,2)	个	
4	单位	VarChar(10)		
5	仓库代码	VarChar(10)		
6	仓库名称	VarChar(40)		
7	仓位	VarChar(20)		
8	备注	Text		
9	汽修标记	VarChar(2)		维修用料标志
10	业务日期	DateTime	年月日	

B.12 配件进销/领用凭证/临时表

配件进销/领用凭证/临时表(XiaoShpz/ XiaoShpz _ ls)见表 B.12。

表 B.12

序号	字段名	字段类型	单位	要求
1	业务单号	VarChar(14)		
2	单据类别	VarChar(20)		
3	业务类别	VarChar(20)		
4	客户名称	VarChar(100)		
5	联系人	VarChar(10)		
6	业务日期	DateTime	年月日	
7	发票方式	VarChar(40)		
8	税率	Numeric(12,3)	%	
9	发票号	VarChar(40)		
10	包装方式	VarChar(40)		
11	运输方式	VarChar(40)		
12	运输单号	VarChar(40)		
13	到站地点	VarChar(40)		
14	到货日期	DateTime	年月日	
15	结算方式	VarChar(40)		
16	货款	Numeric(12,2)	元	
17	税额	Numeric(12,2)	元	
18	总金额	Numeric(12,2)	元	
19	成本	Numeric(12,2)	元	
20	运费	Numeric(12,2)	元	
21	应付金额	Numeric(12,2)	元	
22	优惠金额	Numeric(12,2)	元	
23	实付金额	Numeric(12,2)	元	
24	欠款	Numeric(12,2)	元	
25	还账期限	DateTime	年月日	
26	经办人	VarChar(10)		
27	经办日期	DateTime	年月日	
28	操作员	VarChar(10)		
29	摘要	VarChar(200)		
30	工作单号	VarChar(14)		
31	凭证号码	VarChar(20)		
32	仓库名称	VarChar(40)		
33	原因	VarChar(50)		
34	车牌照号	VarChar(14)		
35	原单号	VarChar(14)		
36	领用人	VarChar(10)		
37	发凭人	VarChar(10)		
38	审批人	VarChar(10)		
39	备注	Text		

B.13 配件进销/领用明细/临时表

配件进销/领用明细/临时表(Xiaoshpz _ mx/ Xiaoshpz _ mx _ ls)见表 B.13。

表 B.13

序号	字段名	字段类型	单位	要求
1	业务单号	VarChar(14)		
2	配件规格	VarChar(40)		
3	配件名称	VarChar(100)		
4	单位	VarChar(10)		
5	产地	VarChar(40)		
6	车型	VarChar(40)		
7	厂牌	VarChar(40)		
8	配件类别	VarChar(40)		
9	数量	Numeric(12,2)	个	
10	不含税单价	Numeric(12,4)	元	
11	货款	Numeric(12,2)	元	
12	税率	Numeric(12,2)	元	
13	税额	Numeric(12,2)	元	
14	含税单价	Numeric(12,4)	元	
15	总金额	Numeric(12,2)	元	
16	成本单价	Numeric(12,4)	元	
17	成本	Numeric(12,2)	元	
18	退库单号	VarChar(14)		
19	仓位	VarChar(20)		
20	配件利润	Numeric(12,2)	元	
21	业务日期	DateTime	年月日	
22	备注	Text		

B.14 盘点单/临时表

盘点单/临时表(Pandiandpz/ Pandiandpz _ ls)见表 B.14。

表 B.14

序号	字段名	字段类型	单位	要求
1	盘点单号	VarChar(14)		
2	盘点日期	DateTime	年月日	
3	盘点范围	VarChar(100)		
4	货款	Numeric(12,2)		
5	税额	Numeric(12,2)	元	
6	总金额	Numeric(12,2)	元	
7	经办人	VarChar(10)		
8	操作员	VarChar(10)		
9	仓库名称	VarChar(40)		
10	备注	Text		

B.15 盘点单明细/临时表

盘点单明细/临时表(Pandiand _ mx/ Pandiand _ mx _ ls)见表 B.15。

表 B.15

序号	字段名	字段类型	单位	要求
1	盘点单号	VarChar(14)		
2	配件名称	VarChar(100)		
3	单位	VarChar(10)		
4	调整数量估价	Numeric(12,2)	元	
5	账面数量	Numeric(12,2)	个	
6	实际数量	Numeric(12,2)	个	
7	调整数量	Numeric(12,2)	个	
8	调整金额	Numeric(12,2)	元	
9	备注	Text		
10	账面金额	Numeric(12,2)	元	

B.16 内部调拨单/临时表

内部调拨单/临时表(Neibudppz/ Neibudppz _ ls)见表 B.16。

表 B.16

序号	字段名	字段类型	单位	要求
1	调拨单号	VarChar(14)		
2	调拨日期	DateTime	年月日	
3	调出仓库名称	VarChar(40)		
4	调入仓库名称	VarChar(40)		
5	总金额	Numeric(12,2)	元	
6	经办人	VarChar(10)		
7	操作员	VarChar(10)		
8	备注	Text		

B.17 内部调拨单明细/临时表

内部调拨单明细/临时表(Neibudppz _ mx/ Neibudppz _ mx _ ls)见表 B.17。

表 B.17

序号	字段名	字段类型	单位	要求
1	调拨单号	VarChar(14)		
2	配件名称	VarChar(100)		
3	单位	VarChar(10)		
4	调拨数量	Numeric(12,2)		
5	单价	Numeric(12,2)	元	
6	调拨金额	Numeric(12,2)	元	
7	备注	Text		
8	原仓位	VarChar(20)		
9	新仓位	VarChar(20)		

B.18 配件库存统计

配件库存统计(Kucuntj)见表 B.18。

表 B.18

序号	字段名	字段类型	单位	要求
1	仓位	VarChar(20)		
2	仓库名称	VarChar(40)		
3	库存数量	Numeric(12,2)	个	
4	库存金额	Numeric(12,2)	元	
5	平均单价	Numeric(12,2)	元	
6	销售单价	Numeric(12,2)	元	

B.19 配件库存统计

配件库存统计(Kucuntj2)见表 B.19。

表 B.19

序号	字段名	字段类型	单位	要求
1	期初数量	Numeric(12,2)	个	
2	期初单价	Numeric(12,2)	元	
3	期初金额	Numeric(12,2)	元	
4	入库数量	Numeric(12,2)	个	
5	入库单价	Numeric(12,2)	元	
6	入库金额	Numeric(12,2)	元	
7	出库数量	Numeric(12,2)	个	
8	出库单价	Numeric(12,2)	元	
9	出库金额	Numeric(12,2)	元	
10	期末数量	Numeric(12,2)	个	
11	期末单价	Numeric(12,2)	元	
12	期末金额	Numeric(12,2)	元	

B.20 配件库存统计明细

配件库存统计明细(Kucuntj _ mx)见表 B.20。

表 B.20

序号	字段名	字段类型	单位	要求
1	仓库名称	VarChar(40)		
2	仓位	VarChar(20)		
3	业务日期	DateTime	年月日	
4	出入库单号	VarChar(15)		
5	摘要	VarChar(80)		
6	入库数量	Numeric(12,2)	个	
7	入库单价	Numeric(12,4)	元	
8	入库金额	Numeric(12,2)	元	
9	出库数量	Numeric(12,2)	个	
10	出库单价	Numeric(12,4)	元	
11	出库金额	Numeric(12,2)	元	

B.21 维修费用明细

维修费用明细(Wxfy_mx)见表B.21。

表 B.21

序号	字段名	字段类型	单位	要求
1	工作单号	VarChar(14)		
2	费用名称	VarChar(20)		
3	应收金额	Numeric(12,2)	元	
4	实际金额	Numeric(12,2)	元	
5	计算公式	VarChar(50)		

B.22 维修其他费用定义

维修其他费用定义(WxOtherFy)见表B.22。

表 B.22

序号	字段名	字段类型	单位	要求
1	费用名称	VarChar(20)		
2	计算公式	VarChar(50)		

B.23 维修派工明细

维修派工明细(Wxpg_mx)见表B.23。

表 B.23

序号	字段名	字段类型	单位	要求
1	工作单号	VarChar(14)		
2	项目编号	VarChar(14)		
3	姓名	VarChar(10)		
4	部门编码	VarChar(20)		
5	工作部门	VarChar(40)		
6	考核工时	Numeric(8,2)		
7	派工日期	DateTime	年月日	
8	备注	Text		

B.24 费率标准(Feivbz)

费率标准(Feivbz)见表B.24。

表 B.24

序号	字段名	字段类型	单位	要求
1	收费标准	VarChar(20)		
2	工时费率	Numeric(12,3)	%	

B.25 设备台账

设备台账(Sbtz)见表B.25。

表 B.25

序号	字段名	字段类型	单位	要求
1	设备名称	VarChar(40)		
2	设备类别	VarChar(22)		
3	设备型号	VarChar(20)		
4	测量范围	VarChar(20)		
5	分度值	Numeric(12,4)		
6	精度	Numeric(12,4)		
7	制造厂家	VarChar(30)		
8	出厂年月	DateTime	年月日	
9	购置日期	DateTime	年月日	
10	购进价格	Numeric(19,2)	元	
11	计量鉴定证书号	VarChar(20)		
12	计量检定日期	DateTime	年月日	
13	计量检定有效期	Int	天	
14	检定机关	VarChar(40)		
15	数量	Int	个	
16	是否外协	Boolean		
17	技术状况	VarChar(20)		
18	备注	Text		

B.26 工具管理

工具管理(GongJu)见表 B.26。

表 B.26

序号	字段名	字段类型	单位	要求
1	工具名称	varChar(50)		
2	工具型号	varChar(20)		
3	工具类别	varChar(20)		
4	供应商	varChar(50)		
5	厂牌型号	varChar(50)		
6	单位	varChar(10)		
7	购置日期	DateTime	年月日	
8	出厂年月	DateTime	年月日	
9	计量签定证书号	varChar(20)		
10	计量检定日期	DateTime	年月日	
11	检定机关	varChar(40)		
12	备注	Text		

B.27 工具入库/临时表

工具入库/临时表(GjRk/ GjRk _ Ls)见表 B.27。

表 B.27

序号	字段名	字段类型	单位	要求
1	入库单号	varChar(50)		
2	工具名称	varChar(50)		
3	工具型号	varChar(20)		
4	工具类别	varChar(20)		
5	供应商	varChar(50)		
6	经办人	varChar(10)		
7	厂牌	varChar(20)		
8	数量	Numeric(8,0)	个	
9	入库日期	DateTime	年月日	
10	购进价格	Numeric(12,2)	元	
11	入库金额	Numeric(12,2)	元	
12	购置日期	DateTime	年月日	
13	计量签定证书号	varChar(20)		
14	计量检定日期	DateTime	年月日	
15	检定机关	varChar(50)		
16	拼音码	varChar(20)		
17	备注	Text		

B.28 工具借出/临时表

工具借出/临时表(GJjc/ GJjc _ Ls)见表 B.28。

表 B.28

序号	字段名	字段类型	单位	要求
1	借出单号	varChar(14)		
2	工具名称	varChar(50)		
3	工具型号	varChar(20)		
4	工具类别	varChar(20)		
5	厂牌	varChar(20)		
6	单位	varChar(20)		
7	出库单价	Numeric(12,2)	元	
8	出库金额	Numeric(12,2)	元	
9	归还标记	Numeric(8,0)		
10	拼音码	varChar(20)		
11	借出数量	Numeric(8,0)	个	
12	借出日期	DateTime	年月日	
13	借用人	varChar(10)		
14	经办人	varChar(10)		
15	备注	Text		

B.29 工具归还/临时表

工具归还/临时表(GJgh/GJgh _ Ls)见表 B.29。

表 B.29

序号	字段名	字段类型	单位	要求
1	归还单号	varChar(14)		
2	工具名称	varChar(50)		
3	工具型号	varChar(20)		
4	工具类别	varChar(20)		
5	厂牌	varChar(20)		
6	单位	varChar(20)		
7	单价	Numeric(12,2)	元	
8	回库金额	Numeric(12,2)	元	
9	原单号	varChar(20)		
10	拼音码	varChar(20)		
11	归还数量	Numeric(8,0)	个	
12	归还日期	DateTime	年月日	
13	归还人	varChar(10)		
14	经办人	varChar(10)		
15	备注	Text		

B.30 工具报废/临时表

工具报废/临时表(GJbf/ GJbf _ Ls)见表 B.30。

表 B.30

序号	字段名	字段类型	单位	要求
1	报废单号	varChar(14)		
2	工具名称	varChar(50)		
3	工具型号	varChar(20)		
4	工具类别	varChar(20)		
5	单位	varChar(20)		
6	厂牌	varChar(20)		
7	单价	Numeric(12,2)	元	
8	报废金额	Numeric(12,2)	元	
9	拼音码	varChar(20)		
10	报废数量	Numeric(8,0)	个	
11	报废日期	DateTime	年月日	
12	报废原因	varChar(100)		
13	经办人	varChar(20)		
14	备注	Text		

B.31 投诉管理

投诉管理(Tousgl)见表 B.31。

表 B.31

序号	字段名	字段类型	单位	要求
1	服务单号	VarChar(14)		
2	反馈日期	DateTime	年月日	
3	经办人	VarChar(10)		
4	客户名称	VarChar(100)		
5	联系地址	VarChar(100)		
6	电话号码	VarChar(30)		
7	联系人	VarChar(30)		
8	车辆牌照号	VarChar(20)		
9	车牌颜色	VarChar(4)		
10	VIN 码	VarChar(17)		
11	底盘号	VarChar(20)		
12	发动机号	VarChar(12)		
13	车辆类型	VarChar(16)		
14	车身颜色	VarChar(6)		
15	出厂日期	DateTime	年月日	
16	销售日期	DateTime	年月日	
17	服务日期	DateTime	年月日	
18	行驶里程	Numeric(12,0)	km	
19	反馈类别	VarChar(40)		
20	顾客意见	Text		
21	技师诊断	Text		
22	处理结果	Text		

B.32 维修派工明细

维修派工明细(Wxpg _ mx)见表 B.32。

表 B.32

序号	字段名	字段类型	单位	要求
1	工作单号	VarChar(14)		
2	姓名	VarChar(10)		
3	工作部门	VarChar(30)		
4	考核工时	Numeric(8,2)		
5	派工日期	DateTime	年月日	
6	备注	Text		

B.33 维修费用明细

维修费用明细(Wxfy _ mx)见表 B.33。

表 B.33

序号	字段名	字段类型	单位	要求
1	工作单号	VarChar(14)		
2	费用名称	VarChar(20)		
3	应收金额	Numeric(12,2)	元	
4	实际金额	Numeric(12,2)	元	
5	计算公式	VarChar(50)		

B.34 客户/供应商总账

客户/供应商总账(Kehuzw _ zz)见表 B.34。

表 B.34

序号	字段名	字段类型	单位	要求
1	客户名称	VarChar(100)		
2	类别	VarChar(10)		
3	期初余额	Numeric(12,2)	元	
4	借方累计	Numeric(12,2)	元	
5	贷方累计	Numeric(12,2)	元	
6	期末余额	Numeric(12,2)	元	
7	发生业务	VarChar(2)		

B.35 客户/供应商往来账明细

客户/供应商往来账明细(Kehuzw _ mx)见表 B.35。

表 B.35

序号	字段名	字段类型	单位	要求
1	客户名称	VarChar(100)		
2	业务日期	DateTime	年月日	
3	业务单号	VarChar(14)		
4	摘要	VarChar(100)		
5	借方金额	Numeric(12,2)	元	
6	贷方金额	Numeric(12,2)	元	
7	结算方式	VarChar(40)		
8	备注	Text		
9	经办人	VarChar(10)		
10	经办日期	DateTime	年月日	

B.36 应付/应收明细

应付/应收明细(yingfu _ mx)见表 B.36。

表 B.36

序号	字段名	字段类型	单位	要求
1	类别	VarChar(10)		
2	客户名称	VarChar(100)		
3	业务单号	VarChar(14)		
4	摘要	VarChar(100)		
5	金额	Numeric(12,2)	元	
6	结算方式	VarChar(40)		
7	经办人	VarChar(10)		
8	经办日期	DateTime	年月日	
9	备注	Text		
10	还款日期	DateTime	年月日	

B.37 实收/实付明细

实收/实付明细(Shifu _ mx)见表 B.37。

表 B.37

序号	字段名	字段类型	单位	要求
1	类别	VarChar(10)		
2	客户名称	VarChar(100)		
3	业务单号	VarChar(14)		
4	摘要	VarChar(100)		
5	金额	Numeric(12,2)	元	
6	结算方式	VarChar(40)		
7	经办人	VarChar(10)		
8	经办日期	DateTime	年月日	
9	备注	Text		

B.38 税率设置

税率设置(ShuiLv)见表 B.38。

表 B.38

序号	字段名	字段类型	单位	要求
1	发票方式	VarChar(20)		
2	税率	Numeric(12,3)	%	

B.39 优惠标准定义

优惠标准定义(Youhgl)见表 B.39。

表 B.39

序号	字段名	字段类型	单位	要求
1	优惠标准	VarChar(20)	元	
2	工时费优惠率	Numeric(12,3)	%	
3	材料费优惠率	Numeric(12,3)	%	
4	其他费优惠率	Numeric(12,2)	%	

B.40 营业报表

营业报表(Yingyebb)见表 B.40。

表 B.40

序号	字段名	字段类型	单位	要求
1	类别	VarChar(10)		
2	日期	DateTime	年月日	
3	仓库名称	VarChar(40)		
4	库存余额	Numeric(12,2)		
5	入库总额	Numeric(12,2)		
6	进货入库	Numeric(12,2)		
7	内部调拨入库	Numeric(12,2)		
8	采购退货入库	Numeric(12,2)		
9	盘点盘盈入库	Numeric(12,2)		
10	出库总额	Numeric(12,2)	元	
11	销售出库	Numeric(12,2)		
12	内部调拨出库	Numeric(12,2)		
13	销售退回出库	Numeric(12,2)		
14	盘点盘亏出库	Numeric(12,2)		
15	库存总额	Numeric(12,2)	元	
16	销售净额	Numeric(12,2)	元	
17	销售总额	Numeric(12,2)	元	
18	销售退货金额冲减	Numeric(12,2)	元	
19	销售成本合计	Numeric(12,2)	元	
20	销售成本	Numeric(12,2)	元	
21	采购退货损失	Numeric(12,2)		
22	销售退货成本冲减	Numeric(12,2)	元	
23	盘盈盘亏净额	Numeric(12,2)	元	
24	名称	VarChar(100)		
25	采购退货金额	Numeric(12,2)	元	
26	赊销金额	Numeric(12,2)	元	
27	当期毛利润	Numeric(12,2)	元	

参 考 文 献

1 GB 7258 机动车运行安全技术条件
2 GB 8566 计算机软件开发规范
3 GB 8567 计算机软件产品开发文件编制指南
4 GB/T 12504 计算机软件质量保证计划规范
5 GB/T 12505 计算机软件配置管理计划规范
6 GB/T 16739 汽车维修业开业条件
7 GB 18344 汽车维护、检测、诊断技术规范
8 GB 18565 营运车辆综合性能要求和检验方法
9 JT/T 478 汽车检测站计算机控制系统技术规范

ICS 43.180
R 17
备案号:

中华人民共和国交通行业标准

JT/T 649—2006

多功能汽车制动性能检测台

Multi-function automobile brake tester

2006-02-20 发布　　2006-05-01 实施

中华人民共和国交通部　发布

ICS 43.180

R

备案号

中华人民共和国交通行业标准

JT/T 649—2006

多功能汽车制动性能检测台

Multi-function automobile brake tester

2006-02-20 发布　　2006-05-01 实施

中华人民共和国交通部　发布

多功能汽车制动性能检测台

1 范围

本标准规定了多功能汽车制动性能检测台的产品型号、技术要求、试验方法、检验规则及标志、包装、运输和贮存等。

本标准适用于检测常规制动系及防抱死等多项功能的汽车制动性能检测台。

2 规范性引用文件

下列文件中的条款通过本标准的引用而成为本标准的条款。凡是注明日期的引用文件,其随后所有的修改单(不包括勘误的内容)或修订版均不适用于本标准,然而,鼓励根据本标准达成协议的各方研究是否可使用这些文件的最新版本。凡是不注明日期的引用文件,其最新版本适用于本标准。

GB/T 191　包装储运图示标志(EQV ISO 780:1997)

GB 7947　导体的颜色或数字标识

GB/T 13306　标牌

GB/T 13564　滚筒反力式制动试验台

GB/T 11798.7　机动车安全检测设备检定技术条件第 7 部分:轴(轮)重仪检定技术条件

3 产品型号

多功能汽车制动性能检测台的型号表示如下:

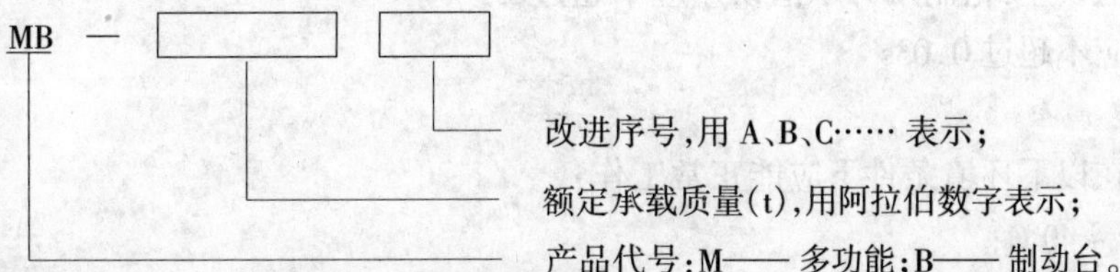

示例:额定承载质量为 3t、第一次改进型多功能汽车制动性能检测台,其型号表示为 MB—3A。

4 技术要求

4.1 技术参数

4.1.1 测试速度不低于 30km/h。

4.1.2 支承滚筒的滑动附着系数不低于 0.7。

4.1.3 支承滚筒速度不大于 100km/h。

4.1.4 车轮速度不大于 100km/h。

4.1.5 支承滚筒直径为 450 ~ 500mm。

4.1.6 轮速滚筒直径为 60 ~ 80mm。

4.1.7 惯量模拟误差 ± 5%。

4.1.8 滚筒表面径向圆跳动应不大于 0.4mm。

4.1.9 支承不同车轴的所有滚筒的上母线平行度应不大于 1mm/m。

4.2 基本功能

4.2.1 能模拟汽车行驶动能。

4.2.2 能检测以下基本参数:制动力、制动距离、制动协调时间、充分发出的平均减速度、制动踏板力、驻车制动力、驻车制动操纵力、制动力平衡要求、阻滞力等常规制动系的参数。

4.2.3 能检测滑移率。

4.2.4 能检测各车轮轮重。

4.2.5 能检测轮制动特性。

4.3 安全装置

4.3.1 应有检测过程中防止被测车辆从滚筒上爬出的装置。

4.3.2 应有保护称重传感器的安全装置。

4.3.3 应有轴距调整移动到位后的锁止装置。

4.3.4 应当具有当支承滚筒线速度超过 5km/h 时,举升板不得升起的电气连锁装置。

4.3.5 应有防止检测过程中被测车辆从侧面滑出的装置。

4.4 示值误差

4.4.1 显示不应有缺段、闪烁等现象,示值保留时间应不小于 8s。

4.4.2 轮承载质量:

a) 零点漂移:30min 应不超过 0.1%(F.S);

b) 示值误差应不超过 ±0.2%(F.S);

c) 重复性误差应不超过 ±1%。

4.4.3 速度:示值误差应不超过 ±0.1km/h。

4.4.4 制动距离示值误差应不超过 ±1%。

4.4.5 制动踏板力和驻车制动手操纵力;

a) 测量的分辨力为 1N;

b) 示值误差 ±3%。

4.4.6 制动力示值误差:轮制动力示值误差应不超过 ±3%。

4.4.7 反应时间应不超过 0.03s

4.5 电气系统

4.5.1 电气系统在以下环境条件下应能正常工作:

a) 温度:0℃ ~ 40℃;

b) 相对湿度:不大于 85%;

c) 电源:380 × (1 ± 10%)V,220 × (1 ± 10%)V。

4.5.2 电气元件、部件、插接件装配牢靠;布线合理整齐;焊点光滑,无虚焊。

4.5.3 指示灯、按钮和导线的颜色应符合 GB 7947 的规定。

4.5.4 系统应根据负荷的大小装有熔断器或断路器。

4.5.5 系统应有良好的绝缘性能,绝缘电阻不得小于 5MΩ。

4.5.6 系统应有可靠的接地装置和明显的接地标志。

4.5.7 系统应有紧急停止手动按钮。

4.5.8 电机控制应有过载、断相保护装置;变频器应有制动功能。

4.6 外观质量

4.6.1 多功能汽车制动性能检测台外表面应平整、光滑、色泽协调均匀、光泽一致,不得有明显的磕伤、划痕;涂装表面不允许出现流挂、起泡、剥落、皱纹等缺陷。

4.6.2 所有螺栓、螺母均应经过表面处理,并连接牢固;零部件的结合面边沿,应整齐、均匀、平直、无明显错位。

4.6.3 焊缝应平直、均匀,不得有虚焊、焊穿、裂纹、脱焊等缺陷。

4.6.4 操作件、按钮应有显著标志。

5 试验方法

5.1 试验用仪器设备

多功能汽车制动性能检测台速度、扭矩专用检定装置,500V 绝缘电阻测量仪。

5.2 技术参数

5.2.1 各个车轮同时进行测试。

5.2.2 支承滚筒滑动附着系数:按照 GB/T 13564 要求测试。

5.2.3 支承滚筒表面径向圆跳动:按照 GB/T 13564 要求测试。

5.2.4 支承滚筒平行度:按照 GB/T 13564 要求测试。

5.3 示值误差

5.3.1 轮承载质量

轮承载质量示值误差按照 GB/T 11798.7 要求检测。

5.3.2 支承滚筒速度与轮速滚筒速度

5.3.2.1 将多功能汽车制动性能检测台速度、扭矩专用检定装置安装到测试用的汽车上。

5.3.2.2 选取 30km/h、40km/h、50km/h、70km/h、80km/h、100km/h 作为测试点。

5.3.2.3 分别读取多功能汽车制动性能检测台速度、扭矩专用检定装置和支承滚筒速度、轮速滚筒速度。

5.3.2.4 速度示值误差按式(1)计算:

$$\eta_i = V_i - V_j \tag{1}$$

式中:η_i——速度示值误差;

V_i——支承滚筒或轮速滚筒速度示值,单位为公里每小时(km/h);

V_j——多功能汽车制动性能检测台速度、扭矩专用检定装置速度示值,单位为公里每小时(km/h)。

5.3.3 制动距离

5.3.3.1 在 5.3.2 试验的同时读取多功能汽车制动性能检测台速度、扭矩专用检定装置的制动距离示值和检验台制动距离示值。

5.3.3.2 按式(2)计算轮制动距离示值误差:

$$\delta_i = \frac{L_i - L_j}{L_j} \times 100\% \tag{2}$$

式中:δ_i——制动距离示值误差;

L_i——多功能汽车制动性能检测台制动距离示值,单位为米(m);

L_j——多功能汽车制动性能检测台速度、扭矩专用检定装置制动距离示值,单位为米(m)。

5.3.4 制动踏板力和驻车制动手操纵力

制动踏板力计和驻车制动手操纵力计作为独立的检测仪器应经计量部门检定合格并在有效期内。

5.3.5 轮制动力

5.3.5.1 在 5.3.2 试验的同时读取专用装置制动力的示值和多功能汽车制动性能检测台制动力示值。

5.3.5.2 按式(3)计算轮制动力示值误差:

$$K = \frac{T - N}{N} \times 100\% \tag{3}$$

式中:K——轮制动力示值误差;

T——多功能汽车制动性能检测台轮制动力示值;

N——专用检定装置轮制动力示值。

5.4 绝缘电阻

在断电状态下,用 500V 绝缘电阻测量仪测量用绝缘材料隔开的两导电体之间、系统与金属外壳之间的电阻值。

5.5 接地装置、标志

目测检查。

5.6 外观

涂装表面采用“#”字画线法,所检部位漆膜不得脱落,目测检验。

其他项通过目测、手感进行检查。

6 检验规则

6.1 检验分类

制动台的检验分为型式检验和出厂检验。

6.2 型式检验

6.2.1 有下列情况之一时,应进行型式检验:

a) 新产品或老产品转厂生产的试制定型鉴定;

b) 正式生产后,如结构、材料、工艺有较大改变可能影响产品性能时;

c) 正常生产,每两年或积累 10 台产量时;

d) 产品停产一年,恢复生产时;

e) 出厂检验结果与上次型式检验有较大差异时;

f) 国家质量监督机构提出进行型式检验的要求时。

6.2.2 型式检验内容为第 4 章的全部条款。

6.2.3 抽样和判定原则为:

抽样基数三台,抽样样品数一台。在检验中出现不合格项时,应在抽样基数中加倍抽样并对不合格项复检。复检合格,判型式检验合格;否则,判型式检验不合格。

6.3 出厂检验

6.3.1 制动台经生产企业质检部门检验合格,并签发产品合格证后方可出厂。

6.3.2 出厂检验内容应按 4.1、4.4、4.5.2~4.5.8 的要求,4.1.2 滚筒滑动附着系数可按加工批次进行抽检。

6.3.3 判定规则:出厂检验项中,有一项不合格则判为不合格。

7 标志、包装、运输、贮存

7.1 标志

7.1.1 产品标志

7.1.1.1 制动台必须在醒目位置安装产品标牌。

7.1.1.2 产品标牌除符合 GB/T 13306 的规定外,应包含下列内容:

a) 产品名称及型号;

b) 主要技术参数;

c) 商标;

d) 制造厂名;

e) 出厂日期及出厂编号;

f) 计量器具生产许可证编号及标志。

7.1.2 包装标志

包装图示标志除符合 GB/T 191 的有关规定外,应包含下列内容:

a) 产品名称及型号;

b) 箱号;

c） 体积(长×宽×高)；

d） 毛重、净重；

e） 收、发货单位及发站、到站；

f） 计量设备标志；

g） 执行标准编号。

7.1.3 安全标志

7.1.3.1 制动台的醒目位置上应标有额定承载质量。

7.1.3.2 制动台的醒目位置上应标有车辆驶入方向。

7.2 包装

7.2.1 制动台部件应采用分类包装。

7.2.2 电器仪表等应采用防潮、抗震、抗冲击包装。

7.2.3 零散的部件需装箱或装包，不便于装箱或装包的部件，应扎紧捆牢置于包装箱适当位置。

7.2.4 未作防锈处理的外露表面，应采取防锈措施。

7.2.5 包装箱应能防雨、防潮、防尘。

7.2.6 随机文件应包括：

a） 使用说明书；

b） 合格证明书；

c） 装箱单；

d） 其他有关技术文件。

7.3 运输

7.3.1 制动台在运输过程中，严禁抛掷、倒置、剧烈振动和雨淋。

7.3.2 制动台应能承受－25℃～55℃温度范围内的长途运输，并能经受温度70℃、时间不超过24h的短途运输。

7.4 贮存

包装好的制动台应贮存在环境温度－10℃～40℃，相对湿度不大于85%，周围空气中无酸、无碱性和其他腐蚀性气体及通风良好的仓库中。